Karl Gutzkow

Gesammelte Werke

8. Band. Säkularbilder

Karl Gutzkow

Gesammelte Werke
8. Band. Säkularbilder

ISBN/EAN: 9783744706858

Hergestellt in Europa, USA, Kanada, Australien, Japan

Cover: Foto ©ninafisch / pixelio.de

Weitere Bücher finden Sie auf **www.hansebooks.com**

Gesammelte Werke

von

Karl Gutzkow.

Zweite, wohlfeile Ausgabe.

Erste Serie.

———— —

Achter Band.

Säkularbilder.

Jena,

Hermann Costenoble.

Verlagsbuchhandlung.

Säkularbilder.

Anfänge und Ziele

des

Jahrhunderts.

Von

Karl Gutzkow.

Dritte Auflage.

Jena,

Hermann Costenoble.

Verlagsbuchhandlung.

Vorwort.

Unter dem preußischen Ministerium von Rochow
hatte vom Jahre 1836 an der Geheimerath Tzschoppe
die Lenkseile der Censurmaßregeln so straff angezogen, daß
einigen Schriftstellern die Fortsetzung ihrer bisherigen
Wirksamkeit, die Uebung ihres Lebensberufes, beinahe
unmöglich wurde. Eine Anzahl Autoren wurde so ge=
stellt, daß keine ihrer im preußischen Ausland gedruckten
Schriften ohne Recensur auf einem Gebiet zugelassen
wurde, das zu umfassend ist, als daß dasselbe von ihnen
umgangen werden konnte. Wie diese Recensur beschaffen
war, kann man sich nach dem Geiste, der in den letzten
Regierungsjahren Friedrich Wilhelm's III. allein in Preu=
ßen verlautbaren durfte, vorstellen. Jeder neue Begriff
war verpönt. Das Wort „Zeitgeist" eben so unzulässig
und verdächtig, wie die Vorstellung davon. „Man will

das hier nicht!" „Man mag das hier nicht!" So lau=
teten die Bescheide einer Bureaukratie, die mit wahrhaft
übermüthiger Selbstgenüge jedes Symptom neuzeitiger Ent=
wicklung von sich abwies und verfolgte. Wenn jene ver=
pönten Schriftsteller ein auswärts gedrucktes Werk zur
Recensur einreichten, so wurde schon für unangemessen ge=
halten, daß man überhaupt in Stuttgart, Leipzig, Frank=
furt oder Hamburg drucken ließ, auf Gebieten, die ein=
für allemal als verdächtig und gefährlich angesehen wur=
den. Fand sich auch nur eine Stelle, die dem Geheime=
rath Tzschoppe und seinem Unterpersonal mißfiel, so wurde
dafür ein ganzes Werk in drei Bänden für unzulässig
erklärt und als verboten in den Index der Amtsblätter zur
Nachachtung gesetzt.

Der Verfasser trug sich mehre Jahre mit der Idee
eines Werkes, das den Versuch machen sollte, ein Gesammt=
bild unsres Jahrhunderts nach seinen vorzüglichsten Lebens=
äußerungen und Gedankenrichtungen zu geben. Anfangs
1837 hielt er sich für befähigt, an diese schwere Aufgabe
zu gehen. Doch mit seinem Namen begleitet würde
eine solche, gerade mit der Zeit und ihren Tendenzen sich
beschäftigende Schrift und ohnehin bei seiner ihm zur an=
dern Natur gewordenen liberalen Auffassung in ganz
Preußen verboten worden sein, und diejenigen deutschen
Regierungen, welche gewohnt waren, alles Preußische nach=
zuahmen, würden dies Verbot auch für die Kreise der ihnen
gehörenden Botmäßigkeit ausgedehnt haben. Unter diesen

Umständen entschloß sich der Verfasser, dem es um die Grundsätze seines Buches mehr zu thun war, als um seine Person, auf den Titel desselben den Namen Bul= wer's zu setzen. Nachstehendes Buch erschien unter der Firma: Bulwer's Zeitgenossen.

Die schützende Devise eines ausländischen Schrift= stellers durfte freilich kein bloßes Aushängeschild sein. Die Verfolger würden ein Titelblatt leicht durchschaut haben. Ich mußte daher bedacht sein, dem Buche, das in zwölf Heften erschien, auch eine englische Färbung zu geben, wobei ich mir Bulwer's „England und die Eng= länder" zum Muster nahm. Von dem Vorwurf, daß ich das Publikum hätte täuschen wollen, glaube ich dadurch losgesprochen zu sein, daß die Pseudo=Autorschaft sofort erkannt und von mir nirgends in Abrede gestellt wurde.

In einer neuen Ausgabe, die 1846 von diesem Buche, das ich dann „Säkularbilder" nannte, erschien, habe ich schon das englische Gewand abzustreifen gesucht. Die Auf= gabe war nicht leicht. Ich hatte versucht, für die beispiels= weise gegebenen englischen Charaktere, die ich zur Belebung des Raisonnements erfand, deutsche aufzustellen. Doch ließ sich die bevorzugte Anknüpfung der Erörterungen an England nicht durchaus unterdrücken; wodurch ich mich indessen weniger beunruhigt fühle; denn Englands ge= sellschaftliche und politische Zustände sind der Art, daß Deutschland gut thut, seine eigenen Bestrebungen vor= zugsweise mit jener Form, wie sich Aehnliches in England ausnimmt, zu vergleichen. Mein Standpunkt, den ich gleichsam von London aus nahm, wurde ein universaler.

Vom Jahre 1848 an waren die Umgestaltungen der Zeit zu groß, um jeder derselben in diesem letzten Neudruck Rechnung zu tragen. Hier und da weisen Anmerkungen unter dem Text auf die Gegenwart hin. Ich habe das ganze Werk eines Sechsundzwanzigjährigen noch einmal durchgearbeitet und muß mit aller Offenheit gestehen, daß nur die politischen Verfolgungen und — die gleichzeitigen überwiegend abgeschmackten lyrischen Tendenzen unserer damaligen Literatur Schuld daran waren, daß ein so vielseitiges, theils in heitrer Laune, theils, wo die Sache es mit sich brachte, mit schwungvollem Ernst geschriebenes Buch nicht mehr beachtet wurde. Als sich späterhin der Sinn für philosophische und weniger flüchtige Literatur wieder einfand, mußte man leider, um gefördert zu werden, wieder der philosophischen Schule des Tages huldigen. Ich arbeitete mich aber gerade aus Hegel heraus, als man uns die Zumuthung machte, uns erst recht wieder in ihn hineinzuarbeiten.

Wieblingen bei Heidelberg, Mai 1875.

Gutzkow.

Inhaltsverzeichniß.

Gehört die französische Revolution dem achtzehnten oder neunzehnten Jahrhundert an? Sie war der Schlußstein des achtzehnten. Troß Rousseau's Prophezeiung. Die Tendenz unseres Jahrhunderts. Eine mögliche Revolution wäre eine moralische. Unser Dualismus. Der Zwiespalt zwischen Theorie und Praxis. Streben nach gesellschaftlicher Idealität. Massengeist, sichtbar in allen Bestrebungen, auch die Denkmalsucht. Napoleon's welthistorische Bedeutung. Allgemeine Weltlage im Beginn unseres Jahrhunderts. Man bewunderte Napoleon, als er Einzelne beleidigte, man haßte ihn, als er die Massen verachtete. Nationalität ist nicht der ausschließliche Gedanke des Jahrhunderts. Poetische Versöhnung mit Napoleon auf St. Helena. Die Restauration, eine Zeit der Ohnmacht und der Gährung. Der Liberalismus. Der Herzog von Utopien. Der Liberalismus ist die gesteigerte Philanthropie des vorigen Jahrhunderts unter politischem Gesichtspunkt. Dr. Thomasius, der an sich selbst Zweifelnde. Zweifelsucht des Zeitalters. Die Unanstelligkeit der Zeitgenossen, eine Folge des mangelnden öffentlichen Lebens. Das Volk muß in den Regierungen nur sich selbst wiederfinden. Die politischen Irrthümer und Utopismen. Das Jahrhundert rettete sich davor durch die Hülfe des Materialismus. Die Cholera. Die Runkelrübe tritt an die Stelle der Quadratur des Zirkels. Der Dampf. Verschiedene Stimmungen in einer und derselben Familie, Großvater, Vater, Sohn. Der Erwerb. Concurrenz. Die Krisen. Schwindelgeist. Schnitter, der Wechselreiter. Rückkehr zur politischen Betrachtung. Die Julirevolution, eine Warnung für die, welche den Kampf gegen Napoleon falsch verstanden haben.

Der Commerzienrath Punktum. Sein Talent zum Nordamerikaner. Amerika. Wie verhalten sich Europa und Amerika zum Weltplan der Geschichte? Nordamerika hat seinen Beruf in Amerika zu suchen. Es hat seine Cultur dem übrigen Amerika mitzutheilen. Nordamerikas religiöse Toleranz befördert das Ziel. Amerika für Europa eine Lehre, kein Beispiel. Gegensätze zwischen beiden Welten. Das Verhältniß

zieherinnen. Sylvia und Livia. Erziehung und Unterricht.
Tugendlehre. Moralische Bildung. Die Tugenden der Alten.
Oeffentliche Erziehung. Das Christenthum in seiner pädagogischen Wirkung. Ansicht eines Pietisten hierüber. Erwiderung
des Verfassers. Stolz und Demuth. Erziehung für die Bücherwelt. Erziehung für das praktische Leben. Angeborne Halsstarrigkeit kann gemildert werden durch den Unterricht. Unterricht in
Frankreich. Pädagogische Theorieen in Deutschland. Die Universitäten. Relativer Werth der auf sie gerichteten Angriffe und
Vertheidigungen. Geringer Einfluß der Universitäten auf die
entscheidenden Culturmomente. Schelling. Die akademische
„göttliche Grobheit“. Göttingen. Widerspruchsgeist und Absonderung der Universitäten. Reform derselben. Oeffentlichkeit der
Erziehung in Deutschland. Turnkunst.

1. Die Reise nach Berlin. Tante Rebekka an den
Pfarrer L. im Mecklenburgischen. Der Kanarienvogel. Der Gasthof. Die Pariser Galanteriehändlerin. Die Schriftstellerin. Ihre
Leidenschaft für Mechanik. Unglück durch die Rettungsmaschine.
Das reisende Automat. Ankunft in Berlin. Die Schwester
und ihre drei Töchter. Das Pamphlet. Hilarius. Der Vervielfältigungsspuk. Frau von Windbeutel. Der Ball. Besuch
beim Bruder. Hydropathie. Die Spree. Texaswanderung.
Lectüre. Drei mecklenburgische Schriftstellerinnen. Emancipationspläne. Unterricht in Mimoplastik. Entdeckungen. Entführungen. Verwechselungen.

2. Umwandlung der Sittenbegriffe. Das Sittenprincip der
Alten. Die Römer. Beispiele antiker Sitten. Die Gesetze im
Verhältniß zu den Sitten. Montesquieu. Peter der Große.
Der kategorische Imperativ des modernen Sittengesetzes ist die
Polizei. Die Moral. Moralprincip. Die Tracht. Guter Ton.
Höflichkeit. Die Gesellschaft. Salons. Musik. Spiel. Tanz.
Galanterie. Liebe. Ehe. Angriffe auf dies Institut. Die Prostitution. Parent-Duchatelet. Der heil. Augustinus. Restif
de la Bretonne. Magdalenenstifte. Recht und Unrecht. Mein
und Dein. Die Straftheorieen. Widervergeltung. Das doctrinaire
Strafrecht. Granier de Cassagnac über die Zärtlichkeit für die

Verbrecher. Widerlegung seiner Sophismen. Was nennt man
frivol? Die Philanthropie. Verbesserung der Gefängnisse. Ver-
brechercolonieen. Englands drakonische Gesetzgebung. Lord
Brougham. Code Napoleon. Dupin. Patrimonialgerichts-
barkeit. Geschwornengerichte. Die Todesstrafe. Im Alterthum.
Abschreckung. Wiedervergeltung. Gründe gegen die Todesstrafe.
Das Henkeramt. Beccaria. Criminalstatistik. Bedeutung des
Trunkes in den Zahlenangaben. Die Gefängnißsysteme. Die
Sittenlosigkeit ohne Verbrechen.

Bildhauerkunst. Die Malerei. Oelbilddruck. Daguerreotypie.
Die Musik. Oper. Dichtkunst. Die poetische Opposition gegen
das Bestehende. Die Bedeutung des Romans. Dreierlei Gat=
tungen desselben. Historischer, Sitten= und Tendenzroman. Die
Ironie. Die gläubige Poesie.

Die Wissenschaften. Sie sind die Schooßkinder unseres Jahr=
hunderts. Gunst der Umstände. Die Presse vom materiellen
Standpunkte. Schrifteigenthum. Nachdruck. Widerlegung der
Vertheidiger des Nachdrucks. Preßfreiheit und Censur. Auf=
sichtsrecht des Staates über die Presse. Censur die Norm,
Preßfreiheit die Modalität. Inhalt der Presse. Empirie und
Speculation. Die Naturwissenschaften. Die Geologie. Ansichten
der Urwelt. Medicin. Geographische Bedingungen der Heil=
kunde. Die Homöopathie. Historie. Kampf zwischen Empirie
und Speculation. Rechtsgeschichte. Die Geschichtsschreibung.
Memoiren. Die Philosophie. Englische und schottische Philo=
sophie. Die Philosophie in Frankreich; in Deutschland. Der
Idealismus. Apologie desselben. Pantheismus. Geschichte der
Philosophie. Stellung der Philosophie zu den positiven That=
sachen. Sie ist mehr abhängig von ihnen, als früher. Reaction
der gesunden Vernunft gegen die schwärmerische. Ruge. Die
Zukunst. Die entfernte, die nächste. Die Haupterfahrungsthat=
sachen unseres Jahrhunderts in politischer, kirchlicher und sitt=
licher Hinsicht. Die einstige Grabschrift unseres Jahrhunderts.

Säkularbilder.

Gutzkow's Ges. Werke. VIII.

Zuschrift an einen Staatsmann.

Wenn ich, ohne den Namen Ew. Excellenz zu nennen, doch Ihre Person an die Spitze dieses Werkes stelle (von welchem ich selbst noch nicht weiß, ob es ein abgeschlossenes Buch oder ein Journal werden wird), so veranlaßt mich dazu außer … *) vorzugsweise die gleiche Richtung, worin sich unsere Wünsche zu begegnen pflegen.

Ihr Genius geht gern von der Politik auf die Poesie über, ich verlasse gern meine poetischen Beschäftigungen und politisire.

Sie sind ermüdet von dem unaufhörlichen Zählen der Pulsschläge, welche das Leben des Staates verrathen und deren schnellere oder langsamere Bewegung auf politische Erkältungen, Entzündungen, Quartanfieber schließen läßt; Sie ermatten, jenen Chimborassos von Aktenstößen gegenüber, die wegen einer wichtigen Frage des Tages verglichen sein wollen, und sehnen sich, Sie haben mir es oft gestanden, wenn ich Ihre Verse bewunderte, nach den glückseligen Gestaden der Poesie, wo es Ihnen bei dem übergroßen Verlangen manchmal sogar gleichgültig war, ob Sie den steifen und bebänderten Allegorieen der mythologischen Periode in der Literatur begegneten oder den Verwilderungen unserer

---

*) Ein Privatverhältniß bleibe unerwähnt.

1*

modernen Waldpoesie oder einer Tragödie mit drei Einheiten oder einer Tragödie, die deren so viel zählt, daß sie keine mehr hat — kurz, Sie waren zu allen Zeiten der mildeste Beurtheiler Ihrer Collegenschaft auf dem Parnaß.

Mir geht es umgekehrt. Mit der Poesie stehe ich ja des Morgens auf. Gleich an meine ersten Verrichtungen knüpft sich die Verworrenheit poetischer Bilder. Meine türkische Morgenmütze — ich verwechsle sie zuweilen mit dem Helm des Achilles. Mein blumiger Schlafrock ist bald der Frühling mit dem Füllhorn seiner Florapracht, bald giebt mir sein langes Rauschen und Wallen eine so deutliche Vorstellung vom Meere, die Wolken meines Tschibuk lassen mich den Ida sehen, den Sitz der Götter. Dann ergreife ich die Feder und treibe mein Handwerk. Ich klage, weine mit Menschen, die ich nie gekannt, klage das Schicksal für Verhängnisse an, die ich doch nur selbst erfunden habe, lasse Frauen die Hände ringen über einen Jammer, dem es mir doch nur eine Kleinigkeit wäre, abzuhelfen. Und die Kritik tadelt an mir, daß ich zu gutmüthig bin, daß ich alles Mögliche aufbiete, meinen Helden die Hand eines Wesens zu verschaffen, das sie lieben. Ich spende Reichthümer, lasse ostindische Onkel sterben, kurz, ich pfusche dem lieben Gott unaufhörlich in seine Schöpfung, schiebe ihm Menschen und Schicksale unter, die derselbe nie contrasigniren wird, und sinke zuletzt, von meinen Träumereien erschöpft, auf ein Sopha zurück, wo ich — die Zeitungen finde, und hui! bin ich auf Ihrem Felde und treibe bis Mitternacht, beim Thee, beim Wein, unter meinen Freunden, wenn diese fehlen, mit der Familie — Politik à l'outrance. Meine Frau ist, wenn sie zu Bett geht, regelmäßig überzeugt, daß ihr zwei Kammerdiener mit flammenden Kerzen vorangehen müßten und sie eine Frau Ministerin sein könnte.

Halten Sie es für ein Glück, Dichter zu sein? Ich wenigstens, Excellenz, nur dann, wenn ich von irgend einem verrufenen Kritiker, aus dessen Munde der böswilligste Tadel zum beschämendsten Lobe wird, in allen Gelenken gerädert werde. Diese Art von Feindseligkeit ermuntert mich, weil ich weiß, daß solche Feinde Enthusiasmus erregen werden. Nein, was ich meine, ist etwas Anderes. Dichterischer Lorber hat doch sein

Génantes. Es ist unmöglich, immer so bekränzt wie Dante zu sitzen (ich meine in der Einbildung), und sich dann einen wassergeprüften fashionablen Hut aufzusetzen. Glauben Sie mir, daß in mir das ewige Idealisiren einen Heißhunger nach Wirklichkeit erzeugt. Meinen precären Erfindungen gegenüber haben für mich die Thatsachen unendlichen Reiz. Ich gestehe Ihnen, daß ich die meisten Dinge manchmal richtiger zu beurtheilen glaube, als die, die dafür besoldet werden. Ich bilde mir sogar ein, Kriegskunst zu verstehen. Ich habe, wenn ich des Abends nicht einschlafen konnte, schon manche Schlacht zwischen Nationen im Bette aufgeführt, von welchen diejenige freilich unterlag, die — ich commandirte; denn ich schlief ein. In allem Ernst, Excellenz, ich habe die Neigung zur Politik mit den meisten älteren Dichtern gemein, wie sehr ich auch sonst hinter ihnen zurückstehe. Dante und Milton ergriffen Partei, die Anderen lieferten nicht ungern Strophen und Scenen, denen sich eine Bezüglichkeit auf die große Welt abgewinnen ließ. Ueberhaupt war auch die Stellung der Literatur in vergangenen Zeiten eine andere, als jetzt. Die Literatur stand über den historischen Thatsachen, sie wurde um Rath gefragt, sie hatte noch Gewalt, um etwas entscheiden zu können. Die Literatur verlor dies Uebergewicht erst, als sie sich der historischen Autorität unterordnete und ihr zu schmeicheln anfing. Die französische Literatur hat diesen Versuch an der Selbstgesetzgebung des Geistes zu verantworten. Sie machte sich anheischig, die Thaten der Könige beurtheilen zu wollen, und endete damit, daß sie diese nur erklärte, aufschrieb, pries. Friedrich II. und Katharina geizten nach dem Beifall Voltaire's; aber indem sie die Literatur zu erheben schienen, setzten sie diese nur herab. Denn Literatur blieb nicht mehr die geschlossene Kette einer bestimmten, streng vorgezeichneten Freiheit, sie hielt ihre einzelnen Glieder nicht mehr zusammen, sondern sie wurde, statt sich in den Objecten zu consolidiren, individualisirt, Eigenthum eines Einzelnen, der etwa Witz und Kenntnisse genug besaß, um sie zu beherrschen, mit einem Worte, die Literatur war nicht mehr Masse, sondern Person. Durch eine solche von den Franzosen verschuldete Umkehr ihrer

Bestimmung hat auch die Literatur ihre Kraft verloren und kann nur noch als individuelle Meinung wirken, eine Meinung, die wenig ausrichtet, wenn sie nicht durch Namen, Rang, großen Ruf unterstützt wird.

Bei den Engländern findet noch so ziemlich zwischen Leben und Literatur ein Gleichgewicht statt. Das kommt aber weniger von diesem, als von jenem her. Englands Geschichte hat sich früher, als die anderer Nationen, bestimmte Formen erobert, innerhalb welcher sich das Urtheil der Publicisten bewegen konnte. Eine frühe Spaltung der dortigen politischen Begriffe theilte sich der Nation mit, es kam darauf an, man erwartete es, daß hier Etwas angegriffen, dort Etwas vertheidigt wurde. Die Formen der politischen Existenz mußten in England erklärt werden und, da sie zunächst nur Kreise ohne Inhalt sind, auch ausgefüllt. Da war denn die Feder an die Stelle des Schwertes getreten, sie half die Kämpfe ausfechten, die an die Stelle der Kämpfe der rothen und weißen Rose getreten waren. Weniger bedeutsam wurde das gedruckte Wort auf dem Continent. Mit Napoleon hörte in Frankreich die Furcht vor der Literatur auf. Paul Louis Courier fiel nur noch als eine Ausnahme. Jetzt, werden Sie gestehen, ist in Frankreich der gedruckte politische Buchstabe, schon ehe er trocknete, Makulatur geworden.

Aus diesen Thatsachen ist zwar ersichtlich, wie undankbar es ist, wenn man sich, ohne Minister oder wenigstens Deputirter zu sein, mit der Kritik der öffentlichen Angelegenheiten beschäftigt; aber immer wieder wird man versucht, Wasser zu schöpfen in das Faß der Danaiden. Die Literatur beschwört alle Mittel, die ihr zu Gebote stehen, um die Tyrannei kalter, spröder und vornehmer Thatsachen zu stürzen. Die Philosophen kommen mit ihren ersten und letzten Gründen der Dinge, strecken ihre knöchernen Hände aus und weissagen; gut, sie sollen unsere Bundesgenossen sein; aber wir Dichter, wir runden unsere lachenden Gleichnisse ab, spitzen unsere Spöttereien und umziehen den Gegner mit so viel Blumenguirlanden, bis wir ihn eines sanften Todes ersticken sehen. Geben wir ein Bild unsrer Epoche, unsrer Epoche vom dritten Zehend des Jahrhunderts, der Epoche,

wo das Volk der Denker, die Deutschen, noch die Censur
haben! Die Literatur ist in einer gährenden und gefährlichen
Bewegung, die immer gerüstet an den Thoren der offiziellen
Hotels steht und diese entweder mit stürmenden Ballisten be-
rennt oder sich erst bei der Frau des Concierge, dann bei diesem
selbst einschmeichelt, sich in die Freundschaft des Kammerdieners
hineinwitzelt, zuletzt in der Antichambre der Autorität steht
und aus einem muntern Scherze sich in den Schlangenstachel
verwandelt, der aus dem Blumenstrauße der Cleopatra
züngelt. Ich versichere Sie, daß wir jetzt in Deutschland
Schriftsteller haben, die über die Hesperidenäpfel schreiben und
darunter die Reichsäpfel der Könige verstehen.

Es scheint mir aber, daß sich diese Polemik einige Fehler
zu Schulden kommen läßt, die ihre Wirkungen aufheben.
Man läßt sich in Kämpfe ein, deren Terrain man nicht genug
untersucht hat. Auch spricht man in einer Sprache, die Dem,
der sich belehren lassen soll, unverständlich ist. Leider bietet
freilich unsere Zeit das merkwürdige Phänomen, daß sich
nur d i e Menschen verstehen, die sich verstehen w o l l e n. Die
Stummen sind am besten mit einander einverstanden. Da
fallen mir zwei komische Britten ein, die sich, ohne zu sprechen,
zankten und verhöhnten. Beide noch junge Gentlemen
haben schon manche Erfahrungen durchzumachen gehabt, sie kennen auch Einer des Andern Begegnisse und schwierige Lagen,
und dennoch wird man nie finden, daß sie ein Wort mit
einander reden. Sie sitzen zusammen, gähnen, seufzen, beobachten ein pythagoräisches Stillschweigen und wissen Alles,
was ihnen passirt. Waren Sie bei Gräfin Fink? fragt
der Eine, wenn sie sich sehen. Der Andere stößt einen Ton
aus, der zwar das Anhören eines Seufzers hat, aber doch so
hoch hinaufgezogen ist, daß er weit mehr Vergnügen als
Schmerz auszudrücken scheint. Jetzt schweigen sie eine Viertelstunde, während welcher sie sich nur mit ihrem Mienenspiel
verständlich sind. Sie lachen, sie beißen die Lippen über
einander, sie spitzen die Zunge und drücken ihre Backen in
die Höhe, kurz, sie betrachten sich wechselweise wie Telegraphen und erreichen durch allerhand pantomimische Merk-
würdigkeiten ein Resultat, das auf einen Roman hinaus-

kommt und einen Bogen von 24 Seiten brauchen würde, wenn man ihn mit all den witzigen Nüancen wiedergeben wollte, mit denen sie sich denselben erzählt haben. In einem schweizer Pensionat beobachtete ich sie täglich auf einer Terrasse, und die Schwester des Einen war es, die mir den Commentar zu diesem bedeutungsvollen Schweigen gab.

Unser Jahrhundert! Bilder des Säkulums! Welches ist das Resultat einer Wanderung durch diese Galerie? Man kann nichts Neues gründen, man kann immer nur das Alte verbessern, einen Acker, der brach gelegen, umpflügen, ihn düngen, man kann Früchte erzielen, aber Grund und Boden müssen gegeben sein. Was sind nicht für Theorieen aufgestellt worden, um unserm Jahrhundert zu Hülfe zu kommen! Es sind Abstractionen, Schaumgebilde. Venus ist aus Schaum geboren. Das ist lange her. Jetzt gilt die Realität. Wer will nicht leben? Was will nicht leben! Sogar der Perrückenmacher, der dort unten über die Straße läuft, sein Rock trägt noch Puder wie festgefrornen Reif. Er gehört dem vorigen Jahrhundert an, aber er machte schon mehr als dreißig des neuen mit. Darf ihn der Verfasser von Säkularbildern umgehen? Er lebt! So das ganze Rufen und Lärmen auf der Gasse, die neuen Erfindungen, die Plakate, die Stiefelwichspatente; kann man etwas vergessen, wenn man sein Jahrhundert schildern will? Dort steht ein junger idealistischer Revolutionär aus Paris, ein Eingebürgerter von St. Pelagie! Sein Haar wallt lockig über die Schultern, es ist schwarz und hat vor Frühreife, gegen das Licht gehalten, ein graues Lüstre; er runzelt die Stirn, liest in den Werken St. Jüst's, ist adelig und läßt die Bezeichnung davon aus, er ist reich, hungert, um die Empfindungen der Proletarier zu studiren — soll ich den jungen Franzosen, den ich in Paris kennen lernte, nennen? Und darf ich ihn übergehen? Hier führe ich Euch in ein Haus, das mit Tulpen umpflanzt ist, ein lackirtes Haus in Holland, in welchem man nur Milch und Kupfer sieht. Ich führe euch in die Nähe Derer, die es bewohnen, zweier Eheleute, die ohne Kinder alt geworden sind. Sie stehen spät auf, frühstücken eine Stunde, lesen sich wechselseitig die Zeitung vor, von dem leitenden Artikel an bis zu dem Hunde, der verloren ist und auf den Namen einer Sängerin hört, mit welchem ihn sein Herr getauft hatte; sie lesen Alles, frühstücken dann zum zweiten Male, lassen sich hierauf von vier Ziegenböcken durch ihren Tulpengarten fahren, essen eine lange Zeit hindurch zu Mittag und beginnen das Komischste, was ich mir von zwei alten kinderlosen Eheleuten denken kann. Er im Schlafrock, mit der Nachtmütze, sie noch immer in der Morgencontusche, einem Jäckchen, das ihr kaum bis über die Taille geht und dann weiter unten einem flanellenen Unterrock Raum giebt. So setzen sich die beiden Leute, die eine Million besitzen, einander gegenüber, Beide rauchen Cigarren, eine Flasche Portwein steht zwischen ihnen, rings ist Alles fest verwahrt, sie spielen eine Kartenpartie, sprechen dabei kein Wort, sondern gehen, vom Spiel, Dampf und dem Portwein allmälig übermannt, stumm und steif um acht Uhr zu Bette. Das Haus dieser Alten habe ich in Holland gesehen, nicht weit von Harlem. Nun wohl, ist das nicht auch eine Scene des Jahrhunderts? Darf sie der Reformator übersehen? Darf sie, wenn man vom Jahrhundert spricht, vergessen werden? Ihr Theoretiker! Mit Euern großen Redensarten, wenn Ihr von unserm Jahrhundert sprecht!

Ich sagte schon, daß es Schriften giebt, wo alles charakteristische Detail unserer Zeit übersehen wird. Die Verfasser derselben thaten die unzähligen Charaktere und Individualitäten unter den Zeitgenossen zusammen in einen großen Trog, wie man Kartoffeln zusammenstampft, bis ihre Quintessenz, aus welcher man Mehl, Zucker, Aquavit gemacht hat und vielleicht noch Fleisch machen wird, was sehr nöthig wäre, herausgedrückt ist. Für diesen Durchschnittscharakter der Zeit stellen sie dann ihre guten Lehren auf, die sie mit Stellen aus antiker und mittelalterlicher Weisheit zu erhärten suchen. Dies Verfahren billige ich nicht. Ich mag meine lieben guten Nachbarn, die so wenig Lärm machen und wenn nicht durch das Parlament, doch durch die Kirche mit der Zeit zusammenhängen, ich mag meinen Comte-prolétaire, meine beiden Holländer bei Harlem nicht um ihr Stimmrecht in den Ange-

legenheiten des Jahrhunderts bringen. Sie gehören mit da=
zu, wenn sie sich auch nur durch ihre Ruhe, ihre Thorheit oder
die Steuern, die sie zahlen, auszeichnen.

Es ist ein Fehler, daß die reformirenden Schriftsteller fast
immer nur die Intelligenz, selten die Materie im Auge be=
halten. Es ist sogar ein Nachtheil für Diejenigen, die durch
eine Einseitigkeit dieser Art am meisten geehrt werden sollen.
Die Reformatoren wollen immer nur die Ideen gegen ein=
ander ausgleichen, statt daß sie die Ideen mit der Materie,
mit meinen beiden Holländern ausgleichen sollten. Ob ich
dem System der Bewegung, meine Kritiker dem des Wider=
standes angehören, das sollte weit weniger entscheiden. Es
handelt sich einzig ·und allein um Aufklärung, um Aufklärung
über uns selbst. Und wenn ich diesen Empfindungen nachhing,
bildete sich in mir die Idee aus, von welcher ich durch dieses
Werk, das ich Ew. Excellenz widmen wollte, nur eine unvoll=
kommene Vorstellung geben kann. Ich sann über eine Schrift,
die Alles umfassen sollte, was den Geist unseres Jahrhunderts
begreift, und dabei vom Individuum, nicht von den Tendenzen
anfängt. Ich hätte gern zuerst ein Kind unserer Zeit ge=
schildert, wie dasselbe geboren und erzogen wird, dann die Be=
griffe, die es einsaugt, dann jene andern auseinandergesetzt, welche
ihm später zur Auswahl angeboten werden. Ein Gemälde
des Jahrhunderts vom 5. Mai 1789 bis auf die Tripel=
und Quadrupelallianzen unserer Tage würde sich an diese
Prämissen angereiht haben. Jetzt folgen Religion und
Staat, Kunst und Literatur in ihrer schwebenden, vom Mo=
ment tyrannisirten Lage, mit all' den lächerlichen Neuerungs=
einfällen, die mit so vielem Ernste von unseren Zeitgenossen
behandelt zu werden pflegen. Kurz — das „ich hätte gern"
— ist in diesem Werke versucht worden und Excellenz müssen
mir verzeihen, wenn ich Sie in den Strudel von „Absichten"
mit hineinziehe. Ich kenne Ihren Abscheu vor Ideal=Politik,
ich kenne aber auch die Grundsätze, welche Sie aufstellen, wenn
Sie zuweilen gezwungen sind, sich mit ihr zu beschäftigen. Sie
sind der erste Leser dieses Buches: wie werde ich mich also
anstrengen müssen, daß Sie der letzte bleiben! Ich werde

dies nicht anders erreichen können, als indem ich suche, in der Politik so viel wie möglich Dichter, Charakteristiker — Phantast zu sein. Für den Stoff kann ich es nicht versprechen. Für die Form aber, das hoffe ich, wird mich meine Art, die Dinge anzuschauen, nicht im Stich lassen.

I.

Der Mensch des neunzehnten Jahrhunderts.

———

Adolphy (es ist ein Name, der erfunden ist, und auf welchen sich keine Erben melden dürfen, überhaupt niemals, niemals, mein Freund!) Adolphy wurde in Wien geboren, in Wien erzogen, er verließ es nicht, er kennt nur Wien, aber er kennt es von einer so gründlichen Seite, wie Andere nur ihre kleine Meierei auf dem Lande kennen, ihren Wiesengrund, ihren Erlenbach. Adolphy's Vater war ein reicher Posamentierer, der damals, als noch die Soldaten in Schnüren, wie in Strickleitern und Takelwerk hingen, Etwas, wie die Leute sagen, geschafft hatte. Mein Freund hat es mir nie gesagt, aber ich habe es erfahren, daß seine Eltern gemein und ausschweifend waren. Sie wurden durch ihr Glück übermüthig, sie übernahmen sich und stürzten sich in Verlegenheiten, die mit einem Bankrott endeten.

Mein Freund war damals ein artiger Bursche von sechzehn Jahren, der bis in sein vierzehntes Jahr gehofft hatte, Arzt, Advocat, Hofrath zu werden, und kaum darauf geachtet hatte, daß zu diesem Zwecke die Eltern an seine Erziehung Etwas hätten wenden müssen. Dies war nicht nur nicht geschehen, sondern der junge Mann mußte sich auch bequemen, an die Passemente zu gehen und Schnüre zu winden. Er sagte mir einmal beiläufig, er hätte sich damals in seinem Schmerz damit getröstet, daß er sich nun selbst den Strick drehen

konnte, mit welchem er seinem Leben ein Ende machen wollte. Der
Schmerz war groß. Er hatte sich selbst unterrichtet, er hatte
Freunde, mit denen er schwärmte, er kannte Wien nicht, er
kannte nur die Einsamkeiten, die sich hinter dem Gewühl
dieser Stadt so gut finden, wie versteckte Vogelnester. Aber
mein Freund fügte sich, er sah das Unglück seiner Eltern
und saß von früh bis spät im Webstuhle seines Vaters, der
nur diesen einen übrig behalten hatte, aus Gewöhnung an's
Wohlleben selbst nicht mehr arbeiten konnte und sich den
ganzen Tag mit Zeitungen und Politik beschäftigte. Die
Mutter war eine hochfahrende Frau, die überdies nicht wirth-
schaften konnte. Mein Freund Adolphy lernte damals die
Welt kennen durch zwei Menschen, die seine Eltern waren,
die er aber duldete und ernährte. Die einzige Erholung, die
ihm wurde, bot ihm die Nacht. Er wußte nicht ein Wort
von der Zeitgeschichte, er sah nichts mehr, was hienieden einen
Werth anspricht, sondern des Nachts stieg er mit einem
Freunde, der ihm treu geblieben, auf die Dächer und studirte
die Sterne. Noch lag in der Zeit ein schwärmerischer An-
steckungsstoff, der aus der Periode der Empfindsamkeit herrührte, in Richardson eine Vermischung Sterne's und
Rousseau's hervorbrachte und sich jetzt erst den von der
großen Welt, ihren Debatten und Empfindungen ferner
Stehenden mittheilte. Mein Freund spricht von jener Periode,
wo er die Sterne zählte, wo er Bürger und Hölty las, seine
Begriffe von Gott regelte, immer mit einer Andacht, die
mich erröthen macht, wenn ich bedenke, wie all' unsere moderne Tendenz darauf hinausgeht, sich und sein Herz zu tödten
und hinzugeben auf die glühende Hand des Molochs: Allgemeinheit. Adolphy war noch als Mann mit seinen Sternen
beschäftigt, er lief mit Kleist's Frühling hinaus in die schöne
Natur, die bekanntlich erst da anfängt, wo man die Schornsteine unserer Städte nicht mehr rauchen sieht. Des Sonntags lief er den Strand der Donau entlang, Arm in Arm
mit seinem Freunde, sie philosophirten, sie stritten sich, sie
umarmten sich.

Das war die Begeisterung des achtzehnten Jahrhunderts,
ehe die französische Revolution begann. Und auch diese hob

noch nicht ganz die Schwärmerei auf. Ja noch nicht einmal unter dem Beil der Guillotine.

Die Schwärmerei und der Enthusiasmus des neunzehnten Jahrhunderts ist ein Anderes. Auf Ideen gerichtet, erregen sie die Leidenschaft, treiben das Blut in's Haupt und finden Wonne darin, Genossen, Anklang zu haben, Freunde, die sich zu denselben Ideen bekennen. Im achtzehnten Jahrhundert galt die Verbrüderung zu Zweien, im neunzehnten zu Massen. Man tritt näher, drückt sich die Hand, blinkt mit den Augen und sagt mit erstickter Stimme: Die Zeit wird kommen! Der Enthusiasmus des achtzehnten Jahrhunderts war egoistischer, vielleicht darum seliger. Er lag darin, die Welt zu vergessen und den Himmel offen zu sehen, Gott in sich zu fühlen oder bei mystischen Naturen sich in Gott. Die Freundschaften hatten einen gedankenvollen Untergrund: sie waren melancholischer, nicht wie jetzt vom cholerischen Temperament herbeigeführt, sie waren auf keine Zwecke gerichtet, sondern ihr Zweck war, sich zu kennen, sich zu fühlen wie Brüder vor Gott oder der Natur, und dasselbe zu fühlen und eben so zu sein der Eine wie der Andere. Adolphy spricht nie davon, aber ich sehe es an seinen leuchtenden Augen, wenn er von Freundschaft spricht, daß es so unter seinen Sternen muß gewesen sein. Den Freund nennt er nur mit Thränen; denn dieser erschoß sich, aus Liebe zu einem Mädchen, das ihn verschmähte, weil der Arme häßlich war, von Blattern zersetzt. Will der Häßliche bei Frauen Glück machen, so muß er so häßlich sein wie Mirabeau, wild zugleich, unternehmend, ein Himmelsstürmer, vor dessen Zorn das Weib erzittert, durch dessen Kühnheit gegen Andere es sich geschmeichelt fühlt.

Auch mein Adolphy war unglücklich, als er mit einem weiblichen Wesen anknüpfte. Sein Freund war der Sohn reicher, kalter, vornehmer Eltern, Fabrikanten, die mit der Aristokratie der Geburt und des Ranges wetteiferten. Das Wesen, das von Adolphy angebetet wurde, war die Schwester seines Freundes. Er sagte mir, sie hätten sich vier Jahre geliebt und sich das mit den Augen, zuweilen mit der Hand gestanden, aber niemals sei zwischen ihnen eine weitere Annäherung vorgekommen. Ihr Verhältniß hielt sich in den Schranken einer conventionellen Begegnung. Adolphy war — ein niederer Handwerker geworden. Eines Tages reichte sie ihm schluchzend die Hand, er wandte sich ab, verstand sie, einige Wochen darauf war sie verheirathet. Ein Jahr später starb sie im Kindbett... Alles das kommt täglich bei Menschen auch des neunzehnten Jahrhunderts vor, wird mit Schmerz empfunden, aber immer seltner werden die stillen Tempel des Privat-Cultus, die Seitenwege, die mit Trauerweiden bepflanzt sind, die frommen Opfer der Melancholie, der Entsagung. Melancholie und Verzweiflung haben zugenommen, aber nicht der Heroismus, sie zu ertragen.

Adolphy ist jetzt seit dreißig Jahren verheirathet. Es war Pflicht der Dankbarkeit, die ihn bestimmte, einem Frauenzimmer die Hand zu reichen, das ihn anbetete (er war schön), und das — ihn dennoch verschmähte. Gewiß, ein eigenes Verhältniß! Sophiens Eltern waren einfach genug, aber sie bezogen eine ansehnliche Pension, die sie durch irgend einen Zufall mit der von Adolphy nur mühsam ernährten Posamentierfamilie theilten. Dies edle Verhältniß währte lange Zeit hindurch. Adolphy bekam freie Hand. Er warf sich auf die Kaufmannschaft und trat, durch seine Kenntnisse und seine imponirende Gestalt empfohlen, sogleich in eine große Handlung ein. Für seine Eltern war gesorgt. Sophie wurde dreißig Jahre alt: es verstand sich von selbst, daß Adolphy die stillschweigende Verpflichtung hatte, sie zu heirathen. Sie sträubte sich gegen diese Ueberzeugung von einer sich von selbst verstehenden Verpflichtung. Sie hatte einen starken, fast männlichen Geist. Sie verbanden sich ohne vorausgegangene Rücksprache, ohne vor dem Altar einander angesehen zu haben, stumm und kalt. Es war eine Tragödie.

Adolphy hat nur mit seinem Herzen zu thun gehabt. Er hat alle Dinge der Welt übersehen. Er hörte von Napoleon und wurde sein Vertheidiger, weil er ihn nur aus dem poetischen Gesichtspunkte betrachtete. Für die Reactionen der Bourbonen, der Metternichs und der Castlereaghs fehlte ihm jeder combinirende Sinn. Auch ist er gegen ein Uebermaß von Freiheit, ohne daß er diese Ueberzeugung besonders lebhaft ausspricht. Er scheint sagen zu wollen, daß ihm eine große politische Freiheit nur denkbar erscheine, wenn ihr eine Selbstemancipation der Individuen vorangegangen sei. Er würde sich zu einer Republik bereit finden, nur müßte diese durchweg aus Philosophen bestehen, wie er selbst einer ist. Cuvier's Geschichte der Erdrevolutionen machte, wie auf Goethe, mehr Eindruck auf ihn, als die Julirevolution. Gewiß, wir haben in ihm den Träumer des achtzehnten Jahr= hunderts, den Schwärmer. Doch verbindet Adolphy mit seinem Idealismus Thätigkeit. Er ist den ganzen Tag be= schäftigt; aber er benutzt jede Pause, die er erübrigen kann, um irgend eine werthvolle neuere Erscheinung, zu denen er meine Schriften nicht rechnet, zu studiren. Bietet sich seiner Lectüre nichts Neues dar, so kehrt er auf das Alte zurück. H e i n e und alle Neuern mißfallen ihm: er vermißt in ihnen zwar nicht die Berücksichtigung der Natur, aber die Seelen= ruhe, die ihm ein Product der Liebe zur Natur ist. „Sie zerpflücken," sagte er über die modernen Dichter zu mir, „sie zerpflücken Alles, was ihnen unter die Hände kommt. Auch die Natur, die einfache, so stille, raffiniren sie; sie kom= men auf sie nur aus Genußsucht zurück, verbrauchen einen Sturm, verbrauchen eine Landschaft, eine Aussicht; ist der Effect vorüber, so sind sie wieder Menschen der Gewöhnlich= keit. Ein Dichter darf von der Natur nichts entlehnen. Er muß sie entweder fliehen oder ganz in ihr untergehen."

Adolphy's Theologie ist einfach und natürlicher, als das Christenthum. Wenn in ihm etwas Revolutionäres steckt, so ist es, (darin war das achtzehnte Jahrhundert gewissen= haft,) sein religiöser Freisinn. Er ist stolz auf seine Tu= genden. Dies ist unchristlich und führte ihn sogleich von dem kirchlichen Gott ab. Man wird ihn nie gesehen haben, daß er in einen Tempel gegangen. Er war evangelisch und hat nur Einmal das Abendmahl genommen. Die Freigeisterei des vorigen Jahr= hunderts könnte sein Bild entstellen, wenn er nicht so schöne, edle Sitten besäße. Adolphy strebte darnach, sich von allen Leidenschaften zu befreien. Er trinkt nur Wasser, er trägt nur einen Ueberrock, nie einen Frack; sein Gemüth beherrscht dieselbe Einfachheit. Er könnte den Tod seiner Kinder hören und würde nur still erwiedern: Hm! Hm! So? So? Nicht ein Blutstropfe der neuen Zeit wohnt in Adolphy, und doch ist er so achtungswerth. Wer würde nicht das stille Glück dieses Mannes theilen mögen, der nur den Sonntag sein nennt, dann schon früh hinauswandert in die wilden Verschlingungen des Praters, einen Band von Jean Paul in der Tasche! Wenn er Menschen kommen hört, flieht er; der Sonntag ist sein Luxus, am Sonntag ist er sich selbst sein Eigenthum. Dann stört ihn Alles, höchstens nicht ein Waldhorn, das durch die Gebüsche schallt. Adolphy ist hinter seiner Zeit zurückgeblieben. Dem neunzehnten Jahrhundert ist er durch nichts verwandt.

Nun aber ein Kind des neunzehnten Jahrhunderts! Es liegt vor mir in der Wiege. Diese Wiege steht nicht mehr auf runden Füßen, die getreten werden, das ist schon durch Rousseau beseitigt; aber das Kind ist in Federn gehüllt, nicht in Pferdshaare. Das ist doch schon wieder alte Praxis, Empirie o h n e Rousseau, das haben die Aerzte so gewollt; denn die Wissenschaft belehrte die phantastische Schwärmerei, ein Kind solle Wärme haben, Alles, was wächst, muß Wärme haben. Das neunzehnte Jahrhundert verbindet den Idealismus schon mit der Gesundheit, die Phantasie mit einem unverstopften Magen, die Schwärmerei mit einem warmen Umschlagetuch, das vor Erkältung schützt. Wir härten unsere Kinder nicht mehr in so spartanischem Grade ab, wie die Anhänger Rousseau's. Wir combiniren bereits wieder die erste und zweite Hälfte des achtzehnten Jahrhunderts, den Comfort mit dem Spiritualismus; wir sind nicht ganz so bequem, daß wir nicht über die Nachtigall, die am Wege im Gebüsche singt, eine Minute still ständen, um sie zu belauschen; aber auch nicht ganz so idealisch, daß wir nicht schnell nach Hause gingen, wenn wir merkten, daß wir den Schnupfen bekommen würden von der feuchten Abendluft. Unsere wunderbare Industrie, unsere Eisenbahnen und Dampfmaschinen entstanden aus diesem Triebe, das Märchenhafte mit dem Handgreiflichen zu verbinden. Sollte ich einem Künstler die Vorstellung des achtzehnten Jahrhunderts in einem Bilde geben, so würde ich ihm sagen: Malen Sie, mein junger Mann, die Schneekuppe der schweizerischen Jungfrau, rosig

angeglüht von der aus der Tiefe aufgehenden Sonne, und
oben auf der Spitze, recht in der Mitte des Glorienscheines
(wie man von Napoleon dergleichen Apotheosen hat), einen
dünnen, zerbrechlichen Gentleman im bis an den Hals zuge=
knöpften Frack, zitternd vor Frost in Nankingbeinkleidern! Das
neunzehnte Jahrhundert hat ihm dagegen ein Bärenfell um=
gethan, ja ihm sogar einen transportabeln Ofen mitgegeben.

Meinem Normalmenschen des neunzehnten Jahrhunderts,
der bereits laufen kann, wird alle mögliche Freiheit gelassen,
und wo sie gestört wird, geschieht dies nicht wegen eines
Systems, sondern in Folge des Temperaments der Erzieher.
Schon über die Säuglinge machte sich das achtzehnte Jahr=
hundert schlaflose Nächte. Gatte und Gattin konnten sich
über das Erziehungssystem, das sie befolgen wollten bei einem
Kinde, das erst geboren werden sollte, erzürnen. Unsere
Zeit, die den Bürger zum Zweck hat, nicht mehr den abstrac=
ten Menschen, läßt ihm sogar das Märchen wieder. Nur um
die Kinder zu erfreuen! Denn wie bald beginnt das Pflich=
tenleben! Der Emil des neunzehnten Jahrhunderts wird
für den Staat erzogen, für die Parthei. Emil hat nicht die
Bestimmung, nur für die Familie, nur für das Haus, er muß
hinaus in's wogende Leben, muß eine Zahl werden, die mit
angeschlagen werden kann, ein Name, der einmal eine Adresse
unterschreiben kann. Er entwickelt sich, ohne manchmal ein
anderes pädagogisches Moment, als das der Leidenschaftlich=
keit. Jetzt kommt Emil dem Vater gerade recht, er will ihn
auf den Schooß nehmen, jetzt hat Papa zu thun, er stößt ihn
zurück, er schlägt ihn. Emil lernt früh, daß alle Wissen=
schaft und Kunst, alle Civilisation und Ueberfirnissung der
Menschheit an sich selbst nichts sei; daß der alte, finstere,
zornige und despotische Adam unausrottbar bleibt; er lernt
früh, sich selbst zu helfen und bekommt immer mehr ein trotziges,
rauhes, amerikanisches Wesen. Es ist trotz unseres so hoch
gesteigerten Schulwesens eine so große pädagogische Unacht=
samkeit eingerissen, daß es wahrlich ein Glück ist, wenn sich
das durchaus vernachlässigte, kein sociales Vertrauen er=
weckende Individuum des neunzehnten Jahrhunderts leidlich
dem Allgemeinen fügt und sich unter der drängenden und

stoßenden Masse auf dem Markte des Lebens die Kanten ab=
schleift.

Wollen wir Emils weitere Entwickelungen verfolgen, so
müssen wir das Haus verlassen und eine Pension oder die
Schule besuchen. Emil wird hierhin nicht der Erziehung,
sondern des Unterrichts wegen gebracht; denn die Anforderun=
gen an den Einzelnen, welcher später vorgeben will, Bildung
zu besitzen, sind so gewaltig geworden, daß man in seinem
fünften Jahre schon lesen können muß, um im achtzehnten
Jahre so weit zu sein, daß man wenigstens eine alte und
zwei neuere Sprachen versteht, alle complicirten Fragen der
Fachwissenschaften als Vorkenntnisse besitzt, um dann erst
wieder etwas Neues zu lernen, was sich als solches noch gar
nicht beschreiben läßt, da es alle Tage durch neue Erfindung
verändert wird. Glücklicherweise haben die Pädagogen, die
man nicht mehr über die Seele der Kinder um Rath frägt,
ihre Muße dazu benutzt, allerhand Kunststücke zu ersinnen, die
das Lernen erleichtern. Man hat es möglich gemacht, daß
Kinder, die noch nicht sprechen können, schon anfangen, lesen
zu lernen, durch eine verzwickte Kunst, wo die Kinder nur
zu mauzen, prauzen, pusten, husten, zischen brauchen, um nicht
nur die Buchstaben, sondern sogar buchstabiren zu lernen.
Oder, was sage ich? Sie buchstabiren nicht mehr, sie sylla=
biren sogleich und lesen sogar, wenn ich auch besorge, daß
diese Methode das Stottern befördert.

Ich glaube ferner, es war ein Unglück, daß sich unsere
Großeltern so sonderbar trugen. Oder wären wir weniger
angeleitet, über die guten Leute spotten zu sollen, wir würden
weit mehr von ihnen entlehnen, wir würden zumal ihre pädago=
gische Gewissenhaftigkeit nicht für Pedantismus ausgeben. Be=
trachten wir nur unsere Väter, diese ernsten, brummenden,
mürrischen Männer, die stundenlang schweigen können; unsere
Mütter, von denen die jüngeren so zärtlich sind und
unter den Vätern so viel leiden, die älteren aber alle In=
differentismen der Väter theilen. Wir glauben, daß eine Er=
ziehung, die diese Brummtöpfe hervorgebracht hat, das Werk
der schlechtesten Pedanterie gewesen sein müßte? Keines=
wegs! Die tiefen Baßtöne kamen in unsere Eltern nur durch

die Wendung, welche die junge gegen die alte Zeit nahm. Unsere Großeltern sind so drollig und liebenswürdig, unsere Eltern so streng und barsch. Dies liegt in dem Widerspruche der Erziehung, welche die Eltern empfangen sollten, mit der Lebensbestimmung, welcher sie plötzlich durch das Jahrhundert folgen mußten. Sie waren erzogen für das Haus und wurden für die Welt in Anspruch genommen. Sie sollten sich als Menschen fühlen und durften sich plötzlich nur inner= halb der Begriffe des Bürgers bewegen. Das hat ihnen den übeln Humor gebracht. Das bestimmt sie, da sie nie gerecht genug sind, die Magensäure, an der sie zu leiden behaupten, auf die Zeit und den Weinkeller, den sie führen, sondern auf die Erziehung zu schieben, ihren Kindern gerade eine entgegen= gesetzte Erziehung zu geben, als sie selbst empfangen haben. Wo die Alten streng waren, sind sie nachsichtig. Wo jene lachten, da erzürnen sie sich. Unsere Kinder werden par dépit, aus Tort erzogen.

Ich behaupte immer, man kann zwar einen guten Ge= brauch von seiner Freiheit machen, ist man für dieselbe erzogen; allein man kann seine Freiheit nicht so fühlen, wenn man sie nicht vorher hat entbehren müssen. Die Strenggezogenen pflegen, freigelassen, nicht selten zügellos zu werden. Mäßigt aber die Strenge eine edle Bildung, ist sie der Schul= ranzen, der schon jung recht schwer ihre Schultern drückt, dann werden sie ihre Schritte schon einhalten und sich zum Gehen Zeit nehmen lernen. Ich finde, daß unsere so frei erzogenen Kinder oberflächlich werden, weil sie die Freiheit mit den Kennt= nissen zu gleicher Zeit erhalten, statt daß die Freiheit erst ein= treten sollte, wenn sie sich Kenntnisse angeeignet haben.

Es giebt viele scheinbar strenge Erziehungen unter uns. Es wird aber dabei nur auf den äußern Anstand gesehen. Die Kinder dürfen nicht auf das Sopha kommen. Sie müssen nach einer kurzen Mahlzeit den Tisch verlassen; das Wenigste des zu ihrer Bequemlichkeit Dienenden dürfen sie vom Ge= sinde verlangen. Das läßt sich Alles hören. Es ist eine strenge puritanische Erziehung. Aber diese Form wird un= vernünftig, wenn die Knaben sich nicht zwei Schritte von den Eltern entfernen dürfen, wenn sie noch in ihrem sechszehnten

Jahre kurze Jäckchen und eine breite Tellermütze mit einer
Trobbel tragen müssen, wenn die Mädchen nichts ansehen
dürfen, das nicht vorher von der Mutter mit einem moralischen Gesundheitsschein ausgestattet wurde. Hier ist die englische Erziehung die beschränkteste unter allen möglichen. Sie
macht die Generation so langweilig, wie es die englischen
Sonntage und Romane sind. Strenge, ja! Aber für das
Innere, nicht für das Aeußere.

Wenn man die Furcht kennte, welche das Kind vor der
Wissenschaft hat, man würde nicht so eilen, es in sie einzu-
weihen. In seinen Spielen erkennt man zuerst seinen Charakter, seine Auffassung der Außenwelt. So lange noch auf
den Straßen die Pamphlets gegen Napoleon ausgerufen wurden, waren alle Jugendspiele kriegerisch. Man hatte die
Wahl, sich entweder den Freiwilligen anzuschließen, die unter
Blücher fechten wollten, oder der kaiserlichen Garde, später
den Griechen oder den Türken. Diese Spiele scheinen sich
dann verloren zu haben mit den Congressen von Verona und
Aachen und werden schwerlich durch die Quadrupelallianz
und die Entêtes cordiales wieder neu belebt werden. Im
Gegentheil werden die Stimmungen unserer Jugend immer friedlicher, so daß man glauben möchte, sie wollten einmal Staatspapierhandel spielen. Dennoch ist dies keine Rückkehr und Einkehr bei sich selbst, sondern der Nachahmungs-
trieb hat sich erhalten. Ich habe Kinder beobachtet, die Cholera zu spielen behaupteten. Jetzt spielen sie Eisenbahnen
und Dampfmaschinen. Die Theatermanie früherer Zeiten, die
Goethe so plauderselig beschrieben hat, findet man nicht mehr
so viel bei den Kindern.

Dagegen brechen in den Schulen Empörungen aus. Die
Souverainetät der Masse ist schon bis hierher gedrungen. Der
Lehrer kann noch so streng sein, die Klasse wird doch lau-
schen, bis sie ihn überrumpelt. Es ist schon in manchen Colle-
gien vorgekommen, daß Pulververschwörungen entdeckt worden sind, die zwar nicht beabsichtigten, die Lehrer in die Luft
zu sprengen, aber sie durch eine heftige Detonation zu erschrecken. Ein Agitator unter den Schülern steht an der
Spitze. Der Jugendenthusiasmus traut ihm jede Großthat

zu. Was Niemand kann, wird der junge Matador können. Schon knechtet er seine Anhänger; zum Lohn dafür, daß er diese vertheidigt. Er erhebt sich täglich seinen Tribut, der entweder darin besteht, daß er den Schwachen ihre Arbeiten entreißt und sie für die seinigen ausgiebt, oder daß er sich an die Thür der Klasse stellt, die Scholaren abwartet und jedem einen Obst= oder Brodzehnten aus der Rocktasche stiehlt. Dafür ist er der Nationalheld! Er wagt sein Leben für sein Volk, er ist der, der mit den Gegnern parlamentirt, der den Tirailleur spielt, er ist der Commandeur und Trompeter zu gleicher Zeit. Ruft er mit starker Stimme sein Hurrah, so stürzen sich ihm die Seinigen mit blinder Wuth nach, und wenn's um den Kopf ginge. Der junge Gymnasial=O'Connell ist auch die Personification der Ehre; alles in diesem Punkte Zweifelhafte (der irische kümmerte sich nicht viel darum) wird von ihm entschieden; ja ich erinnere mich einer recht eigenthümlichen Servilität unter meinen Kameraden im Colleg. Sie drängten sich in die Nähe des Matadors und trumpften nur deshalb auf, damit dieser sie hörte und würdigte. Wie lächeln da solche Matadore, wie fühlen sie sich geschmeichelt, wie suchen sie sich ihre Günstlinge aus!

Wenn die Menschen unseres Jahrhunderts von ihren Kennt= nissen nur Kopfweh haben, so liegt dies weniger, wo man es immer sucht, in der Methode, als in der Unentschlossenheit, den alten Unterrichtsstoff mit dem neuen auszugleichen. Die alte und die neue Welt streiten mit einander; wir werden erst für Asien, dann für Amerika erzogen, ganz zuletzt für Europa. Wenn wir wissen, wo die Griechen sich ihre Orakel holten, dann erfahren wir, woher wir den Zucker holen. Ich halte das Erstere für ganz so wichtig, wie das Zweite. Nur sollte man beides verbinden. Man sollte nicht erst Gelehrte machen und sie dann in Kaufleute verwandeln. Mühe, Zeit und Lust gehen dabei verloren. Braucht man doch den Gelehrten vom Kaufmann nicht so entschieden zu trennen. Doch es kommt Alles darauf an, die Periode des Unterrichts abzu= kürzen, ihre Ausdehnung zusammenzudrängen und in dem Augenblick, wo der Funke der Erleuchtung in den menschlichen Geist fällt, ihn einen Unterrichteten sein zu lassen. Erst in

dem Momente Stoff erhalten, wo man glaubt, Stoff be=
herrschen zu können, heißt, um die entscheidendsten Mo=
mente seines Lebens betrogen oder ein Autodidakt werden, eine
Anomalie von Menschen, die nicht immer geräth.

Ich greife die alte Physiognomie unserer Erziehung ungern
an, weil ich fürchte, die weißgetünchte Flachheit unseres modernen
Maschinen= und Dampfgeistes möchte ihre Stelle vertreten.
Hier ist ein Entschluß schwierig. Die Gelehrsamkeit der la=
teinischen Schule scheint mir übertrieben zu werden, wenn
man griechische Trauerspiele aufführt. Früher traktirte man
den Horaz, das neue Testament und einige Dialoge des
Plato; die Lehrer waren Theologen, die, ehe sie eine Pfarre
hatten, auf der Schule zurückließen, so viel sie mußten. Jetzt
sind es eigens zugerichtete, sogenannte Philologen, die eine
Menge von Subtilitäten in die Köpfe der Jugend einschmug=
geln und ihnen statt von Pompejis Untergang zu erzählen,
die Geschichte der Pompejanischen Ausgrabungen hersagen und
noch eine neue Mikrologie erfunden haben, die germanistischen
Studien. Wortklaubereien beschäftigen diese Herren mehr, als
die classische Literatur und deren Schönheiten.

Ein durchtriebener Bursch, mit dem ich in die Schule ging
(er ist Pietist geworden), ließ in die Zeitung einrücken:
„Ergebenste Anfrage an die Herren Philologen! Ein junger
Gentleman, der von seinen Eltern und Hofmeistern eine
dringende Vermahnung zum Anstand mit auf die Lebensbahn
bekommen hat, wünscht sich dem Alterthum zu widmen und
fordert Lehrer desselben auf, sich unter der Bedingung bei
ihm zu melden, daß sie ihm authentische Versicherungen
sowohl über die Speinäpfe, wie über 'die Schnupftücher der
Alten geben können. Sollte derselbe Gentleman in Erfahrung
bringen, daß die Alten ohne Weiteres in's Zimmer gespuckt
und in die Hand geschneuzt haben, so brächte denselben kein
Ministerialrescript dahin, ihnen irgendwie Berücksichtigung zu
schenken." Er wurde wegen dieses Inserats auf ein halbes
Jahr excludirt, eine Zeit, die er gut zu benutzen verstand.
Er lernte für sich selbst mehr als in der Schule.

Ich kehre zu Emil zurück. Emil soll kein Gelehrter wer=
den, sondern in das Geschäft seines Vaters treten. Emil ist

ein wunderliches Wesen geworden. Auf der Schule hat er ganz
gut seine Rede gemacht, er ist nicht dumm, aber auch nicht
besonders gescheidt, er behauptet sich eben. Das Beste aber
und zugleich das Eigenthümliche ist, daß Emil plötzlich selbst
an sich die Erziehung beginnt, welche die Eltern an ihm vernachlässigt haben. Sein Kopf wird von einem neuen
Enthusiasmus der Abhärtung, der Gleichgültigkeit, des
männlichen Sinnes beherrscht. Er steht sogar um fünf Uhr
auf. Er kauft sich eine Weckeruhr, um die Zeit nicht zu verschlafen. Er liest Uhland, Rückert, Platen, es wird licht in
seinem Haupte; wenn man nachsieht, wird man an der Stirn
etwas wie die Flamme der Inspiration brennen sehen. Emil
lernt schwimmen, ficht sogar und schießt auf dem Schützenhofe
alle Samstag sechs Pistolen ab (der Schuß vier Groschen).
Ueber seinem Bett wird man auch bald ein paar eigene Pistolen, kreuzweis gelegt, erblicken. Darüber noch zwei Stoß-
degen und eine Studentenmütze. Die Nacht hindurch liest der
fürchterliche Emil Romane, er lernt Geschichte aus Walter
Scott, Geographie aus Cooper. Dieser Enthusiasmus des
Frühaufstehens, des Schwimmens, der Abhärtung dauert ein
Jahr. Es ist die Zeit, wo sich Emil von der Schule den
Weg in das Comptoir bahnen soll. Er wirft einen Blick in
die große Welt, sieht zugleich, daß die Romantik mit der
doppelten italienischen Buchhaltung zwar ein und dasselbe
Vaterland, aber keine weitere Verwandtschaft hat, er wird das,
was wir mehr oder weniger Alle sind, Commis. Einige
Jahre vergehen in Zurückgezogenheit und Bescheidenheit. Der
junge Mann bekommt in Folge bedeutender Rechnungsfehler,
die er gemacht hat, ein schüchternes Wesen; man sieht ihm
nicht mehr an, daß er früher für jede Pistole, die er ab-
schießen konnte, vier Groschen zahlte. Emil macht die erste
Reise zu einem Geschäftsfreunde seines Vaters. Seitdem wird
er ein Mann seiner Kraft und ein Mann seiner eigenen
Kasse.

Das Stutzern war im achtzehnten Jahrhundert nur das
Privilegium entweder des Standes oder der Narrheit. In unserer Zeit ist es eine Bahn, die von Jedem einmal einge-
schlagen werden muß. Es liegt in der Luft unseres Jahr-

hunderts, daß die jungen Leute insgesammt in einem gewissen
Alter den Verstand verlieren und sich wie Narren geberden.
Der Begriff des Genteelen ist über die ganze Erde verbreitet,
ruinirt eben so viel Gemüther, wie es deren einige auch kräf=
tigt. Es ist eine Passage, die der Engländer macht, der den
Stein der Weisen in seiner Weste sucht, der Franzose, der
ihn im Hut und der Cravatte findet, der Spanier, dem Alles
auf die weiten Pantalons ankommt, der Deutsche, Russe und
Italiener, die es dem Engländer, Franzosen und Spanier
nachmachen. Dies Stadium der modernen Bildung ist so
eigenthümlich, daß es ein längeres Verweilen an dieser Stelle
verdient.

Man hat jedoch das Leben der englischen Stutzer zu oft
geschildert, die französischen Incroyables sind bekannt. In
Deutschland geben Wien und Berlin den Ton an. In diesen
beiden Hauptstädten kann jetzt schon von einem System in
diesen Dingen die Rede sein. Ihr sprecht von Schopenhauer,
vom deutschen Reiche, die Jugend spricht schon mit, aber in
Wahrheit beginnt ein junger Mann seinen Culturkampf mit
sich selbst. Die Frage, wie er seinen Hals bedecken soll, er=
fordert Studien und Reflexionen. Eines Tages war Emil mit
einer ungeheuern Cravatte erschienen, so daß Alles über ihn
lachte. Das hinderte ihn nicht, sich auch jene kleinen gestreif=
ten Lappen zuzulegen, die durch ihre gefährlichen Spitzen sich
den Namen der Parriciden zugezogen haben. Nun geben
Sprungriemen den Beinkleidern einen gesteigerten Effect der
aufgeschossenen Gestalt, die Länge ihrer Röcke wird beschnitten,
um recht kurze, Jagdröcken ähnliche Taschenflügel über die
Lenden schwirren zu haben, kurz der Spiegel würde die vollste
Befriedigung gewähren, wenn ein Blick auf diesen nicht eine
Veranlassung zur Melancholie böte. Denn mit dem Barte
will es noch nicht gehen! Erst einige wenige Haare schattiren sich
in der Sonne und sind vielleicht nur die Frucht eines Leber=
fleckes! Armer Junge, Du wirst noch zehn Jahre brauchen,
um einen vollen Rothbart auf den Lippen zu haben! Allein der
junge Mann, dem täglich das Blut höher in den Kopf steigt,
glaubt das nicht und blickt stundenlang, wie ein indischer
Fakir, auf seine aufgeworfene Oberlippe, auf welcher ein

Flaum, wie ihn auch Mädchen haben, nicht fehlt. In der Sonne sitzend, richtet er seinen Kopf so auf die Seite, daß er immer im Schatten, wo sich die kleinen Federn vergrößern, einen Dragonerunteroffizier zu sehen glaubt. Engländer, die früher keine Bärte trugen, hatten vor Jahren noch keinen Begriff von dieser stillen Tollheit, welcher sich in Frankreich, Deutschland, Spanien, Italien, Rußland, kurz auf dem Continent die jungen Leute hinzugeben pflegen. Sie lassen sich rasiren, um das Wachsthum zu befördern, sie lassen Buchsbaumholz abkochen, um sich mit der daraus erzeugten Lauge täglich Oberlippe und beide Wangen zu bestreichen.

Endlich aber ermüden entweder die fruchtlosen Anstrengungen oder die ersehnte Zierde stellt sich wirklich ohne Geheimmittel ein. Das Nächste, dem sich der werdende Dandy dann auf dem Continente hingiebt, sind die Kaffeehäuser und die Cigarre. Ich unterlasse eine Schilderung der Schwierigkeiten, die beim Tabackrauchen überwunden werden müssen, ich erinnere nur, daß jene ruhige Apathie, mit der man sich in einen selbstverfertigten Dampf einhüllt, viel dazu beiträgt, früh zu lernen, seine wohlgeborne, wenn auch noch unzielsetzliche Meinung abzugeben. Jetzt beginnt jene Bildung, welche mitsprechen kann, die Bildung des Theaters, der Concerte, der literarischen Hahnenkämpfe. Zuerst wird das Alles noch mit einer Art frommer Neugier betrachtet, dann ist man schon im Zusammenhange, man weiß, heute muß diese Kritik, morgen jene Antwort auf einen belustigenden Angriff kommen; jetzt wird man bald in die Colonnen jener tiefsinnigen Geschmackskenner treten, die im Parterre das Glück oder Unglück der Stücke wörtlich in ihren Händen haben. Der Cursus ist beinahe fertig. Der Emil des neunzehnten Jahrhunderts kann in die große Welt eintreten.

Und wie tritt er ein! Der Idealismus seiner früheren Garderobe ist verwischt. Er ist das Machwerk seines Schneiders, der in Dresden Trigonometrie in der Bekleidungskunst studirt hat. Nur für seine Handschuhe und die Westenzeuge, die er wählt, sorgt er noch mit eigenem Geschmack. Es ist noch nicht das zweite Stadium eingetreten, wo sich mein Heros in einen einzelnen Herrn verwandelt, er sorgt noch nicht für eine comfortable Wohnung, Wachslichter und einen Apparat zum eigenen Kaffeesieden. Er hat keine ernstlichen Liebschaften, wo er etwa erwarten müßte, daß ihm eines Morgens ein Vater auf's Zimmer rückte, um ernstliche Rücksprache zu nehmen; sondern er richtet, mehr auf der Straße, als bei sich verkehrend, bis jetzt noch alle seine Aufmerksamkeit auf den ersten Eindruck, das Exterieur eines angenehmen in die Augen Fallens. Ich sehe mit Schrecken, daß Emil, der große Geschmackskenner, der mit zwei Feuilletonisten umgeht, ob sich diese gleich heftig befehden, Emil, der Freund des ersten Helden, der Anbeter der Primadonna am Theater, sich seit einiger Zeit abgeschmackte Manieren angewöhnt. Ist es nicht, als näselte ein wenig seine Stimme? Hat noch ein Satz Zusammenhang mit dem andern? In der That, Emil hat etwas von den Snobs der Engländer und den Söhnen der Mitglieder des Pariser Jokeyclubs angenommen. Jetzt macht sich Master Fop geltend. Jetzt werden die wahrscheinlich mit Stecknadeln befestigten Handmanschetten über den Rockärmel zurückgeschlagen, so daß Emil aussieht, als wollte er jeden Augenblick einen Kapaunen tranchiren. Die Hände ruhen sich wechselseitig in dem rechten oder dem linken Westenschlitze aus. Der Gang bekommt etwas Unsicheres, etwas um Hülfe Rufendes; eine Nelke im Knopfloche scheint in der That die Stelle eines Riechfläschchens zu vertreten. Woher diese Geberden? Es ist das jämmerliche Leibschneiden der Langenweile, einer Zeit, die verloren ist bis zu jener Stunde, wo sich Adelaide, die Sängerin, Fanny, die Tänzerin, sprechen läßt. Emil reitet täglich eine Stunde; aber er sitzt auf dem Hintertheile des Gaules, zusammengeknickt, er läßt vorn die Zügel so tief schießen, daß man einen Don Quixote zu sehen glaubt. Und das Alles ist Kunst, diese Vernachlässigung will studirt sein! Mein junger Blasé steigt ab. Wie gemäßigt seine Aeußerungen, wie gezügelt seine Leidenschaften! Unter ihm brennt ein Vesuv. Aber er giebt sich wie die Apathie selbst. Das gehört zum Effect eines richtigen jungen Gentlemans.

Mein armer Emil! Die Mode wird Dir alle Kraft aus den Sehnen saugen. Du kennst Sophokles, Horaz, Shakespeare, Goethe, und welche Bücher finde ich plötzlich auf Deinem Tische? Paul de Kock, um zu wissen, welche Wirkungen Du auf die Phantasie der kleinen Grisette, der Du nachstellst und einstweilen nur Bücher leihst, hervorbringen wirst und bei welcher Schwäche Du sie wirst erobern können! Hackländer! Der soll Dich beim Militair und bei Hofe einführen! N. N. Der unterrichtet Dich im Jargon der Kaserne! Emil spürt plötzlich so viel Geist in seinem schon mehrmals phre= nologisch untersuchten Denkapparat, daß er sich sagt: Du bist Abonnent auf mehre Morgenblätter, welche von Deinen Freunden redigirt werden, warum greifst Du nicht einige Fragen des Tages auf und betheiligst Dich an einigen ge= lehrten oder ungelehrten Streitigkeiten, welche gerade an der Tagesordnung sind, machst Gedichte oder schreibst zu= weilen an die Zeitungen Briefe, die unterzeichnet sind: Ein Abonnent, ein Mann ohne Vorurtheile, Quidam', Utis, Nemo, Alethophilos? Bezeichnungen, die er gelesen und sich hat erklären lassen.

Endlich aber rückt die Zeit heran, wo entschieden werden muß, ob Emil unter den Hagestolzen oder den Ehemännern dienen wird. In diese beiden Lager, welche beinahe eine gleiche Anzahl enthalten möchten, theilen sich die Männer un= serer Zeit. Der freiwillige Cölibat scheint den gezwungenen zu verdrängen. Die römischen Geistlichen haben Aussicht, bald jene Frauen heirathen zu dürfen, welche die Cölibataire ver= schmähen. Diese Herren heirathen nicht mehr, wie ein großer Theil der Männer schon aufgehört hat, zu tanzen. Auf den Bällen bilden die Heirathsfähigen eine Chaine rings um den Saal und beobachten die Mädchen, die durch die Prüderie der Männer verurtheilt sind, nur noch mit jungen Menschen von neunzehn Jahren zu tanzen, die gewöhnlich die Brüder ihrer Freundinnen sind, jungen Menschen, die in zehn Jahren erst an das Heirathen denken dürfen, wenn sie überhaupt je daran denken. Ich tanze nicht, ich bin zu alt; ein kindisches Ver= gnügen! So urtheilen die, die rings die Chaine bilden und ihren Witz erschöpfen, um diejenigen, die noch unbefangen ge= nug sind, um sich an der alten Tradition der Françaisen,

Cotillons und der neuen Erfindung der Polkas zu ergötzen, zu mustern und zu kritisiren. Es ist unausstehlich! flüstern die Tänzerinnen und reißen die noch unreifen Jünglinge, die erst kürzlich die Lectionen des Tanzmeisters verlassen haben, wie die Mänaden hin und her.

Ja, es geht durch die Sitten unseres Jahrhunderts ein eigenthümlich prüder Zug, der von den Frauen auf die Männer übergegangen ist. Die Männer nur sind Schuld daran, daß die Frauen auf die tollen Emancipationsgedanken gekommen sind. Es ist die Täuschung des Fahrenden, daß er glaubt, die Bäume der Landstraße flögen an ihm vorüber. Die Prüderie der Männer scheint ein Erbübel unserer Tage werden zu wollen. Ist es der Ernst unserer Zeit, der sich den Männern, die für die Zeit berufen sind, mittheilt? Ist es der faule Friede, der von 1815—1830 eine Menge Interessen, die den Geist und den Leib berühren, unaufhörlich in Frage und hitzige Abrede stellte. Im Kriege, in den finstersten Zeiten, wo die Guillotine herrschte, wo Napoleon siegte, konnte man durch die Ereignisse nicht so mißgestimmt werden, wie es die Männer durch die Windstille wurden. Denn damals war es das Schicksal, an dessen mächtiges Walten man sich gewöhnen mußte, man sahe Begebenheiten aufrauschen, die mit den Sturmfluthen des Zufalls kamen oder wie von dem sichtbaren Dreizack des Neptun, der individuellen Energie, herrührten, während man jetzt nur die Personen als die Factoren der Dinge betrachten kann, nur particuläre Interessen und verblendete Ansichten. Die Hand an einen Säbel zu halten, der fest genietet ist, läßt uns kindisch erscheinen. Diese Friedensepoche (1837) hat all' die Nachwirkungen, die Richard III. bei Shakespeare von ihr aufgezählt. So werden die Männer auf kleine Gesichtspunkte gedrängt. Diese nehmen sie aber wichtig. Was bei ihnen nur eine Folge der Umstände ist, das nimmt die primitive Farbe der Ueberzeugung an. Aus der Erschöpfung wird Leidenschaft, negative Leidenschaft, Indolenz. Es bilden sich Begriffe unter den Männern aus, welche man wol bis in ihren natürlichen Ursprung verfolgen kann, die aber das Unnatürlichste sind, was sich voraussetzen läßt. Das Mittelalter zeigte uns physische Pönitenzen, wo das Blut über den Rücken der Gegeißelten floß, ohne daß sie etwas Anderes als wohlige Gefühle davon hatten. Aehnliches trägt sich in der modernen moralischen Welt zu. Denn daß es so viel Männer giebt, die den mora= lischen Umgang des Weibes verschmähen, ist nicht überall die Folge mönchischer Ascese, sondern nur zu oft die Folge einer Indolenz, die Blasés erzeugte, die nicht einmal die Dinge satt hatten, sondern Blasés, die sie noch gar nicht kosteten. Wo diese Umstände nun schon vorangingen, da wird zuletzt das ökonomische Verhältniß das entscheidende. Die Existenz ist eine schwere Aufgabe geworden. Wohin früher zehn Arme langten, darnach langen jetzt tausend. Die Concurrenz hat alle Gewinnste in ihren Procenten verringert: man muß mit dem Nachbar theilen, ohne es zu wollen. Ein agrarisches Gesetz ist da, ohne daß es Einer gegeben hat. Die Reich= thümer sind weit ungewisser geworden, als sie es früher waren. Der kleine Zinsfuß, die Verführungen des Staatspapier= handels lockten das Geld aus den verschlossenen Truhen und setzten es in Umlauf, wo es seinen Ertrag auch Denen ab= werfen muß, die für den Umlauf nichts thun. Bei diesem allgemeinen Aechzen und Keuchen nach Besitzthum theilte sich die Besorgniß selbst Denen mit, welche reich sind. Ein Rei= cher ist nicht mehr so sicher, wie er es ehemals war, er hat die alte Ruhe nicht mehr; ihn scheucht das laute Toben auf, so daß er glaubt, mit Hand anlegen zu müssen und dasjenige erst zu erwerben, was er schon besitzt. Aber siehe, sein Reichthum mehrt sich. Denn es ist eine nicht minder erwie= sene aber nicht minder betrübende Thatsache, daß nur die= jenigen bekommen, welche haben, und denen genommen wird, die nichts haben. Man gewinnt nichts mehr ohne Einsatz. Ein Geschäft muß „hineinstecken" können, wenn Etwas „her= auskommen" soll. Was ist der Credit? Credit, der nur auf den ehrlichen Namen ausgestellt wird? Die ehrlichsten Leute haben fallirt. Credit muß der Abglanz des bereits Vorhan= denen sein, der Schatten einer Sonne, die baar und blank versilbert nachgewiesen werden kann. Reichen nicht die baaren Mittel, nun, so setze Dein Leben ein! Verkaufe Deine Seele, setze Dich selbst zum Pfande! Darbe, entziehe Dir Deine

Lieblingsvergnügungen, beschränke Dich auf eine kleine, elegante, nieblich eingerichtete — doch wovon spreche ich? Ich komme schon in das Gebiet der Haute finance, der Börse, und vergesse ganz, daß ich bei den Hagestolzen stehe.

Ich will von Baron Kottenkamm erzählen.

Mein alter Freund besitzt nur geringes Vermögen; doch würde dasselbe, wenn er noch eine Stelle annähme, hinreichend sein, seine Frau, vielleicht auch zwei Kinder zu ernähren. Zuweilen glaubt er das und zuweilen zweifelt er daran. Sie werden heirathen, Baron? fragte ich ihn. Nie; antwortete er entschieden. Auch Adèle nicht? Wer ist Adèle? Hier mußte man ihn sehen. Die kahle Platte des Kopfes überzog sich plötzlich mit einem üppigen Haarwuchs. Die zusammengeschrumpfte Gestalt glättete sich auf. Ein sanftes Roth flog über die trockenen Wangen. Er zog in lebhafter Unruhe seine Handschuhe bald aus bald an und zupfte so lange an seinen Manschetten, bis ich erinnern mußte, daß sein Hembe zum Vorschein kommen würde. Er kannte Adèle gar nicht. Aber es konnte doch eine jener schönen jungen Damen sein, die auf dem Ball neulich, den er mitgemacht hatte, so dicht beisammen standen und so lebhaft kicherten. Ich sprach Vielerlei von Adèle; er hörte schon gar nicht mehr darauf, sondern schien nur in ein tiefes, mit Zahlen beschäftigtes Nachdenken versunken. Er rechnete an den Fingern und hielt, um sich die einzelnen Posten zu merken, einen Rockknopf nach dem andern, um die Hunderte nicht zu verwechseln. Endlich warf er seinen Kopf auf und rief mit einem Lächeln, das an Verklärtheit grenzte: Yes, Sir! Er hatte sich überzeugt, daß er es wagen durfte. Er schlüpfte unter meinen Arm und zog mich fort, ihn mit Adèle bekannt zu machen. Ich that es, weil ich die Wünsche dieser Dame hinlänglich kannte. Sie sahen sich öfters, Adèle hatte ein kleines Vermögen, Kottenkamm rechnete, rechnete, rechnete... die Seifenblase zerplatzte, er trat zurück wie früher.

Als ich ihn sah, war ich erzürnt und machte ihm Vorwürfe. Er sah elend aus. Ich mußte für ihn Theilnahme empfinden. Ich glaubte sogar, er weinte, als er mir die Berechnung machte, daß Adèle ein Vermögen von 12,000 Gul-

den besaß. Desto besser, sagte ich. Nein, fiel der ewig Be=
denkliche ein; wer 12,000 Gulden mitbringt, verlangt einen
Aufwand für eine Summe, wovon diese 12,000 Gulden nur
die Zinsen sind. Ich übertreibe, verbesserte er sich, als ich die
Augen aufriß; allein das werden Sie mir nicht streitig ma=
chen, daß eine Frau ihre Mitgift immer um die Hälfte höher
anschlägt und von ihrem Eingebrachten 10% Nadelgeld
ziehen will. Adèle ist ein himmlisches Geschöpf; aber sie
hat eine Mutter, eine Tante, eine Großtante, eine Schwägerin
ihres verstorbenen Bruders, der wieder von Seiten seiner
verstorbenen Frau eine Nichte mütterlicher Seits in die Fa=
milie gebracht hat, die in Paris und London war und wie
ein Buch spricht, kurz, was Adèle nicht weiß, wissen die An=
dern und — es geht nicht, ich kann nicht, ich darf nicht, ich
habe mich übrigens auch mit meiner eigenen Kasse verrechnet.
Er zuckte die Achsel und schlich davon.

Baron Kottenkamm ist der ewige Bräutigam. Wen er
sieht, den will er heirathen. Denn er schwärmt für die Frauen.
Das „Weibliche" zieht ihn fortwährend „himmelan". Er hat
seine Emissäre, seine weiblichen Spione, Kuppler sogar, um
manche Ehevermittelungsschwärmer mit rechtem Namen zu nen=
nen; diese jagen ihn des Morgens aus den Federn und erregen
seine Phantasie, die nie ermüdet. Mit dem Pupillencollegium
giebt es fortwährende Relationen: in den Magistratsbüchern
wird nachgeschlagen, wie viel diese oder jene Partie besitzt, in
den Kirchenbüchern, wie alt sie sei. Er ist in allen Winkeln
zu sehen, wo sich mehr Damen als Herren befinden und dem
Gespräche das Uebergewicht auf die weibliche Seite geben, in=
dem die Unterhaltung dann die Damen zu Registern der
Stadtchronik macht, aus denen er sich notirt, was er wissen
will. Bei den Damenkaffees, diesen eleusinischen Mysterien
der Frauen, die sonst den Männern verschlossen sind, erscheint er
oft als ganz zufälliger und unverhoffter Besuch, aber die Paare,
die sich hier treffen, treffen sich mit Voraussetzung. Es gilt eine
Bekanntschaft, eine wechselseitige Musterung, es wird Zartes
und Empfindsames zur Schau getragen. Kottenkamm spielt
Klavier, singt selbst mit einem herzzerreißenden Tenor seinen
Lieblingscomponisten Mendelssohn, es fehlt nur bei Fräulein

Augusta oder Fräulein Martha der Händedruck beim Abschied=
nehmen, aber wenn er nach Hause kommt, schlägt er sich vor
den Kopf und wälzt sich im Bette, stöhnend: Es ist nicht
möglich, es geht nicht, ich kann es nicht ausführlich machen.
Ich habe es nicht, Gott verdamm mich!

Kottenkamm hat alle Tage eine unglückliche Liebe und alle
Tage eine neue, die ihn tröstet. Es ist eigen, einen Mann zu
beobachten, der in einer ewigen Ungewißheit, zwischen Schmerz
und Freude lebt, der in dem Moment eine Thräne zerdrücken
möchte, wo schon wieder ein Hoffnungsstrahl aus seinen Augen
lacht. Er verbindet, in einer fortwährenden Entsagung be=
griffen und doch überall herumkostend, Abälard und Lovelace.
Er gleicht einem Pfarrer, den ich kenne, der für das elegante
Sonntagspublikum predigt, seine Augen mit allem Schmelz
der Verklärung gen Himmel werfen kann und der doch da=
bei, während er predigt, die richtige Zahl seiner Zuhörer zu=
sammenrechnet. Man weiß nicht, soll man sagen: da kommt
ein sehr unglücklicher Mann, oder: da ist eben ein recht fri=
voler um die Ecke gegangen!

Kottenkamm's Liebschaften näher zu betrachten, erregt Mitlei=
den für den Gegenstand, den er sich ausgewählt hat. Der Leicht=
sinnige, wider Willen Gewissenlose! Das ist zuerst ein Flü=
stern und Wispern, ein Handbrücken und Einrichtungen=
treffen; die Mutter beschleunigte das wechselseitige Geständ=
niß, sie hat ein Interesse, auch die Verbindung zu beeilen.
Es wird gekauft, gemiethet, es fehlen nur noch die Ansätze
für den Verlobungs= und Hochzeitstag. Man berathet sich
darüber, Kottenkamm wird bleich, rückt mit dem Stuhl, em=
pfiehlt sich mit Zerstreuung, kommt den folgenden Tag wie=
der und sagt, er hätte sich nur seine vergessenen Handschuhe
holen wollen. Die neue Unglückliche erschrickt, Kottenkamm
hält nicht mehr Wort, endlich kommt ein Brief und die
Seifenblase ist zerplatzt. Stürben diese gewöhnlich schon neun=
undzwanzigjährigen Damen so auf der Stelle, wie sie es zuerst
nicht anders thun zu können vermeinen, so wäre durch den
zahmsten aller Don Juans schon ein Kirchhof bevölkert
und man müßte dem raffinirten Mörder so vieler Frauen=

herzen einen Proceß und womöglich einen Strick an den Hals werfen.

Der bei alledem liebenswürdige Unentschlossene ist jetzt in die Vierzig getreten. Er wird so lange wählen, bis sich ihm keine Auswahl mehr bieten wird. Kehren wir zu den Männern zurück, welche den Einsatz wagen und durch ihre Versuche, etwas für die Vermehrung der Bevölkerung zu thun, dem Zwecke der Geschichte sich zu nähern suchen. Darüber fällt uns Ungalanten aber ein, daß die Damen den Vortritt haben! Die Frauen des neunzehnten Jahrhunderts! Oder sollten sie sich nicht wieder dem achtzehnten nähern? Die weiße Schminke, der Puder, der Pompadour- und chinesische Geschmack —! Noch ist es zweifelhaft, ob wir auf die Schönpflästerchen wieder zurückkommen, aber vermuthen möchte man es, wenn man sieht, wie die Kleider der Frauen, wenn auch noch nicht ganz den altfränkischen Zuschnitt, doch allmälig schon wieder die altfränkischen Desseins bekommen. Jene großen Blumen im weißen Felde, welche die Kleidermuster des achtzehnten Jahrhunderts waren und die sich nur auf Bettüberzügen erhalten hatten, kehren wieder zurück. Die langen Taillen sind Annäherungen an die alte Zeit, die Aermel ebenfalls, kurz es ist hier dieselbe Erscheinung ersichtlich, die sich auch in den Formen der zur Bequemlichkeit dienenden Gegenstände wahrnehmen läßt. Das Ameublement bekommt jenen breiten, kolossalen Charakter wieder, den die Stühle und Schränke alter Zeiten hatten. Das Tafelservice wird durchweg wieder altfränkisch; denn nachdem es die Oekonomie lange mit Wedgewood, Gesundheitsfayence und ähnlichen Surrogaten in einfachster Form versucht hat, ist man wieder darauf zurückgekommen, tiefe, bemalte Teller mit breiten Rändern, Suppenterrinen mit Henkeln, Compottbehälter in viereckter Form, und Alles aus feinstem Porzellan, chinesisch und japanisch bemalt, für das Geschmackvollste und Modernste zu erklären.

Doch was sprechen wir von Tellern und Suppenterrinen, wenn man von den Frauen des neunzehnten Jahrhunderts reden will! Ein Mädchen unserer Tage bekommt ohne Zweifel mehr Wissensstoff zum Eintritt in die Welt, als ehedem. Im vorigen Jahrhundert ersetzte die Kenntniß der französischen Sprache alles Uebrige; die Frauen hatten ein Mittel, sich immer für geistreich und gelehrt genug hinzustellen; eine absolute Uebung in dieser Sprache, eine Uebung, die in der Illusion leben konnte, als wäre das Französische die Muttersprache selbst, wurde zuweilen erreicht. Das Parliren ist und bleibt eine Gedächtnißsache, bei welcher die unleugbare, wenn auch noch so hinreichende Anstrengung in Betreff der Form das ersetzt, was man in der Muttersprache aus seinem eigenen Kopf an Inhalt würde hinzusetzen müssen. Diese Kenntniß versiegte. Man sah, daß nicht viel da lag auf dem Grunde und man andere Gegenstände brauchte, um so viel Zeit mit Sprechen auszufüllen, als man früher ausfüllte, nur indem man französisch, d. h. ohne Inhalt sprach. Man besann sich nicht lange, sondern ließ für ein und dasselbe Geld die Mädchen am Unterricht der Knaben Theil nehmen; denn so und nicht anders drücken wir die starkgeistige Reform der weiblichen Erziehung aus. Heloise war so gelehrt wie Abä- lard. Nicht unmöglich, daß uns die Frauen überflügeln. Stehen in einem Jahre jetzt nicht mehr Schriftstellerinnen auf, als deren das ganze Alterthum und nur bei den Grie- chen zählte? Denn auffallend, bei den Römern gab es keine weiblichen Schriftsteller. Wir aber haben Schriftstellerinnen, wie Sappho und Erinna, die den Mond besingen, und solche, die über Nationalökonomie und den Pauperismus schreiben. Die Manie der Autorschaft ist unter den Frauen so verbreitet, daß man, wo man eine etwas laut sprechende Dame hört, immer bereit ist, sie für eine Schriftstellerin zu halten.

Es ist auffallend, daß die Frauen im l e d i g e n Stande eine Sucht haben, sich zu vereinigen, um geschlossene Ketten zu bilden, dann aber als v e r h e i r a t h e t e Frauen diese wieder auflösen und lange Zeit mehre Kindbetten erst ab- warten, ehe sie wieder auf den alten Trieb zurückkommen. Das Gefühl der Liebe entspringt bei den meisten weiblichen Naturen nicht aus dem stillen Nachdenken über die Geheim- nisse derselben, sondern aus einer magnetischen Gewöhnung an andere Individuen, die sie für besser als sich selbst halten. Gewöhnlich geht der Liebe zum Manne eine oft grenzenlose

Liebe zum Weibe voraus. Junge Mädchen verlieben sich in ältere, eine Erscheinung, die sich auch bei den Knaben findet. Ich erinnere mich, einst als Knabe zu einem meiner Kameraden die heftigste Leidenschaft empfunden zu haben.

Wir haben so zahllose Darstellungen der Psychologie, aber keine noch wird über die mannigfachen Gestaltungen der Liebe Auskunft geben. Wir haben Anwendungen der Physik auf die Moral, Versuche, aus der Physik moralische Lichtblicke und Ordnungen festzustellen; allein vergebens, daß wir von einem Philosophen erfahren könnten, unter welchen Umständen sich die Menschen zu verlieben pflegen. Man sagt, daß diese doch so wichtige Frage in den Roman gehört. Im Gegentheil, Cultur- und Naturgeschichte dürften selbst von einer Untersuchung dieser Frage Vortheil ziehen.

Alle Liebe läßt sich unter zwei Rubriken bringen. Entweder entspringt sie aus einer unmittelbaren Fortsetzung des obigen Gefühls, das damit anfängt, sich erst in sein eigenes Geschlecht zu verlieben, oder aus einem Calcül. Es ist auffallend, daß jene ersten Verhältnisse dem Sensualismus näher stehen, als die aus Berechnung entstandenen, und daß sie doch für moralischer gehalten werden, als diese. Es findet bei den ersteren wenig Wahl Statt; der einzelne Mann vertritt das ganze Geschlecht; die Verbindung ist geschlossen, noch ehe vielleicht das Geständniß gegeben ist. Eine vague Tradition über Liebe liegt natürlich den Empfindungen des Mädchens zu Grunde, diese verwandelt sich aber nicht in ein Urtheil, in eine Vergleichung, sondern nur in das Gefühl, eine Verpflichtung haben zu müssen. Die Tradition der Liebe spricht sich hier in dem Bewußtsein aus, daß man Diesen oder Jenen gern hat, ein Ausdruck, der unter Mädchen euphemistisch die rasendste Leidenschaft ausdrückt, der aber selten eine Prüfung, Berechnung voraussetzen läßt, sondern weit öfter einem Zufall, einem Gespräch, irgend etwas, was für die Gründe, eine Neigung anzuknüpfen, völlig unwesentlich zu sein scheint, beruht. Man begreift oft nicht, wie es dieser oder jener männlichen Persönlichkeit hat gelingen können, ein Weib zu fesseln, der Grund lag darin, daß diese männliche Erscheinung so glücklich war, einem Mädchen gerade in diesem

Momente, da sie zum ersten Male einen Mann näher be=
trachtete, zu begegnen. Schont man dann die Verlegenheit
des armen Kindes, so hat man sein Herz gewonnen. Welch'
ein Unterschied von der Liebe des Calculs, die zuweilen gerade
dadurch angefacht wird, daß man sie verletzt!

Die besten Hausfrauen werden durch die erste Liebesgattung
erzogen, welche man statt der moralischen eigentlich die phy=
sische Liebe nennen sollte. Aber ebenso auch ergeben sich die
unglücklichsten Ehen aus ihr. Ein Wesen, das gleichgültig
von ihrer Puppe zur Freundin, von dieser zum Geliebten
übergeht und dabei die Wärme auszustrahlen glaubt, welche
die Ahnung des Rechten und die Seligkeit des Besitzes er=
zeugt, wird leicht die Liebe als etwas Natürliches betrachten,
da man sich doch nur auf übernatürliche, mehr himmlische als
irdische Weise lieben kann, wenn die Liebe dauern soll. So
einfach der Ursprung des Verhältnisses war, so einfach wird
auch der Maßstab, den das Weib an sich zu legen duldet, da
doch alle Welt bezeugen wird, daß nichts so complicirt ist,
ja in der That nichts so schwer, als sich ohne Wankelmuth
ausdauernd zu lieben. Den Mann beglückt der Gedanke,
daß er in den Gegenständen seiner Liebe eine Revolution an=
stiftet, daß für sein Weib ein neues Leben beginnt, daß es
sich oft besinnen wird: Ist es ein Traum oder Wirklichkeit?
Dies Gefühl kommt schwerlich in den Gemüthern auf, bei
denen das, was sie Liebe nennen, nur eine angenehme Fort=
setzung ihrer Kindheit ist, die sich trotz ihrer Jugend höchst
gewandt in ihr neues Haus installiren lassen und sogar darauf
hartnäckig und trotzig sein können, daß sie diesen Mann wähl=
ten, und dann gern mit der Redensart zur Hand sind: Wenn
Dir meine einfache Liebe nicht genügt, so —! Diese Ehen
enden entweder damit, daß sie zwei unglückliche Menschen
machen, falls im Mann ein eigener Sinn und vielleicht selbst
Eigensinn wohnt, oder zwei Eheleute, die sich erträglich dulden
und erträglich gut sind, ob sie gleich den ganzen Tag im Hause
herumschlorren und immer zu brummen und zu zanken haben.

Das zweite Bindemittel der Herzen haben wir also, pro=
saisch genug, Calcul oder Berechnung genannt, hätten es aber
auch eben so gut die freie Wahl, die Vernunft in der

Leidenschaft nennen können. Der Unterschied ist nur der, daß man eine Zeit lang gewartet hat, daß man älter geworden ist, als die, die sich unter der ersten Rubrik bereits verheirathet haben. Es ist ein großes Unglück für die Frau, auf einen Mann warten zu müssen, aber ein ansehnlicher Gewinn für den Mann, den sie endlich wählt. Wenn man nur das vollkommen genießt, wonach man Sehnsucht empfunden hat, so kann auch die Liebe erst den beseligen, der sich auf sie vorbereitete und der ihr schon entsagen wollte, als er eben plötzlich doch am Ziele angekommen. Die zweite Liebe ist sogar der ersten vorzuziehen; schon deshalb, weil man mit ihr die Fehler vermeiden kann, welche die erste aufgelöst haben. Es wird mir immer willkommener sein, wenn mir meine Geliebte sagt, daß sie mich gewählt habe, als wenn sie sagte, daß ich ihr vom Himmel beschieden sei! Bin ich das letztere, so stehen wir unter den Gesetzen der Nothwendigkeit. Nothwendigkeit aber, die sich gelegentlich einmal zur Freiheit erheben möchte, endet gewöhnlich mit einem Zank. Bin ich das erstere, so verband uns ein freier Act, der, zur Nothwendigkeit erhoben, eine Quelle der reinsten Beseligungen ist. Wir verschweigen nicht, daß die Ausartungen dieser Kategorie allerdings die Prüden, die Sentimentalen, die Magnetischen, die Gefallsüchtigen und zuletzt die alten Jungfern sein können.

Die Ehen unseres Jahrhunderts werden weit öfter compromittirt, als die des vergangenen. Ehemals waren die Verhältnisse, welche die Grundlage der Ehen bilden, viel geordneter, als jetzt. Das ganze Leben klang noch harmonischer zusammen. Bei uns sind durch die Zeiten tiefe Risse in die Familien gekommen, die Familien bilden keinen einigen Gesammtkörper mehr, sondern stehen sich mit ihren Intcressen und oft sehr schwierigen Aufgaben kalt gegenüber. Das politische Leben hat eine Menge Laufgräben durch die bürgerliche Existenz gezogen, weniger um diese zu vertheidigen und zu befestigen, als sie anzugreifen. Die Geschichte macht jetzt an die Männer beinahe dieselben Ansprüche, wie die Familie. Es ist dadurch ein nicht unwesentlicher Hebel des neuern Romans jener Zwiespalt geworden, wie sich die Interessen der Welt und des Herzens gegenüber stehen. Bürgerlich-patriotisch oder richtiger gesagt, nur philisterhaft gefaßt ist dies neue Princip das Princip der Nationalgarde oder — des Casinos. So kann man meistens dies Halbpart! bezeichnen, welches bei ihrem Manne das Leben dem Weibe zuruft. Unsere Messiasse sagen: „Weib, was hab' ich mit Dir zu schaffen? Ich gehöre dem Jahrhundert an! Ich bin Nationalgardist." Andere betonen die Nothwendigkeit, auf dem Casino einem neuen Ballotement beizuwohnen. Dieser Zwiespalt eines Nationalgardisten, der aus seinem Bette springen muß, um in baumwollener Nachtmütze das Feuer einer Revolution zu löschen, dieses heroische, tragikomische Malheur, auf dem Casino nicht in den Vorstand gewählt zu werden, ist das des Jahrhunderts und greift tief in unsere modernen Sitten und Anschauungen, selbst in Betreff des Familienlebens ein.

Ach! die Frauen unserer Zeit befinden sich in einem zweideutigen Zustande. Sie scheinen einer transitorischen Krisis unterworfen, einem Zustande, der nur auf einstweilen halten wird. Die Frauen, isolirt, von den Männern vernachläßigt, haben sich zuvörderst entschlossen, es den Männern nachzuthun. Sie erlernten die Wissenschaft, sie eignen sich auch die physische Kraft der Männer an. Sie baden sich im offenen Strome, sie schwimmen; ja man sieht sie sogar schon mit Schlittschuhen über gefrorene Teiche fliegen. Was werfen sie den Männern vor? Die geistige Untreue, die mit dem öffentlichen Leben, der Kunst, der Wissenschaft täglich Hochzeit hält und das Weib daheim in Einsamkeit läßt. Aus dieser Einsamkeit heraus entwickelt sich jene eigenthümliche Anschauungsweise, welche die Frauen unserer Tage charakterisirt. Im Durchschnitt werden sie alle gegen das Uebermaß der Gefühle protestiren, sie haben über ihre Empfindungen kalte Umschläge gemacht, woraus eine gewisse Stumpfheit der Nerven hervorgegangen ist. Unsere Frauen haben dadurch, daß man durch unsere pädagogische Literatur immer nur auf ihre Bestimmung hinarbeitete, auf die Tochter, auf die Confirmandin, auf die Braut, auf die Gattin, auf die Mutter, vergessen, jenes rein Weibliche, das sich durch alle diese Zustände hindurchziehen müßte, an sich selbst zu pflegen. Indem sie immer nur an die Zielpunkte denken lernen, vergessen sie was zwischen ihnen in der Mitte liegt. Man kann bei ihnen sogar eine gewisse Furcht wahrnehmen, dem unmittelbaren Drange der Natur, wie diese in uns wirkt und gewirkt wird, sich hinzugeben, wie ich denn eine Frau kenne, die um keinen Preis es über sich gewinnen kann, den Moment zu er= tragen. Man denke sich eine Ueberraschung, eine Freude so= gar. Die junge Frau windet sich unter dem, was ihr Schmerz und Freude verursachen könnte, und sucht, wie irgend mög= lich, beiden zu entfliehen. Als sie einen Freund wiedersah, nach welchem sie sich Jahre lang gesehnt hatte, lief sie in einen versteckten Winkel des Hauses und zitterte, weil sie nicht die Kraft hatte, den Moment durchzuempfinden. Im Schmerze ist sie eben so schwach. Sie jammert nicht: das will ich nicht sagen: aber sie sucht das Ernste zu verleugnen, sie klammert sich an Etwas an, wovon sie hofft, daß es zer= streuende Kraft ausüben könnte. Sie ist nicht mitten in dem, was sie fühlt: und doch ist sie ein ganz herrliches Geschöpf. Die Erziehung ist hier an Allem Schuld.

Die Frauen unserer Zeit scheinen es zu ahnen, daß so viele Begriffe und heilige Thatsachen von ihren Männern an= getastet werden und haben zu der herrschenden, etwas frivolen socialen Philosophie der Zeit ein eigenthümliches ängstlich= beklommenes Verhältniß. Sie wandeln am Rande eines Ab= grundes, ihr weißer Saum flattert im Winde, sie wandeln mit Angst, weil sie den Abgrund ahnen und ihn nicht sehen. Es bemächtigt sich unserer Frauen oft ein eigenes sinniges Nachdenken, das sie in Strudel hineinreißt, von wo sie nur durch die Liebe oder ihr Temperament wieder herauskommen. Unsere Frauen lieben, wenn sie begabter Natur sind, sich mit den Männern in Zweifeln zu ergehen, die ihren moralischen Fond aufzehren könnten, wenn nicht die Frauen viel kälter wären, als wir uns einbilden. Ob sich diese Erscheinung, die Frau, die sich dem Manne gleichstellt, schon in den Sitten nach= weisen läßt, möchte ich nach einigen Beispielen noch nicht be= haupten. Es sind auch diese Beispiele mehr aus dem franzö= sischen neuen Roman, als aus der Erfahrung hergenommen. Wenn Madame Dudevant in ihren Poesieen Recht haben

sollte, so ist es nur insoweit, als Madame Lelia Georg
Sand selbst ist.

Machen wir, indem wir zu den Männern zurückkehren,
den Schluß dieses Kapitels damit, daß wir noch einige Fragen
der Natur, der Moral und der Politik mit Rücksicht auf den
Menschen des neunzehnten Jahrhunderts zu beantworten suchen.

Erstens: Wie sehen wir aus? Der jetzige Sultan wird
besonders deshalb von den Türken gehaßt, weil er den Ruf
ihrer männlichen Schönheit vernichtet hat. Indem er den
europäischen Kleiderzuschnitt bei der Armee einführte und die
weiten Gewänder und Beinkleider abschaffte, stellte er plötzlich
aller Welt die krummen aus= und einwärts gebogenen Beine
dar, welche sich bei den Türken durch ihre sitzende Lebensart
traditionell gemacht hatten, die aber Niemand gesehen hatte.
Dasselbe erlebte Europa, als es die Kleidertracht des acht=
zehnten Jahrhunderts abschaffte. In den weiten, bauschigen
Gewändern der alten Mode hatte sich Alles das verbergen
können, was jetzt knapp, eng, jeder Kritik unterworfen da=
steht. Die zusammengeschrumpften Gliedmaßen mußten sich
strecken, dem Körper mußte eine vorzügliche Pflege zugewendet
werden. Nicht blos Patriotismus, auch die Eitelkeit zwang
uns, Turner zu werden. Vielleicht, daß das Ringen und
Barlaufen doch den kleinen Mann in die Höhe bringt! dachte
die Mutter, die ihr Söhnchen zu den Schülern Vater Jahn's
schickte. Im Ganzen wurde auch der Wuchs schlank und stolz;
doch fehlt es an Uebeln nicht, die in der alten Zeit weniger
allgemein waren.

Es giebt zwei Siechthümer: eines der Armen und eines
der Reichen. Das letztere fand zu allen Zeiten Statt und
steigerte sich nur in einer gewissen Beziehung, für welche ich
keinen Namen, sondern nur ein Beispiel habe. Geht in
große Städte! Besonders solche, die eine Separatverfassung
haben. Merkwürdig, dort findet sich eine eigenthümliche Ver=
krüppelung; nicht die Folge des Wohllebens, sondern eine
physiologische Folge, die sich aus einer engherzigen Moral er=
giebt. Wie bei den Juden diese Sitte stattfindet, so werden
auch dort in den vermögenden Kreisen die Heirathen aus
einer und derselben Familie geschlossen. Und selten das mit

heißer Liebe, faſt immer nach längſt vorangegangener Bekannt=
ſchaft der ſchon gleichſam in der Wiege Verlobten.   Da ver=
liert die Frucht der Ehe die Zauberwirkung momentaner erſter
Begegnung.   Die Heirathen innerhalb der Verwandtſchaften
vernichten die freie Ausbildung der Individualität; die Natur
hat da nicht ihre volle Freiheit mehr und den Raum, ſich
ſchöpferiſch und originell zu bewähren.   So kommt es, daß
z. B. in der reichen Stadt Hamburg ſo wenig körperliche
Schönheit unter den Gebildeten zu finden iſt und daß man
Schönheit dort unter den Elementen ſuchen muß, die vom
Lande in die Stadt kommen.   Die Ariſtokratie der Geburt
iſt zuletzt diejenige, die ohne die Mesalliancen und den enor=
men Umfang des Gothaiſchen Kalenders nur Krüppel erzeugen
würde.   Dies ahnte die engliſche Gentry und hat ſich von je
nach Heinrich's VIII. verwünſchtem aber originellem Beiſpiele
aus den unteren Volksklaſſen in ihrem ſtockigen Blut wieder
auffriſchen laſſen.

Allein auch die niederen Stände ſind von der Gefahr be=
droht, die Conſiſtenz ihres Geſundheitszuſtandes immer mehr
zu verlieren.   Es iſt traurig zu ſehen, wie in Fabrikſtädten
die meiſten Arbeiter ſchlank und ſchön gewachſen ſind, und wie
ſie allmälig ein ſieches und mattes Anſehen bekommen.   Die
Kartoffel hat ſich zu dieſem Verderben hinzugeſellt.   Denn,
indem ſie das einzige iſt, was dieſe Menſchen erhält, iſt ſie
auch dasjenige, was ſie tödtet.   Man weiß, wie viel Blau=
ſäure verhältnißmäßig die Kartoffel enthält und daß ſie Kräfte
beſitzt, die auf das Malthus'ſche Schreckbild, die Uebervölkerung,
einwirken.   Mit der ſteigenden Zahl der Kinder vermindert
ſich die Pflege derſelben.   Durch die Kartoffel wurden ſie ge=
boren, durch die Kartoffel werden ſie ſterben.   Aus den Scro=
pheln winſeln ſie ſich heraus, in hundert Uebel, welche die
Folge derſelben ſind, hinein. Man vergeſſe dieſe Thatſache des
Siechthums nicht, und wenn man die ſublimſten Ideen un=
ſerer Zeit zergliedert! Sie folgt überall dem Geiſte des Jahr=
hunderts nach, ja ſie giebt ihm ein beſonderes Gepräge, ſtei
gert ihn ſogar. Je unzuverläſſiger der Leib iſt, deſto gieriger
ſtrebt die Seele nach Entſchädigung.   Das phyſiſche und ma=
terielle Elend iſt ein Uebel unſerer materiellen Zuſtände ge=

worden. Die Revolution und der Pietismus, beides sind die extremen Folgen der im Volke verbreiteten materiellen Unzulänglichkeiten. Irgendwo muß es der Menschheit wohl sein, und so trachtet Alles nach bequemem Frieden, wenigstens im Reich des Geistes, wenigstens nach der Gesundheit der Vernunft.

Die Moral erbaut sich über Dem, was der Körper anräth, zuläßt, verbietet. In dieser Abhängigkeit oder Nichtabhängigkeit kann man bis zu einem Spiritualismus steigen, wo das Gefühl des Körpers beinahe verschwindet. Die Moral der modernen Zeit, die sich von der Religion getrennt hat, wird mehr oder weniger immer von Principien, welche egoistisch scheinen, ausgehen. Denn Selbstbestimmung, Selbsterziehung, Entwicklung des Ichs, darin gerade liegt jene moderne Bildung, welche die Menschen unserer Zeiten über ihre angeborenen Existenzen emporhebt, zugleich aber auch das Heft ihrer Zukunft ihnen in die Hand giebt. Das Mittelalter hatte eine Durchschnittsmoral. Sie bestand mehr in leidendem Gehorsam, als in activer Freiheit. Diese Moral war dasselbe, was die Religion war; sie lehrte, wenn man ihr ein Princip substituiren will, die Entsagung als das nächste Pflichtgebot. Man hätte diese Tugend noch nicht so schnell auf den Trödelmarkt schicken sollen. Oder besitzen wir sie noch? Dann entsagte die alte Welt, weil sie besaß; die neue, weil sie nicht erreichen kann. Jene wollte sich des Stolzes entledigen, diese der Leidenschaft. Jene brauchte, um ihr Ziel zu erreichen, ebenso sehr die Leidenschaft als Mittel, wie diese wenigstens das Eine, den Stolz, als Frucht ihrer Tugend sich zu sichern sucht, wo diese noch besteht. Die Heimath der Entsagung hat sehr enge Grenzen bekommen.

Das egoistische Princip des vorigen Jahrhunderts hat sich reiner bewährt, als sich das ähnliche des unsrigen bewähren wird. Früher strebte man nach einem philosophischen, jetzt nach einem materiellen Eudämonismus. Man kann dagegen nicht ungerecht sein, wenn man bedenkt, daß der alten Zeit die Existenz weniger schwierig gemacht war, als der unsrigen, die sich so viel mit den allgemeinen Interessen zu beschäftigen hat. Unser Egoismus von heute ist in der That

die Folge eines Zwanges, eine Nothwehr, die uns schützen
muß, unterzugehen in dem Meer der Maſſen und der tauſend
Intereſſen, die ſich ſtoßen und drängen, und wo leider ſo oft
nur derjenige ſiegt, der die meiſten Rippenſtöße austheilen
kann. Wir würden uns höher erheben, wenn wir nicht von
ſo tief unten anfangen müßten. Ich vertheidige den Egoismus der Zeit nicht; ich ſuche ihm nur eine günſtigere Beurtheilung zuzuwenden.

Jn Epiktet's Moral finden ſich zwei Gedankenreihen, die
im Syſtem der ſtoiſchen Schule nur e i n e ſein ſollten. Die
R u h e d e s W e i ſ e n iſt unleugbar eine Miſchung aus Stolz
und Gleichgültigkeit. Wir ſind eben ſo unleugbar, trotz aller
philoſophiſchen Moralſyſteme, die in unſerer Zeit aufgeſtellt
worden ſind, im Allgemeinen, in der großen Praxis der
Maſſe und der vorzüglicheren Individuen, die dieſe beſtimmen,
weit mehr dem Stoicismus, als ſelbſt dem verwandten Chriſtenthum hingegeben. Das Chriſtenthum erleidet keine ſchla-
gende Anwendung auf die Geſchichte. Es b e l o h n t den
Menſchen wenig für ſeine Reſignation; denn iſt D e m u t h,
die das Ende all' unſeres Strebens ſein ſoll, nicht eine neue
Aufopferung? Der Stoicismus belohnt aber; denn der
S t o l z, auf welchen er hinſtrebt, iſt Erſatz für die Gleichgültigkeit gegen alle Dinge, deren ſich der Weiſe gleichfalls
nur mit Preisgebung angenehmer Eindrücke berühmen kann.
Individuen, die ſich ſelbſt bilden, die ſich iſoliren, werden immer auf den Stoicismus hinauskommen. Das achtzehnte
Jahrhundert kannte dieſe Moral mit all' dem Stolz, der die
Seele derſelben iſt. Und in der That, wir ſind ihr noch immer ergeben, wenn wir auch mehr ihr egoiſtiſches Princip
gepflegt und ſtatt dem Stolze der Gleichgültigkeit gehuldigt
haben.

Wenn es eine Folge der immer mehr um ſich greifenden
Bildung iſt, daß man ü b e r ſ e i n e S p h ä r e ſich zu erheben ſucht, ſo wird dabei die Moral immer mehr in die
Enge kommen. Die geſteigerte Bildung ſteigert wiederum die
Bedürfniſſe, und ſie auf dieſe oder jene Weiſe zu befriedigen
wird man ſchon durch das „Ammenmährchen" des Ge-
wiſſens wenig gehindert. Die Verbrechen nehmen, wie die

Criminalstatistik ausweist, mit steigender Bildung nicht ab.
Im Gegentheil. Alles drängt sich nach oben und tritt scho=
nungslos nieder, was ihm im Wege steht. Unsere heutigen
Philosophen scheinen zu fühlen, daß die Verbrechen jetzt mehr
durch einen Zug, der in der Zeit liegt, verübt werden, als
durch individuelle Verdorbenheit. Aber das Mittel, das sie
gegen dieses Uebel anwenden wollen, die Milde der Strafen,
ist wahrlich wenig geeignet, dem Uebel Einhalt zu thun. Man
sollte auf die Zeit selbst zu wirken suchen und ihr die gedan=
kenlose materielle Tendenz zu nehmen suchen, eine Gier, die
sich bedeutend mildern würde, wenn unsere Erziehung mehr
für die wirkliche Welt leistete und wir schon in der Schule
lernten, vom Leben nicht allzu große Hoffnungen zu hegen.
Es giebt eine dunkle Parthie im menschlichen Gemüth, die sich,
vielleicht durch den vorwitzigen Magnetismus beschworen, an's
Tageslicht zu drängen sucht. Es giebt Manieen, die ganze
Völker, ganze Stände ergreifen. Die Revolutionssucht, die
sich bis zum Königsmorde in unseren Tagen gesteigert hat, ist
eine Erscheinung, wo der Geist der Zeit nicht mehr zu wissen
scheint, wo die Größe aufhört und das Verbrechen anfängt.
Hier sehen wir, wie dringend eine Verbesserung unserer ge=
sellschaftlichen Zustände Noth thut, da wir sonst in die Ver=
legenheit kommen werden, Thatsachen unserer bisherigen Moral
über Bord werfen und Gefahr laufen zu sollen, von unseren
Kindern ausgelacht zu werden, wenn wir ihnen sagen: Das
ist weiß und das schwarz!
Man beobachte unsere Zeitgenossen und man wird finden,
daß sie in einem Punkte Riesen und im andern Pygmäen
sind. Klein sind unsere häuslichen Tugenden, klein ist alles
Verdienst, das wir auf die Bildung und Veredlung unseres
Herzens verwenden. Die Religion werden wir eben so wenig
noch vertheidigen, wie wir nicht den Muth haben, sie zu ver=
werfen. Die aufgestachelten Partheileidenschaften nehme ich aus.
Ich spreche nur von unserm Indifferentismus. Wir lesen
sogar mit Vergnügen ein Buch und billigen es, wenn der Ver=
fasser dafür bestraft wird. Das muß so kommen, wenn die
Philosophen lehren: „Es giebt einen Gott, aber man kann
sein Dasein nicht beweisen."

Die stille, sanfte Wärme des Gemüthes ist unserer Zeit fremd. Dichter, die nur auf diese allein zu wirken suchen wollten, würden ziemlich einsam bastehen. Wer aber die lobernde Flamme der Leidenschaft zu schüren weiß, wer sein Licht in jenen Zugwind stellt, wo man Fackeln haben muß, um sie nicht vom Winde auslöschen zu lassen, dem folgt die jubelnde, schnell erregte Menge. Denn man muß eingestehen, daß Alles, was von energischer und origineller Moral in unserer Zeit vorhanden ist, von der Beziehung des Individuums zum Allgemeinen ausgeht. Haben wir Tugenden, so sind es politische, oder, was dasselbe sagen will, polemische. Weiche Charaktere wurden stark, wenn sie mit den Ereignissen in Berührung traten. Pépin, der Mitschuldige Fieschi's, weinte Anfangs, als er vor'm Pairshofe stand, und rauchte hinausfahrend auf's Schaffot seine Pfeife. Die Situationen sind schwieriger geworden in unserer Zeit und da Selbsterhaltung unser Princip ist, so wachsen uns in schwierigen Momenten Schwingen, so daß aus Hänflingen Geier werden. Es ist zuletzt der Enthusiasmus der Ueberzeugung, der unserer Zeit mit den Anfängen des Christenthums und der Reformation eine Aehnlichkeit giebt. Wäre der Glaube, der unsere Zeit bewegt, ein gen Himmel gerichteter, wir würden bei unseren Zeitgenossen ein noch weit größeres Entzücken, den Scheiterhaufen zu besteigen, wahrnehmen, als wir schon jetzt knirschende Ergebung und stille Freudigkeit bei denen antreffen, welche in den Gefängnissen zurückgehalten werden ihrer Meinung wegen. Die Regierungen werden in Deutschland nicht den Muth haben, religiöse Reformbewegungen mit einem Machtgebot zu unterdrücken. Sie wissen, daß zwar nicht Religion, aber bedrohte Gewissensfreiheit uns zu Märtyrern machen kann.

Die heroischen Tugenden unserer Zeit fangen in der Regel erst dann an, wenn sie gegen das Hergebrachte anstoßen. Da wird, um mit Jacobi's berühmtem Worte im „Woldemar" zu reden, gelogen und betrogen, aber nach dem schönen Beispiel, wie Pylades log, als sich dieser für Orestes ausgab. Da wird gemordet, aber wie Timoleon mordete, als er die Tyrannen vertrieb. Da werden Eide gebrochen, aber wie

Epaminondas seinen Eid brach, als er wider Pflicht und Be-
fehl den Sieg bei Leuktra gewann. Da werden Dolche in
die Brust gesenkt, aber wie Cato that und Otho, von denen
der eine nicht die Schmach der Republik, der andere seine
eigene überleben wollte. Bei solchen Gedankenverbindungen
— nun wohl, auch in unseren Zeiten werden wir da unsere
Väter, Brüder und Kinder geschäftig sehen, thätig, glühenden Auges; hier ist das Centralfeuer, von welchem aus unser Leben seine Wärme erhält. Hier hat das Jahrhundert
keine Scropheln mehr, keine krummen Beine, ißt keine Kartoffeln, hungert nicht, siecht nicht; sondern da scheint Alles die
Genüge und Fülle an himmlischer Kost zu haben und glaubt
zu glänzen wie die Auserwählten des Herrn, die auf weißen
Streitrossen in goldener Rüstung zum Kampf mit den Mächten
der Finsterniß ziehen!

Dies sind die Menschen, wie wir sie brauchen werden, um
das Gemälde unserer Zeit vollkommen zu entwerfen.
Mit diesen Charakteren schuf sich Napoleon seine Welt, mit
diesen wurde sie wieder zertrümmert. Mit diesen Charakteren kämpft die Positivität, die Diplomatie, die Wissenschaft.
Kurz, man vergesse nie, daß die Menschen, die unser Jahrhundert beleben, zwar verschiedenen Ursprungs zu sein scheinen, daß sie sich aber, auch wenn sie eben noch in der Nachtmütze vor einem Glase Actienbier saßen, plötzlich in St. George
verändert haben können, die uns wie Besessene zusammen-
reiten und mit denen kein Auskommen ist.

II.

Das Jahrhundert.

Wo beginnt unser Jahrhundert? Doch nicht etwa mit
dem 31. December 1800? Oder wol gar schon bei der französischen Revolution oder mit Napoleon oder erst mit dem
Wiener Congreß? Mit der Demokratie, mit dem Militair-

despotismus, mit der Diplomatie? Welches war der Lenz und das damals gelegte Saatkorn unseres Jahrhunderts und welches werden seine Früchte sein?

Ich hasse die Sophistik, mit welcher Burke das große Ereigniß der französischen Revolution statt den Umständen den Menschen zurechnete; allein ich glaube, daß diese Revolution nur die Blüthe des achtzehnten Jahrhunderts war, die höchste Mittagshöhe, die ein schwüles Gewitter entlud und den Horizont so lange in graue Wolken hüllte, bis sich der Abend unmerklich in die Nacht verlor. Die französische Revolution gehört dem achtzehnten Jahrhundert an. Sie war die Erfüllung alles Dessen, worauf das achtzehnte Jahrhundert verwies. Sie war der Schluß eines labyrinthischen Perioden, der die verworrenen Ideen des achtzehnten Jahrhunderts ausdrückte. Unsere Zeit emancipirt nicht zur Revolution, sondern aus der Revolution. Wir denken nicht mehr, um zu zerstören, sondern selbst unsere zerstörenden Gedanken sind nur dazu da, um aufzubauen.

Man muß sich nicht täuschen lassen von dem gräßlichen Contrast, wie die Geschichte Europas im achtzehnten Jahrhundert begann und wie sie endigte. Sie begann mit dem Pedantismus und der Steifheit, mit der Naivetät und dem Lächerlichen und endigte mit dem Pathos der entfesselten Leidenschaft, mit dem blutigen Schrecken der Guillotine. Dies ist ein Widerspruch, den wir nicht erklären könnten, wenn wir nicht wüßten, was zwischen dem Anfang und dem Ende gelegen hat. Die Unruhe des Geistes sowol wie die des Gemüthes lag dazwischen; der tiefe zweifelnde Verstand der philosophischen Speculation eben so wol wie die frivolen Zweifel der Satire und des Witzes; eine Welt von gedankenloser Zerstreuung eben so wol wie eine Umwälzung in den bestimmten Absichten einiger dreisten Köpfe. Und dennoch ahnte Niemand von allen Denen, die das Holz herbeigetragen haben, um die Guillotine zu bauen, daß die Schrecken der Zukunft so blutige sein würden. Herr von Malesherbes ahnte unter seinen Rosen nicht, daß dereinst aus seinem Blut die Rosen der Freiheit sprießen würden. Ja selbst Rousseau, der so viel dazu beigetragen hatte, die Meinungen seiner Zeit, ich will nicht

sagen, zu verwirren, sondern sie auf ein Fundament zu grün=
den, das mit den bestehenden Verhältnissen allerdings im Wi=
derspruche lag, selbst Rousseau war so weit entfernt vom Ge=
danken an eine Revolution, daß er in seiner vortrefflichen
Auseinandersetzung der Ideen St. Pierres über den ewigen
Frieden sagen konnte: „Es wird ein großer Irrthum sein,
zu glauben, daß sich der gewaltthätige Zustand unserer gesell=
schaftlichen Verhältnisse einzig und allein nur durch Gewalt
verändern könne und nicht auch im Gegentheil durch friedliche
Hülfe. Auf welcher Stufe es stehen mag, so hat das euro=
päische Staatensystem doch so viel Solidität, daß es eine fort=
während Bewegung auch ohne völligen Umsturz aushalten
kann." „Und," fügt Rousseau hinzu, „wenn unsere Uebel auch
nicht aufhören sollten, sondern sich vermehrten, so ist doch
jede große Revolution in Zukunft unmöglich."
Dies schrieb Rousseau einige dreißig Jahre vor den Gräueln
der Jakobiner. Die Dichter sind nur rückwärts blickende Pro=
pheten. Sie entsiegeln was geschehen ist, nicht was geschehen
wird.

Wenn man nun bedenkt, daß im achtzehnten Jahrhundert
Alles unwillkürlich und unbewußt darauf hinzielte, die Revo=
lution zu erzeugen, so ist es thöricht, anzunehmen, daß das
neunzehnte Jahrhundert bestimmt sein sollte, noch einmal eine
solche Revolution zu reproduciren. Das achtzehnte Jahrhun=
dert kam zur Revolution, ohne es zu wollen und zu fühlen;
und wir, die wir mitten in der Agitation der politischen Lei=
denschaften leben, die wir weit mehr in ein System der Un=
ordnung als der Ordnung eingeführt sind, die wir vergleichen
können, welches die Extreme planloser Verirrungen zu sein
pflegen, wir, die Menschen des neunzehnten Jahrhunderts,
sollten wiederum in Revolutionen endigen zu müssen glauben?
Das ist eine unphilosophische Ansicht unserer Zeit. Es ist
nicht wahr, daß eine Tendenz zur Revolution in unserm Jahr=
hundert liegt; im Gegentheil, was wir von revolutionären
Bestrebungen antreffen, ist nur die ricochettirende Kraft der
ehemals geworfenen Kugel, die zugleich nicht sofort verglühen
will. Die erstaunlichen Ereignisse, die unsere Eltern erlebten,
verhallen nach und nach, und dasjenige, was man für die

Absicht einer Wiederholung derselben zu halten pflegt oder was sich selbst dafür ausgiebt, kann man nur mit dem Echo eines vorübergegangenen Gewitters vergleichen. All' die Bewegungen, welche in Frankreich, Deutschland, Spanien und Italien eine Wiederholung der alten Revolution zu beabsichtigen scheinen, sind sie etwas Anderes als natürliche Aeußerungen bei Völkern, die mehr als zwanzig Jahre hindurch vom Sturm der Zeit im Kreise gewirbelt wurden und (eine Nation gegen die andere) beinahe eben so lange die Waffen getragen hatten? Beweist die römische Geschichte nicht auf jeder Seite, wie sich die Armeen, wenn sie geschlagen oder als Sieger aus den Feldzügen heimkehrten, erst allmälig zu beruhigen pflegten? Ist denn selbst die Julirevolution etwas Anderes gewesen, als der letzte Schlag eines Gewitters, die in der Natur oft vorkommende Erscheinung, daß sich ein zurückgebliebener Rest elektrischer Materie erst in dem Augenblicke entzündet, wo der Himmel schon wieder zu blauen anfängt?

Nein, wir haben die Revolution überwunden; sie ist nur noch ein Schreckbild, eine Warnung, ein Hülfsmittel geworden, daß wir sie citiren können, um zu zeigen, was wir nicht wollen. Ja, auch wir streben darnach, die Kirchthürme den Privatdächern gleich zu machen, aber wir übersehen nicht, wenn wir dabei gegen die Gesetze der Proportion verstoßen. Auch wir haben es mit den Hütten und Palästen zu thun; aber wir machen diese einander nicht gleich, sondern wir bemühen uns nur, eine anmuthige und schattige Allee zwischen beiden anzulegen. Mit einem Worte, wir nivelliren, aber nicht, um Alles gleich zu machen, sondern um eine richtige, mathematische, die von Gott und der Natur gebotene Proportion zwischen Menschen und Dingen herzustellen. Unsere Revolution besteht darin, die Unordnung zu zerstören, Harmonie und Ebenmaß in die gesellschaftlichen Beziehungen zu bringen, Jedem gerade so viel zu geben, als er entweder tragen muß oder tragen will, wenn er es, darüber stellen wir gewissenhafte Forschungen an, tragen kann. Wir werden uns leider oft der Form der Revolution bedienen müssen, uns aber nie bereden, daß in ihr der eigentliche Inhalt derselben liege.

Alles das werde ich weit klarer machen können, wenn

ich, so weit es geht, versuche, das Ziel zu bezeichnen, von
welchem aus unsere Zeit dem schönen Traumbild „Zukunst"
Raum geben wird. Man hat schon angefangen, sich von dem
Jahrhundert, das auf das unsrige folgen wird, eine Vor=
stellung zu machen. Fast alle diese Vorstellungen kamen dar=
auf hinaus, daß das zwanzigste Jahrhundert wahrscheinlich
eine Zeit der Hyper=Culmination, der Hyper=Industrie, eine
Zeit des absoluten Mechanismus sein dürste. Zieht man das
Märchenhafte ab von den Bildern, welche diese Vorstellung
begleiten, so wird das Resultat darauf hinauskommen, daß
das zwanzigste Jahrhundert so ziemlich nur eine Periode des
Verstandes und keine des Herzens ist. Ich glaube sogar, daß
sich der beklagenswerthe Dualismus unserer modernen Bil=
dung wahrscheinlich in jener Zeit an unserm Wissen und
Glauben, an unserm Leben und Sterben empfindlich rächen
wird. Sehet Euch vor! Wenn noch eine Revolution kommen
kann, so wird es nicht mehr ausschließlich die der Staaten
sein, sondern all' Euer Denken und Trachten, all' Euer Mei=
nen und Fühlen, all' Eure Existenz, all' Eure Kunst und
Wissenschaft würde in sie hineingerissen werden. Und dies
Alles möchte sich nicht einmal durch eine Vorbereitung oder
irgend wie veranstaltete Propaganda ereignen, sondern der
Zwiespalt wird das Unbehagen erzeugen, das Unbehagen wird
aus Eurem eigenen Herzen kommen, und Euer Herz wird
nur noch an sich allein denken. Ich sprach vom Dualismus.
Welchen konnte ich meinen? Ich meinte den Dualismus
unserer Bildung und unseres Lebens; den Zwiespalt dessen,
was wir sind, und dessen, was wir wissen; die Entgegen=
setzung unseres künstlichen, höchst gesteigerten Idealismus und
der Materie, deren Wegleugnung sie zum Trotz und zur Rache
entflammen wird. Wissen und Leben sind nicht ausgeglichen.
Selbst die Moral und die Religion verlieren ihre unmittel=
bare Berührung mit dem, was wir eigentlich sind, mit der
Art, wie wir gehen und stehen. Denn wo ist wol jene
Pforte, wo all' unser Wissen hinausströmen könnte im freien
Zuge, über das Feld des Lebens, der Geschichte, wie es vom
Augenblick bepflügt und besäet wird? Unsere Erziehung und
unsere Wissenschaft gleicht noch immer einem chinesischen Ge=

bäude, wo sich ein Stockwerk über das andere erhebt, unten die Bauern, etwas höher die Handwerker, im dritten die Kaufleute, im vierten die Gelehrten, im fünften die Staats=männer, im sechsten die Könige wohnen; statt daß sie ein freier luftiger Tempel sein sollte, zugänglich von allen Seiten, Jedem offen, der auf dem Altare opfern will. Ich lerne Herrliches und Treffliches aus dem Alterthum, aber ich brauch' es nicht auf der Stufe, welche ich in der bürger=lichen Gesellschaft einmal einnehmen werde. Ich höre, daß der Tod des Cato eine große That gewesen sein soll, und er=fahre bald, daß man ihm bei uns das ehrliche Begräbniß würde versagt haben. Was der Stolz meines Herzens ist, das demüthigt wieder die Religion. Ich bin Mensch? Ich soll suchen Engel zu werden? Ich bin nichts von beiden und in meinem Himmel so unselig, wie der Verdammten einer. Ein Handwerker wird in seinem dreiundzwanzigsten Jahre von einem verschmitzten Volksverführer in Beschlag ge=nommen. Sein Enthusiasmus wird von einer Seite erregt, wo seine geringe Bildung gegen Thorheiten nur eine schwache Schutzmauer entgegenstellen kann. Der Enthusiasmus ist das Gute an ihm. Warum ist der Mann in seinem dreiundzwan=zigsten Jahre noch ein Kind, warum ist sein Genius nie an=geregt worden, warum war er erst ein gedankenloser Knabe, warum erhielt er nichts, als den gedankenlosen Elementar=unterricht, warum gab ihm der Priester nur die Traditionen des Glaubens, wie sie in einer knöchernen Dogmatik festgesetzt sind, warum dämmerte das, was an ihm der innere Mensch ist, so lange in einem alltäglichen Zustande fort, bis sein guter, göttlicher Theil, der in seinem Herzen tief vergraben gewesene Enthusiasmus, erst von einem Intriguanten in Beschlag ge=nommen wird, der ihn zu einem Kinde, zu einem Thoren und unglücklich macht? Hier, die Macht der socialistischen Phrase zeigt es täglich, ist eine Lücke in unserer modernen Bildung, die ausgefüllt werden muß, und wie wird man sie anders ausfüllen können, als durch eine radikale Verbesserung unseres Erziehungs=, Religions=, Unterrichts= und Staaten=systems? Wenn sich eine Revolution denken läßt, so ist es eine unter diesem Gesichtspunkte der Erneuerung. Wenn

noch einmal ein Christus, ein Luther aufstehen sollte, so kann
es nur der sein, der jene chinesischen Stockwerke der Gesell=
schaft einreißt und der Harmonie der Bildung und des Lebens
eine Form giebt, die man nur mit den schönen, sanft in ein=
ander laufenden Linien einer antiken Säule vergleichen kann.
Die Bildung muß mit dem allgemein Menschlichen beginnen,
die Moral hinfort mit dem Enthusiasmus, die Religion hin=
fort mit dem sittlichen Stolz. Die Gelehrsamkeit muß mit
allen unseren Existenzen ausgeglichen werden und nur inso=
fern, als sie Philologie ist, das Separateigenthum einer Kaste
bleiben. Es muß eine Fundamentunterlage für die Cultur
einer Nation geben, die alle Menschen in dem, was sie für
wahr, gut, schön, nützlich halten, ganz einander gleichstellt,
so daß die Voraussetzungen und die später darauf gepflanzten
beliebigen Ideen und Projecte bei allen stimmfähigen Indi=
viduen der Nation dieselben sind. Dann wird es nicht mehr
möglich sein, daß die Menge vom Schwindel ergriffen wird,
daß einzelne Charlatane auftreten und Anhang bei der blinden,
ununterrichteten Masse finden. Separatismus und Conspira=
tion sind unerhört, wo sich die Menschen in einer ebenbürtigen
Reciprocität ihrer Ansichten und Bedürfnisse bewegen.

Gewaltthätigkeit ist jedoch auch hier nicht die Form, unter
welcher meine Prophezeiung auftreten dürfte. Was ich vor=
hersehe, ist das Product einer unzufriedenen Mißstimmung, die
jedoch, wenn sie sich mit dem Wunsche der Verbesserung äußern
sollte, dann von Allen wird gefühlt werden. Was Alle
dann wollen, das macht sich von selbst. Ich sehe voraus, daß
die Sublimation unserer künstlichen Lebensformen nicht immer
so fortsteigen wird. Nein, dieser Wettlauf des Geistes, den
alle Nationen gegen einander anstellen, kann nur damit enden,
daß sie den Athem verlieren und es wol fühlen, wie sie für
den Körper auch etwas thun müssen, d. h. das Leben, die All=
gemeinheit, die Nationalität. Mit dem Dualismus, der die
Bildung des neunzehnten Jahrhunderts ist, werden wir ge=
wiß kommen, daß wir den Zwiespalt endlich einsehen und
nicht mehr ertragen können. Wir werden entweder das Leben
nach unserer Bildung modeln oder die Bildung nach unserm
Leben; wir werden entweder unsere Anstandsmeinungen, Sit=

ten, gesetzlichen Gewohnheiten gerade so einrichten, daß sie
die bloße Praxis unserer theoretischen Bildung sind, oder
wir werden unsere theoretische Bildung trennen in Laien= und
Tempelweisheit, in Weisheit für Einige und in Volksweis=
heit. Dasjenige, was zunächst geschehen müßte, wäre eine
neue Begründung des ersten Unterrichtes der Jugend, des
Unterrichtes in den Wissenschaften, in der Moral und der
sehr zu verallgemeinernden positiven Religion.

Ich kehre auf unser Jahrhundert zurück. Dort liegt das
achtzehnte Jahrhundert, wir kennen es; dort das zwanzigste,
wir ahnen es. Jetzt, was liegt dazwischen? Dazwischen liegt
eine Reaction und eine Bestimmung. Die Erstere ist die,
daß in ihr die Individuen wie allzu schnelle Rosse am Zügel
ergriffen und wieder zurückgeführt wurden in die lange Kette
der Allgemeinheit, wo die Person in der Masse untergeht.
Die Bestimmung ist die, daß im Universalismus selbst das
Individuum dadurch wieder anerkannt wird, daß es eine iso=
lirte Stellung erhält, dasjenige, was man die Specialität un=
serer Zeit nennen könnte. Alle unsere Politik strebt dahin,
die Individuen in die Masse zurückzuschleudern; aber die
Bildung nimmt sie wieder heraus und giebt ihnen eigenthüm=
liche Signaturen. Die Interessen der Industrie, des Handels,
der Wissenschaft, verlangen ausdrücklich Specialität. Da nicht
nur die Masse des Wissens nicht zu überwältigen ist, sondern
auch nur das Ausgezeichnete durch eine auf das Einzelne aus=
drücklich gerichtete Bestrebung geschaffen wird, so scheint die
Specialität allmälig das Princip der modernen Cultur zu
werden. Weil die Menschen dieser Zeit sich in der Allge=
meinheit mit dem Bewußtsein fühlen sollen, so greift beson=
ders die constitutionelle Staatsform um sich, deren vorzüg=
liches Merkmal eben die innig verflochtene Ineinanderwirkung
der Emancipation und doch wieder der gesetzmäßigen Unterord=
nung ist. Fast Alles wird durch Gesellschaften, Associationen,
Abstimmungen erreicht; statt der mittelalterlichen Corpora=
tionen trete neue ein und verdeutlichen durch ihren Gegen=
satz auf's klarste den Charakter, den wir als den unserer Zeit
bezeichnen müssen. Die Corporationen des Mittelalters fußten
auch auf dem Princip der Association, hingen aber immer

von der Tradition, einer starren, unverrückbaren Ueberlieferung
ab. Die modernen Corporationen sind zufällige, vom Staat
unabhängige Verbindungen, die ihre Specialität gerade im
Gegensatze gegen den Staat zu behaupten suchen. Das Bestreben unserer Zeit, allgemein zu sein und sich doch zu zer-
splittern, ist so durchgreifend, daß wir für wunderliche Zwecke
tagtäglich neue Verbindungen entstehen sehen. Ich leugne
nicht, daß ich auch die Errichtung von Denkmälern zu diesen
manchmal fieberkranken Zwecken rechne. Manchmal scheint der
Zweck nicht das Denkmal, sondern die Vereinigung zu sein,
an deren Spitze zwei Krämer aus der Provinz stehen, ein
Apotheker, der das Protokoll führt, und ein Zolleinnehmer,
der sich den Kassirer und Rendanten des großen Vereins
nennt. Die Sucht nach Oeffentlichkeit hat sich aller Klassen
bemächtigt. Jeder will im Vordergrund der Tageschronik
stehen. Der Lustspieldichter wird zum Culturhistoriker, wenn
er zeigt, wie viel Eitelkeiten erst befriedigt werden müssen,
um eine Hingebung an einen großen Zweck zu Tage zu
fördern.

Der Trieb unserer Zeit nach Constitutionalismus, der in
jeder Beziehung das Jahrhundert charakterisirt, entspringt
keineswegs ausschließlich aus der Eifersucht auf politische Macht
und Berechtigung, sondern noch mehr aus der Vorsicht, sich
über die Allgemeinheiten und Grundbedingungen unserer Existenz beruhigen zu wollen. Das Nivellement reißt zu gewaltsam und unwiderstehlich um sich, das einzelne Individuum rafft so viel Kraft zusammen, als es braucht, um sich
in dem Strome der Verallgemeinerung sein isolirtes Interesse
zu erhalten und irgend einen Standpunkt, den es selbst gern
einnehmen möchte, als dauernd zu firiren; da muß es eine
Regel, da muß es Dämme und Schutzwehren gegen den In-
dividualismus geben.

Die erste große Erscheinung unseres Jahrhunderts beweist
die Richtigkeit dieser Bemerkung. Die Revolution gebar aus
ihrem Schooße einen Tyrannen, der diese bändigte. Napoleon
ebnete dies zackige, hundertfach eingerissene Ufer der Revolution, wo eine lüsterne Begier des Individuums, sein Ich an
die Spitze der Ereignisse zu stellen, eine Reihenfolge der un-

glückseligsten Schiffbrüche hervorgebracht hatte. Napoleon stieg
aus den Alpenklüften über die Straße des Simplon hinunter
in die italienische Ebene, wo zum ersten Male der Krieg der
Massen begann, die Partheien zu Armeen, die Armeen zu
Völkern wurden. Es ist nicht schwer, von dem Auf= und
Niedergang dieses historischen Meteors bis auf den heutigen
Moment die allmälige Tendenz der Ereignisse zu verfolgen;
wie sie alle darnach streben, zuvörderst Klarheit und Recht=
mäßigkeit in den Völkerexistenzen zu begründen, ihnen sodann
constitutionelle Hebel und Beruhigungen zu geben und da=
durch den Rücken zu sichern, um jene Specialitäten der In=
dustrie, des Handels, des Localgeistes und des erlaubten Egois=
mus eröffnen zu können. Den Massengeist, der unsere Tage
charakterisirt, haben Napoleon's Kriege erzeugt.

Napoleon hat die Massen in Bewegung gesetzt und noch
immer wird gestritten, zu welchen Zwecken? Seine Umgebungen,
die ungeheuren Mittel, über die er gebieten konnte, die groß=
artigen Schicksale, die von seiner Willkür und seinem Genie
abhingen, die historische Atmosphäre, in der er lebte, erschweren
es, dem Kern seiner kometarischen Erscheinung nahe zu treten
oder mit der Sonde zu prüfen, wo des Mannes gesunde oder
kranke Individualität begann. Es ist möglich, das Wunder=
bare im Leben Napoleon's zu erklären. Es ist aber nur Dem
möglich, der über seine Phantasie mit einer so großen Kraft
gebieten kann, daß er sich mitten in die Anschauung der
Zeit versetzt, in welcher Napoleon aufleuchtet. Man kann
nicht sagen, daß sich Napoleon Alles selbst geschaffen hat. Er
verdankt dem 18. Brumaire, dem von Anderen eingeleiteten
Sturz des Directoriums, seine Zukunft; aber die Usurpation
und der Muth dieses Tages wurde ihm erleichtert durch die
allgemeine Stimmung. Hatte er diese geschaffen? Nein, nur
benutzt. Man wird nie behaupten dürfen, daß sich Napoleon
ein Kaiserreich aus dem Nichts schuf. Man kann die Mittel=
glieder an Personen und Begebenheiten verfolgen, die zwischen
seinem Beginnen und dem Risiko desselben inne lagen; ja,
man muß sogar sagen, daß er im Grunde nur den Muth
hatte, eine Stelle wegzunehmen, die, wenn es nicht dieser von
den Frauen gehätschelte und vorgeschobene Corse gethan hätte,

die Andern sich würden genommen haben. Mit einem Wort, das Piedestal seiner Größe hat Napoleon nicht gemacht. In Anschlag kann nur die Fähigkeit kommen, wie er seine Größe behauptete.

Die allgemeine Weltlage mit Beginn unseres Jahrhunderts war denkwürdig genug. Ein Staat im Vordergrunde, der sich über die blutigen Leichen seines Adels und Königs hinweg zur Republik umgestaltet, der mit seinen Siegestrophäen die mörderische Erinnerung seines Ursprungs ausgelöscht und bereits in Luxus und Mode wieder den europäischen geselligen Ton anzugeben begonnen hatte. Die Furcht, Paris zu besuchen, hatte sich gemildert. Die Zeit des Directoriums und Consulats war vielleicht üppiger, als die Ludwig's XV. Wenigstens verhüllte sie sich nicht, hatte weniger Vorurtheile und genoß mehr die Freiheit der Straße. Bei diesem ungehinderten Besuche der Hauptstadt Europas mußte sich im übrigen Europa eine stillschweigende Nachgiebigkeit gegen die gefährliche Neuerung ergeben, die ansteckend hätte werden können, wenn man nicht den Eifer gesehen hätte, wie die Republik wieder nach dem Glanze des Königthums zurückverlangte. Man konnte anfangen, sich mit dieser Republik in Güte abzufinden, und that es auch. Die diplomatischen Verbindungen der übrigen Staaten mit Frankreich hatten einen Anstrich von Zuneigung, der nicht völlig erheuchelt war; die dynastischen Interessen der Throne fingen an, sich über Frankreich zu beruhigen. Unter diesen Umständen entwickelte sich die Erscheinung Napoleon's, eines Mannes, dem darin, wie er geliebt wurde, als er stieg, und wie gehaßt, da er fiel, Wenige verglichen werden können. Napoleon wurde um so mehr der Zeitungsgott, da er seine Waffen nach Aegypten übertrug und dort für unsere Neugier, für unsere immer mehr sich entwickelnde Thaumatomanie oder Schaulust, Sensationsgier, Wunder verrichtete, die uns nichts kosteten. Als er später Oesterreich angriff, waren auch noch diese Kriege populär, da man wol mußte, daß Oesterreichs Enthusiasmus von England bezahlt wurde. Man übersehe nicht, daß diese Hingebung an den Modehelden nicht günstig für die Dynastieen wirken konnte, wenn auch Napoleon bald

aufhörte, politische Begriffe der französischen Heimath, Frei=
heitsideen, an seine Fortschritte zu knüpfen. Aber solange
Napoleon's Individualität in den Vordergrund trat, solange
er der Schwerpunkt seiner Versuchungen des Glücks wurde,
da war die Anziehungskraft, die er auf die Gemüther hatte,
mächtig. Napoleon überwand nicht nur Völker, die ihn be=
wunderten, sondern sogar Armeen und Feldherren, die sich's
zur Ehre anrechneten, von ihm geschlagen zu werden. Dieser
Enthusiasmus hörte auf und erholte sich erst wieder, als Na=
poleon gefallen war. Man muß diese beiden Wendepunkte
seines Geschicks wohl beachten, weil wir uns auf diesem Wege
über die Ideen der Zeit am klarsten werden können.

Man achte darauf, daß es zunächst nicht Patriotismus
war, der sich gegen seinen schwindenden Glücksstern wandte,
sondern das Gefühl einer Täuschung. Man hatte sonst durch
ihn so viel Ideen gehabt, die für eine Niederlage trösten
konnten. Man freute sich der Niederlagen, weil sie dem alten
verrosteten Systeme des Staates daheim oder der Einbildung
der Armeen gegönnt wurden. Erst da begann die Empörung
gegen den Sieger, als er seine Siege befestigen wollte. Na=
poleon, als Held angebetet, wurde verflucht, da er Eroberer
wurde. Man hatte ihm verziehen, daß er Einzelne beleidigte,
und empörte sich, als er die Massen verachtete. Was die
Ferne so zauberhaft hatte erscheinen lassen, das schrumpfte in
der Nähe zu einer kalten, lästigen Persönlichkeit zusammen.
Napoleon's Vorspann waren nicht mehr die Ideen. Er wollte
nur den Zug des Dionysius und Alexander nachahmen.
Seine Siege hatten keinen Zweck mehr, als den, die Zahl
derselben zu vermehren. Napoleon brachte den Völkern keine
Anknüpfungspunkte mehr. Er hatte seine Feldzüge schon bis
zu den Feldzügen herabgewürdigt, die wegen Erbfolgen, Thei=
lungen und Gleichgewichtsinteressen geführt wurden. Das
förderte einen Gegensatz ähnlicher Art hervor. Und bei Alle=
dem muß man gestehen, daß derselbe nicht aus dem Gefühl der
nationalen Selbstständigkeit hervorging, sondern daß der Pa=
triotismus erst die Form für ein anderes Unbehagen wurde,
das die Völker zum Kampfe gegen Napoleon entzündete.
Selbst bei den rachesprühenden Spaniern muß man sagen,

daß der Gedanke, sich getäuscht zu sehen, erst den andern Ge=
danken, daß sich die N a t i o n erheben müsse, erzeugte. Schwe=
ben, das sich einen französischen General zum Herrscher nahm,
trat gewiß nicht aus internationaler Idiosynkrasie gegen Na=
poleon auf. Nur Deutschland schien den Namen des V a t e r =
l a n d e s rächen zu wollen. Deutschland steckte am begeistert=
sten diese Devise auf und es mußte auch die innerste Thatkraft
der Nationalität beschwören, weil es seiner Zersplitterung
wegen sonst wenig vermocht hätte, weil die Vaterlandsliebe
seine einzige Waffe war, und weil es zuletzt sein Alles in
die Schanze schlagen mußte, um nicht die Schande zu erleben,
daß es von der russischen Hülfe wäre überflügelt worden.

Wenn ich beweise, daß die Nationalität keineswegs der
ausschließliche Gedanke unserer Zeit ist, so will ich nicht in
Abrede stellen, daß man glänzend und bis zur Begeisterung
über diesen Gedanken reflectiren kann. Die Idee aber,
welche die Völker mit Freiheit, Humanität, mit Fragen
des Jahrhunderts, ja leider sogar mit den egoistischen In=
teressen der Existenz verbinden, haben sich die Nationalität
unterwürfig gemacht. Die Corporationen der alten Zeit lei=
steten mehr als unsere Specialitäten. Jene ließen auch bei
den untergeordneten Ständen unmittelbare Bezüge auf den
Staat und die Nation zu, ihre Existenz war mit der des
Staates unmittelbar zusammenhängend. Gegenwärtig ist das
Staatsgebäude so sehr Vernunftsabstraction geworden, daß
die sogenannten Constitutionen kaum noch aus historischen
Anfängen entwickelt, sondern von allgemeinen Principien der
Doctrin hergenommen werden. Das Gefühl der Nationalität
schwindet und macht einem Universalismus Platz, der, wie
derselbe schon in unsere Bildung eingedrungen ist, auch unsere
bürgerlichen Verhältnisse umgestaltet. Unser Jahrhundert ist
hiedurch zwar um ein Vorurtheil ärmer, aber es ist auch
schwächer und in einem gewissen Betracht unpoetischer ge=
worden. *)

---

*) S p ä t e r e A n m e r k u n g. Die Erfahrungen, die wir auf der
Höhe des Jahrhunderts mit dem Nationalitätsprincip gemacht haben,
widerlegen die obigen Behauptungen. Doch warte man das Ende des
Jahrhunderts ab.

Merkwürdige Umkehr! Napoleon stürzt, der Bellerophon trägt ihn über die schwankende See, ein weit entlegenes Eiland trennt ihn vom Schauplatze seines Ruhmes; Napoleon auf St. Helena wird eine Ursache der allgemeinen Verwünschung Englands, ja England selbst stimmt in den Ausbruch einer Theilnahme mit ein, die mit dem früheren Haß seltsam contrastirte. Der Tyrann wird der Held der Dichtkunst, gepriesen wie der größte Wohlthäter der Menschheit, er, der Gefährlichste unter den Menschen, wird ihr Größter genannt! Man kann nicht sagen, daß hier allein die Großmuth obwaltete und daß man einem kranken Löwen vergeben konnte; das wäre ein Gefühl gewesen, das den Fürsten und ihren Rathgebern gut gestanden hätte; das Volk übte eine andere Gerechtigkeit, die poetische. Es sah nicht einmal mehr den Gefangenen in Napoleon, sondern den Todten. Die Täuschungen, welche die Folge der gegen Frankreich gerichtet gewesenen Kämpfe waren, die Täuschungen, welche Frankreich sich selbst gestehen mußte, ließen das Unrecht Napoleon's vergessen, man legte seiner Erscheinung eine weltgeschichtliche Bedeutung bei, ja trug sich noch lange Jahre, wie beim Tod Christi, mit seiner Wiederkunft. Bei Varna und Adrianopel im Russenkriege wollte man einen untersetzten Mann erblickt haben, im grauen Rock und breieckigen Hut, der die Kanonen der Türken richtete. Auf mancherlei Weise sollte er wiedererscheinen. Man hielt ihn nur noch für einen Helden der Freiheit oder hoffte doch, daß er die Dinge wenigstens besser machen würde, als sie wieder nach der Restauration gemacht wurden. Als dann die Julirevolution ausbrach, sprach man keine besondere Sehnsucht mehr nach ihm aus.

Es ist bemerkenswerth für unsere Zeit, daß sich die Thatsachen so bald nach den Gesichtspunkten modeln, nach welchen wir sie gern beurtheilt sehen möchten. Im Alterthum war der Tod des Cäsar der Tod des Cäsar, es gab nur eine und dieselbe Beleuchtung des Factums. Welche Masse von Gesichtspunkten, Schlußfolgerungen, Voraussagungen entstand aus dem Selbstmord Canning's! Das Politikastern hat Napoleon auch aufgebracht. Denn als es hieß, er wollte England in Hinterindien angreifen, so verwirrte er alle geographi-

schen Begriffe im Kopf des gemeinen Mannes. Ich kenne
einen vernünftigen Mann, der sich nicht ausreden läßt, Louis
Philippe sei der größte Republikaner. Er suche nur deshalb
Algier zu colonisiren, um seinen Kindern ein neues Königthum zu hinterlassen, wenn Frankreich eine Republik werden
sollte. Ein Whigreformer hat von den Hustings in Betreff
der Sclavenemancipation folgende Deduction aufgestellt:
„Die Sclaven frei machen, heißt, Euch zwanzig Millionen
aus der Tasche nehmen; aber ich sage Euch, Ihr zahlt sie
nicht, Jonathan (Nordamerika) zahlt sie. Die Sclaven frei
machen, heißt, in die Vereinigten Staaten den Brand der
Empörung werfen. Dort wird kein Sclave mehr arbeiten
wollen, weil man auf unseren Colonieen nicht mehr arbeitet.
Was ist Jonathan ohne die Hetzpeitsche? Sein Handel geht
zurück. Ihr legt hier zwanzig Millionen zu fünfzig Procent
an. Also seht, man muß eben so klug, als menschlich sein."
Das ist die Metapolitik, die das Volk fesselt. Die Socialisten
verstehen es, dem wahren Zusammenhang der Dinge beizukommen.

Die beiden Hauptspaltungen, in welche unsere öffentlichen
Begriffe getreten sind, kommen daher, daß man sich über die
Kräfte nicht verständigt hat, durch welche Napoleon gestürzt
wurde. Welches Europa triumphirte bei Leipzig, bei Water-
loo? Das Europa vor oder das nach der französischen Revolution? War Napoleon nur eine Person, d. h. der Ehrgeiz? War er eine Nation, d. h. der Uebermuth? War er
ein Begriff, d. h. war er die Revolution? Von hier aus
gehen die Mißverständnisse, welche bis zur Julirevolution die
Geschichte des ersten Drittheils unseres Jahrhunderts bezeichnen. Ueber die Theilung der Beute erzürnte man sich.
Rußland und Oesterreich vertraten das Europa vor der Revolution gegen die Revolution, Spanien und Deutschland die
Revolution gegen den, der sie gebändigt, aber auch entstellt
und tyrannisirt hatte. Der Aufschwung Deutschlands war
der einer historischen Wiedergeburt, die aus dem Ohnmachts-
leben seiner Reichsverfassung thatkräftiger und wahrhaftiger
erlöst sein wollte, als dies durch Napoleon's Rheinbund geschehen war. Das Spanien, das gegen Napoleon kämpfte,

war dasselbe, das sich die Constitution von 1812 geben wollte. Diese Elemente waren gleich der Revolution und wollten diese an Napoleon rächen; sie waren noch höher als die Revolution, weil sie sich von der Anarchie befreiten und nach Gesetzen strebten. Beide Nationen hätten ihren Fürsten die Bedingung ihres Mitkampfes gegen Napoleon aufsetzen sollen. Sie waren zu gutmüthig, es schriftlich zu verlangen.

Das Mißtrauen, das seit dem Jahre 1815 bis 1830 die europäische Gesellschaft erfüllte, gab dieser Periode einen melancholischen und zum Rückblick wenig reizenden Anstrich. Man wird wenig Zeiten in der Geschichte finden, welche mit der sogenannten „Restaurationsperiode" verglichen werden könnten. Die edelsten Absichten wurden damals verkannt, die edelsten Kräfte unnütz verschwendet. Was benutzt werden konnte, blieb unangerührt liegen. Es gebrach sowol an Einheit der Bestrebungen, wie an dem Sonnenschein einer heitern und unbefangenen Stimmung. Es ist eine eben so kahle Epoche, wie die gleichzeitige des vorigen Jahrhunderts, wo sich Europa im Süden durch den Erbfolgekrieg und im Norden durch Peter und Karl erschöpft hatte und bis zum Regierungsantritt Friedrich's II. von Preußen eine allgemeine Apathie auf den Gemüthern lastete, eine Apathie, wo weder in der politischen Welt, noch in der literarischen und wissenschaftlichen irgend Außerordentliches geschaffen wurde. Man wird zugestehen, daß auch in unserm Jahrhundert, seit dem Sturze Napoleon's, wenig Glänzendes das Auge geblendet hat, weder auf dem Schlachtfelde, noch in Kunst und Literatur.

Auf die Restauration lassen sich zwei Bezeichnungen anwenden, die sich nur scheinbar einander aufheben. Sie war eben so eine Zeit der Gährung, wie eine der Stagnation. Sie war ein Uebergang und drückt zugleich etwas völlig Abgeschlossenes aus. Diese fünfzehn Jahre sind der Sauerteig unseres Jahrhunderts. Sie bilden ein wirres Chaos von Licht und Finsterniß, von Freiheit und Gewaltthätigkeit, von Ohnmacht und Kraft. Da sie aber Alles enthielten, so enthielten sie Nichts und sanken machtlos in sich selbst zusammen. Eine europäische Geschichte der Restauration würde eine eben so unerquickliche, wie lehrreiche Aufgabe sein. Ein Franzose

kann, ein Deutscher darf sie noch nicht schreiben, und vom
Engländer fürchte ich, daß er weder alle Materialien bei=
sammen hat, noch die Tiefe des Gegenstandes zu erschöpfen
weiß.

Ein Begriff, mit welchem man heute nicht mehr alle Be=
ziehungen des öffentlichen Freimuths erschöpfen würde, der
aber der zweite Factor und der gefürchtete Feind der Restau=
rationsperiode war, ist der Liberalismus, unter dem man
mehr als Freisinnigkeit und weniger als Neuerungssucht ver=
stehen muß. Der Liberalismus war auf Grundsätze gebaut und
konnte einer Religion gleich geachtet werden. Er enthielt An=
knüpfungspunkte an die Herrschaft der Fürsten, ob er gleich
dieselbe, wie sie war, verwarf. Der Liberalismus nahm Ver=
nunft an und ließ mit sich unterhandeln. Allmälig verlor
sich seine politische Farbe. Da er zu viel gesellschaftliche
Theorie in sich aufnahm und mehr eine Stimmung des Ge=
müths, als ein Princip der Handlung wurde, so konnte es
nicht fehlen, daß seine Ausbreitung in dem Grade zunahm,
als sich seine Thatkraft verringerte. Wer macht nicht jetzt
auf den Liberalismus Anspruch? Man frage die Doctrinäre,
ob sich diese nicht für eben so liberal halten, wie der Tiers=
parti? Und die Parthei der Republikaner, was sie wieder vom
Tiersparti urtheilen? Sogar einige Fürsten haben ange=
fangen in Liberalismus zu machen, wie ich nur auf einen
deutschen Standesherrn, den Herzog von Utopien, zu verweisen
brauche. Er liest nur radicale Journale, er hat keinen Be=
dienten, sondern nur Freunde, die ihn bedienen. Sie
besuchen ihn des Morgens im Frack, unterhalten sich ein we=
nig mit Ihrer Hoheit und werden dann höflich ersucht, ob sie
ihm nicht vielleicht das Frühstück aus der Küche holen woll=
ten. Der Herzog hat dabei stets eine Entschuldigung als
Motiv seiner Bitte. „Ich bin noch nicht angekleidet, Herr
Neumann," heißt es. „Sie sind ja gerade auf den Beinen,
Herr Walter! Machen Sie mich zu Ihrem Schuldner, lieber
Jonas, u. s. f." Wenn der Herzog ausfährt, so sind Kut=
scher und Bediente sozusagen seine jüngeren Brüder, die
neben ihm sitzen, die Peitsche führen und den Schlag nur
deshalb aufmachen, weil sie gerade den Vorsprung haben.

Der Herzog hat, weil es ihn beunruhigt, vorn einen Kutscher
auf dem Bock sitzen zu sehen, sich deshalb auch für den Winter
zu offenen Wagen bequemen müssen, weil anders sein Freund
nicht neben ihm sitzen kann. Man hat schon oft gefürchtet, daß
Se. Durchlaucht bei strenger Jahreszeit lediglich aus Demokratie
erfrieren würde. Die Herzogin ist nicht von besonders hohem
Stande, aber sie hätte doch darauf Anspruch, da sie die her-
zogliche Würde durch ein enormes Vermögen, das sie dem
Herzog zubrachte, erkaufte. Allein ihr Gemahl ladet ihr Theevisiten ein, wo die Weiber erscheinen, von welchem das Ge-
schirr, das auf dem Tische steht, gekauft wurde. Seine Kinder, die nachgerade zu wachsen anfangen, sind nicht ohne
Unterricht; aber sie erhalten ihn nur, weil sie „einst ihr Brod
selbst verdienen" sollen. Der älteste, der junge Graf Hans,
wurde bei einem Tischler in die Lehre gegeben. Doch soll er
alle Jahre ein anderes Handwerk erlernen, damit er den
Sultan, der nur eins versteht, zu übertreffen vermag. Man
ist noch immer nicht darüber beruhigt, ob nicht der Vater
doch noch einen seiner oft ausgesprochenen Lieblingswünsche in
Erfüllung bringen wird; nämlich der herzoglichen Würde zu
entsagen und Fabrikarbeiter zu werden. Seine Gattin wird
kein anderes Mittel wissen, als eine Adresse an ihn mit Unterschriften bedecken zu lassen, worin ihm die Arbeiter für
seinen Entschluß danken, ihm aber ernstlich anrathen, ihrem
Verdienste lieber zuweilen eine Zulage zu geben, als diesen
zu verringern durch seine gewiß unentgeltliche Concurrenz.
Den Herzog in ein Narrenhaus zu sperren, wird sich nicht
machen, weil in diesem Falle ein Aufstand des Volkes zu befürchten steht. Nur die Schauspieler sind nicht gut auf den
Herzog von Utopien zu sprechen. Der liberale Mann spielt
selbst vortrefflich Komödie. Die Schauspieler mögen nicht
leiden, daß man zeigt, bei ihrer Kunst käme es zunächst nur
auf den Muth dazu an.

Märtyrer des Liberalismus waren nicht etwa in England
Thistlewood oder die Verschwörer, welche die Bourbonen hinrichten ließen, oder die unglücklichen Tugendbündler und „De-
magogen" in Deutschland. Alle diese Opfer der Politik und
ihres eigenen Willens handelten im Auftrage anderer, von

verschiedenen Zeitabschnitten abstrahirter Theorieen und haben dem eigentlichen Ziel des Liberalismus mehr geschadet als genützt. Der Liberalismus schließt nie das gesetzmäßige Verfahren aus. Er ist nur eine Methode, eine Anschauungsweise, eine Emancipation des Herzens und Verstandes. Bestimmte Zielpunkte, die in diesen oder jenen fertigen Einrichtungen bestehen, hat er noch wenige. Vorläufig haßt er allen Geistesdruck, allen Egoismus in Sachen der Religion, Politik und Moral. Er spricht für die Befreiung der Industrie von den sie drückenden Lasten, er befördert den Volksunterricht, schwärmt über die Theorieen der Armuthsverminderung; er emancipirt die Juden, die Katholiken, die Sklaven. Der Liberalismus ist mit einem Wort die Philanthropie des vorigen Jahrhunderts, nur mit dem Firniß unserer Zeit, mit der Bestimmung für die uns wohlbekannte Jetztwelt. Die Philanthropie tröstete, der Liberalismus befreit. Jene machte die Armuth erträglich, dieser will sie ganz abstellen. Der Liberalismus ist freudiger, schneller zur Hand, als die Philanthropie des vorigen Jahrhunderts, die sich zu lange bei den Thränen aufhielt. Diese beschäftigt sich mehr mit dem Menschen, jener mehr mit dem Bürger. Diese entschuldigt, jener klagt an. Es ist zwischen beiden eine Proportion, die sich mit der Ungeduld der zunehmenden Zeit selbst steigerte. Was früher nicht befriedigte, muß jetzt erzürnen, nachdem so viel Zeit vorübergestrichen ist, ohne daß es abgeändert wurde. Der Liberalismus ist der Schmuck unseres Jahrhunderts, das Kleinod, das im Herzen zahlloser gewesener und kommender Individuen gelegen hat und liegen wird. Natürliche vernunftgemäße Freiheit des Menschen! Großes Wort, das mit Flammenschrift über dem geheimnißvollen Tempel aller zukünftigen Zeiten leuchten wird. Von diesem Worte wird die Zeit nicht einen Buchstaben lassen. Es ist die moralische Luft, die man athmen muß, um sich in Zukunft noch als Mensch zu fühlen. Wo ist die Philosophie, die hier verdunkeln, wo die Tyrannei, die hier tödten kann? Das Dunkel wird hier immer nur Dämmerung sein und dem Tage weichen müssen; der Tod ist hier nur Verwundung: das kann nicht sterben, was die Heilkraft, die Genesung selbst ist. Ob auch die Sonne, sagte ein sterbender Patriarch des Orients zu seinen Söhnen, den trüben Glanz des Mondes annehmen möge und die Erde wie das Laub des Waldes zittere: eine Wahrheit wird nicht untergehen, die, daß zweimal zwei gleich vier ist!

Der gute Greis! Er hat Recht; aber wenn er in unsern Tagen lebte, wer weiß, ob er seines Glaubens noch so felsengewiß wäre. Er kennt den Doctor Thomasius nicht, einen Nachbar, den ich nur mit seinen Taufnamen nennen sollte, weil er selbst daran zweifelt, ob sein Vatername der rechte sei. Dieser Gentleman hält Nichts für gewiß, aber Alles für wahrscheinlich. Er ist auf diese wunderliche Vorstellung erst seitdem gekommen, daß er sich mit der Physik zu beschäftigen angefangen hat. Die Metamorphose des chemischen Processes verwirrte seine Begriffe. Besonders erhielt seine gesunde Vernunft in dem Augenblick einen empfindlichen Stoß, wo er hörte, daß der menschliche Körper in jedem Moment ebenso sehr nicht da sei, als er da sei, daß er fortwährend sich verzehre und sich wieder ersetze, kurz, daß er ein Conglomerat von zahllosen kleinen Atomenkügelchen wäre, die nur den Schein des Zusammenhanges hätten. Nun kommt er sich stündlich als noch nicht fertig geworden vor, hat seine Person von gestern manchmal verlegt und kann sie heute nicht finden; alle seine Begriffe sind in eine solche Unbestimmtheit übergegangen, daß er in einer überheißen Stube vor Frost zittert und mit seiner ständigen Devise „Nichts Gewisses weiß man nicht," die ausgemachtesten Dinge in Abrede stellt. Weil er alle Dinge für möglich hält, so streitet er allen ihre natürlichen Eigenschaften ab. Er würde es auffallend finden, wenn Jemand daran zweifelte, daß in Zukunft die Jahreszeiten mit einander umkehren. Er beweist uns in seiner Art die Möglichkeit, zwischen den Frühling und den Sommer den Winter einzuschieben, und kommt dann gewöhnlich nach solchen Behauptungen auf die Phrase zurück, daß doch bei Gott nichts unmöglich sei. Wer verbürge uns denn, daß die Kalender richtig wären? Unsere großen Erfindungen gaben dem Doctor Thomasius nur das Recht, im Geist noch weit größere zu machen. Ein Zeitalter, das die Dampfschiffe und Eisenbahnen, die Taubenposten und die Schnellpressen erfunden hat, kann bei ihm Alles

zu Stande bringen. Sagt man ihm: Wollen Sie heute bei
mir diniren? so antwortet er: Ich komme zum Abendessen! Er
glaubt, meine eigentliche Absicht errathen zu haben. Er
hat die Gewohnheit, nichts einfach zu verstehen, sondern hinter
Allem etwas Verstecktes anzunehmen, das zu errathen er sich
für gescheidt genug hält. Sagt man zu ihm: Guten Tag,
Herr Doctor, so denkt er, man will ihm eine Falle legen, und
fragt: Wie verstehen Sie das?

Das Zeitalter gleicht diesem unausstehlichen Alles=Anzweifler
auf ein Haar. Daß zweimal zwei vier giebt, ist keine unum=
stößliche Wahrheit mehr in unsern Tagen. Wir werden uns
hüten, denken wir, alles den frühern Jahrhunderten zu glauben.
Jedes Ding muß zwei Seiten haben, die wahre, die einfluß=
reiche ist die verborgene. Diese Spitzfindigkeit ist von unsern
Meinungen auf unsere Sitten und von diesen sogar auf die
Künste und Wissenschaften übergegangen. Hat die neuere Ge=
lehrsamkeit nicht die einfachsten Thatsachen umgestoßen? Welche
Conjecturen haben nicht die alte Geschichtsforschung verdrängt?
Die Götter und Heroen, deren Thaten sich unserem Gedächt=
nisse einprägten, haben sich in Collectivnamen für ganze Zeit=
räume verwandelt! Lykurgus ist nicht einmal mehr jener
große Gesetzgeber, dessen Weisheit man den modernen Con=
stitutionsverfassern vorhalten konnte, sondern eine Zusammen=
fassung von Gesetzen, die Personification einer Zeitperiode.
Die Philologie, die Naturwissenschaft, „ach! und leider auch
Theologie", haben sich einer Zweifelsucht hingegeben, die selbst
für unsere mißtrauische und ungläubige Zeit noch über das
schon Gewohnte hinausging. Daß Homer nicht gelebt haben
soll, nun ja, damit fing ja unser Jahrhundert an. Aber
Homer's Iliade ist für eine Allegorie erklärt worden, ein
physikalisches Lehrgedicht, wo die Griechen das Eisenoxyd und
die Trojaner das Wasserstoffgas repräsentiren sollen. Andere
haben den Inhalt der Odyssee aus der Bibel beweisen wollen;
Andere wieder die Bibel aus den Religionssystemen, die un=
sere Missionarien aus Calcutta zurückgebracht haben. Die
Geschichte der römischen Könige hat der große Niebuhr in
eine Fabel verwandelt. Wenn das so fortgeht, werden wir
in Milton's verlorenem und wieder gewonnenem Paradies

balb nur noch die allegorische Darstellung eines Handelsfal=
lissements sehen, in Pope's „Menschen“ eine Theorie der Al=
gebra; in Goethe's Egmont ein poetisches Handbuch der Tech=
nologie. Warum letzteres? Weil so viel Schneider und
Handschuhmacher darin vorkommen.

Die abenteuerlichen und wunderlichen Vorstellungen, die
in den Köpfen der Zeitgenossen wohnen, entspringen aus der
geringen Antheilnahme derselben an den Ereignissen, die mehr
oder weniger immer noch zu sehr in den Händen der Macht=
haber liegen. Oder, um gerechter zu sein, es war die Restau=
rationsperiode, wo die Gemüther, dem öffentlichen Leben ab=
gewendet, sich an die Annahme der widersinnigsten Behaup=
tungen gewöhnten. Wenn die Bürger nicht mehr die Volks=
versammlung besuchen, so werden sie auf den Gemüsemarkt
gehen, in die Ringschule, auf die öffentlichen Spaziergänge
und werden den Sophisten in die Hände fallen. Alle reac=
tionären Maßregeln rächen sich. Sie wollen die politische
Beweglichkeit zügeln, aber die Spannkraft ist bald hin, die nicht
in Thätigkeit gesetzte Maschine rostet. Wo zwischen Regie=
renden und Regierten kein vertrauensvoller und sich wechsels=
weise bedürfender Verkehr stattfindet, lassen die Spring=
federn bald nach, die das öffentliche Interesse allein straff und
elastisch zusammenzuhalten vermögen. Der politische Indiffe=
rentismus ist noch gefährlicher, als der religiöse. Der letztere
kann wenigstens mit einer Moral verknüpft sein, die, weil sie
Niemanden betrügt und Niemanden bestiehlt und überhaupt
noch keinen Mord begangen hat, sich immer noch für hinrei=
chend himmelswerth halten kann. Allein der politische
Indifferentismus, selbst wenn sich dieser in den Schranken des
polizeilichen Gehorsams hält, frißt und nagt wurmartig am
Staatsgebäude und macht den Unterbau desselben so morsch,
daß es Wind und Wetter nicht mehr ertragen kann. Warum
sank Spanien von einem so hohen Gipfel des Ruhmes und
der Macht herab? Weil der Begriff der Oeffentlichkeit in diesem
Lande erschlafft war, weil eine Wechselseitigkeit des Thrones
mit dem Volke weder im Guten, noch im Bösen (selbst Kampf
gegen das Volk belebt das letztere mehr als Indifferentis=
mus) versucht wurde. Italien und Deutschland würden die=

selbe Blöße geben, wie jetzt die pyrenäische Halbinsel, wenn
diese Länder nicht den Vortheil gehabt hätten, daß sie in sich
zersplittert waren und auf diesem Wege nicht so durchgreifend
und massenhaft verfallen und verfaulen konnten. Und doch
— die süddeutschen Fürstenthümer waren die ohnmächtigsten
bis auf die französische Revolution, und in ihnen offenbarte
sich der Indifferentismus am beklagenswerthesten, in ihnen
traf Napoleon weder National= noch Territorialgefühl an.

Die reactionären Maßregeln rächen sich sogar in dem
Guten, was sie zu bewirken scheinen. Wenn künftig in der
Politik statt Persönlichkeiten nur noch Ideen gelten sollen,
wenn den unsichern parlamentarischen und mehr oder weniger
auf Individualität zurückkommenden Gang der Staatsmaschine
eine, wenn auch noch so geregelte Büreaukratie ersetzen soll;
so wird sich das thatkräftige, energische, an der Oeffentlichkeit,
wie am eigenen Körper betheiligte Interesse der Bürger bald
verlieren. Der Staat wird eine Domäne, die Bürger werden
Kronbauern. Pachter oder Herr, Dieser oder Jener, das wird
dem Dienenden gleichgültig. Ein Augenblick der Gefahr steht
dann vor dem Thor, die Hülfsmittel der Büreaukratie, das
sklavisch geschulte Militär sind erschöpft, geschlagen: wo dann
anpochen? Wo neue Kraft hernehmen? Wo Opfer, Herois=
mus, Begeisterung aus der Erde stampfen? Nein, in der
Politik wird die Hauptsache immer bleiben, sie auf die Frei=
heit, wenigstens auf die Nationalität zu basiren. Das Volk
muß die Regierung oft sprechen hören, sie muß sich mit ihm
oft verständigen, sie muß fortwährend eine Bekanntschaft mit
ihm unterhalten, die im Augenblick der Gefahr nicht nach=
träglich gemacht werden kann. Wenn sich die Reaction vor
der Sprache des Volkes, die allerdings etwas platt, etwas
breitzüngig, etwas regellos ist, immerfort entsetzt, dann wird
sich auch das Volk gewöhnen, die Sprache der Regierung
nicht mehr zu verstehen, mag diese auch noch so fein, gewandt
und stellenweise sogar blumenreich sein.

Kehren wir auf die Geschichte der Zeit zurück, so hat der
bisherige unpraktische und doch so unruhige Sinn der Zeit=
genossen der Entwickelung des Jahrhunderts geschadet. Der
Trieb der Neuerung vermählte sich mit dem Mangel an

Routine und, offen gesagt, auch mit dem Mangel an Urtheil in öffentlichen Angelegenheiten. Vague Theorieen, von der rechten und linken Seite kommend, durchkreuzten sich und schnitten sich dabei den geringen Verstand ab, den sie allenfalls besitzen mochten. Die Restauration erfand ein Axiom nach dem andern. Die Freiheit wurde so utopistisch wie der Despotismus. Ein Chaos wirrte sich ineinander, das durch hinzuströmende wissenschaftliche, religiöse und gesellschaftliche Neuerungen eher noch mehr verfinstert, als erhellt wurde. Wie sollte das enden? Wie sollte der sociale Gedanke des Jahrhunderts aus einem solchen Gedränge gerettet werden? Gestehen wir's, die Zeit hat sich selbst zu helfen gewußt. Wir sind der Restaurationsperiode weit entrückt, wenn wir auch Sorge tragen müssen, uns aus einem Zustande des Uebergangs, aus einer nur zur Hülfe erheischten Tendenz des Zeitgeistes zu befreien. Diese Hülfe war der Materialismus.

Man mag die Behauptung lächerlich finden, ich scheue mich nicht zu gestehen, daß mir die Reaction gegen den Idealismus durch das plötzliche Erscheinen der Cholera ausgedrückt wird. Die Ideenanarchie bedurfte eines Reagens. Der große asiatische Uterus der Geschichte, der Europa schon so viel Anstöße gegeben hat, that sich auf und spie die Pest über uns aus. Im Mittelalter sandte uns Asien den schwarzen Tod. Der schwarze Tod schuf damals den religiösen Pietismus, den Flagellantismus. Der Pietismus schuf die Reformation. Die Cholera hat eine ähnliche Bestimmung. Die Cholera erinnerte uns an die Macht der Materie.

Der Materialismus! Ich habe einen Bekannten, einen Engländer, der sich bisher mit der Quadratur des Zirkels beschäftigte, der mir aber kürzlich erklärte, er halte es für das größte Philosophem unseres Jahrhunderts, aus dem Süßstoff der Runkelrübe Zucker zu machen. Seine früheren Versuche, jenes Quadrat zu entdecken, hatte er dem Parlamente vorgelegt und von diesem etwas wie eine Anweisung auf das Narrenhaus erhalten. Jetzt will er sich durch die siegreich durchgedrungene Runkelrübe rächen. Er geht auf den Continent, legt eine Fabrik an und wird Englands Handel um so viel Procent beeinträchtigen, als die Runkelrübe wohlfeiler

ift, als das Zuckerrohr. Ein Anderer schrieb bis jetzt Ro=
mane, von denen sogar die ersten Theile vergriffen sind,
wenn auch noch nicht die letzten. Jetzt arbeitet er unter
Lord Brougham's Auspicien an der Cabinetsencyklopädie und
wird diese nützliche Unternehmung durch ein vollständiges
System bereichern, wie man Kindern im Spiel die verwickelt=
sten Sätze der Mechanik deutlich machen kann. Sehen wir
nicht, daß Gegenstände des abstraktesten Wissens, z. B. die
Nationalökonomie, jetzt schon poetisch behandelt werden, ja
sogar, daß es eine Dame ist, die diesen Zweig der Poesie, das
modernste Lehrgedicht, mit vorzüglichem Glücke behandelt,
Miß Martincau? So nehmen alle unsere Vorstellungen einen
auf die Erleichterung der bürgerlichen Existenz, auf die Ver=
mehrung praktischer und solider Kenntnisse, auf die Popula=
risirung dessen, was zu wissen allen nützlich sein kann, gerich=
tete Tendenz an. Die Menschen unserer Zeit, somnambüle
Träumer über Theorieen des Staates und der Kirche, halbe Phi=
losophen, deren Ideen nicht zum Durchbruch kommen konnten —
erhalten jetzt plötzlich Anregungen, sich mit den Bedingungen
des Daseins zu beschäftigen. Alles schließt Friede. Man
durchkreuzt sich nicht mehr, um seine eigenen Interessen zu
verfolgen, Einer bedarf des Andern, man theilt die Arbeit,
Jeder, wenn er vom Ganzen Vortheile haben will, darf nur
Leistungen für das Ganze einsetzen. Diese Erscheinung ist
eine Reaction des Verstandes gegen die Phantasie, eine Reac=
tion der Natur und der Wirklichkeit gegen den Idealismus.
Die Massen, die sich zersetzen wollen, werden geregelt.

Ich glaube, man wird so lange fortfahren, die materiellen
Tendenzen zu verfolgen, bis man mit Schrecken wahrnimmt,
daß darüber die moralischen nicht vernachlässigt werden dürfen.
Wenn die Prosa uns die Poesie erstickt, ist das noch nicht
nicht so viel, als wenn auch das Herz erstickt wird. Man
beruhigt sich zwar damit, daß man sagt: die Moral wird
nicht zurück, sondern nur bei Seite gesetzt; man wolle sie
nicht läugnen, sondern nur einstweilen auf sich beruhen lassen.
Allein es giebt keine Tugend, wo es keine Uebung derselben
giebt. Die Ideen, welche auf sich beruhen, sind todt. Sie
bedürfen, um zu leben, gleichviel des Fürs oder des Widers,

der Vertheidigung oder des Angriffs, wenn sie nur in Bewe=
gung sind, wenn sie nur anregen oder angeregt werden. Das
Salz kann auch dumm werden, sagte der große Begründer
einer idealischen Weltordnung. Aber auch all' unser Wissen,
unser Glauben, unser Gott, unsere Freiheit, unsere Unsterb=
lichkeit können dumm werden, wenn man sie außerhalb der
Discussion läßt. Spinnenweben werden sich darüber ziehen,
Schimmel und Fäulniß werden die Zinsen eines Kapitals
sein, wenn man dasselbe nicht an einen soliden Platz, an das
Herz, an das Gemüth anlegen will.

Zur Schilderung der verschiedenen Gemüthsstimmungen
in unserer Gesellschaft biene ein Beispiel. Ich gebe das
Bild einer jüdischen Familie, die berühmt genug in
der Handelswelt ist, als daß ich nicht gestehen sollte, sie mehr
als oberflächlich zu kennen. Hier wird ein scharfer Beobachter
drei Abstufungen der Bildung wahrnehmen können, drei Ab=
stufungen, die zu gleicher Zeit die verschiedenen Phasen un=
serer Zeit veranschaulichen. Im Hintergrunde steht ein Pa=
triach, der Großvater des Hauses, ein schlichter, rein an jü=
dische Sitte haltender Greis. Sein Anblick erregt Ehrfurcht.
Sein weißes Haar, sein kurzer Bart, von welchem er sich nicht
trennen kann, sein dreieckiger Hut, sein Gang, sein röthlicher
Rock, Alles das ruft eine entschwundene Zeit zurück, eine
Zeit, die nirgends weniger noch zu ahnen wäre, als in dem
Hause, wo der Patriarch noch immer die erste Person ist, wo
alle Extravaganzen der Mode ihren Tempel finden, Teppiche
und Tapeten als Unterlagen einer Pracht dienen, die selbst
von den Häusern der reichsten Würdenträger unserer Kronen
nicht wiedergegeben werden kann. Im Vordergrunde dagegen
steht der Sohn des Hauses, ein schöner junger Mann, der
dem charakteristischen Ausdruck eines Italieners mehr gleicht,
als einem Juden. Der Großvater heißt Moses, der Enkel
Moritz. Moritz spricht die meisten neueren Sprachen, zeichnet,
malt, ist Virtuose auf dem Piano, componirt, dichtet, ist bei=
nahe ein Genie. Und dies noch nicht genug! Moritz ist so=
gar Schwärmer, Enthusiast mit der Reverbère der Melancholie.
Er fühlt sich unglücklich, verachtet seinen Reichthum, die Hand=
langer, die ihn zusammenscharren. Er steht, kaum wissend,

wie er Jude ist, an der Spitze eines Comités zur Emancipation der Israeliten.

Wer steht in der Mitte zwischen diesen beiden Extremen?
Der Sohn von Moses, der Vater von Moritz. Der Herr
des Hauses, der Besitzer der Firma, ein Pair der Börse, ein
Mann von mittlerer Größe, im königsblauen Frack, eine
goldene Kette webelt ihm auf dem schwellenden Embonpoint,
das Gesicht leuchtet von der Vortrefflichkeit seines Mittags-
tisches. Man vergesse nicht; dieser Banquier hat Geist, haar-
scharfen Verstand, Adlerblick, Combination, er hat vielleicht
ein Herz, er braucht es nicht zu oft; er setzt es selten in Bewegung. Die Nationen, die Könige, die Interessen derselben
sind da, aber ihn kümmern nur die Anleihen der Könige.
Seine Ideen erstrecken sich auf jede Lebensrichtung, aber sie
erregen sein Gemüth nicht, sondern beschäftigen nur seine
arithmetische Combination. Mildthätigen Zwecken wird er
sich nicht entziehen. Er unterschreibt Subscriptionslisten, aber
weniger aus Barmherzigkeit, sondern weil er damit den Ta-
lisman seines Glückes beschwören will; er fürchtet, an
der moralischen Ordnung der Dinge etwas zu beirren, das
sich rächen könnte, wenn er nicht manchmal dem entspräche,
was man an ihm voraussetzt. Sonst ist sein Inneres kalt.
Aktien, Dividenden, Coupons, Eisenbahnen, Kanäle beleben
seine rationelle Phantasie, Tunnelideen untergraben sein Inneres. Er interessirt sich für Alles, falls es Interessen trägt.
Kohlengruben sind seine Venen, Metallgänge seine Arterien.
Und doch qualmt sein Wesen nicht, er hat eine frische zugäng-
liche Atmosphäre, trägt die feinste Wäsche und verwendet sogar die Künste der Toilette auf einen Backenbart, den er sich
à la Louis Philippe zieht. Dies ist der Mittler zwischen
jenen beiden äußersten Grenzen. Er ist der Held des Moments, der Repräsentant einer Weisheit, die in der That für
unsere Zeit die allgemeine Weltweisheit werden wird. Er
bewundert die Wissenschaften, die sich rentiren.

Allein es wird nicht allen so leicht, die Moral zu vergessen,
wie dem Sohne des Moses und dem Vater des Moritz. Dieser jüdische Gentleman hat gut seine Cravatte binden und
sich den Backenbart stutzen. Gewinnen ist dem ein Leichtes,

der schon besitzt. Aber die, welche erst erwerben wollen, was
können die einsetzen? Trauriges Bild, das sich vor unsern
Augen entfalten würde, könnten wir aus der Vogelperspektive
einen Augenblick das gleichzeitig sich erschöpfende Treiben und
Laufen der Massen beobachten, wie sie stöhnen und ächzen,
arbeiten mit zwei Händen, als hätten sie die Arme des Bria-
reus, wie sie ermattet hinsinken und immer neue Schaaren,
unbarmherzig entweder oder nur im Eifer blind, über sie
hinweg stürmen! Großer Gott, jetzt in Deine Welt zu
schauen, ist's nicht, wie in einen Topf voll Mehlwürmer,
oder wie's in einem Glase Wasser unterm Mikroskop sein soll,
das Wüthen und Gebärden der infusorischen Ungeheuer, die
nach einer sichtbaren und auf vier Füßen kriechenden Existenz
ringen? Wir trinken jenes fürchterliche Glas Wasser unge-
scheut. Wir trinken es, weil — uns dürstet. Weil wir leben.
Aber wie schwer wird es werden, in Zukunft zu leben! Eine
ungeheure Concurrenz ist für Eure materiellen Interessen
jetzt schon da: welche Mittel müßt Ihr schon brauchen, um
sie auszuhalten! In Euern Fabriken siecht und modert das
Menschenthum; Kinder, die mit geraden Gliedern auf die
Welt kamen, verlassen sie, noch lange nicht am Schlusse des
gereiften Mannes, mit gekrümmten Gliedern! Eure dam-
pfenden Maschinen sind die Molochsgötzen, auf welchen Jung
und Alt geopfert werden! Ihr überbietet Euch gegen einander, bis Ihr ermattet hinsinkt und nicht mehr weiter könnt!
Frische Wahnsinnige kommen und setzen da das Beginnen fort,
wo Ihr es stehen ließet; es gedeiht auf's Aeußerste: über
das Siechthum der Generation, über den Untergang der
Sitte und der Moral, über die edelsten Blüthen und Resultate der Jahrhunderte steigt die verwegene Industrie hinweg,
um nicht bloß zu existiren, sondern mit einer kleinen Nüance
zu existiren, um einem Weibe einigen Comfort zu geben, um
Kinder doch wenigstens so lange von der Arbeit zu befreien,
bis sie ein gewisses Alter erreicht haben. Also nicht einmal
um der Existenz allein, sondern des Luxus wegen so außerordentliche Anstrengungen! Die Hyperculmination der Industrie und des Mercantilismus wird von ihrer schwindeln-
den Höhe stürzen und Noth, Oede wird eintreten, wo man

dann möglicherweise zu nichts Anderem zurückkehren kann, als zum Trost der Moral, zu Gefühlen der Resignation, zur Bescheidung und Bescheidenheit. Die Gesetzgeber und Fürsten werden einst ächzen und stöhnen, wie man es machen soll, daß wieder warmes, pulsirendes Leben in die Gesellschaft zurückkehre. Man wird die moralischen Interessen mit Gewalt zu befördern suchen, weil diese allein das Dulden und Entbehren lehren; aber das wird schwer werden. Sehen wir nicht täglich schon, wie schwer! Die Fürsten und Minister schreiben uns bestimmte Religionen, bestimmte Symbole vor: der Glaube daran hat sich verloren. Die Menschheit nachtwandelt fort auf neuen unberechenbaren Pfaden.

Um diesen Erfolg, der trotz aller Warnungen nicht ausbleiben wird, weil er in einer Naturnothwendigkeit begründet ist, noch anschaulicher zu machen, hat man nur nöthig, unsere jüngsten Erlebnisse genauer anzusehen. Wir sind mitten in einer bedenklichen Katastrophe des kalten egoistischen und nur auf die Materie gerichteten Zeitgeistes begriffen, wir haben in dem Momente, wo dies geschrieben wird, sie noch nicht völlig überwunden, können auch nur wünschen, nicht beweisen, daß sie bald vorübergegangen sein wird. Man muß wissen, daß die Basis des neueren Handels nicht mehr das Geld ist, sondern der Kredit, daß man durch die Wechsel- und Bankerfindung zwar die Handelswelt einander näher gebracht hat, es ihr aber darum doch möglich machte, sich mit ihrem wahren Vermögen geheimer als bisher zu halten. Das Papier war zunächst für das schwere Geld, nur ein Flügel, eine Erleichterung seiner Circulation. Papier sollte die gesteigerte Beweglichkeit des Geldes ausdrücken. Ja es war sogar billig und in der Ordnung, daß das Papier dem Gelde einen höhern Werth gab, weil die Erleichterung des Umsatzes eine schnellere Wiederbenutzung und Disposition der Zahlungs- und Unternehmungsmittel zuließ. Leider ist dieser Satz sogleich mißverstanden worden. Statt von dem Werth des Geldes, der nunmehr ein höherer geworden, zu sprechen, sprach man von dem höhern Werthe des Papiers. Man emancipirte das Papier zu einem unabhängigen Körper, da es doch nur der Schatten war, den das Geld in der Creditsonne warf, ein

Schatten, je nach der Constellation der Umstände, länger oder kürzer als sein fester Körper.

Man kann das Verhältniß des Credits zum Vermögen des Papiers und zum Gelde mit jener optischen Täuschung vergleichen, welche aus kleinen angezündeten Hölzchen durch die umrollende Bewegung feurige Sonnen und Räder macht. Dann darf aber die Bewegung, um die Täuschung zu unter= halten, nicht in einem Nu ausbleiben. Allein so geregelt auch oft die Handelscirculation in günstigen Perioden war, so treten doch aus entfernteren Ursachen manchmal Stockungen ein, wo das Idealische am Handel auf das reelle Maß wieder zurückgeführt werden muß. Ja oft liegen auch die Ursachen nahe bei den Wirkungen und beinahe in den letztern selbst. Es giebt auch einen Umsatz, der krampfhaft ist, den theils der Schwindelgeist des Einzelnen in Bewegung setzt, theils das System der Privatbanken, und wo der fliegenden Hitze bald Zähneklappen folgt.

Was ich Idealismus am Handel und Wandel nenne, beruht bei der Börse auf anderen Grundlagen als bei'm Waarenhandel. An der Börse fingirt man Ausgaben, für welche man mit einem gewissen Risiko reelle Zinsen be= zieht. Die Börse hat einige baare Zahlungen unumgänglich nothwendig. Dies machte, daß sie den übrigen Handel vollends absorbirte. Die Sucht, hohe Zinsen zu haben, ver= führte den Speculationsgeist zu einer Menge von Unterneh= mungen, die auf den Geldmarkt und den speciellen Mercan= tilismus eine nachtheilige Wirkung äußerten. Ein Enthusiast tritt auf und entwirft den Plan einer neuen Kanalverbindung, einer Eisenbahn, eines Tunnels, vielleicht noch einmal eines Tunnels unter dem Ocean hinweg. Er steht nicht lange allein, die Speculanten, um nicht zu sagen die Kapitalisten folgen ihm. Die erste Einschreibung ist allgemein, bei der zweiten fehlen schon einige, die dritte hält man der Ehre wegen aus, der vierten muß man schon des Credits wegen stand= halten. Alle nur möglichen Summen werden aufgetrieben, um die lachende Dividende zu beschleunigen; dem Handel fängt an das baare Geld auszugehen; er rechnet, macht seine Plus und Minus auf dem Papiere, die Werthe sind da und das baare Geld fehlt, um sie einlösen zu können. Ginge das nur eine Zeit lang so fort, ohne eine entschlossene Maßregel, wie sie in unsern Tagen der englischen Bank so verdacht worden ist, so würde man bald da angekommen sein, wo im vorigen Jahrhundert Frankreich stand, als die Mississippiactien in's große Weltmeer, in's Nichts zerflossen.

Ich will das Beispiel eines Schwindelhändlers geben. Schnitter gilt an der Börse, wenn auch nicht gerade für einen Christen, doch für einen respektabeln Mann. Er besitzt gerade so viel Ehrlichkeit, als er braucht, um den Pranger zu vermeiden. Ich halte es für meine Pflicht, die Welt über dies Originalgenie aufzuklären, das zwischen Scylla und Charybdis jede Linie kennt, die vor dem Scheitern sichert.

Schnitter erbte ein baares Vermögen von 1000 Thalern. Da er dies ohne Schulden erbte, so glaubte die Welt, er hätte deren 10,000 geerbt. Er konnte sagen, daß er einen Credit von 9000 Thalern hatte. Man bot ihm diesen Credit an, und er war muthig genug, ihn anzunehmen. Der Mann ist das Musterbild eines Schwindelhändlers, wie es deren wenige geben mag. Sein Geschäft besteht erstens im Papierhandel, zweitens in Actiengeschäften, drittens im Indigohandel. Im ersten ist er nur Spieler: er bezahlt nur die Differenzen. Im zweiten hält er bei der zweiten Einzahlung nicht mehr aus, und thut dies, wie viele ehrliche Leute, von denen man bei einem solchen Verfahren nicht sogleich sagt, daß „etwas faul sei im Staate Dänemark", sondern nur, daß sie kluge und gewandte Geschäftsleute, keine Schwindelhändler, im Gegentheil Männer seien, die für ihre Familie Sorge trügen. Das dritte Geschäft braucht das meiste Geld; denn bei den Versteigerungen muß baar bezahlt werden. Was er hat, reicht gerade für den Indigo hin. Für die Staatspapiere und Actien kann er sich das Geld nur durch Wechselreiterei und andere Künste zusammentreiben. Er stellt dem, welcher an ihn zu fordern hat, Herrn A., einen Wechsel zu auf Herrn B. Der Wechsel ist in vier Wochen fällig. A. frägt B., ob er den Wechsel honoriren werde? B. antwortet: Gewiß, wenn Herr Schnitter mich bis dahin in Zahlungsstand versetzt haben wird. Es vergehen drei Wochen, da erhält B. einen Wechsel auf C., zahlbar in vier Wochen. B. frägt C.: Wirst Du zahlen? Warum nicht, antwortet C., Schnitter ist ein ehrlicher Mann, ich werde bis dahin noch Summen für ihn beziehen können. B. besinnt sich demnach durchaus nicht, A. zu bezahlen. Wenn man nun sagt, daß dies Verfahren die Art eines baldigen Bankeruttirers ist, so hängt dies nur von Vorurtheilen ab. Denn leider schlagen auch ehrliche Leute zuweilen einen solchen Weg ein. Wer kann Schnitter in die Karten sehen? Er stellt jährlich auf obige Weise zwölf Wechsel aus, jeden im Werth von 10,000 Thalern, einer bezieht sich auf den andern. Es ist elfmal eine Fiction, das zwölfte Mal wieder eine Fiction für den, der zahlt, aber für ihn nicht, der nimmt. Einige Jahre kann das noch so fortgehen. Dann hat sich Schnitter in den Firmen erschöpft und wird falliren, wenn er in die Lage kommt, auf eine Firma anzuweisen, wo sein Name nur im Minusangedenken steht. Aber das ist erwiesen, das Reich, wo solche Dinge möglich sind, muß luftig, ideell, ja beinahe poetisch sein. Denn bei Alledem — das permanent fortlaufende Börsenspiel reißt ihn vielleicht heraus. Vielleicht sieht man ihn doch noch in eigener Equipage fahren.

Kehren wir auf den Zusammenhang unserer Darstellung zurück — welch' ein Abstand zwischen den ungeheuern Entwickelungen, welche dem Menschengeschlechte noch bevorstehen und den kleinen Friedensstörungen, die in unsern Tagen schon eine so weit verzweigte Macht haben ausüben können! Denn was ist selbst die Julirevolution mit ihren möglichen und erstickten Folgen gegen jene Umwälzungen, die unvermeidlich scheinen, wenn man die physischen, moralischen und intellectuellen Interessen der Nationen erwägt, wenn man die europäische Gesellschaft auf einem Punkt der Einstweiligkeit antrifft, welcher nothwendig einmal kopfüber schlagen muß und der Natur, dieser großen Gleichmacherin der Dinge, weichen wird! Vom sublimsten Gedanken herab bis zum täglichen Brode, Alles ist Hebel für die Zukunft geworden, Alles deutet auf eine neue Schöpfung „des Himmels und der Erde", eine Schöpfung, die uns vielleicht das Alte wiederbringt, aber in einem neuen Gewande, in Kleidern, wo die

Thatsachen den Ideen angemessen sind, überhaupt in einer
Umgestaltung, wo sich die vorigen Widersprüche, in welchen
jetzt die Ideen- und die Sinnenwelt stehen, werden aufgehoben,
mindestens abgeschliffen haben. Was die europäische Staats-
und gesellschaftliche Gemeinschaft noch in ihrer jetzigen Schwebe
erhält und vielleicht noch fünfzig Jahre hin so forttragen
wird, ist die Differenz der beiden Pole, das geistige und leibliche Interesse; aber selbst aus dem Schooße der Mittelmäßigkeit, aus dem Gleichgewichte der beiden Wagschaalen unseres
Geschicks wird sich die Bewegung erzeugen müssen, da einmal
Ruhe, das Gesetz der Trägheit für unser Jahrhundert, und mag
man es noch so versinnlichen wollen, als etwas Absolutes und
auf sich selbst Begründetes unmöglich ist. Und sollte Europa
jedes Lüftchen von sich abhalten, damit keine seiner Institutionen,
die verkohlt und als Aschengestalten dasitzen, auseinander-
stiebe; sollte es möglich sein, daß sich die moralische und physische Revolution unseres Erdtheils verständigt und alle Lei-
benschaften von sich wirft, so muß es im Plane der Welt-
regierung liegen, auch die übrigen Erdtheile m i t d e r Z e i t a n
der Zeit Theil nehmen zu lassen und sie an die Grenzen
Europas zu führen, gewiß mit stampfenden Rossen, drohenden
Geberden, mit Rache oder Neugier, wie wir es verdienen
werden. Welch' ein leichtes Athmen der Seele, wenn die
Sklaverei unserer Existenz, der Vorurtheile und Privilegien
einst mit einer Opposition enden sollte, die nichts von dem
achtet, was ich jetzt als Schlechtes achten m u ß, und die mich
immerhin! dann auch selbst auf die Schlachtbank führen möge!
Mißverstanden zu werden, ist weit weniger unerträglich, als
verstanden und b o c h nicht erhört!

Wir stehen in der Erörterung kleinerer Revolutionen. Die
Julirevolution war die Frucht eines Irrthums, den die Auto-
ritäten nicht hegen durften, ohne sich selbst wehe zu thun.
Sie entsprang aus dem Hader, den die Vertheilung der Erbschaft Napoleon's erregte. Napoleon hatte sich der Revolution bemächtigt. Er wurde gestürzt von einer Reaction, die
den Fürsten, Zeuge dessen die Juliordonnanzen, nicht klar geworden. Die Bourbonen nahmen wieder von den Tuilerien
Besitz, von den alten Vorurtheilen und Privilegien, von ihren

früheren Leidenschaften; sie hatten nichts vergessen und nichts gelernt. Die Restauration wurde als ein Sühnopfer Ludwig's XVI. angesehen. Die außerordentlichste Periode der französischen Geschichte wurde aus den Annalen derselben ausgestrichen. Die Reaction gegen Napoleon war falsch verstanden worden. Ja, der Corse war unpopulär, sein Ehrgeiz durchbrannte die Ruhe seines Antlitzes, alle Welt sah es, die Völker geriethen in Ekstase, als es schon unmöglich geworden schien, diesen Koloß zu zertrümmern. Aber was wollten sie retten? Ihre Dynastieen. Gewiß ihre Dynastieen, doch unter dem Siegel eines Vertrages, unter dem Versprechen einer gleichgetheilten Beute: Euch die Macht, uns die Freiheit!

Ich will nicht von Treulosigkeit sprechen, ich spreche nur von einem Irrthum. Die Julirevolution soll in meinen Augen keine gehässige Rache, keine Strafe sein; denn wie kann das Volk, das noch immer so schwache und trotz alles Predigens von Volkssouveränetät so ohnmächtige und nichtige Volk, von Rache und Strafe sprechen! Die Julirevolution war eine Berichtigung. Sie war ein Act des Zorns, aber die Mäßigung zügelte ihre Ausschweifungen. Sie suchte sich alsbald ein Bett, um ihre Fluth zu dämmen und als ein wahrhaft nützlicher und schiffbarer Strom so viel Terrain zu gewinnen, als gleichsam verdurstendes und von der Sonne verbranntes Land da war. Und dies lustige Dehnen und Schlängeln des Stromes ist es, was immer meine Aufmerksamkeit in Anspruch genommen hat. Man bedenke die nächtliche Stille der Restaurationszeit. Der gallische Hahn kräht: plötzlich welch' ein Regen und Bewegen, welches Feuer in Augen, die verschlafen waren, welcher Accent in Redensarten, die eben noch so monoton gesprochen wurden! Die Julirevolution drang in die Kasernen, in die Schulen, auf die Kanzeln, Niemand, auch nicht Einer, weder Metternich noch Wellington, (den Herzog von Modena nehme ich aus) Niemand entzog sich dem Factum. Wenigstens mußte das Factum beschäftigt werden. Mit seinen Folgen mußte parlamentirt werden. Ich möchte hier keine Wunde aufreißen — ich kann nur Eines nicht umgehen, mein unerklärtes Erstaunen, wie wir uns kaum noch so sicher und behaglich fühlen können und im nächsten Momente trotz aller unserer officiellen Redensarten aufspringen vor den Naphtaflammen, die aus der Erde schlagen. Was hat nicht die Julirevolution Alles verrathen! Wie lehrte sie die Stummen reden und die Lahmen gehen! Und jetzt —? Alle treiben wir schon wieder unser solides Geschäft und wiegen unsere Gewürze — dennoch ist es mir oft, als vernähme ich schon wieder ein dumpfes Gähren und Brausen, ein Sieden und Rollen, das sich uns unterirdisch naht. Ich male mir die Zukunft mit den lebhaftesten Farben aus und muß an mein überwältigtes, zu ersticken drohendes Herz greifen und mir zurufen: Wär' es möglich oder nicht?

Ich gehöre weder zu den Fatalisten noch zu den rücksichts= los Radikalen. Ich werde immer annehmen, daß die euro= päische Gesellschaft einem Körper gleicht, für dessen Zustand die Sydenhamms und Boerhaves der Staatskunst noch Mittel, und sogar specifische, übrig haben. Ich glaube, daß den Völkern die Revolution einen solchen Kampf gegen ihr Herz und Gewissen kostet, daß sie Jeden für einen großen Staatsmann halten würden, der den Kelch an ihnen vorüber= gehen läßt. Ich glaube auch, daß dies Gefühl so durchgrei= fend in Europa die Oberhand hat, daß mir aller Streit in der Politik nur daher zu kommen scheint, ob die Staatskunst positive oder negative Gesichtspunkte haben soll; ob es besser sei zu constituiren oder nur vorzubeugen, mit einem Worte, ob man die Thatsache der Revolution anerkennt oder nicht. Niemand scheint sie besonders zu wollen. Die Frage scheint nur, wie vermeidet man sie? Da ist es, wo die Meinungen divergiren. Die Einen wollen die Revolution ignoriren, die Anderen wollen ihr zuvorkommen. Jene wollen ihr die Macht nehmen, daß sie überhaupt nicht ausbrechen könne; diese wollen ihr den Grund, das Recht der Berufung nehmen, so daß sie nicht ausbrechen dürfe. Dies ist der eigentliche Dua= lismus der beiden Principien, welche in England und auf dem Continent sich bekämpfen. Die Revolution ist ein Schreckbild für Alle: nur wollen die Einen den Minotaurus bedrohen, die Anderen ihn zähmen. Das ist der Unterschied. Die Mittel sind individuell. Die Legitimisten, die deutsche Adelskette, die Tories bilden sich etwas auf die Kraft ihres

Adlerblickes ein. Sie glauben das Ungethüm erschrecken zu können. Die Liberalen, die Constitutionellen, die Whigs stopfen es voll und geben ihm so viel Zuckerbrod, als sie nur auftreiben können. Sie hoffen, das Thier wird sich an dieser Speise überessen und sich dann nicht mehr bewegen können.

Vergleicht man die Windstille des gegenwärtigen Momentes mit den Stürmen, die 1830 zu wehen anfingen, so muß sich das Herz jedes edeln Menschenfreundes erwärmt fühlen von der Hoffnung, es gäbe Mittel, große und kleine, heroische und Hausmittel, um das Jahrhundert aus seinen Widersprüchen mit heiler Haut zu retten. Namentlich wir, die wir uns die Aufgabe gestellt haben, den Puls der Zeitgenossen zu fühlen und diese harmlos von ihrem Sinnen und Trachten erzählen zu hören, wollen uns den Horizont unseres kaum begonnenen Werkes nicht trüben, sondern versuchen, so viel leichten Sinn aufzutreiben als nöthig ist, um eine Gefahr, die vorhanden ist, leicht zu nehmen und eine, die erst kommen soll, gänzlich zu vergessen.

III.
Die neue Welt.

Ich hatte für das vorige Kapitel noch einen Passagier, der mitsegeln sollte. Allein der Wind blies so günstig, daß ich die Anker lichtete und den nun am Strand sitzen Gebliebenen für das neue Packetboot bestimme.

Ein Commerzienrath hatte mir's erlaubt, daß ich ihn, ob er gleich mein Freund ist und mich des Jahres zwölfmal bei sich biniren läßt, in meinen Zeitgenossen aufführen darf, und zwar nicht hinter dem Titel derselben, als Dedication der Vorrede, sondern mitten unter den großen und kleinen Charakteren, welche ich mir in diesen Unterhaltungen zu zeichnen vorgenommen habe.

Wodurch ist mein Freund so bemerklich? Durch sein un=

geheures Rechnungstalent. Was Pünktlich sieht und hört, multiplicirt er. Und wenn er nur zum Fenster hinaussieht, so weiß er schon, wie viel Menschen auf der Straße sind. Ich ging nach einem seiner Diners mit ihm in's Theater und sagte: Freund, geben Sie mir das Biquadrat die= ser hier versammelten Menschenmasse an! Er sah sich ein wenig um und erwiderte: Sie sind kein Kaufmann. Als solcher sage ich Ihnen, daß, wenn Jeder hier unten im Par= terre nur 8 Groschen in der Tasche hat, die Summe gerade 280 Thaler 18 Groschen betragen wird. Möglich, daß, wenn ich nachgerechnet hätte, sich eine kleine Differenz ergeben haben würde. Aber was Pünktlich sieht, gestaltet sich ihm in eine Combination, die immer einer Größe gleich ist, die er ent= weder dividirt oder addirt. Er geht auf der Straße und rechnet die Menschen zusammen, als wären es Ziffern, be= nannte und unbenannte. Er soll der Napoleon der Buch= führung in der ganzen Handelswelt sein.

Allein dies große Talent ist weit weniger dasjenige, das mich veranlaßt hat, Commerzienrath Pünktlich als Säkular= portrait aufzuführen. Was mir weit bemerkenswerther ge= schienen, ist die mathematische Zeitrechnung seiner Familie. Ja, ich muß es gestehen, mein Gönner ist in solchem Grade Rechner, daß er alle Bande des Blutes, alle zarten und süßen Pflichten der Eltern= und Kindesliebe in ein arithmetisches System gebracht hat und über jede seiner Zärtlichkeiten und Vatersorgen einen Contocorrent führt. Besitzer eines ansehn= lichen Vermögens ist er durch fünf Kinder gezwungen, einst zu dividiren. Er ist zu sehr Mathematiker, als daß er sich durch Rücksichten auf Primogenitur bestimmen lassen sollte. Jedes Kind hat ein Buch, in welchem die Kosten, die es ver= ursacht hat, eingetragen werden. Es ist dies eine finanzielle Biographie von Kindesbeinen an. So wie ein neues auf die Welt kommt, erhält es sein Folio in der Bank des Vaters. Die Hebamme kostet soviel Thaler, der Kindtaufschmaus so= viel; ist das Kind größer geworden, so heißt es: Soviel Teller zerschlagen, soviel Schaden im Garten angerichtet, so oft gefallen durch eigene Schuld, Heilungskosten; kurz, der Commerzienrath ist seit zwanzig Jahren keinen Abend in's

6*

Bett gegangen, daß er nicht mit seiner Frau, die auf seine
Ideen vollständig eingeht, vorher die Tagesberechnung macht.
Der kleine Robert ist ein Näscher. Statt ihm dieses Laster
abzugewöhnen, kann er Alles, was er nur wünscht, erlangen;
doch sagt ihm der Vater jeden Tag: Es wird Dir ange=
schrieben! Der kleine Robert hat vor dieser ewigen Mah=
nung Respekt bekommen und wird nicht nur ein guter Rechner,
sondern gewöhnt sich auch das Naschen ab. Freilich mag
dabei die Poesie abhanden kommen. Wenn ich bei Pünktlich
binire, fehlen die Kinder nicht. Sie sind durch das ewige
Vorrechnen, was der Eine mehr kostet, als der Andere, so be=
dächtig und pedantisch geworden, daß es mir war, als hun=
gerten sie absichtlich bei den schönsten Speisen, weil sie gehört
hatten und täglich hörten, daß sie, je mehr sie jetzt äßen,
künftig desto weniger zu essen haben würden. Der Vater
beobachtet ganz genau, wie viel ein Jeder auf seinem Teller
liegen läßt, und obgleich von verschiedenen Gegenständen die
Unterhaltung immer recht gut belebt ist, so weiß ich doch,
warum Pünktlich seine Blicke zuweilen umherschweifen läßt
bei Tische. Dies Princip einer allzu gewissenhaften Gerech=
tigkeit gegen die künftigen Erben scheint mir nicht dem Cha=
rakter der europäischen Gesellschaft angemessen zu sein. Nur
ein Bewohner der Vereinigten Staaten dürfte im Stande
sein, bis in diesem Grade die Mathematik zu einer Hülfs=
wissenschaft der Moral zu machen.

Weil ich in diesem Kapitel von Nordamerika sprechen will,
sparte ich mir den Commerzienrath als Uebergang aus der
alten in die neue Welt auf. Wenn irgend etwas den Cha=
rakter der letztern trägt, so ist es die Tarifirung aller Dinge
im Himmel und auf Erden. Dem Amerikaner hat Alles
Werth und zwar einen solchen, der verhältnißmäßig ist und
durch Zahlen ausgedrückt werden kann. Die Leichtigkeit, wie
der Amerikaner die subtilsten Begriffe auf Geld anschlagen
kann, ist unglaublich. Selbst die Imponderabilien, als da
sind, Gott, Freiheit, Unsterblichkeit, die Metaphysik hat für ihn
ein Gewicht. Sein Sinnen und Trachten ist Reductions=
rechnung. Was nicht unmittelbar mit dem Gelde Verbindung
hat, wird von ihm auf etwas Verwandtes übertragen. Der

Amerikaner sucht eine Analogie dafür, läßt diese die Metall=
probe bestehen und findet auf die Art, daß sich alles Das=
jenige, was zwischen dem Alles und Nichts in der Mitte
liegt, auch mit einfachen arabischen Ziffern ausdrücken läßt.

Eine Erörterung hierüber schien mir an dieser Stelle nicht
unpassend. Doch läßt sich der einzelnen schroff hingestellten
Thatsache wenig Beleuchtung geben, und es möchte daher an=
gemessener sein, hier sogleich einen Versuch einzuschalten über
jene politische, geistige und materielle Volksexistenz, welche
jenseits des Oceans aus einem wilden und rauhen Boden
aufschoß und sich zu einer Blüthe erhoben hat, die Europa
zu beneiden anfängt, und von welcher wir versuchen werden,
immer mehr Ableger auf unsern eigenen Boden zu verpflan=
zen. Ueberhaupt wird in Zukunft weder Geschichtsphilosophie
noch Geschichtsdarstellung den Charakter der Vollständigkeit
ansprechen können, wenn man nicht anfängt den Amerikanern
ihr Theil zu geben. Sie als ein Corollar, einen Anhang
zu betrachten, darf nur noch der Nationaleitelkeit oder den=
jenigen Philosophen gestattet bleiben, die gewohnt sind, wie
dies in Deutschland der Fall ist, aus einer Formel, z. B. Ich
gleich Ich! das Dasein der Welt zu ermitteln.

Wie verhalten sich Europa und Amerika im Weltplane
der Geschichte? Ist das greise Europa bestimmt, vom jugend=
lichen Amerika überwunden, mindestens gesagt, neu erfrischt
zu werden? Wer von beiden Welttheilen darf Lehren geben,
wer muß Lehren annehmen? Diese Fragen beschäftigen
Jeden, der die Politik von tieferen Gründen als aus denen
der Intrigue schöpft. Ja, es giebt eine Politik der Staaten
und eine Politik der Völker. Jene hilft sich mit Manipula=
tionen, Hand= und Kunstgriffen, mit Maximen höchstens, die
aus der Geschichte und der speciellen Lebenserfahrung gelernt
sind. Diese forscht im Rathschlusse der Gottheit und ver=
knüpft die Gegensätze der Erfahrung durch das liebende
Band der Aufklärung, glättet die Widersprüche aus, sucht Ge=
sammtzwecke aufzustellen, an welchen die Menschheit gemeinsam
arbeiten solle, und was wir in diesem Kapitel geben wollen,
ist eine Untersuchung nach den Grundsätzen der letztern
Politik.

Es giebt zwei Ansichten in Betreff der vereinigten Frei=
staaten. Die eine, anhänglich an Europa, nennt sie Nach=
zügler der Geschichte, macht ihnen die Originalität streitig
und gesteht ihnen nichts als einen Formalismus zu, den sie
auf einseitige und hohle Weise durchführen. Die andere,
demokratischen Ursprunges, opfert ihnen die Zustände Europas
als überlebt, verbraucht, wirft dem transatlantischen Lande
den Kranz der Vollendung zu und fordert Europa auf, sich
denselben so zu verdienen, wie Nordamerika. Dasselbe Land,
welches Jenen eine Trivialität ist, ist Diesen ein Sitz der Frei=
heit und der Gleichheit der Menschenrechte. Jene sehen aus
Nordamerika mit der Zeit eine Monarchie, Diese aus Europa,
durch Amerika, eine Republik werden.

Man kann dem Gegensatze beider Meinungen noch einen
andern Ausdruck geben. Ist Nordamerika ein Musterstaat,
der uns in Allem voranleuchtet, oder cultivirt er nur eine
einzelne Frage, die Europa über Bord warf? Hat Amerika
ein eigenes originelles, nur ihm angehöriges Pensum zu lösen,
oder entwickelt es eine allgemeine Idee, die einmal nor=
mal werden könnte für die Weltgeschichte?

Diese zweite Art, die Frage zu stellen, sagt mir mehr zu.
Ich werde mich immer dahin erklären, daß Nordamerika ein
einzelnes Pensum zu lösen hat, eine Specialität. So inein=
andergefugt alle seine Existenzäußerungen sein mögen, gegen
die Vorstellung einer allgemeinen Aufgabe, die der Weltgeist
den Amerikanern gestellt hätte, sträubt sich Alles; es kann
diesem Agglomerat von eingewanderten Völkerexistenzen nur
die Ehre gestattet werden, eine einzelne Strahlenbrechung dieser
Aufgabe, wenn auch glänzend genug, aber nur diese einzelne
wiederzugeben. Nordamerika hat eine große Mission; ge=
richtet auf eine Idee, ist es der Begriff der Demokratie, den
es in seiner Größe und seiner Einseitigkeit ausbildet; gerichtet
auf ein Land, ist es Amerika selbst, welches durch die Ver=
einigten Staaten befreit und der Civilisation entgegen geführt
werden soll. Englands Parlament wird vielleicht eine Flotte
ausrüsten, wenn es sich immer deutlicher ergeben sollte, daß
die Union ihre Aufgabe versteht und nach der Eroberung oder
Bundesgemeinschaft, wie man diese Erweiterung der Cultur

nennen mag, mit dem übrigen Amerika trachtet; allein ohne
Sorge. John Bull versteht von der Frage der Civilisation
nicht mehr, als daß er lesen und seinen Namen nothdürftig
schreiben kann. Das Parlament ist der potenzirte John Bull.
Amerika möge sich durch nichts hindern lassen, seinem Ziele zu=
zusteuern. Die Augen des denkenden und aufgeklärten Europa
werden mit Bewunderung auf die Fortschritte Amerikas ge=
richtet sein.

Ich behaupte, daß der Verfall der Vereinigten Staaten
mit dem Tage beginnen würde, wo sie anfangen würden, sich
um Amerika weniger zu kümmern, als um Europa. Für
unsern Welttheil sehe ich nicht eine Brücke, die sie mit uns
verbinden könnte. Sie würden überall eine zurückgesetzte
Rolle spielen. Man hat schon angefangen, sie zu fürchten,
aber nur in Sachen, die Amerika betreffen. Sie haben die
größte Anerkennung in der Diplomatie Europas. Aber
schwerlich kommt es je dazu, daß sich eine amerikanische Flotte
an einem europäischen Kriege betheiligt. Aber in Amerika
stehen den Vereinigten Staaten alle Wege offen. Sie sind
berufen, noch einst die Landenge von Panama durchzustechen,
sie werden auf dem Rio de la Plata, wie auf dem Amazonen=
strome mit ihren Dampfschiffen durch unentdeckte Wildnisse
die Civilisation bringen. Nicht der Congreß von Washing=
ton wird dies über die Principien der Bundesregierung an=
ordnen. Es kann Feindschaft bestehen zwischen dem Congreß
und jenen Gegenden, deren Berührung mit ihm ich ahne;
allein die Theorie, der politische Verstand, die Weisheit, die
Mäßigung, welche die Vereinigten Staaten in ihrer politischen
Eristenz auszeichnen, werden von selbst eine Ausströmung haben
auf die Inseln und das südliche Festland. Teras und Meriko
dienen als Schrittstein für das Gebäude, das sich der Welt=
geist in Amerika für die Zukunft aufzubauen scheint.

Ich gebe mich gern der Vorstellung hin, welch' ein herr=
liches Amalgam von Eigenschaften es werden müßte, wenn
sich spanische, nordamerikanische und indisch=autochthonische Ele=
mente zusammen vereinigen könnten und dem nobeln Ernste
des Spaniers sich die heftige und sinnliche Leidenschaftlichkeit
des Eingebornen zugesellte, und die Mischung beider Anlagen

würde dann durch die praktische Betriebsamkeit und die Verstan=
desrichtung des Nordamerikaners geregelt. Wäre es nicht ein
Meisterstück, nicht der Natur, sondern des schöpferischen Geistes
der Geschichte, wenn ein Südamerikaner in sich das schöne
Gleichgewicht dieser drei Elemente darstellen könnte, sich der
feurigen raschen Hand, der moralischen, ehrgeizigen Anlage
des Spaniers, seinem dunkelrollenden Auge und seinem schwar=
zen Haar das Herz, das Gemüth des Wilden anschlösse, die
tiefsinnige Mystik der Empfindung, die reizende Naivetät sei=
ner Anschauungen, die bekanntlich den amerikanischen Ein=
gebornen auszeichnen, und dann zu dieser Anschauung noch
die dritte Macht hinzutreten könnte, die Enthaltsamkeit, Selbst=
beherrschung, Aufklärung und der Industrialismus nebst der
polizeilichen Gesittung des Yankee, der, wenn er freilich nicht
mehr besitzt als dies, einseitig und kahl genug ist! Die Ord=
nung, welche Südamerika über lang oder kurz erhalten
muß, wird es nirgend woher als von Nordamerika entlehnen
können.*)

Wenn man gegen diesen Traum einwendet, daß der Nord=
amerikaner keineswegs hinreichenden propagandistischen Fana=
tismus besitzt, um denselben möglich zu machen, so liegt gerade
die Garantie der Erfüllung in eben diesem Umstande, ob
er gleich das Gegentheil beweisen soll. Ausbreitungseifer ist
gewiß genug vorhanden in Nordamerika, ja in einem Maße
bis zur Grausamkeit. Die Bürger der Vereinigten Staaten
verfahren gegen die Eingebornen mit einer Herz= und Gemüth=
losigkeit, die unsere Empfindungen empören macht. Sogar
die Moral wird von Jonathan, der doch sonst so religiös ist,
nicht selten aus den Augen gesetzt, um Völker zu ersticken,
die von Tausenden, die früher den Stamm bildeten, allmälig
zu Hunderten zusammengeschmolzen sind. Man kennt die
Hülfsmittel, welche man brauchte, um die Creekindianer und
die Seminolen um ihre Wälder, Weiden und Flüsse zu bringen.
Indem die Indianer von einer Niederlassung zur andern
wandern müssen, werden sie entweder zurückbleiben, sich um=

---

*) Leider hat sich seither der sittliche und polizeiliche Charakter der
Union bedenklich umgeworfen.

zingeln und civilisiren lassen müssen, oder sie kommen an der Südsee in einem Zustande an, der einer Reduktion auf Nichts gleich ist. Dies ist freilich die grausamste Art, Gesittung zu verbreiten. Unser Gemüth muß sich dagegen auflehnen.

Ein ferneres Element, das die Nordamerikaner für die Verbreitung der Cultur untauglich zu machen scheint, ist die Religion. So hoch dieselbe von den Bürgern der transatlantischen Republik gehalten wird, scheint sie ihnen doch mehr ein Privilegium für Einzelne zu sein, als eine Idee, die erst dann beruhigt, wenn ihrer Alle theilhaftig sind. Die Toleranz, welche mit den ersten Einwanderern in die neuen Colonien einzog, ist ihnen etwas, das ihnen mit der Ausübung jeder Religion und jedes einzelnen Sectenglaubens verknüpft werden zu müssen scheint, im völligen Gegensatze zum Katholicismus, der in Südamerika keine Rast und Ruhe, kein Mitleid und Erbarmen kannte, um sich zur allgemeinen Confession zu machen. Die Religion treibt die Nordamerikaner nicht, Cultur zu verbreiten. Auffallend! Es ist, als hätte die feste Ueberzeugung, welche die Protestanten von ihrem Glauben zu beseelen pflegt, weit mehr Genüge an sich selbst und Zufriedenheit, als der Katholicismus, der, je unhaltbarer er sich in sich selbst fühlt, desto weitere Verbreitung sucht und durch die Anzahl seiner Bekenner gleichsam sein Gewissen zu übertäuben sucht. Der Nordamerikaner hat überdies seine Religion nur für den Cultus, nicht für die Discussion. Sie ist ihm etwas Angebornes, das er anderen ohne das Christenthum auf die Welt Gekommenen mitzutheilen durchaus lässig ist. Darum wird man selten davon hören, daß der Bekehrungseifer bei den Unternehmungen gegen die Indianerstämme eine Rolle spielt. Dies um so weniger, da der Sectengeist gemeinsame, diesen Zweck verfolgende Maßregeln zersplittert und es noch schwerer ist, einen Wilden erst für das Thema, und dann sogleich für eine specielle Auslegung desselben zu gewinnen.

Wenn demnach die religiöse Propaganda die politische in Nordamerika zu verhindern oder wenigstens nicht zu unterstützen scheint, so ist doch, wenn wir von der Zukunft des neuen Welttheils die oben angedeutete Vorstellung hegen, gerade in diesem Mißverhältnisse der Grund zu suchen, daß, wie ich glaube, die Regeneration Südamerikas durch Nordamerika reißende Fortschritte machen wird. Die religiöse Propaganda würde im Gegentheil die politische nur aufhalten oder bei dem Fanatismus, der den Südamerikanern in Sachen der Religion eingeimpft, man kann wohl sagen, durch Scheiterhaufen eingebrannt ist, sie völlig verhindern. Auf diese Religion keinen ausschließlichen Werth legen, heißt die Individualität, die angeborne Cultur, die Sitten und Gewohnheiten, heißt das Familienleben, kurz Alles in Schutz nehmen, was die Menschen nicht gern aufopfern, wenn man ihnen dafür auch noch soviel Aufklärung und politische Freiheit anbietet. Also gerade die Toleranz in Sachen der Religion garantirt den Nordamerikanern, daß sie jenen großen Einfluß auf Südamerika, den sie nach dem Rathschlusse Gottes ausüben zu müssen scheinen, bald gewinnen oder, wenn der Gewinn schwierig sein sollte, doch später dauernd befestigen können.

Ja das scheint mir die große Mission der Vereinigten Staaten zu sein, Ausbreitung klarer politischer Begriffe über Südamerika, Ostasien, Australien. Mit Texas hat diese Culturbewegung begonnen. Mexiko wird folgen. Die Vereinigten Staaten dagegen mit Europa in Verbindung bringen, heißt Europa nicht kennen. Wir können auf Nordamerika nicht hinauskommen, weil wir in Europa andere Factoren zu summiren, andere Stoffe zu verbrauchen haben, als die Söhne Franklins und Washingtons. Die Stoffe, aus welchen unsere Zustände zusammengesetzt sind, sind unübersehbar, und wenn wir noch so lange daran arbeiten und revolutioniren, um selbige einfacher zu machen, so werden sie sich doch nicht auf die Einfachheit Nordamerikas zurückführen lassen. Die Hindernisse der Freiheit, welche Amerika nicht hat, bekämpfen wir zwar; allein die Hindernisse ganz zu beseitigen, wird uns die Macht fehlen. Wir werden immer nur darauf hinauskommen können, (die Ebbe und Fluth der neueren Geschichte beweist es) uns mit unseren Gegnern abzufinden und Verträge mit ihnen zu schließen. Das Ideal nordamerikanischer Freiheit kennen wir. Stellen wir uns ein gleiches von europäischer vor, so wird sie weit länger als jene kämpfen müssen, ehe sie zum Siege kommt, aber ihr Inhalt wird dafür voller sein, sie wird nicht wie die amerikanische nur einen Umfang für ihre Nachbarn, sondern für die Welt haben; denn, mag auch ihr Symbol nur das einfache Bürgerthum sein, so wird sie doch weit mehr Menschliches, der veredelnden Humanität Angehörendes gerettet haben, als in dem Begriffe eines Bürgers der nordamerikanischen Demokratie steckt.

Die Wechselwirkung beider Welttheile auf einander liegt in den nicht selten gemeinsamen Strebepunkten und zwar in deren Gleichheit sowohl wie in ihrer Verschiedenheit. Es wird immer darauf hinauskommen, daß Amerika für Europa eine Warnung und eine Lehre sein kann, in Wenigem aber ein Beispiel. Sind auch die Tendenzen nicht selten gleichmäßig, so haben sie doch andere Voraussetzungen. Was der eine Welttheil hat, hat der andere nicht und wird es auch nie erlangen, weil sich das Naturgegebene durch die Geschichte nicht schaffen läßt. Die Vereinigten Staaten haben eine primitive Gründung gehabt, wie sich auf diese Art zwar oft Gemeinwesen durch Colonisation bildeten, allein selten in einem so ausgedehnten und von einem großen Terrain unterstützten Grade, wie in Nordamerika. Die transatlantische Republik, nicht hervorgewachsen aus dem Boden der Natur, war das Product rationeller Ueberlegung, in der That Contrat social, eine Erklärung unserer politischen Rechte, wie wir dieselbe den Anfängen der Geschichte nur durch eine Fiction zu supponiren pflegen. Fertige, abgeschlossene Grundsätze schifften sich in England ein, nahmen eine durch die sektirerische Isolirung weit über das Jahrhundert hinaus gereifte politische und allgemeine Erfahrung mit sich über's Meer, und konnten die Urwälder durch eine Aufklärung lichten, die bereits da war. Die neuen Colonisten konnten Schwierigkeiten höchstens im Stoff ihrer Existenz finden, nicht mehr in der Form. Diese brachten sie fertig aus der Heimath mit. Die Erfahrung und Bildung gründete ihr Gemeinwesen, ihre Gesetze hatten nicht nöthig, Unrecht zu verdrängen, sondern sie brauchten das Unrecht nur zu verhüten. Sie konnten auf bequeme Art

Theorieen über den Staat aufstellen, da keine Privilegien von ihnen verletzt wurden.

Der zweite Vorsprung Nordamerikas vor Europa liegt in dem beiderseitigen Verhältniß zur Revolution. Wenn in Europa keine historische Entwicklung gewisser Fragen möglich sein kann, ohne daß dieselbe entweder eine alte darüber festgestellte Autorität bereits umgestoßen hat oder noch umstoßen wird, wenn die Revolution für Europa ein Engpaß ist, durch welchen einige Thatsachen, einige Völker bereits durchgegangen und andere noch an der Pforte stehen und nicht den Muth haben einzutreten, so hat Amerika diese Nothwendigkeit schon überstanden. Seine gegebene Situation ist eben so sehr die Frucht einer nüchternen, gesetzmäßigen Verfassung, wie die Frucht einer milden und hinlänglich begeistert gewesenen Revolution, die außerdem das Gute hatte, daß sie nicht gegen einen innern Theil des Staatskörpers gerichtet war, sondern gegen ein auswärtiges, längst überflüssig gewordenes Gewand desselben. So hat Amerika längst etwas hinter sich, das Europa noch bedroht und hat es auf eine Weise überwunden, wie dies Europa so friedlich, so wenig gewaltthätig nie erreichen wird.

Hiezu kommt drittens, daß Nordamerika strenggenommen keine auswärtige Politik hat. In allen seinen Verhältnissen zu Europa nur die strengste Neutralität beobachtend, schloß es sich bald an freie, bald an despotische Regierungen an. Es kümmerte sich nicht um die inneren Zustände der verschiedenen Länder, sondern knüpft seine Verbindungen da an, wo gerade der Pfahl der Macht steht, sei dies nun ein Freiheitsbaum oder eine Geßlerstange. Wenn die Staaten Europas keine auswärtige Politik hätten, um wieviel leichter würde es ihnen werden, die Feststellung ihrer innern Verhältnisse zur Reife zu bringen! Wie oft erzeugen die Abneigungen der Regierungen z. B. gegen Staaten, welche im Rufe stehen, volksthümlichen Ideen Vorschub zu leisten, Abneigungen auch im Innern! Was muß nicht Deutschlands Freiheit um seiner Einheit willen leiden! Welche Opfer an freisinnigen Lebensbedingungen, welche Fülle an politischer Einbuße erlitten schon die Deutschen, weil sie die Franzosen zu fürchten

haben! Von diesem Zwiespalt und allen Verlegenheiten aus=
wärtiger Politik sind die Vereinigten Staaten befreit. Als
weiland Jackson auf die Schadloshaltung Nordamerikas für
ehemalige Nachtheile gegen Frankreich so fest bestand und den
schmutzigen Geiz der „großen Nation" mit Feindseligkeiten zu
strafen drohte, waren es nur die französischen Blätter, welche
sich einbildeten, daß diese entschiedene Sprache von den Nord=
amerikanern nicht gebilligt worden. wäre, daß diese großen
Kaufleute sich eine Ehre daraus machen würden, um einen
Saldo von zwölf Millionen von den Franzosen betrogen zu
werden. Wo es Geld betrifft, sind alle Nordamerikaner
Commis eines einzigen großen Banquierhauses.

Viertens haben die Vereinigten Staaten für jede ihrer
Bestrebungen, für physische und moralische Zwecke, eine Aus=
dehnung, die mit dem engen abgezirkelten Terrain Europas
gar nicht zu vergleichen ist. Die Steppen und Wälder dehnen
sich nicht nur weit nach Westen hin und locken zum Anbau,
sondern viele unter den einzelnen Bundesstaaten selbst haben
nur ihren Grenzbezirken Anbau gewidmet und können tiefer in's
Land hinein noch unzählige Stätten bieten, wo die Betrieb=
samkeit und Gewinnsucht nach Abenteuern ausgeht und damit
endet, die Wildniß lieb zu gewinnen, sich anzusiedeln und Licht
zu schaffen mit der Art und mit dem Verstande. Es ist
demnach dem europäischen Schreckbilde, der Uebervölkerung,
dort ein Damm gebaut, ein Kanal, der von der angehäuften
Masse immer wieder Theile fortschwemmt und die Unregel=
mäßigkeiten der Volksvermehrung mit weiser Fügung der Um=
stände ausglättet und ebnet. Desgleichen haben auch die mo=
ralischen Triebe der Menschen einen Abzugsweg, der in
Europa nicht existirt, Amerika ist in der Lage, alles bessere
Neue wollen zu können, ohne doch dem guten Alten zu scha=
ben. Gesetzt, militairischer Ehrgeiz könnte sich des Nord=
amerikaners bemächtigen; ein General, der vortrefflich hinter
den Comtoirtisch passen würde, berauschte sich an den Thaten
Napoleon's und träumte von Marengos und Jenas: so könnte
er seinen Thatendurst mit dem Blute der Wilden löschen, mit
dem der Merikaner. Er würde, ich glaube recht gern, der
zweite Napoleon werden, dabei aber der Civilisation und vor

allen Dingen der Freiheit nicht einen solchen Abbruch thun können, wie es sein Vorbild that.

Um endlich fast alle Aehnlichkeiten unserer Lage und der der Vereinigten Staaten zu untergraben, hat Amerika Grundsätze und Principien, welche sich die Europäer nicht einimpfen lassen. Der Charakter des Europäers gleicht einem zackigen Waldbaume, der kraus und confus wächst, der des Amerikaners einer schlanken Pappel. Wie viel Selbstbestimmung bleibt nicht den Europäern überlassen! Während in Nordamerika die Sicherheit der öffentlichen Thatsachen eine harmlose Hingebung an den einfachsten Bildungsweg erlaubt, stellt sich der Europäer gegen Alles, was auf ihn einwirken könnte, in Opposition und kann selten zu jener gleichmüthigen Verfolgung eines einseitigen Lebenszweckes gelangen, der dem Amerikaner schon in seiner Jugend so viel sichere Praxis giebt. Man nehme dann die Religion! Sie ist dem Amerikaner nächst der Freiheit das Wichtigste, allein sie beschäftigt ihn weniger, regt ihn weniger auf als den Europäer. Der Atheismus der europäischen Gesellschaft ist eine Religion, die uns mehr zu schaffen macht, als dem Amerikaner seine separatistische Ueberzeugung und sein vierteljährliches Abendmahl. Auch werden wir nie erreichen, alle Ideen, die nach höheren Regionen streben, so eng verschwistern zu können, wie sie sich im Kopf und Herzen des Amerikaners vertragen. So beschäftigt zwar unsere Philosophen vielfach die Verbindung der Politik mit der Religion; allein wir werden, wenn wir auf das sehen, was ist, auf die Menschen, was sie sind, immer vor dem ungeheuern Riß schaudern, der Himmel und Erde, Ewiges und Zeitliches in unseren Ueberlieferungen sowohl wie in schon gewohnten eigenen Anschauungen gespalten hat. In Nordamerika sind die Begriffe an sich gehaltloser, aber sie hängen organischer zusammen. Die Freiheit wird nicht blos von der Religion unterstützt, sondern sie entwickelt sich auch aus ihr. Ein Reisender erzählte kürzlich, er hätte einer Versammlung in Nordamerika beigewohnt, welche dem Schicksal der unglücklichen Polen gewidmet war. Ein Geistlicher führte darin das Wort; er begann mit einem Gebet, schilderte Rußland, wie David die Heiden und Philister geschildert hat, und machte eine politische und menschliche Frage zu einem Terte, der sich durch die Bibel beweisen ließ.

Den Ursprung der Freiheit aus der Religion erkennt man aus gewissen älteren Statuten der nordamerikanischen Strafgesetzgebung. Wir meinen hier jene individuelle Freiheit, die oft weit mehr die Physiognomie der Beschränkung hat, diejenige Freiheit, die sich an das Gesetz bindet. Es ist eine Unterabtheilung des nordamerikanischen Freiheitssystems, daß dort z. B. Niemand um Geld spielt. Natürlich, wenn erst der glückliche Zufall über den Besitz von Vermögen entscheidet, dann stellt sich bald eine Aristokratie ein, die mit der des Blutes eben die Eigenschaft gemein hat, daß sie nicht die des Verdienstes ist. Reichthümer besitzen, stört schon an sich das Gleichheitsinteresse; um wie viel mehr, wenn die Reichthümer aus dem Zufall entspringen dürfen, wo in jedem Augenblick im Kleinen eine Revolution gemacht wird, die das öffentliche Wohl gefährden kann. So wird auch in den Criminalgesetzen das Spiel bei Geldstrafen untersagt und dieses Verbot durch Motive gerechtfertigt, die nicht aus der Politik, sondern aus der Religion hergenommen sind. Dies Alles widerspricht dem Charakter der europäischen Gesellschaft und macht eine gleiche Tendenz mit Nordamerika für uns zur Unmöglichkeit.

Diese Unmöglichkeit tritt noch schärfer hervor, wenn wir im Gegensatz zum Vorangehenden auch in Kürze dasjenige aufführen wollen, was Europa wieder vor Amerika vorauszuhaben sich theils zu rühmen, theils einfach zu gestehen hat.

Zuvörderst hat Europa eine unermeßliche Vergangenheit. Die Geschichte ist mit lebendigen Farben in unser Gedächtniß geschrieben und wirkt mächtig auf unsere Meinungen und unsere Entschlüsse ein. Wir haben sie durch Perioden und Charaktere ererbt, die wir ihrer Größe nach nie wieder erreichen werden. Die Geschichte lähmt auf der einen Seite, wenn sie auch auf der andern zur Nacheiferung spornt. Wir fühlen uns nur als Glieder einer großen durch die Jahrhunderte gehenden Kette der Gesellschaft, wir werden uns immer im Zustande jener höchsten Freiheit befinden, welche die Philosophie für die höchste Nothwendigkeit zu erklären pflegt. Die Geschichte ist ein Vermächtniß, das wir verwalten müssen,

selbst mit der Schuldenlast, die darauf drückt. Sie ist eine
alte Großmutter=Erinnerung für uns, so daß wir uns selbst
an Thorheiten und Wunderlichkeiten derselben leicht gewöhnen
und von einer angebornen Pietät für sie beseelt sind. Europa
hatte seine Catone, seine Sokrates, Europa ist nicht nur mit
der Lehre Christi, sondern auch mit dem Blute Tausender, die
diese als Märtyrer besiegelten, eng verbunden. Wir sind ge=
wohnt, den Finger Gottes in der Geschichte walten zu sehen,
wozu wir in der That öfter Gelegenheit hatten, als das
junge Amerika. Weil wir älter sind, darum haben wir mehr
Vorurtheile, sind zäher, spröder und halten fester an Institu=
tionen, bei welchen wir den Faden bis auf ihren Ursprung
meist schon verloren haben und sie nur noch gleichsam als
organische Naturproducte betrachten, gegen welche keine Ein=
rede stattfindet und die wir tragen müssen, weil sie eben
da sind.

Auch lassen sich, wie wir schon oben sagten, viele dieser
Institutionen nicht so leicht bei Seite schaffen. Sie sind un=
vertilgbar, weil sie in mehr bestehen als nur in Personen.
Die Idee des Königthums hat in Frankreich mit dem Tode
Ludwig's XVI. nicht sterben können, sondern es würden, selbst
wenn es an fürstlichem Blute gefehlt hätte, immer neue Re=
präsentanten jener Idee gekommen sein, wie denn auch Napo=
leon gekommen ist. Gegen diese Gesinnung kämpfen ist er=
laubt, sie aber nivelliren auf eine solche Einfachheit, wie in
Amerika, dazu müßte die jetzige europäische Generation aus=
sterben und durch Einwanderer aus einem fremden Welttheile
ersetzt werden.

Wie sehr z. B. Europa und Amerika, das nördliche we=
nigstens, verschieden sind, zeigt das Verhältniß beider Welt=
theile zum Ehrgeiz. Die Liebe zur Macht ist, trotz dem, daß
in neuerer Zeit mit der Macht auch die Verantwortlichkeit
gestiegen ist, bei uns unausrottbar. Bei uns haben noch alle
Revolutionen zuletzt eine monarchische Tendenz angenommen
und zwar die Garantieen der Freiheit verbessert, aber auch
den Gegensatz gegen sie, verstärkten Widerstand gegen den
Mißbrauch, als etwas Natürliches beibehalten. Dies ist in
Nordamerika von Hause aus verschieden. Die einfache, freie, un=

gebundene Stellung des Bürgers scheint dort wünschenswer=
ther, als eine Bekleidung mit einem Amte, das dem Privat=
manne nur Zeit raubt, ihm Gelegenheit nimmt, sein Geschäft
fleißig zu betreiben und mehr Procente zu machen, als die
Richter= oder selbst die Präsidentenstelle ihm je eintragen
würden. Daß Nordamerika im Grunde noch etwas Anderes
als eine Republik ist, beweist die Bereitwilligkeit, welche in
Europa herrscht, Aemter zu übernehmen, selbst wenn sie mehr
kosten als einbringen, wenn sie nur Ehre einbringen, und im
Gegensatze die allgemeine Abneigung jenseits des Oceans für
den öffentlichen Dienst. Der Nordamerikaner erhält Alles be=
zahlt, was er für den Staat thut. Jede Minute, die seinem
Geschäfte verloren geht, wird ihm in Geld angeschlagen und
vergütet, eine Sitte, die allen republikanischen Gewohnheiten
wenigstens des Alterthums entschieden widerspricht.

Um aber zuletzt den wichtigsten Entscheidungsgrund anzu=
geben, warum sich Europa nie gespornt fühlen dürfte, mit
Amerika zu wetteifern oder sehnsüchtig wie nach dem gelob=
ten Lande hinüberzublicken, so ist dies die geistige und mo=
ralische Verschiedenheit beider Welttheile. Wir sehnen uns
in Europa nach einer bessern Zukunft; aber diese Zu=
kunft ist an Erwartungen geknüpft, für welche Nordamerika
keine Voraussetzungen hat. Wir sehnen uns nach der Auf=
lösung zahlloser Fragen, welche jenseits des Oceans kaum
verstanden sind. Was ist nicht Alles von scharfsinnigen und
leidenschaftlichen Köpfen, Philosophen und Dichtern, unter uns
angeregt worden! Welche Ideen durchkreuzten sich in dem
Denkvermögen unserer Jugend, welche die Erhabenheit des
Alterthums, die Poesie des Mittelalters, die Empirie der
neuen Zeit in sich vereinigen und durcharbeiten muß! Sind
das Alles Berührungspunkte für das Land der Comptoire
und der Sklaven? Weder die Religion, welche bei uns
schwerlich ihre leidenschaftliche Färbung verlieren wird, noch
irgend eine Frage der Wissenschaft und Kunst scheint in
Nordamerika enträthselt werden zu können. Amerika hat we=
der Kunst noch Philosophie, es hat nur eine Literatur, die
aus ein paar nach Schiffstheer riechenden Romanen und einigen
Liedern besteht, für welche die Originale in England leben.

Was die Zukunft getrennt hat, das liegt in der Gegenwart noch weiter auseinander. England und Nordamerika sind sich so verwandt, und doch giebt es keinen Contrast, der entschiedener wäre, als John Bull und Jonathan. John Bull ist eine kleine untersetzte Figur, wohlgenährt, mit verquollenen und stechenden Augen, heiter ohne viel Falten; John Bull schwimmt in einem Meere, wenn nicht von Gesundheit, doch von guter Laune. Jonathan, der echte, alte, ist lang aufgeschossen, mit überhängender Haltung, mager, gedörrt im faltenreichen Antlitze, mit einem felsenharten Stirnknochen und einem mehr eckigen als runden Schädel. John Bull ist beschränkter als Jonathan, was gewisse Kenntnisse anbelangt. Jener wird nicht wissen, wo Charlestown liegt, dieser aber gewiß, wo Perth. Doch hat John Bull eine größere Geläufigkeit im Denken. Er ist subjectiver, launiger, hat bessere Einfälle, als Jonathan, der eben gar keine hat. Jonathan spielt eine beklagenswerthe Figur neben ihm. Jonathan hat das Wesen eines Mannes, der lange mit sich necken und zerren läßt, dann aber die Zähne knirscht und in eine Wuth geräth, wo man ihn anbinden muß, damit er kein Unglück anrichtet. Der freie Amerikaner scheint weit mehr Kopfhänger zu sein, als der feudale John Bull, der so große Steuern zahlen muß. Seine Schadloshaltung dafür besteht in der Anwendung seines Mutterwitzes, dem er eine Essigschärfe von ätzender Kraft zu geben weiß. John Bull tadelt Alles, was nicht von ihm ausgeht, er tadelt, was er nicht selbst ist, und wird so lange mit der Opposition stimmen, bis er selbst auf die Ministerbank rückt. Das Raisonniren, das Besserwissen, die Unverschämtheit John Bull's ist nicht seine beste Seite, er ist darin ein weit größerer „Philister" als Jonathan. Jonathan hat freilich keinen Witz, er denkt nicht schnell, noch weniger, daß er, was der Witzige thun muß, zwei Dinge zu gleicher Zeit im Auge haben könnte, um von beiden die Aehnlichkeit oder den Unterschied anzugeben; auch er tadelt die Regierung, aber nicht deshalb, weil sie von ihm nicht ausgeht, sondern im Gegentheil, weil sie ihn viel zu viel in Anspruch nimmt. John Bull kann die Regierung nicht oft genug sehen, Jonathan fühlt sich von ihr incommodirt, er ist in dieser Rücksicht ein freier Mann, er kennt weder die knechtische Furcht vor der Polizei, noch den kleinen Spott, den die Polizei bei uns sogar von den ehrlichen Leuten ertragen muß. Sich moquiren, das ist das Laster John Bull's, das Jonathan nicht kennt. Die Frivolität eines Spottes, der blos spottet, um seinen Verstand zu üben und seinen Uebermuth zu kühlen, würde ihm ein Verstoß gegen die Religion scheinen. Es ist seltsam, welche Inconsequenz! Jonathan sollte der größte Menschenliebhaber sein aus demselben Grunde, warum er die Frivolität verachtet; beides wären die Folgen der Religion, keine dürfte im Grunde ohne die andere sein; und dennoch haßt Jonathan die Frivolität, kümmert sich aber im Uebrigen wenig um das Individuum, das am Wege liegt, und das wieder niemand Anderes erquicken würde, als der sonst so ungläubig und samaritanisch gesinnte John Bull.

John Bull handelt in der Regel leichtsinnig und ohne Consequenz. Der Instinct und die Leidenschaft reißen ihn zu jeder Unternehmung fort. Grundsätze, dauernde Maximen hat er wenig. Auch Jonathan hat nur Erfahrungsgrundsätze, z. B. Ruat coelum, fiat justitia! Er bleibt sich in seiner Art immer gleich; man weiß, was man an ihm hat, man kennt ihn, man wird ihm nicht in's Haus laufen und sagen: Borgen Sie mir tausend Pfund, Sir! Jonathan hat an sein Haus geschrieben: Hier gelten die einfachen Grundsätze des Einmaleins! John Bull beneidet diesem Manne die Ruhe, das leichte Blut, den gesunden Schlaf. John Bull ist immer exaltirt und ärgert sich über Alles. Gingen Beide, John Bull und Jonathan, durch die Regentstreet in London, so wird jener alle hundert Schritte still stehen und etwas zu bemerken haben. Dieses Haus scheint ihm geschmacklos, jenes steht mit dem Charakter des Bewohners in keinem Zusammenhange, da sind die Fenster gespart, „aus Furcht vor der Fenstertare!" ruft er aus, „aus dem miserabeln Grunde, der reiche Mann!" Jonathan hört ihm ruhig zu. Jonathan denkt nur an seine eigene Einrichtung und überläßt Jedem die Verantwortlichkeit der seinigen. In der That, diese Privatzüge muß man in Anschlag bringen, wenn man begreifen

will, warum John Bull nie für die Republik so reif sein
wird, wie Jonathan es in der That zu sein scheint.

Gesetzt, John Bull und Jonathan würden auf eine wüste
Insel verschlagen. Hier würde sich die Verschiedenheit des
Charakters herausstellen. John Bull wird mit einer herzzerreißenden Melancholie am Gestade des Meeres auf- und ab-
gehen, würde jeden Vogel in der Ferne für ein Segel halten
und, hundertmal getäuscht, doch nicht die Einsicht haben, daß
vom Außerordentlichen und in einer außerordentlichen Lage
nichts mehr zu erwarten ist, sondern daß es gilt, sich hinein-
zufinden und das Ungewöhnliche für das Gewöhnliche zu nehmen. John Bull würde von den Meerkrebsen gefressen werden, ehe er selbst Anstalten machte, sie zu fangen und durch
irgend ein gescheidtes Nachdenken sich Feuer und Material zu
verschaffen, um sie zu sieden. John Bull sieht deutlich, daß
auf der Insel keine Menschen leben, aber er kann die Hoffnung nicht aufgeben, dennoch welche zu finden. Er bedarf
eines anregenden Umganges, guter Freunde, die mit ihm
schwatzen und mit denen er sich erzürnen kann. Jonathan
benimmt sich dagegen respectabler. Er hat sich längst eine
Hütte gebaut und sich in die Umstände gefunden. Er rechnet
sogar darauf, Besitzer der Insel zu werden, und muß seine
Mäßigung aufbieten, John Bull von tollen Streichen abzuhalten. Mit einem Worte, Jonathan übertrifft ihn an Hoffnung, Charakter und praktischer Lebensphilosophie.

Dagegen hat Jonathan einige andere politische Fehler für
sich voraus. Er ist prahlerisch, effecthaschend, schneidet gern
auf; er vergrößert sein Glück und verkleinert sein Unglück,
das heißt, er versteht gut lügen und heucheln. John Bull
— warum sollte der es nicht auch können! Allein Jonathan
übertrifft ihn. Jonathan übertrifft ihn sogar darin, daß er
nicht blos Heuchler gegen Andere, sondern auch gegen sich
selbst sein kann. Das kann John Bull nicht. Gegen sich
selbst ist er aufrichtig, sich selbst gesteht er, wie's mit ihm beschaffen ist, er faltet keine andächtigen Mienen und hängt den
Kopf nicht wie Jonathan, der sich selbst einen Sünder nennt,
aber nur deßhalb, weil er durch eine kleine Aufrichtigkeit gegen

den Himmel gegen die Erde desto versteckter sein zu dürfen
glaubt.

Jonathan hält sich für den ersten Staatsmann in der
Welt. Er sagt und wiederholt es beständig: Wir leben in
einem freien Lande! Krieg, Marine, Verfassung, Wissen=
schaft, Alles ist bei ihm gleich unübertrefflich. Er verachtet
andere Nationen mehr, als der Patriotismus entschuldigen
dürfte. Dabei spricht er weniger von seinem Lande, als von
sich, seinem Vater und seinem ältesten Sohne, von seinem Ge=
schäft und von seinem Folio in der Bank von New=York. Ich
begreife nicht, wie man zu gleicher Zeit ein so großer Christ
und ein so großer Prahler sein kann. John Bull lügt auch,
aber nicht aus Interesse, sondern weil es ihm Spaß macht,
Jemand etwas aufzuhängen.

Nun gut, wir haben gefunden, daß Amerika den Namen
der neuen Welt recht gern verdient, aber nicht den der
besten. Wir sind weit entfernt geblieben, die Zukunft Europas
an die seiner Nebenbuhlerin zu knüpfen. Und dennoch drängt
sich mir am Schlusse dieser Betrachtung der Gedanke auf, ob
das innere Wesen beider Welttheile nicht einen Coincidenzpunkt
habe, der sie einander näher bringen müßte? Das ist die
Gewaltthätigkeit hier wie dort in den Fragen, welche die
Existenz entscheiden; in Amerika die Sklaverei, in Europa der
Feudalismus. Die Farbigen sind der Feudalismus jenseits
des Oceans. Der Egoismus, ja sogar eine gewisse Noth=
wendigkeit, die natürlich zu sein scheint, spielen in beide Ver=
hältnisse hinein. Die Ablösung der Feudallasten ist mit eben
so großen Opfern verknüpft gewesen, als es die Emancipation
der Sklaven sein wird. Die südlichen Staaten können, wie
man ihnen fast glauben möchte, ohne Neger nicht mehr Baum=
wolle, am wenigsten Zuckerrohr bauen. Und in Europa ist
der Feudalismus, obgleich in seinen hauptsächlichsten Erschei=
nungen überall zerstört, wo nur Bildung und Freiheitssinn
um sich gegriffen hat, dennoch ein in hundert Vorurtheilen,
Sitten und gesellschaftlichen Beziehungen immer noch versteckt
gebliebenes Uebel.

Wie nun, wenn die Emancipation der Sklaven, welche
die großen Freiheitshelden und Christen in Nordamerika ver=

weigern, allmälig dieselben Erscheinungen hervorriefe, wie bei
uns in Europa der Kampf um die bürgerliche Freiheit? Wenn,
ich will nicht sagen, der Sklavengeist eine drohende Aehnlich=
keit mit dem europäischen Liberalismus annähme, sondern nur
wenn er die Gegner zwingen würde, andere Combinationen
in ihr Urtheil einzulassen und eine politische Dialektik sich an=
zueignen, wie wir eine solche in Europa haben müssen, wo es
soviel Sinn für Freiheit und leider beim Cultus derselben so=
viel Rücksichten giebt? Eine Tyrannei, die lange ausgeübt
wird, wirkt auf die Herrscher selbst zurück, so wie man in
Rom dem Monarchismus immer näher rückte, seitdem sich die
Kräfte des Staates vereinigen mußten, um die Empörungen
der Sklaven niederzuhalten. Wir wollen nicht einmal sagen,
daß die Neger furchtbar sind oder daß sie eine zusammen=
hängende Opposition bilden können; allein wer einmal Blut
gekostet hat (und so kann man die Tyrannei der Pflanzer
wohl bezeichnen), der hat immer Geschmack und Lust daran,
der trägt seinen Sinn auf Anderes über, wo sonst weichere
oder wenigstens indifferente Grundsätze gelten. Welche außer=
ordentliche Rohheit haben die Nordamerikaner bereits in den
Sklavenangelegenheiten beurkundet! Journalisten, welche die
Emancipation vertheidigt hatten, wurden von den angesehensten
Personen im Lande, von einem General, wie kürzlich ein Rei=
sender erzählt hat, meuchlings erschossen, und, was das Un=
glaubliche ist, der Mörder wurde nicht einmal anders als mit
einer kleinen Geldbuße dafür bestraft. Ich gebe wenig auf
einen Republikanismus, in dessen Consequenzen solche Ent=
menschungen liegen. Amerika wird, wenn dieser zügellose und
tyrannische Geist um sich greift, bald von dem hohen Stand=
punkte herabsteigen müssen, auf welchen es sich durch äußer=
lich glänzende Thatsachen einer nicht besonders schwer gewe=
senen Revolution und seine spätere Volkswohlfahrt, am meisten
aber durch eine etwas starke Ruhmredigkeit aufgeschwungen hat.
Aber das gebe ich gern zu: Schreitet die Union in dieser
Theorie der Sklaverei fort, so möchte sie bald den Interessen
Europas näher gerückt sein. Ich sage dies nicht, um Europa
zu bemüthigen. Es ist nur zu erwiesen, daß es unsere Schuld
nicht ist, wenn die Begriffe, die wir mit Freiheit, Licht und

Recht verbinden, mit tausend Winkelzügen und hypothetischen Bedingungen verklausulirt sind und daß wir nicht vor die Thür gehen können, ohne über Verhältnisse zu stolpern, die uns der Thatbestand in den Weg legt und welche immer wieder aus dem Boden wachsen, selbst wenn man nicht ermüdete, sie zehnmal auszurotten. Ich meine, Nordamerika wird seine einfachen und etwas schalen Begriffe über Freiheit auflösen müssen, wenn es fortfährt, diese so unredlich im Kampfe gegen die farbige Bevölkerung anzuwenden. Oder diese Bevölkerung selbst zwingt die Union, ihr Rede zu stehen und mit ihr zu parlamentiren. Genug, dies sind Ahnungen einer trüben Zukunft, die, so oder so, friedlich oder feindlich, Amerika und Europa näher bringen werden, im Bösen freilich, in den Principien der Tyrannei, vielleicht aber auch bald im Guten, den Principien einer vernünftigen Freiheit.

IV.
Die Mode und das Moderne.

Die Mode, ihr Wechsel, ihre Herrschaft entspricht den massenhaften Bestrebungen unserer Zeit. Die Mode giebt dem Einzelnen eine Auszeichnung und drängt ihn doch wieder in das Niveau der Allgemeinheit zurück. Die Mode bindet und löset, ist eben so sehr Freiheit wie Gesetz und entspricht vollkommen dem constitutionellen Charakter unserer Zeit.

Den Quellen der Mode nachzuforschen, ist eine schwierige Aufgabe. Wie dieser Proteus unmöglich von einem Einzelnen gebändigt wird, so scheint sein Verwandlungsspiel auch aus keiner Verabredung zu entstehen. Es ist, als müßte es in der Luft liegen, daß es plötzlich allgemein heißt: Rosahut mit schwarzem Krepp, Sammtröcke mit seidenem Zubehör, Brillen in Façon einer Schlange, die eine arabische Acht bildet, Schuhe mit abgestumpften Spitzen und dergleichen Bestimmungen der Mode mehr. Möglich, daß eine einzige Originalität vorangeht, ein erfinderischer Modist oder ein Gentleman, der seine eigenen Launen hat; allein, daß ihm die Anderen blindlings folgen, daß sie, indem sie doch selbst Geschmack besitzen, sich dem seinigen unbedingt unterordnen, das ist auffallend genug in einer Zeit, wo Keiner auf den Andern Werth legt und Alle einander zu hassen scheinen.

Noch auffallender ist es bei den Erfindungen der Mode, daß sie eine unleugbare Tendenz nach dem Schönen hin hat. Man wird meinen Geschmack dieser Behauptung wegen für verdächtig erklären; allein ich habe noch immer gefunden, daß, wenn mich der Anblick, z. B. eines Damenhutes, der eine Zeitlang in der Mode war, ermüdete und die Mode eine neue Form entdeckt hatte, ich mir immer gestehen mußte, daß das Jüngste mich befriedigte, soweit die Thorheiten der Mode befriedigen können. Es giebt eine Kleiderästhetik, die schwerlich von den Philosophen so tief ergründet worden ist, als von einigen Modehändlerinnen in Paris.

Die Mode verwirft das sogenannte Altfränkische nicht: sie kommt, wie wir in neuerer Zeit gesehen haben, auffallend genug auf die meisten Geschmacksbestimmungen des vorigen Jahrhunderts zurück. Das ist ein Merkmal der Mode, welches den Weg bahnt zur Begriffsbestimmung des Modernen. Das Moderne verwirft das Alte nicht, sondern modelt es entweder nach eigenem Geschmack oder treibt es in's Extrem, wo es dann komisch wirkt, oder es raffinirt sonst daran auf irgend eine Weise. Ein gothisches Zimmer mit bunten Fensterscheiben, plumpen altfränkischen Möbeln und der ganzen Illusion des Mittelalters ist das Allermodernste, was man haben kann. Das Moderne besteht also nur in einem gewissen Beigeschmack, in einem, fast möchte man sagen, Hautgout der Dinge, in ihrer Culmination, welche sie pikant macht. Man kann für die Antike und für die Romantik eingenommen sein und sich dabei immer mitten im Modernen befinden.

Im Allgemeinen will ich gern meine Schwäche eingestehen, doch das sogenannte Moderne recht definiren zu können. Vorzugsweise das Neue ist es nicht. Es ist, wie wir schon sagten, oft genug das Alte, wenn auch im neuen Sinne genommen. Es ist ein so flatterhafter, leichtsinniger Begriff, daß man ihn kaum bis zu einer erschöpfenden Definition zügeln kann. Mo-

dern ist meine Weste, modern aber auch eine Anschauung, die
ich hier oder da geäußert habe. Ich habe mich dabei so ziem=
lich auf „die Höhe unserer Zeit" gestellt und eine Sache so
beurtheilt, wie man es von einem „Bürger des neunzehnten
Jahrhunderts" erwarten konnte. Gut, dann möchte doch wol
das Moderne Alles zusammenfassen, was die neue Zeit er=
strebt, sogar die Toleranz und die gerechte Würdigung des
Alten. Beispiele werden den Begriff klarer machen, als De=
finitionen.

Das Moderne gegen die Antike genommen, schließt zunächst
etwas Negatives ein. Wir brauchen nur das Alterthum zu
schildern und werden dann leicht auf das Moderne schließen
können. Eine Tragödie zu schreiben, in welcher ein Chor die
Stelle der Zuschauer übernimmt, eine Tragödie, die mit Klage=
lauten angefüllt ist und statt Handlung überhaupt nur Ver=
hängniß bringt, wäre nicht modern. Näher steht schon
das Shakespearische Drama, das romantische. Das moderne
Zeitalter hat den Ruhm, die Romantik erst begriffen zu haben.
Dies macht denn wohl, daß eine moderne Tragödie mehr von
Shakespeare, als von Sophokles entlehnen würde. Dennoch
giebt es eine moderne Tragödie, in der Form, wie im Inhalt.
Schiller, Goethe, Byron haben Tragödien geschrieben, wenn
auch noch in philologischen und ästhetischen Vorurtheilen be=
fangen. Sie bahnten den Weg zu einer Betrachtung der
menschlichen Schicksale vom Grunde der individuellen Charak=
teristik aus und in einer Form, die den Verwickelungen und
plötzlichen Schlägen unseres jetzigen Lebens durch eben so
schroffe und überraschende Eigenschaften entgegenkommt, in
einer Form, die im Allgemeinen in den Dramen der Pariser
Schauspiele noch carikirt auftritt, allmälig aber zu einer
schönen und heitern Rundung sich ausbilden könnte. Poetische
Combinationen neuerer Zustände in natürlicher und origineller
Sprache nennen wir moderne Poesie. Das ist ein Begriff,
der sich allmälig aller europäischen Literaturen bemächtigt hat
und sich hoffentlich zu einer unserer Zeit beschiedenen und sehr
nöthigen größeren Kunstentfaltung ausbilden wird.

Neben antike und mittelalterliche Baukunst eine moderne
zu stellen, ist schwer; denn hier giebt sich das Moderne zu=

nächst als Eklektik, von Allem Etwas. Ja, in neuerer Zeit sind wir aus Verzweiflung, einen modernen Styl in der Baukunst zu erfinden, zur vollen Antike und zum vollen Mittelalter zurückgekehrt und haben damit entweder eine außerordentliche Armuth an Geist und Erfindungsgabe zugestanden, oder die bare Prosa und Nützlichkeitsbestimmung, die einigen vorzugsweise modernen Bauten, z. B. Getreidehallen, Invalidenhäusern u. s. w. zum Grunde lag. Wo wir hinblicken ist der Wegweiser zum Styl der Modernen abgelehnt. Auch der Riß des neuen englischen Parlamentsgebäudes erinnert entschieden an das Mittelalter und die unvertilgbaren „faulen Flecken". Man kann von England nicht behaupten, es besäße vor dem Continente, der sich z. B. in Deutschland, wie bei Klenze, dem nachahmenden Dilettantismus und, wie bei Schinkel, einer Mischung aller Geschmäcke hingegeben hat, einen Vorsprung. Ein Parlamentsgebäude in dem lichten, klaren, modernen Sinne der Reformbill: 'das war eine Aufgabe, die ich durch den von dem Parlamente gebilligten Grundriß nicht gelöst sehe. Leider hat sich das Moderne und was man als Ahnung darunter verstehen könnte, bis jetzt immer nur noch an Brücken, Kanälen, Eisenbahnen und Tunnels bewähren können; eine moderne Kirche giebt es nicht, wie es auch noch kein modernes Christenthum giebt, es müßte denn ein platter Würfel mit bürgerlichen Fenstern, ein heizbares Gebäude in Gestalt eines Casinos für eine richtige Kirche ausgegeben werden dürfen.

In ihrer Verzweiflung bauen die Künstler im Renaissancegeschmack. Museen, Odeen, Theater, Kirchen und Kapellen nach alten Mustern, in bloßer Nachahmung. Dasjenige Bauwerk, das unseren Genies allein anzugehören scheint, sind glatte, kahle, innerlich mit vortrefflichstem Comfort eingerichtete Häuser zu gemeinnützigem und Privatzweck, damit zusammenhängend alles Nebenwerk der Baukunst, Kloakenreinigungen, Wasserleitungen, Sumpfaustrocknungen u. dgl. mehr. Ein herrliches Phänomen der modernen Kraftlosigkeit! wird man ausrufen. Doch beruhe das auf sich. Gerechter würde man thun, den Charakter des Modernen aus dieser Thatsache zu entwickeln und den Maßstab der vergangenen Zeiten nicht an

das Neue anzulegen. Denn das Meiste von dem, was wir
haben durch uns selbst, hatten die Alten denn doch noch nicht.
Die einzige Thorheit, die man uns vorwerfen kann, ist nur
die, daß wir unsere Blöße mit so viel Nachahmung zu be=
decken suchen.

Daß sich die moderne Zeit vielleicht noch einen eigenen
Baustyl erfindet, scheint mir nicht unwahrscheinlich. Doch müßte
dieser Erfindung der Sieg aller der Ideen vorangehen, welche
unsere Zeit alpartig bedrücken. Wir müßten erst im Klaren
sein über den Staat, über die Religion, klarer als Nord=
amerika, dem es zwar an Licht nicht gebricht, aber an Wärme.
Diese Wärme des Gemüths, die Europa nie verlassen wird,
dieser große Fonds von Thatsachen, der uns, selbst wenn wir,
vollkommen emancipirt, nur der Sonne noch als der Herr=
scherin des Jahrhunderts gegenüber stehen würden, doch immer
noch anhaften würde, das ist der Mörtel, der dann auch viel=
leicht der Baukunst einen sinnigen und originellen Charakter
giebt. Wenigstens scheint es mir nicht allzuschwierig zu
sein, einen Tempel zu erfinden, der den Deismus und den
Geschmack zu gleicher Zeit befriedigt, es sei denn, daß die Re=
ligion, die in Zukunft herrschen wird, keiner andern Tempel
mehr bedürfen sollte, als der menschlichen Herzen, wie Chri=
stus selbst gesagt hat.

Kehren wir auf die Antike und das Romantische zurück,
so lagen nicht nur den alten Bestrebungen, das Dasein zu
verschönern, sondern dem Dasein selbst andere Principien zum
Grunde, als solche, die wir für moderne anerkennen würden.
Alle drei Zeitepochen stehen in starker Beziehung zur Ge=
sammtheit, allein jede in ihrer Art. Die Alten lebten dem
Staate ohne die Familie, die Mittleren der Familie und
durch sie erst dem Staate, die Neueren würden gern beide
Principien verschmelzen; daß der Mensch jetzt bei uns nur als
Bürger d. h. Soldat Werth haben solle, ist die Folge einer
momentanen Ueberspannung Europas, die nicht allzulange
währen kann. Die antike Philosophie erklärte den Ursprung
der Dinge, die romantische ihre Wesenheit, die moderne er=
klärt ihre Bestimmung. Wie und wodurch sind wir?
fragten die Alten; was sind wir? die Mittleren; wozu

sind wir? die Modernen. So waren dann auch die Ersten mehr Dialektiker, die Zweiten Metaphysiker, die Dritten sind Teleologen. Modern ist es, zwar die Welt anzuerkennen, wie sie geworden ist, aber auch das Recht zu bezweifeln, ob sie so bleiben darf, wie sie ist. Modern ist es, durch und durch modern, das Kapital der Wahrheit, mit welchem sich Platon und Aristoteles, Occam und Albertus Magnus abmühten, auf sich beruhen zu lassen, wenn nur die Zinsen gerettet sind. Wunderbarer Zusammenhang zwischen unserm Gott, unserer Unsterblichkeit, unserm Wucher und unserer Staatsschuldentilgungstheorie! Der Sinking found ist längst eine Chimäre. Das Kapital, hätten wir's, würde uns nur in Verlegenheit bringen; hätten wir die Wahrheit, wir müßten nicht, wo wir sie unterbringen sollten. Darum lebe die Logik mit Ausschluß der Metaphysik, die nur gelegentliche Anwendung eines Gedankens, der Eklekticismus und damit der Zinsfuß, der halbjährige Coupon und die dreiprocentige ewige Rente!

Es ist eigen; wenn man von seinen Zeitgenossen spricht, wird man, selbst wenn man nur Gutes von ihnen reden wollte und allen Grund hat, sie gegen falsche Anklagen zu vertheidigen, doch von einem herben Gefühl so schnell übermannt, daß man ein Lob niederschreiben will, welches sich unter der Feder in Tadel verwandelt. Ich will nicht den Sittenprediger machen, weil man sich sonst die Möglichkeit nimmt, auf seine Zeitgenossen zu wirken. Sie schildern, ist mehr, als sie belehren wollen, denn das Erstere läßt ihr Urtheil frei, während das Zweite es gefangen nimmt. Ich will keine Anklage stellen, sondern nur die Thatbestände ermitteln. Jeder prüfe sich selbst und richte sich.

Kann etwas die Unbestimmtheit unserer heutigen Zustände besser charakterisiren, als die Schwierigkeit dieses Kapitels, die ich unverhohlen eingestehe? Die neue Zeit schildern, die Entwicklungsgeschichte des Liberalismus erzählen, das sind leichte Aufgaben für den, der nur merkt und hört; aber alle unsere momentanen und doch wieder an das Jahrhundert geknüpften Ideenverbindungen zusammenfassen und im Gegensatz gegen die Antike und das romantische Zeitalter den innern Kern der modernen Welt aussprechen, das ist ein Räthsel, das wir nur halb lösen werden. Wir werden vielleicht sagen: Der Horizont z. B. ist der Sinn des Räthsels! und nach Jahrhunderten wird es sich herausstellen, daß wir hätten sagen müssen: Das Auge ist die Lösung!

Moderne Moral! Kann es eine solche geben? Muß nicht die Moral eine ewige sein? Und doch gab es eine ausschließlich antike, eine romantische Moral; beide waren einseitig, aber gerecht vor dem Richterstuhle ihrer selbst. Wir sprechen unaufhörlich von Gewissensbissen. Dies würde der allgemeinen Moral angehören. Aber die Alten haben keine „Gewissensbisse" gehabt, nie die Reue im Sinne moralischer Umkehr gelehrt. Zwar kennen sie die Furien, die rachefordernden Eumeniden, aber was rächen sie? Das gestörte moralische Gleichgewicht der menschlichen Natur in einem seelischen Entwicklungsproceß? Oder das Factum eines qualificirten Mordes, das Factum irgend eines Verbrechens, das Verwandte betrifft und nur Blutsühne erheischt? Man braucht nicht tiefer vom Geist des Alterthums berührt zu sein, um sich für das Letztere zu entscheiden. Oder sprechen wir vom Mittelalter. Die religiöse Intoleranz desselben, wer möchte diese, selbst wenn sie Scheiterhaufen anzündete und das Schwert der Verfolgung schwang, durchaus nur als ein allgemein menschliches, ein moralisches Verbrechen a priori bezeichnen? Der Geist der Zeit trägt eine größere Schuld an den Freveltaten des Fanatismus, als die Zurechnungsfähigkeit, die nur sein Werkzeug war. Nun fragen wir: Hat auch die moderne Welt nichts, das dem Individuum einen Theil seiner moralischen Zurechnung tragen hilft; kann sie zwischen eine nach allgemeinen Moralgesetzen unzulässige Handlung und den, der diese beging, eintreten und einen Theil der Schuld auf sich nehmen? Oder ist Alles individuell geworden, Alles abstracte Sittenlehre, Alles persönliches Risico und eigene Verantwortung vor Gott? Ich glaube fast das Letztere. Ich glaube, daß wir immer mehr für uns einstehen müssen und nur in uns selbst einen Anhaltspunkt finden dürfen. Dies ist freilich eine große Umkehr der Zeiten und Verhältnisse! Warum sind die Institutionen, welche uns die alten Tage überlieferten, so schwankend und hinfällig? Aus keinem anbern Grunde, als weil sie nichts mehr für uns thun, weil sie nicht mit Entschuldigung für unsere Leidenschaften eintreten, weil sie keinen liebenden und schützenden Mantel über unsere Blößen decken. Sie überlassen Alles uns selbst, sodaß wir anfangen müssen, sie für gleichgültig und nutzlos zu halten.

Der Moral unserer Zeit tiefer auf den Grund zu gehen, spar' ich auf einen der folgenden Abschnitte auf. Hier ist mein Zweck erfüllt, wenn ich in den verschiedenen Offenbarungen des Geistes und Herzens den Unterschied von antik und modern nachweise. Ich sagte soeben: die Moral unserer Zeit, und will nicht behaupten, daß das Moderne auch vorzugsweise das Neuzeitige oder das Zeitgemäße sei. Gegen unsere Zeit selbst genommen, ist das Moderne in dem gebräuchlichen Sinne weit mehr die Grazie, das ästhetische Gesetz der neueren Bestrebungen. Die Polemik unserer Zeit, selbst die im Sinne des aufgeklärten Jahrhunderts, kann doch oft eine Physiognomie tragen, die durchaus nicht modern zu nennen ist. Es giebt z. B. unter den politischen Partheien in Frankreich eine Fraction, die dem chevaleresken Feudalismus des Mittelalters zustrebt und doch in Manieren und Haltung den Modeton zu beobachten sucht, ja diesen sogar angiebt. Die jungen Cavaliere Heinrich's V. aus dem Faubourg St. Germain, die sogenannten Henricinquisten drücken die exclusive Thorheit der Modernität aus; denn daß sie eben gescheidt genug sind, ihre Thorheit zu verachten, daß sie die Haltlosigkeit des Legitimismus durchschauen und doch die grüne Farbe desselben tragen, ist die Grille, die Geckerei des Modernen. Einem Steckenpferd seinen eigenen Verstand als Sattel auflegen und sich selbst reiten, drückt den Formalismus der Zeit aus. Mit einem Worte, das Moderne ist eben so sehr auf der rechten wie auf der linken Seite der Ständekammern zu Hause. Es drückt die Meinung des Centrums und die der Flügel aus. Modern ist in einem gewissen Sinne der Classiker und Romantiker; Beide können sich keine verschollenen Jahrhunderte aus Schutt und Nebel wieder aufwühlen, sondern müssen mit ihrer Illusion raffiniren, und eben dies Raffinement z. B. in Deutschland auf

Mittelalter oder Sophokles ist das Moderne. So wäre denn das Moderne recht eigentlich das Objective im schwebenden Moment, die Thatsache der Zeit, an und für sich ohne Streit und Gegensatz, ohne Beziehung betrachtet. Das Moderne liegt nur in der Culmination der neuen Dinge, selbst wenn diese wieder nach dem Alten zielen.

Einer der großen Männer, die, ohne sich je zu vereinigen, doch die Bestimmungen der Fashion wöchentlich zu entwerfen pflegen, die einander hassen, soweit es dem tonangebenden Gentleman ziemt Leidenschaften zu äußern, wurde mir durch Zufall in seinen jüngeren Jahren bekannt. Es war ein steinreicher Baron und einer der sogenannten Pflastertreter und Bummler von „Unter den Linden". Ich fand ihn in einem Kreise von Männern, über die man Märchen in Umlauf setzte. Sie sollten den Club der Satansgenossen bilden. Ob Fürst Pückler ihr Ideal war? Ich weiß es nicht. Gerade wie es von Lord Byron hieß, daß er den Satanismus in die Poesie eingeführt hätte, so sollte Baron Anacharsis (er hatte auch Reisen gemacht, nennen wir ihn darum so) das Satanische in die Gesellschaft einführen. Ich kann die Versicherung geben, daß man dem allerdings bizarren Manne Unrecht that. Man muß ihn sehen! Sein Antlitz ist leidend, sein Auge abwechselnd bald sanft, bald durchbohrend, das Haar und der starke Bart haben sich eine glänzende natürliche Schwärze erhalten können, die Lippe brennt heiß, die Haltung ist stolz, sein Benehmen wegwerfend. Wohin er tritt, scheint ihm eine magische Kraft zu folgen, die seine Atmosphäre eben so gefährlich, wie sicher für ihn selbst macht. Er würde ein Duell annehmen, wenn es einer Idee gilt. Seine Person ist ihm gleichgültig. Da sieht man den Unterschied vom bloßen Dandy, der sich nur schießt, wenn es seiner Person gilt, und der sonst in seiner Nähe Meinungen äußern hören kann, die ihn gleichgültig lassen. „Ich halte es für eine persönliche Beleidigung," sagte mir Anacharsis, als ich ihn besuchte, „wenn man in meiner Gegenwart dummes Zeug spricht. Die Dummheit ist die größte Unanständigkeit. Die Dummheit schlecht vorgetragen, ist vollends eine Insulte." — „Ich danke Ihnen," mußte ich erwidern! „Daß Sie mich in Ihrer Nähe dulden,

ist demnach ein Compliment für meinen Verstand." Angenehm
überrascht war ich von dem Eindruck, den Anacharsis' häus=
liche Einrichtung auf mich machte. Seine Umgebung war
comfortabel, modisch, Alles hatte noch einen Beigeschmack, eine
naive Sinnigkeit, die in der gedankenlosen und albernen Mode
nie liegen wird, die aber in dem Charakter seiner Existenz
unverkennbar war. Der Reiz des Modernen umgab ihn. Er
führte mich in ein Zimmer, das von einem magischen Licht
erhellt war. Die Glasscheiben der gewölbten Fenster waren
bemalt, das Ganze stellte eine Halbrunde vor, fünf oder sechs
Nischen waren mit den herrlichsten Antiken geschmückt. Eine
schlafende Nymphe aus Alabaster, der Phantasie eines außer=
ordentlichen Künstlers entsprungen, ruhte neben ihm an einer
Ottomane. „Sie werden mich für abergläubisch halten," sagte
er, „wenn ich diesen Heiligthümern, welche Sie hier sehen,
eine Einwirkung auf mein Gemüth zugestehe. Ich nehme in
der Religion wenig Dogmen an, und selbst an die, die mir
wahrscheinlich vorkommen könnten, fühle ich mich nicht attachirt;
allein eines gewissen Schauers werde ich immer bedürfen,
einer Erregung, die mich in den mystischen Zusammenhang
der Jahrhunderte versetzt, die mir das Bedeutungsvolle der
absoluten Stille vergegenwärtigt und mich unterstützt, an mich
selbst zu denken." — „Sie widerlegen," sagte ich lachend, „die
Religion durch Aberglauben." — „Möglich!" antwortete er.
„Wenigstens scheint mir fast, daß der Skepticismus ein Be=
weis von Religion ist. Wie würde man sich sonst so viel mit
ihr beschäftigen! Aber nein," fuhr er fort, „das Fürchterlichste
ist mir die Vernachlässigung der Schönheits= und Anstands=
gesetze, die mit den Ideen dann, wenn sie den Menschen recht
zu packen anfangen, verbunden zu sein pflegt. Die Griechen
hatten ihre Schönheit darin, daß sie sich nackt gaben; das
Mittelalter darin, daß es sich bunt und phantastisch gab; die
Neueren sollen ihren Charakter darin finden, daß sie sich ge=
ordnet geben. Die Symmetrie ist eine der wenigen Schön=
heitstugenden, deren Ausübung unter den jetzigen Umständen
noch gestattet ist." — „Wie, Bester," fragte ich, „Sie, ein so
aufrichtiger Freund der Wahrheit, Sie könnten sich entschließen,
sie zuweilen dem Scheine zu opfern?" — „Sie verstanden

mich nicht," entgegnete er; „ich nehme nicht den schönen Irr=
thum in Schutz, sondern suche nur die häßliche Wahrheit zu
mildern. Auch die Wahrheit mag von Natur schön sein. Aber
die Art, wie die Menschen an ihr zerren, wie sie um jeden
Preis das Wahre treffen wollen und es selten anders können,
als indem sie nur einen Theil davon erreichen oder die Wahr=
heit gänzlich entstellen, diese macht sie oft schreckhaft genug.
Ich glaube, daß das Moderne diese Stellung zur Wahrheit
verwirft. Modern ist es nicht, dem Partheigeiste lärmend zu
huldigen, mit ihm sich auf offener Straße zu boxen, die Hemd=
ärmel dabei aufzuschlagen und überhaupt in seinem Thun die
möglichste Rücksichtslosigkeit auf sich und Andere zu offenbaren.
Das Moderne steht über dem Partheigeiste, über den Tages=
fragen, die man freilich nicht erörtern kann, ohne die Hand
anzulegen. Es ist gerade so wie in alten Zeiten. Das wahr=
haft Antike und Romantische konnten nur die Bevorzugten
fühlen, und gegenwärtig das Moderne die, welche den Vor=
zug haben, wenigstens die alten Zeiten vergleichen zu können."
Anacharsis wollte mir einige freundliche Worte über meinen
Styl sagen und nannte diesen modern. „Ich muß gestehen,"
gab ich zu, „daß ich meine Schreibart schwerlich anders
als mit dem Namen des Modernen zu bezeichnen wüßte; wie
ich gerade zu einer besondern Haltung meiner Schreibweise,
wie ich zu meinem eigenthümlichen Tone komme, ist mir selbst
ein Räthsel. Bald scheint es mir, als triebe mich der Geist
der Unruhe, der überhaupt unsere Zeit quält, und ermuthigte
mich, mit Hand anzulegen und eine neue Welt bauen zu
helfen; bald aber schmiege ich mich wieder mit lieben=
dem Interesse an die veralteten Sitten, an die bestehenden
Gesetze und Einrichtungen, so daß ich mich fast schäme, mich
auf einen bloßen Maler und Copisten dieser Zustände redu=
cirt zu sehen. Allein möglich auch und vielleicht ganz gewiß,
es liegt in der Pflicht, die der Literat unserer Zeit zu be=
folgen hat, eben so reformistisch wie conservativ gesinnt zu
sein, wenn wir nämlich von der Alltagsbedeutung dieser letzten
beiden Begriffe abstrahiren und sie in Rücksicht auf die mensch=
liche Existenz im Ganzen und Großen brauchen wollen.
Moderne Literatur heißt Abspiegelung der Zeitgenossen in

den Lagen, worin sich diese befinden, Einmischung in ihre De=
batten, Frage und Antwort in Sachen des allgemeinen Nach=
denkens und der praktischen Philosophie. Der Literatur gegen=
über ist das moderne Genre in der Form leicht, im Inhalt
zufällig, in Manier und Haltung subjectiv, witzig und melan=
cholisch zugleich, launig in jeder Beziehung, begabt mit kriti=
schem Talente und für die eigene Production entweder in
manchen Fällen geradezu impotent oder zu wenig ehrgeizig,
um es den großen Classikern der Vergangenheit nachzuthun.
Roman, Novelle, die kleine Abhandlung, Briefe, empfindsame
Reisen, das sind so die einfachsten Formen, wie der mo=
derne Autor seine Empfindungen, Träume und Charaktere
einfängt. Das moderne Genre entsteht schnell, verbreitet sich
schnell, wird schnell verstanden und stirbt — schneller noch, als
es oft eine Kritik erlebt hat. Lob und Tadel der Kritik
nützen oder schaden nichts mehr: der Roman ist ein Jahr alt,
wer liest ihn noch!" Anacharsis stimmte bei und fügte noch
hinzu: „Der Hauptcharakter des Modernen, der auf alle
Aeußerungen desselben, literarische, künstlerische, sittliche, reli=
giöse, seine Anwendung hat, ist der, sich nicht genirt zu fühlen.
Das Moderne geht von allem in jetziger Zeit fraglich und
streitig Gewordenen aus, läßt sich aber in einem gewissen
Comfort der Betrachtung darüber nicht stören. Man muß
bei der Unruhe der Zeit seine Ruhe als Individuum behaup=
ten können und soll keinem Verhältnisse soviel Aufopferung
widmen, daß man sich dadurch genirt fühlt. Sie haben ein
wahres Wort gesprochen, wenn Sie irgendwo sagen: Was
heute eine Meinung ist, war vor zehn Jahren Philosophie!
Und sehen Sie, in der Mitte dieses Abstandes, fünf Jahre
nach der Philosophie und fünf Jahre vor der Meinung steckt
das Moderne mitten inne. Es ist nicht tief und praktisch
genug, um sich für das Ganze zu entscheiden, und hält sich
demnach an die Hälfte."

So und ähnlich spreche ich mit Anacharsis. Denn auch
dies ist eben ein Zeichen des Modernen und ein Beweis dieses
sich erst bildenden, noch nicht abgeschlossenen Begriffs, daß
das Moderne viel über sich selbst reflectirt, hundert Fragen
ineinander bespricht und sich einbildet, aus formeller Dialektik

Resultate erlangen zu können. Das eigentliche Moderne scheint mir eine Mischung von angebornem Verstande und raffinirtem Gemüth zu sein. Daraus ergeben sich die Leiden, die Vorzüge, die Widersprüche dieses Genres im Leben wie in der Literatur. Es beweisen aber auch diese Widersprüche, daß das Moderne durchaus dem Antiken und Romantischen nicht sollte als drittes Congruum an die Seite gesetzt werden, sondern daß diese Anschauung der Dinge und der Menschen ein Uebergang zu einer weitern Entwickelungsstufe ist, die unsere Zeit erst noch erklimmen muß. Das Moderne ist, schon durch die große Schwierigkeit der sichern Definition, kein bleibendes, wenn auch sonst charakteristisches Merkmal unseres Zeitalters. Größere Ereignisse werden diese vorübergehende Mischung von Ernst und Leichtsinn ablösen. In den Widersprüchen des Moments eine schwebende Lösung, in den feindlichen Elementen des Partheigeistes eine wohlmeinende Tröstung, das kann füglich moderne Art genannt werden. Vielleicht ist es ein Begriff unseres Jahrhunderts, vielleicht dauert er nur noch ein Decennium, jedenfalls, dabei bleibe ich, ist das „Moderne" kein dauernder Typus des gegenwärtigen Zeitalters.

V.
Die Existenz.

Nach gewöhnlicher Lehre besteht der Mensch aus drei Theilen, Leib, Seele und Geist. Es giebt aber Menschen genug, die nur einen einzigen dieser Bestandtheile zu besitzen scheinen.

Wen kann ich wol unter dem Edlen von Caliban meinen? Nennt ihn den Edlen von Rostbeef, nennt ihn den Edlen von Pudding; er ist und bleibt dieselbe unbewegliche Masse, die weder vom Herzen noch von einem etwas höheren Gedanken je Befehle angenommen hat. Der Edle von Caliban ist unter den Menschen, was die unausgebildete Molluske

8*

unter den Thieren. Ja, er gehört noch weit mehr der Vege=
tation des Pflanzengeschlechts an, er ist weit mehr Vegetabil,
mit dem Unterschied freilich, daß der Besagte Fleisch=, Mehl=,
Fischkost allen Gemüsen Südfrankreichs und Algiers vorzieht.
Der Edle von Caliban wuchs in seiner Jugend wie eine nur zu=
fällig zum Menschenbilde sich gestaltende Fleischmasse auf. Er
ist der Sohn eines reichen Brauherrn und der Erbe seines
väterlichen Geschäftes, das er von Andern verwalten läßt; wie
sollte er den Verstand gehabt haben, sich selbst eine Existenz
zu begründen? Sein Leben ist thierisches Brüten und Liegen
auf den Rindsvierteln, die sein Riesenmagen aufnehmen kann.
Sein Herz ist so sehr von Fett umwickelt, daß er ein Narr
geworden wäre, wenn nicht zufällig sein behagliches Dasein ihn
von eitler Casuistik der Umstände, von jeder Nothwendigkeit,
hier oder da einmal einen Rockknopf zu zählen, befreit hätte.
Und dieser Mann geht in die Kirche! Wie kann er dies, da
sein Herz keiner einzigen Regung fähig ist? Nur aus Ge=
wohnheit, weil er schon von seinem Vater, der ein rühriges
Temperament hatte und sich nicht nur den Commerzienrath,
sondern sogar den Abel kaufte, sonntäglich seine reinen Hand=
schuhe und seinen Stock mit einem silbernen Knopfe auf den
Tisch seines Wohnzimmers hingelegt bekam und aus Instinkt
und durch jahrelange Gewohnheit bemerkte, daß dies das Zei=
chen zum Kirchgehen ist. Er ist verheirathet (der Lebens=
wandel seiner Frau ist bekannt), er hat Kinder (glücklicher
Weise ähneln sie ihm nicht), er liest sogar Theaterzeitungen,
aber nur ähnlich jenem Hogarth'schen Zeitungsleser, der sich
am Lichte seinen Hut verbrennt. Ueber dem Gemisch von
kaleidoskopischem Allerlei über Theater, Musik, Unglücksfälle,
Naturwunder, Feuerwerke, Wohlthätigkeitsschaustellungen schläft
er ein. Alles zusammengenommen, stellt der Edle von Cali=
ban nichts Anderes in der Welt vor, als den rohen Urstoff,
aus welchem das erste Gestell der übrigen Menschen gebildet
wurde. Er ist die absolute Materie und natürlich als Wähler
und Stimmberechtigter ultraconservativ. Er sitzt sogar in
einem gewissen Landtage und entscheidet zuweilen das Schick=
sal der Gesetze.

Herr von Duft und Hofrath Stofflich würden es

mir sehr übel nehmen, wenn sie wüßten — und sie werden es erfahren aus den bösen Kritiken meiner Gegner, — daß ich sie mit dem Edlen von Caliban in Verbindung gebracht habe. Und doch sind Beide in ihrer Art eben so einseitig, wie Jener. Herr von Duft scheint nur Seele zu sein. Ohne Körper, ist er leider auch ohne Geist. Sein Herz schlägt so laut, daß man glauben möchte, er hätte unter seiner Brusttasche ein Kaninchen versteckt. Herr von Duft ist der Abgott der Damen. Diese würden ihn heilig sprechen, wenn nicht mulier in ecclesia schweigen müßte. Er seufzt, er stöhnt, er weint; er kommt oft mit thränenden Augen in die Gesellschaft und zieht einen neuerschienenen Band Gedichte aus der Tasche, singt auch wol Balladen und ist durchweg ein Mann ohne maßgebendes Urtheil. Doch könnte er den, der etwa die Gegenstände seines Enthusias= mus kritisiren wollte, einer gelinden Steinigung empfehlen. Hof= rath Stofflich ist groß in Trigonometrie. Er ist der größte Mathematiker, der noch nach Newton kommen konnte, nur steckt dieser latent in ihm und zeigt sich im Schachspiel. New= ton rühmte sich, nie ein Weib berührt zu haben, aber er hatte vielleicht Herz, kannte Mitleiden und Gefühl; allein Hofrath Stofflich ist ohne Leib und Seele, nur Gedanke, Reflexion, ein Mensch, der sich in steter Abwesenheit befindet. Fragt man ihn nach der Uhr, so antwortet er: 37, er hatte an einen geo= graphischen Breitegrad gedacht. Man darf ihn in keine Ge= sellschaft führen, weil er im Stande ist, durch seine Zerstreuung die beste Einigkeit zu stören. Der Mann ist Philosoph und bewundert Herbart. Er hat in seine Theorie nur Dreiecke und Quadrate aufgenommen. Wo Andere von dem höchsten Gut und dem vorzüglichsten Princip der Moral sprechen, sieht er nur Katheten und Hypotenusen. Ich fragte ihn einmal: Hofrath, glauben Sie an die Unsterblichkeit der Seele? Kalt und ernst sah er mich an und antwortete nach einigen Secun= den mit Pathos: Die gerade Linie ist der kürzeste Weg zwi= schen zwei Punkten! Was er sich dabei gedacht hat, weiß ich nicht. Vielleicht ist es tiefsinnig. Hegel würde es vielleicht verstanden haben.

Trotz dieser Ausnahmen beweist die Geschichte, daß zwar Leib, Seele und Geist selten in gleicher Harmonie gefunden werden, daß aber aus ihrem mehr oder weniger entschiedenen Zusammenhange das Leben der Einzelnen und der Völker gebildet wird. Bald blühten Epochen, wo der Leib die Ober= hand hatte, wie im Alterthum, in jener Zeit der schönen, plastischgerundeten Formen, der Vermenschlichung und der Versinnlichung der höchsten Dinge; bald waren die Menschen mehr von ihren Seelenaffecten, den Eingebungen des Gemüths beherrscht, wie im Mittelalter, wo aus dem Menschenherzen die seltsamsten Phantasieblumen des Gemüths und nicht blos im Bereich der Dichtkunst und der bildenden Kunst sproßten, sondern das ganze Leben von einem allzuüppigen Drange der unmittelbaren, aus dem Blut entspringenden Neigung und Leidenschaft gestaltet wurde. Jetzt wieder überwiegt die Reflexion, die Herrschaft über Sinnlichkeit und Leidenschaft, der Begriff, oft lachend und lebendig, oft todt und kalt. Es lassen sich die Uebergänge der Zeiten, viele und entscheidende Kämpfe der Geschichte aus dem Streite dieser drei entgegen= gesetzten Principien herleiten. In Völkern und Individuen überwog eines das andere und störte das Gleichgewicht, das nur durch Waffengewalt wiederhergestellt werden konnte. Aus dem eigenthümlichen Mehr oder Minder, das die verschiedenen Epochen an dieser oder jener Fähigkeit aufzuweisen hatten, entsprang ihr besonderer Charakter. Namentlich muß man hier mehr auf das Minus sehen, als auf das Plus. Man würde — Forschern sei das gesagt — man würde das Alter= thum besser kennen, wenn man weniger von seinen Besitz= thümern als von seinen Mängeln spräche; die positive Cha= rakteristik des antiken Lebens macht die alte Welt lange nicht so anschaulich, als wenn man untersucht, was empfanden die Alten, welche Fähigkeiten und Voraussetzungen hatten sie, um Begriffe zu bilden? Welche hatten sie nicht? Ebenso macht uns die incorrecte Zeichnung der mittelalterlichen Gemälde und die Betrachtung des ungeheuern Nichtwissens, das die Periode des sinnigen Gemüths und der Affecte verdunkelte, diese Zeit anschaulicher, als die Rittergedichte, die wir zart= fühlend genug sein sollen, noch immer so mitzuempfinden, als wären sie für uns bestimmt! Ebenso charakterisirt unsere Zeit weit weniger der ungeheuere Umfang unseres geistigen Stre=

bens, als die Bedrängniß, in welche dabei unser Gemüth, und
die Vernachlässigung, in welche unsere physische Beschaffenheit
gerathen muß. Unser Reichthum macht uns weniger kenntlich,
als unsere Armuth. Dies auch der Grund, warum wir*über
diese mehr sprechen müssen, als über jenen.

Die Frage der Existenz ist die wichtigste unseres Zeit=
alters. Sie berührt unsere nächsten Interessen; sie ist einem
Strome zu vergleichen, der aus seinen Ufern getreten ist, sich
immer weiter ausdehnt, Bäume, Wehre, Menschen fortreißt,
die Saaten verdirbt und bald auch unserer eigenen Hütte nahe
sein wird. Die Existenzfrage ist keine aus einem System ge=
rissene Unterhaltungs= und zufällige Belehrungsveranlassung,
sondern die Noth des Augenblicks gebietet sie. Wir wollen erst
den Thatbestand angeben und die Mittel prüfen, die in die=
sem Betracht vorgeschlagen sind, und mit einer Berechnung
der Resultate schließen, die sich aus unserer Betrachtung er=
geben dürften.

Wir haben zuerst von der Bevölkerung zu sprechen. Wie
harmlos und dem jetzigen Bestande der Dinge entsprechend
beginnt die Geschichte dieser Frage! Wie einfach ist sie bis
auf den Augenblick, wo Malthus die Gestalt des immer
mehr anwachsenden Riesen in allen ihren Contouren zum ersten
Male wahrnahm und durch die Entdeckung seines berühmten
Satzes, daß die Bevölkerung geometrisch und die Nahrungs=
mittel arithmetisch zunehmen, Alles, was in Europa nicht
nur lebte, sondern auch Leben s c h a f f e n wollte, mit Schrecken
erfüllte!

Von je haben die Gesetzgeber sich damit beschäftigt, die
Fortpflanzung des Menschengeschlechts zu regeln; doch war
ihr Gesichtspunkt immer der, daß ihnen entweder die Zahl
zu gering oder nur in dem Falle zu hoch war, daß aristokra=
tische kleine Gemeinwesen von einer allzujäh zunehmenden Be
völkerung in ihren Privilegien verkürzt zu werden fürchteten.
China, an Uebervölkerung leidend, gestattet den Verkauf und
die Aussetzung der Kinder, einen Gebrauch, von welchem man
nicht weiß, ob er weniger grausam ist, als der von Montesquieu
angeführte auf der Insel Formosa, wo die Weiber vor'm
fünfundbreißigsten Jahre nicht gebären dürfen und sich mit

einer Priesterin im Geschmack des Doctors Polidori aus den
Pariser Mysterien abzufinden haben, wenn sie vor diesem Alter
ihre' Leibesfrüchte los werden wollen. Plato und Aristoteles,
die großen Weltweisen, nehmen wenig Rücksicht auf das noch
nicht zum Bewußtsein gekommene Menschenleben. Aristoteles
räth, wenn für eine Stadt Uebervölkerung drohe, ihren Bür=
gerinnen, es so zu machen, wie die Frauen auf Formosa, wenn
sie noch nicht fünfunddreißig Jahre alt sind. Bald aber än=
derten sich diese Rathschläge und gingen auf das Gegentheil
über. Die kleinen Staaten wurden von den großen ver=
schlungen, diese wieder vom Weltreich der Römer. Die Be=
völkerung wurde überall, der Kriege und der Noth wegen,
dünn, wie auch Plutarch so erschütternd sagt, die Orakel
hätten in Griechenland zu reden aufgehört, weil es keine
Menschen mehr im Lande gab. Rom mit der Ahnung, daß
es die Welt erobern und dazu Menschen brauchen würde,
munterte von seiner ersten Stiftung an seine Bürger auf, sich
zu vermehren und zu heirathen. Hagestolze wurden von den
Censoren bestraft. Die Ansicht der Römer drückt Metellus
Numidicus bei Aulus Gellius aus: „Wenn es möglich wäre,
sich kein Weibsbild auf den Hals zu laden, so würden wir
Römer uns bald von diesem Uebel befreien. Aber da einmal
die Natur festgesetzt hat, daß man mit ihnen nicht glücklich
leben, aber ohne sie auch nicht fortdauern kann, so müssen
wir allerdings mehr auf unsere Erhaltung als auf unsere
Zufriedenheit sehen." Trotz dieser Lehre, die allerdings wenig
zur Heirath Aufmunterndes hat, vermehrte sich die Zahl der
Hagestolze und verminderte sich die Nachkommenschaft. Die
Bürger= und Eroberungskriege rafften die blühenden Ge=
schlechter des Adels und die unteren Volksklassen, die sich dem
Ehrgeiz derselben opferten, hinweg. Da fing Cäsar (der nicht
genug Menschen haben konnte, um unter Allen der Erste zu
sein) an, auf die eheliche Fruchtbarkeit Prämien zu setzen.
Frauen, die im vierundfünfzigsten Lebensjahre noch keinen
Mann oder wenigstens ein Kind hatten, durften weder Edel=
steine noch sonstige Befriedigungen weiblicher Eitelkeit tragen.
Augustus gab nach dieser Richtung hin noch schärfere Gesetze.
Er erhöhte die Strafen und Belohnungen in Betreff der

Nachkommenschaft und übertrieb dabei seinen Widerstand gegen Umstände, die beinahe schon in der Natur zu liegen anfingen. Die Adeligen murrten. Augustus berief sie, stellte hierher die Verheiratheten, dorthin die bei Weitem größere Anzahl der Hagestolzen und sprach: „Während uns Krieg und Pest eine so große Anzahl von Bürgern raubt, was soll aus dem Staate werden, wenn man sich nicht mehr verheirathet? Unser Staat besteht nicht aus Häusern, Säulengängen und öffentlichen Plätzen, sondern die Menschen machen die Stadt. Ihr werdet es nicht mehr erleben, daß, wie in alten Zeiten, die Menschen aus der Erde kommen und Eure Geschäfte übernehmen. Und der Einsamkeit wegen seid Ihr nicht einmal ehelos. Jeder von Euch hat seine Bett= und Tischgenossin, und Ihr sucht die Ordnung eben in Eurer Unordnung. Ihr wollt Euch wohl auf das Beispiel der vom Staate geduldeten vestalischen Jungfrauen berufen?" Nach ähnlichen spottenden und erzürnenden Bemerkungen kam das berühmte Gesetz Papia Poppaea zu Stande, welches nicht nur die Strenge der früheren Bekämpfung des Cölibats wiederholte, sondern noch eine viel härtere hinzufügte. Aus allen diesen historischen und juristischen Elementen setzte sich die römische Gesetzgebung über das Hagestolziat zusammen, wie wir sie in den Quellen derselben noch antreffen. Diejenigen, welche sich nicht verheiratheten, konnten von Fremden nichts erben, und diejenigen, welche zwar beweibt waren, aber keine Kinder hatten, konnten nur auf die Hälfte der Erbschaft Anspruch machen. Plutarch sagt witzig: Die Römer heirathen, um Erben zu sein, nicht, um selbst Erben zu haben. Wenn sich ein Mann von seiner Frau entfernte und die Veranlassung dazu nicht in Staats= geschäften lag, so konnte sie ihn enterben. Wer seinen Kin= dern keine Mitgift zur Heirath gab, durfte durch die Behörden dazu gezwungen werden. Heirathen im höchsten Mannesalter kamen vor, aber die Männer mußten dem Marino Falieri gleichen und sich mit sechszehnjährigen Angiolinen verheirathen. Ein sechszigjähriger Mann durfte keine sechszigjährige Frau heirathen. Andere kehrten es um und verboten gerade den Alten junge Frauen, weil diese in der Regel unfruchtbar blieben.

Das Christenthum stürzte durch sein Princip, daß es gut sei, zu heirathen, aber besser, nicht, diese Gesetzgebung zum größten Theil um. Der Monachismus, das Mönchthum, machte vollends aus dem unbeweibten Stande ein Sacrament. Wie aber die Vorsehung alle Gegensätze der Natur ausgleicht (die Gegensätze des Geistes sind auf sich selbst angewiesen), so schien diese Kasteiung in gutem Einklang mit den ungeheuern Völkermassen zu stehen, welche Asien über Europa ausströmte. Zwar mütheten Krieg und Pest unter diesen Horden, aber trotz derselben, trotz der spätern Kreuzzüge behaupten französische Schriftsteller, daß Frankreich unter Karl IX. beinahe eben so viel Bewohner gehabt hat, als gegenwärtig. Allmälig aber verminderte sich dieses günstige Verhältniß. Der Grund des plötzlichen Zusammenschmelzens der europäischen Bevölkerungen mag zum größten Theile wohl im Untergang des Feudalismus und des Localgeistes zu Gunsten der Centralisation und der Staatsmaschine gelegen haben. Früher hatten die kleinen Reichsstädte und Baronieen in sich selbst einen stolzen, unabhängigen Mittelpunkt; sie dehnten sich in warmer, behaglicher Existenz und ließen demnach mehr Menschen entstehen, als später, wo das System der Controlirung und die Rekrutenaushebung es den Eltern zum Schmerze machte, Kinder zu haben. Was nahm nicht der neu entdeckte Welttheil im Westen an Menschen hinweg! Wie große Menschenopfer mußten die Holländer ihren ungesunden Colonieen bringen! So kam der absolute Monarchismus, welcher Menschen brauchte, um Kriege zu führen, und Geld dazu, das jene verdienen mußten, fast überall wieder auf die Gesetzgebung des Augustus zurück, wenn auch nur so, daß weniger die Hagestolzen, als die Ehemänner ermuntert und auf's Neue Prämien für eine gewisse Anzahl Kinder ausgesetzt wurden. Wer zehn Kinder hatte, bekam unter Ludwig XIV. eine Pension. Dennoch ist die Thatsache, daß die Bevölkerung Europas trotz der Kriege des achtzehnten und neunzehnten Jahrhunderts reißende Fortschritte gemacht hat, weit weniger die Folge dieser in manchen Militairstaaten, z. B. Preußen, noch vor einigen Jahren bestehenden Prämien, als die der steigenden individuellen und industriellen Freiheit. Seitdem

die Macht des Clerus und der Aristokratie beschränkt ist, seit=
dem die ehedem nutzlos gelegenen und selbst bei ehrlichem An=
bau nicht hinreichend ausgebeuteten Domänen der Fürsten an
den meisten Orten der Nation überlassen sind, seitdem die
Monopole und Privilegien erloschen, hat sich überall eine lecke,
fröhliche Lust an der „süßen Gewohnheit des Daseins", wie
Goethe sagt, gezeigt und Menschen die Hülle und Fülle in's
Leben gerufen. Die Bevölkerung nahm mit so gewaltiger
Schnelligkeit zu, daß sich der Phantasie das Schreckbild der
Uebervölkerung bemächtigte und in Malthus einen finstern,
unglücksschwangern Propheten fand. Ich habe einen Bekann=
ten, der über die Lectüre des Malthus'schen Buches in Trüb=
sinn verfallen ist. Ueberall wo der Gute hinblickt, sieht er
die Plage der Uebervölkerung. Ueberall sind ihm der Men=
schen zu viele. Die Gier, welche diese Millionen beseelen
muß, um sich zu ernähren, hat ihn so feige gemacht, die Con=
currenz auszuhalten und mit im Athem zu bleiben bei dem
allgemeinen Wettlaufe, daß sein Geschäft zurückblieb.

Die Malthus'sche Theorie und die Debatten, welche sie ver=
anlaßte, ist hier nicht der Ort wiederzugeben. Malthus hat
gesagt: Die Menschen vermehren sich in dem Verhältnisse von
1, 2, 4, 8, 16, die Nahrungsmittel aber nur wie 1, 2, 3,
4, 5 u. s. w. Seine Gegner haben den ersten und den
zweiten Satz angegriffen. Jener ist beschränkt, dieser erweitert
worden. Dort hat man die außerordentlichen Fälle mit in An=
schlag gebracht, hier sich auf die Meinung gestemmt, man könnte
die Natur potenziren. Eine dritte Meinung war die, daß die
Vorsehung schon der Natur selbst den Trieb eingepflanzt hätte,
Mißverhältnisse auszugleichen und nur Mögliches an Mög=
liches zu reihen. Diese letztere Ansicht, so richtig sie mir an
sich scheint, hat nur übersehen, daß die M i t t e l, welche die
Natur braucht, um ein solches Gleichgewicht des Bodens und
der Menschen herzustellen, immer grausame sind. Eben diese
rücksichtslose Reaction der Natur zu vermeiden, darum handelt
es sich in dieser wichtigen Menschheitsfrage.

Das Maß der Bevölkerung ist die Möglichkeit, sich zu
ernähren. Das Maß der Ernährung ist wieder die Natur
in dem, was ihre Mittel vermögen. Die ungeheure Com=

plication der neueren Existenzmittel, die künstlichen Nothwen=
digkeiten, welche durch Luxus, Industrie, Handel, Wissenschaft
und den weitverzweigtesten Formalismus in Staat, Kirche
und Gesellschaft geschaffen sind, machen den Calcul über die
Bevölkerung ungemein schwierig. Wovon existiren die Men=
schen nicht! Und was läßt sich nicht noch ersinnen, um eine
Beschäftigung zu haben, die ihren Mann nährt! Wir werden
auf dies Thema, weil es die Zeitgenossen sprechend charakte=
risirt, wieder zurückkommen. Hier gilt es den Satz festzu=
halten, daß zuletzt auch bei den künstlichen Beschäftigungen
ein Maßstab vorhanden sein muß, der ihren Werth und die
Grenze ihrer Ausdehnung ausdrückt. Dies ist der Ertrag des
Bodens und der Natur überhaupt. Es muß ein Ultimatum
von Bevölkerung geben, wie wir partiell hie und da schon
gesehen haben, daß das Gefäß überläuft und die Auswande=
rung dem ängstlichen Zustand zu Hülfe kommen muß. Frei=
lich wird die Nation verhindert, ihre ehrliche Meinung über
die Menge, die sie ernähren kann, auszusprechen; durch die
Lasten wird sie verhindert, welche auf dem Boden und seinen
Erzeugnissen liegen. Europa, in der Fiction eines Welt=
reiches, das ohne Gesetz und Gesetzvollstrecker friedlich be=
harren könnte, Europa ohne Staaten und Aristokratie in
ihnen, Europa als ein freiherrliches Land, das keiner Kriege
und Fürsten bedürfe, würde noch einmal soviel Menschen tragen
und ernähren können, als jetzt: eine Wahrheit, die auf jeden
Menschenfreund erschütternd wirken muß. Denn entweder
muß das tyrannische Interesse unserer gegenwärtigen gesell=
schaftlichen Verfassung das Wachsthum der sich in's Leben
drängenden Menschheit gewaltsam ersticken, oder kann man
dies nicht und glaubt man es nicht zu dürfen, glaubt man,
es werde die künstliche Existenz, welche jetzt Millionen ernährt,
noch Einmal soviel vor Hunger und Elend decken können, so
wird die Folge eine andere sein. Die Menschheit wird vom
Boden mit Gewalt die Hindernisse seines größern Reichthums
entfernen. In der Ueberbölkerung liegt der Untergang der
Verhältnisse, welche jetzt dem europäischen Körper seine Ge=
stalt geben. Sind die Menschen erst da, bricht, wie früher
oder später geschehen muß, die künstliche Maschine eingebilde=

ter Bedürfnisse und darauf gebauter Nahrungszweige zusam=
men, so wird die hungernde Menschheit nichts hindern, den
Priester= und Königszehnten für sich in Beschlag zu nehmen
und aus einer Potenzirung all' die arithmetischen Wurzeln zu
ziehen, die nur in ihr stecken.

Die Staatsmänner, welche bedacht sind, Europa in seiner
gegenwärtigen Form zu lassen oder doch nichts Wesentliches
an ihr zu ändern, Staatsmänner sogar, welche Philanthropen
sind und zuviel Mitleid mit der Menschheit haben, als daß
sie wünschten, je die Nachkommen in Verlegenheit über ihre
Existenz zu wissen, haben Vorschläge aller Art gemacht, um
der reißend um sich greifenden Zunahme der europäischen
Bevölkerung Einhalt zu thun. Die Auswanderung nach un=
bebauten Regionen, deren viele ebenso noch in Europa, wie in
den übrigen Welttheilen liegen, war das natürlichste Hülfs=
mittel. Allein wie unfolgerichtig, die Auswanderung wird doch
von obenher nicht gern gesehen! Diese Leute nehmen mit
über's Meer, was ihnen gehört, besonders aber sich selbst,
ausgewachsene, kräftige Arbeiter, Soldaten, „Futter für Pul=
ver". Der Vater wandert mit vier rüstigen Söhnen. So
war es nicht gemeint, guter Freund, bleib im Lande, nur
vermehre Dich nicht über die Zahl! Du konntest wohl mit
drei Söhnen zufrieden sein, jetzt, wo Du den vierten hast,
halte wenigstens für die Zukunft inne. Daß nun eben der
gute Mann dies nicht thut, sondern zufrieden auf sein Weib
blickend ausruft: Das ist Gottesgabe! diese Rücksichts=
losigkeit auf die Grundsätze der Finanz könnte es dann frei=
lich zum Schluß wünschenswerth machen, daß er auswandert.

Es sind, sagte ich, mancherlei Vorschläge gemacht worden, der
allzugroßen Vermehrung, besonders der niedern Volksklassen,
Einhalt zu thun. Man hat närrischer Weise und doch ganz ernst
haft von Prohibitiv=Vorrichtungen gesprochen, wie sie ein Doge,
der gegen die Türken auszog, bei seinem Weibe veranstaltete,
und sie noch zu dieser Stunde im Arsenal zu Venedig zu sehen
sind. Allein das Uebel des schnellen Eintritts in den Ehe=
stand ist weit größer. Ein Tagelöhner vergißt sich; die Magd,
die noch für sich fortdienen könnte, will ein legitimirtes Kind
haben. Man heirathet sich und hat ein Nest von Kindern,

die man nicht zu ernähren weiß. Ein Uebelstand in England, wo man durch die Moral die größte Immoralität zu befördern pflegt, ist die Armentaxe, eine Aufmunterung für den Bettler, es dem Reichen nachzuthun, zu heirathen, Kinder zu zeugen und ihnen eine Erbschaft zu hinterlassen, die wahrlich nicht schlecht ist, wenn man bedenkt, daß auf sie die Unterstützung des Vaters nicht nur übergeht, sondern durch Zuschüsse sogar vermehrt wird. Die Masse der gesellschaftlichen Drohnen steigt überall; die Einen arbeiten, die Andern zeugen Kinder. Dies wäre eine vortreffliche Einrichtung, wenn das letzte Geschäft von den Ersten nicht ebenfalls betrieben würde.

Eine Abhandlung über diesen Gegenstand liegt vor mir. Sie will, nachdem sie mehrere andere Mittel gegen die Uebervölkerung verworfen, ihrerseits welche angeben und sagt: „Es ist nur die Ergreifung zweier Maßregeln möglich. Einmal das Verbot der Eingehung einer Ehe vor zurückgelegtem dreißigsten Lebensjahre beim Manne, damit hierdurch die Generationen weiter auseinander gerückt werden und also weniger Menschen zu gleicher Zeit leben, zweitens aber das Verbot jeder Ehe bei Personen, welche einen sichern Nahrungsstand nachzuweisen nicht vermögen, wobei ein allzukleiner Antheil an Grundeigenthum und Fähigkeit zu Tagelöhnerarbeit und einem Handwerk, wenn das örtliche Bedürfniß nach der Ansicht der Gemeinden schon völlig befriedigt ist, nicht als hinreichend zu betrachten wären." Dies Mittel liegt allerdings auf der Hand und wäre auch einfach genug. Allein der Verfasser dieser Abhandlung fühlt selbst, daß die unehelichen Geburten dann ausnehmend um sich greifen würden, von denen er jedoch hofft, daß sie bald sterben, da die Sterblichkeit unter unehelichen Kindern größer sei, als unter gesetzmäßig Erzeugten. Sollte man aber diese etwas grausame Hoffnung nicht aus dem Spiele lassen? Sollte man nicht beiderlei Geburten, den ehelichen und den unehelichen, gleiches Gedeihen wünschen und dabei doch eine Verminderung des Zeugungstriebes erzielen? Ich gestehe, daß selbst in den obigen Bestimmungen über Heirathen in dem und dem Alter, unter den und den Umständen etwas Chimärisches liegt, und daß ihre Durchführung unübersteigliche Hindernisse bietet. Ich halte überhaupt das Erschweren der Heirath für etwas so Unnatürliches, daß ich über die Künstlichkeit unserer gegenwärtigen Einrichtungen erschrecken würde, wenn je dergleichen nothwendig werden sollte. Im Gegentheil finde ich, daß die Menschen viel zu sehr gezwungen werden, sich zu verheirathen, eben durch die großen Schwierigkeiten, welche sich der unehelichen Geburt entgegenstellen. Ein Findelhaus, das jährlich dreihundert Kinder aufnimmt, erspart der Zukunft des Volkes eine Generation, die das Dreifache beträgt. Denn sind die meisten Heirathen in unsern Ständen nicht die Folge eines Verhältnisses, das sich mit einem einzigen Kinde befriedigt haben würde und das nun enger zusammengeknüpft fünf Kinder erzeugt? Gewiß, es muß hier bei aller Achtung vor dem, was moralisch heißt, möglich sein, erleichternd einzuschreiten. Wenn wir hier und dort das ruchlose Gesetz haben, daß eine jede Dirne von der Straße, die schwangern Leibes ist, ihr Kind einem beliebigen Vater auf den Hals schwören darf, wer möchte, wenn es z. B. einen Hagestolz treffen kann, der sein kleines Geschäft im Städtchen führt und sich verging mit einer Magd, dann nicht lieber, um dem Processe zuvorzukommen, sich mit dem edlen Wesen verbinden, sie als angetraute Haushälterin ansehen und sich selbst zwingen, nun noch ein halb Dutzend Kinder dazu mit ihr in die Welt zu setzen? Mit einem Worte: Es herrscht zu viel moralischer und juristischer Zwang zur Ehe. Unser Autor von vorhin fürchtet sich gerade vor unehelichen Verhältnissen nicht; allein er hätte noch weiter gehen sollen. Ein Arbeiter heirathet. Er schlägt sich jeden Tag mit seiner Frau und zeugt doch, wie dies gewöhnlich ist, ein Kindernest mit ihr. Nur die Ehe, zu der ihn das erste uneheliche Kind gezwungen, moralisch und juristisch gezwungen, nur die Ehe zwingt dieses Paar, sich ohne Liebe zu vermehren. Wären sie, wie man im Volke sagt, nur zusammengelaufen, so hätten sie sich auch leicht wieder trennen können. Die gerichtliche Scheidung verursacht soviel Weitläufigkeit, daß die Leute lieber zusammenbleiben, sich schlagen und des Nachts, vielleicht in der Trunkenheit, die Befürchtungen, die Malthus hegte, begründen helfen.

So lange die Menschheit noch dem sophistischen Gorgias

nachlebte, der es für die höchste Aufgabe der Weisheit hielt, sich Alles selbst zu verfertigen und keiner fremden Hülfe zu bedürfen, war die Theorie der Erwerbsmittel die einfachste von der Welt. Man erwarb, was die Natur bot. Man lebte von den Bäumen, die Niemanden gehörten, von den Thieren des Waldes, kurz, Nahrungsmittel waren das Unmittelbare, das man antraf, man war noch nicht genöthigt, Güter gegen Güter zu tauschen. Erst mit der Nothwendigkeit, daß der Eine nur Vieh und der Andere nur Frucht besaß, begann das Erwerben der Nahrungsmittel ein stationäres Geschäft zu werden. Die Einseitigkeit des Besitzes trieb die Verhält= nisse der Existenz auf eine Höhe, die immer künstlicher wurde.

Der Eine erzeugte die Rohstoffe, der Andere verarbeitete diese, der Dritte vertrieb sie im Handel. Das Geld, eine Werthbestimmung, wurde einziges Ziel des Erwerbes, weil man bald durch dasselbe im Stande war, Alles zu erlangen. Der Tausch war durch das Hülfsmittel des Geldes verein= facht. Mit zunehmender Bevölkerung und steigender Cultur verlor sich auch die Leichtigkeit des Erwerbs. Die Concurrenz nahm dem Einzelnen sein natürliches kleines Monopol. Ver= dienst wurde bald nur noch die Frucht einer Anstrengung, die selbst bei dem redlichsten Willen, nie eine von Schweiß trockene Stirn zu haben, doch vergebens arbeitete, weil die gleiche Thätigkeit überhäuft und allgemein besetzt war. So mußten die Erwerbungszweige immer verschlungener und zu erreichen schwieriger werden. Man benutzte die Natur, man benutzte sich selbst. Die Arbeit selbst wurde ein Product. Um das größtmögliche Quantum davon zu erzeugen, beschleunigte und vereinfachte man sie. Man erfand Maschinen, welche die Menschenhand entbehrlich machten. Je mehr man erzeugen konnte, desto größer das Bedürfniß darnach, eine in der Ge= schichte der Industrie merkwürdige Erfahrung. Weil der Be= darf stieg, so konnte man auch jene Arbeiter beschäftigen, die durch die Einführung der Maschinen brotlos zu werden schienen. Aber nicht alle Fortschritte, die in diesem Bereich der mensch= liche Geist machte, ließen eine so angenehme und die Mensch= heit nicht gefährdende Ausgleichung zu. Der schöne Grund= satz von der Theilung der Arbeit hat den Industrialismus leiber nur noch mehr potenzirt, so daß, wenn Einer fällt, Alle fallen müssen. Früher machte Einer ein Ganzes, jetzt machen Hunderte ein Ganzes, wenn auch fünfhundertmal schneller, als jener Eine; allein Jeder, nur mit einem Theile der Arbeit beschäftigt, kennt das Ganze derselben nicht. Eine ungünstige Conjunctur tritt ein und die Folge ist, daß Tausende darben, wo sonst nur Zehn gedarbt hätten.

Die Existenz sichern unsere Zeitgenossen auf die verschiedenste Weise. Hier sieht man bleiche Gesichter, die ein Aussehen wie vergiftet haben; sie begruben sich schon in ihrer Jugend in den Gebirgen, wo sie die verheerendste Arbeit verrichten, in den Quecksilbergruben. Ihr Auge ist matt, ihr Gang ist taumelnd. Sie kennen nur eine Lust, die Befriedigung ihres thierischen Triebes nach Nahrung und Geschlechtssinnlichkeit. Das Gewinnen des Quecksilbers übt auf die Gesundheit den nachtheiligsten Einfluß. Man kennt Almaden, die berühmten Merkurialgruben Spaniens, man kennt es aus dem neuesten spanischen Successionskriege, den kühnen Märschen des Carlistenchefs Gomez und Rothschild's Ansprüchen auf ihren Ertrag. Dort ist der Sitz des größten physischen Elends, das sich denken läßt. Selten, daß ein Mann sein natürliches Alter erreicht. Er stirbt immer frühzeitig. Peru hat berühmte Quecksilberbergwerke in Huanca-Velika. Die Arbeiter haben dort die fallende Sucht oder leiden an Zuckungen und Convulsionen. Und doch sind immer Menschen da, die dem unvermeidlichen Tode in die Arme gehen, die ihr Geschäft mit derselben Resignation verrichten, wie Lord Stanley im Unterhause die Beine auf den Tisch legt und so den Engländern Gesetze machen hilft. Es fällt jenen Menschen nicht einmal ein, etwas Anderes zu sein, weil sie etwas Anderes zu sein nicht ahnen können und ihnen die Gewöhnung an die tägliche Fristung ihrer Existenz den Gedanken nicht kommen läßt, als könnte es ihnen besser ergehen. Denn das ist der Fluch dieser unglücklichen Sphäre: man muß etwas können, wenn man leben will; Jeder hat sogar einen Stolz auf sein trauriges Können, wie sich z. B. Gürtler und ähnliche Arbeiter, die früh ihre Augen verlieren und pestartige Ausbün-

ftungen einathmen müſſen, doch nicht von ihrem Geſchäft ab=
bringen laſſen, einem Geſchäft, das ſ i e nicht haben, ſondern
das, ſozuſagen, ſ i e hat.

Andere Stände ernähren ſich von den Proportionen zwi=
ſchen der rohen Arbeit, welche im Handel vorkommen, und
wieder vom Bankweſen, das die Proportionen des Handels
ausdrückt. Beamte ſchreiben den ſauern Schweiß des Einen
auf den ſauern Schweiß des Andern über. Sie faſſen die
Menſchen in runden Summen zuſammen, controliren ihr
Gehen und Stehen, ihr Alter, ihre Kinder, ihr Vermögen, ihr
Sterben ſogar, ihre Pflichten, ihre Tugenden und Verbrechen,
und ſchreiben alles das in kurzen Nennwerthen in rothliniirten
Büchern auf und machen Latus und Transport für das nächſte
Folioblatt. Erleichterungen für Charon's Nachen, um die Obo=
lus zu controliren, die ihm ſeine Paſſagiere zahlen müſſen.

Andere endlich, Chevaliers d'Induſtrie ohne den Einſpruch
der Polizei, leben von Bedürfniſſen, die ſie erſt in dem Augen=
blicke ſchaffen, wo ſie dieſe ſchon, natürlich gegen Bezahlung,
zu befriedigen ſich eilen. Der Savoyarde ſtürzt in Paris auf
Dich zu: Mein Herr, Ihre Stiefel! Man hat kaum hinge=
ſehen, ob die Stiefel, die man vor einer Minute, wo man
eben aus ſeinem Hauſe trat, glänzend anzog, wirklich ſchon
verunreinigt ſein ſollten, und kann ſchon nicht mehr ver=
gleichen: denn der Burſche verdeckt die Ausſicht und putzt
etwas, das ſpiegelblank war. Unſer Luxus bringt Erwerbe
von nichts als Nichtigkeiten. Den harmloſen „Bauernfänger“,
um auch die unerlaubte Induſtrie zu erwähnen, hat Balzac
beſchrieben. Er geht in ein Spielhaus und räth unglücklichen
Spielern zu gewiſſen Nummern. Mein Herr, jene Nummer!
flüſtert er ihnen zu. Das Glück will dem ſo überraſchend
Berathenen wohl. Die Nummer gewinnt. Der junge Mann
hat aber weiſe Lehren im Kopfe. Er weiß, daß, wenn
man 100 Ducaten gewonnen hat und weiter ſpielt, man
dieſe und noch 100 dazu verlieren kann. Er geht. Der Che=
valier begleitet ihn an die Thür, ſinkt plötzlich von ſeinem
cordialen Ton in einen demüthigen und ſeufzt: Monſieur,
ayez la bonté.... un des braves des colonnes invincibles!
Er reißt den Bruſtlatz auf: er hat das Kreuz der Ehren=

legion. Das junge Glückskind giebt ihm von 100 Ducaten den Zehnten des Mitleids.

So haben z. B. die Londoner Börse und der Journalismus einen Erwerbszweig veranlaßt, der an Unglaublichkeit grenzt. Mehrere fallirte Börsenspieler ernähren sich davon, den Journalen, die fortwährend im Druck sind, Mittheilungen über den Stand der Papiere zu machen. Gewöhnlich pflegt ein Makler drei, vier Abendzeitungen mit dem Coursbericht zu versehen. Um überall die Richtigkeit derselben zu vergleichen, muß er sich vervielfältigen. Ein solcher Mann braucht Helfershelfer, um in einem und demselben Momente an vier Orten zu erscheinen. Jetzt läuft er von der Börse spornstreichs in die entfernteste Druckerei, findet aber schon an drei Straßenecken seine Untercommis, denen er im Stehen, vor aller Welt diese Course dictirt. Diese laufen dann in drei andere Druckereien, geben die Zettel ab und machen die Revision des Druckes. Von solchen und ähnlichen Geschäften — wer denkt nicht an die Reporters, die Penny-a-liners — existiren Menschen in London. Den Tag über gehen viele Einwohner dieser Riesenstadt spazieren am Strande, im Regentpark, nur einige Stunden Nachmittags werfen ihnen einen Gewinnst ab, der hinreicht, ihre Existenz zu fristen.

Die Legion der Commissionäre in Paris und London gehört in diese Kategorie eingebildeter Bedürfnisse. Besonders die in Paris, die recht eigentlich ein Verderben für die Menschheit sind, da sie den luftigsten, unbedeutendsten Plänen Gehör geben und ihnen zur Ausführung mit bewunderungswürdiger Volubilität behülflich sind. In Paris würde nicht alle Augenblicke eine neue Luftschifffahrtsgesellschaft, eine neue literarische Unternehmung in Heften, Panthéon littéraire mit Riesenlettern, ein neues Journal etablirt sein und freilich eben so schnell wieder verschwinden. wenn es nicht auf jenem unruhigen Pflaster Menschen gäbe, die mit der Eilfertigkeit eines Sollicitanten durch die Straßen rennen, alle Portiers kennen, überall eingelassen werden, 100, 500, 1000 Abonnenten im Nu und verhältnißmäßig Actionäre zusammentrommeln. Ich komme nach Paris, ich nehme mir vor, ein Journal herauszugeben: De tout un peu, Journal quotidien, littéraire, politique, industriel. Ich spreche mit einem Freunde: er schickt mir einen Commissionär. Mein Herr, erst einen glänzenden Prospectus! Jules Janin muß ihn schreiben. — Ich habe kein Geld! — Das ist schlimm. Sie wollen erst Geld verdienen. Nun denn, versuchen wir's selbst! — Feder, Tinte und Papier! Erst der Titel. Lapidarschrift! Jetzt Fond de la Société: 600,000 Frcs. Artikel I. Emission des Actions: Jede Actie zu 500 Frcs.: 1200 Actien. Betrag zahlbar in fünf Terminen: erste Einzahlung acht Tage nach der Subscription 100 Frcs. Dazu ein Banquier, der Namen hat: M. Rougemont, Mr. Foulb. Advocat der Gesellschaft: Mr. de Haber. Jetzt, mein Herr, die Grundsätze: 1) Liberté civile, religieuse et commerciale pour tout le monde. 2) Impartialité générale. In ähnlicher Weise entwickelt der gewandte Commissionär die Versprechungen des neuen Journals immer weiter. — Ich frage: Ja, wie nun das Alles realisiren? — Der Mann seiner Zeit springt auf, ruft: Haben Sie keine Sorge, und eilt davon. Der Prospect wird mitgenommen. Ich höre acht Tage nichts mehr und gebe die Probe, den Pariser Leichtsinn zu erforschen, schon auf, da erhalte ich ein Billet: Morgen früh in der und der Straße das Nähere. Ich gehe hin und bin erstaunt zu finden: 1) meinen Commissionär mit einer Liste von Kapitalisten, die auf das Journal bereits Actien genommen haben; 2) einen andern Commissionär, der mir die Unterschriften von fünfzig Buchhändlern, Marchands de Mode, Aerzten, Sprachlehrern u. s. w. bringt, die sich entschließen werden, ihre Werke, ihre Modesachen, ihre Méthodes dépuratifs et végétales gegen Dartres und Maladies secrètes, endlich ihre Hamilton'schen Sprachcourse in meinem fertig etablirten Journal anzuzeigen und sich die Kosten dafür berechnen zu lassen; 3) endlich ein Stück der lebenden französischen Literatur: einen Eroffizier der Municipalgarde als Gérant responsable, der sich für das Journal in vorkommenden Fällen einstecken oder prügeln läßt, oder sich duellirt, einen ehemaligen St. Simonisten, spätern Präsidenten einer Section der Menschenrechte und unter polizeilicher Aufsicht stehenden Aprilgefangenen, guten Stylisten sonst und Fechthahn mit der Feder, als Hauptredacteur, drei An-

bere als Hülfsarbeiter, junge Studenten der Rechtsschule, die
kein Geld haben, um zehn Jahre Advocat ohne Processe zu
sein, einen deutschen Flüchtling, der die Allgemeine Zeitung
ercerpirt, einen ditto polnischen, der mit einer gewissen Ge=
wandtheit von sibirischem Kindermord und tscherkessischen Ueber=
fällen zu phantasiren weiß, endlich einen Feuilletonisten, in
welchem ich das Vergnügen habe Herrn Alphonse Karr kennen
zu lernen. Das Journal ist fertig; 110,000 Francs sind
baar vorhanden, davon sind 100,000 Cautionnement, 10,000
für den Anfang, für ein großes Gründungsdiner, Annoncen,
Ermunterung eines Druckers und Douceur des Commissionärs.
Die übrig gebliebenen Actien gehören mir. Ich bin der über=
wiegende Eigenthümer des Journals. Ein solches Glück,
wenn es anders so zu nennen ist und man nicht zuletzt einen
schmählichen Bankrott machen muß, kann man in Paris täg=
lich haben, und Emil de Girardin hat es gehabt.

Wie ich hier ein Beispiel in Betreff der Literatur gegeben
habe, so würde ein anderes aus dem Bereich der Industrie
noch zutreffender sein. Denn in der Literatur hat sich der
Schwindelgeist schon erschöpft, allein auf die Industrie ist jetzt
Alles gerichtet. Es ist lächerlich genug, daß sich hier die
Schwindler einbilden, sie seien reell geworden, sie hätten sich
auf Nützliches und Menschenbeförderndes geworfen. Alle
Welt glaubt es, wenn es Dividenden giebt. Allein bald wird
man einsehen, daß sich hier dieselbe Windbeutelei in Scene
setzt, die schon die imposante Macht der Journalistik vernichtet
hat. Gesetzt, jener Commissionär, der mir mein Journal De
tout un peu geschaffen hat, hätte allmälig gefühlt, daß mit der
Literatur nichts mehr zu verdienen ist, und hätte sich auf
den Materialismus der Industrie geworfen, so würde es
seine Pflicht sein, statt der frühern lustigen und frivolen, jetzt
eine ernste und bürgerliche Miene anzunehmen. Jetzt gilt es
den Interessen der Nationalwohlfahrt, dem Progrès social
sans phrase, z. B. Morastausschlämmungen an der Loire,
Bergwerken im Jura, die Reinigung der Seine und der mög=
lichst wohlriechenden Verbreitung der Gasbeleuchtung für das
Universum. Ein solcher Prospectus darf nur bei den Ka=
pitalisten vorfahren. Die Zimmerthüren fliegen auf, der ge=

niale Erfinder tritt ein zu dem podagriſtiſchen Rentenbeſitzer, der die Reduction der Dreiprocents fürchtet und nach einem höhern Zinsfuß ſchmachtet, er wirft nur die einzige Phraſe hin: Encouragement industriel, und der Kapitaliſt nimmt hundert Actien, wenn nur Eiſen, nur Dampf bei der Sache vorkommt. Von dieſer einzigen Phraſe, angebracht zur rechten Zeit und an den rechter Mann, konnte ſonſt in Paris ein Schlaukopf ſeine Exiſtenz friſten, er läuft nie Riſico, er hat ſeine Procente immer ſchon vor dem Wagniß, vor dem Scheitern. Eh' das Schiff ausläuft, verſichert er ſich. Encouragement industriel! Société générale pour favoriser les enquêtes utiles! Association anonyme pour le mercantilisme! Zauberworte! Freilich nur auf einige Zeit. Doch ſind es nur Intervallen. Die Miſſiſſippi-Actien kommen immer wieder.

Eine Form der Aſſociation muß man rühmen. Es haben ſich in England uud der Schweiz Familien und Perſonen zuſammengethan und mit ihren verſchiedenen, ſonſt ſehr einfachen Einkünften einen Geſammtfond gebildet, der auf jeden Theil eine Exiſtenz kommen läßt, welche anſtändiger iſt, als wenn ſie Alles für ſich allein beſtritten hätten, was ſie brauchten. Vier Familien miethen ein Haus auf gemeinſchaftliche Rechnung: einzeln hätte jede 100 Thaler zahlen müſſen, alle vier brauchen ſie nur 300 zu zahlen. Ebenſo iſt das Verhältniß in allen übrigen Bedürfniſſeu. Sie eſſen aus einer Küche, die ſie von einer Haushälterin verwalten laſſen, ihre Vergnügungen ſind gemeinſchaftlich; kurz, ſie ſtellen, wenn jeder einzeln früher jährlich 500 Thaler zu verzehren hatte, jetzt eine allerdings ſehr ſtarke und umfangreiche Familie vor, die ſich auf eine Exiſtenz von 2000 Thaler angewieſen fühlt. Gewonnen hat jeder der Theilhaber mehre hundert Thaler; denn jeder kann leben, als hätte er 750 Thaler im Vermögen. Warum verbreiten ſich dieſe Common-Houses nicht weiter? Warum ahmt ſie der Continent nur in der Schweiz bei den deutſchen Handwerkern, und auch da nur als Conſum-Verein, nach? Der Bettelſtolz iſt der am ſchwierigſten ausrottbare; denn bekommt dieſer, ſo ſteigt er ohnehin und wird ſogar begründet, verliert er, ſo iſt es ſeine Natur, deſto prätentiöser zu werden. Niemand läßt sich, seitdem man das Geheimniß des Credits erfunden hat, in seine Karten sehen. Auch mangelt es zur Zeit noch an Frieden, Freundschaft und Ehrlichkeit unter den Menschen. Es würden wol immer nur erprobte Freunde und Verwandte sein, die eine Verbindung dieser Art einzugehen sich entschließen und dazu passen könnten.

Die Verbindungen der Handwerker, um die Arbeitspreise auf der Höhe eines von ihnen selbst angesetzten Tarifs zu erhalten, haben schon mehr Verbreitung gefunden. Sie sind meist immer veranlaßt worden durch einige philanthropische oder auch demagogische Theoretiker, in England durch die Owen'sche Nützlichkeitsphilosophie, in Frankreich durch die Clubbs, die, von politischen Ideen ausgehend, sich Material schaffen mußten im Volke, um ihre Ideen durchzuführen. Die Associationen der französischen Handwerker verbluteten sich vorläufig in Lyon. Die erste bedeutende Demonstration der englischen war jene große Procession, die vom Copenhagenfeld zum Minister Lord Melbourne wallfahrte, um ihm eine Adresse an den König zur Abstellung oder Milderung einer allzuschweren Strafe einiger ihrer Brüder vorzulegen. Vielleicht löst die Scham diese Verbindung auf: denn beschämend war es, eine Anzahl von nahe an 100,000 zu bilden, und sich so gebückt, so demüthig durch die Straßen zu schleichen, wie es jene Arbeiter thaten. Die Vorstellung eines großen Handwerksbundes war drohender, als dieser Anblick. Statt Furcht fing man an Mitleiden mit diesen Armen zu empfinden. Als mehre Sectionen von ihnen, die immer eine Zunft vorstellten, sich weigerten, zu einem von den Meistern bestimmten Preise zu arbeiten, engagirten die Meister weibliche Kräfte. Das Risico war hier für die Gesellen gleich groß, wie die Beschämung. Sie mußten eilen, um jeden Preis zu ihren Arbeiten zurückzukehren, weil sie diese sonst entweder besetzt gefunden oder die Anzüglichkeit hätten ertragen müssen, das zu leisten, was Frauenzimmer vermögen. Erst die Kohlengrubenarbeiter haben das Thema von der Tyrannei des Kapitals wieder angeregt, und seitdem wird es in so mannigfacher Weise variirt, daß man den Grundton der gesunden

Vernunft und der redlichen Absicht schon längst vermißt und vorläufig gegen die Prätensionen der Arbeiter nur mit angeschlagenem Gewehr antworten kann.

In Frankreich und Belgien sind die äußern, unorganischen Associationen von den Gesellen auf die Meister und von diesen auf die Kapitalisten übergegangen, welche sich vor dem schwankenden Cours der Staatspapiere fürchten und die Miene annehmen, die Gewerbe begünstigen zu wollen. Soll man hier von einem Vorwand für den Speculationsgeist sprechen oder liegt eine populäre Idee den Vorschlägen zum Grunde, die man in dieser Rücksicht kürzlich gemacht und theils schon durchgeführt hat? Die Franzosen, immer erhitzt von den Centralisationsideen, haben die Geldkrisen benutzt, auch für die Industrie eine Einheit vorzuschlagen, von welcher man im Augenblick nur so viel wahrnimmt, daß dabei Actien emittirt und Dividenden vertheilt werden sollen.

„Finanzielle Zerrüttungen," sagte kürzlich ein Schriftsteller, „ziehen so viel Uebel nach sich, daß man sie nicht nahe genug betrachten kann. Der Unglücksstern, welcher bei diesem Phänomen zu walten pflegt, drückt von Tag zu Tag mehr auf die Industrie und den Handel Europas. Wir glauben zwar nicht, daß uns schon wieder eine neue Krisis bevorsteht. Wenn auch einzelne Erwerbszweige sehr in die Enge getrieben sind und auch mehre Fallissements auf's Neue sich ankündigen sollten, so giebt es doch nichts Allgemeines, was den Handel in Unruhe versetzen könnte. Wenn wir deshalb doch auf die Frage zurückkommen, so geschieht es, um die Mittel zu entdecken, sich für die Zukunft sicher zu stellen, und besonders deshalb, weil die öffentlichen Blätter, welche die gegenwärtige Frage behandelten, doch nur die Auswüchse des Stammes betrachteten, welcher kürzlich so bittere Früchte getragen hat. Sie hätten, um wahr zu sein und auf den Grund des Uebels zu kommen, vor der Gesellschaft selbst ihre Sitten, ihre Vorurtheile und ihre materielle Existenz anklagen sollen. Die Verallgemeinerung des laissez faire, die Erleichterung der allgemeinen Concurrenz, der wenig vorwärtsgerückte Zustand unserer Binnenbeziehungen, die zufällige und auf den Versuch gewagte Production, das allgemeine Verlangen nach Wohlhaben-

heit, und im Gefolge deſſelben der Beginn unſinniger Unter=
nehmungen und die verſchwenderiſche Emiſſion von eingebil=
deten Werthbeſtimmungen, die nichts ausdrücken, was vorhan=
den iſt — braucht man mehr, um Kriſen hervorzubringen
und ſie dauernd zu machen? Und wenn man ferner noch
hinzunimmt die revolutionären Regungen der Völker, welche
ſich faſt immer unvorſichtig und vor der Reife der Freiheit
bemächtigen wollen, die unzeitigen Wünſche der Einen und den
hartnäckigen Widerſtand der Andern — braucht man mehr,
um die allgemeinen Kriſen zu unterſtützen?" „Wenn Alles
in Frage geſtellt iſt," fährt derſelbe Schriftſteller fort,
„wenn man auf der einen Seite das Volk mit Radikalismus
und Epikuräismus ätzt und man es antreibt, Alles unter dem
Vorwande eines beſſern Aufbaues niederzureißen; wenn man
auf der andern Seite nur Gefühle für ſich und ſeine Kinder
hat und ſich ſyſtematiſch abſtumpft; wenn endlich überall Je=
der nur darauf ausgeht, ſich mit einziger Beobachtung des
Criminalcoder Vermögen zu erwerben: kann man da erſtaunen,
daß das Meer fortwährend bewegt und der geringſte Sturm
die Urſache einer Menge induſtrieller Schiffbrüche iſt? Man
hat, um die letzte Londoner Kriſe zu erklären, theils darauf
hingewieſen, wie Amerika aus jener Welthauptſtadt neuerdings
viel Gold und Silber ausgeführt, theils, wie die engliſchen
Speculanten die Bankgeſellſchaften mißbraucht haben, theils,
wie das Mißverhältniß des Papiers zum Gelde außerordent=
lich war; theils endlich, mit welcher Geſchicklichkeit ſich die
Londoner Börſe benommen und mit welchem Takt ſie ihren
Vortheil gewahrt hat. Auf einen Punkt kam Jeder hinaus,
daß man nämlich über die Kriſis nur deshalb ſprach, w e i l
ſ i e d a w a r, wie man eine Krankheit erwarten würde, ohne
ſich um das Heilmittel zu bekümmern. Weil z. B. in Frank=
reich die Kriſis keine bedeutenden Wirkungen hinterließ und
im Allgemeinen Handel und Induſtrie ihren gewöhnlichen
Gang fortgingen, ſo haben daraus die öffentlichen Organe
nur auf die Gegenwart geſchloſſen und die Gründe dafür in
äußeren Urſachen geſucht, in der allgemeinen Politik, ja ſogar
einzig und allein im Miniſterium — ein Theil dieſes Schluſſes
iſt richtig. Eine Kriſis ſcheint nicht nahe zu ſein, was die

Industrie betrifft, allein dafür braucht es keine eigenen
Gründe zu geben; die schon bekannten erklären die Sache hinlänglich, auch sind es weniger politische als industrielle. Es
ist bekannt genug, daß die Schulden der europäischen Staaten
furchtbar groß sind, daß Industrie und Handel sich in einer
Lage befinden, die Krise unterstützen zu müssen. Es ist bekannt, daß nur 4 Milliarden baares Geld in Europa*) die
Circulation eines Papierhandels aufrecht halten müssen, der
in etwa 30—40 Milliarden Staatsschuld und mehr als
20 Milliarden Bankbillets, Eisenbahnactien u. s. w. besteht.
Dies ist heute so wie gestern. Aber es ist gefährlich in jedem Falle. Was kostet heute der Industrie das magische Wort
Credit? Unter welchen Bedingungen hat man, unter welchen
verliert man ihn? Hier liegt das eigentliche Uebel der com-
merziellen Maschine. Von hier aus kommt das meiste Un-
heil. Der Credit für den Handwerker besteht darin, daß er
die Instrumente seiner Arbeit, den Boden, die Kapitalien von
denen erhält, welche diese feilbieten für einen Zins, für eine
Dividende. Soll der Credit etwas taugen, so muß er eine
gewisse Dauer haben. Man kann ihn heute nicht geben und
morgen wieder nehmen; ist das letztere der Fall, so ist er ein
successiver Mißcredit. Er giebt der Industrie eine verderb-
liche Sicherheit, weil er ihre Berechnungen und Operationen
auf Quellen begründet, welche der Einfall des Gläubigers
sogleich kann versiegen lassen. Ganz ebenso ist es mit dem,
was die Kapitalisten Credit nennen. Der höchste Ausdruck
des Credits bei Handelnden und Arbeitern ist ein Wechsel
auf drei Monate de Dato; es könnte scheinen, als wäre dies
das außerordentlichste Vertrauen und eine Combination, die
nichts mehr zu wünschen übrig läßt; aber in Wahrheit, diese
Uebereinkunft, welche der Industrie zu Hülfe kommen soll,
verursacht ihr eine Menge von Verlegenheiten und Benach-
theiligungen. Die Dinge stehen heute so, daß kein Handwerker und Fabrikant mehr auf seine Berechnung etwas geben
kann, und dennoch muß er es thun. Auf seine Berechnung

---

*) Der Gegensatz dieser Zahlen zu den Voraussetzungen des Frank-
furter Friedens von 1871 ist auffallend genug.

hin stellt er einen Wechsel aus. Er berechnet einen Gewinn
für diese Zeit, einen andern für jene; er verspricht neue Zah=
lungen auf drei Monate. Nun kommt aber ein Fallissement,
ein Aufstand, eine Wolke, die den politischen Horizont bedeckt,
ein zufälliger Nachlaß des Absatzes und Verbrauches. Wenn
in diesem Falle der Handwerker oder Fabrikant temporisiren
könnte, wenn sein Reservekapital oder sein gestriger Credit
ihm noch übrig bliebe, um schwierigen Vorfällen eine entschlos=
sene Miene zu zeigen, wenn mit einem Worte die Kapitalisten,
welche oft gar keinen ernsten Grund haben, an der Güte
seiner Berechnungen zu zweifeln, und bis dahin noch immer
auf seine Geschicklichkeit und Rechtschaffenheit vertraut hatten,
ihm dies Vertrauen auch nur noch einige Tage bewahren
wollten, so würde er ruhig seinen Gang weiter gehen können.
Aber weit davon entfernt, nehmen alle Einbildungen einen
Schwung an, alle Interessen kommen außer Achtung, ein
großer Theil der Kapitalisten kommt und verlangt sein Geld
zurück, ein anderer verschließt seine Kassen und verweigert die
gewöhnlichsten Gefälligkeiten. Nun verbreitet sich in alle
Werkstätten und auf alle kleinen Handelsplätze eine Verwir=
rung, eine traurige Verschwendung von Zeit und Kraft; denn
wenn ein Kapitalist nur einem einzigen bedrängten Fabrikan=
ten seinen Credit entzieht, so verhängt er Unglück über eine
Menge Anderer; ja sogar über solche, die nicht einmal in
dessen Branche arbeiten. Ferner: Sehr oft ist der Industrie=
oder Handelstreibende in folgendem Falle: Er hat 50 oder
60,000 Franken, die ihm eigen sind, die eine Grundlage seines
Geschäfts bilden, er operirt aber mit Wechseln so, als wenn
er 100—200,000 besäße! Diese Fiction ist vom Uebel. Ein
Wechsel auf sich selbst ist heutiges Tags nur ein schlechtes
Hülfsmittel. Es ist ein Uebel für den, der den Wechsel aus=
stellt, wie für den Kapitalisten. Der Banquier operirt für
jenen, er hält ihn für äußerst solid, für um so solider, je
höher die zu escomptirenden Summen steigen. Gerade das
Gegentheil sollte er annehmen. Leider ist dies der Fall der
meisten industriellen Geschäftsleute! Heute haben wir Credit
im Ueberfluß. Morgen macht ein kleiner Umstand, daß ihr
hin seid. Ein Haus darf nur 50,000 Francs verlieren, der

Credit wird ihm entzogen, und 200,000 folgen dem kleinen
Verlust. Es ist eine Preisaufgabe, hier einen Weg zur Re=
form zu entdecken.*) Es handelt sich nicht allein darum, das
Mißgeschick seltener zu machen, sondern es auch, wenn es un=
vermeidlich ist, auf eine möglichst große Anzahl von Interessen
zu verbreiten. Wir gehen hier davon aus, daß man einmal
den Weg der Actien auch für die Industrie und den Handel
versuchen möge. Dann würden die Gewerbe nicht sogleich
ohne Hülfe durch einen Bankrott geopfert werden; sie wür=
den nur den Verlust als die ersten Actionäre einer Entre=
prise erleiden."

Ich kann mich nicht enthalten, dem kundigen Sprecher
noch weiter das Wort zu lassen. „Wie die Geschäftsführer
einer solchen Actienverbindung in Zukunft blos allein die
Richter der Gefahr sein würden, so würde auch der große,
blinde Zufluß von Individuen, die für commerzielle Specu=
lationen keinen Sinn haben, der Vorsicht einer geringen Anzahl
von kenntnißreichen Männern Platz machen. Der jetzt so com=
plicirte und verworrene Mechanismus würde zum großen Vor=
theil Aller vereinfacht werden. Man würde nicht bei jeder
Gelegenheit ein allgemeines „Rette sich wer kann" unter der
Schaar der Producenten und Handeltreibenden vernehmen.
Was können hier noch Aufstände und politische Verwirrungen
ausrichten, wenn das Interesse des Einzelnen das Interesse
der Gesammtheit ist, wenn, mit einem Worte, die kleine, ver=
einzelte Industrie unserer Tage durch großartige Actienunter=
nehmungen, welche oft einen ganzen Handelszweig an sich
reißen müßten, ersetzt wird. Es scheint dies der einzige Weg,
der die Erwerbs= und Handelsthätigkeit unserer Zeit in einen
neuen Schwung bringen könnte. Actiengesellschaften haben
die Bestimmung, in kurzer Zeit, wenn sie von den Kapitalisten
richtig verstanden werden, die Physiognomie und die Gewohn=

---

*) Die großen Creditbanken haben es seither versucht. Eine Ge=
schichte des eigentlichen segensreichen Wirkens derselben fehlt. Man weiß
nicht, ob der glückliche Bestand derselben von einer wirklichen Unter=
stützung des Handels und der Industrie herrührt oder von einer massen=
haften Betheiligung an den immer wieder neuentstehenden Instituten
gleicher Art, d. h. am bloßen Geldhandel= und Börsengeschäft.

heiten der Industrie und des Handels zu verändern, weit
mehr als die Discontobanken oder jedes andere von den
Oekonomisten vorgeschlagene Banksystem. Sie müssen sich
aber dann nicht mehr auf die Unternehmungen der höheren
Industrie beschränken, auf Eisenbahnen und Canäle; sondern
die Industrie des zweiten Rangs, die jetzt so sehr zerstückelt
ist, soll zu den Vortheilen derselben gleichmäßig berufen sein.
So erst würde man industrielle Mittelpunkte besitzen, welche
eine nothwendige Function in dem allgemeinen Mechanismus
der Erzeugung und Vertheilung der Reichthümer ausfüllen.
So erst würde es eine Gelegenheit geben, neue Verfahrungs-
weisen auf die Industrie im Großen anzuwenden. Ja sogar
der Ackerbau kann durch unser System einen neuen Anstoß
erhalten, wie wir denn schon mehre glückliche Beispiele
haben, daß ausgedehnte Besitzungen in Frankreich durch Actionäre verwaltet werden. Man erschrecke nicht, wenn wir hier
den Buchhandel als Beweis anführen, einen Erwerbszweig,
dem der übrige Handelsstand nicht das größte Vertrauen zu
schenken pflegt, und doch haben sich schon die ersten Buch-
drucker von Paris das Actiensystem angeeignet; mehre Buch-
druckereien haben sich in eine einzelne verwandelt, verringern
dadurch die Concurrenz und erhöhen ihren eigenen Ertrag.
Wie geht es jetzt in der industriellen und Handelswelt zu?
Die Concurrenz macht, daß sich alle Interessen entgegengesetzt
sind; sie stellt die Industrie unter verachtete Bedingungen
und überhäuft sie mit schlechten Projecten. Finanzkrisen werden aufhören, wenn die Interessen näher zusammenrücken und
sich wechselweise unterstützen. Wir wissen wohl, daß sich, um
eine solche Umänderung mit Regelmäßigkeit und Nutzen auszuführen, eine einige Absicht an die Spitze stellen muß; doch
braucht dies nicht die Regierung zu sein, wenn sie sich nur
beschränkt, diesem Zwecke kein Hinderniß in den Weg zu
legen."

So weit die Ansicht eines französischen Schriftstellers. Man
beurtheile seine Vorschläge wie man will, man wird nicht
verkennen, daß das Beste daran von den Principien des
St. Simonismus und dem später erst in überraschender Systematik ausgebildeten Communismus entlehnt ist, und daß

das Originelle und Eigene nur die Zuthat einiger Erfahrungen aus der Schule des französisch-belgischen Industrialismus ist.

Hier verdient die Lehre St. Simon's eine Erwähnung, insoweit sie politisch = industriell war. Denn selbst auf die Gefahr, von Demagogenriechern für staatsgefährlich erklärt zu werden, wage ich es, dieser Lehre trotz ihrer großen Unvollkommenheit Wichtigkeit beizulegen. Das Lächerliche und Unverschämte am St. Simonismus kommt zum großen Theil auf Rechnung Enfantin's, eines verschmitzten Cagliostro, der nur durch Zufall nicht die Wahl gehabt zu haben scheint, lieber als katholischer oder als ketzerischer Heiliger selig gesprochen werden zu wollen. Enfantin hat durch seine Thorheit und Uebereilung das Gebäude der Lehre St. Simon's untergraben. Enfantin wollte Papst sein, ehe noch eine Kirche da war. Er allein erfand die Simonistische Tracht, das Dogma vom freien Weibe, von der Intervention des Priesterthums bei der Ehe, die zweideutige Lehre von der Wiedereinsetzung des Fleisches, Behauptungen, die weder von St. Simon aufgestellt waren, noch von allen Genossen Enfantin's gebilligt wurden, und die mit dazu beigetragen haben, die neue Religion in einen Straßenspectakel, in einen Concursproceß zu verwandeln. Das Richtige und Tüchtige am St. Simonismus hatte nicht nöthig, an die Landenge von Suez zu flüchten, sondern blieb in Europa und wird wirken, wenn auch unter veränderten und den bedenklichen Ursprung unkenntlich machenden Gestalten. Brauchen wir hier mehr, als an die gediegenen Leistungen ehemaliger St. Simonisten, Lerminier's und Michel Chevalier's, zu erinnern?

Theologen und Haarspalter von Orford, Gnadau und Rom, irdische Pfründeninhaber und Wegweiser zum Himmel, wollt Ihr denn leugnen, daß in der Feindschaft, die Euch der St. Simonismus schwur, doch ein großer Theil der Freundschaft lag, die zu befördern Ihr berufen zu sein vorgebt, der Freundschaft für höhere und geistliche Dinge? Ich bezweifle nicht, was Gott wohlgefälliger ist, die Satzungen einer positiven Religion hinnehmen als tägliches Brot, eingelernten Morgen = und Abendsegen als Gemeinplatz, oder jener Muth, sich verfolgen und verspotten zu lassen, das Positive umzu-

stoßen und zu versuchen, etwas Neues, aus dem Bedürfniß
Gebornes an seine Stelle zu setzen? Der St. Simonismus,
wenn ich mir ihn von seinen Anhängern aufrichtig bekannt
und innerlich aufgenommen denke, überragt jede christliche
Scheintugend. Die Religion leugnen und doch auf die Reli=
gion wieder zurückkommen, das hat Christus selbst schon als
das dem Himmel Wohlgefälligste bezeichnet, indem er sagte:
Ein reuiger Sünder ist Gott wohlgefälliger, als hundert Ge=
rechte. Die St. Simonisten weichen nur darin vom Christen=
thum ab, daß sie auch die Erde gegen den allzubevorzugten
Himmel in ihre Rechte einsetzen wollten. Thaten sie das
ursprünglich auf frivole Weise? Nein. Sie glichen nicht
dem Redner Demades in Athen, der, als die Athenienser sich
über Demetrius beklagten, der von seiner Person mehr Sta=
tuen an öffentliche Orte setzen ließ, als Götterbilder da waren,
ihnen frech genug andeutete: Athenienser, hütet Euch, daß,
indem Ihr den Himmel vertheidigt, Ihr nicht um die Erde
gebracht werdet! Die St. Simonisten bezweckten eine Har=
monie der geistigen und leiblichen Interessen. Ob sie diese
zu Stande gebracht haben, läßt sich bezweifeln. Daß aber
eine Ausgleichung der physischen und moralischen Ansprüche
an die menschliche Existenz zu den großen Problemen unserer
Zeit gehört, das werden diejenigen am wenigsten zu leugnen
haben, welche sich auf ihren Kanzeln der Wendung bedienen,
daß der Gerechte hienieden leiden müsse, um dereinst in größerer
Herrlichkeit entschädigt zu werden.

Ich werde mich nie der Versuchung aussetzen, als wäre
ich ein geweihter Anhänger der Väter vom Menilmontant,
einer Religion, die vielleicht in diesem Augenblick nur noch
aus fünf oder sechs Bekennern besteht; allein ich glaube, der
St. Simonismus hat eine Aufgabe, freilich nicht gelöst, aber
festgestellt und als berechtigt bewiesen, die, daß den arbeitenden
Classen eine geistigere und moralischere Stellung gebühre.
Der St. Simonismus hat sogar das Mittel angegeben, das
hier einzig und allein helfen kann: Befreiung der untern
Volksclassen von der Noth um ihre Existenz. Um diese Be=
freiung zu bewirken, kam er auf die agrarischen Ideen des
Alterthums zurück, auf die apostolische Gemeinschaft der Güter,

vortreffliche Vorschläge für den Fall, daß man Europa in kleine Gemeinwesen auflöse und vom Grund friedlich gesicherter idyllischer Duodezterritorien aus das neue Evangelium praktisch zu verbreiten versuchte. Die spartanische Verfassung war einst auf den St. Simonismus gebaut. Der platonischen Republik lagen ähnliche Annahmen zum Grunde. Die öffentlichen Mahlzeiten, die große allgemeine Suppen-Terrine der Nation, aus welcher jedes Individuum seinen Teller gefüllt bekam, ja sogar die den antiken Völkern nicht widerwärtige, uns abstoßende Gemeinschaft der Weiber, Alles das ist von Lykurg und Plato ebenso entwickelt und auf ein kleines Terrain angewendet, wie St. Simon sein Gebäude nur immer aufstellen und Enfantin es corrumpiren konnte. Warum versuchten diese Begründer einer neuen Societätsphilosophie nicht mit einem kleinen Schweizerkanton oder der Republik von San Marino ihre Reformation zu beginnen? Leider waren sie vom Geiste der Hierarchie beseelt. Sie wollten alle herrschen, ohne ein Volk zu haben.

Das erste Princip dieser neuen gescheiterten industriellen Religion war die individuelle Freiheit. Der Mensch sei eine Person, keine Sache. Diese Umwandlung des Menschen in sächlichen Werth ziehe sich als Erbursache aller unserer socialen Leiden durch die Geschichte von der ersten Tyrannei des Jägers über den Ackerbauer bis zu unsern großen Landesherren, die eben auch nur Fuchsjäger sind, während ihnen die Pächter und Arbeiter und Unterthanen als Sache dienen müssen. Die Sklaverei, die Leibeigenschaft, die Lohnarbeit, das sind die drei Stufen, welche die individuelle Freiheit allmälig erklettert hat und welche doch nur zu einer gewissen glätteren Außenseite der Menschennutzung, aber noch nicht zur Aufhebung des sklavischen Principes derselben selbst geführt haben. Der St. Simonismus will den Lohn nicht aufheben, noch weniger die Arbeit, die ihres Lohnes werth sei, sondern die Methode der Bezahlung soll eine andere werden und das Maß. Nicht das eine Individuum bezahlt das andere, sondern die Gesammtheit ist dem Einzelnen verpflichtet. Was ich arbeite, arbeite ich nicht Dir, Graf von Fürstenberg, nicht Dir, Meister Martin Schurzfell, ich, der Pächter Hans Kornwurm,

ich, der Geselle Jakob Knieriem, sondern ich arbeite es mir
selbst, meinem moralischen Menschen, meiner socialen Stellung,
meinen Ansprüchen auf die universelle Bundescasse, auf welche
ich meine Wechsel ausstelle. Diese Stiefel bezahlen Sie nicht
mir; ich mag kein Geld, das in Ihrer Tasche warm geworden
ist, woran der Rost Ihrer Herrschsucht das Bild des Gepräges
angenagt hat, zahlen Sie's in die Bundescasse, dort habe ich
mein Soll und Haben, dort erhält ein Jeder nach seinen
Fähigkeiten und jede Fähigkeit nach ihren Werken!

Dieser letzte Satz ist die Grundlage des St. Simonis=
mus und zu gleicher Zeit der revolutionäre Keim, der in der
neuen Lehre lag und sich im Communismus gegliedert
ausbildete. Denn dieser Satz zerstört den Begriff des Pri=
vateigenthums. Niemand hat dann noch das Recht zu sagen:
Ich besitze! Das Besitzthum schuf die Tyrannei, die Menschen=
ausnutzung und die Ungleichheit der Existenzmittel. Es darf
künftig weder etwas erworben, noch etwas vererbt werden.
Ein Jeder hat das, was er braucht, und vielleicht noch etwas
mehr, wenn die ungeheuern hie und da aufgehäuften Schätze
zerschlagen sind und Jeder davon ein Stück erhält. Der
Superdividend der menschlichen Gesellschaft wird dazu ge=
braucht, durch Musik, Tanz und Anschauung schöner Formen
die Menschen auf idealischere Höhen zu bringen. Durch die
Geburt bekommt jedes Kind nur das Recht, bis zu einem ge=
wissen Alter von der Gesammtheit ernährt zu werden. Er=
erbte Güter empfängt es keine mehr. Die Stellung des Vaters
ist für das Kind verloren. Das Kind muß suchen es so
weit zu bringen, wie es der Vater gebracht hat. Erbrecht
ist die Grundlage alles Nationalunglücks. Es wird auf=
gehoben. Ein Jeder erhält nach seinen Fähigkeiten und jede
Fähigkeit nach ihren Werken.

Bis hieher hat die Theorie der St. Simonisten eine Fär=
bung, die zwar phantastisch, aber nicht gerade unreell ist.
Erst mit dem Bau verschiedener Erwerbsclassen, mit der
großen Bevorzugung der Priester, die zugleich die Civilbeamten
der neuen bürgerlichen Gesellschaft sind, beginnt eine Schwe=
belei, hinter welcher sich der Eigennutz zu verstecken mußte,

ein Eigennutz, der die St. Simonisten stürzte und an ihre
Stelle die Fourieristen und Communisten treten ließ. Denn
während die Gelehrten und Künstler gerade nicht vorzugs=
weise bedacht waren, erhielten doch die Priester eine so große
Autorität, daß schon ihr Wille für Gesetz gelten sollte. Es
sind dies St. Simonistische Beichtväter, die den Tag über
müßig gehen, predigen und lehren und die Harmonie des
Ganzen aufrecht erhalten sollen. Die Priester sind ebensowohl
mit der Erziehung der Kinder, als mit der Gesetzgebung für
die Männer beauftragt. Wollen dies aber dieselben Personen
sein, so möchten die idyllisch=naiven Sitten eines St. Simo=
nistischen Gemeinwesens einen so beträchtlichen Rückschritt in
der Cultur der Geschichte bezeichnen, daß man Bedenken
tragen müßte, sich diesen gesetzgebenden Ammen und Kinder=
wärtern anzuvertrauen. Man kann die Natur der Kinder
richtig verstehen, und greift fehl, will man Männer belehren.

Um es von vornherein zu sagen, der St. Simonismus
bleibt durch seine bis an die Unmöglichkeit grenzende Schwie=
rigkeit der praktischen Ausführung und durch den in ihm
versteckten katholisch hierarchischen Geist eben so verdächtig
wie durch seinen letztlichen Entschluß, nach dem Orient aus=
zuwandern. Wäre er nach Nordamerika gegangen, wohin sich
Alles begiebt, was tief von seiner Ueberzeugung ergriffen ist,
ergriffen von dem Streben, mit ihr zu leben und zu sterben,
nach Amerika, wo man, um existiren zu können, Hand an=
legen muß, thätig sein, graben, dämmen, bauen, handeln,
hobeln, zimmern, sägen muß — dann würde der St. Simonis=
mus gezeigt haben, daß es ihm ernst ist um seine Theorie. So
aber, nach dem trägen und sinnlichen Orient auswandernd,
hat er gezeigt, daß nur schlaffe, blasirte Empfindungen ihm
seine gesellschaftliche Theorie eingegeben haben, und daß er,
gerade wie der Jesuitismus, das Product einer entzündlichen,
fast wollüstigen, jedenfalls faulen Phantasie ist. Hierüber
herrscht kein Zweifel mehr.

Allein weit mehr beunruhigt mich etwas Anderes, was
man gewöhnlich den socialistischen Reformen vorwirft. Man
fürchtet die Verwandlung der Menschen in Maschinen, man
fürchtet den Untergang der Wissenschaft, der Kunst und des

Gefühls. Die gewöhnlichen Einwendungen gegen den St. Si=
monismus, gestehe ich, lassen mich kalt, weil sie immer darauf
hinauskommen, die Gelehrten würden nicht mehr geachtet
werden, und weil es doch nur die Gelehrten selbst sind, die
solche Besorgnisse des Egoismus aussprechen. Allein nicht
nur im St. Simonismus ist hinlänglich für die Identificirung
der Wissenschaft mit den Gelehrten, der Humanität mit den
Künstlern, der Religion mit den Priestern gesorgt; sondern
es dürfte noch die Frage sein, ob man z. B. die „Poesie der
Geschichte" nicht zu theuer erkauft, wenn man der physischen
Existenz der Menschheit deshalb nicht aufhilft, weil man
für das Auge weit angenehmere bunte Abwechselungen da hat,
wo der Stärkere mit dem Schwächeren im Kriege liegt und
Recht und Unrecht große heroische Schauspiele aufführen.
Würde uns allerdings der St. Simonistische Staat so fein
individualisirte und originelle Charaktere hervorbringen, wie
Chatham war, For, Canning? Vielleicht nicht; aber wenn
man das Wohl von tausend Michel Meerrettigen dadurch
erkaufen könnte, daß man sagen muß: For hat nicht ge=
lebt! Was würden Sie vorziehen: Chateaubriand, Lamartine,
selbst Sie, und Arndt, und Dahlmann? Würden Sie nicht
alle menschlich genug empfinden, zu sagen: Besser, es war
ntemals ein Shakespeare da, als daß seinetwegen die Har=
monie der sorglosen Existenz in der Welt gehindert wäre,
besser, wir alle sind unbekannt und müssen hinterm Pfluge
ackern, als daß unsertwegen eine Aristokratie der Geister
etablirt werde, die auf hundert Menschen immer neunzig Dar=
bende brächte?

Beantwortet Ihr diese Frage zum Nachtheil der glücklichen
Hundert und zum Vortheil des geistreichen Einen, so würde
es mir leid thun um Euer Herz! Ihr würdet nicht Weise,
sondern Sophisten sein. Aber ich unterbreche mich. Diese
Fragen sind die müßigsten von der Welt. Welche Thorheit,
Fragen aufzuwerfen, die nicht anders klingen, als wenn man
Jemanden früge: Würden Sie wohl von einem Thurme
hinunterspringen, wenn das Leben Ihrer Schwester davon ab=
hinge? Aus Theorieen wird nichts Ewiges geboren, und in
der Geschichte ist keine Theorie wahr, wenn sie sich nicht sogleich

beeilt, von der Praxis nicht überholt zu werden. Auch Fourier's Phalanstères, die großen Gemeindehäuser, wo jeder zur
Philosophie der 'Attraction passionée sich Bekennende finden
solle Wohnung und Erholung, Rath, Unterhalt und Opern,
auch diese Mustercolonieen einer nach dem Engländer Owen
zugeschnittenen Volksbeglückung haben sich nicht erhalten können.
Doch auch in ihnen liegt die Andeutung eines Bedürfnisses
und an alle Gesetzgeber und Staatsmänner die Mahnung,
ernstlich über eine Abhülfe desselben nachzudenken.

Im Allgemeinen ist die Natur die große Macht, die hier
allein wirken und ordnen kann. Aber freilich — die Natur
ist grausam, sie baut nur wieder auf nach Zerstörungen; wo
sie Gleichgewicht schafft, da thut sie es mit geringer Rücksicht
auf den Ballast, den sie, um ein Schiff oben zu erhalten, aus
dem Kiel wirft. Wer ihren Riesenschritten im Wege steht, der
wird zertreten; wer ihr in die Arme fällt, den erdrückt sie
oder schleudert ihn weit zurück. So wird es leider auch in
allen Verhältnissen gehen, welche die Schwierigkeit der menschlichen Existenz, die Uebervölkerung und Ueberfüllung aller Geschäftsbranchen vermehren. Was in der Natur liegt, was
der gesunde, kalte, nüchterne Verstand dieser halb göttlichen,
halb dämonischen Gewalt ist, was bei ihr sozusagen auf
der Hand liegt, das setzt sie auch durch, ohne Verantwortung;
denn die Menschen hält sie für ihr eigenes Product und
schaltet und waltet nach Belieben mit den Seelen, den fleischlichen Hüllen derselben. All' die Handarbeiten, welche durch
die neuen Erfindungen von Maschinen ersetzt werden, alle
Stuhlarbeiter, Mousselinweber und Garnspinner tritt der
natürliche Verlauf der Dinge nieder. Gäbe es nicht noch
einige Bücher, die man sauber gedruckt zu haben wünscht, so
würde auch die Mehrzahl der Drucker, abgelöst von den
Schnellpressen, darben, betteln, verderben können. Und so bei
allen Fortschritten der Industrie.

Hier sollte das menschliche Herz, die Staatskunst und die
gesellschaftliche Philosophie der Natur in den Weg treten und
die Grausamkeit unserer „liebenden" Mutter bekämpfen. Doch
muß dabei der erste Satz lauten: Wollet allerdings das, was
die Natur will, aber wollet es nur auf andere Weise, als

die Natur! Das Einfache und Natürliche wird immer den
Sieg haben, nur muß es dabei Waffen führen, die ihm unser
Gefühl, unsere Besorgniß, unser Herz in die Hand geben.
Laßt diese oder jene Thätigkeitszweige aussterben, aber sorgt
für die, welche darauf sitzen und zerschmettert daliegen durch
einen Eurer allzuschnellen Handgriffe. Gebt keine Einfuhr=
steuer eher frei, ehe nicht an die gedacht ist, welche, durch
übertriebenen Liberalismus an der Grenze, im Innern die
größten Sklaven werden, die es giebt, die Sklaven der Ar=
muth! Der Staat hat die Verpflichtung, nicht blos, wie es
in England geschieht, die Armuth zu ernähren, sondern viel=
mehr die, sie zu beschäftigen und das Armwerden, ist es nicht
durch physische und moralische Umstände bedingt, politisch un=
möglich zu machen. Oeffentliche Bauten z. B. und Commu=
nalzwecke, selbst im äußersten Falle nur erfundene Zwecke
haben immer dazu gedient, die Armuth zu hintertreiben, min=
destens aufzuhalten. Ich verachte diese rauhe Philosophie,
die sich seit einiger Zeit unserer Staatsmänner und unseres
Egoismus bemächtigt hat, daß Jeder selbst sehen möge, wie
er fortkomme! Wer von Euch Manchestermännern kann sagen,
daß er etwas ist, ohne es durch Andere geworden zu sein?
Auch denen, welche unter mir stehen, habe ich Verpflichtungen.
Alle die, welche nicht streben, wonach ich strebe, dienen und
nützen mir! Ich muß dankbar sein denen, welche mir Ge=
legenheit geben, mich vor ihnen auszuzeichnen, allen denen,
die nicht meine Bildung, meine Anschauungen besitzen, die
aber meine Folie sind, der Gegenstand meiner Betrachtungen,
die mit Bescheidenheit und Entsagung sich freiwillig darbie=
tende Aufgabe meiner Studien. Gräßlich ist die Grausamkeit,
welche Hundert in sich allein zu concentriren sucht, um dann
auch für Einen den Gewinn von Hunderten zu haben. Die
Zünfte sollen aufgehoben, aber es sollte auch eine Grenze der
Gewerbefreiheit gezogen werden. Man soll die Maschinen
einführen, soll aber erst daran denken, den dadurch brotlos
werdenden Handwerkern andere Nahrungszweige zuzuwenden.
Denn nichts ist so betrübend, als einen rüstigen, braven und
in seiner Art gewandten Arbeiter zu sehen, der thätig sein
will und es nicht sein kann, der, indem man ihm seine Nah=

rung nimmt, auch um seinen Stolz und seinen innern mora=
lischen Haltpunkt gebracht ist; nichts ist wieder auf der an=
dern Seite so thöricht, als durch die Armengesetze in England
und durch Wohlthätigkeit und Almosengeben diejenigen Men=
schen müßig gehen zu lassen, welche man durch Industrie=
gesetze zu ihrem eigenen und dem allgemeinen Besten ordent=
lich beschäftigen könnte.

Jeder Staatsmann und Gesetzgeber soll sich über das Ar=
beitsquantum der Nation, für deren Wohl er zu sorgen hat,
einen sichern Ansatz machen. Er soll berechnen: 1) So viel
sind zu ernähren, 2) So viel besitzen das Nöthige, 3) So viel
müssen verdienen. Er muß von seinen Ansätzen, wenn er
diese im Durchschnitt macht, den Reichthum abziehen; denn
Reichthum wirkt nur zurück als Luxus. Er muß abziehen
den Müßiggang privilegirter Aristokratieen, die davon leben,
daß sie so oder so heißen, daß sie dies oder jenes vorstellen.
Er muß sich eine klare Vorstellung machen sowohl über das,
was gebraucht wird, als über das, was vorhanden ist. Der
Staatsmann muß einsehen, daß alle diese Berechnungen nicht
Stich halten, wenn nicht ein Reservefond von Arbeiten, die
noch nicht begonnen, von gleichsam Kapitalien, die noch nicht
angegriffen sind, vorhanden ist. Diesem Reservefond, einem
unbebauten und zum Theil noch unentdeckten Lande, widme
er eine specielle Aufsicht, veranlasse Künstler, Gelehrte und
praktische Geschäftsmänner zu forschen, wie und wo noch neue
unbekannte Goldadern nationaler Thätigkeit zu entdecken sind.
Bricht nun der Aufklärung und dem Zeitgeist zu Gefallen
hie und da eine Arbeitsbranche ab, so möge eine der reser=
virten Minen aufgethan und den Betheiligten zur Bearbei=
tung angewiesen werden. Und wie viel Möglichkeiten giebt es
wahrlich nicht noch in dem, was sich die Menschheit aneignen
könnte, was noch unbekannt ist und solche Früchte tragen
dürfte, deren einmaliger Genuß ihnen bald ein dauerndes
Publikum schaffen würde! Es kommt nur darauf an, hier
dem Schwindelgeist und der Projectenmacherei, überhaupt der
individuellen Glücksritterschaft und industriellen Abenteuerlust
den Weg zu versperren und die noch möglichen Supplemente
für ersterbende und verdorrende Geschäftszweige unter eine

sichere, ihrer Forschungen sich bewußte und unausgesetzt dem Nachdenken gewidmete Commission im Staate zu stellen. Möchte dieser Vorschlag geprüft werden, zumal wo in größeren Staaten die Besorgniß gehegt werden muß, die Nahrungsquellen möchten mit steigender Bevölkerung, mit steigendem Egoismus, steigender, die Weitschweifigkeit der bisherigen Arbeitsmanieren vereinfachender Aufklärung sich nicht mehr auf die wünschenswerthe Weise ausgleichen, es möchte jeder Fortschritt in der Industrie zu viel Rückschritte in der Moral nach sich ziehen, geprüft werden überall, wo man befürchten muß, daß die in ihrem Erwerb gestörte Masse wohl gar zu ungesetzlichen Mitteln greift und der bestehenden Ordnung der Dinge gegenüber eine drohende und an allgemeines Nivellement denkende Stellung einnehmen könnte. Man sollte in allen Staaten die Errichtung einer national=ökonomischen Commission (im Gegensatz zu den nur ausbeutenden Finanzministerien) in Antrag bringen, einen Verein von Gelehrten und Geschäftsmännern, die sich mit der Beaufsichtigung der materiellen Existenz des Volkes und der Ausgleichung des alten und neuen Zeitgeistes, unabhängig von der Regierung, aber berechtigt, derselben Vorschläge zu machen, beschäftigen müßte.

Wir kommen zu den Communisten. Wie ist es möglich, daß die Gesellschaftslehre der Communisten seit einer Reihe von Jahren immer mehr das Nachdenken selbst derer hat beschäftigen können, die doch nicht gewohnt sind, sich immer auf den hintersten Schweif des Zeitgeistes zu hocken? Das lebendigste Fürwort für den Communismus aber sind die Thatsachen, sind die unwiderleglichen Uebelstände, denen er abzuhelfen verspricht. Der polemische Theil des Communismus ist seine glänzendste Seite. Kein gefühlvolles Herz wird sich der beschämenden Wirkung desselben entziehen können. Der Communist sagt: Die Welt ist voll Elend und sie könnte voll Glück sein! Er schildert die Noth der arbeitenden Classen, tritt, während Ihr auf einem seidenen Sopha behaglich vom köstlichen Mahle ausruht, zu Euch heran und zerstört Euch die üppigen Träume und Ausgeburten Eurer Phantasie durch eine nackte Wirklichkeit voll Hunger und

Elend! Lange schon seht Ihr mit düsterm Schmerz auf Eure
Teppiche, Eure Gemälde, Eure Vasen, Eure Kronleuchter!
Ihr erschreckt vor den Summen, die Ihr bedürft, um das
Dasein fortzusetzen, das Euch schon zur andern Natur ge=
worden ist! Es tritt wohl ein Tröster an Euch heran, der
Euch sagen will: Was kümmerst Du Dich um ein Elend, das
die Natur, die Geschichte verschuldet haben? Ein Geistlicher
sogar weist auf die ausgleichende Macht des Jenseits. Ein
Philosoph rühmt die Armuth als Schule der Entsagung. Ein
Politiker spricht von Uebertreibungen und verbrecherischer Auf=
wiegelung der arbeitenden Volksclasse, die sich nicht im min=
desten so unglücklich fühle, wie sie der sentimentale Zeitgeist
geschildert wissen wolle. Aber was hilft alles das? Es
mischt sich doch ein Wermuthstropfen in unsern Freudenwein.
Wir vergleichen den üppigen Glanz, in welchem dort hinter
den erleuchteten Fenstern bei einem Großen der Erde ein Ball
gefeiert wird, mit dem Abend eines armen Fabrikarbeiters in
Birmingham, mit dem Morgenerwachen eines Webers in
Schlesien, und es schaudert uns, falls wir noch ein Herz
haben. Zunächst ist das Herz der beredte Fürsprecher des
Communismus.

Die Thatsachen, auf welche der Communismus seine Po=
lemik baut, sind unwiderleglich. Unwiderleglich sind die
furchtbar schroffen Abstände der verschiedenen Lebensexistenzen.
Unwiderleglich sind die schreienden Dissonanzen von Arm und
Reich, Proletariat und Besitzthum in einer Welt, die uns, wie
das Universum, auf die Hervorbringung einer majestätischen
Harmonie angelegt gewesen zu sein scheint. Unwiderleglich
ist das vom Communismus entworfene Gemälde einer herz=
losen Gesellschaft, die sich civilisirt nennt und auf einen grau=
samen Egoismus begründet ist. Die Consequenz des Privat=
eigenthums und der freien Concurrenz ist der Krieg Aller
gegen Alle. Jenes, hervorgegangen aus dem Begriff der
freien Persönlichkeit, kann den Vorwurf nicht zurückweisen,
daß es allmälig alle Merkmale der Willkür in sich aufgenom=
men hat. Dieser zeigt uns das gesellschaftliche Leben in Ge=
stalt eines Wettlaufes, in welchem der Stürzende vom Huf
des über ihn Hinwegsetzenden zertreten wird. Unwiderleglich

ist der tiefe Widerwille, den wir gegen überlieferte oder an=
geborne gesellschaftliche Vorzüge, Privilegien und Kastenvor=
rechte empfinden. Unwiderleglich ist die Darstellung jener
Scheinwerthe, welche die Dinge nur dadurch im Handel und
Wandel bekommen, weil Einer der Feind des Andern ist und
Einige Nutzen ziehen von der Verlegenheit Vieler. Unwider=
leglich ist das schreiende Unrecht jenes Vorsprunges, welchen
bei allem Fleiß, aller Bildung, allem Talent des Nichtbesitzen=
den der Kapitalist bei jeder Unternehmung vor dem Kapital=
losen voraus hat. Unwiderleglich ist die Berechnung, daß
ein Land wie Deutschland für die Aufrechthaltung des mo=
narchischen Principes an mehr als 500 Fürsten, Prinzen und
Prinzessinnen Millionen zu zahlen hat, nicht zu rechnen die
übrigen Würdenträger der Kronen und die Besitzer geistlicher
Pfründen, Summen, die im jähsten Contraste zur Armuth
in Schlesien, Ost= und Westpreußen, Böhmen und überall
stehen, wo sich uns die Hände der Darbenden entgegen=
strecken. Unwiderleglich ist es, daß England nur deshalb an
einer Hyper=Production der Industrie leidet mit allem Ge=
folge des Fabrikenelends, damit eine reiche Aristokratie, die
der Grundrente wegen das Brot im hohen Preise erhält, in
glänzenden Karawanen durch Italien reisen und in Paris
ihre Zinsen vergeuden kann.

Wir haben gesehen, daß die St. Simonisten eine Lösung
dieser Widersprüche anboten. Die Communisten folgten ihnen.
Die Communisten haben eine Theorie wieder aufgenommen,
welche zur Zeit der französischen Revolution schon nahe daran
war, in die Praxis eingeführt zu werden. Freilich war 1797
Frankreich der socialen Experimente müde und guillotinirte
Baboeuf, einen ohnehin zweideutigen Charakter, den die Com=
munisten nicht gern als ihren Propheten genannt sehen können.
Die Unmöglichkeit, ohne eine Armee der Gesellschaft, wie sie
ist, den Krieg zu erklären, hat den Communismus seither
bestimmt, zu gütlicher Uebereinkunft die Hand zu bieten. In
allen Gestalten aber, die er auch annehmen möge, hat er der
Gesellschaft gesagt: Du siehst, Deine Grundlage ist morsch!
Es muß, gleichviel ob plötzlich oder durch Uebergänge, ob
jetzt oder in hundert Jahren, ein neuer Bau unserer gesell=

schaftlichen Verfassung aufgeführt werden! Wir können die Menschen nur anerkennen mit gleicher Berechtigung Aller auf alle Freuden und Glücksgüter des Lebens! Wir erkennen eine Errungenschaft, ein Eigenthum an; aber nur ein allgemeines, an welches Jeder Ansprüche machen darf, ein Eigenthum, das sich nicht auf Einzelne, sondern auf Generationen vererbt! Die Besitzthümer der Einzelnen, die vorhanden sind, sollen nicht plötzlich geraubt, nicht sofort vertheilt, sondern umgeschmolzen werden, hinübergeleitet in die Strömung der allgemeinen Nutzung! Es soll Niemand darben, Niemand in Sorge sein wegen Ehe und Kindererziehung. Der Staat, das Allgemeine bürgt für den Einzelnen, so lange der Einzelne nach seinen Fähigkeiten Arbeit zum Ganzen zusteuert! Nach diesen vorausgeschickten Versicherungen ist dann der Communismus weiter gegangen und hat seinen neuen Staat anschaulicher gemacht. Dieser Staat ist kein Staat mehr, sondern die Gesellschaft selbst, die constituirte Gesellschaft. Die Bedürfnisse würden bald geregelt sein; man würde wissen, wie viel Bekleidung, wie viel Nahrung dieses Volk, diese Provinz, dieser District oder communistische Gau von so und so viel Quadratmeilen braucht. Keine Ueberproduction würde den dann abgeschafften Handelsstand zwingen, sich in dem, was er verkauft, auch das bezahlen zu lassen, was er nicht verkauft. Kein Nachbar mehr würde nach dem Princip der freien Concurrenz unsern bescheidenen Fleiß zu überflügeln trachten. Eine Gesammtadministration würde unsere Bedürfnisse und die wohlfeilste Befriedigung derselben regeln. Das Geld wird abgeschafft und dadurch eine Anhäufung unrealisirter Nennwerthe verhindert, denn alles das, was früher nur um Geld zu haben war, bekommt man im communistischen Gemeinwesen als ein, weil Allen, so auch mir zustehendes Eigenthum geliefert. Regierungskosten würden hinfort nur noch eine großartige Buchführung über unsere Arbeit und unsere dafür empfangenen Existenzmittel sein. Verbrecher würden seltener werden, wenn Diebstahl nur dann eintritt, wenn man sich Existenzmittel nimmt, ohne die entsprechende Arbeit nachgewiesen zu haben.

An Widerlegungen der Möglichkeit eines solchen Phantasie=
staates ist gerade kein Mangel. Man hat verwiesen auf die
klimatischen Einflüsse, die uns von den Erzeugnissen der
Fremde abhängig machen, auf die nationalen Unterschiede, auf
die leidenschaftliche und thierisch=gewaltthätige Natur des Men=
schen. Wenn schon Republiken nur allein auf den Grund
einer vollkommenen Gleichheit der politischen Rechte die größ=
ten Schwierigkeiten des Bestandes haben, wie sollten sich Ge=
meinwesen in harmonischer Ordnung erhalten können, die auf
die unmögliche Hypothese einer allgemeinen Bildungsgleichheit
und eines vollständigen Intelligenz=Nivellements begründet sind!
Der von Natur Dumme wird ewig hinter dem begabten Kopf
zurückbleiben. Die rohe sinnliche Natur würde unausrottbar
im Menschen festsitzen und ihn fortwährend zu Excessen
treiben, die im Gesellschaftsgebäude nicht für den Augenblick
Schwankungen erzielten, sondern dauernde Aenderungen und
bald Institutionen, die sich auf jene Schwankungen begrün=
deten, hervorriefen. Man will Dich, um das Glück Anderer
und Dein eigenes zu befördern, in eine große Humanitäts=
Kaserne einpferchen. Wie aber, wenn Du keineswegs nach
Reichthümern strebst, vielmehr mit Wenigem Dich begnügst
und darin Dein Glück findest, einsam, Dir selbst, dem Nach=
benken über Gott und die Welt und die Zukunft zu leben?
Wer kann Dir denn beweisen, daß es gegen die Natur und
gegen die Geschichte sei, in einem Häuschen, fern vom Ge=
wühl der Welt, zu leben? Nicht die Aussicht auf einen An=
theil an der Theilung aller Reichthümer der Erde brächte
mich in eine communistische Kaserne.

So wahr am Communismus kann seine Polemik nicht
sein, wenn nicht auch in ihm eine Ahnung des Richtigen läge.
Diese ist da, wird aber auf verkehrte Art ausgesprochen. Ich
billige den Grundgedanken dieser Lehre, von welchem manche,
um dieselbe zu empfehlen, gesagt haben, sie wäre christlich, und
sie deshalb mit Bibelsprüchen verbrämen. Ich bewundere den
schönen harmonischen Ausbau einer communistischen Gesell=
schaftswechselseitigkeit, wie sie uns von einigen communistischen
Schriftstellern entworfen worden ist. Aber ach! gestehet ein,
daß diese Communauté wie der Contrat social bei Rousseau

oder der Urstaat mancher Rechtsphilosophen nur das Gedanken=
schema einer Welt ist, wie sie sein sollte! Begeht doch die
Thorheit nicht und zerstört eine Phantasmagorie der Seele
mit täppisch dreinfassenden Händen! Die Communauté ist
längst da; ja, aber sie ist eine Fata morgana des Gedankens,
eine Vorstellung der Vernunft und des Herzens, die wir in
unsere Politik, unsere Nationalökonomie so aufnehmen sollen,
wie dem Heilkünstler ein möglich unsterblicher Leib vorschweben
muß, die Idee einer ewigen Gesundheit. Nur ein Kind greift nach
dem Regenbogen und glaubt, er berühre an seinen Enden
die Erde. Es ist verbrecherisch, den arbeitenden Classen den
Traum vorzuspiegeln, als wenn ein solcher communistischer
Urstaat mehr sein könnte, als ein theoretisches Ideal.

Als Rousseau den Contrat social lehrte, hat er da ver=
langt, daß die Menschen wieder in die Wälder liefen? Seine
Gegner bespöttelten ihn und sagten: Ja! Der Bürger von
Gent verlangt, daß wir auf allen Vieren kriechen. Das war
Rousseau's Absicht nicht. Der schwärmende Philosoph wollte,
daß die Politik, die Jurisprudenz, die Moral sich nach dem
Schema seines besten Staates verbesserten, daß sie aus Unrecht
zum ewigen Rechte strebten, aber eine so plumpe Anwendung
seines Principes wie den Communisten ist ihm, der nur mit
der Erziehung anfing, nicht eingefallen.

Der communistische Staat ist nichts als eine Verbesserung
der gesellschaftlichen Ideale, die seit Plato's Republik auf=
gestellt wurden. Es ist der Staat, in welchem nicht nur für
unsere politischen Rechte, sondern auch für unser materielles
Wohlergehen gesorgt ist. Die Universitäten, die Cabinette,
die Gewissen der Könige sollen diesen Idealstaat in sich auf=
nehmen und nach seiner als möglich vorgestellten Verwirk=
lichung hin ihre Lehren, ihre Regierungsmarimen, ihre An=
sprüche einrichten. Wir sollen aus dem Chaos unserer jetzigen
Welt den communistischen Urstaat zu erzeugen suchen, 'gerade
wie wir aus unserer sittlichen Schwäche heraus einem Ideale
von Tugend nachzutrachten haben, das jedoch nie existirt oder
nach dem Glauben der Christen nur einmal in Jesus existirte.
„Das Himmelreich ist nahe herbeigekommen!“ Das glaubten einst
die Apostel und hielten das Erscheinen desselben binnen Kurzem

für unmöglich. Eben solche Chiliasten sind unsere jetzigen Communisten, die ihre Communauté als etwas Materielles lehren und die arbeitenden Volksclassen aus ihrer Dumpfheit mit Illusionen erwecken, deren Erfüllung unmöglich ist.

Das reine communistische Princip wird sich trotz seiner verkehrten Anwaltschaften Bahn brechen und eine Umwälzung in unsern Lehrbüchern, wie in unserm Leben hervorbringen, bis vielleicht auch die schönen Resultate, die dadurch in einem längern europäischen Frieden gezeitigt werden dürften, umstürzen vor einem irgendwoher losgelassenen Schlauche des Aeolus, von einer irgendwoher wieder losbrechenden rohen Kraft der Natur, der Leidenschaft, der Geschichte. Denn d i e Wahrheit ist neben dem communistischen Urstaate unwiderleglich in unsere Brust geschrieben: Das Räthsel des Daseins wird niemals von uns gelöst werden.

VI.

Der Stein der Weisen.

Alle Völker, alle Zeiten träumten von einer Erfüllung der Unmöglichkeit, einem großen Geheimniß, dessen Entdeckung sie zu Herrschern der Natur machen würde. Eine dunkle Scheidewand des Sichtbaren und Unsichtbaren, des Bekannten und Geahnten stand von je, im Alterthum, im Mittelalter, und steht noch jetzt vor dem Individuum und reizt es, diese chinesische Mauer entweder mit seiner Phantasie zu erklettern, oder mit mystischem Auge zu durchschauen (Mystiker sehen ja durch „eichene Bretter"), oder mit heimlich berechnetem, gut und besonnen angelegtem Verstande, wie heute, zu untergraben. Der Stein der Weisheit des Alterthums war das äußerste Thule, die Abdachung des Homerischen Länderhorizontes, hinter welchem man sich die schwarzen Aethiopier und hinter diesen noch die Pygmäen dachte, diese kleinen Geschöpfe, welche mit Kranichen kämpften und von den Alterthumsforschern dahin bestimmt worden sind, daß Homer hier Affen für Menschen genommen hat. Die Geographen jener Urzeit, die das Meer nur an den Küsten zu beschiffen wagten und auf der Höhe desselben sich nur Grauenwunder vorstellen konnten, waren die Phönizier. Diese schifften über die Säulen des Hercules hinaus, entdeckten ein Land nach dem andern, die Zinninseln, die Bernsteinufer, und mögen vielleicht England — für den Stein der Weisen gehalten haben. Der antike Stein der Weisen lag in der Geographie.

Wie man in der spätern Entwicklung der alten Geschichte den Erdkreis hyperbolisch das zu nennen anfing, was an Ländern Rom gehörte, da verlor sich endlich die kindliche, naive Anschauung der damaligen Geographie. Nicht in Ausdehnung mehr, sondern in Mittelpunkten sucht man den Stein der Weisen. Auch das Alterthum hatte seine Mystik. Assyrer und Griechen wandten sich ab von dem todten Marmor und wenn diesen die Kunst auch noch so täuschend dem Leben nachgeformt hatte, man verlor den Sinn für den blauen, wolkenlosen Himmel, unter welchem Homer seine Gesänge für die Ewigkeit improvisirte, und wandte sich der Nacht und den Sternen zu, flüchtete mit unbefriedigtem Gemüth in dunkle Grotten und lauschte auf Uroffenbarungen, die Umkehr natürlicher Ordnungen, die Sprache des Steines, das Klingen der Memnonssäule, prophetische Zauberwirkungen in den gebundenen unfreien Naturmassen. Die Eleusinischen Geheimnisse suchten den Stein der Weisen in ihrer Art oder waren selbst dieser letzte Grund der Dinge, welchen die antiken Freimaurer, wie die modernen, zu besitzen durch ihr Geheimthun sich den Anstrich geben.

Dennoch erst der neuern Welt konnte es vorbehalten sein, in dem höchsten Gut den Urgrund des Geldes und zu gleicher Zeit den der Medicin zu träumen. Dieser Stein der Weisen mit seiner Goldhaltigkeit sowol wie mit seiner absoluten, sogar den Tod vertreibenden Heilkraft ist so recht das Bild unserer Zeit in ihrer gierigen egoistischen und siechen Tendenz zugleich! Das Geld heilt unsere Armuth und das Specificum das Siechthum, welches unmittelbar der flotten Anwendung

des Geldes folgen würde. Es ist dieß die Schlaraffenphan=
tasie eines Zeitalters, wo man sich allmälig so überaß und
den Magen verdarb, daß Michel von seinem Bruder Caspar
wünschen konnte: Ach, hätte ich doch noch Deinen Magen!
Der Stein der Weisen ist die Vorstellung einer möglich ge=
wordenen höchsten Potenz irdischer Glückseligkeit; er ist das
Princip der satanischen Weisheit, der Weisheit des Stein=
reich= und Steinaltwerdens. Die Teufelsbrut der Zwerge
und Kobolde bewahrt den wunderthätigen Schatz, der viel=
leicht nur so groß ist, als eine Linse, und, bei einem Mikro=
skope gut angebracht, vielleicht gar noch die Eigenschaft hat,
allsehend und allwissend zu machen.

Der Stein der Weisen, an dessen Auffindung mancher
deutsche Fürst mit seinem Alchymisten (den er, wenn die Du=
caten nicht endlich hecken wollten, aufhängen ließ) die Zuthat
der Ducaten verschwendete, dieser Stein der Weisen, den der
brave Landmann am besten kennt, wenn er seinen Acker rei=
nigt und singend und wohlgemuth sein Tagwerk fördert,
wurde allmälig ein Erfahrungsbegriff und verlor seine Wun=
derbarkeit. Wie Adam Smith mit der Zeit das große, leider
vom Börsenspiel beanstandete Geheimniß entdeckte, daß das
Geld nur Tauschmittel und keine Waare sei und daß sein
Werth nur in der Circulation läge, so fing man an, vom
Steine der Weisen den materiellen Begriff aufzugeben und
ihn nicht mehr in der Mineralogie und Alchymie zu suchen,
sondern in Entdeckungen, Erfindungen, in der Mechanik, der
rationellen Landwirthschaft, den zahllosen Aufklärungen, welche
dem rastlosen Erfindungsgeiste der neuern Zeit so glücklich
über alle Gebiete der Natur und des Menschenlebens gelungen
sind. Der Stein der Weisen unserer Zeit ist die Verein=
fachung und die Ausbeutung der Natur. Die Alchymisten
der neuen Zeit sind die Watt, Fulton, Lavoisier, Wollaston,
Liebig! Das mineralische Reagens, wodurch man sonst den
Wunderstein zu erzeugen suchte, ist in unserm Jahrhunderte
der Dampf.

Der Phantasiemensch wandert aus und will neue Welt=
theile entdecken. Der Verstandesmensch bleibt daheim und
erfindet. Das Neue, das Außerordentliche bricht sich allein

Bahn in der Literatur, wie in der Technologie. Sollte man nicht noch einen neuen Welttheil entdecken können? fragt man sich. Sollte man nicht Steine in Brot verwandeln können, Meersand in Schiffszwieback? Am Ural bäckt man Brot aus Gypserde. Sollte man aus der Kartoffel, außer Zucker und Mehl, das schon daraus gewonnen ist, nicht noch einen neuen Stoff extrahiren? Was läßt nicht noch alles die Steinkohle erwarten? Kurz, unsere Zeitgenossen hören nicht auf, vom Stein der Weisen zu träumen, wenn sie ihn auch zunächst nicht mehr für Gold halten, sondern für eine Waare, die sie gegen Gold umzusetzen im Stande sein würden.

Ich weiß nicht, kanntet Ihr jenen public character, den halb Berlin unter dem Namen des Neuen Columbus kennt? Dieser Columbus II. that von Jugend auf Verkehrtes, in der eingebildeten Meinung, immer etwas Außerordentliches zu thun. In fortwährender Thätigkeit begriffen, schuf er doch nichts. In ewiger Bewegung, blieb er doch auf seinem Platze. Er verschwendete Witz und Verstand und richtete damit nichts aus. Entweder kam er mit seiner Genialität zu früh oder zu spät. Er kennt nur die Marine der Spree und der Havel, und doch hängt er an den Wagnissen des Meeres. Er möchte Schiffe commandiren, neue Welttheile auffinden. Ein Kaufmann in Stettin, der ein Schiff auf der See hat und es regelmäßig des Jahres eine Fahrt nach dem persischen Meerbusen machen läßt, verlor seinen alten bewährten Capitain, und für diesen meldete sich Columbus. Nehmen Sie sich in Acht, warnten vorsichtige Freunde den Kaufmann; Sie sind an einen Abenteurer gekommen. Sie können mit Ihrem Dreimaster das Glück haben, für den preußischen Staat eine Insel der Südsee zu entdecken, werden aber darüber bankrott werden, weil dieser Mann nicht darnach aussieht, als könnte er vollständig die Linie halten bis nach Ihren Gewürzconnexionen. Es kam bald heraus, daß Columbus nie auf See gewesen. Das war die kühnste seiner Unternehmungen. Jetzt ist er Mitglied einer geographischen Gesellschaft und sucht auf den Landkarten nach verloren gegangenen Afrikareisenden.

Wichtiger, als die sechsten und siebenten Erdtheile, die

unfer Columbus entdecken wollte, sind die Erweiterungen und
Ausdehnungen der Kenntnisse, welche man schon von den
alten besitzt. Man eroberte neue Welttheile nicht über das
Land hinaus, sondern in das Land hinein. Das fabelhafte
Dunkel der Wälder, die Undurchdringlichkeit schroffer Gebirgs=
züge lichtete sich. Man verfolgte jene ungeheuren Flüsse, deren
Lauf man erst da kannte, wo sie sich in's Weltmeer ergießen.
Ermüdet von den gleichmäßigen Windungen dieser Ströme
hatte man in alten Zeiten die Orientirung über ihre Quelle
aufgegeben; jetzt fuhr man unerschrocken in die Wildnisse
hinein, aus welchen man heraus den gewaltigen Strom daher=
rauschen hörte. Man bahnte sich an den Ufern den Weg
durch mannshohe Schilfwälder, unerschrocken vor dem schup=
pigen Krokodil und dem schwerfälligen Tapir, welche flohen,
weil sie Menschen noch nicht gesehen hatten. Doch fand man
auf diesen kühnen Zügen auch Striche, wo schon eine gewisse
Cultur vereinzelter Indianerstämme sichtbar wurde. In äl=
terer Zeit hatten gerade die Expeditionen, welche sich auf
Entdeckung der Flußquellen eingeschifft hatten, die abenteuer=
lichsten Sagen über die Vielfältigkeit und Wunderlichkeit der
Menschenrasse verbreitet. Aus einer Frau, die ihrem Manne
Waffen zutrug und nur allein am Ufer erblickt wurde, ge=
staltete sich ein Amazonenvolk. Aus einem Kranich, der mit
verwundertem Auge und neugierigem Schnabel den Vorüber=
gehenden nachsah, bildeten sich Pygmäen, Vögelstaaten, die
geographischen Anschauungen Homer's. Der Mensch, sich selbst
noch räthselhafter vorkommend als die Natur, erblickte in
Allem, was ihn erschreckte oder was sein Verstand nicht so=
gleich begreifen konnte, die Wunder einer dämonischen Welt.
Weil man sonst die Seefahrten nur unternahm, um Aben=
teuerliches zu finden, so fand man auch solches. Jetzt ist der
der Märchen entwöhnte nüchterne Verstand die Bussole des
Entdeckers. Der Verstand reißt vom Unbekannten das Ge=
wand der Phantasie, Dichtung und Furcht hinweg; er ver=
flacht sogar das Außerordentliche und bringt das Neue mit
dem Alten nach dem Satze, daß es unter der Sonne nichts
gebe, was nicht schon dagewesen, in eine Harmonie, wo manche

Merkwürdigkeit, manches eigenthümliche Phänomen unberück=
sichtigt bleibt. Wir sind Alle einer wie der andere, heißt es.
O nein, Meilen und Jahrtausende liegen zwischen uns und
schufen sich jene bunte Mannigfaltigkeit der Völkerunterschiede
vom Feuerländer bis zum Europäer, welche in neuerer Zeit
Gegenstand zahlloser Entdeckungsreisen geworden ist.

Dieser innere Entdeckungsgeist wurde vorzüglich von der
noch immer fabelhaften Geographie Afrikas angelockt. Das
Innere von Afrika ist in der Geographie von Herodot bis
sogar in die neuesten Zeiten, in die Zeiten der Lander und
Clapperton, der geographische Stein der Weisen gewesen.
Homer und Herodot sahen in Afrika nur eine unbestimmte
Ausdehnung, die von schwarzen Aethiopen bewohnte Grenze
des `in ihrer geographischen Vorstellung lebenden Erdtellers.
Die Neger waren ihnen die Söhne jener Nacht, welche rings
den Erdkreis umgiebt. Spätere Geographen, freilich noch dem
Kindheitsleben der Wissenschaft angehörend, wollten wenigstens
ein Ende dieser Nacht sehen und umrandeten Afrika mit einer
großen Mauer, um welche Sonne und Mond ihren Kreislauf
hielten. Erst später ahnte man, daß Afrika die Form des
pythagoräischen Lehrsatzes hat: das Quadrat der Katheten ist
gleich dem Quadrat der Hypotenuse. Allmälig lernte man
die Küste des Landes kennen; aber Alles, was man vom
Innern des Landes spricht, ist noch unentdeckt, ist nur Ahnung
und so gut wie fabelhafte Ueberlieferung. Doch soll es Seen
dort geben, Flüsse, in welchen sich Wälder spiegeln, Sprachen
und Religionen der wunderbarsten Zusammensetzung. Schon
arabische Schriftsteller nannten, um ihre Achtung vor dem
Innern Afrikas auszusprechen, dasselbe die Wiese der Ver=
goldung, die Grube der Edelsteine. Die Jesuiten und Por=
tugiesen, welche späterhin das Innere Afrikas untersuchten,
haben bei aller Entschlossenheit, welche sie in ihren Ent=
deckungszügen an den Tag legten, doch immer den Eindruck
hinterlassen, daß ihre Entdeckungen erst von dem nüchternen
Verstande der Neuern revidirt werden mußten, bis man
ihnen vollen Glauben schenken durfte. Alle Entdeckungen,
die man in neuerer Zeit in dieser Hinsicht mit so großer Auf=
opferung gemacht hat, lehnten sich noch an die östliche Küste

Afrikas an. Die Bekanntwerdung Timbuktus und der Niger=
mündung gelang dem Franzosen Caillé und dem Märtyrer=
Brüderpaar Lander. Vor diesen hatte schon der Engländer
Laing sein Leben dem afrikanischen Stein der Weisen geopfert.
Caillé wurde durch einen von der Pariser geographischen Ge=
sellschaft ausgestellten Preis zu seiner Entdeckungsreise an=
gespornt. Araber von Geburt, von den Franzosen nach der
egyptischen Expedition mit nach Europa genommen, zog er in
das Dunkel einer unbekannten Welt. Er gebrauchte die Vor=
sicht, sich für einen Kaufmann auszugeben, verkaufte in Tim=
buktu seine Waaren, verzehrte aber das dafür eingelöste Geld
und sah sich genöthigt zu betteln. In so trauriger Lage
pflegte er sich an Karawanen als bescheidener, armer Hülfs=
bedürftiger anzuschließen. Auf diese Weise durchzog er durch
glühende Sandwüsten das mittlere Afrika so weit, bis er end=
lich in den marokkanischen Raubstaaten herauskam. Caillé's
Abenteuer sind um so interessanter, als es ihm an allen Vor=
kenntnissen, die zu einer Entdeckungsreise gehören würden,
fehlte. Ein Wollaston würde wesentlichere Resultate aus Tim=
buktu zurückgebracht haben, aber auch Gefahr gelaufen sein,
von den mißtrauischen Einheimischen beim ersten Experiment,
das er gemacht hätte, für einen Zauberer angesehen und dar=
nach behandelt worden zu sein. Im Allgemeinen ist das
Bild, das wir durch Caillé vom innern Afrika erhalten haben,
ein wüstes und ödes. Die Städte sind in den tiefen Sand
nur wie eingesenkt. Die Hitze des Aequators treibt den Keim
jeder nach Leben ringenden Vegetation in die allgemeine Asche
des Erdreichs zurück. Selten, daß eine Pflanze sich einige
Fuß hoch über die mütterliche Erde hinauswagt. Nirgends
der Gesang eines Vogels, Todtenstille auf den Straßen, die
Grabesgedanken der egyptischen Welt sind förmlich zu Verwe=
sungsbegriffen gesteigert. Verläßt man die Stätte, so kann man
wohl kennen lernen, wodurch im Menschen das religiöse Ge=
fühl geweckt wird. Es ist die Dankbarkeit, mit welcher der
Bewohner des Aequators dicht an dem einzigen Palmenbaum,
den er nach meilenlangem Suchen findet, sogleich einen Tempel,
ein Minaret baut, so daß Hospitalität, Erquickung, Schlaf,
Schatten, ein Trunk Wassers und die Religion hier ein und

dasselbe sind. Felicien David hat in seinem bekannten Tongemälde dies Wüstenleben mit Poesie veranschaulicht.

Die Entdeckungen im südlichen Afrika tragen einen andern Charakter; sie sind weniger moralisch, wie die erstern, mehr physikalisch. Das Kafferland, die Insel Madagaskar haben den Systemen der Botanik und der Zoologie Bereicherungen verschafft. Die Interessen der verschiedenen europäischen Niederlassungen an den südafrikanischen Küsten machten eine geographisch genaue Bestimmung derselben nothwendig. Ueberdies ist die Sternwarte am Cap für die Betrachtung des Himmels, der nirgends so durchsichtig und klar ist, am günstigsten gelegen. Noch vor Kurzem lebte Herschel dort. Der große Astronom wird Neues bringen, aber schwerlich die Mondwunder bestätigen, die man in England und auf dem Continent von seinem Riesenfernrohr erwartet hat.

Ein dritter Gesichtspunkt der afrikanischen Entdeckungen sind die egyptischen Pyramiden. Hier gab es ehedem größere Sphinxräthsel zu lösen, als jetzt. Wenn der Stein der Weisen eine mineralische Beschaffenheit hat, so müßte sie derjenigen gleichkommen, welche das Material der Memnonssäule bildete. Doch das sind Märchen. Belzoni ist es, der von den Riesengräbern der alten Pharaonen und Psammetiche das Siegel des Geheimnisses nahm. Er öffnete das Grab des Psamniuthes und ließ von der schon früher besuchten Pyramide von Dschischeh den Sand der Wüste wegfegen, der den Eingang verschüttet hatte. Freilich war der Lohn der Anstrengungen kein anderer, als der, daß man sie überwunden hatte. Man hatte geglaubt, in den Pyramiden das Archiv der Urgeschichte zu entdecken, und fand nur Staub, Verwesung, nur die vermoderten Grabschriften vermoderter Königsmumien. Welche Räthsel hatte man geglaubt, würden hinter der Keilschrift verborgen liegen! Sie enthielten nicht mehr, als die Inschriften, welche unsere Philologen aus dem classischen Alterthum gerettet haben: Küchenzettel des athenischen Staatshaushalts, Aus- und Einnahme-Budgets der eleusinischen Tempelverwaltung. Gerade das, was man durch eine Inschrift auf Stein für das Ewige in der classischen Literatur hätte halten sollen, war das Vergänglichste in ihr, die Maculatur des Alterthums. Lepsius wird seine anstrengende Reise nur ge= macht haben, um dieselbe Entdeckung zu bestätigen.

Die Entdeckungen in Asien waren weniger geographisch als physikalisch. Asien hat zu lange im Wechselverkehr mit Europa gestanden; wir selbst sind ja die Enkel asiatischer Väter; die ganze Kraft Europas hat sich auf Asien geworfen und hat von allen Seiten diesem Welttheil scharf zugesetzt. Wir kennen ihn genauer als Afrika. Schon Alexander's Zug nach Indien mußte aufgeklärtere Geographie im Gefolge haben. Arrhian ist eben so sehr Quelle für die Geschichte wie für die Erdbeschreibung. Andererseits trug Asien aus seinem Schooße selbst heraus die oft schrecklich genug ausge= fallene Bekanntschaft seiner selbst. Die asiatische Ethnographie fluthete in wilden Horden über das zertretene und verwüstete Europa. Asien hat weit weniger materielle als moralische Geheimnisse. In Afrika kann uns das Wunderland Maravi locken; in Asien locken uns die Sitten und Einrichtungen, die Sprachen und Ideen. Gerade weil man fühlte, daß das Christenthum eine Blüthe war, deren Stamm und Keim tief in die asiatische Religionsphilosophie seine Wurzel schlug, ruhte das Christenthum nicht, diesen Ursprung — zu tilgen, zu vertuschen, zu bekehren, die Wurzel mit der Frucht zu ver= söhnen. Die Neger, die Hottentotten genirten das Gewissen der christlichen Hierarchie weniger, als diese uns so verwand= ten naseweisen Hindus, diese ganz papistisch hierarchischen Tibetaner. Man bekehrte lieber die Völker, welche das Chri= stenthum verachteten, als die, welche gar nichts davon wußten. Der Asiate, dieser hatte eine positive Religion, dieser konnte opponiren, konnte Dogma durch Dogma widerlegen. Das war dann ein Reiz für die christliche Kirche, ließ ihr keine Ruhe und veranlaßte sie zu asiatischen Missionen, welche, wenn auch wenig für die Kenntniß des Himmels, doch desto mehr für die Kenntniß der Erde nützten. Anfangs waren es Minoriten und Dominikaner, welche aus Asien geographische Bereicherungen brachten, später die Jesuiten, die namentlich China und Japan beschrieben haben. Ihnen folgte eine Reihe ausgezeichneterer Entdecker, welche theils aus Ab= sicht, theils durch Geschäfte, die sie aus England oder Ruß=

land nach Aſien führten, Entdecker oder Bereicherer der Wiſ=
ſenſchaft wurden.

Und Amerika! Wie hat ſich dieſer Welttheil aus den
Nebeln der Geſchichte die im Beginn ſo blutige Morgenroth=
bahn, dann eine immer goldenſonnigere hindurchgerungen!
Nachdem man verſucht hatte, aus der Miſchung von Alkalien
jene Kraft zu finden, welche alle Schmerzen des Geldbeutels und
des Körpers zugleich heilte, warf man den Tiegel fort und ſchiffte
ſich nach Amerika ein, wo die Natur ſelbſt die Hochöfen des
höchſten Metalles aufgepflanzt zu haben ſchien. Die Ameri=
kaner waren keine Goldhüter im Sinne der alten Mythologie.
Schüchtern und weiblich in ihrem Weſen, ließen ſie ſich der
Goldſucht der Europäer zum Opfer bringen. So ungeheuer
geſtiegen war ſchon der Luxus und das Verderben Europas,
daß man bei der Entdeckung Amerikas nicht im entfernteſten
von jenem wiſſenſchaftlichen Enthuſiasmus etwas verſpürte, der
die Entdeckungen liebt, ohne an Gewinn zu denken. Nur
das Intereſſe ſchürte hier Beſtrebungen, die ſpäter erſt der
Wiſſenſchaft, der Menſchenkenntniß, der Geſchichte und Moral
zu Gute kamen. Wie verſchieden von unſerer Zeit, wo wir
Reiſende durch die unwirthbarſten Gegenden haben ziehen
ſehen, nur getrieben von dem Wunſch, zu wiſſen wie viel
Seen, wie viel Flüſſe, wie viel Stein= und Pflanzenarten
ihnen neu begegnen würden. Sie bringen ausgeſtopfte Vögel,
ſkelettirte Fiſche, ſie bringen ſie in Käſtchen, die mit Baumwolle
gefüttert ſind, ſeltene Mineralien zurück; ja, was würden
Ferdinand und Iſabella Columbus geantwortet haben, wenn
dieſer auf ſolche Weiſe nur verſprochen hätte, das natur=
hiſtoriſche Muſeum von Salamanka und nicht die leeren Geld=
truhen des Eskurial bereichern zu wollen?

Amerika lichtete ſich vor den lüſternen Augen der gold=
gierigen Europäer in allen ſeinen Theilen. Es wurde eine
Anlockung für die Abenteuerlichkeit aller Nationen. Spanien,
England, Portugal und Frankreich gewannen allmälig Be=
ſitzungen in dem neuen Welttheil, welche da, wo ſie Gewinn
verſprachen, bald auch mit ordnender Hand cultivirt wurden.
Die Indianer, die karaibiſche Verwilderung ausgenommen,
ſind ein weicher, eindrucksfähiger Menſchenſchlag; ſie haben

ganz die Natur ihres Lieblingshausthieres, des Lama, tragen
willig, obgleich mit schwachen Schultern, murren nicht und
gewöhnen sich nur nicht an den, der sie unterdrückt oder dem
sie mißtrauen. Wäre dies nicht der Fall, so würde man nicht
begreifen können, wie das europäische Element so schnell über
das einheimische in Amerika das Uebergewicht hätte erlangen
können. Nirgends trifft man eine belangreiche Reaction des
Urgeistes gegen die spätere Einwanderung an. Selbst die
Indianerstämme Nordamerikas würden, wenn diese nicht von
entschieden grausamer Absicht verfolgt gewesen wären und noch
wären, nie die Waffen von der Jagd auf den Krieg übertragen
haben. Während wir im südlichen Asien, in Afrika immer annehmen müssen, daß sich die Eingebornen gegen die fremden
Unterdrücker jede Gelegenheit der Rache herausnehmen und
sogar mit Entschiedenheit auf eine das europäische Element
zuletzt doch noch überwältigende Revolution rechnen dürfen,
ist in Amerika alles ursprüngliche und eingeborne Colorit verwischt. Nirgends behauptet sich das Blut und die Farbe,
als etwa in den bereits mit europäischem versetzten Mischungen
der Mulatten, Mestizen und Quateronen. In diesen Mischungen ist es nur der europäische Uebermuth und der klügelnde
Verstand, welcher die thierischen, ungezügelten Leidenschaften
des Negers und Indianers aufwiegelt. Der Indianer selbst
folgt mit nachgiebiger Entsagung dem kräftigen Willen des
Europäers, der auch leider Scheiterhaufen genug angezündet
hat, um dem armen Mitbruder das Maal seiner Tyrannei
einzubrennen.

Die Entdeckungen in Südamerika treffen nur noch das
Innere desselben. Jene beiden Flächen, welche sich vom Gürtel
der Andes nach Osten und Westen abplatten, sind in
neuerer Zeit von naturkundigen Reisenden untersucht worden.
Ein großer Theil derselben kam in derselben Absicht, wie Ferdinand Cortez und Pizarro, um die Bergwerke zu untersuchen. Ein
Dutzend Actiengesellschaften waren in Europa zusammen-
getreten, um die Goldminen von Potosi noch einmal anzu-
stechen und aus den Flüssen den Goldsand auszuschöpfen.
Ihre Abgesandten überzeugten sich bald, daß der Mythus von
Peru und Chili größer war, als die kleine Basis von Wirk-

lichkeit, worauf er gebaut. Ja, sie mußten eingestehen, daß sie erst jetzt die Grausamkeit der Spanier begreifen lern= ten, diese Grausamkeit, die durch das Gefühl der über die Schätze der Indianer getäuschten Erwartungen gegen die ver= meintlichen Besitzer derselben gesteigert wurde. Weil man we= niger fand, als man erwartet hatte, so rächte man sich an denen, von welchen man doch hätte einsehen können, daß sie eines Betrugs nicht fähig waren. Die neueren Reisenden brachten wenig Eldorado zurück, aber dafür desto mehr Naturgeschichte. Besonders ist Brasilien in der außerordentlichen Ueppigkeit seiner Vegetation und der Mannigfaltigkeit jener Thier= welt, welche in der blühenden Botanik jenes Landes schwelgt, gründlich ausgekundschaftet worden. Welch' eine Welt dort! Alles lacht der Sonne mit den schönsten Irisfarben entgegen! Auf den mit den buntesten Blüthen geschmückten Bäumen wiegen sich Affen und Papageien; unter Palmen und Cactus, umschwirrt von wunderbar gemalten Schmetterlingen, glaubt man in den Gärten eines Sardanapals zu sein. Ein Land bedarf solcher Schönheitswunder, um einigermaßen für die in diesen Wonnen schwelgende, sinnlich wuchernde, üppige und gefährliche Thierwelt entschädigt zu werden.

Bei Nordamerika ist es weniger das Innere, als die Grenze, die man sucht. Man kennt noch nicht die Conturen des Nordpols; man hat die nordwestliche Durchfahrt noch nicht mit Gewißheit auf die Karte bringen können. Eisgebirge und eine Kälte, die alle Vegetation, selbst die animalische Existenz des Menschen aufhören macht, werfen den Unter= nehmungsgeist immer wieder von der nördlichen Abplattung der Erde zurück; man wird so leicht nicht eine größere Auf= opferung finden, als sie Parry und Roß gezeigt haben, doch haben auch diese kaum etwas Größeres durchgesetzt, als daß sie sich einer den andern in dem Grade, der Kälte trotzen zu können, übertrafen.

Europa liegt klar vor unsern Augen. Hier wissen wir Alles, was wir besitzen; hier ist kein Wald, kein Fluß, kein Gebirg, dessen Inhalt nicht ausgemessen, gewogen und be= schrieben ist. Ueberall hin ist die Civilisation gedrungen. An Europa kann man kein Cook mehr werden. Die Ent=

deckungen, welche es bei uns nur noch geben kann, sind mo=
ralische, physikalische, mechanische. Bei uns sind an die Stelle
der Entdeckungen die Erfindungen getreten. Die Schiffe, die
man ausrüstet, gehen vor Anker in der Luft. Man rüstet
Expeditionen aus, um die Elemente zu befahren, in die Stoffe
zieht eine Karawane witziger und scharfsinniger Combinatio=
nen, manche versandet, manche entdeckt wunderbare Erschei=
nungen. Die moralischen Entdeckungen mögen vielleicht noch
den meisten geographischen Beigeschmack haben; o ja, man
kann mitten in Paris, mitten im Gewühl an der Themse
in dem, was Alle kennen, noch immer etwas Neues ent=
decken. Die vorzugsweise moderne Gestaltung der Literatur
hat diese Seefahrten in das Innere der Menschenbrust über=
nommen. Die Existenz unseres Geschlechts, selbst auf der Höhe
der Hypercultur, mit welcher sie wider Willen gesäugt und genährt
ist, hat dunkle Schattenpartieen, sodaß in den Werken eines
gediegenen, gefühlvollen und mit scharfen Augen begabten
Sittenmalers immer wieder neue Regionen unserer Gesellschaft
dem Lesepublikum aufgehen. Wir haben die Literatur der
Mysterien erhalten, die es sich zur Aufgabe machte, der
Armuth und dem Reichthum in den verschiedenen Gesell=
schaftsschichten tiefer nachzugraben, als beide Gegensätze bisher
bei Marmontel geschildert waren. Diese Mysterienliteratur
lehrte uns Lebensverhältnisse kennen, die wir bisher kaum dem
Namen nach kannten. Für Deutschland wäre auf diesem
Felde viel zu thun. Man hat Mysterien von Berlin gegeben,
die nichts als eine verwickelte Gauner= und Criminalgeschichte
wurden. Man hat Mysterien vom Lande unter dem Titel
von Dorfnovellen gegeben, die nichts weniger als zutreffend sind.

Wovon lebt z. B. der angebliche Makler Kugelhügel in
Hamburg? Man sieht ihn voll und genährt und sieht nicht,
daß er arbeitet. Man weiß, daß er mit dem Bankrott seines
Vaters auf die Welt gekommen, ja, daß seine Mutter im
Schuldgefängnisse gestorben wäre, hätte sie sich nicht zu den
Pietisten bekehrt und von den Almosen einer kleinen ekstati=
schen Gemeinde ernähren lassen. Wovon lebt Kugelhügel, der
die schlechteste Garderobe trägt, die man tragen kann, ohne
für einen Bettler angesehen zu werden, der nichts hat, alle

Welt weiß es; er würde längst den Armengesetzen verfallen
sein, wenn ihn der Familienadel seines Namens nicht zurück-
hielte, um Unterstützung einzukommen. Aber sein rundes Aussehen, seine genährten, blühenden Wangen, diese lächelnde
Physiognomie eines Mannes, der das Bewußtsein hat, gut
zu verdauen? Ja, das ist das Räthsel, hier ist der Hafen,
hier schiffe man sich ein und entdecke auf der Erd- und Glücks-
kugel unserer moralischen Existenz ein neues Amerika!

Obschon es heute nicht in meinen Gegenstand gehört, so
habe ich mir doch den Vorwurf zu machen, daß ich die Neugier meiner Leser weckte. Kugelhügel lebt, wie ich versichern
kann, nur von Näschereien, in dem Sinne, daß er von hundert Victualien des Tages ein kleines Stück, und zwar nur
zur Probe, ißt. Man gehe nur an die „Vorsetzen" und sehe,
welche Rolle unser Industrieritter am Hafen spielt. Er will
ein Waarenmakler sein, hat Aufträge zu besorgen für hundert
Firmen, welche in Caviar, Austern, Butter, Käse, Portwein,
kurz in den nährendsten und kräftigendsten Gegenständen des
Groß- und Kleinhandels Geschäfte machen. Kugelhügel giebt
sich für einen Agenten dieser Häuser aus. Sein ärmliches
Aeußere, in Verbindung mit der strotzenden Wohlgenährtheit,
giebt ihm das Ansehen einer gewissen Bürgerlichkeit, die
auf's Aeußere nicht viel hält, aber die Rippen gut zu
kräftigen weiß. So geht er von einem Faß zum andern und
probirt. Wenn es ihm am herrlichsten schmeckt, verzieht er
den Mund, als sei an dem Caviar ein Fehler; hat er den
Rücken eines Härings abgegessen, so erklärt er mit bedenk-
lichem Kopfschütteln, „er empfinde einen thranigen Geschmack";
nie winkt er mit dem Auge zu und läßt sein inneres Wohl-
behagen über die frischen Leckerbissen laut werden, weil er
sonst in die Verlegenheit käme, einen Preis accordiren zu
müssen. Wenn eine Auction angekündigt ist mit der Bemerkung, Proben werden gratis verabreicht, so wird man ihn
immer mit affectirt mürrischem Gesicht dorthin wandeln sehen.
Er kommt soeben vom Strande, wo er sich an einer Mosaik
der herrlichsten Einzelgenüsse im Ganzen sattgegessen hat; er
wischt sich den Schweiß von der Stirne, klagt über die Be-
schwerlichkeit seiner Verrichtungen und spült sich mit dem herr-

lichsten Weine den Nachgeschmack seiner Gratismahlzeiten hin=
unter. So lebt Kugelhügel, so kann er leben, ohne Furcht
entdeckt zu werden, bei der ungeheuren Menge von aufgesta=
pelten, zum Verkauf und zur Auction kommenden Waaren,
bei der entsprechenden großen Anzahl von respectabeln Ma=
klern, unter denen er aus Mitleid geduldet wird.

Höher aber als diese Erfindungen einer überfeinerten In=
dustrieritterschaft stehen jene Entdeckungen, welche die Künste
und Wissenschaften bereichert haben; mag man es auch lächer=
lich finden, wie ich Kugelhügel mit Männern wie Davy und
Dollond in Verbindung bringen kann. Im Allgemeinen ist
die gegenwärtige Zeit nicht so reich an Erfindungen, wie die
des vorigen und beginnenden laufenden Jahrhunderts. Es
ist dies gerade wie mit der Kunst und Wissenschaft selbst,
wo man gestehen muß, daß unsere Zeit nur die Früchte jener
Saaten erntet, welche im achtzehnten Jahrhundert gesäet
wurden. Das achtzehnte Jahrhundert war groß in der An=
spannung seiner geistigen Kräfte. Das achtzehnte Jahrhundert
hat alle jene Theorieen erfunden, mit deren praktischer An=
wendung und Ausgleichung mit dem Leben und nochmaliger
Prüfung wir uns gegenwärtig bereichern. Wir sind die kräf=
tigen Söhne einer Mutter, deren Geist und Schönheit von
Allen gerühmt wird, die sie in ihrer Jugend und höchsten
Blüthe gekannt haben. Alles, was wir besitzen und gegen=
wärtig sind, verdanken wir dem Aufschwunge, welchen die
Ideen zur Zeit unserer Väter genommen hatten. Das acht=
zehnte Jahrhundert hatte weniger solide Haltung als das
unsrige, aber es war tiefer, gründlicher. So haben wir zwar
in gegenwärtiger Zeit Alles, was sich von physikalischen, che=
mischen und mechanischen Entdeckungen auffinden läßt, prak=
tischer verarbeitet und für die Benutzung im gemeinen Leben
eingerichtet; das achtzehnte Jahrhundert aber hat jene Factoren
erfunden, aus denen wir jetzt erst den Schluß ziehen. Die
Resultate sind die unsrigen, der Ruhm der Prämissen gebührt
dem Genie und der Denkkraft vergangener Zeiten.

Im achtzehnten Jahrhundert waren schon längst die Dampf=
maschinen, Dampfschiffe, Telegraphen und Eisenbahnen erfun=
den; nur dachte man nicht daran, diese Erfindungen so in

die benutzende Wirklichkeit einzuführen, wie es gegenwärtig geschehen ist. Die Blitzableiter, Chronometer, Luftballons und Spinnmaschinen gehören dem achtzehnten Jahrhundert an, wie außerdem eine Menge von Nebenentdeckungen, welche die Industrie erleichterten und ihre Handgriffe vereinfachten, neue Heizmethoden, die Cylindergebläse, die Maschinen für schnellere Zeugbereitung, der Gußstahl, das Gußeisen, Bohrmaschinen, die Rettungsboote und eine Menge von Apparaten, womit man neue Gesetze in dem mehr theoretischen Bereich der Wissenschaft entdeckte und noch andere zu entdecken erleichterte. Die darauf folgenden Erfindungen des neunzehnten Jahrhunderts haben alle einen mehr praktischen Charakter. Mit dem Sinn für die Kunst steigerte sich das Bedürfniß einer mehr wohlfeilen Vervielfältigung ihrer Leistungen; man erfand zunächst die Lithographie. Mit dem politischen Umschwung der Zeitgenossen, den großen welterschütternden Begebenheiten und dem verworrenen Antheil, welchen alle Welt an der Politik des Tages nahm, erfand man die Schnellpresse für die Buchdruckerei; man erfand zu demselben Zweck das endlose Papier; in Folge der kriegerischen Stimmung der Zeit die Dampfkanonen, die Percussionsschlösser an den Feuergewehren; der menschliche Geist arbeitete und rang in allen Gebieten nach Ueberwältigung der sich wie Proteus sträubenden und in ihren Gesetzen ungemessenen und gestaltenreichen Natur. Man dachte nicht mehr einseitig nur an den Reichthum und die Gesundheit oder an ein langes Leben, sondern wurde von einem bis zur Andacht gesteigerten Drange getrieben, der Natur Alles zuzutrauen, jede Wirkung, jede Verbindung, die der menschliche Geist ihr nur zu geben im Stande wäre. Bei einzelnen Köpfen, die sich vorzüglich auf das Erfinden gelegt hatten und denen einmal ein glücklicher Wurf gelungen war, steigerte sich der Scharfsinn zur Spitzfindigkeit und die Originalität zu einer an Narrheit grenzenden Monomanie. In Mannheim hatte ein Herr von Drais das Glück gehabt, mit Hülfe eines ihm von der Natur gestatteten erfinderischen Geistes ein Fuhrwerk zusammenzusetzen, welches, auf zwei Rädern ruhend, fast die Gestalt einer Spinnmaschine hat. Die ganze Einrichtung desselben ist so getroffen, daß man mit einigen geschickt angebrachten Bewegungen sich selbst auf diesen zwei Rädern fortspinnen kann. Die Maschine giebt einen schnurrenden Ton von sich und erlaubt Jedem, der sie gut zu führen im Stande ist, sich mit einer Schnelligkeit fort= zubewegen, die etwa an einen kleinen Pferde= oder besser ge= sagt Hundetrab erinnert. Die ganze Maschine, die später vervollkommnet wurde, ist auf Lächerlichkeit angelegt, denn nur Kinder können sich derselben, der komischen Gesticulationen wegen, die man dabei machen muß, bedienen. Es sieht fast aus, als wollte man auf dem Straßenpflaster Schlittschuh laufen. Seit Erfindung dieses zwecklosen Kinderspielzeugs hatte Herr von Drais, sozusagen, seinen Verstand verloren. Die Zwecklosigkeit seines Fuhrwerks fühlend, strebte er nach höherer Anwendung der Gesetze, auf deren Grund es con= struirt war; aber es gelang ihm nicht ein einziges Project. Bald hat er eine neue Flugmaschine fertig, bei deren Be= nutzung man sich unfehlbar den Hals brechen würde, bald will er die Kunst entdeckt haben, beim Luftballon ein Steuerruder anzubringen. Er hat ein Project durch die Zeitungen bekannt machen lassen, nach welchem man künftig, um bei Fuhrwerken eine größere Schnelligkeit zu erzielen, besser thäte, die Pferde hinter den Wagen anzuspannen. Ja, er hatte sich sogar an= heischig gemacht, Todte durch Einblasen seines Odems, vor= ausgesetzt nach frisch ausgehauchter Seele, wieder in's Leben zurückzurufen. Er hatte den Moment abgepaßt, wo einer armen Frau in der Vorstadt eben ihr krankes Kind gestorben war. Herr von Drais stürzt in das Haus, über die kalte Leiche und beginnt aus Leibeskräften ihrem krampfhaft offen= stehenden Munde seinen Athem einzublasen; die Mutter schreit, die Bewohner und Nachbarn des Hauses kommen zusammen; Herr von Drais läßt sich nicht stören, sondern schreit, während man ihn von hinten wegziehen will, einmal über das an= dere: „Es lebt schon, es lebt schon." Als ihn endlich die Polizei ergriff und von der Leiche fortriß, bewegte sich jene in der That; es war das allmälige Einfallen des wie ein Schlauch aufgeblähten Leibes; der neue Messias mußte sein blasphemisches Blasen eine Zeitlang mit dem Gefängnisse büßen.

Dies ist ein Extrem; aber es finden sich in vielen Städten Seitenstücke zu diesem Opfer der Erfindungswuth, einer Krankheit, die ganz eigentlich unserer Zeit angehört und über welche Henrik Steffens in seinen Denkwürdigkeiten geschrieben hat. Als ich diese Schilderung las, welche Steffens von der stillen Schwermuth macht, in welche der erfinderische Kopf verfallen kann, der dem letzten Stadium seiner Entdeckung sich nähert, ohne doch das volle, befriedigende ευρηκα ausrufen zu dürfen, so dachte ich immer mit Rührung an den Mechaniker Wagner in Frankfurt, dem der Bundestag 100,000 Gulden in Aussicht stellte, wenn er die Benutzung des Elektromagnetismus für die Bewegung auf Eisenbahnen möglich machte, und der sich mühte und mühte, und doch nicht das ihm in so unmittelbarer Nähe zauberisch vorschwebende Ziel erreichen konnte. Das sind eigenthümlich tragische Stimmungen unserer Zeit, die vergangene Jahrhunderte nicht kannten.

Die Entdeckungen, welche in das Gebiet der Physik und Chemie gehören, haben in neuerer Zeit beiden Wissenschaften eine veränderte Gestalt gegeben. Es ist besonders die Lehre vom Elektromagnetismus, die in der bisherigen Physik und Chemie allen früheren Gesetzen neue Nüancen gab. Die elektrischen Strömungen riefen den Magnetismus hervor; jetzt hat man auch umgekehrt versucht, durch Magnete elektrische Strömungen hervorzurufen. Die von dem Franzosen Ampère darüber gemachten Andeutungen hat Faraday bis zur Evidenz erhoben. Man wird hier eine Darstellung der hier einschlagenden Versuche mit ausgehöhlten Holzcylindern und spiralförmigen, mit Seide ausgesponnenen Metallbrähten nicht verlangen; allein das neueste Resultat des Elektromagnetismus habe ich oben angedeutet, nämlich die Aussicht, durch diese Entdeckung eine Kraft zu gewinnen, welche die des Dampfes noch bei Weitem übertrifft und in ihrer Anwendung auf die Mechanik wohlfeiler werden dürfte, als die Hülfsapparate von Eisenbahnen, welche man braucht, um dem Dampf die freie Entwicklung seiner Kraft zu geben. Wie man hört, soll es, um die elektromagnetische Friction auf die beschleunigte Fortschaffung von Lasten anzuwenden, nur noch an

einem äußern Gestell, einem passenden mechanischen Träger
jener Kraft fehlen. Erfindet man diesen, so werden unsere
Eisenbahnen überflügelt und haben die Actionäre derselben
keine Steigerung ihrer Dividenden zu erwarten.

Die Physiker und Chemiker haben in neuerer Zeit durch
Mischung von Sauerstoff und Wasserstoff der Natur in's
Handwerk fallen können. Sie haben Glimmer, Hyacinth,
Hornblende durch jene Mischungen niederschlagen können
und dadurch auf die Theorie der Erdbildung ein aufklärendes
Licht geworfen. Freilich sind diese Resultate nur theoretischer
Natur und gehören in die Vorhallen der Systeme. Doch
mancher andere Fortschritt, z. B. der erst neuerdings erfundene
Chlorkalk, lassen sich schon mit Erfolg auf manche Fabri-
kationszweige anwenden. Die Laien sind mit dem Chlorkalk bekannt genug geworden, als die Cholera heranrückte
und man ihre Natur für eben so ansteckend hielt wie die
asiatische Pest. Der Chemismus in jener großartigen Anwendung, wie wir denselben unserm Justus Liebig verdanken, hat fast alle Naturwissenschaften einer neuen Kritik
unterworfen. Auch die Arzneikunde erhielt durch Anwendung
der Chemie auf die Heilstoffe einen neuen Aufschwung. Endlich haben im Bereiche der Optik die Naturforscher dieser und
einer kaum vergangenen Zeit Fortschritte gemacht. Brewster's
und Wollaston's Entdeckungen sind in die Werkstätten der
Techniker übergegangen. Die Kunst, das Glas achromatisch
zu schleifen, stieg in England und Deutschland bis zur
Vollkommenheit. Ja, ist die Blüthe der Naturlehre nicht die
Farbe, des Regenbogens bunte Mannigfaltigkeit? Wie schön
und wahr, daß ein deutscher Dichter, der seine Beobachtungen
und Empfindungen gern an das Maß gegebener Zustände
anknüpfte, in den Tempel der praktischen und technischen Natur durch jene krystallinische Prismapforte trat, durch welche
die Sonne ihre Farben bricht? Ueber die Farbe und das
Licht kann der am chemischen Laboratorium gebräunte Prak-
tiker nicht urtheilen; wie es in jeder Wissenschaft einen Seiten-
weg giebt, auch in der Theologie, in der Rechtsgelehrsamkeit, ja
sogar in der Medicin, wo Theorie und Experiment nicht mehr
ausreichen, sondern oft der Laie und Dilettant tiefer und

wahrer blickt, als der Mann von Fach. Zuletzt ist hier zu erwähnen, daß das Mikroskop in fast allen Bereichen der Naturwissenschaft eine großartige Anwendung gefunden hat.

Noch bei Weitem mehr entfaltete sich der Erfindungs= geist der neuern Zeit in Zusammensetzung mechanischer Hülfs= mittel für die Industrie. Die Kraft des Dampfes kam hinzu und konnte über die neuen Schöpfungen des Scharfsinnes als Herr und Meister gestellt werden. Das Maschinenwesen hat, weil es eine Menge von Handarbeitern außer Brot setzte, Widerspruch gefunden. Allen diesen Gegnern stellte Lord Brougham in seinen „Resultaten des Maschinenwesens" eine lichtvolle, jedermann verständliche Vertheidigung entgegen. Es ist in dieser Schrift von der Stecknadel an bis zur compli= cirtesten Production der höhern Industrie der Beweis geführt, daß durch den Satz von der Theilung der Arbeit die Arbeit selbst leichter, wohlfeiler, besser geliefert werden könne. Die roheste Widerlegung einer solchen Schrift ist die der Tumul= tuanten von Spitalfield. Die Maschinen zertrümmern, heißt allerdings ihre Unbrauchbarkeit beweisen. Doch legt sich all= mälig diese Feindschaft gegen das Maschinenwesen. Daß die Frage einen moralischen Gesichtspunkt hat, berührten wir schon im vorigen Kapitel, wo wir die Staatsmänner aufforderten, auf eine weitere Ausgleichung der Interessen des forschenden Verstandes und der zurückbleibenden, auf größere Verwerthung der menschlichen Hand abgelernten Technik bedacht zu sein.

Eine Erfindung in der Maschinenkunde, an der man recht sehen kann, daß auch die Natur oder der menschliche Verstand, wo einmal ein Bedürfniß vorhanden ist, die Mittel aufzufin= den weiß, es zu befriedigen, ist die Schnellpresse der Buch= drucker. Welch ein Contrast zwischen der alten Guttenberg= schen Holzpresse und dem durch die politischen Begebenheiten bis in das unterste Volk geweckten Sinn für Oeffentlichkeit! Schon ein Werk, wie die Bibel, in jener alten, die Bogen Papier wie in Windeln einwickelnden Methode zu drucken, welch' eine Weitläufigkeit! Und nun diese tägliche Volks= chronik, die durch das Bedürfniß, sich belehren zu wollen, durch die Neugier nach Staats= und Gelehrtensachen, durch die Nothwendigkeit, von seinem Geschäfte und dessen Leistungen die Bekanntschaft zu verbreiten, sich zusammensetzt; nicht nur diese Fluth von Zeitungen, sondern noch mehr die ungeheure Zahl von Abnehmern, die sich für den Werth einer einzigen unter ihnen entscheidet; hier konnte die alte Methode nicht ausreichen; die neue war so thatsächlich nothwendig, daß sie sich gleichsam selbst erschuf. Ehe man die Schnellpresse erfand und diese später durch die Dampfheizung vervollkommnete, war man genöthigt, eine Zeitung, die unter Napoleon zwanzig- bis dreißigtausend Abonnenten hatte, zwei-, dreimal zu setzen, weil man sonst den Tag und die Minute, wo der Abonnent seine Zeitung haben will und die Concurrenz sie auszugeben gebietet, nicht einhalten konnte. Warum hat die Gelehrsamkeit noch nie anerkannt, daß der wahre Stein der Weisen ein Metall, das Blei ist? Die beweglichen Lettern gaben der Wissenschaft erst die Garantie ihrer Dauer und das Dunkel eines neuen Mittelalters könnte erst dann wieder über Europa hereinbrechen, wenn sich vielleicht die Masse des gedruckten Papiers, was zu befürchten steht, zu einer solchen Ueberfluthung steigern sollte, daß das menschliche Auge, überall nichts als Bücher und Papier erblickend, sich bis zur Unempfindlichkeit dagegen abgestumpft hätte. Ich fürchte immer, daß die Zeit, wo man am meisten druckt, immer auch die ist, wo man das Wenigste lesen wird. Ist erst die Wissenschaft und die Aufklärung, ist erst die Literatur, selbst in ihren schönen und graziösen Bewegungen, etwas, was den Reiz der Neuheit und des Außerordentlichen verloren hat, dann sind wir auf jenem Punkte, der mir die traurigste Periode von allen scheint, in der Barbarei der Ueberkultur. Ich höre demnach mit Freuden von Buchhändlern und Buchdruckern, daß es noch immer Werke giebt, welche ihre Bestimmung nicht verfehlen und dennoch nicht nöthig haben, mit Dampf gedruckt zu werden.

Im Alterthum war die Wirkung des Dampfes die der Begeisterung. Pythia, umnebelt von den aus einem unsichtbaren Ofen heraufströmenden Weihrauchwolken, sprach über Griechenland hin ihre räthselhaften Distichen, wo dann hölzerne Mauern Schiffe bedeuteten und die Ungewißheit des Schicksals in der Stellung einer negativen Partikel lag. Im Mittelalter wüßte ich nicht, daß man vom Dampfe Nutzen

ober Aufklärung gezogen hätte. Erst die neue Zeit brachte
es heraus, daß Dämpfe die Aetherisirung der Flüssigkeiten
sind und eben so viel Expansivkraft, wie diese selbst, besitzen.
Der Gedanke, Lasten durch die concentrirte Kraft des Dampfes
fortzutreiben, gehört, wie andere großartige, wieder der Mitte
des vorigen Jahrhunderts an. Bis zur Vollkommenheit wur=
den jedoch Dampfwagen erst in neuerer Zeit gebracht, Dampf=
pferde sind jetzt Maschinen, die kein Heu oder Hafer fressen,
sondern Steinkohlen, und denen man sogar die Kraft ge=
nommen hat, in ihrer Art auszuschlagen oder durchzugehen,
durch die Erfindung der Sicherheitsventile. Mit den Dampf=
wagen verbanden sich die Eisenbahnen, welche gleichfalls, ihrer
Idee nach, schon älter als ein Jahrhundert sind. Man wußte
längst, daß, je ebener die Bahn, desto größer die Zugkraft
der Pferde ist. Die Kunststraßen aus Quadersteinen gingen
den Eisenbahnen voran. England baute zuerst gußeiserne
Schienenwege und hat dadurch nicht nur der Industrie und
dem Handel der Heimath einen außerordentlichen Schwung
gegeben, sondern auch auf dem Continent Nachahmungen,
Prüfungen, ja sogar Chimären über die neue Idee veranlaßt.
Die Franzosen sind in der Prüfung stecken geblieben, die
Deutschen in der Chimäre. Der Eisenbahnschwindel hat bei
uns die Stelle der so vielfach von der Regierung befürchteten
Revolution eingenommen. Die Deutschen, von je gewohnt,
Alles, auch das Ungesetzliche, auf eine gesetzmäßige Weise zu
betreiben, haben die Eisenbahnen wie Emeuten betrieben; es
war für sie eine Revolution, die kein Blut kostete. Seltsam,
der Franzose hat in der Eisenbahnfrage gefühlt, wie außer=
ordentlich groß deren Wichtigkeit für das Zeitalter ist, hat
sich sogar nicht verschweigen dürfen, daß, wenn irgend etwas,
die Eisenbahnen sein Centralisationssystem begünstigen, und
bennoch hat er sich lange gegen die Einführung derselben ge=
sträubt und dabei, meines Erachtens, einen besondern Zug
seines Nationalcharakters verrathen. Man kann nicht sagen,
daß der Franzose besonders geschickt ist, er hat Esprit, aber
kein technisches Talent. Er erfindet, begreift auch, aber nur
in dem Falle, wo sein eigenes Verständniß und seine flackernde
Combination der Darstellung eines Experiments, das man

ihm vormacht, entgegenkommt. Der Gedanke, eine Civilisa-
tionsfrage nicht blos nachahmend anzugreifen, sondern sie
vielleicht zu verfehlen, hat die Franzosen, die gern in Allem
vorangehen wollen, zweideutig gegen die Eisenbahnen gestimmt
und dadurch Veranlassung gegeben, daß man den Lichtseiten
des Eisenbahnsystems Schattenseiten gegenüberstellte. Frankreich gab vor, durch die Eisenbahnen der finanziellen Controle beraubt zu werden! Eine Eisenbahn zwischen Brüssel
und Paris würde ohne Aufhebung des höchst einseitigen, auf
den Vortheil einiger privilegirten Kasten berechneten Prohibi-
tivsystems gar nicht denkbar sein. Ein französischer Schriftsteller, der sonst nur für einen entschiedenen Anhänger der
akademischen Einseitigkeit Frankreichs bekannt ist, Nisard, hat
mit witziger Laune die Verlegenheiten dargestellt, in welche
der französische Handelsegoismus durch die Brüsseler Eisenbahn gerathen müßte. Controle auf der Grenze wäre
nicht mehr möglich, da durch einen solchen Aufenthalt der
Zweck der Eisenbahn, die Schnelligkeit, verfehlt wäre. Eine
Controle kurz vor Paris würde eben so schwierig und unfruchtbar sein, da es eine Karawane von Wagen, einige hundert Koffer und Mantelsäcke und eben so viel Passagiere zu
untersuchen geben würde. Könnte man hier den Einwand
nicht umkehren? Könnte man nicht sagen, die Eisenbahnen
werden die Völker zwingen, sich neue Zollverfassungen zu geben
und sich weniger feindselig von einander abzuschließen und
überhaupt, wie denn auch zuletzt geschehen ist, einige Ellen
alten Zopfbandes abzulegen?

Eine andere Besorgniß gegen Einführung der Eisenbahnen
ist noch thörichter, die nämlich, daß sich der Zeitgeist mit allzugroßer Schnelligkeit würde zu verbreiten anfangen können.
Man hat dagegen geltend gemacht, daß dann ja auch wieder
die Regierungen den Vortheil haben würden, Reactionsmaß-
regeln mit desto größerem Nachdruck zu ergreifen. Vermittelst einer Eisenbahn kann leicht ein Armeecorps im Fluge
von Ungarn nach Italien und von Rußland an die Grenzen
der Schweiz versetzt werden. Rechnet man hinzu, daß dasjenige, was sich für die Revolution durch die Eisenbahnen
beschleunigen würde, immer nur das Gerücht einer irgendwo

ausgebrochenen Explosion sein kann, so stehen die Regierungen, über ihre materiellen Kräfte gebietend, auch hier wieder im Vor= sprunge und man kann eher annehmen, daß wir den Völkern zu dieser Verstärkung des monarchischen Princips kein Glück zu wünschen haben.

Melancholischer sind die Besorgnisse derjenigen poetischen Gemüther, welche sich vor der Verbreitung des Dampfes und der industriellen Aufklärung fürchten. Diese phantastischen Seelen werden bei Einführung der Eisenbahnen jenes däm= mernde Helldunkel vermissen, das auf dem Begriff der lokalen Entfernung liegt. Es geht ihnen wider die Fassungsgabe, hier zu frühstücken und zwanzig Meilen weiter schon zu Abend essen zu können. Die Schönheit der Gegend verschwinde; poetische Wanderschaften durch Gebirgsgegenden mit Hemm= schuhen und allenfalls zerbrochener Achse würden undenkbarer. Gräfin Hahn bekennt von sich, außer sich vor Schmerz zu sein, daß sie in drei Stunden von Dresden nach Leipzig fahren könnte, ohne in einem der ihr so liebgewordenen Meißener Gasthöfe absteigen zu können. Diese poetischen Gemüther haben demnach die Vorstellung, die ganze Welt werde sich hin= fort nur auf Eisenbahnen bewegen und kaum noch einen schattenreichen Platz im nah gelegenen Wäldchen suchen oder des Sonntags über Land gehen. Sträubt Euch doch nicht so sehr, ihr romantischen Herzen! England hat der Eisen= bahnen bereits so viele, daß Handel und Industrie dadurch in den blühendsten Aufschwung versetzt sind, und doch werdet Ihr Gentlemen und Ladies in Italien und der Schweiz sehen, die des Morgens um zwei Uhr aufstehen und mit erfrorner Nase unter dem Schutz einer Laterne die Berge ersteigen, um die Sonne aufgehen zu sehen. Blickt umher auf dem Continente! Die Engländer sind vom Dampfe so überwältigt, daß dieser ihre Städte und Wohnungen mit dichten Wolken bedeckt, und doch werdet ihr selten einen Palast in Italien, einen Thurm in Deutschland, eine Kuh in der Schweiz finden, wo sich nicht in einiger Entfernung eine englische Dame mit ihrem Crayon aufgepflanzt hat, um den poetischen Moment in ihr Album zu zeichnen. Wer, der nicht Kenner ist, weiß es zuletzt, ob der Zucker, der in unserm Thee schmilzt, von indischem Rohr

ober von der Runkelrübe kommt? So lange die moderne
Aufklärung uns nicht gebratene Nachtigallen auf den Tisch
setzt, wollen wir ihre Fortschritte nicht verdächtigen.

Nein, nicht Alles kann Maschine werden! Aus Genfer
Taschenuhren lassen sich keine menschlichen Herzen machen;
Automaten werden, wenn wir sie auch auf den Markt schicken
können, um Gemüse einzukaufen, nie an unsern Versamm=
lungen und Bestrebungen Theil nehmen. Man lasse dem er=
findenden Menschengeist den freisten Spielraum. Giebt es eine
größere Aufgabe, als der Natur ihre versteckten Handgriffe
abzulauschen und sie, die launische, gedankenlose und bald er=
müdete, durch menschlichen Eifer, Rath und die Ausdauer des
Geistes, die der schwachen Hände Unzulänglichkeit stärkt, noch in
ihren Gebilden zu übertreffen? Die Natur besitzt so außer=
ordentliche Reichthümer, so große Gesetze und Erfahrungs=
thatsachen und achtet sie infolge der ihr angebornen Trägheit
und Unbeholfenheit wegen so wenig. Mutter Natur ist einer
Tröblerin zu vergleichen, die unter ihren alten Schildereien
Gemälde von Tizian besitzt, ohne sie zu kennen. Die Natur
verschleudert Alles: sie giebt Alles um denselben Preis,
ja das Kleine schlägt sie oft höher an, als das Große. Die
Menschheit, diese geht auf das, was größere Anstrengung
kostet; diese arbeitet aus Ehrgeiz Zwecken nach, an welche die
Natur viel Gefahr geknüpft hat und die doch von weit ge=
ringerem Werthe sind, als andere, die offen auf der Hand
liegen und bei denen man nur zugreifen sollte, um bei jedem
Griffe Gold zu entdecken. Glaubt ihr denn, daß all' jene
scharfsinnigen Gesetze und Combinationen, welche der moderne
Erfindungsgeist der Natur zu entlocken weiß, die Menschheit
von der sinnigen Betrachtung göttlicher Fügungen entfernen
müsse? Freilich, wenn man sich gewöhnt hat, seine Begriffe
über Gott und den Weltzweck durchaus an die Natur anzu=
knüpfen, dann muß allerdings die Furcht vor dem Ewigen
schwinden, wenn man die Natur in ihren Geheimnissen über=
rascht und sie zwingt, der kecken Neugier des Menschen Rede
zu stehen. Aber die Natur ist nicht das Ewige, sie ist das
Abbild göttlicher Begriffe, aber nicht die äußere, das Innere
gleichsam mitenthaltende Form derselben. Alle Fortschritte

der neuen Erfindungskunst sollten dahin benutzt werden, in den mathematischen, harmonischen Kräften der Natur, in ihren jetzt erst aufgelösten Entwicklungen der Materie diese Anknüpfungspunkte nachzuweisen, die es möglich machen, gleichsam durch die geöffneten Fenster der Natur hindurch in den göttlichen Ursitz ihrer Schöpfung blicken zu können. Alles, was in der Natur Gesetz und Regel ist, ist der Nachklang, das Echo der Gottesnähe. Und so kann die Natur, weit entfernt in ihrer Ausbeutung zur Verbreitung eines gottfeindlichen Materialismus zu dienen, weit mehr die Begründung einer innigern und darum um so stärkern Religion werden, als sie mit den Fortschritten unseres rastlos strebenden Verstandes einen und denselben Schritt hält. Jetzt triumphirt man noch über die Natur, indem man sie durch unsere großen Entdeckungen und Erfindungen zu demüthigen glaubt; sind wir aber erst auf den Punkt gekommen, nach welchem sich alle philosophischen Betrachter unserer Zeit sehnen, daß das Christenthum, unsere positive Religion und Kirche, sich mit den Bedürfnissen des Augenblicks und dem im Schwange gehenden Geiste der Zeit verständigen, dann wird gerade die Natur, unser sogenannter Materialismus, unser aufklärerischer Verstand die Pforte sein, durch welche wir in das wahre innere Heiligthum der Gottheit bringen können.

VII.
Das Leben im Staate.

So wie man zugiebt, daß der Mensch zur Geselligkeit geboren ist, so muß man auch zugeben, daß das Leben im Staate seine natürliche Bestimmung sei. Denn man braucht nur das Princip der Geselligkeit festzuhalten, es auszudehnen, durch die Wiederkehr ihrer Bestimmungen zur Gewohnheit zu machen, so sind auch alle Anfänge des Staates gegeben, der Mensch vertauscht seine allgemeine Bestimmung mit der

des Bürgers. Noch weniger kann man sich dem Staate ent=
ziehen, wenn man mitten in seinen Vorschriften und Wohl=
thaten geboren ist, wie es denn nichts Vergeblicheres gab, als
die Bemühung eines meiner Bekannten, der den Staat gleich=
sam umgehen wollte. „Sehen Sie,“ sagte dieser, als er sich
von seinen Bestrebungen den besten Erfolg versprach, „ich
halte es für die größte Thorheit, den Staat zu bekämpfen.
Wenn wir schon im gemeinen Leben unsere Verachtung und
unsern Haß grell und empfindlich ausdrücken wollen, so pflegen
wir den Gegenstand unserer Leidenschaft am besten zu igno=
riren. Der Zurückgesetzte und Verachtete fühlt sich tiefer ge=
kränkt, als der, welchen man bei aller feindlichen Stellung
doch immer noch der Mühe für werth hält zu bekämpfen.
Sich um den Gegner gar nicht kümmern, das verbittert ihm
das Leben weit mehr, als wenn man es ihm durch fortwäh=
renden Kampf noch so sauer macht.“ Bitter oder sauer, ent=
gegnete ich, wie kommen Sie darauf, eine so entschiedene
Feindschaft gegen den Staat zu äußern? „Das gehört nicht
zur Sache,“ erwiderte er, „ich bin ein Anhänger jener Ten=
denzen, bei deren Vertheidigung Molesworth im Unterhause
leider nur über so wenig Stimmen zu gebieten hat. Allein
ich halte es für falsch, sich mit einem Staate, dessen Einrich=
tungen man verachtet, noch weitläufig abzuquälen; ich
umgehe den Staat! Ich kümmere mich zwar um seine Ver=
bote, damit ich seiner Jurisdiction nicht verfalle; aber Alles,
was er anempfiehlt, wozu er eine moralische Bereitwilligkeit bei
seinen Gliedern voraussetzt, läßt mich kalt und kümmert mich
nicht. Weil mir der Zustand der Dinge, wie er jetzt ist,
mißfällt, so brauche ich nicht gleich Hand anzulegen, ihn zu
verbessern. Zuletzt, mein Freund, Demokratie oder Aristo=
kratie, es bleiben dieselben lästigen Zwangsvorschriften, durch
welche man uns zu den Rädern einer Maschine oder zu den
willenlosen Pflanzen eines Organismus machen will, in wel=
chem ich durchaus nichts Natürliches sehe.“
Damals hätte der Widerspruch diesen Mann nicht einmal
erbittert; hätte er Feuer gefangen, er würde geglaubt haben,
dem Staat einen Dienst zu leisten. Er schwieg, ich schwieg
und dachte, daß, wenn man freilich die Menschen zu einer

Uebereinkunft in diesem entsagenden Sinne vereinigen könnte,
den öffentlichen Angelegenheiten dadurch ein Nachtheil zugefügt
werden könnte, den sie bald empfinden müßten. Inzwischen
war das, was jener Mann wollte, unmöglich. Man kann
den Staat nicht vermeiden, er begegnet uns überall.

Hören wir jedoch, wie es jener im eignen Lande exilirte Pa-
triot einige Jahre über trieb. Er sah wohl ein, daß er sich
gewissen Ansprüchen, z. B. den Geldsteuern nicht würde entziehen können. Deshalb machte er mit einem seiner Pächter
den Vertrag, daß er ihm eine bestimmte Summe Geldes überlassen wollte, womit er stillschweigend seine Existenz- und
Steuerpflichtigkeit bestreiten könnte. Dies ließ sich machen.
Er entsagte einigen Lieblingsgewohnheiten, deren Ersparniß
sich gerade so hoch belief, als die Contribution, die er jährlich
an den Staat zu entrichten hatte. So konnte er sich über-
reden, daß er dem Staate nichts leistete, als Entsagung, eine
Münze, die auf ihrer andern Seite das Gepräge der Verachtung trug. Er gab seine politischen Rechte auf; ob Whig
oder Tory in den Gemeinderath kam, es kümmerte ihn nicht.
Wenn seine Wahlbezirke die Abstimmung eröffneten, so be-
lächelte er das Gewühl der sich streitenden Parteien, steckte die
Hand in den Brustlatz und behielt seine Stimme, selbst wenn
er damit für die Wahl eines Reformers den Ausschlag hätte
geben können. Er ging in keine Kirche, weil er überzeugt
war, daß die Religion nur um des Staates willen erfunden
sei. Er wies jede Beziehung zu öffentlichen Dingen zurück,
las keine Zeitungen, keine Broschüren und mußte entweder in
der That nicht mehr, welcher Meinung dieser oder jener
Staatsmann angehörte, oder er affektirte, es nicht zu wissen.
Er behauptete in Wahrheit nicht mehr zu wissen, ob Wellington für die königliche Prärogative oder für das Volk stimmte.
Es machte ihm Vergnügen, von dem preußischen Minister
Eichhorn so zu sprechen, als wäre der Mann ein ostindischer
Missionär. In einer Gesellschaft behauptete er den Unterschied zwischen Ober- und Unterhause vergessen zu haben. Es
sei ihm so wenig daran gelegen, diesen Unterschied zu kennen,
daß er weit eher interessirt sei, zu wissen, wie die Fürstin
Metternich ihre Katze nenne.

Sei es nun aber, daß ihn die lange Weile oder die Nothwendigkeit, seine Zeit zu zerstreuen, trieb, er wurde ein großer Fußgänger und Sportsman; glücklicherweise bekam er kein Milzstechen. Man machte ihn darauf aufmerksam, daß ihn doch gerade die Natur darauf hinführen müßte, den Staat und die Gemeinde anzuerkennen, wenigstens die deutsche und englische Natur, die nicht Gott, sondern diesem oder jenem Herzog, diesem oder jenem Grafen, Freiherrn, gehöre. Wie viel Gänge oder Gehäge sind nicht dem Fußgänger verboten; wie viele Inschriften an den Tafeln und Strafandrohungen müssen nicht gelesen werden, wenn man sich nicht einer Pfän=bung aussetzen will! „Ich lese diese Tafeln nicht," war die Antwort. „Dann werden Sie schon einmal irre gehen." Er schwieg und einige Wochen darauf erfuhr man, daß ihn der Richter einer kleinen Gemeinde hatte einstecken lassen, weil er nach vielfachen, die Ruralgesetze beleidigenden Uebertretungen immer wieder über Wege ritt, die schon für Menschen zu eng waren, oder er sonst den Frieden und die Ordnung des Wal=des und des Feldes störte. Der allgemeine Spott über diese Berührung mit dem Staate ärgerte ihn; er verließ England und bereiste Europa, nachdem er erklärt hat: wenn ihm die Institutionen verböten, ein abstracter Mensch, und sein Pa=triotismus, ein Kosmopolit zu sein, so glaube er wenigstens als Tourist der Unabhängigkeit von politischen Satzungen am nächsten zu kommen. Man wird schon deshalb nicht glauben dürfen, daß dieser Sonderling erfunden ist, weil er der Re=präsentant eines großen Theils der sogenannten Gebildeten ist. Man vergleiche nur, wenn die Zeitungen schreiben: Von 3000 Wahlberechtigten stellten sich 800 an der Wahlurne ein.

Der Mensch wird in den Windeln des Staates geboren und sein Sarg wird mit den Tüchern des Staates wieder in die Erde gesenkt. Der Staat schlägt zu jeder Stunde seine liebenden Arme um ihn, seine vorsorgenden, seine schützenden, seine tyrannischen; er giebt ihm und nimmt ihm; er liebkost und demüthigt ihn. Der Staat bietet Dir Alles an und versagt Dir Alles; der Staat beherrscht nicht blos unsere physischen Kräfte, unsern Arm und unsere Geldmittel, sondern bringt in die feinsten Poren unseres Geistes ein und läßt uns keinen

Begriff bilden, der nicht erst durch seine Atmosphäre Dauer und praktische Consistenz erhalten hätte. Wir können uns mit Gott allein fühlen, allein mit unserer Liebe; wollen wir aber Genossen für unsere Freuden finden, so nimmt jede unserer Bewegungen durch diese Gemeinschaft eine eigenthümliche Beugung an. Alle unsere Vorstellungen sind durch den Staat, der uns gefesselt hält, relativ geworden; ja selbst in Nordamerika, wo man so wenig auf den Staat zu geben scheint und ihn nur als das Letzte anerkennt, hat sich doch diese scheinbare Gleichgültigkeit aller sonstigen Gemüths- und Geistesvorstellungen bemächtigt und ihnen ein Gepräge gegeben, das, wie verschieden es auch von den öffentlichen Thatsachen zu sein scheint, doch mit ihnen denselben Ursprung und Charakter trägt.

All unser Stolz, all die großen Ideen, von denen sich unsere Zeitgenossen getragen fühlen, all unsere Debatten sind politischer Natur. Eine merkwürdige Erscheinung! Wenn man im Alterthum vom Fortschritt der Zeiten sprach, so dachte man an die Ausbildung der Philosophie; wenn das Mittelalter eine neue Zukunft predigte, war es bei den Mystikern die bevorstehende Herrlichkeit Gottes, bei den Rationalisten die Wiederbelebung des Alterthums; alles Große, das die Reformatoren träumten, war auf die Enthüllung himmlischer Geheimnisse gerichtet, den Sieg der Bibel und die Reinigung des Glaubens, kurz, alle vergangenen Zeiten knüpften ihre Bestrebungen an die Eroberung des Himmels an und drangen nach der Enthüllung Gottes und seiner Geheimnisse. Ganz anders ist das Ideal unserer Zeit. Diese giebt die Ewigkeit preis als etwas, das von selbst kommt oder auf sich beruhen möge, und sucht sich auf die Lösung jener Aufgaben zu beschränken, welche rein irdischer Natur sind. Der Staat, das Bürgerthum, die Gemeinde, um all' diese Gleichmesser der politischen Begriffe drehen sich die Meridiane unserer Wünsche und Hoffnungen. Während die Vergangenheit alle Dinge zu erfassen suchte, haben wir uns jetzt nur eine einzige Aufgabe gestellt, freilich eine solche, zu deren Lösung wir alle Spitzfindigkeiten unseres Verstandes und alle Leidenschaften unseres Herzens aufbieten. Das sind die zwei großen

Fragen, welche gegenwärtig im Streit mit einander liegen:
Soll der politische Gedanke unserer Zeit in eine allgemeine,
die ganze Menschheit umfassende Vollständigkeit erweitert
werden; oder soll dieser Gedanke beschränkt werden auf ein
einfaches Axiom der Rechtsgelehrsamkeit? Nicht Revolution,
nicht Reaction, Whiggismus oder Torysmus, linke oder rechte
Seite, oder was man sonst für Ausdrücke hat, um die Richtung der Gemüther und Tendenzen unserer Zeit zu bezeichnen,
entscheiden die Bestimmung dieser Zeit, sondern nur die beiden
Gesichtspunkte: Soll die politische Frage auf eine rein juristische beschränkt oder auf eine allgemein menschliche ausgedehnt
werden? Freiheit und Tyrannei, Stoß und Gegenstoß, Vor-
und Rückwärts kommen hier nicht mehr in Betracht. Denn
was will man sagen? Die Ideen von Wahrheit und Recht
stehen zu licht am Firmament des Himmels, zu deutlich in
jedes Menschen Brust, als daß Männer wie Ferdinand der VII.,
Polignac, Wellington, Metternich, die ganze Reihe der Liber-
ticiden unserer Zeit als etwas Anderes betrachtet werden
können, denn als Spreu, die der Wind verweht. Um jene
beiden Fragen, welche wir soeben als den Süd- und Nordpol
unserer Zeit betrachtet haben, richtig an sich und tüchtig durch
uns zu lösen, bedarf es gleich redlicher Kräfte, bedarf es
gleich freier Gesinnungen, gleich unbefleckter und bestechungs-
loser Hände. Sollen wir den jetzt so sehr in Frage gestellten
freien Bürger emancipiren, sollen wir ihm alle jene juristische
und staatsrechtliche Freiheit geben, wonach er sich sehnt?
Oder sollen wir die politische Debatte in dieser engen Ab-
zirkelung für unwürdig erklären, die Ideen eines ganzen Zeitalters auszufüllen, und ihnen eine Erweiterung geben über
alle Interessen der Menschheit, eine Lösung nur in harmonischer Uebereinstimmung mit allen übrigen Pflichten und Rechten, welche uns nicht nur als Bürger dieser, sondern auch
als die Erben jener Welt bezeichnen? Ist der Staat nur
die allgemeine Wehrpflicht oder zugleich die Bürgschaft unserer
höchsten Hoffnungen auf dem Gebiete des Geistes?

Fragen dieser Art kann man nicht erörtern; man kann
sie nicht mit Für und Wider dialektisch hin und her werfen,
sie lassen sich nur fühlen wie die fliegenden Momente räthsel-

hafter Gemüthsstimmungen. Das Unterpfand aller ewigen Ideen
liegt in der ihnen eignen Unfähigkeit, mechanisch vordemonstrirt
zu werden so und so, mit Vorder= und Nachsatz, mit Anfang,
Mittel und Ende. Wir wollen hier nur bei der ersten Wen=
dung des von uns angeregten Gedankens stehen bleiben und
das Leben im Staate größtentheils als eine Einzelfunktion
des menschlichen Daseins im Auge behalten. Wir betrachten
den Staat zuerst in seinen innerlichen und dann in seinen
äußeren Beziehungen.

Ein Bürger des Alterthums zahlte Steuern, versah aber
auch Kriegsdienste. Die Alten trieben kein Gewerbe und be=
dienten sich auch für den Ackerbau nur der Sklaven. Sie
waren Grundbesitzer, Eigenthümer, Unternehmer, sie widmeten
nur den geringsten Theil ihrer Muße der Sicherung ihrer
Existenz und den bei Weitem größern den Angelegenheiten
des Gemeinwesens. Bald gab es Priester, bald Präfecten,
bald Feldherrn zu wählen. Sie kannten den Namen eines
Bürgers nicht ohne die ausschließliche Beziehung desselben auf den
Staat. Selbst die Religion war ihnen politische Pflicht, so
daß Sokrates, des Atheismus beschuldigt, für einen schlechten
Bürger angesehen wurde und in wahrhaft trauriger Weise,
ohne die mindeste Aufregung seiner Mitbürger, endete.

Der Bürger unserer Zeit ist vielleicht ebenso vom Staat
in Anspruch genommen, wie der des Alterthums. Allein er
kommt dem Staat weit weniger entgegen, er fühlt sich weit
weniger im Zusammenhange mit ihm. Es steht selbst bei
allen constitutionellen Fortschritten neuerer Zeit in ihm fest,
daß der Staat nur zum Vortheil einiger Weni=
ger da sei. Er sucht dem Staate nicht selten zu entschlüpfen
und hält ihn weit öfter für das Hinderniß seiner Freiheit,
als für das natürliche Organ derselben. In Monarchieen,
die nach unumschränkten Gesetzen regiert werden, ist der
Horizont eines Bürgers kaum über die Localität, welche er
bewohnt, ausgedehnt. Er ist Unterthan in Beziehung auf
den Staat und ist Bürger in Beziehung auf die Gemeinde.
Wenn in solchen Staaten ein Viehmäster ausruft: Herr, ich
bin Bürger! so soll das so viel heißen, als: Ich zahle
meine Steuern, die Schlachtsteuer, die Tranksteuer, die Accise,

das Patent, kurz, der Mann findet seinen Stolz darin, andern Leuten zu — gehorchen und Niemanden etwas schuldig zu sein. Ist der absolute Staat einmal so glücklich, eine etwas freiere Municipalverfassung zu besitzen, so giebt er mit dem Bürgerrechte, das man wohlverstanden nicht durch die Geburt, sondern nur durch ein Patent erhält, zugleich damit die Erlaubniß, für sich selbst zu sorgen, die Beleuchtung der Stadt aus eigenem Beutel zu bezahlen, die schlechten Straßen pflastern zu lassen, auch wohl eine Kirche, wenn solche zu eng ist, auszubauen. Kurz, dieses Municipalbürgerthum in den absoluten Staaten soll kostspielig sein. Dafür ist es mit einem gewissen Schein von Freiheit verbunden, von Freiheit über jene Wiesen und Gärten, die rings das Weichbild der Stadt ausfüllen, Freiheit über die Meilenzeiger auf den Kreuzwegen, wonach sich die Reisenden in der Landschaft zurecht finden können, Freiheit, die Armen des Ortes zu kleiden und zu speisen, kurz, alles das aus eigenem Antriebe zu thun und aus eigenen Mitteln, was, wenn es der Staat thun sollte, ihm eine Menge Geld und eine Unzahl Beamte kosten würde.

Der Engländer findet die Garantie seiner Freiheit weit mehr in dem Ruhm seiner Geschichte und in dem glorreichen Gedanken, einem Stamme und einer gewissen Menschenrace anzugehören, als der Nordamerikaner. Dieser führt seinen Ursprung auf ein Findelhaus zurück. Er hat kein Mittelalter, keine Stammbäume. Der Nordamerikaner ist stolz auf die geschriebene Urkunde seiner Freiheit; der Engländer weniger auf den Buchstaben, als auf die freie lebendige Tradition seiner Rechte, denen zum größten Theil auch in der That keine geschriebene Quelle zum Grunde liegt. Uebrigens ist die Gewöhnung an den schwierigen Kampf, mit welchem sich der Europäer seine politischen Rechte hat erobern müssen, doch bei ihm so überwiegend, daß man wohl sagen kann: Der Engländer ist stolz auf das, was ihm erlaubt ist; der Amerikaner auf das, was ihm nicht verboten ist; jener ist stolz auf alles, was er darf, dieser auf alles, was er kann. Jener pocht auf die vielen Rechte, die er besitzt, dieser auf die wenigen Pflichten, die man von ihm verlangen darf.

In allen Staaten, welche sich einer geschlossenen Nationa-

lität, eines gewissen Grundstocks von Freiheit, dessen Schlüssel
solche Fürsten haben, welche sich des Fortschreitens im Lichte des
Jahrhunderts bewußt sind, sind mit dem Bürgerthum einige
Begriffe verbunden, welche unverjährliche Rechte ausdrücken.
Wenn ein Deutscher ausruft, und es mag in dem freisten
seiner Bundesstaaten sein: „ich bin ein Deutscher!" so drückt
er damit immer nur eine historische Erinnerung, ein moralisches Moment aus, keineswegs Civil=Ideen, die bei dem
Ausrufe: ich bin ein Engländer, ein Franzose! sich von selbst
verstehen. Hier ergiebt sich nämlich immer die Nebenvor-
stellung: ich habe ein mit mir geborenes Anrecht auf jeden
Vorzug, den die Oeffentlichkeit im Schooße unserer Nation
dem Einzelnen gewähren kann; ich habe das Recht, Theil zu
nehmen an den gemeinsamen Angelegenheiten, unter freilich
mehr oder minder lästigen Bedingungen, ich gehöre aber einem
Lande an, wo sich die Folgen jedes Ereignisses, das ihm
durch Gunst oder Ungunst zustößt, auch auf mich erstrecken;
ich bin meinem Lande Aufopferung schuldig, kurz, ich besitze
Rechte und Pflichten, welche sich wechselseitig die Wage halten.
Dieser Ausruf: ich bin ein Engländer, ein Spanier, ein
Norweger, ein Schweizer, ein Ungar! ist an die Stelle des
antiken Bürgerstolzes getreten. Nationale Empfindungen,
historische Erinnerungen können auf diese Art noch jetzt die freien
Glieder einer freien Staatsgemeinschaft heben und tragen.

Ein Begriff, der sich dem antiken Bürger nähert, ist der
des modernen Wählers. Ein Wähler will die Freiheit,
aber beinahe nur für sich selbst, jedenfalls für sein Land,
seine Provinz, seine Stadt, kaum für den, dem man seine
Stimme giebt. Das, was Befreiung sein soll, wird oft durch
ihn Sklaverei. Ist z. B. nicht schon wieder die Freiheit in der
Hand des französischen Wahlcensus, der kaum dreimalhundert=
tausend Menschen zu den Constituenten des höchsten gesetz=
gebenden Körpers der Nation macht, ein Despotismus gewor=
ben, der, weil er der Despotismus der Leidenschaftslosigkeit,
der Apathie, des geängsteten Reichthums ist, weit unerträg=
licher werden kann, als die frische, vollblütige, gesunde Ty=
rannei meinetwegen eines Alleinherrschers, der doch in allem,
was er thut, Willen und Entschlossenheit verräth? Wenn

man recht fühlen kann, wie die Alten, troß ihrer fast schran=
kenlosen Freiheit, doch recht oft die Sklaven der Begriffe
waren, welche sie mit geregelter Freiheit verbanden, so wird
man auch fühlen können, wie sehr sich unsere neuen Wähler
jenen athenienfischen Bürgern nähern, welche die Tugend des
Aristides mit ihren Schiefertäfelchen zur Stadt hinausjagten.

Ein Wähler in der Hauptstadt — ein Wähler in der
Provinz — das ist die Aufgabe für einen Sittenmaler. Der
erstere kann unmöglich so stolz werden, wie der letztere, weil
die Hauptstadt immerhin Verhältnisse bieten wird, gegen
welche sich der stolze Wähler nicht aufblähen kann. Die
Aristokratie der Geburt, der Verwaltung, der Börse drängt
jenen Bierbrauer zurück, der dem Staate eine außerordentliche
Steuer contribuirt und auf der einen Seite abhängig ist vom
gemeinen Volk, das seine Kundschaft bildet, und auf der an=
dern Seite gern seine Frau, seine Kinder und besonders seine
Tochter, die französisch spricht, Gedichte macht und sogar Ge=
mälde copirt, und sein Gesinde, seine Pferde mit dem des
Staatsmannes oder Bankiers möchte wetteifern lassen. Diese
Leute haben selten einen festen politischen Willen oder er=
halten einen solchen erst in Folge einer Zurücksetzung, wenn
sie sich gekränkt glauben und sich durch den Gebrauch ihrer
Stimme für die erlittene Unbill, z. B. einer von obenher
verweigerten Würde, rächen. Sie haben das Gute, daß sie
der Bestechung schwer zugänglich sind, wenigstens jener ge=
meinen, die einen Boten mit baarem Gelde in das Haus
des Wählers schickt und eine Quittung darüber verlangt.
Nein, es giebt feinere Arten, auch die Unpartheilichkeit dieser
Männer zu untergraben. Man kennt deren Schwäche, ihren
Wetteifer mit der Aristokratie, man grüßt sie im Theater, man
läßt seine Kinder mit den ihrigen schön thun. Kein Staats=
mann ist so auf seine Würde versessen, daß er nicht seinem
Ehrgeiz zu Liebe zuweilen eine Ausnahme machen sollte und
einen kleinen Abend geben, wo man die Familie eines bescheir=
denen, aber ehrlichen Gentleman zu sich einladen kann ohne
in Verruf zu kommen. Läßt es sich mit den Frauen und
Kindern nicht machen, so versucht es Mylord vermittelst der
Pferde zu Anknüpfungen zu kommen. Man besucht die Ställe

Master Porters, man ermuntert ihn diesen oder jenen Apfel=
schimmel nach dem nächsten Rennen in Haymarket zu bringen;
man verspricht sogar auf seinen Hassan oder seine gestreifte
Stute Tulipane zu wetten und sie dadurch in die Combina=
tionen der pferdeliebhabenden Aristokratie einzuführen. Oder
Master Porter hat sich einen neuen Wagen angeschafft
oder auf seinen Landgütern eine neue Düngmethode. ein=
geführt; kurz, es giebt so viele Anknüpfungspunkte für den,
welcher populär sein will, und den, welcher dumm genug ist,
sich anführen zu lassen, daß der erstere nicht einmal zu stu=
bieren braucht, wie er dem letztern auf eine passende Weise
beikommen soll. Louis Philippe hat auf diese Weise die ganze
Rue Lafitte betrogen und König Ludwig I. machte sich zum
Gaste aller reichen bayrischen Gebirgsbauern.

In London freilich sind diese Annäherungen durch Gewohn=
heit und Vorurtheil selten; London schickt in das Parlament
die freisinnigsten Mitglieder. Dagegen waren von je die
großen Boutiquiers in Paris, die Bankiers und Rentenbesitzer
leichter erobert. Diese schicken nur Männer, die dem Mini=
sterium ergeben sind, ja sogar Deputirte, die noch ministe=
rieller sind, als die Minister. Man kauft in ihren Läden,
man schmeichelt ihnen; man ladet sie bei Hofe ein und
befördert sie durch Bestechungen zu hohen Graden in der Na=
tionalgarde. In andern constitutionellen Staaten mag die
Bestechung der Wähler in den Hauptstädten nicht minder glück=
liche Fortschritte machen; wenn dieselbe auch in den kleinen
Residenzen Deutschlands schwieriger sein dürfte, weil dort die
Komödie leichter durchschaut wird.

Der Wähler in der Provinz ist je nach dem höhern oder
geringern Census des Staates entweder ein Fabrikbesitzer oder
ein freier Eigenthümer oder ein Gewürzkrämer, der zu gleicher
Zeit auch den Apotheker des Ortes macht. In letzterem Falle
besitzt er eine außerordentliche Rührigkeit. Er hält mit meh=
rern seines Gleichen in der Stadt zusammen eine Zeitung,
die des Morgens in der Stadt circulirt und des Abends im
Clubb besprochen wird. Nicht selten, daß diese politischen Köpfe
freisinnig sind. Die Lebhaftigkeit ihres Geistes muß Nahrung
und einen gewissen Schwung haben. Wo soll diese anders

herkommen, als aus Begriffen, die da auflösen, niederreißen und überhaupt einer dialektischen Behandlung fähig sind! Es bedarf schon einer besondern Wendung der Dinge, wenn unser Gewürzkrämer die Sache der bestehenden Ordnung vertheidigen soll. Dann muß er ein kleines Gut haben, das er von einem Pair des Königreichs, einem uckermärkischen Granden, der zugleich Landrath ist, in Pacht hat; er muß an eine nahe-gelegene Gutsherrschaft Waarenlieferungen haben oder einen Sohn, der auf dem Colleg mit einem Seitenverwandten Ro-bert Peel's Freundschaft geschlossen hat und durch diesen der-einst eine Pfründe oder ein einträgliches Richteramt erwartet. In diesem Falle wird unser Gewürzkrämer eben so conser-vativ, wie im entgegengesetzten reformistisch gesinnt sein. Auch in letztrem Falle hat er seine Clubs, die ihm blind ergeben sind, und dann noch weit mehr, wenn er sie mit geheimniß-voller Miene grüßen kann und erzählen, er hätte einen Brief aus dem Colleg bekommen und sein Sohn hätte darin etwas fallen lassen, was ein geschickter Wähler aufheben müßte. Kurz, hier geben persönliche Verhältnisse die Entscheidung und können die Gesinnung so lange aufrecht erhalten, bis dann einige Tage vor der entscheidenden Wahl ein mit Wappen geschmückter Wagen vor das Haus gefahren kommt, der einen Händedruck, Stimmzettel, vielleicht sogar Geld bringt. Man kann es nicht verschweigen, die Allgemeinheit des Stimmrechts in England hat große Vorzüge vor dem privilegirten Wahlcensus in Frank-reich; allein die Bestechung entstellt in England das consti-tutionelle System. In Frankreich, wo nur Begüterte wählen, ist die Bestechung auf plumpe und materielle Weise nicht möglich. Freilich hat auch die französische Regierung in der Provinz Mittel und Wege genug, sich dem Ehrgeiz und Interesse der Wähler auf eine ihren Willen gefangennehmende Weise zu nähern. Der Präfect schlägt diesem oder jenem eine Militair-lieferung zu, weiß hier zu begünstigen, dort zurückzusetzen; es ist dies eine Gewalt, welche die französische Regierung noch so lange wird ausüben können, bis einmal diesem Lande ein ge-diegenes Municipalgesetz gegeben ist, das ihm erlaubt, seine Freiheit von unten herauf, vom Geiste der Localität aus, sozusagen aus eigenen Mitteln, ungestört von aristokratischer Einmischung, nach oben hinauf zu gründen und zu bilden.

Wir haben die Bürger und Unterthanen nicht schildern können, ohne auch schon auf die Regierungen hie und da ein erläuterndes Licht fallen zu lassen. Wer sind die Beamten? Nicht mehr die Aeltesten der Gemeinde. Auch kein einzelner levitischer Priesterstamm sind sie mehr, wo man vielleicht nur genöthigt wäre, wenn man sie schildern wollte, von angestammten Vorurtheilen und hierarchischen kleinen Tyranneien zu sprechen. Der Beamte bildet sich jetzt aus dem Schooße der Nation heraus und eignet sich, ehe er in die praktische Laufbahn tritt, erst die theoretischen Begründungen derselben an. Angewiesen, eine einzelne Branche ausschließlich zu betreiben, verliert er oft den Zusammenhang mit der Maschine der Verwaltung im Ganzen und Großen, und nimmt nicht selten, wo der Volksgeist oder die Volksstärke einen solchen Muth unterstützt, gegen das System der höhern Chefs, die ihn besolden, wissentlich oder unwissentlich Partei. Wenn wir in diesem Augenblick sehen, daß Beamten-Freimuth immer mehr zu verschwinden droht, so liegt das in den Veranstaltungen der Regierungen selbst, die den Tadel zu augenfällig herausfordern, theils aber auch in dem allmäligen Vergessensein jenes demokratischen Ursprunges, welchem neuerdings ein großer Theil der europäischen Regierungen seine Einsetzung zu verdanken hat.

Die Regierungen hatten in frühern Zeiten nur die Aufgabe, das, was der Staat besitzt, zusammenzuhalten; so lange noch der Staat die bloße Person des Königs war, dienten sie dazu, die königlichen Interessen zu stützen und zu mehren; sie standen in unmittelbarer Abhängigkeit von den Rathgebern, welche zunächst den König bedienten. Je mehr sich aber in den Begriff des Staates demokratische Elemente drängten, je mehr in den Begriff Staat die Abstraction einer durch gegenseitige Rechte und Pflichten gebundenen Gesammtheit kam, desto populärer wurden die bisher nur im einseitigen Haus- und Cameralinteresse der Monarchie verfahrenden Regierungen. Zur Mehrung und Erhaltung des Staates gesellte sich noch die Vorstellung, daß der Staat als ein ihnen anvertrautes Gut und ein Unterpfand angesehen wurde. Die despotische Einheit der bureaukratischen Methode mußte sich in dem Grade verlieren, als sich der einzelne Beamte als zunächst vom Volke selbst berufen denken konnte. Die großen Unglücksfälle, welche die Regierungen im Zeitalter Napoleon's erlitten, lösten alles einheitliche Bewußtsein derselben auf. Sie wurden die Trümmer gescheiterter Schiffe, hin und hergeworfen auf den Fluthen der mit Glück und Unglück abwechselnden politischen Ereignisse. Heute dem angestammten Herrscher schwören, morgen dem fremden Usurpator — wie sollte sich da die Bureaukratie die Achtung des Volkes erhalten? Kaum hatte sich noch das vorlaute Beamtenwesen, als der Feind zwanzig Meilen vor der Stadt war, mit theils natürlichem, theils bezahltem Enthusiasmus für die alte Ordnung der Dinge ausgesprochen, da folgt die Entscheidung einer Schlacht, der Feind nähert sich den Thoren und was geschieht? Er wird von den Huldigungen der in Procession mit den Schlüsseln der Gewalt herankommenden Regierungscollegien, Tribunale und Municipalitäten empfangen. Diese in der That von den Umständen gebotenen Verleugnungen und Eidbrüche haben dem Nimbus der Bureaukratie, die überhaupt der Continent nur kennt, wesentliche Verdunkelung eingetragen. Es war dringend nöthig, daß die Beamten, auf welchen der Makel des nach dem Winde gehängten Mantels lag, allmälig aus der Verwaltung ausschieden und Namen Platz machten, welche in die jüngste Vergangenheit untadelhaft verwickelt waren. Die Beamtenernennungen wurden in allen Staaten des Continents, selbst in England, Huldigungen, die man dem nach Napoleon's Sturz so exaltirten Volke schenken zu müssen glaubte. Die alten Roturiers wurden pensionirt und mußten dem frischen Nachwuchs Platz machen, den man in Deutschland, Oesterreich, im Norden, in Rußland in der Armee gefunden zu haben glaubte, in Frankreich und in Spanien in den Anhängern der Bourbonen, in England unter den Schutzgenossen Wellington's und seiner politischen Freunde. Diese Erneuerung war verhängnißvoll und hat über Europa viel Unglück gebracht.

In Frankreich hatte der kriegerische Geist das Uebergewicht, und plötzlich kam die Gewalt an eine Gesellschaftsclasse, die in einem behaglichen Exile erschlafft war. Im übrigen Europa sehnte man sich nach Frieden und endlicher Begünstigung bürgerlicher Freiheit, und erhielt eine Verwaltung, die durch und durch eine militairische war. Nur einige wenige glän= zende Ausnahmen kommen in der Geschichte der Restauration vor, wo sich friedliche Beobachter der Geschichte, Gelehrte, die mit Ludwig XVIII. in Mitau und Gent gewesen, doch den beredten Stimmführern eines Volkes anschlossen, welches eine so glorreiche Vergangenheit nicht deshalb gehabt haben wollte, um unter die Kutte der Jesuiten zu kriechen. Ebenso fan= den sich auch im übrigen Europa nicht wenige Beispiele, wo die, welche so eben den Regierungen ihren Glanz hatten er= kämpfen helfen, doch von der Ansicht beseelt waren, daß der= selbe vom Volke selbst ausgehen, nicht blos zurückstrahlen müsse auf das Volk. Allein im Ganzen und Großen be= hauptete sich leider diese Richtung, daß in Frankreich der feige, bigotte, höfische Servilismus überall das Beamtennetz spann zur Umstrickung des Volkes und daß sich im übrigen Europa der schroffe, bramarbasirende, schnurrbärtige Militairservilismus, der geradezu in einen Fluß hineinmarschirt, wenn der Ge= neral nicht Halt! ruft, mit den Regierungen, die bürgerlich werden sollten, innig verschwisterte. In Frankreich wurden wieder Priester Staatsmänner, im übrigen Europa Generale Diplomaten. Dort schritt die Beamtenhierarchie mit andäch= tigen Blicken in Form einer Procession einher, wobei ein Marschall Soult die Kerze trug; hier in der Form einer Parade, wo die verschiedenen Chargen immer tyrannischer werden, je mehr sie von oben nach unten abwärtssteigen. Gewiß war der Sieg über Napoleon ein denkwürdiges Er= eigniß, das mit Flammenschrift in der Geschichte fortbrennen wird; aber der Triumph, der diesem Siege folgte, ist es, der Europa allmälig mit einer so durchgreifenden Unbehaglichkeit erfüllte, daß ein solches Ereigniß, wie die Julirevolution, ich will nicht sagen ausbrechen, sondern die Folgen haben konnte, die es hatte und die dasselbe noch nährt. Glückliche Zeiten der Vergangenheit, wo es der Beamten nur halb so viele als jetzt gab, wo ihre Gehalte keine Verschwendung und keinen

Uebermuth zuließen, wo sie sich für die Diener des Publikums hielten und von Sporteln, meinetwegen auch von Bestechungen lebten! Diese Mißbräuche hat man auf der einen Seite abgeschafft und auf der andern eine desto größere Anzahl dafür wieder aufgebracht. Nun die Beamten des Publikums nicht mehr bedürfen, geizen sie auch nicht mehr nach dessen Gunst. Was habe ich von einem Beamten, der eingesetzt ist, mir zu dienen, und der inzwischen die Miene gewonnen hat, mich beherrschen zu wollen? Ehemals kam der Rathsschreiber zu mir auf's Zimmer, jetzt werde ich zu ihm citirt und ersticke in dem Qualm eines Saales, wo man Pässe ausstellt, Lebens- und Sterbegebühren bezahlt, Gewerbscheine lösen muß. Man glaubt Wunder, was man gethan hat, daß man allen Beamten eine vollkommene Existenz sicherte und ihnen ein gewisses Air anzunehmen erlaubte. Man hat hierdurch aus Staatsdienern Staatsherren gemacht und fängt an sich durch die Maschinerie der Beamten nachgerade mehr als erträglich belästigt zu fühlen.

Glücklicherweise hat hier nicht allein der neuere Aufschwung für politische Freiheit, sondern auch die Natur insofern geholfen, als es nur auf das Aussterben dieser soldatischen Generation ankam. Die bigotten Geistlichen in Frankreich hat „Figaro" mit der grünen Gerte, die das so witzig geschriebene Journal vom Baume der Freiheit brach, vertrieben, und die schwarzen Schnurbärte der Civilbeamten sind allmälig weiß geworden und die Inhaber wurden pensionirt. Die Beamten, welche wir jetzt in England und auf dem Continent sehen, haben doch wenigstens akademische Studien gemacht und sind etwas mehr, als bloße Registratoren. Es sind zugleich comptoristische Elemente in die Staatsverwaltung übergegangen, seitdem sich die Finanzverwaltung Europas außerordentlich complicirte. Ich will nicht sagen (das allgemeine Rennen nach Anstellungen würde mich widerlegen), daß die Regierungen in ihren Angestellten jetzt weniger entschiedene Freunde hätten, als ehemals in den Jesuiten und den Husaren; allein, wenn auch das zugeknöpfte, trockene, puritanische Benehmen der heutigen Büreaukratie durchaus nicht liebenswürdig ist, so sind wir doch schon ein wenig mehr gesichert vor Verketzerung, Intoleranz, militairischem

Fanatismus, Sporenklirren. Seit zehn Jahren hat sich die Schlange des Beamtengeistes in Europa in der That gehäutet und es giebt keinen größeren Contrast, als z. B. einen Beamten zu zeichnen, der Offizier gewesen und dann Titular- oder wirklicher Rath wurde, und einen Juristen, der eine Anzahl Jahre als Advocat fungirte, das Für und Wider der politischen und civilen Dialektik durchmachte und, ermüdet vom Vertheidigen, als Generalprocurator die Rolle eines Anklägers übernimmt.

Die Beamten sind in England zu dünn gesäet, als daß sie eine eigene zusammenhängende Kaste bilden dürften. Wenn sie Unterhaltung, Umgang, Schwiegersöhne und Töchter haben wollen, sind sie genöthigt, sich mit dem größern Publikum zu vermischen. Anders ist dies Verhältniß in Frankreich, in Deutschland. Hier bilden die Beamten ihre eigenen Cirkel und geben da, wo ihnen von begüterten Privaten nicht das Gleichgewicht gehalten wird, den Ton an. Entgegengesetzt ist diese Stellung derjenigen der Beamten in Nordamerika. Dort sind sie wirklich die Diener des Publikums und werden selbst in den höhern Chargen gleichsam als die Commis im großen Staatscomptoir angesehen. Während man oft in Europa findet, daß Geschäftsmänner in die Verwaltung treten, geschieht es in Nordamerika nur bei denen, die schlecht speculirt haben und sich vor dem Bankrott retten wollen. Diejenigen, welche eine Zeitlang Beamte gewesen, sieht man sofort ihre öffentlichen Functionen verlassen, so bald sie Aussicht haben, ihre Zeit in einem andern Wirkungskreise besser bezahlt zu bekommen. Ja, sogar das Militair in Amerika scheut sich nicht, nach Vollendung einer gewissen Dienstzeit sich umzusehen, ob nicht irgend ein Privatverhältniß ihm ein besseres Fortkommen gestatte. In Europa dagegen duckt sich Alles, was sich versorgt sehen will, unter die Flügel des Staates; in Amerika glaubt man gerade am verlassensten zu sein, wenn man nach dem Tarif leben muß, nach welchem der Staat öffentliche Dienstleistungen vergütet. Auch herrscht in Nordamerika die weise Einrichtung, daß verhältnißmäßig die Unterbehörden besser und die obern schlechter bezahlt sind, als bei uns. Dies ist im republikanischen Sinne gedacht und soll allem ehrgeizigen Streben nach Gewalt vorbeugen. Auch haben die untern Behörden bei einer guten Besoldung nicht nöthig, sich den obern mit allzugroßer Hingebung anzuschließen. Zuletzt kann der Beamte seine Unabhängigkeit gegen das Publikum behaupten, da man selten Jemand besticht, den man unbedürftig sieht.

Treten wir in einen andern Kreis des innern politischen Lebens, so fragen wir: Was kann der Unterthan, der Bürger der Regierung entgegensetzen? Das Repräsentativsystem ist keine neuere Erfindung, sondern zieht sich in uralte Zeiten der germanischen Freiheit zurück, ja, es liegt auch den griechischen Staatsverfassungen und selbst der römischen zum Grunde. In allen antiken Staaten finden wir, daß nicht nur alle Behörden gewählt wurden, sondern daß auch die kürzere Zeitdauer gegen die längere als Garantie gegen einreißende Mißbräuche dienen mußte. Die Behörden, welche zehn Jahre in der Gewalt waren, bildeten einen festen Wall gegen diejenigen, welche als einjährige Bevollmächtigte Bresche zu legten suchten. Das Princip des Alten und Neuen, das Interesse der Dauer und das der Wiedergeburt hielten sich immer das Gleichgewicht. Rom führte in seine Gesetzgebung und Staatsverwaltung bald ein vollständiges Repräsentativsystem ein. Die Patrizier waren die Pairs, die Tribunen die Volksdeputirten. Es gab Behörden, besonders solche, die von Priestercollegien gewählt wurden, die eine dauernde Gewalt vorstellten. Die Aristokratie erhielt sich ohnehin in ihrem festen Bestand und verwandelte das, was zuweilen die Woge der Volksgunst an ihr Gestade schwemmte, bald in ihren eigenen Lebensstoff. Ja, als sogar später alle Bollwerke der Volksfreiheit eingerissen schienen und auch die Aristokratie von der Alleinherrschaft der Cäsaren vernichtet wurde, blieb immer noch eine gewisse, wenn nicht Gesetzgebung, doch öffentliche Meinung übrig, durch welche der Despotismus gezügelt wurde. Die schmähliche Existenz des römischen Staates unter den ersten und letzten Kaisern lag weit weniger in dem objectiven Verlust der politischen Freiheit als in dem wilden Toben der leidenschaftlichen Charaktere, von welchen jene Zeiten berichten konnten. Es war weit mehr Uebermuth und schlechte

Gesinnung, Furcht vor der Rache des Volkes, Geiz und Hab=
sucht, es waren persönliche Laster, die das Bewußtsein des
Gleichgewichts der politischen Gewalten untergruben. Man
konnte bei den fürchterlichen Ausschweifungen der Kaiserherrschaft
zuletzt nur noch daran denken, sein persönliches Eigenthum zu
sichern, und trug demnach allen so fein gewesenen politischen Com=
binations= und Unterscheidungssinn auf die Ausbildung der Ci=
vilgesetze über. Leider artete die römische Jurisprudenz in
eitel Haarspalterei aus und ließ, obwohl im Grunde ihres
Ursprungs gegen den Despotismus feindselig gestimmt, ihm
dennoch zuletzt den Schein des Rechtes, gleichsam die Vor=
hand in jeder rechtlichen Frage, ein Zugeständniß, welches
durch das gehorsame und der Fürsten so höchst benöthigte
Christenthum ein wahrhaftes öffentliches historisches Unglück
wurde.

Diesen zur Sklaverei führenden Impuls der Geschichte
hielt das germanische Staatsleben auf, das allmälig in Deutsch=
land, Skandinavien, England und durch Deutschland und
England auch in Frankreich sich bis zu klaren Vorstellungen
über die Berechtigungen auf politische Gewalt ausbildete.
Die Könige, aus der Mitte gleichberechtigter Pairs gewählt
und oft weit geringfügigern Ursprungs, als die, welche ihre
Vasallen wurden, mußten sich durch Verträge in den Stand
setzen, ihre Würde behaupten zu können, mußten die Mittel,
die sie zur Herrschaft brauchten, durch Zugeständniß ständischer
Rechte erkaufen, und hatten, um nicht von den ihnen zunächst
stehenden Würdeträgern erdrückt zu werden, immer nöthig,
die Macht der Einen gegen die der Andern zu stärken. Dieser
freien Gesellschaftsverfassung stellte sich feindselig gegenüber
die um sich greifende Verbreitung römischer Bildung, die
Wissenschaft vom Alterthum, die Kunde des justinianeischen
Rechtes. Es entspann sich ein Kampf zwischen dem alten
Geiste und dem neuen Geiste. Der Fiscus wurde eine Macht,
die als absolutes Staatsprincip ein eisernes Scepter führte.
Eine Gewalt nur sollte im Staate vorherrschen, die des Fürsten.
Als im Zeitalter der Richelieu und Mazarin die souveräne
Gewalt der Fürsten den Feudalismus bändigte, da verwan=
delte sich die frühere Politik, welche die Einen gegen die An=

dern zu stärken suchte, in die entgegengesetzte, welche die Einen gegen die Andern schwächte. Die Parlamente verloren, seit= dem Ludwig XIV. mit der Reitgerte in sie einzutreten gewagt hatte, ihre Wirksamkeit, und das Wesen der constitutionellen Staatsverfassung konnte (überdies bei der isolirten Stellung Englands) so sehr in Vergessenheit gerathen, daß man die Grundsätze, die einer uralten Praxis angehörten, erst wieder neu aus der Theorie entnahm. Dieser alte und neue Duft, der auf dem sogenannten Repräsentativsystem liegt, hat dasselbe wohl für die Zukunft am dauerndsten gesichert; denn wenn die Einen alles Neue anbeten und die Andern nur das Veraltete für erprobt halten, so konnten sie sich hier in ihren Sympathieen begegnen.

Es ist hier nicht der Ort, den Werth der verschiedenen Wahltheorieen gegen einander zu vergleichen. Der Haupt= grundsatz ist immer der: Was soll eingeschränkt, gemäßigt werden? Theils die angeborne Gewalt der Fürsten und der Aristokratie, theils die übertragene Gewalt der Beamten und der Regierung überhaupt. In den meisten jetzt üblichen Wahl= methoden ist weit mehr das letztere als das erstere Gegen= gewicht berücksichtigt. Es hat weit mehr den Anschein bei den neuen, auf dem Continent eingeführten Verfassungen, daß die Regierung die Verantwortlichkeit von sich abwälzen wollte, als sich ihr unterwerfen. Man ruft eine Deputirtenkammer zusammen, weil, wenn die Verantwortlichkeit auf Viele ver= theilt wird, sich die Gefahr mindert. Gesetzt, eine neue An= leihe ist zu machen; statt sich selbst als Minister oder Herr= scher mit dem Risiko derselben zu beladen, wirft man dasselbe auf die Vertreter des Volkes, auf das ganze Land. Diese bequeme Anschauung vom ständischen Wesen scheint dazu bei= getragen zu haben, daß die deutschen Fürsten, größtentheils Ultra=Aristokraten und von ursprünglichen Menschenrechten nicht überzeugt, sich mit dem Repräsentativsystem befreundeten. Aber wo die Kammern nur dazu dienen sollten, das was am Regierungswesen vorzugsweise unpopulär ist, auf sich zu übernehmen, werden sie nicht im Volke Anklang finden. Fügt man noch hinzu, wie vor einigen Jahren von deutschen Re= gierungen der Satz aufgestellt wurde, daß die Stände nicht einmal das Recht hätten, die Steuern zu verweigern, so wird das Repräsentativsystem eine Illusion und kann dem Despotismus kein Härchen krümmen. Allein, wenn man, wie in Frankreich geschieht, auch die Repräsentation des Volkes ein wenig mehr ausdehnt und ihr eine größere Wahrheit zugesteht, so ist das Princip derselben doch immer nur noch halb, wenn es blos das sein soll: de tempérer le pouvoir. Hier wird immer der Gesichtspunkt der Maschine beibehalten und in der Repräsentation nichts gesehen, als das Gegengewicht gegen die Minister, gegen die Beamten und so fort. Nein, man sollte den Gegensatz kräftiger aussprechen. Man sollte das ständische Wesen mehr den angebornen, als den übertragenen Rechten entgegenstellen. Man sollte es zu einer Ausgleichung der Natur durch die Vernunft, des Zufalls durch einen Plan, der Willkür durch das Gesetz machen. Das ständische Wesen soll die Anarchie des Ueberlieferten regeln, es soll nicht blos die Beamten zügeln, sondern die Privilegien, die Adelsansprüche, die Fürsten auf ihren Thronen. Man nehme das gegenwärtige Frankreich! Die Pairskammer ist allerdings nicht auf Geburtsrechte begründet; ja die Dynastie ist nicht einmal großgezogen in der Tradition angestammter, aus unmittelbarer „Gotteshuld" erhaltener Urrechte. Besäße aber die Pairskammer Macht, wäre Louis Philippe legitim, so würden beide im Bewußtsein dessen, was sie haben und was man ihnen, da es angeboren ist, doch in der Hauptsache nicht nehmen dürfte, eher eine Concession machen, als jetzt, wo sie wissen, daß sie nicht mehr haben, als was sie sich (im förmlichen Kriegszustande!) anzueignen den Muth besitzen. Man hat den Grundsatz der Unverletzbarkeit des Königs in Frankreich so oft wiederholt, daß man die Ohnmacht eines Landes beklagen muß, welches eine Verfassung hat, schattenähnliche Minister und einen Premierminister in der Person des Königs, der Alles nach eigenem Gutdünken leitet und sich dann in jenen Nimbus der Unverletzbarkeit hüllt, den nicht nur die Schmeichler, sondern auch Theoretiker um seine Person ziehen. Die Deputirtenkammer dient nur dazu pour tempérer le pouvoir, le pouvoir des ministres, und doch ist der leitende und Alles nach eigenem Gefallen ordnende Gedanke der französischen Politik kein anderer, als die Willkür Louis Philippe's. Die englische Verfassung hat große Fehler; allein sie hat ein volksthümliches Element in sich; das Haus der Gemeinen temperirt nicht blos die Gewalt der Minister, sondern auch die Uebergewalt des Privilegiums. Kein englischer König würde glauben, so ungestraft seine Finger in die Maschine des Staates stecken zu dürfen, wie dies Louis Philippe thut. Er würde immer fürchten, nicht etwa vom Volk dafür heimgesucht zu werden oder etwa eine Revolution zu veranlassen, sondern nur ganz einfach sich der Beschämung auszusetzen, keine Minister mehr zu bekommen. Welcher englische Staatsmann besäße einen solchen cynischen und gewissenlosen Ehrgeiz, daß er ein Portefeuille übernähme, in welchem sich keine Gewalt befindet? Welcher englische Staatsmann dürfte es wagen, sich so bloß zu stellen, wie es die Doctrinärs mit der Freilassung des Prinzen Louis Bonaparte und der Spionage des Conseil in der Schweiz 1837 thaten? Wellington, Grey, Peel, wer von Euch würde den Schimpf ertragen, daß ihr einen Brief aus der Tasche zöget, welchen der Präfect des königlichen Palastes geschrieben, Herr von Montalivet, und öffentlich den Repräsentanten der Nation vorlesen müßtet: „Ich habe die Ehre, Ihnen anzuzeigen, daß die Affaire des Conseil mit der persönlichen Sicherheit des Königs zusammenhängt." Die Kammer weiß nichts, die Minister wissen nichts. Die Kammer schweigt, die Minister schweigen und Frankreich kehrt zur Tagesordnung zurück. In Deutschland finden diese Anomalieen des ständischen Wesens alle Tage statt. Von jenen schattenartigen Provinzialständen rede ich nicht; selbst in den wirklich constitutionellen Staaten hat noch keine Kammer, kein Ministerium einem Fürsten das politische System, das er einzuhalten hat, dictiren können.

Die Wahlsysteme und die Lokalitäten, wo der constitutionelle Gedanke verwirklicht werden soll, sind zu verschiedenartig, als daß man wagen dürfte, einen allgemeinen Deputirtencharakter aufzustellen. Hier ist es ein Geschäftsmann, dort ein Gelehrter, der entweder ganz den Voraussetzungen des Wählers entspricht, oder wenn er die Wahl überstanden hat, diesen täuscht und seinen eigenen Weg einschlägt. Die nord-

amerikanischen Deputirten sind Kaufleute, die den Staat in
jedem Augenblicke fühlen lassen, welch großes Opfer sie ihm
bringen, indem sie ihren Comptoirtisch mit der Bank des
Gesetzgebers vertauschen. Dazu gehören sie nicht einmal der
vornehmen und gebildeten Classe der Vereinigten Staaten an,
werden von der Würde des Senats an Haltung übertroffen,
besitzen weder Fähigkeit für die Rede noch Mäßigung für die
Debatte, wissen über Vieles nichts zu sagen und hören über
Manches einem Vortrage zu, der zwei Tage dauert, ja sie erlauben sich sogar Thätlichkeiten gegen ihre Gegner, wozu es
nicht kommen würde, wenn die beschämende Hamilton'sche
Warnung, sich während der Sitzung keiner geistigen Getränke
zu bedienen, besser befolgt würde. In England sind die Deputirten meistentheils Kenner des Gesetzes oder doch sonst
einer Bildung theilhaftig, die auf classischen Grundlagen gebaut
ist und sich in den Zusammenhang englischer Staatsverfassung
und Geschichte finden kann. Englische Deputirte beginnen damit, auf der Schule lateinische Verse zu machen und sich besonders durch die Lectüre des Cicero die Vortheile der öffentlichen Rhetorik aneignen zu wollen. Nach Vollendung des
juristischen Cursus und einer Advocaten-Praxis, die wenigstens
so lange gedauert hat, daß man vor einer größern Versammlung sprechen lernt, pflegen die Wege, um zuletzt in das
Gleis der Staatscarriere zu kommen, von der Anwendung
der Regeln des Quinctilian weitab zu liegen. Man präsentirt
sich bei einer Wahl und kann von außerordentlichem Glück
sagen, wenn man auch nur einige Stimmen für sich hat.
Man wiederholt es öfter und schießt endlich wirklich durch
Gönnerschaft, Bestechung oder Rednertalent den Vogel von der
Stange; oder man muß sich entschließen, seiner Bewerbung
um die Volksgunst eine neue Unterstützung zu geben. Man
wird Journalist, unterschreibt seine Namenschiffre (denn sich
nennen, heißt die Autorität verlieren) in verschiedenen gestem-
pelten oder ungestempelten Blättern, bei leitenden oder je
nach Ueberzeugung oder Absicht geleiteten Artikeln. Man läßt
von sich reden; greift eine Handlung der Regierung an oder
eine Handlung der Opposition. Man schreibt nicht für England, für die Welt, sondern für jenen kleinen Flecken auf

dem Lande, wo man seine Stimmenzahl vermehren will. Man braucht Provinzialismen, die nur dort üblich sind, nimmt die Naturbilder aus der Umgegend des kleinen Ortes her, spricht von Volksinteressen und zählt dabei nur die Chancen jener Produkte auf, die zufällig in der dortigen Gegend erzeugt werden. Ein paar Freunde wird man doch haben, welche an jenen Orten den Debit von einigen hundert Freiexemplaren solcher Zeitungen übernehmen. Der junge Politiker schmeichelt sich dem Ehrgeiz des „Wahlfleckens" so ein, daß man ihn an irgend einem rothen Kalendertage zu einem öffentlichen Diner einladet, er kommt, spricht, alle Zeitungen erstatten Bericht über das, was er gesprochen, über die Gesundheiten, die er ausgebracht hat, seine Wahl fängt an entschieden zu werden, selbst wenn er sich einem andern Ort vorstellte, als dem, der ihn bisher für die Stütze aller seiner Hoffnungen hielt. Denn die Ortschaften beneiden einander. Will aber auch das nicht verschlagen, nun, dann muß man mit Entschiedenheit eine Parthei wählen und den Stimmführern derselben den Hof machen. Ist die Parthei am Ruder, so läßt sie den Candidaten einen Bericht aufsetzen über ein Eisenbahnproject, über einen verwickelten Posten des Budgets, man braucht ihn zu einer auswärtigen Mission, er soll nach Berlin reisen, um den Zollverein zu studiren, er soll nach Lissabon, um die Gegner der englischen Monopole zu sondiren, er begleitet seine Depeschen an das Ministerium oder die Häupter der Opposition, wenn er in die Dienste der Hoffenden tritt, mit Correspondenzartikeln für die Journale der Parthei; er ist noch Journalist und Diplomat eins in's andere, man kann ihm noch keine officiellen Creditive mitgeben. Endlich kommt er nach England wieder zurück, bringt die wichtigsten Thatsachen mit, ist für die Verwaltung oder die, welche sich darum bewerben, unentbehrlich, und sein Sitz im Unterhause wird eine Kleinigkeit. Die gemeinsamen Anstrengungen der Parthei treten statt der seinigen ein.

In Frankreich hat die Vorbereitung, um in die Deputirtenkammer zu kommen, mancherlei Aehnlichkeit mit dem englischen Verfahren, nur ist die dabei obwaltende Oeffentlichkeit mehr beschränkt. Die Sitte öffentlicher Reden in der Provinz

findet noch nicht statt (Lamartine's Beispiel ist ohne bedeutende
Nachahmung geblieben), die Provinz weiß überhaupt in Frankreich
nicht jene Selbstständigkeit zu behaupten, die in England das
platte Land der Hauptstadt gegenüberstellt. Der größte Theil
der französischen Deputirten mußte diesen gänzlichen Mangel
aller zur politischen Freiheit vorbereitenden Sitten und Institutionen zu benutzen. Es sind die Beamten und die Wähler selbst, die sich untereinander befördern und in die Kammer
schicken, wo sie entweder für das Ministerium stimmen, oder,
sollten sie unabhängig sein, wieder nicht reden können. Die
Partheien legen deshalb überall, wo sie sich günstiges Terrain
versprechen, ihre Minen an; es bilden sich Wahlcomités, die
den Wählern Listen achtbarer Namen übersenden, aus welchen
diese zum Wohle der Menschheit die beliebige Auswahl treffen
mögen. Selten, daß ein Deputirter, der in irgend einem
Arrondissement gewählt wird, bei der Wahl selbst zugegen ist;
ich erinnere mich bis jetzt nur weniger Fälle, wo der Wahl-
act nach englischer Weise vorfiel. Thiers und Salverte standen
sich in Paris gegenüber und entwickelten einer nach dem andern
vor den versammelten Wählern ihre Grundsätze. Die Centralisation ist in Frankreich so groß, die Provinzen verfahren der
Hauptstadt gegenüber so unsicher, daß sich nicht selten der Fall
ereignet, man wird zu gleicher Zeit vier oder fünfmal an verschiedenen Orten gewählt. Man muß gestehen, es liegt hierin
eine große Anhänglichkeit an das Talent, aber auch ein ohn-
mächtiger Gebrauch seiner politischen Gerechtsame.*)

Wenn die Hälfte der französischen Deputirten aus gewähl-
ten Wählern und Beamten besteht, so kann man die andere
Hälfte wol wirkliche Politiker nennen. Diese müssen eine
gewisse Berühmtheit besitzen oder sich diese auf irgend eine
Weise zu erwerben suchen. Man wurde entweder ein N a m e
durch die Unbill der Zeiten, man ist Legitimist oder Republikaner und wird verfolgt; man weiß auf seinen Charakter zu
fußen, hat Beharrlichkeit, Consequenz, Tugenden genug, die vom
Instinct der Franzosen ausgewittert und gepriesen sind. Oder

---

*) Die mehrfache Wahl sichert den Ersatz durch einen Gesinnungs-
verwandten.

man ist Gelehrter, man besitzt diese gute Eigenschaft der französischen Gelehrten, zu gleicher Zeit Beförderer der Wissenschaften zu sein und Politik zu treiben, wie Raspail, der ja-
kobinische Chemiker, Arago, der republikanische Physiker. Auch
in diesem Falle wird man unter der Masse leicht bekannt oder
kann sich durch einige bedeutungsvolle Winke für die Wahl
kenntlich machen. Der letzte Wink ist der, als Journalist
anzufangen. Frankreich hat Beispiele, wie man in diesem
Falle als Premierminister aufhören kann. Die Thiers'sche
Laufbahn ist eine Genugthuung, die eine Nation dem Talent
gegeben hat. Thiers war nicht einmal Advocat, nur das,
was man in Frankreich homme de lettres nennt, ein Magister der freien Künste, der die Geschichte, Poesie, Beredsam-
keit studirt hatte. Um sich bekannt zu machen, wählte er
einen Stoff, wo es keine staubigen Archive zu untersuchen
gab, wo man weder Sprachen noch Wissenschaften brauchte,
sondern mit consequenter Gesinnung, scharfer Verstandescom-
bination und vor Allem mit einem guten Styl gerade das
Erwünschte errreichen konnte. On ne reussit que par le
succès, sagt ein französischer Schriftsteller, und der Erfolg
war für Thiers glänzend genug. Er wurde anfangs homme
d'état du journalisme, grand diplomate des vierten Stocks,
bis ihn die Julirevolution auf das Niveau seines Ruhmes
hob und ihm in kurzer Zeit das Hotel eines Ministers zur
Behausung gab. Diese gleiche „Streberschaft" liegt allen jenen
Federn zu Grunde, die sich so viel Kenntnisse gesammelt
haben, um einen hübschen Artikel redigiren zu können. Hat
Guizot einen andern Ursprung als Thiers? Er war Professor. Sein Geizen hat nur länger gedauert, bis es von
Erfolg gekrönt war. Er kennt die Schwächen aller dieser
an den Journalen sich hinaufrankenden Staatsmänner in spe,
wirft ihnen Pensionen, Beamtenstellen, akademische Sitze zu;
denen, welche er zunächst brauchen kann, Portefeuilles, Unter-
Staatssecretariate und ähnliche Gunstbezeugungen, die keine
Lockspeisen mehr sind, sondern Sättigungen des Ehrgeizes, der
sich zum Besten der Macht bewährte. Warum soll man
diese Laufbahnen nicht billigen? Sie ehren die Literatur und
erfrischen das Staatsleben.

Spanische Deputirte sind bis jetzt zum größten Theil noch Kaufleute und Capitalisten, zum kleineren ehemalige Exilirte und Politiker; die portugiesischen sind sogar Monopolisten wie Pinto Bastos, der im Lande die Tabaksregie führt. Wie wird da die Aufgabe der Stände, gegen Privilegien für den all= gemeinen Vortheil dem Widerpart zu halten, erreicht! Die Schweizer Tagsatzungsgesandten sind meist die Beamten der kleinen Kantone und vertreten die Ereignisse, durch welche sie selbst an's Staatsruder gekommen sind, oder die Mittel, wo= durch sie sich trotz stürmischer Begebenheiten auf ihren alten Stellen behaupten konnten. Deutsche Deputirte gehören größtentheils dem Beamten= und Gelehrtenstande an, Advo= caten und Professoren und zuweilen Kaufleute bilden die Opposition. Doch was ist eine ständische Verfassung, wo man über die Befugnisse der Deputirten nicht in's Reine kommen kann und es noch immer nicht bestimmt ist, wie die einzelnen Staaten souverain sein können und doch die Majorität in der Frankfurter Bundesversammlung anerkennen müssen! Dänemark hat in den alten Zeiten seine ständischen Rechte freiwillig aufgegeben. Jetzt jammert es, daß sie ihm wieder gegeben werden mögen. Einstweilen muß es sich mit kleinen Provinzialversammlungen begnügen. Schweden und Norwegen sind in einem Gährungsprocesse begriffen, dessen erste Stadien auf den Charakter der letzten noch nicht schließen lassen.

Das Capitel von den Fürsten ist eines der am häufig= sten erläuterten und doch immer wieder in Frage gestellten. Wir halten hier nur den moralischen Gesichtspunkt fest und vermeiden es, von den Rechten der Monarchie zu sprechen. Welches sind die Pflichten der Fürsten? Hören wir, was die Vorfahren von ihren Herrschern verlangten.

Montaigne sagte: „Das härteste und schwierigste Geschäft von der Welt ist, meiner Ueberzeugung nach, die würdig durch= geführte Rolle eines Königs. Ich entschuldige an den Kö= nigen sogar weit mehr Fehler, als man sich gewöhnlich zu Schulden kommen lassen darf, in Betracht des furchtbaren Gewichtes ihrer Aufgabe, die mich erschreckt. Es ist schwer, bei einer so ungemessenen Macht Maß zu halten." Mon= taigne fügte hinzu, die größte Schwierigkeit bei Tugenden und

Laftern der Fürsten läge in dem Gerichtshof der Menge, die
sie beurtheilt. Montaigne meinte es vielleicht zunächst nur
von der Tugend, die auf dem Throne nur kenntlich, wenn
sie ganz besonders ausgezeichnet ist. Aber um so verderblicher
ist auch das Gegentheil. Die Laster der Fürsten, fließen sie
aus dem Irrthume und bösen Willen (also nicht aus der
Schwäche), werden immer unmäßig sein, weil den Fürsten
die Vorstellung angeboren ist, als wenn sie mit ihrem Daumen
und Zeigefinger Millionen Menschen umspannen könnten.

Die Weisheit der alten und neuern Zeit ist reich an
Maximen über Fürstenerziehung und Fürstenpflichten. Ja bei
römischen Schriftstellern hat man oft nur nöthig, an die
Stelle der dem souverainen Gemeindewesen gegebenen Rath=
schläge eine Personification zu setzen. So enthält Virgil's
Aeneide einen für Fürsten leicht anwendbaren Spruch:
Mag der ein Erzgießer, der ein Bildhauer sein, der ein Ad=
vocat, der ein Astronom: Du, o Römer, sei nur zu herr=
schen geboren! Die Alten hielten Regierungskunst für ein
besonderes Studium. Ihre Weisen stritten gegen den dem
natürlichen Menschen innewohnenden Glauben, als sei Herr=
schenkönnen das Leichteste. Auch glaubten sie, daß einem
Könige nicht zieme, zu wetteifern mit Frauen, als ob der=
selbe schön sein sollte, mit Advocaten, daß er gut zu reden
nöthig hätte. Als Philipp von seinem Sohne Alexander
hörte, dieser hätte bei einem Festmahle trotz der besten Mu=
siker gesungen, machte er ihm Vorwürfe und sagte: O der
Schande, so gut zu singen!

Wir wollen die moralischen Vorschriften, die man Fürsten
gegeben hat, hier nicht wiederholen. Sie sind langweilig.
Ohnehin sehen wir, daß Priester, Beichtväter, Erzieher die
Thatsachen selten gekannt haben, auf welche ihre Lehren an=
gewendet werden sollten. Kann z. B. der Unterricht, der in den
Abenteuern des Telemach versteckt liegen soll, für ein anderes
Prinzenalter passen, als das erste kindliche? Die wahre Kö=
nigsweisheit liegt tiefer, als auf der Oberfläche moralistren=
der Rhetorik. Macchiavell hat die praktische Tendenz dieser
Weisheit übertrieben, aber der Satz seines Fürsten bleibt
unumstößlich: Ein Fürst, der nur Herzensgüte besitzt, kann

einen Staat sehr unglücklich machen. Macchiavell hat das Gegentheil beschrieben, daß ein verschlagener Fürst den Staat glücklich mache. Seine Anschauungen waren ;durch sein Zeit= alter vergiftet.*) Die wahre politische Weisheit datirt von jenem persischen Axiom: Eine schnelle Ungerechtigkeit ist oft besser, als eine langsame Gerechtigkeit. Aber wie soll man jungen Fürsten dergleichen Principien einflößen, ohne fürchten zu müssen, mißverstanden zu werden? Wie soll man ihnen Weisheit predigen, ohne sich der Schlauheit zu verdächtigen? Das ist eine schwierige Aufgabe, weshalb auch gute Fürsten leichter geschildert als gezogen sind. Man wird immer am besten thun, junge Fürsten auf die Geschichte anzuweisen und ihnen aus einiger Entfernung die Mittel an die Hand zu geben, daß sie sich selbst die Grundsätze abstrahiren, auf welche sich etwas Tüchtiges bauen läßt.

Wenn gegenwärtig die königliche Autorität schon wieder auf Grundsätze der Legitimität oder wenigstens der Quasi= legitimität gegründet ist, so war man im vorigen Jahrhundert weiter vorgeschritten. Die Macht der Könige war damals eine Autorität, die ihnen der Anstand überließ und die sie durch persönliche Ausbildung zu verdienen sich befleißigten. Auch jetzt lernen die Prinzen, suchen sich populär zu machen und sehen es gern, wenn man einen Zug ihres Herzens oder ein Wort ihres Mundes verbreitet. Aber die Fürsten des achtzehnten Jahrhunderts hatten die Entsagung, sich selbst unter das Volk zu mischen, gleichsam verkleidet wie Harun al Raschid, sie dachten bürgerlich, mißachteten sogar den anspruchs= vollen Adel. Sie wallfahrteten nach den damaligen Mekkas der Literatur, Ferney, Montmorency, Pempelfort, Weimar. Sie waren nicht so sehr Beschützer der Wissenschaft, als deren Diener. In unserm Jahrhundert bringen Fürsten auf Ver= fassungen, nicht um die Nation zu emancipiren, sondern um ihre Rechte Schwarz auf Weiß zu haben. Ihr Benehmen wurde schroff, ausschließlich; die Tendenzen des Liberalismus, welche sie fürchteten, machten sie unmuthig und mißtrauisch.

———   ———

*) Wie es gegenwärtig die der Straftheoretiker und Kathedersocia= listen sind.

Sie zogen sich wieder auf den Umgang nur mit denen zurück, welche mit ihnen zu gleicher Zeit auf der Hut sein müssen, der Aristokratie. Die Fürsten vernachläſſigten allmälig, weil sie sich doch durch die Verfaſſung in einen bloßen Begriff verwandelt hatten, hier und da sogar ihre perſönliche Ausbildung, selbſt ihre Würde.

Ein König, der nicht mehr unumſchränkt in seinem Cabinette verfährt, darf schon wagen, jenen großen Umfang von Kenntniſſen, welche Friedrich II., Joseph II., Gustav III. auszeichneten, für einen unnützen Ballaſt zu halten. Der wahre Probirſtein der Könige unseres Jahrhunderts iſt der: Fällt uns bei Nennung ihres Namens nur ihre politiſche Stellung ein oder knüpft sich sonſt an sie eine Beſtrebung an? Hier wird man immer finden, daß sich die Fürsten unserer Tage tief in die innern Gemächer ihrer Paläſte zurückgezogen haben, daß sie nur Namen ſind und daß sie recht gewöhnlich sein können.

Es iſt mißlich, den Versuch zu machen und irgend einen auch nur ganz allgemeinen Fürſtentypus der Gegenwart zu zeichnen. Man würde immer sagen, ich hätte selbſt bei einfachſter Schilderung auf dieſe oder jene Majeſtät eine Satyre schreiben wollen. Unsere Zeit iſt ja auch so seltsam tolerant gegen die Fürsten! Sie will nur die fürſtliche Gewalt abgegrenzt sehen; dann mag dieſe getragen werden von Usurpatoren, Frömmlern, Spielern, es kümmert sie wenig. In England sieht man den König, jetzt die Königin nicht einmal am Ruder des Staatsſchiffes, sie iſt nur der Schutzpatron deſſelben. Wäre das letztere nicht der Fall, wären die engliſchen Begriffe über die Befugniſſe des Staates nicht so klar ausgebildet, welche Liebe zur Monarchie hätten die zügelloſen Ausſchweifungen, die Rohheiten des Gemüthes, durch welche Georg IV. bekannt iſt, einflößen sollen? Das größte Unglück an einem leichtsinnigen Fürsten iſt nur dies, daß sein Vorbild auf die ihm zunächſt ſtehende Aristokratie und Beamtenwelt verderblich wirkt; der perſönliche Charakter des Fürsten iſt heutiges Tages keine Garantie mehr für die Freiheit, aber eine Garantie für die Moral des Landes.

Wir ſind auf ein perſönliches Gebiet gerathen und nicht mehr in der heitern und erhebenden Perspective, jener das

ganze Leben unserer Zeitgenossen umfassenden Anschauung;
enteilen wir einem Bereiche, wo der Tadel für Aufwiegelung
und das Lob für Schmeichelei angesehen wird. Kehren wir
in den Schooß der Nationen zurück, verlassen wir die Ein=
seitigkeit, wie sich diese untereinander abschließen, und ge=
stehen wir uns aufrichtig, ob bei den Fortschritten unserer
Humanität, bei der Gemeinschaftlichkeit aller der Schicksale,
welche die Völker seit fünfzig Jahren erlebt haben, noch im=
mer jene öffentliche Empfindung in den Herzen der Völker
herrscht, welche man Nationalhaß nennt?

Der größte Haß, der zwischen Nationen stattgefunden
haben kann, war einst der zwischen Spanien und England.
England strebte nach jener Seemacht, welche an Spanien,
wie zufällig, durch die Entdeckung von Amerika kam. England
reformirte seine Kirche und bekam eine Herrschaft, die katho=
lisch geblieben, es mußte mit Schmerz sehen, wie diese sich
an die spanische Macht anlehnte. Seither wurde ein Spanier
in England förmlich ein Wild, das man verfolgte; konnte
man es nicht durch die Waffe erlegen, so machte man es lä=
cherlich, als Hasenfuß, Charlatan, Don Quirote. Die Spa=
nier wurden im sechszehnten und siebzehnten Jahrhundert auf
die Bühne gebracht, John Bull, der gemeine und der vor=
nehme, freuten sich, wenn zuletzt der Spanier dem Teufel
anheim fiel oder mit einer tüchtigen Tracht Prügel „die poe=
tische Gerechtigkeit" befriedigte.

Was ist nun aber von diesem Hasse übrig geblieben?
Nichts, als die Notiz davon. Der Engländer behandelt den
Spanier nicht exclusiver, als den Holländer und Franzosen.
Weil ihm der alte Iberier nicht mehr gefährlich ist, ist er
ihm auch gleichgültig geworden. Wenn Moreno, der Ver=
räther und Henker des Torrijo, in London seines Lebens nicht
mehr sicher war und aus Furcht, vom Pöbel zerrissen zu
werden, sich heimlich davon machte, so dachte kein Mensch
mehr an den Papisten und Spanier, sondern nur an den
feigen Mörder und Henker, der unter Andern auch einen Eng=
länder hatte hinrichten lassen.

Engländer und Franzosen sind zwar gegenwärtig zu einer
Allianz zusammengekoppelt, die das Merkwürdige hat, daß sie

statt den Einen durch den Andern zu stärken, nur Einen durch den Andern schwächt; doch gelten sie im Uebrigen für die schlechtesten Nachbarn, die neben einander wohnen können. Als der englische Nationalhaß gegen Spanien erkaltete, entzündete er sich gegen Frankreich. Man hätte glauben sollen, Frankreich, mit England früher weit öfter im Kriege als später, wäre schon seit frühesten Zeiten ein Gegenstand des englischen Spottes gewesen; aber dem widerspricht die Geschichte. Vielmehr war die Anwartschaft auf das nördliche Frankreich und die Verwandtschaft mit dem Blute der Normannen für die Engländer in so lebhaftem Andenken, daß für sie der Pas de Calais nicht existirte, jene Meerenge in ihrer Idee nicht größer war, als der Bach, der England von Schottland trennt. Erst im Anfang des achtzehnten Jahrhunderts finden sich Spuren eines grimmigen Hasses zwischen England und Frankreich. Allein, wie wir oben bei Spanien gesehen hatten, es waren Interessen da, die diesen Haß schürten. Frankreichs unkluge Politik nahm die vertriebenen Stuarts in Schutz, unterstützte die Bestrebungen des Prätendenten, in deren Gefolge der Katholicismus hätte zurückkehren können. Seither freilich verspotteten und haßten sich beide Nationen. Die Revolution und Napoleon hintertrieben jede Annäherung. Aber was folgt hieraus? Daß es immer nur die Interessen und Umstände sind, keineswegs die angebornen Antipathieen, welche die Nationen gegeneinander in Harnisch bringen. Die Deutschen haben zur Zeit ihrer Befreiung vom französischen Joche ihren Haß gegen Frankreich fast zur Caricatur gemacht, dieselben Deutschen, welche fünfzig und noch dreißig Jahre früher die größten Affen der französischen Bildung und Sitte waren.

Nach den Eingebungen des Nationalhasses wird es wenigstens in unserer Zeit unmöglich sein, noch die auswärtige Politik irgend eines Staates zu bestimmen. Oesterreich und Rußland haben Jahrhunderte lang mit der Türkei im Kampf gelegen, und jetzt nimmt Rußland die Miene des intimsten Freundes der Pforte an; Oesterreich, das die Entstehung Griechenlands verhindern wollte, hat es, wie es scheint, mit dieser Freundschaft wirklich ernst. Metternich liebt die Türkei.

Gelingt es Preußen und Rußland, ihre auswärtige Politik noch länger auf den Haß gegen Frankreich zu begründen? Haben sich nicht schon in Deutschland die Spuren des übertriebenen Franzosenhasses in dem Grabe verwischt, als sich auch in Frankreich, selbst auf der äußersten Linken, die Ansprüche auf das linke Rheinufer milderten! Eine solche Wahrheit, daß Nationen durch Flüsse nicht getrennt, sondern nur verbunden werden, daß also auch der Rhein keine Grenze zwischen Frankreich und Deutschland sein könne, ist stärker und siegreicher, als Vorurtheile, wenn diese auch noch so tief in den Gemüthern stecken.

Vorurtheile und Leidenschaften sterben langsam aus. Wir wollen nicht sagen, daß die Völker unfähig geworden, sich gegen einander zu erbittern; aber der geistigen Wortführer ist es würdig, diese Erbitterung als ein Unglück für die Entwickelung der Freiheit und Aufklärung darzustellen. Auf den Nationalhaß haben servile Publicisten und egoistische Regierungen so viel unwürdige Anmuthungen an den Zeitgeist begründen wollen, daß wir auf der Hut sein müssen, in unsern völkerrechtlichen Beziehungen weniger der Ueberzeugung, als der unbegründeten Leidenschaft des Blutes zu folgen.

Ja, was die auswärtige Politik anbetrifft, so befinden wir uns sogar schon in diesem Augenblick auf einem Uebergange, welchen man sich für die Principien derselben vor zehn Jahren nicht möglich dachte. Die politischen Systeme sind in zwei Feldlager getheilt; hier ist Fortschritt, dort Stillstand das Loosungswort. Jeder geht mit seiner Parthei. Man sollte glauben, auch die Staaten, die ein und dasselbe System haben, müßten Hand in Hand gehen, müßten sich durch Bündnisse stärker machen, um den gemeinschaftlichen Feind zu werfen, müßten überall nach einer vorher getroffenen freundschaftlichen Verabredung einschreiten. Finden wir diese Politik befolgt? Vor der Julirevolution hatte es den Anschein. Jetzt sehen wir wieder, daß sich die Sympathieen ganz anders bestimmen und die Interessen sogar da begegnen, wo man im Uebrigen nicht zum Besten aufeinander zu sprechen ist. So ist zum Beispiel die heilige Allianz durchaus nicht mehr so eng verschwistert, wie damals, als sie zum ersten mal geschlossen wurde

und England, der einzige freie Staat, sich weigerte, ihr bei=
zutreten. Oesterreich ist durch die Napoleonische Zeit so sehr
gewöhnt, sich an die Politik der englischen Staatsmänner an=
zuschließen, daß wir für gewiß annehmen können, es wird jeden
einzelnen Titel seiner Interessen allen Paragraphen der hei=
ligen Allianz vorziehen. Eben so gut, wie wir Frankreich
mit Rußland conspiriren sehen, um neuerdings die Bestim=
mungen des Quadrupelvertrags zu hintergehen, ebenso könnte
Oesterreich vorziehen, sich mit constitutionellen Staaten zu
verbinden, wenn es sich darum handelte, Rußlands Macht
im Osten oder im Westen durch Armeen oder durch das Er=
scheinenlassen von Blaubüchern (Portfolios) zu bekämpfen.
Freilich ist dabei unredlich und betrübend, daß sich oft die
Staaten nach Außen an Principien anschließen, die sie nach
Innen verdammen und verfolgen.

Einer der kostspieligsten Ansätze in den Budgets ist noch
immer die Repräsentation der Staaten im Auslande. Die
Diplomatie kostet den Völkern ein Heidengeld. Daher fin=
den es auch die großen Reiche für passend, vermögende
Staatsmänner für diesen Zweck zu wählen, welche aus eigenen
Mitteln hinzuthun, was ihnen der Staat nicht geben kann.
Wie könnte Oesterreich dem Fürsten Esterhazy die Mittel
geben, um von Tattersall ein Pferd zu kaufen, das einen
enormen Preis kostet, die Wette nicht gewinnt und dann von
ihm erschossen wird! England scheint bei seinen auswärtigen
Gesandtschaften und den Consulaten zum Heil seiner Be=
wohner von der Voraussetzung auszugehen, daß ihm an einer
Repräsentation der englischen Wettrenner und Fuchsjäger nichts
gelegen ist. Es besoldet die Consulate und verlangt nur
nach dem Maße der von ihm gegebenen Summe die Einrich=
tung eines passenden Haushalts. England ist der einzige
Staat, welcher die Würde der Nation nicht blos in Peters=
burg und Wien aufrecht erhält, sondern auch in Algier, Tu=
nis, Alexandria und Damascus. Will einmal eine Nation
imponiren, so muß sie es den Reisenden als Zufluchtsort, den
Handelnden als Beschützerin, allen Fremden als kosmopolitische
Gastfreundin. Was würde damit gewonnen sein, wenn eng=
lische Gesandte in Wien Wetten machten, die der österreichi=

schen Aristokratie Ehrfurcht vor ihm einflößten? Der englischen Nation kann die Billigung der ungarischen Magnaten
gleichgültig sein; in die Neigung des Volkes, in die Stimmung der öffentlichen Meinung soll ein Staat sein Netz aus-
werfen und sich da eine seinen Interessen gemäße Würdigung
zu erobern suchen. Dies geschieht weit besser, wenn England
einem Gesandten statt 10,000 Pfund nur 5000 giebt und
die andere Hälfte an zehn, die englischen Interessen in entlegenen Gegenden wahrende Consuln vertheilt.

Die gegenwärtige europäische Diplomatie ist theils aus
Gentlemen, theils aus Polizeispionen zusammengesetzt. Wenn
man nicht gerade ausgezeichnete Staatsmänner zu Gesandten
macht, wie Talleyrand und Pozzo di Borgo, so müssen die
bessern Elemente und die Spione dazu dienen, mit der Aristokratie des Landes, wo sie ihren Sitz aufschlagen, zu wetteifern, bei den Thorheiten des Auslandes die Thorheiten des In-
landes zu vertreten, Wettrennen mitzumachen, glänzende Diners
zu geben und wo möglich sich den Principat in der fashionablen
Welt anzueignen. Die Ostentation muß sich von der Toilette
des bevollmächtigten Botschafters bis zur Livree seiner Diener-
schaft erstrecken. Seine Pferde müssen die theuersten, seine
Hunde die gewandtesten sein. Er braucht sich weit weniger mit
dem politischen System der fremden Staatsmänner zu beschäftigen, als mit deren Frauen, Diners, Livreen. Leichtsinn, den
etwa ein Envoyé in Wien oder Berlin entwickelt, setzt seine Constituenten nicht in Besorgniß. Bedenklich wird nur, wenn sie hören,
daß der Gesandte ein großer Spieler ist. In diesem Falle kann
die edelste und genteelste Figur nicht mehr für sich einstehen;
denn hat einmal das Spiel die Form der Leidenschaft angenommen, so zieht es den ganzen Menschen in seine Sphäre herunter,
lenkt alle Triebfedern seines Handelns auf die Hoffnung des
Gewinnes oder wenigstens den auf Aerger, daß man verliert;
man greift, um das Glück zu betrügen, pour corriger la For-
tune, wie der Spieler sagt, nicht selten nach verzweifelten
Mitteln und kann überhaupt nicht für sich selbst, noch weniger
für die Würde seines Staates gutsagen. Wenn ein Cabinet
hört, daß sein Botschafter ein Spieler geworden, so sollte es

ihn von einer Stelle abberufen, die derselbe auf würdige Weise nicht mehr ausfüllen kann.*)

Nun, wenn die Diplomatie etwas anderes wäre, als das Treiben eines Roué innerhalb einer Gesellschaft, die sich amüsiren will, was würde sie zu beobachten haben? Wir wollen annehmen, daß nicht alle Gesandte nur deshalb in's Ausland gehen, um ihr Vermögen durchzubringen. Sie sollen eine Politik verfolgen, die über die nichtigen Dinge, die neuen Moden in Paris, hinausgeht, sie sollen Instructionen haben. Talleyrand hat von einem Diplomaten, den Napoleon nach Konstantinopel schicken wollte und der ihm mißfiel, gesagt: „Er versteht nicht einmal das Alphabet der Politik." Was hat der verschlagene Ulysses der Diplomatie unter dem Alphabet der Politik verstanden? Jedenfalls die Principien Macchiavell's, die Politik, die von dem Satze ausgeht: es ist nicht alles Tugend, nicht alles Verbrechen, was man dafür zu halten geneigt ist; ein ehrlicher Mann muß unter Schelmen entweder selbst ein Schelm werden oder zu Grunde gehen u. s. w. Man sollte eine neue Anleitung zur Politik unseres Jahrhunderts mit specieller Anwendung auf die Verhältnisse der Gegenwart schreiben und diesem Buche den Titel Till Tal= leyrand geben. Es könnte sich darin Menschenbeobachtung und Satyre aussprechen. Ein solcher Codex der geheimen Umtriebe unserer Zeit, der aristokratischen und demokratischen, der monarchischen und republikanischen, der Priester= und Laienschliche könnte denen, welche das Meer der Oeffentlichkeit beschiffen wollen, ein warnender Pharus sein, so daß die Be= trügenden durch diese Offenbarung ihrer Kunstgriffe manchmal die Betrogenen würden.

Wie würde ein Schüler Talleyrand's in London auftreten? Gesetzt, er ist Franzose, gewandt, fashionable, vermögend, mehr oder weniger noch nicht abgenutzt, ein Diplomat, der nicht blos die Stutzer seines Vaterlandes, sondern auch die Stützen desselben repräsentiren will. Daß er Bälle giebt, daß er sich im Um=

*) Diese Stelle wurde unter den Augen des aus mehr als dreißig Diplomaten bestehenden Bundestages geschrieben. Veranlassung dazu fand sich genug.

gange, wie man zu sagen pflegt, als bon garçon offenbart, von den Frauen bevorzugt wird und wenigstens die weibliche Seite aller Partheien für sich hat, das mögen die unerläßlichen Vorausbedingungen sein. Fuchsjagden, Wettrennen, zerschmetterte Cabriolets, todtgeschossene Pferde, Hahnenkämpfe, davon braucht bei Talleyrand nicht die Rede zu sein. Talleyrand wird immer nöthig haben, zuerst das politische Leben Englands zu studiren, sich zu vergewissern, auf wessen Seite sich die Wage der Partheien neigt. In Frankreich wechseln die Ministerien oft, ohne daß die Systeme verändert werden; in England wechseln nicht nur die Systeme, sondern eine neue Parthei mit neuen Principien und Sympathieen ersetzt die gestürzte alte. Muß nun Frankreich nicht Interessen haben, welche sich gegen England unter allen Partheiumständen gleich bleiben; oder richtiger ausgedrückt: giebt es in Frankreich ein Interesse, das so gut den Whigs wie den Tories gegenüber aufrecht erhalten werden müßte? Allerdings! Das ist die Selbstständigkeit beider Nationen, das Handelsinteresse, das sich nie den Wünschen der Engländer anschließen wird, Beziehungen zur Schweiz, Deutschland und Italien, Protectorat über Belgien, die Grenze Spaniens, Algier, die Türkei. Müssen nun diese Interessen schroff gegen die englische Politik hingestellt und immer vom einseitigen französischen Lichte beschienen werden? Um's Himmels willen nicht! Die Kunst muß darin bestehen, alle diese Fragen so zu wenden, daß England sich an ihnen mitinteressirt glauben muß. Man muß England zwingen können, gegen seinen eigenen Vortheil auf der einen Seite in eine falsche Stellung zu gerathen und sich auf der andern durch die Bundesgenossenschaft Frankreichs gefördert zu glauben. Suchen Sie Alles aufzubieten, heißt die Talleyrand'sche Instruction, daß England nie außer Athem kommt; immer muß es im Feuer sein, da sich nur der Unthätige zu besinnen Zeit hat und sich, ehe er handelt, an Anfang, Mittel und Ende zu denken Zeit nimmt, hingegen der Thätige nur den Augenblick zu gewinnen sucht und wenigstens die nächsten Schritte um sich her klar und deutlich macht. Haben Sie England erst so weit in Athem gebracht, daß es zwischen zwei

Uebeln das kleinere wählen muß, so wird es sich, so lautet die Instruction, zwar immer gegen unsere Interessen zu verwahren suchen, aber sich doch in einer Tretmühle befinden, die lediglich dazu dient, jene Maschine in Bewegung zu setzen, auf welche wir u n s e r Korn aufgeschüttet haben! Das erste und Hauptmittel, die französischen Interessen in England zu wahren, ist dies, sie mit den zunächst nicht gegen Frankreich gerichteten englischen zu verbinden. England hat der Zielpunkte seiner Bestrebungen vielleicht weniger als Frankreich, weil es durch seine Lage so unendlich begünstigt ist; allein auf jene Passagen, die es schützen muß, darf es nicht blos mit dem Finger zeigen, sondern muß die ganze Faust darauf legen. Jetzt ist die französische Politik die, all' den Stützpunkten, die England bedarf, um fest auftreten zu können, in aller Stille französische Interessen unterzuschieben, so daß, wenn Englands stolzestes Linienschiff mit vollen Segeln auf die Höhe einer noch ziemlich entlegenen Zukunft hinausfährt, Frankreichs kleine Schaluppe von ihm in's Schlepptau mitgenommen wird, um seine Zwecke, z. B. Schutz der lateinisch-römischen Sache, mit zu verfolgen. England ist mit seiner französischen Allianz auf die Zukunft bedacht, Frankreich weiß davon einen Vortheil für die Gegenwart zu ziehen. So war es in der orientalischen, so in der spanischen Frage. Die Talleyrandistische Politik geht stets darauf hinaus, die Bundesgenossen in's Feuer zu schicken, um die Kastanien zu holen und dem Andern das Verbrennen der Finger zu ersparen. Frankreich mische nur recht viel Bewunderung der englischen Politik und Staatsmänner in seine eigenen Umtriebe, so werden diese letztern thöricht und eitel genug sein, sich von ihm düpiren zu lassen. Der Bewunderung seiner Institutionen, seiner Manieren widersteht kein Engländer. Je mehr der Gesandte geizt, in die Classe der Exclusiven aufgenommen zu werden, desto enger zieht sich das Band der Freundschaft. Spielt er gar noch mit Lord Grey Schach oder trägt er eine Cravatte, von welcher man glauben könnte, daß sie Lord Palmerston eben abgelegt hat, weiß er seinen Russenhaß weniger nach dem brandigen Moskau, als nach dem englischen Moschus, der sich vor dem Geruch der Russen schützen will,

duften zu machen, so hat er das Vorurtheil der englischen
Aristokratie erobert und kann jenen, geschichtlich genommen
lächerlichen Satz, daß England und Frankreich natürliche Ver-
bündete seien, wie kleine Münze fortwährend aus der Tasche
werfen. Die Whigs überdies kirrt man mit der Deputirtenkammer, die Tories mit jenen Pairs, die in Paris vorneh-
meres Blut besitzen wollen, ohne — es vererben zu können.
Um den Pöbel mit seinem rabikalen Franzosenhasse nicht durch
das französische Handelssystem noch mehr aufzureizen, schickt
man zuweilen einen Dupin oder sonst einen französischen Bow-
ring über den Canal, läßt ihn mit offnem Munde durch Englands Fabrikstädte laufen, die Maschinen und Eisenbahnen
anstaunen und mit einer lauten Lobrede der englischen Volks-
größe sich in Dover wieder einschiffen. Ist ein solcher Charlatan in Calais angekommen, so lacht er John Bull aus und
hebt auch nicht einen einzigen der prohibitiven Ansätze seines
Tarifes auf. Man schmeichle den Engländern, man verwirre
sie in ihren eigenen Interessen, und sie verstehen sich zu einer
Quadrupelallianz, die von Louis Philippe längst an Rußland
verrathen ist und von den französischen Ministern auf der
Tribüne selbst ironisirt wird. So war das Verhältniß Frankreichs zu England damals, als Talleyrand durchaus nicht
mehr von London wegzuescamotiren schien

Weit zusammengesetzter ist die Diplomatie Rußlands.
Rußland und überhaupt die nordischen Staaten wollen eben
so wohl die Integrität ihrer abgesonderten Interessen erhalten,
als jene conservativen Grundsätze, über welche ihre eigenen
Staatsgebäude aufgeführt sind. Wenn wir oben sagten, daß
die Diplomatie nach unten hin sich mit der Polizei verbindet,
so ist es hauptsächlich Rußland und sein conservativer Anhang, der sich nicht blos mit der Regierung des Landes, wo die
Herren beglaubigt sind, sondern mit der Stimmung des Volkes beschäftigen soll. Die Instruction eines russischen Gesandten
in Paris ist ganz besonders verwickelt. Da soll der Unglückliche nicht nur jenes Gleichgewicht der allgemeinen europäischen
Politik im Auge haben, das den Katechismus der politischen
Weisheit bildet; er soll nicht nur den Frieden als erwünscht
und den Krieg als keineswegs gefürchtet darstellen, nicht nur

über den innern Partheigeist und die Fortschritte der Demo=
kratie seine schwarzen Register führen, sondern auch Rußlands
moralische Stellung, den Grad seiner Cultur, die sittliche
Bildung der Moskowiter, die Aufklärungsbestrebungen der
Regierung gegen die Entstellung der polnischen Flüchtlinge
und gegen das Gerücht überhaupt, das Rußland durchaus
außer dem Bereich der Civilisation setzen will, vertreten. Kann
es eine subtilere Rolle geben, als die, welche Pozzo di Borgo
in Paris spielte? Selbst ein Franzose, selbst ein Republi=
kaner, opferte er seine Geburt und Ueberzeugung einem Ehr=
geize, der mit der Größe Napoleon's wetteifern wollte. Er
tritt in russische Dienste und schwingt sich allmälig während
des Krieges zum Diplomaten des Feldlagers auf. Er wird
Günstling und Hauptbeförderer jener politischen Vielseitigkeit,
die sich der Staatsmänner Rußlands bemächtigt zu haben
scheint.

Rußland hat drei Schulen der auswärtigen Politik ge=
habt. Die erste ist die einseitige der alten Bojarenpolitik, die
Politik Paul's und seiner Gemahlin, welche hohe Dame als
Kaiserin=Mutter noch unter Alexander einen Wirkungskreis
behauptete und die russische Nationalität durch Absonderung,
nicht durch Vermischung mit dem übrigen Europa zu heben
suchte. Dieser Parthei hielten die Sympathieen des auf=
geklärten und menschenfreundlichen Alexander das Gegen=
gewicht. Alexander suchte seinen Stolz darin, Rußland auf
das Niveau jener Bildung zu bringen, welche die übrigen
europäischen Staaten auszeichnet; Alexander gehörte jener
Schule der politischen Aufklärung an, die im vorigen Jahr=
hundert in Schweden, Oesterreich, Rußland, Portugal, Spa=
nien und Savoyen das Licht gegen die Finsterniß der Ari=
stokratie und Geistlichkeit zu schützen suchte. Er war so von
modernen Anschauungen beherrscht, daß er die Verkettung der
Umstände beklagte, die ihn zwang, gegen einen Helden Krieg
zu führen, den er hochschätzte. Die Freundschaft, mit welcher
Napoleon in Erfurt von Alexander begrüßt wurde, war keine
erheuchelte. Sie beruhte, wenn nicht auf Achtung vor dem
militairischen Talent des Kaisers, doch auf jenem richtigen Blicke,
mit welchem Alexander den Lauf der Ereignisse von der Re=

volution an zu beurtheilen mußte, auf jenem warnenden Kaj=
sandrablick, der es später für ein Unglück hielt, Frankreich
wieder an die Schwäche der Bourbonen zu überliefern und
der den ersten besten General, einen Bernadotte, einen Moreau
lieber an der Spitze der Franzosen gesehen hätte, als den
verhätschelten Enkel des heiligen Ludwig. In Alexander
lagen zwei Seelen, die eine wollte die Freiheit, die andere
wollte bei dem Siege derselben doch Niemanden verkürzen. Eine
bekannte religiöse Stimmung verknüpfte später beide Rich=
tungen, so daß man sich den Widerspruch erklären kann, wie
zur Ehre Gottes Rußland im Süden die Flammen des grie=
chischen Aufstandes schürte und im Westen zur Ehre Gottes
dieselbe Revolution bekämpfte.

Zu der alten Bojarenpolitik gesellte sich eine zweite Ten=
denz, die von Nesselrode repräsentirte verschlagene Unter=
handlung. Dennoch brachte die diplomatische Schachspielerei
die an den Namen Capo d'Istria sich anschließende Politik
der Befreiung des Orients und der europäischen Türkei. Als
sich diese Richtungen zum ersten Male in Bewegung setzten,
gab ihnen nicht blos der Egoismus den Stoß, sondern im
Anfang in der That eine Idee von Menschenwürde und von
Rechten der Nationen und der Geschichte. Später erlosch doch
wol diese jugendliche Röthe auf den Wangen der russischen
Diplomatie und es blieben nur zurück die Handgriffe einer
Routine, die ungemein vielen Esprit verbraucht, aber leider
nur zu retardirenden Zwecken. Graf Nesselrode, der gegenwärtige
Kanzler des russischen Reiches, ist der Schöpfer jener russi=
schen Diplomatie, welche durch Contrast in Erstaunen setzt.
Das Juchtenthum und die „nordische Barbarei" sind hier
verschwunden. Aus dem Cabinet von St. Petersburg geht
eine Menge kluger Wendungen von Routine und Talleyran=
distischer Nachahmung hervor. Nesselrode schuf diese Diplo=
matie, indem er die von uns oben berührten halb bojarischen,
halb jacobinischen Extreme, in welche die russische Politik hätte
ausarten können, überflügelte und namentlich durch seine Be=
rührungen mit Metternich jenes Gleichgewichts Herr zu wer=
den suchte, welches die Diplomatie zu einer wechselseitigen Ab=
wägung von mehr oder minder Klugheit gegen mehr oder

minder Aufrichtigkeit macht. Die Schule Nesselrode's zeichnet
sich durch ein Talent der Unterhandlung aus, zu welcher sich
der leidenschaftliche Particularismus der Bojarenpolitik nie
würde haben herbeilassen können. Pozzo di Borgo kannte
das Terrain, die Menschen und die Verhältnisse, und hatte
mit viel Begabung Rußlands Interessen gegen die Undank-
barkeit der Restauration, gegen die Feindseligkeit der Partheien, gegen die Julirevolution und die „Umtriebe" der polnischen Flüchtlinge zu vertreten gewußt.

Das Band zwischen St. Petersburg und Paris, immer
über das nichtssagende Deutschland hinweg, wurde fast zu
eng. Pozzo di Borgo, der russische Botschafter, fiel, weil er
sich so weit in die Pariser Tagesdebatte eingelassen und dadurch Rußland in so nahe Berührung mit dem Gewirr der
Partheien gebracht hatte, daß sich Petersburg nach Paris versetzt glauben mußte und man beinahe hätte annehmen sollen,
in Paris existirte eine vollkommen organisirte russische Politik
und Journalistik. Rußland war immer im Vordergrunde,
Rußland war eben so erhitzt, jähzornig, eilfertig, eben so
passionirt für die kleine Intrigue, wie Thiers und die Tuilerien. Rußland besticht, Rußland besoldet, Rußland schreibt
sogar in Pariser Blättern; glauben mußte man das wenigstens,
wenn man auch nur die Schatten des Gerüchts und nicht die
dabei handelnden Figuren sah. Herr Löwe-Weimars, der
plötzlich aus den kleinen Streitigkeiten der Journalistik nach
Petersburg ging, um von dort eine bessere Meinung über
Rußland zu verbreiten, wurde dieser von seinem eigenem Ehrgeiz
dorthin getrieben oder wurde er von Thiers geschickt oder wurde er
von Nesselrode verschrieben? Diese französischen Reisen nach
Rußland fingen ehrenvoll für das bewußte Land an, fielen
aber durch Custine plötzlich im Preise.

Seit Pozzo di Borgo's Quiescirung haben sich in der
russischen Politik einige Veränderungen ergeben, die deutlich
zu Tage liegen. Die Politik dieser großen Macht hat sich,
mit einem Worte zu sagen, vereinfacht. Pozzo di Borgo's
Vorliebe war es, zu trennen, zu vervielfachen und sich zu weit
hinaus zu wagen, hinaus selbst in ein Feld, das man nicht
betreten sollte, wenn man nichts zu repräsentiren hat, als

einen energischen, drohenden Willen, eine sogenannte Velleität. Pozzo di Borgo erfaßte Rußland mehr 'als Idee, denn als Wirklichkeit, die er selbst, der Paris nicht verließ, nur aus der Vorstellung kannte. Dieser Diplomat war vollkommen geeignet, die stumme Größe Rußlands in einer Zeit zu repräsentiren, wo die Macht, welche in Frankreich herrschen und sich befestigen sollte, so zahllosen Intriguen, einer so zersplitterten Anfechtung unterworfen war. Später mochten diese verschlagenen Andeutungen, daß Rußland heute dies wolle, morgen jenes zurückweise, hier drohe, dort warne, diese eigenthümlichen kleinen Intriguen Pozzo di Borgo's mehr Beziehungen zwischen Frankreich und Rußland erzeugt haben, als dem Cabinet von St. Petersburg erwünscht war. Es ist in der Politik, wie im Gebrauch der physischen Kraft; je mehr Concentration, desto mehr Energie. Ein Fechter, der tänzelt, ermüdet und muß dann alle seine Vortheile an den, der still stand, wieder abtreten. So lange Pozzo di Borgo in Paris am Ruder war, konnte die französische Presse mit Recht die Meinung verbreiten, daß sich Rußland fortwährend damit beschäftige, auf jeden ihrer kleinen Umtriebe, auf jede ihrer Verdächtigungen in allen Formaten zu achten.

Des Fürsten Metternich System, übertragen auf die Berührung mit fremden Staaten, läßt vermuthen, daß es von Mißtrauen gegen Alles geleitet wird, was vom Volke kommt; daß es also nicht blos gegen den Partheigeist, welcher die Einheit mancher Staaten zersplittert, sondern auch gegen diese Staaten selbst, wenn sie auf das Princip der Volkssouverainetät gegründet sind und sogar gegen die königliche Prärogative, wenn diese vom Volke eingesetzt, gerichtet ist. Dennoch schließt diese unwandelbare Theorie der österreichischen Politik die Anerkennung der Geschichte und gewisser unabänderlicher Thatsachen nicht aus. Oesterreichs auswärtige Stellung ist negativ, sie negirt aber die Revolution nicht, wo sie einmal fait accompli ist. Das ist der Unterschied der österreichischen Diplomatie von derjenigen, welche wir von andern autokratischen Staaten befolgt sehen, daß Oesterreich Thatsachen, die sich in Europa geltend zu machen wußten, immer anerkannte, daß Oesterreich zwar die Fortschritte der

Revolution bekämpft, überall wo es kann, aber sich darum nicht abmüht, die Revolution selbst zu bekämpfen, ihr Princip, ihren Ursprung. Was will Fürst Metternich? Die Revolution ist da, sie hat Terrain in unsern Gemüthern gewonnen, all' unsere Begriffe sind von ihr getragen; durch Napoleon hat sie den meisten autokratischen Staaten als Dünger zu neuer Umackerung dienen müssen. Man verliert nur Zeit und Mühe, wenn man die Scherben des zertrümmerten Riesenbildes wieder aufsuchen und vergraben will. Was einmal da gewesen ist, bleibt, die Geschichte thut nichts umsonst; sie wird sich hüten, irgend eine ihrer großen Thaten, ja selbst irgend eines ihrer großen Verbrechen preis zu geben und zu verleugnen. So dachte auch Oesterreich damals, als es des Kampfes mit Napoleon müde wurde und sich Kaiser Franz entschloß, dem corsischen Advocatensohn seine Tochter zur Frau zu geben.

Der Zufall hat mich gelegentlich mit jener österreichischen Diplomatie in Berührung gebracht, welche zwischen der höhern und der polizeilichen Bestimmung derselben in der Mitte liegt. Ich werde sagen, was ich darüber gehört habe und was ich glaubte, darauf antworten zu müssen. „Wir denken um keinen Preis daran," hieß es, „die Richtungen, welche das Ausland nehmen will, nach unserm Compaß zu lenken. Wir betrachten das englische Parlament als die organische Nothwendigkeit einer auf historischem Boden gewachsenen politischen Aufklärung. Wir sehen die Deputirtenkammer in Frankreich, die Journale, die Nationalgarde zum größten Theil als ein Spielzeug an, das den Leichtsinn der Franzosen beschäftigen muß, das auch im Nothfall stark genug ist, um nicht sogleich durch bloßen Uebermuth zerbrochen zu werden, als Institutionen, welche Vollkommenheit genug besitzen, um nicht durchaus der Tadelsucht zu verfallen, und auf der andern Seite Fehler genug, um dem unruhigen Neuerungstriebe jener Nation als ableitender Stoff entgegenzukommen. Was läßt sich gegen Spanien thun? Es vertheidigt mit unbesiegbarer Hartnäckigkeit alles dasjenige, wofür sich der Eigensinn dieses Landes einmal erklärt hat, und Europa kann froh sein, wenn auf der pyrenäischen Halbinsel wenigstens Ordnung und Humanität herrschen, mag sie nun von Don Carlos oder der Königin gehandhabt werden. Wir unterstützen den ersten, wendet man ein, wir schicken ihm über Triest bedeutende Summen; wir verweisen Dom Miguel nicht aus Italien, wir nehmen die von der Volksrache gestürzten Könige in unsere Grenzen auf und lassen sie großmüthig bei uns sterben und mit Pomp in der Gruft unserer Fürsten beisetzen. Das sind Dienstleistungen, denen wir uns nicht entziehen können, die einmal von den Anhängern der Reaction eben so bestimmt in Anspruch genommen werden, wie sich etwa politische Flüchtlinge an geheime Comitees zu wenden brauchen, um existiren oder irgendwo einen verzweifelten Schlag ausführen zu können. Wir retardiren, das ist wahr, aber weder im Interesse der Vergangenheit noch der Zukunft, sondern einzig dem status quo zu Liebe. Wir verstehen unter Status quo nicht die gegenwärtige Weltlage, sondern nur den bei der Flucht der Erscheinungen unbeweglich ruhenden Pol, die Einheit, die Sicherheit des Momentes, die Portion Luft, die man der Menschheit lassen muß, um zu athmen, der Gesellschaft, um fröhlich und guter Dinge zu sein, den Staaten, um ein gutes Beispiel zu geben und sich für das Bessere oder Schlechtere zu entscheiden, den Politikern endlich, um sich nach der Constellation der Umstände einzurichten und die Stellung einzunehmen, welche sie mitten in der Verwirrung glauben behaupten zu müssen. Wir wahren die Interessen der Conservativpartei nur deshalb, um die Geschichte von einem sich überstürzenden Fortschreiten abzuhalten. Ohne ein Gleichgewicht des Für und Wider, ohne die Elasticität der Discussion und des Kampfes wird es niemals Wahrheit, nie einen Sieg derselben geben. Warum hat sich von je unsere Politik an England gehalten? Weil in keinem Lande dem natürlichen Fortschritte der Aufklärung so viel organische Hemmnisse gegenüberstehen, als dort, weil kein Volk seine Gedanken durch so viel Siebe hindurchtreiben muß, als das englische."

Der Eingeweihte, von dem ich spreche, fuhr fort: „Oesterreich ist weit mehr dazu aufgelegt, zu unterhandeln, als zu streiten, weit eher zu vermitteln, als zu entzweien. Oester-

reich will die Revolution nicht unterdrücken, sondern aufhal=
ten, aufhalten um jeden Preis. Es ergreift zu diesem Zweck
alle nur möglichen Mittel, die ihm eigener und fremder Witz
an die Hand geben. Oesterreich kann, weil es das geistige
Princip im Lande sich nicht wie einen stolzen Baum ausbreiten
und sich im majestätischen Bewußtsein seiner fruchtreichen Aeste
wiegen lassen kann, nur über wenige Talente gebieten. Oester=
reich nimmt eine gewandte Feder in Sold, doch unterscheidet
sich Oesterreich in der Art, wie es eine solche Feder gewinnt,
z. B. von Rußland. Rußland läßt sich aus Paris einen
Journalisten kommen; dieser tritt in Petersburg mit allen
Extravaganzen seines romantischen Glaubensbekenntnisses auf,
kann nur französisch, verleugnet nicht eine einzige seiner Pa=
riser Gewohnheiten, heirathet eine reiche Erbin und kehrt nach
Paris zurück, um ein Buch über Petersburg und Moskau zu
schreiben, das drei Monate besprochen wird und dann der
Vergessenheit anheim fällt. Rußland hat besoldete Schrift=
steller in Paris, London, Frankfurt, in Athen. Sie waren
niemals in Rußland, sie bekennen sich nicht öffentlich für Ruß=
land, sie abstrahiren nur ungefähr das russische Interesse bei
den auftauchenden politischen Fragen, stehen ohne Controle
und cassiren alle Quartale ihre Wechsel ein. Mit solchen
Diensten giebt sich Oesterreich nicht zufrieden. Oesterreich ver=
langt entschiedene Hingebung; es will nicht blos die Feder,
sondern den ganzen Menschen, es will nicht blos seine Mei=
nungen, sondern sein ganzes Leben gewinnen. Rußland weiß
zu gut, daß wenn ein griechisch=getaufter Bojar seine Inter=
essen im civilisirten Europa vertreten wollte, er von niemand
würde angehört werden. Oesterreich verlangt den Eid auf die
Fahne des habsburgischen Hauses. Die Officiösen müssen
nicht den Anschein haben, als wollten sie vermitteln, sondern
sie müssen den Gegensatz mit derjenigen enthusiastischen Schroff=
heit ausdrücken, die sogar manche ihrer Anhänger bewog,
das protestantische mit dem katholischen Glaubensbekenntniß
zu wechseln. Förmlich auf den Kopf muß sich der Schrift=
steller stellen, der öffentlich für Metternich schreiben will. Gentz,
Schlegel, Adam Müller, Jarke, Hurter sind die Beispiele,
die man befolgen soll. Oesterreich ist eifersüchtig auf die

15*

richtige Beurtheilung seiner politischen Stellung. Es liebt vom gewöhnlichen Duft absolutistischer Tendenzen befreit zu werden und erfreut sich auch größtentheils durch ein klug angelegtes Im=Schach=Halten vorstrebender literarischer Köpfe und Partheimänner einer weit nachsichtigeren Beurtheilung als mancher andere Staat, der, freier Verfassungsformeln ermangelnd, doch in Kunst und Wissenschaft vor Oesterreich voraus ist. Glauben Sie, daß Oesterreich rachsüchtig ist, daß es die Revolution im Auslande mit bureaukratischer Beamten= strenge bestraft wissen will? Ich könnte Ihnen Beispiele von Toleranz mittheilen, wenn dieselben nicht dem Horizont der Politik, an welchen Sie gewöhnt sind, zu fern lägen und durch ihre Veranlassungen zu kleinlich wären."

Ich erwiderte: „Ihre Enthüllungen sind für mich so neu, daß Sie mich schon darum entschuldigen müssen, wenn ich dagegen nach meiner Erfahrung einige Bedenken äußere. Ich glaube, daß der Staat, welchen Sie soeben beredt vertheidigt haben, es weit mehr vorzieht, die Revolution zu verwirren, ihre Glieder sich untereinander selbst bekämpfen zu lassen und dann der öffentlichen Meinung eine Moral vorzuhalten, die noch etwas weiter zurückgeht, als bis zum Status quo. Es ist ein verführerisches Wort: „Wir sind im Grunde so liberal wie ihr auch, wir wollen nicht Vernichtung, sondern nur Hinhaltung!" Welches ist zuletzt der Sinn dieser Er= klärung? Daß wir nach wie vor Diejenigen bleiben, die wir waren. Ich glaube nicht an Ihre Mäßigung und Toleranz, die Sie für Ihren Staatsmann reclamiren. Man muß sich auf Werke, nicht auf Worte verlassen!"

Noch ein charakteristisches Kennzeichen der österreichischen Diplomatie will ich nennen. Die habsburgische Politik hatte von jeher etwas Katholisches, sie war ein weltlicher Katholi= cismus, eine weltliche Hierarchie. Die Diplomaten sind die Mönche dieser Hierarchie. Dieser Vergleich, den wir auszu= führen dem Leser selbst überlassen, ist so zutreffend, daß selbst das Cölibat bei einem österreichischen Diplomaten lieber ge= sehen wird, als seine Verheirathung. Dieselben Gründe, die den Papst bewogen, im Interesse der einigen Kirche dem Priester die Ehe zu verbieten, haben auch bei der österreichi=

schen Diplomatie entschieden, daß eine über Europa ver=
breitete Kette von Garçons jene Absonderung, schnelle Ver=
einbarkeit und Gleichgültigkeit gegen fesselnde Lebensbedin=
gungen befördert, die dem Wesen der österreichischen Diplo=
matie am vollkommensten zu entsprechen scheint.

Genug hievon! Steigen wir aus der Sphäre der bevoll=
mächtigten Minister, außerordentlichen Gesandten, Botschafter,
Chargés d'affaires u. s. w. zu einem L e g a t i o n s s e c r e t ä r
des neunzehnten Jahrhunderts herab.

Es war vor zehn Jahren, daß mich eine verwickelte
Angelegenheit zwang, die Behörden einer deutschen Legation
anzugehen. Es war in einer kleinen Residenz. Der Ge=
sandte wohnte in einem neu angebauten Ende der Stadt.
Aber er war verreist. Man wies mich an den in der Nähe
wohnenden Secretär. Der Name desselben war so schwer und
stolz, wie der jenes irländischen Pairs, welcher sich rühmte,
„mein Geschlecht stammt in gerader Linie von Adam her."
Ich erwartete die Bekanntschaft eines jungen, geistreichen
Cavaliers, dem man noch einst bei fortgesetzter Carriere auf
den höhern Staatsstellen begegnen könnte. Obschon das letz=
tere nicht unwahrscheinlich ist, so bin ich doch von der ersten
Annahme auf horrible Weise enttäuscht worden. Ich betrat
das Haus des jungen Diplomaten; ein wandernder Krämer
mit Herren=Toilettenartikeln begegnete mir schon auf der
Treppe, darauf eine alte Wäscherin, die ein sauber gelegtes
Briefchen trug. Auf dem Vorplatz balgten sich Hunde; ein
Bedienter, der sich schnell seine Livree überwarf, um ein herr=
schaftliches Aussehen zu bekommen, erwiderte mir, daß sein
Herr unwohl sei, doch wolle er ihn fragen, ob ich ihn sprechen
könnte. Nach einer Weile erschien er und erklärte, daß es
dem Herrn Grafen eine Ehre sein würde. Diesen traf ich
denn auch in einem der entlegeneren Zimmer. Ein blutjunger
Mann, über und über blond, mit einer leisen und fliegenden
Röthe über dem zart geschnittenen Antlitz. Ein Schatten auf
der Oberlippe deutete an, daß sich dort etwas wie ein Bart
befinden sollte. Was mir zunächst auffiel, war die possier=
liche Tracht des jungen Mannes; er trug einen dünn und
enganliegenden weißen kurzen Rock, der kaum die Hälfte des

obern Beines bedeckte; rings um die Taille herum war derselbe
in die sauberßten Falten gelegt, die Beinkleider waren roth und
so weitbauschig, wie bei einem Kosaken. Dazu trug der junge
Palmerston gelbe Stiefel und um den Hals einen Shawl von
blauer Farbe. Ich hätte glauben können, mit einem Kunstreiter
zu verkehren. Von diplomatischen Verhältnissen hatte er, glaube
ich, weniger Kenntnisse als vom Reiten. Er konnte mir nicht
den unbedeutendßten Aufschluß über die Angelegenheiten geben,
über welche ich ihn sprechen wollte. Großer Gott! dachte ich,
dieser junge Mann nistet sich in den Combinationen der
Staatsmänner als eine disponible Größe fest, gelangt zu einer
höhern Stelle, lernt gewisse Routinen, hört täglich gewisse
Gemeinplätze und kann am Ende noch einst dazu kommen, daß
er für die Interessen eines ganzen Volkes sorgen muß, derselbe junge Mann, der bis jetzt nur noch die Kunst versteht,
Hunde zu dressiren und sich ein Costüm zu erfinden, das an
Kunstreiterei erinnert.

Wenn die gegenwärtigen Staaten einzig und allein auf
solche Stützen gegründet wären, wie eben gezeichnet, dann,
möchte man glauben, müßten sie bald zusammensinken. Aber so
zäh ist die menschliche Natur, so vorhaltend das Gleichgewicht bei
jenen alten Gebäuden, die sogar hier und da schon nachgeben
und sich gesenkt haben, daß man den Staat immer noch durch
Hülfsmomente zusammenzuhalten hofft, wenn man auch die
Maschinerie vom obersten Premierminister bis zum untersten
Sheriff und Huissier durchschaut. Und dennoch vertheidigen
Denker, die man nicht oberflächlich nennen darf, diese überlieferten Formen des Gemeinlebens. Warum? Weil sich der
Begriff festgesetzt hat, daß der Staat das nothwendige Organ
unseres Lebens, unserer gesellschaftlichen Beziehungen, sogar
unserer Wünsche und Hoffnungen ist. Diese Ueberzeugung
von der Nothwendigkeit einer geregelten constituirten Geselligkeit schützt noch unsere Staaten vor der allzu schnellen Annäherung ihres jüngsten Tages und sichert denen, welche bei
den Formalitäten des Staates betheiligt sind, die Muße, um
sich für die nöthigen Fälle einzurichten und ihr Haus zu be-
stellen. Die Staaten werden bleiben, die Fürsten werden mit
Pietät behandelt werden, allein die Maschine selbst wird man-

her Reparaturen bedürftig sein. Vor allen Dingen muß die Intelligenz in die Regierungen aufgenommen werden. Die Regierungen müssen versuchen, sich von der blos juristischen und staatsrechtlichen Einseitigkeit zu befreien, nach welcher sie sich gegenwärtig in der Geschichte geltend machen; sie müssen sich von den unglücklichen Folgen jenes Satzes lossagen: daß alle Fragen der Humanität besser gedeihen, je weniger sie von den Regierungen abhängen. Denn wohin führt dieser liberal scheinende Satz, diese Unbeholfenheit, wie jeder sich selbst überlassene einzelne Zweig der Humanität sich entwickeln will? Zu nichts Anderm als dazu, daß man eingestehen muß: die Regierungen haben die Intelligenz nicht für sich, sie sind nicht nothwendig für unsere Religion, Moral, Kunst und Wissenschaft.

Es ist eitel Selbsttäuschung, wenn die Regierungen glauben, daß sie jeder freien Thätigkeit in wissenschaftlichen und künstlerischen Gebieten nur Sonnenschein und Schutz zu geben brauchten, ja es würde diese Thätigkeit in dem Grade gefördert, als sich der Staat von ihr entferne. Dieser Satz hat viel Anhänger. Er schließt auch eine Wahrheit ein, die, daß der Staat keine Systeme begünstigen, keine schwankenden Meinungen zum Gesetze machen soll. Allein um dies Ziel zu erreichen, darum darf der Staat noch nicht das Skelett einer nur polizeilichen und juristischen Administration werden.

Unsere Zeit wird als revolutionär geschildert. Ich glaube weit mehr, die Tendenz unserer Zeit liegt in jener Ideenverbindung, die eben angeregt wurde. Warum conspirirt man gegen den Staat? Nicht um diesen zu verändern, nicht um die alten Eigennamen in den Staatsämtern mit neuen zu vertauschen, sondern weil man durch Nachdenken große, erhabene Ideen gefunden hat, die man nicht mehr durch die laufende Staatsform und Verwaltung realisiren zu können glaubt. Es ist hier nicht die absolute Position oder die absolute Negation, sondern etwas Drittes, das beachtet werden will, gemeint. Um dieses Dritte seid besorgt, Staatsmänner, nicht um Revolution, Reaction, nicht um Torysmus oder Whiggismus, nicht um Euch oder um die Andern, sondern seid es um jene von

der Geschichte, vom Nachdenken über Zeit, Verhältnisse und
Menschen so leicht abstrahirten Thatsachen, welche endlich
denn doch die Befruchtung der Geschichte sein werden! Da
sind Fragen der Moral, da sind glühende Ideale im Haupte
der Dichter und Künstler; da ist eine kleine philosophische
Schule, die so gefährlich wirken kann, weil sie sich nicht ent-
faltet, weil nur einzelne ihrer Sätze mißverstanden und entstellt unter das Volk gelangen; da grollt in der Stille eine
wichtige Entdeckung in der Wissenschaft, die selbst wieder von
einem scharfen Auge entdeckt werden muß; da gährt der Kampf
alter Vorurtheile mit neuen Schwärmereien — ja, wenn die
Staaten sich erhalten wollen, dann haben sie nöthig, allen
diesen Beziehungen eine Seite zuzuwenden, sie aufzunehmen
in das innere Staatsleben, sie mit dem Blut der Administration und der Oeffentlichkeit zu vermischen. Man glaubt
Wunder, welches Zugeständniß man dem Zeitgeiste giebt, daß
nur dem Verdienste im Staate der Vorzug gebühren solle.
Ach! diesen Satz hat man schon im achtzehnten Jahrhundert
geprebigt; er umfaßt vielleicht so viel, als man gebraucht
hätte, um die französische Revolution zu vermeiden, aber bei
Weitem nicht genug, um jene Auflösung aller von der Tra-
bition überlieferten Beziehungen, die, wenn wir in begonnener
Weise fortfahren, eintreten muß, zu hintertreiben. Daß nur
das Verdienst bekränzt werde, genügt nicht; auch die Aus-
zeichnungen des Verdienstes bilden eine Aristokratie. Darin
liegt es, daß man einem Jeden Mittel an die Hand und den
Raum gebe, sich so verdient zu machen, als sein Ehrgeiz
darnach glüht und dafür die Kraft da ist. Enthusiasmus
muß geboren werden, Freude am Dasein, jugendlicher Anflug
in Allem, was unternommen wird. Der Staat soll den
Menschen erfüllen. Er soll nicht blos einen Theil von ihm
schützen und die übrigen Theile sich selbst überlassen. Der
Staat soll ganz das organische Leben der Nationen und gleichsam die Crème aller unserer moralischen Gährungen werden.
Denkt Euch ein Volk, das eine reizende Natur, alle Güter des
Herzens und der Philosophie genösse; könnt Ihr Euch noch
einen Augenblick diese Nation denken, wie sie von einer alten,
unschönen, staubigen, gepuderten Bureaukratie könnte regiert

werden? Das scheint mir das Streben unserer und der kommenden Jahrhunderte, daß wir das rosige Morgenlicht besserer Jahrhunderte in Sitte, Moral, Glauben schon auf unsere Stirn leuchten sehen und darnach nur schmachten, auch Euch, Repräsentanten des Krämergeistes, erbgesessene Pairs, perrückenumwallte Oberrichter, scharlachrothe Huissiers, verdrießliche Fürsten und mißtrauische Staatsmänner aller Staaten, in den frohlockenden Fluß der großen mit uns vorgehendem Metamorphose zu ziehen. Wir denken nicht daran, uns Euch gleich zu machen, sondern bieten Euch im Gegentheil nur an, daß Ihr Euch gleich machet — uns.

VIII.
Die Erziehung.

Wir sind allmälig, was den Faden unserer Betrachtungen anlangt, aus der materiellen Sphäre in die moralische gestiegen. Unserm früher entworfenen Plane gemäß sollen jetzt die Beziehungen, welche sich an die menschliche Seele anknüpfen, die zweite Reihe unserer Unterhaltungen bilden. Erziehung, Sitte und Moral werden uns in den folgenden Kapiteln beschäftigen, eine Reihe von Gedankenvariationen, welche zwischen der Materie und der Reflexion die Mitte halten und das menschliche Gemüth zum Grundthema haben.

Die meisten Gemeinplätze finden sich in den Erziehungstheorieen. Die unbeholfensten Geister nehmen einen Schein von praktischem Talent an, wenn sie über Erziehung sprechen. Wären wir über diesen Gegenstand nur erst in die Nähe jenes Zieles gekommen, das deutlich genug schon das achtzehnte Jahrhundert vorgezeichnet hat! Der Humanitätsenthusiasmus jener Zeit war hauptsächlich auf ein verbessertes und veredeltes System der Erziehung begründet; was jene Geister, welche die Strahlenkrone des vorigen Jahrhunderts bilden

und die ihm seinen eigenthümlichen Glanz gaben, über Men=
schenerziehung gesagt haben, hat so viel guten Grund, daß
wir schwerlich früher über den Gegenstand etwas Neues auf=
stellen dürfen, ehe wir nicht die damals gegebenen Vorschriften
vollständig erfüllt zu haben uns rühmen können. Wie wir
überhaupt nur für die Ideen des vorigen Jahrhunderts in
unserer Zeit die Anwendung, für die alten Ideenklingen die
neuen praktischen Stiele und Griffe suchen, so haben wir auch
die Erziehungstheorieen jener Zeit jetzt durch bessere Schul=
einrichtungen zu verwirklichen gesucht. Allein neue Wahr=
heiten über das Verhältniß des Kindes zu seinen Eltern und
zu seiner eigenen Zukunft können nicht entdeckt werden. Wie
sollte dies auch, da die öffentlichen Thatsachen wahrlich nicht
von der Art sind, daß sie die einfache schöne Lehre von
Menschenwürde, welche der Philosophie des vorigen Jahr=
hunderts zum Grunde liegt, hätte ersetzen können. Welche
neuen geschichtlichen Ergebnisse haben wir denn, um daran die
Schößlinge der Erziehung aufzuranken? Wir hörten Begeben=
heiten über unsern Häuptern hinwegrauschen, wir sahen Cha=
raktere, welche die Fahne ergriffen und, die Brust den Kugeln
der Feinde zugewendet, in die Bresche stiegen; wir folgten
selbst nach, begeistert für irgend ein Symbol, für eine Farbe,
ein Losungswort. Allein noch ist unsere Philosophie nicht zu
solcher Grausamkeit gesteigert, daß wir nunmehr von der
Jugend nur noch verlangten, sie müsse erzogen werden, um
Sklaven der Begebenheiten, Zielpunkte der feindlichen Kugeln,
bloße Echos der Partheimeinungen zu werden.*) Nein, was
wir Würdiges und Hohes über die Menschen glauben, das
ist noch immer nicht verschieden von jenem Begriff der Hu=
manität, der das Ideal der klaren und hochherzigen Denkart
des vorigen Jahrhunderts war. Menschen zu bilden, das
ist noch immer das Losungswort, nur daß die alte Zeit ge=
stattete, sich menschlich zu bewähren im Frieden, die neue
Zeit aber verlangt, den Menschen zu entfalten selbst in dem
Sturm unserer, durch so mannigfache Umstände hervorgerufe=

*) Jetzt (1875) ist in Berlin die Philosophie wirklich auf diesem
Standpunkt angekommen.

nen und in Nahrung erhaltenen Kämpfe. Möge es daher dem Misch= und Detailcharakter unserer Zeit nicht unangemessen erscheinen, wenn ich mein Kapitel über die Erziehung statt mit Marimen, mit Portraits beginne. Ich will aus meiner Bekanntschaft Individuen hervorgreifen, die uns besser als Raisonnements die gegenwärtige Lage unseres Erziehungswesens werden vergegenwärtigen können. Ich beginne mit Magister S ch l e h s a ck.

Magister Schlehsack ist der Sohn eines Webers und lernte das Handwerk seines Vaters. Er selbst pflegte zwar zu sagen, er hätte es lernen müssen. Allein sein Vater hatte Recht, wenn er sagte, er hätte auch etwas Anderes kaum lernen können. Peter Schlehsack's Vater hielt es mit einer Methodistengemeinde. Er besuchte die Abendcirkel derselben und sang dabei einen unreinen, aber in Gott freudigen Tenor. Peter Schlehsack, der Sohn, erbte die Neigung des Vaters und bekam bald jene den Pietisten eigene fire Idee, daß sie sich zu irgend einem großen Zwecke vom heiligen Geiste getrieben glauben. Peter hatte nächtlich Visionen, er sah sich auf der Kanzel predigen und lehren, im schwarzen Leibrock mit der Perrücke; er behauptete, daß ihn der Herr triebe, sein Kreuz zu predigen. Als Weber schlug Peter nicht ein; der Einschlag mißglückte, er verwirrte die Garnfäden seiner Stuhlmaschine, er war zu nichts nütze und verdiente die Ohrfeigen seines Vaters. Endlich offenbarte sich Peter einem Geistlichen und erklärte, er müsse studiren. Der Gewissensrath zog einen frommen Kapitalisten zu Rathe und es ergab sich eine Summe, um Peter studiren zu lassen. Er beginnt mit Latein. Der alte Bursche setzt sich unter die kleinen Rangen, die ihn an Klarheit der Auffassung und Gedächtnißkraft übertreffen. Mit Mühe steigt er aus der untersten Classe einige Stufen höher. Es ist die Bewegung eines Faulthiers. Fleißig ist er, aber die Zeit hat er längst verpaßt, wo man etwas lernen kann. Ich sehe Peter vor mir, wie der alte Backenbart, eine Eule unter den Sperlingen, sitzt und verspottet und geneckt wird. Sie binden seinen Fuß an eine Bank an, so daß der Fromme, wenn er aufsteht, fallen muß. Sie nehmen ihm seine Ausarbeitungen, um ihn den

Bestrafungen der Lehrer auszusetzen und sich an den Be=
theurungen seiner Unschuld zu weiden. Wenn der Lehrer der
Classe eine schwierige Frage vorlegt, die niemand zu beant=
worten weiß, am wenigsten Schlehsack, so erhebt sich eine
Stimme und ruft: „Schlehsack weiß es," oder es heißt:
„Schlehsack will etwas sagen," wobei die zornige Art, wie
der arme Peter darüber seine Entrüstung ausspricht, es sogar
noch dahin bringt, daß er bestraft wird für den Andern.
Eines Tages soll Schlehsack eine Rede halten; der Lehrer
schmeichelt sich, einen künftigen Kanzelredner zu entdecken, und
giebt zur Uebung ein Thema über den Aberglauben auf. Wer
sollte mehr Beruf haben, sich hören zu lassen, als der Alte,
der, um einst Pfarrer zu werden, sich hier mit Griechisch und
Latein quälte? Er betritt den Katheder und beginnt mit
lispelnder Stimme und gen Himmel gerichteten Augen: „Als
— Gott — dem — Menschen — seinen lebendigen Odem
in die Nase blies —" Dieser Anfang erregte allgemeines
Gelächter; der Lehrer, um seine eigene Reizung der Lachmus=
keln zu verbergen, verlangte das Manuscript der Rede und
ersah aus diesem, daß Peter Schlehsack, um über den Aber=
glauben zu reden, die Schöpfungsgeschichte des Menschen er=
zählt hatte. Schlehsack mußte abtreten und kam sich in diesem
Augenblick wie Luther vor, dem ein Concilium den Vortrag
seiner Lehrmeinungen untersagte. Seit dieser verunglückten
maidspeach machte Schlehsack so auffallende Rückschritte, daß
es seine Gönner für gerathen fanden, ihre Hand von ihm
abzuziehen. Nun erklärte er, wenn auch nicht Prediger,
doch wenigstens Lehrer werden zu wollen. Nach jahre=
langem Bemühen hat er es endlich dahin gebracht, daß er die
Leitung einer Landschule erhielt, deren Ertrag kaum hinreicht,
ihn vor dem Hunger zu schützen. Ist es gut, daß es so oft
verfehlte Lebenswege sind, die am Ziel der Jugenderziehung
ankommen?
Eine andere Figur unter den Volkslehrern spielt jener
junge Mann, der eines Morgens zu Fuß in das kleine Städt=
chen tritt, das der Sitz eines Schullehrercollegiums ist. Auch
er hat, wie der Sultan außer dem Schulregiment, daß er
erst erlernen will, schon ein Handwerk gelernt. Er ist

Schneider, wie sein Vater, will aber das werden, was
sein Vater nebenbei auch ist, Schulmeister. Die Löcher, welche
sich die Kinder auf den Bänken der Schule in ihre Kleider
reißen, können in der Schule wieder zugenäht werden und
die Einkleidung des Geistes und des Körpers geht von einer
und derselben Kunstfertigkeit aus. Der Sohn wird einst vom
Vater die Elle, die auch den Schulbakel bildet, erben. Eine
Einrichtung, die Se. Gräfliche Gnaden der Gutsherr so getroffen hat. Auch muß er Bienenzüchter sein, die Orgel
spielen und im Kirchendienst helfen. Kurz, wenn diese Leute
später ein gewisses närrisches und überspanntes Wesen bekommen, so liegt die Schuld in der Fülle von Gegenständen, womit man ihre geringe Fassungskraft überladen hat.
Ich habe noch immer gefunden, daß Männer, welche mehr
lernten, als wozu sie die Weihe, den Beruf, die Kraft zu
tragen hatten, ein abgeschmacktes Wesen bekommen. Man
wird dies immer bestätigt finden bei dem sogenannten Commis
voyageur, bei Kellnern, die sich mit Anstrengung die Kenntniß einer fremden Sprache angeeignet haben. Sie sind wie
in einem ekstatischen Zustande, verlernen ihre Muttersprache
und fangen an, gebrochen zu sprechen; sie übersetzen gleichsam, was sie in ihrer Muttersprache sagen wollen, erst aus
der angelernten fremden Sprache. Es wird Narrheit. Der
menschliche Geist hat seine Gesetze und Stufen, er ist so or-
ganisirt, daß er die Mittelglieder seiner Erkenntniß nicht überspringen darf. Schnell und krampfhaft zusammengeraffte
Kenntnisse, den man keine Unterlage hat geben können,
sondern die man gleichsam nur mit den Sporen der fürchter-
lichsten Anstrengung in sein Gedächtniß einhackt, werfen das
Gleichgewicht des Reiters um und machen, daß solche in dieser
Art gebildete Leute oft wirklichen Narren ähnlich sehen.

Die Pedanten stehen in unserer Zeit einsamer als früher,
wo es noch an öffentlichen Thatsachen fehlte und die Philosophie noch mehr in alterthümlichen und scholastischen Formen
befangen war. Um so mehr fällt jetzt eine Erscheinung wie
die des Titus Pomponius Sylbenstecher auf. In Deutschlands Schulen spricht man weit mehr von der alten Grammatik, als von der Philosophie, Moral und Staatsweisheit

des Alterthums. Man entläßt die Zöglinge auf die Universität mit der Phrase: wir haben in Euch den Grund der
Humanität gepflanzt, d. h. man hat ihnen ellenlange Reihen
von Zeitwörtern, die ihre zukünftige Zeit in der handelnden
Form passivisch bilden, oder ähnliche große Wahrheiten über
die Partikelwelt mitgegeben. Titus Pomponius Sylbenstecher
ist der Sohn armer Eltern und fand durch Protection die
Mittel, um studiren zu können, wenigstens theilweise, denn
diese Hülfsmittel würden nicht hinreichend gewesen sein, wenn
nicht der vielversprechende junge Mann durch Lectionen, die
er gab, die, welche er selbst noch brauchte, gedeckt hätte. Aber
nie war der Blick frei, mit welchem Titus in die geöffneten
Pforten des Alterthums trat. Die großen mit Epheu und
Lorber umwundenen Pforten desselben waren ihm zu vornehm, zu stolz, er schlich sich wie ein Bettler herum um die
Mauer, kletterte über die antiken Trümmer und Schutthaufen,
stahl sich in jene große Welt, die dahingegangen, und
machte sich selbst an dem Göttermahle der classischen Vorwelt
zu einem ungebetenen Gast, der unter den Tisch gehört und
den man bei römischen Schmäusen Schatten nannte. So
ist bei Titus Pomponius in Haltung und Geberde nicht ein
Schimmer von jenem Sternenlichte der griechischen und römischen Schriftsteller, die uns aus der Nacht der Vergangenheit
zuleuchten, sichtbar; seine Gestalt ist gebückt, sein Auge matt,
sein Gesicht voll Runzeln, sein Athem kurz und jene Eigenschaft besitzend, von welcher Casca in Shakspeare's Julius
Cäsar eine Ohnmacht befürchtete; er ist ein Bettler auf den
Trümmern, wo man nur König sein sollte, und er begiebt sich
auch selbst aller Ansprüche auf ältere und erwachsene Leute.
Nur der Jugend gegenüber verwandelt er seine Krücke in einen
Scepter und bläut ihr mit jenen Knochen, die vom Götter-
mahle erhascht, nicht das ein, was Jupiter ist, sondern den
Dialekt, in welchem Zeus zu den Griechen gesprochen hat.
Die liebe Jugend! Ihr gegenüber wird jeder unterste Tempel-
diener zum Propheten, wenn er den Talar darnach anhat.
Sie begreift am wenigsten, daß dasjenige, was ihr Titus
Pomponius mit der hektischsten Strenge einzuprägen sucht,
sein ganzer Reichthum ist, sein erstes und zweites Glied, seine

Avant- und Arrieregarde. Den eigentlichen Pedanten charakterisirt der unerschütterliche Ernst, womit derselbe unter seinen
Zöglingen waltet und sich gleichsam mit der Unreife derselben
identificirt hat. Wenn ich mit dem gefürchteten Schulmann
spreche, so duckt er die Augen, kriecht und ist verlegen; sowie er aber in die Schule tritt, schnellen sich alle Glieder
seines Wesens auf; da trägt er den Kopf hoch, er hört
nur sich selbst, hat fünfzig lernbegierige Bewunderer; er
schwelgt in dieser, eigentlich staatsgefährlichen Wollust, seine
Thorheiten von allen diesen Kindern als Vernunft anerkannt
zu sehen, nachgeahmt, gebilligt, angestaunt. Die Jugend ist
wie Wachs, das Alles vorstellt, was man daraus formen will.
Die größten Weisen und größten Narren haben sich an die
Jugend gewendet, weil diese weder prüft noch widerspricht.
Wenn dies Sokrates, Rousseau thaten, so ist der Eindruck
rührend; man sieht', daß nur die Verdorbenheit der Erwachsenen sie den Kindern zuführte. Allein nun denke man sich
Titus Pomponius mit seiner Vorliebe für schweinslederne
Einbände, mit den Fettflecken auf seiner Weste und der Zettel-
weisheit seines Gedächtnisses. Um diese obsolete Natur reiht
sich die Jugend als ein Muster, einen wilden Tyrannen, ja sogar als einen Gegenstand liebevoller Verehrung. Was können
die Knaben von einem solchen Lehrer überkommen, als dürre,
blutlose Begriffe? Wenn sie Fortschritte machen sollen, müssen
sie erst in eine neue Welt versetzt werden.

Daß man das Alterthum als Bildungsmittel so vielfach
angegriffen hat, rührt hauptsächlich von dem Pedantismus derjenigen her, welche die Kenner und Lehrer desselben
sind. Es ist verzeihlich, aber nicht zu billigen, daß man das
Alterthum als Inhalt mit der Form verwechselte, in welcher
uns dasselbe geboten wird. Ich habe auf der Schule Plato,
Demosthenes und Tacitus gelesen; allein nur den letzteren
verstand ich, den ersteren zum Theil, den mittleren gar nicht.
An wem lag die Schuld? Nicht an der Auswahl des Schriftstellers, nicht an meiner Fassungskraft, sondern an dem Unterricht jenes Lehrers, der die erstgenannten Schriftsteller so
schlecht zu erklären wußte. „Fast alle Lehrer", erzählte mir
mein Freund, „durch deren Hand ich ging (und Jedermann

sollte ohne Rücksicht solche Selbstgeständnisse machen, damit
die Verständigung über classische Erziehungsmethode beschleu=
nigt wird), waren eingefleischte Philologen, nur der erste von
ihnen, der Rector des Collegs, besaß eine gewisse universelle
Bildung, kannte die Dichter der Nation und schrieb in seiner
Muttersprache selbst einen Styl, der, wenn auch nicht schön
und melodisch, doch nach guten Mustern gebildet war. Dieser
las die Reden gegen den Verres mit uns und meist ziemlich
kursorisch. Er hatte dabei nicht die Antiquitäten als Haupt=
gesichtspunkt, allerdings auch nicht blos die formelle Gram=
matik, sondern nur den Styl. Wäre Cicero in seinen
langen Perioden weniger klar, als er es ist, so würden uns,
was selbst diesen Lehrer anbetrifft, die Verrinischen Reden
ihrem wahren Inhalte nach ein verschlossenes Buch geblieben
sein. Ein Anderer las den Horaz und in einer andern
Stunde den Sophokles. Dieser glaubte, die alten Dichter
hätten nur gelebt und gesungen ihrer Metra wegen. Eine
Horazische Ode uns in ihrem Verfolg zu analysiren oder den
Chor einer Tragödie auf einfache, sich sichtlich vor den Augen
schematisirende Grundgedanken zurückzuführen, verstand er
nicht; den Rest von Muße, den uns die Metrik ließ, ver=
brauchte die Grammatik und die Mythologie. Es war immer
ein wüstes Chaos, das uns vor Augen schwebte und das uns
dunkel blieb, selbst wenn wir die Texte leiblich übersetzen
konnten. Recapitulationen des Inhalts und des Zusam=
menhangs kamen nie vor; beim sechsten und siebenten
Verse hatten wir schon vergessen, was im zweiten und dritten
gesagt war. Den Plato erklärte uns ein junger Mann, der
kränklich war, aber, was unter Philologen selten ist, den
Fashionable spielte. Er ritt seiner schwachen Brust wegen
und kam fast immer mit den Sporen in die Classe. Dieser
bei Alledem etwas frauenzimmerliche Gentleman besaß gedie=
gene Kenntnisse, aber nur formelle. Er hatte sich ein gewisses
Feld von Bemerkungen abgesteckt und jagte nach Anakoluthieen,
rhetorischen Figuren, regulären Ausnahmen von den irregu=
lären Regeln und dergleichen. Ja er besaß sogar die Eitelkeit
oder vielmehr Entsagung, da er die Stunde doch besser hätte
benutzen können, uns aus seinen Studienbüchern Parallel=

stellen zu dictiren, die zu vergleichen mir und keinem meiner Mitschüler je eingefallen ist. Vom kunstvollen Bau eines platonischen Dialogs bekamen wir keine Einsicht; er erklärte das Einzelne, aber nicht das Ganze; unser Gedächtniß nahm er nur in Anspruch für die Anknüpfungen, die er an Plato machte, für Plato selbst am wenigsten. Nur ein Lehrer schien von der hohen Bedeutung seines Berufes ergriffen zu sein. Dieser war nur eine kurze Zeit an dem Colleg beschäftigt und hatte, wie man sagte, mancherlei Schicksale erlebt. Er hatte sich lange Zeit mit der Bildung junger Männer für den Elementarunterricht beschäftigt, verlor diese Stellung durch ungerechte Beschuldigungen und erklärte nun interimistisch auf unserm Colleg den Tacitus. Seine Haltung war streng und ernst; Alles, was er sprach, hatte die gewählteste Form. Der Treffliche strebte so sehr nach rhetorischer Abrundung, daß wir Schüler sein Pathos in muthwilligen Stunden persiflirten. Dies hinderte nicht, daß uns seine Erklärung des Tacitus anzog. Man sah, daß er die verhaltene Leidenschaft des großen Römers zu ergründen wußte. Zwar war seine Erklärung kritisch und philologisch; aber sie hatte immer nur den Zweck, das dem Sinn Angemessene und mit dem Charakter des Tacitus Uebereinstimmende hervorzuheben. Vieles verstand man nicht, weil der jugendliche Sinn noch nicht reif genug war, um die Schliche der Tyrannei und die Irrsale der menschlichen Natur zu durchschauen; allein man erhielt von dem, was noch dunkel blieb, schon die Ahnung bedeutungsvoller Aufklärung. Dieser Unterricht hat gemacht, daß, wenn ich mich gegenwärtig noch mit dem Alterthum beschäftige, ich am liebsten auf Tacitus zurückkomme. Ich beklage dabei, daß mir besonders Demosthenes verleidet wurde. Diesen Redner erklärte uns eine zerstreute Persönlichkeit, die gewöhnlich erst mit den Scholaren über Politik verhandelte, ehe der Unterricht begann. Der Mann trug vielleicht sein Lehrerjoch mit Verzweiflung, er hätte sich weit mehr zum Journalisten gepaßt. Wir sprachen mit ihm über den Riß in der ersten Olynthischen Rede, ob diese nicht vielleicht aus zwei heterogenen Theilen bestünde; allein mir ist nie ein

Verhältniß klar geworden, das Demosthenes betraf, kaum die Disposition seiner Reden, viel weniger die Absicht derselben." So weit die Geständnisse meines Freundes. *)

Es war meine Absicht, ehe ich mir in diesem Kapitel die Feststellung einiger Grundsätze erlauben wollte, den größten Theil des pädagogischen Details zu erschöpfen, der sich mir im Persönlichen darbietet. Ich kann Sie hier nicht über=gehen, theure Sylvia! Sie müssen sich gefallen lassen, daß ich Sie im Schooße der kleinen Frauenzimmer aufsuche, wel=chen Sie wohl noch ein wenig mehr, als nur Rechnen und Schreiben zu lehren verstehen! Ja, lieber Leser, Fräulein Syl=via würde, wenn ihre Kenntnisse, wie diese jetzt aus Realien bestehen, aus Humanioren bestanden hätten, im Mittelalter gewiß so gut haben unterweisen können, als jene italienische Dame, deren Standbild im Hofe der Universität von Padua rechter Hand aufgestellt ist, die so vielen Zulauf in ihren Vor=lesungen hatte und den Andrang, gewiß auch noch aus Rück=sichten der Galanterie, durch Schranken zurückhalten mußte, so daß sie nur hinter einem Sprachgitter ihre Vorträge hielt. Wenn Sie, meine gute Sylvia, nun so stehen müßten vor den Studenten der Londoner Actienuniversität und entweder la=teinisch sprächen, wie Madame Dacier oder wie Miß Elisabeth Wright Macauley, die nun plötzlich gestorben ist und mehr als eine Schauspielerin, eine Methodistenpredigerin war, die eben=falls über Botanik, Volkswirthschaft und Schädellehre häufige, nicht unbesucht gebliebene Vorträge hielt! Wenn Sie in Jena lehren sollten oder gar in Berlin in dem neuen Universitäts=costüme, das Ihre zarten Schultern erdrücken würde? Doch Verzeihung, theure Sylvia! Sie erziehen nur Frauen, geben nur Unterricht in der Naturgeschichte bis zu einem gewissen Grade, kämpfen für die Emancipation des Weibes auf die edelste Art; denn was emancipirt das schöne Geschlecht besser und schneller, als die Kenntniß der Wissenschaften! Miß Sylvia hat mit Vielen ihres Amtes gemein, daß sie durch körperliches Unbehagen frühzeitig daran gemahnt wurde, die große Welt würde sich ihr nie erschließen, vielleicht auch kaum

---

*) Gesammelte Werke Bb. I. SS. 197—220.

ein männliches Herz. Sie litt an vielen Uebeln. Ich kenne
diese nicht. Ich werde nicht darnach fragen. Es genügt,
daß sie blaß aussah in ihrer Jugend und daß sie nie hoffen
konnte, Erbin eines reichen Vaters oder Oheims zu werden.
Es ging ihr wie einem meiner Bekannten, der mir neulich
unter heftigen Schmerzen klagte, er hätte von seinem Vater
nichts als die Gicht geerbt. Verzeihung, edle Miß, wenn ich den
Anstand verletze! Ich denke mit Rührung an jene Zeit, als
Sie auf dem Streckbett liegen mußten! Großer Gott, von
sechzig Jahren, die man lebt, von fünfundvierzig, wo man das
Bewußtsein seines moralischen Daseins hat, fünf Jahre in
einer eisernen Maschine liegen, unbeweglich, ohne aufzustehen,
als nur um ein verborgenes elastisches Schnürleib mit einem
frischen zu vertauschen, und dann nach fünf Jahren der fried=
fertigsten Ergebenheit doch um nichts gebessert, höchstens daran
gewöhnt, durch eine gute Haltung seinen Schaden zu verdecken!
Sylvia hält jene fünfjährige Folter für ihr Glück; sie hat
während derselben Alles gelernt, Geschichte, Sprachen, Natur=
kunde, nur nicht Musik, was auch nicht nöthig war, da ihre
Seele Musik ist. Sie hat sich einen Schatz von Kenntnissen
erworben und bewahrt denselben in einem Gefäße der lauter=
sten Herzensgüte, der rührendsten Bescheidenheit. Denn man
denke nur: diese Fülle von Wissen ist mit keinem körperlichen
Liebreiz, sondern nur mit einer sanften zitternden Stimme
verbunden, von welcher sie selbst nicht ahnt, wie bezaubernd
sie damit wirkt. Sie weiß so viel und ist so bescheiden darauf!
Sylvia hatte ihr ganzes Vermögen auf dem Streckbett ver=
legen; als sie nach fünf Jahren, in ihrem achtzehnten Jahre,
zum ersten Mal vom Bett des Prokrustes befreit war, wußte
sie nicht, wie sie auf ihren Füßen stehen sollte, auf welchen
Fuß sie zuerst treten sollte. Auch im Bilde; sie hatte keine
Eltern, keine Verwandte, nur sich selbst, ihre Kenntnisse, ihre
Geduld. Eines Tages stand in den Blättern: Eine junge
Dame, welche u. s. w. Sie will Unterricht geben, bietet sich erst
den Französinnen an, die Englisch, dann den Engländerinnen,
die Französisch lernen wollen. Sie ist so billig und so gründ=
lich! Es klopft. Herein! Ein junger Stutzer, der mit ver=
legenem Lächeln eintritt. Er hatte sich eingebildet, jene An=

16*

nonce sei nur der Wink einer Gelegenheitsmacherin gewesen. Sylvia erschrickt über seine forschenden Mienen. Sie ist nicht durch die Welt, aber durch Bücher klug geworden, um die Absicht des jungen Mannes zu errathen. Dennoch mochte sie nicht entfliehen. Sie ergriff das Mittel, das ich Frauen für Fälle dieser Art anempfehle. Sie schrie nicht, sie drohte nicht, sie spielte keine Komödie. Sie bat den jungen Mann, sich niederzulassen, und führte ihn durch die Gegenwart ihres Geistes von seinem irrthümlichen Gedanken ab, verwickelte ihn in ein so feines und gedankenreiches Gespräch, daß sich dieser zusammennehmen mußte, um ihr zu antworten. Immer befangener geworden, verließ er die Dame, staunend über die Kenntnisse und Würde Sylviens. Eine Stunde darauf meldeten sich drei Damen, um bei Sylvien Unterricht zu nehmen. Sie waren die Schwestern jenes jungen Gentleman und von ihm veranlaßt, seine eigene Thorheit wieder gut zu machen. Dies ist der einzige Angriff, den Sylvia in ihrem Leben von Männern gehabt hatte; doch war die Wendung, welche sie nahm, so zart und rührend, daß Sylvia ihr Leben hindurch gut von den Männern dachte und nicht selten mit einer aus den Augen leuchtenden Zärtlichkeit vom Bruder ihrer ersten Schülerinnen sprach.

Es ist nothwendig, daß weibliche Erzieher gute und tugendhafte Männer sind, oder sind es Frauen, daß sie von den Männern eine gute Meinung hegen. Nichts entstellt Erzieherinnen mehr und schadet den Fortschritten ihrer Zöglinge, als ein geheimer Groll gegen das männliche Geschlecht. Schon die Sprödigkeit ist eine unglücklich gewählte Emballage der Bildung, die man Frauen mitgiebt. Zwischen kalter Zurückhaltung und verliebter Neigung giebt es eine Mittelstraße, welche Erzieherinnen immer anrathen müßten. Nichts ist dem weiblichen Charakter so gefährlich, als der Glaube, die Wissenschaften müßten den Frauen als Waffe gegen die Männer dienen! Sylvia erzieht vortreffliche Gattinnen und Mütter. Sie hat ein Erziehungsinstitut eröffnet, das den glücklichsten Fortgang nimmt.

Nicht alle Erzieherinnen erfüllen so gediegen ihre Bestimmung. Ich kenne von Sylviens Charakter viele Ausnahmen.

Die gefährlichsten Erzieherinnen dieser Art sind solche, die das anständige Kleid einer Lehrerin nur als Deckmantel ihrer großen und kleinen Leidenschaften benutzen. Die Frauen befehlen gern. Haben sie keine Hoffnung, daß sie es über eigene Kinder können, so knechten sie andere. Der rauhe, kurze Ton der Lehrerinnen ist dasjenige, was ihnen Genuß gewährt. Sie scheinen manchmal aus Liebe zum Despotismus Unterricht zu geben. Bedenklicher schon ist es, wenn eine Lehrerin nach gesellschaftlicher Auszeichnung strebt. Aus diesem Triebe entstehen meist in Familien untern Standes die pädagogischen Gelüste. Meine Tochter wird Lehrerin! Diese stolze Proclamation einer ungelehrten Mutter entzündet das junge Mädchen, das sich quält, Fortschritte in der Musik und im Französischen zu machen. Das junge Kind ist eitel und will, ehe sie eine Gattin wird, dem Loose entgehen, eine Nätherin zu werden. Fräulein Livia mag eine Parallele zu Sylvia sein. Nennen darf ich sie nicht; sie würde mir einen Proceß an den Hals hängen. Niemals habe ich ein Mädchen gesehen, das männlichere Gesinnungen hegte, als Livia. Ich gebe ihr einen aus der Geschichte zur Genüge bekannten Namen, weil ich nicht zweifle, daß sie Gift mischen würde, wenn sie Gelegenheit dazu und nicht zu große Furcht vor dem Schaffot hätte. Die Beschuldigung ist stark, aber sie ist verdient. Livia empört meine Kritik ihres Charakters, empört mein Inneres um so mehr, als das Mädchen Erzieherin ist. Doch nein! Gott sei Dank! Sie ist nur Lehrerin. Sie giebt nur Unterricht in weiblichen Schulen. Sie kommt nur wöchentlich in acht bis zehn Stunden mit ihren Zöglingen zusammen; leider giebt sie an drei Anstalten zu gleicher Zeit Lectionen. Ihr Vater ist Musikus, ein halber Schauspieler, wenigstens spielt er im Orchester des Theaters. Ihre Mutter spielt das Instrument des Ehrgeizes und der Koketterie, der letzteren, wenn nicht mit sich selbst, doch mit ihren Töchtern. Sie hat noch mehre auf dem Lager und alle sind Lehrerinnen geworden. Sie haben sich glücklicher verheirathet, als sie es verdienten, nur Livia ist noch übrig und intriguirt noch, um zu einer Parthie zu kommen. Nur weil ihre Schwestern schon das pädagogische Handwerk trieben, ergriff sie es auch; ohne

Weihe, ohne ernsten Entschluß. Die Lehrerin war für sie
eine Tradition, eine Familienprofession, ein ausgetretener
Schuh, in welchen sie nur ihre eigenen Füße hineinzustecken
brauchte. Sie war viel zu jung, als sie das Handwerk begann. Sie begann es mit Kindern, denen sie die ersten Rech-
nungs= und Buchstabenbegriffe beibrachte. Während sie dann
schon lehrte, lernte sie erst. Sie tyrannisirte Andere, als sie
selbst noch tyrannisirt wurde. So blieb sie unfertig und in=
triguant in allen ihren Manieren und trieb von Jugend auf
die Erziehung als ein Hülfsmittel, um sich für ihre eigene
Abhängigkeit an der Unabhängigkeit Anderer zu rächen. Livia
war nicht häßlich. Sie hatte dunkle, leidenschaftliche Augen,
schwarzes Haar, weißen Teint, ohne einen Rosenanhauch der
Wangen; die Jagd auf Männer gab ihr Welterfahrung. Alles,
was sie jetzt von praktischer Philosophie lernte, stand in Berührung mit dem stärkeren Geschlecht. Sie bekam eine allgemeine
Anschauung der Menschen und Dinge, die auf Pessimismus
herauskam. Träumend und wachend nur an die Männer
denkend, kleidete sie ihre Liebe zu ihnen in das Gewand des
Hasses, denn sie war Lehrerin, sie wurde beobachtet, sie hatte
Rücksichten zu nehmen. Livia ging so geradezu auf ihre Ziele,
daß es ihr gelang, durch consequente Intrigue gegen ihre
weiblichen Collegen es bis zur Lehrerin in den ersten Classen
zu bringen, doch nur für einige Objecte, die leichtesten. Selbst
noch so jung, war ihr Verhältniß zu den jungen Mädchen,
die sie zu unterrichten hatte, beinahe das einer Conspira=
tion. Die Arbeiten, die sie leitete, ließen vertrauliche Gespräche zu. Die Zungen lösten sich, die Herzen quollen auf,
es zeigte sich, daß schon alle diese jungen Knospen Geheim=
nisse in sich verschlossen von Kinderbällen, von Tänzern, von
Tänzern ihrer Schwestern. Livia, Geburtshelferin dieser Geständnisse, wurde die Rivalin derselben. In alle von ihren
Zöglingen und deren Angehörigen arrangirte Gesellschaften
gezogen, Mitglied von mehr als zwanzig Familien, deren Interessen sie bald durchschaute und gegeneinander spielen ließ,
nahm sie immer gereiztere Bewegungen an, ihr Auge rollt,
ihre Sprache hat etwas Schonungsloses, ihre Gesichtsmienen
zittern, wenn sie etwas erwartet, das gesagt oder gethan wer=

den soll. Denn ihr Treiben ist nicht ohne Gefahr. Hundert
Reclamationen erfolgen in Einer Woche. Hier ist eine üble
Nachrede gehört worden, dort vermuthet man die Quelle, man
wälzt Verdächtigungen von sich auf Andere, man hat etwas
gesagt, etwas wiederholt, es giebt Untersuchungen, Confronta=
tionen, anonyme Billets, tausend Verwirrungen, denen nur
noch fehlte, daß sich die Polizei einmischte. Livia ist unter
dieser ewigen leidenschaftlichen Aufgeregtheit allmälig verblüht.
Sie muß Toilettenmittel brauchen, um ihre Reize frisch zu
erhalten, Frauen werden unter diesen Verhältnissen nur noch
reizbarer. Wie oft ruft sie nicht aus: So soll mich Gott
um die ewige Seligkeit bringen, wenn ich das gesagt habe!
Denn man kann gewiß sein, wenn von einer Verleumbung
die Rede ist, daß sie von ihr kommt. Natürlich handelt sich
zumeist Alles um die Männer. Sie macht schnelle Eroberungen.
Aber nur zu bald sehen die in die Falle gegangenen Lieb=
haber ein, daß sie weit mehr von ihrer geistigen Unruhe als
von der Liebe zu ihnen verzehrt wird. Sie sollen ihr dazu
dienen, sie in Schutz zu nehmen, in ihnen Bundesgenossen zu
haben; sie liebt jetzt nur noch deshalb, um ihre Parthei zu
verstärken. Selbst die sinnliche Neigung ist schon verzehrt
von der Fieberhitze des intriguanten Herzens. Und unter
allen diesen Verhältnissen hört Livia nicht auf, ihre ernste
Rolle als Lehrerin durchzuführen. Sie findet immer wieder
faules Holz genug, womit sie sich in der unheimlichen Nacht
ihres Rufes eine Glorie macht. Sie weiß Pfarrer und Schul=
patrone in ihr Interesse zu ziehen und hat schon manche
Schulvorsteherin gezwungen, sie in ihrer Stellung zu dulden,
während jene ihr schon ein Dutzendmal kündigte.

Im Alterthum war der Unterricht die Nebensache, die Er=
ziehung die Hauptsache. Man lernte bald, was man bedurfte,
jene encyklischen Wissenschaften, von welchen Plutarch spricht.
Alles übrige Wissenswerthe erlernte der griechische und römische
Jüngling durch Anschauung und frühe Uebung. Es galt
bei ihm nur die Nothwendigkeit, ihn zu einem freien Manne
zu erziehen; während bei uns der freie Mann all' die Künste
in sich aufnehmen muß, die früher dem Sklaven gehörten. Die
Bestimmung und der Erwerb entscheiden bei uns. Bei den

Alten verstand sich jene von selbst, dieser fiel den Sklaven-
anheim. Die Alten hatten über Erziehung nur moralische
Vorstellungen. Man wird in Plutarch's Abhandlung über
die Erziehung weder die Andeutung irgend einer pädagogischen Theorie, noch sonst einen praktischen Fingerzeig finden.
Der wohlmeinende Polyhistor beschäftigt sich nur damit, den
Eltern die Einpflanzung allgemeiner Humanitätsbegriffe in
die Seele ihrer Kinder zur dringenden Pflicht zu machen; Begriffe, die für uns Gemeinplätze sind. Weise, nüchtern, keusch,
fromm sein, wer machte daraus heute den Hauptvorwurf der
Unterweisung? Unser Gedächtniß und unser Verstand wird
in Anspruch genommen; unser Gemüth bleibt uns selbst
überlassen.

Weil nun diese Veranstaltung ein beklagenswerthes Unglück der neuern Zeit ist, so haben sich die Lehrer zu helfen
gesucht. Sie behaupten, daß die Wissenschaften nicht blos
den Kopf stärken, sondern auch das menschliche Herz verbessern. Dasjenige, was die Wissenschaften nicht thun werden,
fügen sie hinzu, wird die Religion und die Gesittung unseres
gesellschaftlichen Zusammenlebens thun. Will man die Wahrheit sagen, so denken sie, daß wir die sittliche Weisheit lernen
werden, weil diese die Polizei gebietet. Unsere moralische
Ausbildung ist der Furcht oder der Klugheit überlassen. Wenn
wir nicht ganz verwildern bei dem einseitigen Erziehungssystem unserer Zeit, wenn wir wirklich den größten Theil unserer Sittlichkeit dem Christenthum verdanken, so besteht die
welthistorische Bedeutung desselben vielleicht am meisten in
der erziehenden Kraft desselben oder in einer ideellen Aushülfe, die seine Lehre der überbeschäftigten und materiell bedrängten Menschheit leistet. Hat wohl Rousseau, auf den ich
mich sonst so gern berufe, irgend einen Hauptpunkt der Moral
in seiner beabsichtigten Reform der Erziehungsmethode getroffen? Seine Schriften sind im Grunde alle mehr politischer als moralischer Natur. Daß die Frauen ihre Kinder
selbst säugen, darum brauchte kein Prophet aufzustehen. Den
innern Menschen hat man sich selbst überlassen.

Die Alten glaubten, die Tugend könne gelehrt werden.
Viele Dialogen des Plato behandeln dies Thema; beim Plu=

tarch findet sich eine nicht vollendete Abhandlung unter dieser
Ueberschrift. Sokrates, der den jungen Athenern Stöcke zwischen die Beine warf, um sie davon zu überzeugen, daß sie
straucheln könnten, machte sich zu weiter keinem Unterrichte
anheischig, als zu dem in der Tugend. Bei uns hat man
dies so verstanden, wie die alte Medicin ihre Pharmakologie
verstand. Ein Kranker leidet am Magen. Er hat zu gleicher Zeit Fieber und Verstopfung. Jetzt raisonnirte die Arzneikunde: Ich geb' ihm ein Decoct, worin saure Ingredienzien
das Fieber stillen und salzige eine Abführung bewirken. Daß
aber Sauer und Salzig in ihrer Mischung weder sauer noch
salzig sind, gaben wenigstens früher die Aerzte nicht zu und
vertheidigten ihre Mirturen gegen die Homöopathie, das System der einfachen Arzneimittel, mit einer Hartnäckigkeit, deren
„guten Grund" ich nicht antasten will. Aber alle medicinischen Facultäten mögen mir wenigstens erlauben, ihr Princip
eben so sonderbar zu nennen, wie das, wovon unsere neue
Geistesheilkunde, die Pädagogik, geleitet wird. Die jetzigen
Erzieher rechnen auf die moralische Kraft der Wissenschaften,
die diesen von selbst innewohne. Sie lehren die Tugend zu
gleicher Zeit mit dem Schönschreiben. Ihre Vorschriften sind
ebenso für die Verbesserung der Handschrift als für die des
Herzens berechnet. Oder man nimmt die Einleitung zu den
Naturwissenschaften aus dem ersten Buche Mosis. Das Eine
soll das Fieber, das Andere die Verstopfung heilen. Ich
glaube, es ist wie bei allen Kranken. Die schlechte Arznei
macht, daß der noch gesunde Theil des Menschen sich in ihm
empört und die eigene innere Heilkraft wieder die Oberhand
gewinnt. So werden wir nicht deshalb gut, weil wir, sondern trotz dem, daß wir so viel lernen mußten.

Ich bin davon überzeugt, daß unsere Zeit weit mehr Verbrechen erzeugt, als das Alterthum und die Zeiten der Barbarei. Wir haben mehr Ordnung, als in der Völkerwan-
derung, das wird Niemand leugnen; aber unsere Tugenden
sind nicht nur, was schon an sich lasterhaft ist, passiver Natur, sondern an wirklichen Verbrechen sind wir trotz unserer
kriminalistischen Gesittung reicher, als das gewaltthätige Alterthum. Der Diebstahl, an und für sich betrachtet, ist gewiß

ein größeres Verbrechen, als unter Umständen ein Todtschlag.
Der Mord aus Rachsucht und Leidenschaft entsteht nur aus
einem Deficit an moralischer Bildung; der Diebstahl immer
aus einem positiven Verbrechen, im Bewußtsein seiner Schlech=
tigkeit. Es wird in unserer Zeit in einem Decennium mehr
gestohlen, als je im ganzen Alterthum gestohlen worden ist.
Ein Jahr in London ist ergiebiger an Dieben, als die Vor=
zeit der römischen Geschichte. Das Verbrechen der Gift=
mischung kannte das Alterthum nur auf dem Throne, wir
haben jährlich Gelegenheit, es in den Hütten zu entdecken.
Wenn unsere Verbrechen nur noch die äußere Landstraße des
Lebens unsicher machen und nicht bis in's Innerste unserer
Wohnungen bringen, so liegt dies nur an polizeilichen Ver=
anstaltungen. Ohne diese etwas zweideutige Blüthe der Cul=
tur würde es im heutigen Europa unsicherer sein, als in den
Wüsten der Beduinen. Unsere Zeit hat weniger moralische
Haltung als das Alterthum. Unsere Tugenden entspringen
aus negativen Berechnungen, keineswegs aus jenem positiven
Stolz, der das Alterthum so hoch stellt, freilich mit der Ge=
fahr, daß das Christenthum seine Tugenden glänzende Laster
nannte. Je mehr Reflexion in die Seele des gemeinen
Mannes unserer Zeit kommt, je höher die Zahl der Factoren wird,
womit er in einem Jahrhundert, das Riesenschritte macht,
rechnen muß, desto verworrener und schwankender kann in
ihm die Erhaltung des moralischen Gleichgewichtes seiner Per=
son werden. Aus seiner Innerlichkeit herausgerückt, geht dem
Menschen unserer Zeit der Ort verloren, wo das Herz, der
Verstand früher seinen Schwerpunkt, seinen Lebensanker hin=
legte. Er taumelt fort mit dem Strom der Zeiten. Er ist
aus seinem natürlichen Boden mit allen Wurzeln heraus=
gerissen. Seine alten Tugendbegriffe werden ihm bald, dem
gereisten und gewitzigten Manne, als Ammenmärchen er=
scheinen.

Schon oben sagte ich, daß es keine andere Moral giebt,
als die, welche sich an historische Thatsachen anlehnt. Wer
würde leugnen, daß die Lehren der Moral zu allen Zeiten
dieselben waren und daß sie ewig sind? Nur darum handelt
es sich, diese Lehren lebendig und klarvorgestellt zu erhalten

in den menschlichen Gemüthern. Es kommt weit weniger auf
das an, was die Moral gebietet, (denn das wissen alle Men=
schen, die Vorstellung des Guten ist ihnen eben so angeboren,
wie die Neigung zum Bösen) als auf diese Fragen: Wie
wird die Vorstellung des Guten geweckt? Wie wird die
träge, schlummernde, indifferente Menschennatur zur Uebung
desselben hingezogen? Wie erlangt sie die Kraft, alle Gründe
der Bosheit ihres Herzens mit weit mächtigeren Gegengründen
der Tugend in sich niederzukämpfen? In dieser Rücksicht hatte
das Alterthum bessere Veranstaltungen getroffen, als es die
polizeilichen unserer Zeit sind. Großartige Impulse mußten
den Menschen aus seiner nichtssagenden Unentschiedenheit auf=
jagen. Impulse dieser Art waren gesellschaftliche Institutionen,
namentlich politische und religiöse, und vor allen Dingen
waren es die durch das Kleinstaatenleben dem Menschen
nähergerückten Begebenheiten der Geschichte.

Wie ist das aber bei uns? Unsere Erziehung bildet sich ein,
sie erreiche Alles, indem sie in der Jugend die Vorstellung
vom Guten erweckte. Ja, das ist bald geschehen. Ein Ge=
schichtchen, gut erzählt, ersetzt da alles Auswendiglernen des
Katechismus. Aber es sollte auch auf die Uebung im Guten
hingewirkt werden. Daß diese Uebung jedem Einzelnen selbst
überlassen bleibt; daß man aus dem Gewissen einen so ver=
zärtelnden und hätschelnden Hanswurst der Tugend machte
und die Tugend darein setzte, ohne Reue schlafen zu können:
das ist ein gefährliches moralisches Uebel, an welchem unsere
Zeit kränkelt. Man hat gesagt, die Verbrechen steigerten
sich mit Zunahme der Bildung. Ein gräßlicher Satz, wenn
er wahr wäre! Gott sei Dank, er ist nicht ganz so wahr,
als man ihn ausgesprochen hat und zum Theil durch stati=
stische Tabellen beweisen wollte. Die Verbrechen steigen nur
mit der Zunahme jener äußern Bildung, welche die Stati=
stiker in der Zunahme des Schulbesuches finden, und in ähn=
lichen Dingen, die selbst wenn sie als Hebung der untern
Volksclassen ehrenwerth sind, doch immer nur kahl, inhalts=
und wirkungslos dastehen, wenn sie durch keine umfassenden
Thatsachen, das kirchliche, politische, sittliche Leben einer Na=
tion unterstützt werden. So bringt man nur das Bewußt=

sein eines unglücklichen Dualismus in die Gemüther des Volkes und befördert gerade durch diesen die Verbrechen mehr, als man sie verhindert. Die Bildung, welche den Menschen ver= edelt und ihn zum Muster für Andere macht, besteht am aller= wenigsten darin, daß jeder Rekrut, der zur Conscription kommt, Lesen und Schreiben gelernt hat. Eine despotische Monarchie, deren Unterthanen noch so gut lesen und schreiben können, bleibt immer todt und dumpf, wenn die Unterthanen ihr Lesen und Schreiben nicht auch anwenden können auf Alles, was sie lesen wollen und was sie schreiben können.

Die Tugenden der Alten hatten durch ihre Institutionen und ihre Geschichte einen öffentlichen Charakter. Die Menschen lehnten sich an einander an. Ihre Bestrebungen waren massenhaft. Sie bedurften sich Einer des Andern, um ihre Bestimmung zu erreichen. Einer wurde zur Ehre des Andern. Der geheime Feind unserer modernen Moral ist dagegen die Zersplitterung. Der Isolirte hält sich schwerer aufrecht, als der, welcher sich auf einen Andern lehnen kann. An wen darf sich Jemand in jetziger Zeit lehnen? An seinen eigenen Schatten. Alles Andere weicht; Jedermann verbittet sich eine allzunahe Berührung. Es ist „Takt", Niemanden anzureden, dem man nicht vorgestellt ist. Hundert Reisende können in einem Gasthofe zu gleicher Zeit am Tische sitzen, Niemand spricht mit seinem Nachbar. Unter solchen Verhält= nissen als Einzelner für sich einstehen zu können, ist schwer.

Gemeinsame Bänder fehlen, sagten wir. Welche können damit gemeint sein? Zunächst ist die individuelle Freiheit die Grundlage eines Erziehungssystems, wie ein solches von den Interessen der Moral verlangt wird. Meine Zöglinge sollen nicht sagen: nos numerus sumus: wir sind der 3,881,221ste im Volke, sondern sie sollen sich fühlen als Integration der Masse, als ein Glied in der Kette in Beziehung auf die Idee des Allgemeinen, wenigstens in Beziehung auf die Gemeinde, wenn nur überhaupt auf etwas, das nicht durch Einzelne, sondern nur durch Mehrere erreicht werden kann. Ich kann nicht von mir sagen, daß ich ehrlich genug bin, um ein mir anvertrautes Gut getreu zu verwalten, aber gebt mir die Kasse einer Gesellschaft, ich will es versuchen, ich glaube, ich

werde sie nicht bestehlen. Mein zweiter Grundsatz wäre dann
das Gewissen. Ihr bildet am Gewissen nur die Ruhe aus,
welche ein gutes Gewissen giebt; ich würde von dieser Ruhe
nicht sprechen, sondern nur von dem Stolz des Gewissens, so
unchristlich dieser Stolz klingen soll. Die Ehre und der gute
Name wirken auf das strebsame und unruhige Gemüth des
Kindes mehr, als die sentimentale Schilderung eines Greises,
der heiter und zufrieden auf einem mehr oder weniger schmer=
zenlosen Krankenlager — ruhig stirbt. Drittens: In dem
moralischen E h r g e i z ist noch nicht jener Dualismus ent=
halten, Herz und Kopf, Bildung nach zwei verschiedenen
Seiten hin. Die Ehre, in Beziehung auf das Allgemeine,
ist das Bestreben, nicht blos für einen braven, sondern auch
verständigen Menschen zu gelten. Unter diesem Gesichts=
punkte geht Alles Hand in Hand. Kommt hier noch die
Ausbildung des Körpers hinzu, so braucht man nicht zu mo=
ralisiren und kann doch die Ueberzeugung haben, daß man
Tüchtiges erzieht. Mit der Religion würde ich meinem Zög=
ling die Bekanntschaft noch ersparen, vollends mit dem
Christenthum. Daß er vom Christenthum schon das Meiste
weiß, ist ja vorläufig genügend. Er hat aus der Bibel lesen
gelernt, aber ich reproducire noch nicht die Bibel mit ihm,
ich trage ihm keine Dogmen vor; ich mache ihn erst für das
Wesen der Religion überhaupt empfänglich, ehe ich ihn Reli=
gion lehre. Das Lehren von Religion wird erst in einem
neuen Stadium beginnen, wo ich nicht mehr Sorge tragen
muß, daß mein Zögling erst aus den Lehren der Religion
Religion l e r n e ! Diese muß er längst inne haben. Was
ich ihm als Dogma gebe, darf nur entweder Geschichte oder
Philosophie sein. Ich werde ihm das Christenthum erklären.
Ich werde ihn mit der Dreieinigkeit bekannt machen, aber in
einem Moment, wo er darin keine sinnliche Vorstellung mehr
findet, sondern ein Philosophem. Ich werde ihm die Gott=
heit Christi nicht einprägen, sondern nur erklären. Ich werde
nicht die Tollheit begehen und ihm dadurch Religion geben
wollen, daß ich ihm die Dreieinigkeit und die Gottheit Christi
zu m o r a l i s c h e n Verpflichtungen mache! Er soll Ehrfurcht
haben vor diesen Dogmen, aber von ihnen keine Wunder er=

warten. Ich bin gewiß, daß ich unter diesen Umständen einen richtigen Christen, wenn auch keinen Kopfhänger, erziehe; denn er wird Einsicht genug haben und sich die historische Stellung des Christenthums erklären können. Er wird um so frommer sein, je mehr er dann von seiner Urreligion, die im Herzen thront, in den Dogmen wiederfindet.

Ich bin hier in das Gehege der Theologen gekommen. Ich höre, wie man mir Vorwürfe macht, daß ich schon so lange über die Erziehung und erst jetzt vom Christenthum spreche. Ich habe so viel Achtung vor diesen Vorwürfen, daß ich die schickliche Gelegenheit wahrnehme und hier einen Brief, den mir kürzlich ein pietistischer Geistlicher vom Lande schickte, einrücke. Ich will, so weit ich kann, keine Stimme überhören, wenn diese aus dem Munde eines Zeitgenossen kommt und auf ein „Säkularbild" verweist.

„Mein theurer Herr!" schreibt mir der Hochwürdige. „Seit Jahren lese ich die Werke, mit welchen Sie das Publikum, wie der Ausdruck Sitte ist, beschenkt haben. Ich würde aber dieselben, um offen mit dem Zwecke meines Schreibens hervorzutreten, mit größerem Wohlgefallen gelesen haben, wenn ich fände, daß sie von der Kraft des Christenthums durchströmt und in einem festeren Glauben an die Pforten der Ewigkeit, die uns der Heiland erschlossen, geschrieben wären. Ich darf Sie nicht zu jenen Schriftstellern rechnen, welche mit Frivolität (kommt ja auch hinter Voltaire zu spät) das Christenthum angreifen. Aber Sie, indem Sie das Christenthum ignoriren, vergehen sich noch weit mehr an den ewigen Wahrheiten dieses Glaubens, als Jene, die durch ihre Leichtfertigkeit eher nützen als schaden. Mein theurer Herr, ich schreibe Ihnen diese anspruchslose Epistel aus einem Befinden, das, zurückgezogen von der Welt, die Ursachen und Folgen der Dinge mit dem Auge der Unpartheilichkeit verfolgen kann. Ich bin nicht das, was man einen Kopfhänger nennt, sondern im Strome meiner Gedanken, in der freudigen Anschauung einer mich umgebenden reizenden Natur bin ich zu einer Ueberzeugung gelangt, die ich Ihnen von Herzen einflößen möchte."

„Ihre Schriften verrathen, nehmen Sie mir es nicht übel,
keine zusammenhängende Weltansicht. Aber Sie sind von dem
hohen Werth und der Bestimmung der Menschheit erfüllt. Sie
denken mit besonderer Schwermuth an die Masse von Leiden
und Lastern, die in den Schicksalen und Herzen unserer Zeitgenossen Hand in Hand gehen. Recht haben Sie, wenn Sie
zuweilen die Menschen entschuldigen und statt ihrer die Sitten,
die Vorurtheile, die Institutionen anklagen, oder wenn Sie
die Verbrechen mildern wollen durch die Rückblicke auf die
Erziehung derjenigen, die sie begingen, wenn Sie in dem
Princip des Egoismus die Klippe aller unserer Wünsche und
Bestrebungen wahrnehmen. Sie sprechen zuweilen auch über
die Religion. Sie sind geneigt, das Beste von ihr zu sagen,
unter der Bedingung jedoch, daß Sie Religion mit Moral
verwechseln dürfen. Ihre Worte werden erzürnt, bitter, ich
will nicht einmal sagen, ungerecht, sobald Sie von der Kirche
sprechen. Wenn irgend ein Land durch eine übergroße äußerlich zur Schau getragene Begünstigung der Religion den
Wahrheiten derselben geschadet hat, so ist es England. Wenn
sich irgend ein Land findet, das noch mehr als England gewisse äußerliche Thatsachen der Honnettität und Respectabilität
als gleißnerisches Gewand um die Religion gelegt hat, so
würde es bald so sehr ohne Religion sein, wie England es
sein wird, wenn nicht seine geistigen Lenker den schlaffen Zügel
des allgemeinen Gewissens schärfer anziehen und im Lande
eine tiefe, aus dem zerknirschten Zustande der Seele kommende Besinnung und Reue wirken. Sie und wer Ihnen
verwandt ist, haben ein Ziel. Sie hoffen, die Menschheit aus
dem Schlamm des Materialismus durch moralische Anrede,
enthusiastische Darstellungen der Menschenwürde und die größtmögliche Aufklärung über Freiheitsbegriffe erlösen zu können;
allein soviel Wärme Ihrer Feder entströmt, so leuchtend Ihre
Rede in der Nacht aufflackert, Sie werden nie mehr bewirken,
als daß die Edlen ihres Schmerzes nur noch gewisser werden.
Verzeihen Sie diese entschiedene Erklärung, der ich noch den
Vorwurf hinzufüge, daß ich an den Männern Ihres Glaubens
wahre Hingebung, wahre Liebe vermisse.“

„Es giebt nur einen Eck- und Schrittstein für das Ge-

bäube unferer und jeder Zeit — Jefus Chriftus. Und deffen
Reich war nicht von diefer Welt. Was mühen Sie fich, daß
Sie die Wunder diefer Welt, den Schmuck der Erde und
den Stolz der Menfchen malen, da Alles, was wir befitzen
dürften und noch nicht befitzen, Alles, was wir fehen und
nicht unfer nennen, die Lohe unferes Unmuthes fchürt und
die Sehnfucht des Herzens in jenes verftockte Gefühl ver=
wandelt, das Sie, theurer Herr, mit fo gleißenden Farben
als philofophifchen Stolz malen können, das aber ganz der=
felbe Grund und Boden ift, auf welchem jener Indifferentis=
mus der Zeitgenoffen wuchert, gegen welchen felbft Sie Ihren
„Stolz" richten. Nur in des Himmels klarer Bläue, nur in
dem Blick gen Oben liegt für die Menfchheit jener Friede,
der Schmerzen löfet. Schmerzen auch heilet? Schmerzen
kommen von Störungen, von Wunden; aber die Wunden, die
uns gefchlagen find, als der Herr, für uns, ein Bild der
Menfchheit, am Kreuze hing, diefe Wunden heilen nicht mehr;
Heilung ift erft im Anblick des Todes und der Ewigkeit.
Sehen Sie, mein theurer Herr, diefes Leid, welches Sie über
die Ziellofigkeit der Jetztwelt empfinden, empfindet der Chrift
weit tiefer, als Sie; aber er ift weniger unglücklich, als mir
die Stimmung Ihres rathlofen, unchriftlichen Herzens zu fein
fcheint, wenn Sie über die Lafter und Gebrechen Ihrer Zeit=
genoffen klagen. Ihr unfeliger Irrthum ift der Glaube an
eine neue, aus eitel pofitiven Tugenden und eitel Enthufias=
mus gefchaffene Welt. Im Hintergrunde aller Ihrer Polemik
liegt ein irdifches Eldorado der Freiheit und der Philofophie.
Sie täufchen damit fich und Andere. Es giebt eine neue
Welt, aber nur im Jenfeits. Der magnetifche allgemeine
Zug des Himmels, das ift allein die Seligkeit, welche die Erde
gewähren kann. Das Chriftenthum hat das Räthfel der
Menfchenbruft ausgefprochen, als es eine neue Welt predigte,
deren irdifche Vorhalle die Hoffnung und das Gottvertrauen
ift. Für Menfchen, welche fterben müffen, für Menfchen,
welche von einer jenfeitigen Zukunft Ahnung haben, wird nie=
mals Ruhe liegen in der Abgrenzung irdifcher Gedanken, nie
in dem noch fo fein und groß gedachten Umkreis jener Tu=
genden, von welchen Ihr „ftolzes" Herz träumt. So oft der

Tod mit seinem kalten Lebewohl vor das Lager der Jünger
Ihres Glaubens tritt, so oft wird sich Alles, was hienieden
zurückbleibt, in Verwesung vor den ersterbenden Augen ver=
wandeln. Für Ihre Jünger, für Die wird der Tod eine
Anklage des Himmels sein; denn der Himmel raubt ihnen,
was sie hier auf Erden schon in einer allgenügenden Voll=
kommenheit glauben besessen zu haben. Ihre Jünger werden
schön leben, aber muthlos sterben.“

„Mein theurer Herr, Sie werden mir erwidern, daß Sie
die Segnungen des Christenthums nicht verkennen; Sie wer=
den aber hinzufügen, daß Ihnen dasselbe viel zu viel Spuren
einer äußerlichen, zeitlichen Begebenheit trägt, als daß Sie
darin etwas Ewiges erblicken dürften. Welch' ein eigensin=
niger Vorwurf das! Es treten von allen Seiten Kenner auf,
historische Forscher, die dem Christenthum seinen zeitlichen Ur=
sprung zum Vorwurf machen. Großer Gott! Diese Anklagen
der Bibel wegen ihrer Zusammensetzung, diese kritische Ana=
tomie der Wunder des Heilandes, dieser Jubel, wenn in den
einfachen Erzählungen schlichter Handwerker und Landleute
Widersprüche auf Widersprüche entdeckt werden — indem doch
gerade das Vorhandensein solcher Widersprüche die unver=
fälschte, zufällige, unverabredete Entstehung der ersten Berichte
von den großen Vorgängen beweist — ja, theurer Herr, dieser
Apparat von Gelehrsamkeit ist in seinen Schlußfolgerungen
ungerecht und lieblos. Der Heiland war kein Schriftsteller;
wahrhaftig nicht! Die Apostel wollten es sein und be=
saßen nicht die Fähigkeit. Das Evangelium war kein Buch,
sondern eine Begebenheit. Als solche mußte sie alles Risiko
der Geschichte und der Tradition laufen. Ist nun darum,
daß sich so Manches als unecht vor der Kritik bewiesen hat,
d. h. als viel, viel jünger, denn Christus, ist darum der Kern,
den sie aus der Schale genommen, weniger duftend und rein?
Wenn es erwiesen sein sollte, daß Menschen viel zur Fest=
stellung dieses beseligenden Glaubens beigetragen haben, sollte
er uns nicht gerade deshalb wahrscheinlicher, faßlicher, liebens=
würdiger erscheinen? Dürfen Ihre Glaubensgenossen diese
Frage bestreiten, welche doch gerade auf den Triumph der Hu=
manität hinauszukommen scheint?“

„Wäre das Christenthum eine Kunst, die man lehren kann, eine Kunst, die, um nicht in bloße Technik zu verfallen, nicht so viel eigenes Talent voraussetzte, dann würde ich in diesem Lobpreisen meines Erlösungsprocesses fortfahren. Wie man nicht auf dem festen Lande schwimmen lernt, so kann auch Christus nur in denen wirken, die da Lust bezeugen, ihn in sich aufzunehmen. Zeigen Sie diese Lust, diese Ge-rechtigkeit wenigstens bei **e i n i g e n** Fragen der Zeit, wenn nicht in der Hauptfrage! Sie empfehlen, wo Sie können, bei der Erziehung Grundsätze, Methoden, Sie empfehlen einen Stoff des Unterrichts vor dem andern, Sie bringen auf Sitt-lichkeit; Sie geben das Ideal der Menschheit, das Ihnen vorschwebt, in vereinzelten Stücken, wie die Theile jenes Pan-zers, mit welchem der griechische Liebesgott spielt; aber, mein theurer Herr, Sie werden doch fühlen, daß die Erziehung aus **e i n e m** Stück kommen muß und daß die Menschen, welche in ihrer Jugend nur die eine Hälfte ihrer Bestimmung kennen gelernt haben, ihr ganzes übriges Leben vergeblich daran setzen müssen, die andere zu finden? Vergessen Sie das Christen-thum, wenn Sie mit **M ä n n e r n** über das Ewige, Große und Herrliche der Geschichte sprechen, aber vergessen Sie es nicht, wenn Sie mit Kindern und Greisen darüber sprechen. Scheu-chen Sie von der **W i e g e** und vom **G r a b e** nicht die Friedensboten! Ich will nicht zürnen, wenn Sie über den Staat, ja selbst über unsere verdorbene politische Kirche, wenn Sie über die Geschichte, über Zahl, Maß und Gewicht, Heer und Flotte, über Gewerbe und Handel sprechen und dabei Ihr Christenthum vergessen; aber über die Hoffnungen der Kinder, über Greise und Arme sollten Sie nicht sprechen, ohne Ihre Betrachtungen an Jesus anzuknüpfen, der den Kindern und Armen einen Trost gegeben hat, welchen **S i e** ihnen nie geben werden, den, daß ihrer das Himmelreich wartet.‟

Ich antwortete dem würdigen Manne: „Sie nehmen bei Ihren sanften Vorwürfen niemals an, daß ich Ihrem Glauben Achtung versagte. Nur um die größere und wirksamere Gel-tendmachung Ihrer Neigung zu Jesus handelt es sich, und wenn ich glaube, daß Sie damit nicht zum Ziel kommen wer-den, so klage ich weit mehr den Lauf der Dinge, den Zug der

Weltbegebenheiten und den allgemeinen Charakter der Men=
schen· an, als jenes Radicalmittel der sogenannten göttlichen
Heilsordnung, das Sie selbst, von Ihren Zweifeln durch das=
selbe geheilt, aller Welt empfehlen möchten. Ehrwürdiger
Herr, ich bin davon überzeugt, daß das Christenthum zum
zweiten Male die Menschheit erlösen würde, wenn wir nur
im Stande wären, unsere Begriffe und Vorstellungen, unsere
Wünsche und Verhältnisse, unsere Hoffnungen und Leiden so
zu vereinfachen, als das Christenthum einfach ist. Wie wollen
wir das noch möglich machen? Wie wollen wir alle jene
Leidenschaften, die sich in der Welt durchkreuzen und ihre
Tagesordnung ausmachen, auf eine einzige Gemüthsstimmung,
die Resignation, zurückführen; wie wollen wir ein Gewirr
von Interessen, wenn wir ihm nur einige allgemeine mora=
lische Fragen vorhalten, gar noch durch das Christenthum ver=
einfachen, eine Lehre, die durch ihr weltliches Auftreten im
Papstthum, in der anglikanischen Kirche, in dem deutschen
geistlichen Ministerialismus, in den Prätensionen der evange=
lischen Orthodoxie, mit in den Strudel der Discussionen
hineingerissen ist und sich dem Zeitgeiste gegenüber am we=
nigsten unbefangen hat erhalten können? Ehrwürdiger Herr,
wenn ich das Evangelium in meinem schriftstellerischen Apostel=
amte predigen wollte, wenn ich rufen wollte wie ein Vorläufer
der Wiedererscheinung Christi, daß man Buße thun und sich
bekehren sollte, welches würde die Wirkung meiner Mahnungen
sein? Eine durchaus vereinzelte. Ich werde immer nur Wenige
gewinnen, zu Wenige für eine erhabene Sache. Das Christen=
thum hat seinem innersten Wesen nach eine Berufung an Je=
den, aber nicht an Alle auf Einmal. Ehemals, wo die
Menschenherzen so leer waren, mochte das Christenthum über=
zeugte Anhänger massenhaft gewinnen können. Jetzt aber ist
es längst nur noch in seiner wahren Gestalt eine Thatsache
für den Einzelnen. Man kann durch die Predigt des Evan=
geliums Einen nach dem Andern von dem großen Haufen,
der da den Wahnbildern und Tagesgötzen nachläuft, abziehen;
aber man kann die Menge nicht mehr damit blenden, wie
Saulus auf dem Wege nach Damascus geblendet wurde und
sich bekehrte. Fänden doch Viele auf diesem Heilswege Frie=

ben! Der Autor, der nicht für Einzelne schreiben darf, der
sie Alle in ihren Neigungen und Leidenschaften zu umfassen
suchen muß, hat Principien von der weitesten Ausdehnung
in seinen Schriften zu vertheidigen. Er hat schon Alles ge=
than, wenn er nur die Widersprüche, welche sich in der Welt
so hartnäckig bekämpfen, gegeneinander ausgleicht, die An=
sprüche der Einen denen der Andern näher führt und eine
Vereinfachung der Fragen erzielt, welche die Verständigung
erleichtert und das Feld ebener macht, mag nun, Erlösung
bringend, ein neuer Prophet oder ein Christus, ein Apostel
oder ein Ereigniß kommen."

„Uebersehen Sie die Lage der Dinge, wie sie jetzt in der
Welt ist, so werden Sie mir zugestehen, daß es hauptsächlich
die Begriffe von Recht und Unrecht sind, die mit sich im
Streite liegen. Es handelt sich nicht einmal so sehr darum,
was der Eine vom Andern herausgegeben und mit ihm zu
theilen verlangt, sondern um das Princip: Was ist überhaupt
Recht? Was gebietet die Natur, die Vernunft in diesem oder
jenem verwickelten und vom Herkommen überlieferten Verhält=
nisse? Denken Sie besser von der Menschheit! Verurtheilen
Sie uns nicht alle als Egoisten und Wegelagerer! Gott sei's
geklagt, daß der Egoismus der Jetztwelt so vielen Vor=
sprung gefunden hat; allein noch hat er nicht das ganze Ter=
rain gewonnen. Unser Zeitalter ist ein kritisches. Es sträubt
sich nicht unbedingt gegen die Vergangenheit; es will nur,
daß jede Tradition derselben neu geprüft, mit Gründen der Bil=
ligkeit und des Rechts neu bestätigt werde. Dieser rein kritische,
schöne und allerdings leidenschaftliche und als solcher gefähr=
liche Gedanke ist das Symbol der meisten Kämpfe, welche
durch unsere jetzige Weltlage ausgefochten werden sollen. Dies
Symbol, das so viel Freiheit und Adel der Gesinnung, so
viel Triumphe des scharfsinnigen Nachdenkens enthält, sollte
ich als Selbstgenügsamkeit, wie es das Christenthum
benennen würde, preisgeben und um den Sieg desselben un=
bekümmert werden? Ich sollte den Fabrikarbeitern, welche
Brot haben wollen, den brotverwandelten „Eckstein" des Le=
bens, Christus, vorhalten und ihnen die Entbehrung als die
Würze der kargen Kost, an welcher sie nagen, schildern?

Nein, ehrwürdiger Herr, diese Lehre konnte zu einer Zeit ge=
predigt werden, wo es für den Schwächern gegen den Stär=
kern keine Garantie der Billigkeit gab, wo die Juden von den
Römern wie alle Völker ohne Aussicht auf Rettung ge=
knechtet wurden. Jetzt würde die Welt diese Lehre abweisen,
ja ihre glänzenden Seiten, deren Ewigkeit ich nimmermehr
bestreiten werde, in den Koth ziehen. Mit dem Christen=
thum mehr ausrichten wollen, als in ihm liegt,
das hat sich zu allen Zeiten an dieser Lehre gerächt. Je mehr
sie sich in den Vordergrund stellte, weltliche Macht und irdi=
schen Einfluß beanspruchte, je mehr sie im Reiche des Wissens
Herrscherin sein wollte, desto mehr wurde sie gedemüthigt und
in ihrem innersten Wesen verkannt, von der Frivolität eines
ganzen Jahrhunderts sogar verhöhnt. Diese Lehre, daß man
bei einem empfangenen Backenstreich auch noch die andere
Wange hinhalten sollte, mag ich jetzt den Armen, eine Ermah=
nung, daß man alle seine Habe verkaufen und nur Christo
nachwandeln sollte, vermag ich nicht einmal den Reichen un=
serer Zeit zu predigen."

„Die Frage der Armen und Reichen wird so, wie sie von
unserm Jahrhundert gestellt ist, vom Christenthum nicht ge=
löst werden können. Wenn ich Ihnen also die Armen nicht
herausgebe, so will ich Ihnen getrost die Kinder und die
Greise lassen; ja Ihnen noch die Frauen hinzugeben, die Sie,
worüber ich mich wundere, verschmäht haben. Kinder, Weiber
und Greise saßen auf den Zinnen Trojas und sahen zu, wie
Griechen und Trojaner unter ihre Streitkräfte musterten.
Kinder, Weiber und Greise mögen daheim am Heerde opfern
und für die Väter, Gatten und Söhne bitten, die vor den
Thoren sich tummelnden und das Jahrhundert ausfechtenden.
Warum verlangt die Religion jetzt mehr, als den Dienst der
Götter? Warum wird der Ausdruck: „Weltreligion" bei=
nahe so verstanden, als müßten alle Dinge der priesterlichen
Vormundschaft unterthan werden? Wahrlich, wäre ich für
das Christenthum ausschließlich so eingenommen, wie ich es
für alle historischen Erscheinungen bin, wo Humanität und
Vernunft über Sklaverei und Aberglauben siegten, so würde
ich für mein Ideal die größte Genugthuung darin finden,

daß die Kämpfer, wenn sie verwundet oder vom Alter ermüdet sind, doch zu mir kommen, um sich heilen oder zur Ruhe bestatten zu lassen. So bietet sich der einsame Waldbruder in seiner Hütte Niemand an, weil er kein Wirthshaus hält, nimmt aber Jeden auf, der sich verspätet hat und seine Hülfe, sein Nachtlager, seine Freigebigkeit in Anspruch nimmt. Warum will das Christenthum mehr als diese Mission des Klausners haben?"

„Verzeihung, daß ich Ihre von Priesterehrgeiz ja weit entfernten Anmahnungen doch dargestellt habe von einer Seite, von welcher sie bei vorsichtigen Leuten leicht genommen werden konnten. Leicht könnte aus einem neuen Siege des Christenthums wieder ein neuer Sieg der Hierarchie werden, und daß die Welt sich von dieser befreit wissen will, darauf deuten ja alle Zeichen."

Diese Correspondenz habe ich deshalb hier eingeschaltet, weil die Erziehung ein Gegenstand ist, welchen sich die Geistlichen und Weltlichen einander streitig machen. Der Einfluß des Christenthums auf die Erziehung könnte gewiß ein herrlicher sein. Liebe Vater und Mutter, bete zu Gott, liebe Deinen Nächsten, demüthige Deinen Stolz, bekämpfe Deinen Eigensinn, sei gehorsam, opfere Dich auf, meide was Dir verboten wurde; das ist die Grundlage, davon soll die Erziehung ausgehen. Allein sie soll mit diesen allgemeinen Vorschriften nicht endigen. Der Mensch soll nicht erst den Himmel kennen lernen und dann plötzlich in die Hölle gestoßen werden. Versteht Ihr Geistliche diesen Uebergang von der himmlischen Moral zur weltlichen Klugheit zu bahnen, von gotttrunkener Anschauung zu werkthätiger Rührigkeit? Liebe Vater und Mutter, bete zu Gott, liebe Deinen Nächsten; gut. Aber demüthige Deinen Stolz! Wenn nun dieser Stolz mein einziger Trost ist? Wenn ich nichts mehr habe auf der Welt, als das Bewußtsein meiner moralischen Würde? Wenn dieser Stolz meine Waffe ist gegen Uebermuth? Bekämpfe Deinen Eigensinn! Gut; wenn nun aber dieser Eigensinn meine Ueberzeugung von etwas Werthvollem ist? Wenn man von mir einen Widerruf verlangt, der so leicht ist, und ich behaupte doch mit Galiläi, daß die Erde sich um die Sonne

drehe? Ist dieser Eigensinn verwerflich? Hatte ihn nicht
selbst Christus, als er vorzog, am Kreuze zu sterben? Sei
gehorsam; gut, ich gehorche. Wenn ich aber als Werkzeug
einer schlechten Handlung mißbraucht werde? Wenn ich nur
darum gehorchen soll, weil der, der mir befiehlt, der Stärkere
ist? Mit einem Worte, die Sittenvorschriften des Christen=
thums, wie solche in den Schulen gelehrt werden, sind viel
zu sehr auf die Welt der Aesopischen Fabel berechnet. Sie
überlassen die Ausführung des Aber, welches sich bei jedem
ihrer Sätze aufdrängt, erst dem Augenblick, wo wir schon
innerhalb der Wirren sind und, von den Umständen gedrängt,
uns in die Nothwendigkeit versetzt fühlen, unsern moralischen
Herzensapparat zu vervollkommnen, zu erweitern und für das
praktische Fach umzugestalten. Welches ist die Folge dieser
Verlegenheit? Daß Viele ihr häusliches moralisches Gut,
ihre mütterliche Reisemitgift, als altfränkisch und unmodisch
über Bord werfen und lieber vorziehen, gar keine, als be=
schränkte Grundsätze zu haben.

An Erziehungsgemälden, Tugendspiegeln, pädagogischen
Sittenpredigten haben alle Literaturen Europas einen Ueber=
fluß, der noch immer höher anschwillt. Alte Jungfern, die
nie einen Mann, noch weniger ein Kind hatten, geben An=
weisungen über moralische Kinderzucht. Geistliche, deren Kin=
der in Ungezogenheit wuchern, schreiben über die sittliche Ver=
edlung der Jugend beider Geschlechter. Die Erziehung ist
ein Utopien, wo die Eltern als die weisesten Regierer und
die Kinder als die gehorsamsten Unterthanen gedacht werden.
Die Widersprüche der menschlichen Natur beachtet der Idealist
nicht. Aus seinen vier Wänden heraus will er die Völker
erziehen. Er hat ein allgemeines Schema über die Natur der
Kinder, hält diese Natur für absolut empfänglich, eine kahle
Tafel, auf welche man durch Lehre und Beispiele schreiben
könne, was man wolle. Aber weit entfernt, mein Lieber!
Die Kinder sind ein so widerspenstiger, zäher Stoff, daß
die Beispiele selten sind, wo sie gerade das werden, was die
Eltern erwartet oder gewünscht haben. An einem schönen
Morgen werfen die allmälig Erwachsenen zum größten Er=
staunen der Erzieher die Hülle ab, die ihre Eigenthümlichkeit

verschloß. Der Schlummerkopf war ein Schelm, der Aus=
bund ein Hannes, der sich nicht zu benehmen weiß. Eine
Dame klagte mir vor längerer Zeit, daß sie die unglücklichste
Frau von der Welt wäre. Wie so, meine Gnädigste? fragte
ich, erstaunt über den herben Ausdruck. Mein einziges Kind,
entgegnete sie, ist die Ursache meiner Leiden! Ist es krank?
fragte ich besorgt. O wäre sie das! antwortete die Mutter,
dann würde ich doch auf die Hülfe des Arztes hoffen! Aber
nein, meiner Tochter ist die Verstellung angeboren, der Geist,
der in ihr tobt, erweckt mir für die Zukunft schreckenerregende
Besorgnisse! So jung sie ist, so hat sie doch schon einen so
durchdachten, kalten Trotz, daß sie mir mit der größten Ruhe
sagen kann: Jetzt will ich weinen, weil ich weiß, daß Du Dich
darüber ärgerst! Dann weint sie laut und schreit, ohne daß
ihr eine Thräne im Auge stünde. Sie stampft mit den Füßen
auf und weiß sich schon, noch so jung, einer Miene zu be=
dienen, die ihr, wenn sie älter wird, geradezu teuflisch stehen
muß. Niemals offenbart sie die geringste Zärtlichkeit für ihre
Umgebungen. Vater und Mutter sind ihr, trotz der liebe=
vollsten und sanftesten Behandlung, wie natürliche Feinde.
Fremden Leuten würde sie ohne Weiteres folgen, wenn ich
mich, trotz meiner Leiden, entschließen könnte, sie von mir zu
geben. Wenn ich recht ordentlich schreie, das sagt sie kalt=
blütig, so bekomme ich, was ich will. Ich weiß nicht, was ich
für ein Unglück neben mir aufwachsen sehe!

Ich habe die unglückliche Mutter zu trösten gesucht. Das
Kind hatte in der That etwas Keckes und Kaltes. Seine
Stimme kam, wie fast immer bei leidenschaftlichen Menschen,
tief aus der Brust und hatte einen angenehmen, tiefen An=
klang. Ich fragte die Mutter, ob sie sich nicht bei Erziehern
von Fach, Geistlichen und solchen privilegirten Kennern der
menschlichen Natur Raths erholt hätte. Dessen genug! ant=
wortete sie. Aber die vorgeschlagenen Mittel helfen nicht;
der Eine räth zur Strenge, der Andere zur Milde. Alle ver=
einigen sich darin, daß, wenn Elise älter sei, man ihr mit
Vernunftgründen besser beikommen würde. Jetzt könnten Lehre
und Ermahnung noch nicht fruchten, aber später würde sie lernen,
was gut ist oder wenigstens was sich schickt. Ich entgegnete der

bekümmerten Mutter: Ich glaube, daß unter allen Ihnen angebo-
tenen Heilmitteln die moralischen die unwirksamsten sind. Kindern Moral predigen, kann nützen, um ihnen gewisse allgemeine
Wahrheiten über Gut und Böse beizubringen, auf die sie sich später, zu Verstand gekommen, besinnen, sie mit geistiger Freiheit
durchdenken mögen, innerlich befestigen; allein verlangen, daß
Kinder in ihren jungen Jahren nach diesen Predigten ihr Benehmen einrichten, heißt Unmögliches verlangen. Ich glaube,
es giebt nur zwei Mittel gegen die halsstarrige Natur Ihres
Kindes. Erstens müssen Sie für entschieden annehmen, daß
dies Kind von seiner angebornen Art nicht läßt. Sie müssen
nur suchen, das darin Extreme zu beschneiden. Einen
strengen, schroffen und entschiedenen Charakter wird dies Kind
immer behalten. Es kommt nur darauf an, denselben zu
mildern und ihm eine Grundlage zu geben. Alle Menschen
empfinden nicht so weich wie Sie und sind doch darum noch
nicht gefühllos. Ihre Tochter wird ein energisches Wesen lebens-
lang behaupten, was ja an sich kein Unglück ist, wenn nur
der Kern eines edlen Herzens in der äußern Schale liegt.
Das zweite ist der Unterricht. Wenn bei irgend welchen Naturen nöthig ist, geistige Vorzüge zu Milderungen des Temperaments zu machen, so ist es bei diesen. Lenken Sie durch
frühzeitige Bildung in Sprachen und Künsten den Eigensinn
von Ihrem Kinde ab. Ueber Büchern und Noten verliert
sich bald die Kraft der Hinterfüße, auf welche sich die kleine
Dame stemmt. Die Erweckung des Ehrgeizes in einem solchen Charakter wird nur dazu dienen, daß derselbe, je älter
er wird, seinem Wesen einen harmonischen Eindruck zu geben
sucht und seine Verstellung nach dem Maße einrichtet, wie
man Lob und Tadel erntet. Genug, Elise ist jetzt sieben
Jahre und sanfter geworden, seit sie den ganzen Tag mit Büchern, Zeichnungen und Noten beschäftigt wird und dafür Bewunderung erntet. Bei starken Geistern muß es allerlei
Sicherheitsventile geben.

Ueber Schulwesen, Elementarunterricht, Methoden à la
Hamilton und Jacotot, Humanismus und Realismus wimmelt
es von — Gemeinplätzen. Wir haben oben einige Lehrer-
biographieen erzählt; man kann sich denken, wie die Gedanken

burchwäſſert werden müſſen, ehe ſie ben Verdauungswerkzeugen
jener nicht minder unerzogenen Erzieher angemeſſen werden.
Frankreich, bies ſchöne aber ſchlecht unterrichtete Land, hatte unter
Louis Philippe die Schulmeiſter am Staatsruder ſitzen. Aber
bie Herren fingen immer an und kamen nie zum Ziele. Guizot
brachte alle Augenblicke den Secundärunterricht auf das Tapet,
Couſin bereiſte Holland und Deutſchland, und doch erfuhr man
von ihnen nichts, als daß ſie einige glänzende Reden von der
Tribüne hielten oder einige Artikel in den Revüen ſchrieben,
bie ſie ſpäter als Bücher ſammelten. Guizot hatte eine
Coterie von Unterlehrern um ſich, die ſich gut hätten bewähren
können in Südfrankreich, in der Normandie, in der Vendée,
überall wo der Elementarunterricht gleich Null iſt; allein er
benutzte ſie lieber dazu, daß ſie ihm ſeine Journale redi=
girten. Sie wollten alle Mitminiſter werden und überließen
die Erziehung den Jeſuiten. „Primär= und Secundärunter=
richt" iſt in Frankreich ein Paradepferd, das die Doctrinäre
ab und zu einen Umzug durch die Kammern halten laſſen,
wenn ſie andeuten wollen, daß ſie nicht blos für die mate=
riellen, ſondern auch die geiſtigen Intereſſen Frankreichs ſorgen.
Die Biſchöfe lächeln dazu.

In Deutſchland befindet ſich niederer und höherer Unter=
richt auf einer reſpectabeln Stufe. Dennoch iſt dieſe gebil=
dete, ſo vortrefflich leſende und mittelmäßig ſchreibende Nation
fortwährend in pädagogiſchen Nöthen. Alle Jahre ſteht ein
Reformator der Methode auf und lehrt, daß man Alles, was
man bisher gelernt hätte, wieder vergeſſen und ſich auf eine an=
dere Manier einprägen laſſen müſſe. Die neuen Theorieen, welche
in andern Ländern entdeckt wurden, bezwecken in der Regel,
daß es mit dem Lernen ſchnell gehen ſolle; die Deutſchen
ſtreben nach Gründlichkeit und Syſtem. Ein Beweis, wie
vorherrſchend und allgemein in Deutſchland die pädagogiſche
Discuſſion iſt, wie ſehr ſie die Intereſſen aller Stände in
Anſpruch nimmt und mit den höchſten Jdeen des Zeitalters
in Verbindung gebracht wird, liegt darin, daß in Deutſchland
die politiſchen Neuerungen faſt immer mit dem Schul= und
Unterrichtsweſen conſpiriren. Die Univerſitäten ſind ∙ leider

in Deutschland noch zu sehr überwiegende Pflanzstätten des mittelalterlichen Geistes.

Seit Kurzem sind diese deutschen Universitäten wieder Gegenstand lebhafter Erörterungen geworden. Indem man die bisherige Form ihrer Lehrmethode bedroht glaubt, hat man wieder jenen Heerbann von allgemeinen Phrasen aufgeboten, womit man seit dreißig Jahren die an unserm deutschen Universitätswesen laut gewordenen Zweifel zu widerlegen pflegt. Mit den Gründen für die Beibehaltung unserer bisherigen Universitätsformen hat es seine eigene Bewandtniß. Sie sind probe- und stichhaltig der einen Zumuthung gegenüber, unwahr und morsch der andern. Kommen die Gegner unserer Universitäten von jener Seite her, wo man die freie, vom Mittelalter ererbte Selbstständigkeit derselben bedenklich findet, die Freiheit der Meinungen an bestimmte Lehrbücher binden, die Studienwahl der Studenten beschränken und den gewaltigen Sprung von der Abhängigkeit der Gymnasiasten zur Souverainetät des Akademikers durch Uebergänge, als da sind, Semesterprüfungen, dialogische Methode u. s. w. vermitteln will, so haben jene üblichen Vertheidigungen unserer Hochschulen unsere Sympathie für sich. Sollen sie aber zu gleicher Zeit den Fortschritten des Volksgeistes gegenüber und im Angesicht der vielen Einseitigkeiten und Verkehrtheiten, welche an unserer Universitätsverfassung Vorschub finden, und gegenüber den Elementen des Stillstandes, des zähen Widerspruches, der selbstgenügsamen, unpraktischen Indifferenz, die in dieser Verfassung liegen, Wahrheit und Geltung haben, dann möchte man sich schwerlich noch mit ihnen befreunden und in der That keinen Anstand nehmen, das übliche Rühmen und Preisen unserer Universitäten mit dem Aufstutzen einer alten Staatsperrücke zu vergleichen, in welche die Motten gekommen.

Wenn ich heute behaupte, daß Deutschland im Grunde seinen dreißig Universitäten weniger verdankt, als sich die 120 Facultäten derselben einbilden, so weiß ich, daß binnen sechs Wochen 120 Bücher erscheinen sein könnten, die das Gegentheil behaupten und ein himmelhohes Gebäude aufrichten von großen und schönen Dingen, die uns alle nur durch unsere Universitäten zugekommen seien. Und doch ist es That-

sache, daß wir durch unsere Universitäten mehr arm als reich
geworden sind, langsamer als schneller fortschreiten, verworrener
als klarer denken. Die akademische Freiheit der Studenten ab=
sorbirt drei Jahre lang die Poesie der Jugend und liefert in
die praktische Carrière neben vielen gereiften Jünglingen eben
so viel ausgelebte, verwelkte Charaktere, die sich vom Freiheits=
rausch in den Katzenjammer der Stellenjägerei und des nur
noch auf Beförderung gerichteten Egoismus stürzen, unsere
künftigen Beamten, die sich schon auf der Universität, bei jenem
meist hündischen Servilismus des „Philisters" in Universitäts=
städten, der sich stoßen und schinden läßt, nur um Geld zu
verdienen, jene Achtung vor dem Volke, vor dem Bürger,
vor dem gemeinen Manne methodisch erworben haben, welche
sie künftig als Richter und Räthe an den Tag legen. Schöne
akademische Freiheit das! Die Poesie, nie prosaischer in An=
wendung gebracht! Die Professorenwelt lebt in einem ähn=
lichen Widerspruch von zarter Theorie und grober Praxis.
Die Wahrheit, welche allerdings in allen Ländern eine Streit=
frage ist, wird nirgends mehr als bei uns immer fast eine
persönliche sein. In den kleinen entlegenen Universitäts=
städten ist sie sogar nicht selten eine Coteriefrage. Mir fehlt
der Raum, unsere Universitäten zu schildern, wie sie sind.
Wer schildert sie mit dem ganzen Dunstkreise von Anarchie,
Leidenschaft, Eitelkeit und chimärischen Verkehrtheiten, der über
ihnen schwebt! Der Erfahrungssatz steht fest, daß sich die
durchgreifendsten Momente des deutschen Culturlebens, die
entscheidenden Momente unserer Fortschritte in geistiger und
gesellschaftlicher Hinsicht nicht durch, sondern trotz der Uni=
versitäten entwickelt und durchgerungen haben. Im Mittel=
alter war dies anders: Huß und Luther kamen von den Uni=
versitäten; aber welche Husse, welche Luther sind seitdem wie=
der von den Universitäten gekommen? Kant möchte der Ein=
zige sein. Fichte und andere bedeutende Erscheinungen knüpften
zwar an die akademische Welt in Jena oder Heidelberg an,
aber sowie eine große Wahrheit in diese Sphäre kam, ver=
wandelte sie sich sogleich in Gezänk, minutiöse Splitterrichterei,
Denunciationen und jene „göttliche Grobheit", die noch bis
auf den heutigen Tag die höchsten Fragen der Vernunft und

Moral wie „Bierwitz" behandelt. Die Wahrheit wird Euch frei machen! Sie macht bei uns grob. Schelling, Schopenhauer haben Streitschriften geschrieben, in welchen Ausdrücke, wie „Bestie", „todter Hund", „Dummkopf von exorbitanter Art" vorkommen. Heinrich Leo hat sich nur durch die Universität so isoliren können, wie dieser Gelehrte jetzt steht. Die größten Geister sind uns durch die Universitäten verloren gegangen; denn entweder erlagen sie dem akademischen Cynismus oder dem akademischen Petitmaitre-Wesen, dem Galanterie-Degen, dem hofräthlichen Manschettengeiste, je nachdem eine Universität mehr aus plebejischen oder patricischen Elementen zusammengesetzt war. Die Erlaubniß, einen Staat im Staate zu bilden, beförderte eine Abstraction vom Allgemeinen, die es in Deutschland sogar zu einer vornehmen und Geistreichigkeit verrathenden Sache gemacht hat, über jedes Ding seine eigene aparte Meinung zu haben und sich in kühler, lächelnder Indifferenz vom Allgemeinen auszuschließen. Die schöne Mannigfaltigkeit der Gedanken, den bunten Reichthum von Auffassungen, der uns eine Tübinger Theologie, eine Göttinger Jurisprudenz gegeben hat, in Ehren, würde doch dieser Reichthum erst dann vollkommen sein, wenn die Universitäten bloße Gelehrten-Akademieen und nicht zugleich Lehranstalten wären, wo die Empfänglichkeit des noch unreifen und jeden Eindruck fast kindlich wiedergebenden Gemüthes nur zu gläubig den Orakelsprüchen entgegenkommt. *)

Eine Schrift von Albert Oppermann über eine von der Universität Göttingen herausgegebene Zeitung, die Göttinger gelehrten Anzeigen, bietet für diese Thatsachen auf jeder Seite den Beleg. Was von Göttingen selbst ausgegangen ist, dem wird dort niemals die Anerkennung gefehlt haben; was andere Universitäten erfanden, wurde ignorirt oder bestritten. Die Geschichte der Cultur von 1740 bis auf den heutigen Tag läßt sich unter die Reverbère Göttingens stellen, und welches ist das Resultat? Daß sich alles Schöne, Edle,

---

*) Spätere Anmerkung. Jetzt leiden die Universitäten unter dem allzuhäufigen Wechsel in der Besetzung der Professuren, einer Folge des maßlosen Drängens nach Genuß und Auszeichnung, des sogenannten Streberthums.

Große, Durchgreifende, Befreiende, Aufklärende, Nationale in Deutschland zum größten Theile t r o z Göttingen entwickelt hat. Göttingen bestritt den Glauben an eine Erziehung des Menschengeschlechts und die Perfectibilität desselben, und jetzt theilt alle Welt diesen Glauben und ist durch ihn fortgeschritten. Göttingen verwarf die Speculation, und die Speculation, wenn auch ohne positive Resultate, hat doch wie ein Gewitter reinigend auf die Atmosphäre der Moral, Religion und der schönen Kunst gewirkt. Göttingen bekämpfte Kant, und Kant wurde der Thales unserer neuen Philosophie. Göttingen be= kämpfte Fichte, Schelling, Hegel, und alle drei haben Jahr= zehnte hindurch die öffentliche Meinung in Deutschland be= schäftigt und allen Wissenschaften neue Methoden gegeben. Die Göttinger verschmähten Herder, der sich, um bei ihnen Professor zu werden, erst einem Examen unterwerfen sollte. Göttingen legte den historischen Maßstab an Göz von Ber= lichingen und leitete eine Anzeige von Schiller's Don Carlos mit den Worten ein: „Obgleich gewöhnliche Theaterstücke nicht im Kreise unserer Aufmerksamkeit liegen.” Göttingen protestirte gegen die romantische Schule, und der Theil von Verdienst, den die romantische Schule ansprechen durfte, machte sich ohne Göttingen Bahn. Göttingen hat gegen jede ideale Regung des Zeitgeistes opponirt und sich eingebildet, mit sei= ner berühmten Bibliothek die Welt allein aufklären zu können. Nie waren bis 1837 Namen der Gegenwart in dem Göt= tinger Organ genannt worden, wie Anastasius Grün, Niko= laus Lenau, Börne, Freiligrath, Justinus Kerner, J. Mo= sen, Graf Platen, P. Pfizer, G. Schwab, Ludwig Uhland; wohl aber sind massenhaft die Poesieen von hannöverschen Landpastoren angezeigt worden. Muß man nicht sagen, daß Deutschland fortschreitet, t r o z seiner Universitäten?

Es ist nun aber die Nemesis über die Universitäten ge= kommen. Sie halten sich nicht mehr. Man liefere eine Ge= schichte der Universitäten Halle, Jena, Tübingen, Erlangen und fasse ein Resultat zusammen. An Gelehrtenruhm wird es dabei nicht fehlen; ob aber auch die unterrichtende, beleh= rende, bildende Bedeutung und Verwerthung dieses Gelehrten= ruhms nachzuweisen sei, das ist in Frage. Die akademische

Jugend ist seit einiger Zeit hier und da in Gährung gekommen. Sie verräth, was sie wünscht. Sie will der Universitätsluft den frischeren Zugwind des Zeitgeistes zugeführt sehen, sie will an den wissenschaftlichen Paragraphen die Fingerzeige praktischer Anwendung erblicken, sie will die Universität in ein größeres Ganzes, in ein Allgemeineres aufgehen sehen und mit Recht. Jene Gährungen sind Symptome einer Reform, die sich der Universitäten wider Willen bemächtigen wird. Es geht in der alten Weise nicht fort. Dem Allgemeinen wurde zu viel durch die Vereinzelung entzogen. Es ist zu lebhaft, zu nachdrücklich auf jene wissenschaftliche Autarkie, die gelehrte Selbstgenügsamkeit von den Disciplinen hingearbeitet worden, die mit den Anforderungen unserer Zeit in zu grellem Widerspruche steht. Wie diese Reform zu beschaffen sei? Es scheint, als wenn sich die Staatsweisheit unserer Tage mit dieser Frage beschäftigt. Freiheit ist ein so theuerwerthes Wort, daß man über jede Einschränkung derselben, selbst wo die Freiheit bedenklich erscheinen würde, erschrecken muß. Nicht auch die Freiheit, die nun einmal auf Universitäten da ist, sollte man einschränken, wohl aber diese an einem höheren Dritten zu einer höheren Wahrheit werden lassen, sie mit einem größeren Bau überwölben, sie solchen Institutionen unterordnen, die als ein großes politisches und nationales Ganzes die Universitäten von selbst in eine abhängige und dem Gesammtzweck dienende Stellung einweisen würden. Es ist auch das ein großer Vorzug der constitutionellen Regierungsform, daß sie noch überall den Universitäten ihre Staat im Staate machende Bedeutung genommen hat, und z. B. in Göttingen selbst, auf der Hochschule der Hochschulen, einen bekannten politischen Act möglich machte, der mit allen Antecedentien dieser Universität in einem wenigstens für den Geist der Göttinger gelehrten Anzeigen haarsträubenden Gegensatze stand.*)

---

*) Spätere Anmerkung. Das mannigfache Errichten ausgezeichneter polytechnischer Lehranstalten und das massenhafte Uebergehen der jungen Leute zum wohlsalarirten Offiziersstande hat unsere Universitäten so in's Gedränge gebracht, daß einige derselben kaum ihren alten Ruhm behaupten können. Sie bieten überdies, wenn auch, wie es sich von selbst

Der Deutsche gilt für einen gebornen Erzieher. Fremde
Nationen bedienen sich für die Erziehung ihrer Kinder deutscher
Pensionate. Alles was in Deutschland für neu, frei, volksbeglückend
gehalten wird, steht in einem lebhaften Verkehr mit der Erziehung.
Wenn es eine unwiderlegliche Form für den Inhalt der ver=
schiedenen Lehr= und Bildungstheorieen giebt, so ist es die
Oeffentlichkeit. Die Theilnahme der Nation am Nachwuchs,
am einstigen Schlag der Generation, die Erziehung als Sache
der Politik, darin lag die Größe des Alterthums. Was
nützt es mir, dachte der Spartaner, daß mein Sohn an
Weisheit mit Bias wetteifert, wenn er die Schmach nicht
rächen kann, die man vielleicht meiner Leiche zufügt, wenn er
seinen Heerd und sein Erbtheil nicht zu schützen versteht!
Montesquieu führt die Merkmale an, welche die Erziehung
in despotischen Staaten hätte. Er sagt ungefähr: Tyrannen
kann es nur geben, wo es auch Sklaven giebt. Die Skla=
verei fußt am sichersten auf Unwissenheit; Aristoteles sagt
schon: Für Sklaven giebt es keine Tugend. Allein Montes=
quieu hätte noch hinzufügen können: Nicht blos Unwissen=
heit ist der Stützpunkt der Despotieen, sondern eben so sehr
die Wissenschaft, wenn diese nicht mit öffentlichen Thatsachen
in Verbindung gebracht ist, die Wissenschaft, beschränkt auf ihre
Bibliotheken, auf ihre Literaturzeitungen, auf ihre Experi=
mente, ohne Zusammenhang mit der Nation und mit der Ge=
schichte. Die Alten hatten den großen Vorsprung vor den
Neuern, daß sich die Familie und die Schule dem Staate,
man kann wohl sagen, dem Weltlauf, unterordnen mußten.
Wir aber werden erzogen erst für den Umgang mit unsern
Brüdern und Schwestern, dann für unsere Kameraden und
zuletzt für unsere Mitbürger. Wir müssen ein Stadium un=
serer Bildung vor dem andern zu verbergen suchen. So wie
wir in die Schule treten, streifen wir alle Apartheiten der Fa=
milie ab. Man schämt sich seiner Häuslichkeit. Tritt man
endlich in die Welt, so schämt man sich wieder der Schule.
Man erwähnt diese nie anders, als um zu jubeln, daß man

---

versteht, der achtungswerthesten wissenschaftlichen Forschung, doch auch
der immer mehr um sich greifenden gelehrten Charlatanerie ein weites Feld.

ein lästiges Joch abschüttelte. Diese Feindschaft der verschie-
benen Bildungsstadien untereinander kannten die Alten nicht.
Epaminondas rühmte sich noch, alle Tage seines Alters der
zu sein, der er in seiner Jugend war, als er auf den Bänken
der Schule saß.

Es ist ein außerordentlicher Beweis für die in den Deutschen schlummernde Kraft, daß sie alle Resultate, welche ihnen
die Zeit oder die Wissenschaft bietet, sogleich für die Erhöhung des Unterrichts- und Erziehungswesens verwenden.
Aber selbst für den Fall, daß dieser Umstand die Folge man-
gelnder öffentlicher Freiheit wäre, für den Fall, daß man
hier eine Nation hätte, die für ihre geistigen Neuerungen
eben nur in der Jugend den bildsamen Stoff zu finden weiß,
ist es außerordentlich, wie gerade die deutsche Erziehung Alles
in sich zu vereinigen scheint, was an die Größe des Alterthums erinnert und ohne dessen Annahme die neue Zeit nicht
vollkommen groß werden wird. Man findet bei den Deutschen
Sinn für öffentliche Leibesübungen, für die Bildung einer
gesunden Seele im gesunden Körper; die deutsche Jugend
zeigte im Jahre 1813 eine Wunderkraft, die sie nur auf den
Schauplätzen ihrer gymnastischen Uebungen gelernt hatte.
Dieser Sinn erhielt sich lange, ging auf Universitäten und
in die Staatsverhältnisse über, wo sich die physisch-phanta-
stische Ausbildung in doctrinell-moralische verwandelte. An
die Stelle der Gymnastik trat eine Philosophie, welche, trotz
aller Abenteuerlichkeit im Schematismus, sich durch eine Fülle
vereinzelter befruchtender Ideen auszeichnete. Alles, was geschah, geschah wie durch Verbrüderung und Oeffentlichkeit. Die
Pädagogen waren damals die Priester einer neuen Religion.
Den beschränkten, verzärtelten Eltern wurden die Kinder gleichsam aus den Betten geholt und in die Flüsse geworfen.
Es gab moralische Verpflichtungen in der Luft, in der Literatur, im Zeitgeist, überall, namentlich in der neubelebten Geschichte, Verpflichtungen, welchen sich Niemand, der nicht für
einen Heloten und Idioten gelten wollte, entziehen durfte.
Ja, diese Dinge scheinen mir so außerordentlich, sie sind so
reich an Samen für die herrlichste Zukunft, daß ich eine Nation beklagen müßte, die sich diese Anfänge zur Größe wieder

nehmen ließe. Wenn es irgend etwas giebt, was die Schlech=
tigkeit der politischen Reactionen beweist, so ist es gerade diese
Beraubung der Menschheit an den neuen Reichthümern, die sich
ihr Leben erwerben will. Der grelle lachende Sonnenschein
wird mit Flor gedämpft. Juristische Abwägungen von mehr
oder minder Macht und Einfluß nehmen die Stelle eines
welthistorischen Aufschwunges ein. Wuchergeist und Egoismus
sind das Gefolge der unterdrückten freien Gemüthsstimmungen.
Damit hier oder dort keine Regierungsform zu Grunde gehe,
wo die Verhältnisse von Fürst, Unterthan, Adel in ihren alten
Ueberlieferungen erhalten bleiben, wird die Geschichte um eine
neue Epoche betrogen. Die Augen der Zeit, die kaum noch
so hoffnungsfreudig leuchtenden, haben sich mit wehmüthigen
Wimpern bedeckt; wir leben vom Tage zu Tage, von der
Stunde zur Stunde. Das Einzige, was uns als neu und
originell übrig geblieben, ist die Umwandlung der Phantasie
in den spottenden Witz, in entsagende Reflexion. Wir waren
am Ziele, eine neue Zeit zu schaffen, und müssen jetzt fürchten,
daß wir kaum im Stande sein werden, das vorige Jahrhun=
dert so zu reproduciren, wie jenes originell und freimüthig
gewesen. Der Grundton des Themas, das wir aufführen, ist
Kampf zwischen Tyrannei und Freiheit. Wir taumeln so hin!
Wenn wir am Abgrund stehen, vielleicht, daß wir uns dann
besinnen.*)

IX.
Sitte und Sitten.

Der Plan unseres Versuches, Säkularbilder aufzustellen,
war der, die Erörterung mit dem Daguerreotyp zu ver=
binden. Ehe wir unsern neuen wichtigen Gegenstand: „Sitte

---

*) Die Jahre 1848, 1866 und 1870 führten aus, was 1837 als
vermißt und wünschenswerth hinzustellen hatte.

und Sitten" schärfer in's Auge fassen, sei mir der Abdruck
eines Briefes gestattet, der kürzlich in meine Hände kam.
Eine alte Dame, die Tante Rebekka, schreibt an einen Pfarrer
im Mecklenburgischen:

Ehrwürdiger Freund und lieber Vetter! Vor Allem: Ist
denn aber auch dem armen Thier nichts geschehen? Ich sagte
noch zu Jenny, habe ich nichts vergessen? Ist auch Alles
in Ordnung? Sie lachte dazu, was mir schon nicht gefallen
hat, da ich ihrem Herzen in einem Augenblicke, wo man sich
trennt und nichts mehr hat auf der Welt, das Einen erfreuen
könnte, als das Wiedersehen, eine solche Gefühllosigkeit nicht
zugetraut hätte. Ich sagte es auch dem Mädchen und wollte
sofort den Dienst kündigen, da ich sie ja doch zurücklasse und
sie nichts zu thun hat und blos sehen muß, daß Alles da
stehen bleibt, wo ich es hingestellt habe; aber sie sagte, und
ordentlich beschämt, sie müsse eben immer lachen, wenn sie
nicht weinen wollte. Da sah ich es denn wol, das Ding
hat schwache Nerven. Diese Menschen jetzt! dachte ich und
vergaß darüber, daß mein Pipichen vor'm Fenster hängen
geblieben, während es anfing zu regnen. Nicht sogleich, sondern
ich mochte schon mit Wilhelm eine Stunde gefahren sein. Der
Himmel überzog sich an allen Ecken und sah bald nur noch
wie ein großer Scheuerlumpen aus. Indem es schon regnete,
fällt mir Pipi ein, der draußen hängen geblieben und nun
— der Vogel, Jenny's Gelächter, Sie, mein Freund und
Vetter, mit Ihrem frommen Segen und das Gewitter —
ach! ich hatte außer Wilhelm keine Hülfe mehr, als meine
Thränen. Das Thier muß den Tod davon gehabt haben;
denn Jenny, da war ich verrathen genug, die ließ ihn hängen
und wird wol an seinem Grabe auflachen. Warum? Weil
das verstockte Ding nicht weinen will! Vetter, jagen Sie das
Geschöpf aus meinem Hause! Ich wenigstens, so lange ich
lebe, will von den neuen Moden nichts wissen. Wohl dem,
dem sein Erlöser nah!

Schon zehn Meilen von Hause habe ich den neuen Welt=
lauf kennen lernen. In dem Gasthofe, wo ich nun noch den
Schmerz hatte, mich von Wilhelm zu trennen und die Land=
kutsche zu erwarten, fand sich auch keine Seele, die mich ver=

18*

standen, oder, wenn sie mich verstanden, die mich nicht durch
ihr gefühlloses Benehmen gekränkt hätte. Glauben Sie denn
wol, daß ich bei irgend jemand für Pipi ein freundschaft=
liches Bedauern hätte erwecken können? Selbst der Wirth,
der doch die Verpflichtung hat, seinen Gästen Alles, was sie
wünschen und vermissen, an den Augen abzusehen, lachte mich
aus, gleichsam als wollte er sagen: Der rothe Löwe hätte
nicht nöthig, sich um die vergessenen Canarienvögel seiner
Gäste ein Bedenken zu machen. Bei Alledem mußte ich an
seinen Mittagstisch kommen; er selbst saß oben an und tran=
chirte! Table d'hote nennen sie das! Der Wirth saß mit
an der Tafel! Und überhaupt, er war in der Stadt eher der
Herr als der Diener Aller. Ich wollte mit ihm über eine
bequemere Einrichtung in meinem Zimmer sprechen. Er sah
mich vornehm an und verwies mich an das Gesinde. Für
die Empfangnahme des Geldes war ein eigenes Frauenzimmer
aufgeputzt, das hinter einem Tische an einer Ecke des Saales
wie bei Wachsfigurencabinetten saß. Ueber jeden Gast wurde
statt des Kerbholzes Buchhaltung geführt; ich erhielt für jede
Tasse Thee, die ich forderte, ein eigenes Folio in diesem Bank=
wesen. Statt mir's bequem zu machen, mußte ich mich ge=
niren. Früher war man, so lange man zahlte, Herr im
Wirthshause, jetzt steht man zu dem Prellervolk im Verhält=
niß einer weitläufigen Gastfreundschaft. Wenn das in kleinen
Städten so ist, dachte ich, wie wird das erst in Berlin sein!
Und während dem klopfte es an meine Thür. Ich hatte mich
soeben etwas gelegt, weil die Landkutsche in einer Stunde
eintreffen und die Fahrt einen Theil der Nacht hindurch
dauern sollte. Ohne noch mein Herein! abzuwarten, tritt
ein Frauenzimmer zu mir ein, ich kann wol sagen, von aus=
nehmend zweideutigem Charakter. Ich frage, was ihr Be=
gehr sei? Statt dessen firirte sie an mir diejenigen Theile
des menschlichen Körpers, von welchen man zu Gebildeten
nicht spricht. Sie setzte einige Cartons auf den Tisch und
fing an: Alles von Paris; echt und leicht, elastisch bis zur
Täuschung, für vorn und hinten, Alles aus einer Fabrik!
Ich bekam in dem Augenblick das Zittern, weil ich hier Un=
rath merkte und allein bastand. Ich fürchtete, schon von dem

Namen der käuflichen Dinge beleidigt, für meine Gesundheit und lief immer röther und röther an, als hätte ich das Nessel= fieber. Um Jesu willen! schrie ich, als das Weib anfing, ihre Cartons zu öffnen und mir Dinge zu zeigen, für welche sie die prächtigsten Namen hatte, wovon mir aber der Ge= brauch so räthselhaft und so empfindlich war, daß ich ihr rieth, mich und meinen ehrlichen Namen in Ruhe zu lassen. Sie meinte aber, daß die vornehmsten Frauen sich nicht scheuten, ihre mangelnden oder bereits verblühten Schönheiten durch diese künstlichen zu ersetzen, auch hätte sie ein gut assortirtes Lager von Zähnen, theils einzelnen, theils ganzen Gebissen. Ich wußte aber zu gut, daß diese Zähne nicht von Elfenbein sind, sondern von den Dieben und Mördern, die am Galgen gehangen. Aber da war guter Rath theuer. Das Weib tastete unausgesetzt an mir herum und wollte mir ihre elastischen Polster anschnallen, und so lief ich denn zur Thür hinaus — denken Sie sich, ohne daß ich meinen Koffer zugeschlossen hatte. Ich will wieder hinein, aber mein Lärmen hat die nächsten Hausbewohner in Bewegung gesetzt. Sie eilen mir zur Hülfe und treten in mein Zimmer, wo die Kupplerin des Satans eben ihre Pariser Bescheerungen einpackt. Die Frauen ziehen sich zurück und den Männern muß ich über diesen neumodischen Vorgang Rede und Antwort stehen! Wahrscheinlich veran= stalten die Wirthe dergleichen Belästigungen ihrer Gäste. Man nennt das in jetziger Zeit einen mit allen Bequemlichkeiten eingerichteten Gasthof! Manches in ihren Sünden unter den schönsten Frisirlocken ergraute Weib ist froh, in einem Gast= hofe das zu finden, was ihr in ihrem Hause nie begegnen würde.

Nun war es aber kalt geworden und die Landkutsche leer. Ich konnte nicht einmal darauf rechnen, mir wenigstens durch einiges Gedränge Erwärmung zu verschaffen. Eine einzige Dame fuhr mit, die mir sonderbar vorkam. Nicht darum, weil sie sagte: Die Eisenbahnen verdrängen die Landkutschen; denn das war freilich richtig genug und ganz aus der Zeit gegriffen; allein der Schnack, den sie an diese Bemerkung an= bändelte, den hätte König Salomo nicht verstanden. Sie hatte dabei die Gewohnheit rasender Menschen, fortwährend an den

Kopf zu fassen. Auch das kurze Lächeln der Närrischen hatte
sie, wenn ich auch nicht sagen will, daß sie es schon vollkom=
men bis zum Tollhaus gebracht hatte. Allein selbst dieser
letzte Fall wäre mir nicht so ängstlich gewesen, als was ich
später erfuhr. Nachdem sie mir nämlich einige Stunden hin=
durch über Allerlei und noch Etwas, wie man zu sagen pflegt,
ihre Ideen mitgetheilt hatte, sagte sie mir bei der Uebernach=
tung im zweiten Gasthofe, den ich nach vielen Jahren wieder
gesehen habe und nicht besser als den ersten fand, daß sie,
denken Sie sich um Gottes willen, eine Schriftstellerin sei.
Ihr Fach waren aber nicht die Liebes=, sondern die mechanischen
Geschichten. Schon in aller Frühe traf ich sie an der Land=
kutsche beschäftigt. Sie setzte den Stallknechten auseinander,
daß vier Räder am Wagen ein Luxus sei und überdies allen
Gesetzen der Mechanik widerspräche. Sie verwickelte sich dar=
über in einen Streit, der mich an manche Auftritte mit Jenny
erinnerte, die aber doch nur die Zubereitung der Speisen und
die verschiedenen Lesarten der Kochbücher betreffen. Diese
Dame nahm nicht die entfernteste Rücksicht auf ihr Geschlecht.
Sie war nicht nur mit einer Nachlässigkeit gekleidet, die an's
Burleske streifte, sondern nannte auch Alles, was in's Männer=
handwerk fällt, ganz so wie diese und mit einer Rücksichts=
losigkeit, die mich statt ihrer eröthen machte. Am Rade
sprach sie von der Mutter, von der Schraube; sie war über
die Zubereitung des Theers, den ich bis jetzt nur habe riechen
können, wenn ich die Gelbsucht hatte, und so viele andere Un=
reinigkeiten so im Reinen, daß ich sie mir weit eher auf dem
Bock als in der Kutsche selbst hätte denken können. Als ich
ihr meine Verwunderung darüber bezeigte, daß sie schon so
früh bei der Hand sei, sagte sie in ihrer Art: Früh? Schon
den ganzen Morgen gearbeitet. Schreibe ein Buch über die
Maschinenbaukunst für Frauenzimmer. Darauf gab sie mir
eine Erörterung über ihre Schrift. Ich erschrak vor ihrer
Gelehrsamkeit, hatte aber auf der Reise wenig Freude
daran, ja, wie Sie noch hören werden, Unglück. In jedem
Dorfe, wo die Kutsche anhielt, verlor sie sich. Wenn die
Fahrt weiter gehen sollte, mußte sie gesucht werden. Denn
was that sie? Sie lief in die Bauerhöfe und forschte nach

Pflügen, Eggen, Säemaschinen, und hielt da, wo sie nicht die neuesten Fortschritte in der Verfertigung dieser Instrumente antraf, Vorlesungen. Alle Augenblicke parlamentirte sie unterwegs mit dem Kutscher, daß sie aussteigen wollte. Sie konnte keinen Bauer Ochsen treiben und pflügen sehen, so mußte sie hinaus und dem Mann einen neuen Kunstgriff lehren. Die guten Leute dachten, die Frau thäte das Alles für Geld oder weil sie ein Gelübde lösen müßte. Sie ließen sie ausreden und machten es hernach wieder so, wie sie es gewohnt waren. Bei Feuersgefahr wollte das tollkühne Frauenzimmer eine Maschine anwenden, die man an die Häuser heranrücken sollte, und von welcher aus die Operationen mit Spritzen und Häcksel beginnen müßten. Diese künstliche Vorrichtung bewährte sich als Rettungsmaschine besonders durch Brücken, die sie zu den Fenstern, wo Unglückliche in den Flammen rangen, hinführen wollte. Ich bat sie um Alles in der Welt, mit ihrer grausamen Schilderung der Qualen, welche jene Hülflosen bis zur Ankunft der Maschine empfinden müßten, inne zu halten; allein sie ging noch weiter, sie wollte uns ein praktisches Beispiel von ihren halsbrechenden Unternehmungen geben. Unglücklicherweise saßen wir nicht zu ebener Erde. Die Frau scheute die Lebensgefahr nicht, sondern war mit einem Sprunge auf das Fenstergesims und schwang sich mit einer Behendigkeit, die ich bisher nur bei meiner Katze gefunden hatte, in die freie, schwindlige Luft hinaus. Indem sie so frei hängt und ihr die erschrockene Tischgesellschaft an's Fenster nachgelaufen kam, krachte die Fensterrahme, und wo das Frauenzimmer stand, bröckelte die Mauer ab. Ein junger Mann sah, daß hier ein rascher Entschluß nothwendig war. Indem noch die Erfinderin der Rettungsmaschine hin und her schwankte, ergriff sie der junge Mann und zog sie mit aller Anstrengung der Kräfte und mit gezwungener Vernachlässigung aller Gesetze des Anstandes wieder herein in's Zimmer. Sie selbst hatte denn doch so viel Angst ausgestanden, daß sie sich entschloß, noch eine Stunde auf der Station zu rasten, ehe sie weiter reisen wollte, oder es war wegen des jungen Mannes. Kurz, ich mußte um die Närrin eine Stunde halten!

Da kriegten wir dann auch noch einen andern Gefährten, dem ich keine äußern Anzeichen eines Uebelbefindens ansah, der aber nichtsdestoweniger von einem Bedienten wie ein in Baumwolle gepackter, zerbrechlicher Postgegenstand behandelt wurde. Er hatte eine heitere und vergnügte Art, nahm sich aber sorgfältig vor jeder Bewegung in Acht, die seine Glieder hätte in Verwirrung bringen können. Er rückte und rührte sich nicht, sondern saß wie in die Wagenlehne eingemauert, während er doch mit vieler Freundlichkeit unsere zufälligen Fragen beantwortete und mitunter selbst welche an uns richtete. Die mechanische Schriftstellerin fing an, einen Cursus über automatische Uhren, Türken und Schachspieler zu halten. Während sie mir die mechanische Zusammensetzung eines Automaten erklärte, zeigte sie auf den Reisenden uns gegenüber, gleichsam, als wenn derselbe eine solche aus verschiedenen Mechanismen zusammengesetzte leblose Figur gewesen wäre. Sie fügte hinzu, indem sie mir in's Ohr flüsterte, daß sie sich scheute, laut davon zu sprechen, daß aber dies Kunstwerk seines täuschend nachgeahmten menschlichen Verstandes wegen von einem großen Künstler herrühren müßte. Ich muß gestehen, daß mir diese Mittheilung in alle Glieder fuhr, denn was sie mir von Beispielen künstlich zusammengesetzter Menschen erzählte, war grausig. Nun hatte unser Gefährte ein gewisses inwendiges Röcheln. So oft sich das hören ließ, stieß mich die Schriftstellerin an und flüsterte, daß sich eben das Uhrwerk von selbst aufzöge. Sie richtete an den unheimlichen Gast mehrere Fragen, z. B. wie viel die Uhr wäre, und weidete sich an meinem Erstaunen, als die Figur feierlich und mit beständiger Vorsicht, eines ihrer Glieder zu zerbrechen, in die Westentasche griff, die Uhr langsam gegen das Auge brachte und nach einem dumpfen Röcheln im Innern der vermeintlichen Brust mit einer gegen die feierliche Bewegung contrastirenden Schnelligkeit das Resultat aussprach. Indem hatte die Schriftstellerin schon ihre eigene Uhr gezogen und zeigte mir mit triumphirendem Lächeln, wie richtig unser mechanisches Gegenüber die Zeit angegeben. Bei einem unangenehmen Zufall, der uns darauf betraf, schien es mir bald außer Zweifel, daß die scharfsinnige Dame recht gesehen. Auf der Chaussee

war eine Strecke Weges in Reparatur begriffen. Das auf=
geriffene Steinpflaster lag auf eine unverzeihliche Weise so
zerstreut im Wege, daß wir Gefahr laufen konnten, umgeworfen
zu werden. Indem der Wagen plötzlich von einem großen
Steine, über welchen die Fahrt ging, abglitt und die Schrift=
ftellerin mit dem Vollgewicht ihres Körpers auf mich fiel,
fetzte fich die unheimliche Figur uns gegenüber in Bewegung
und stürzte mitten zwischen uns hinein. Aus vollem Halse
fchreiend, fuhren wir beide auseinander. Das Automat rückte
und rührte fich nicht, fondern blieb in der Lage, in welcher
es gefallen war. Der Kopf lag auf meinem Federkiffen, fo
daß ein Hülferuf, den das Wesen zur Mehrung unseres
Schreckens ausstieß, in dem Kiffen erstickt wurde. Ich kann
Ihnen die Angst nicht beschreiben, die ich empfand; ich fah
eine unorganische künstliche Zusammensetzung, die das Wesen
eines Menschen nachahmte und in welcher man die Vernunft
doch mit fo vieler Künstlichkeit hatte hervorbringen können,
daß fie auch beim Verlust ihres Gleichgewichts um Hülfe und
einmal über das andere Henry! Henry! schrie. Wir beiden
Frauensperfonen riffen auf jeder Seite den Kutschenschlag auf
und wiederholten den Hülferuf der in Unordnung gerathenen
Maschine. Der Wagen hielt an. Henry öffnete den Schlag,
stieg ein und richtete mit theilnehmender Miene die umgefal=
lene Figur wieder auf; er verfuhr dabei fo vorsichtig, als
wenn er mit Glas umginge, fetzte feinen Herrn oder fein Ge=
fchöpf — wie follten wir fagen? — in die Ecke des Wagens,
wobei diefer fofort wieder unbeweglich blieb. Als der Wagen
fortrollte, konnte ich vor Furcht kein Wort mehr fprechen, die
Schriftstellerin fprach über die Geschichte des Automatenwefens
und flüsterte mir, da die Figur dazu schwieg, zu: Diefer
Menfch ift fo künstlich zufammengefetzt, daß er Alles begreift,
wovon man fpricht, nur feinen eigenen Zuftand nicht. Indem
fie das fagte, war es mir, als stieße die Maschine einen tiefen
Seufzer aus. Auch Sie, Herr Pastor, haben das oft genug
von der Kanzel herab gefagt. Es paßt auf uns Alle.
    Nun denken Sie fich aber, auf der nächsten Station fiel
die Vermuthung der Schriftstellerin in Nichts zusammen. An=
fangs zwar, als uns auf der nächsten Station, wo wir aus=

stiegen, der Henry den Bescheid gab: „Ja, ich habe Sorge genug; der Mann hat zehn Jahre lang, vom zweiten Pariser Frieden an bis zur Schlacht bei Navarin, im Futteral gesteckt, und ich muß immer noch fürchten, daß er mir durch die Veränderung, die in seinem Innern vorgegangen sein muß, das Gleichgewicht und den natürlichen Schwerpunkt verliert." Da gestehe ich, daß dieses fortgesetzte Zeugniß der tollen Idee meiner Schriftstellerin mich in die größte Verzweiflung brachte; denn mich hätten keine hundert Hände dazu gebracht, wieder in den unheimlichen Wagen einzusteigen. Indem schien sich aber die Sache aufklären zu wollen, denn Henry, das von meiner Gefährtin schon öfters ausgesprochene Wort „Maschine" festhaltend, fuhr fort: „Freilich ist der Mann eine recht unglückliche Maschine, allein ich besorge nur, es wird ihm nicht gut bekommen; von Kindheit nämlich hat er schon am Rücken den unnatürlichen Auswuchs gehabt, den man nicht gerade einen Buckel nennen dürfte, der aber auch nichts weniger als eine glatte Ebene war. Seitdem man nun die Kunst erfunden hat, alle Auswüchse und Verschiefungen des menschlichen Körpers durch zweckmäßig angebrachte Compressionsmaschinen wieder zu ebnen, hat auch mein Herr der Versuchung nicht widerstehen können, trotz seines vor zehn Jahren schon in die Dreißiger vorgerückten Lebens den Versuch zu wagen, sich auf orthopädische Art heilen zu lassen. Nun hat der Mann zehn Jahre lang auf dem Streckbett gelegen und sich seinen Buckel ganz und gar in den übrigen Körper hineingedrückt. Das Röcheln, das die Stimme beim Sprechen begleitet, kann jedenfalls nichts Gutes bedeuten; das ganze unnatürliche Wachsthum nach hinten ist ihm in die Brust nach vorne getrieben; noch kann er seinen Schwerpunkt nicht finden, um mit seinem Körper zu balanciren, er sitzt in lauter Stahlfedern und muß, wo man ihn hin haben will, getragen oder gefahren werden." Die Schriftstellerin konnte ihren Aerger über ihre Täuschung nur mit Mühe unterdrücken.

Nachdem ich mich von meinen Reisegefährten getrennt hatte und in der Herberge der Landkutsche ausgestiegen war, auch meine Schachteln und Koffer alle gehörig verglichen und mich überhaupt auf's Pünktlichste mit jedermann abgefunden hatte, um ja hinterher in keine Weitläufigkeiten zu kommen oder wohl gar für etwas, was ich zu bezahlen vergessen, in Anspruch genommen zu werden, machte ich mich denn auf den Weg mit einem unverschämten Markthelfer, der sich mit so viel geistigen Getränken überladen zu haben schien, als zu meiner Zeit einer ganzen Dorfschaft für die Woche genügt haben würde. Denken Sie, hier kommen Fälle vor, daß Men= schen, wenn man ihnen mit dem Licht zu nahe tritt, Feuer fan= gen, oder was noch gräßlicher, von innen heraus unter den schrecklichsten Schmerzen allmälig in Asche gelegt werden. Ein solcher schon heiß werdender und in Brand zu gerathen bro= hender Vulkan war der Eckensteher, der mir seine Schultern lieh, um meine Sachen zu meiner Schwester zu tragen.

Nun werden Sie mich, ehrwürdiger Freund und Vetter, nach meiner Schwester, ihren Töchtern und meinem Bruder in der Kaninchenstraße fragen, und ich segne Gott, endlich in Ihnen einen Mann zu finden, wo ich meinem beklommenen Herzen Luft machen und, ohne Rücksicht zu nehmen, aufseufzen kann. Worauf steuert doch diese Welt los! Was habe ich mit ansehen und erleben müssen, was kommen jetzt für Dinge vor, Lebensarten, Urtheile, was für ein Geist ist in unsere Familie gedrungen! Meine Schwester wurde früh in den Strudel des Berliner Lebens gerissen; allein so lange ihr Mann lebte, blieb sie oben auf. Dieser starb und hinterließ eine trauernde Witwe mit drei Töchtern; wir Alle fürchteten, der Schlag würde ihr an's Leben gehen. Sie ertrug ihn jedoch, tröstete sich merkwürdig, ja genoß das Leben als freie Witwe bis zur Leichtfertigkeit.

Das traurige Geschäft, Ihnen eine Beschreibung von dem Zustande zu geben, in welchem ich die Familie meines seligen Schwagers antraf, erleichterte mir ein unglückseliges Pasquill, welches gerade in demselben Augenblicke erschienen war, als ich nach Berlin kam. Der Schlag, auf eine so kenntliche Weise vor aller Welt schlecht gemacht zu sein, mußte natürlich auch die Freudenbezeugungen lähmen, welche ich von Schwester Babette nach einer so langen Trennung hätte erwarten dürfen; denn ich will nicht glauben, daß sich ihr Herz bis zur Unem= pfindlichkeit gegen ihr eigenes Blut sollte verhärtet haben.

Wie ich in's Haus trat, fand ich Alles im nachlässigsten Zu=
stande. Die Treppen waren gescheuert, aber die Teppiche un=
ordentlich befestigt. Die messingenen Schlösser der Thüren
schienen lange nicht geputzt zu sein oder wenigstens nicht mit
der Sorgfalt, welche man bei einer Tochter meiner Mutter
hätte voraussetzen sollen. Ich hatte die größte Mühe, bei
meiner Schwester vorgelassen zu werden; denn welche Vernach=
lässigung! Sie hatte weder den Portier noch sonst einen Be=
dienten von meiner bevorstehenden Ankunft benachrichtigt; nur
meine große Aehnlichkeit mit Babette war ein wirksamer Ein=
laß in's Haus. Wie ich eintrete, finde ich die Familie in der
auffallendsten Bestürzung. Babette liegt im Sopha unter
convulsivischen Zuckungen; sie erkennt mich, aber beinahe lag
in ihrem Gruße der Schmerzensruf, als wollte sie sagen:
Auch das noch! Nun konnte ich mich nicht enthalten, aus=
zurufen, als auch noch die drei Töchter keinen Schritt thaten,
um mich zu begrüßen: Ist das ein Empfang für Tante Re=
bekka? „Schwester," schrie Babette aus ihrem epileptischen
Zustande heraus, „mußt Du auch gerade kommen, wo uns
Allen zu Muthe ist, als sollten wir den leibhaftigen Tod
haben? Bekk, setze Dich, meine letzte Stunde ist gekommen."
Wie mein Herz diesen klagenden Willkommen vernimmt, stürze
ich auf sie zu und schreie ganz in der unserer Familie an=
gebornen leidenschaftlichen Weise: „Mein Himmel, wie siehst
Du denn aus? Kinder, Menschen, was ist hier vorgefallen?"
Dabei dränge ich mich zu Babette hinüber, worüber ich das
Unglück hatte, auf die herabhängende Decke des Tisches zu
treten und diese hinter mir nachzuziehen. Glauben Sie, daß
meine Besorgniß eines der Mädchen gerührt hätte? Im Gegen=
theil, die älteste, Cecilia (die beiden andern heißen Felicia
und Lätitia), verzog nicht übel den Mund und rief mit einer
matrosenartigen Baßstimme: „Oho!", als wenn ich eine Putz=
macherin wäre, gekommen, bei ihnen Verdienst zu machen. So
tief mich dieses grobe Oho! kränkte, so sehr wurde es doch
von meinem besorglichen Herzen übertäubt, als mir Babette
die Ursache ihrer Leiden, das Pasquill, zeigte, das gestern in
dem Blatte „der Hanswurst" erschienen war und ihr Stichel=
reden und Verspottung in einer gestrigen Abendgesellschaft zu=

gezogen hatte. „Bin ich auf den Wisch nicht abonnirt?"
schrie meine Schwester Babette, „oder was habe ich sonst ge=
than, daß ein solcher nichtsnutziger Federfuchser in das Hei=
ligthum meiner Familie bringt und mich und sie dem Gelächter
der Welt preisgiebt!" Dabei reichte sie mir das Blatt und
zwang mich, einige Zeilen davon zu lesen, woraus ich, wie sie
sagte, schon den übrigen Inhalt würde entnehmen können.
Dann entriß sie mir's wieder.

Die beiden Töchter begleiteten die mütterlichen Verwün=
schungen des Satirikers ihrerseits mit allen Ausbrüchen verletzter
weiblicher Eitelkeit und spitzten die Krallen ihrer kleinen Finger,
um demselben, hätten sie ihn nur, die Augen auszukratzen
Mir war das Anstößigste bei der Sache die Gegenwart des
Bedienten, der diese Scene nicht nur als Zuschauer mit Wohl=
gefallen betrachtete, sondern darin eine Rolle mitspielte. Hi=
larius (so hieß der Mensch) hatte selbst den Aufsatz gelesen
und schwur, dem Verfasser desselben den Hirnschädel einzu=
schlagen. Ich dagegen rieth zu einem Processe und verwies dem
naseweisen jungen Mann die Einmischung in eine Angelegen=
heit seiner Herrschaft. Darüber fuhr mich Felicia an und
meinte, Hilarius hätte sich von jeher besorgt genug um das
Interesse der Familie bewiesen, um ihr auch in einem solchen
Unglück beizustehen. Von einer Frage nach Mecklenburg, von
Ihnen, ehrwürdiger Freund und Vetter, war keine Rede. Ich
erkundigte mich mehrmals nach Bruder Johann; allein ich be=
kam nur nothdürftig die Antwort, daß sie ihren leiblichen
Bruder für ein den Einsturz drohendes Haus hielt, unter
welchem man sich scheue, lange zu verweilen. Ich klagte, daß
er mir nun schon seit zehn Jahren nicht geschrieben hätte und
daß ich in Angst und Sorge lebte, wie ich von ihm würde auf=
genommen werden. Statt mir Muth einzusprechen, schwieg
meine Schwester; ich glaube, das Pasquill hatte ihr das Herz
abgedrückt.

In dem Augenblick wurde die Thür geöffnet und Hilarius,
der Bediente, (er hieß Hiller, und ein junger Professor, der
den Mädchen die Cour macht, hatte Hilarius daraus gemacht)
brachte mit der freudigsten Miene von der Welt ein Packet
von fünfzehn bis zwanzig Briefen. Briefe zu empfangen, ist

in der Stadt so angenehm, wie auf dem Lande. Hilarius
sagte auch: „Nun, Fräulein Cecily, hier ist ein ganzer Brief=
steller an Sie angekommen; man möchte glauben, alle Ihre
Anbeter befänden sich auf dem Lande und hätten den komischen
Einfall gehabt, Ihnen an einem und demselben Tage zu
schreiben." Meine älteste Nichte schien ein leidenschaftliches
Mädchen zu sein, das hatte ich schon an ihrem unsanften
Oho! wahrgenommen. Als man sah, daß alle Briefe nur
an ihre Adresse gerichtet waren, bemächtigte sich unser Aller
ein blasser Schreck, denn unmöglich konnte es bei einer solchen
Correspondenz mit richtigen Dingen zugehen. Meine Schwester
schoß wie ein Raubvogel vom Sopha auf, erbrach einen der
Briefe und ließ ihn mit der Bemerkung fallen: „Jesus, das
ist eine Fortsetzung des Hanswursten!" Ich hörte diese Be=
merkung allein; denn die drei Schwestern waren in einen
Streit gerathen, weil Cecilie nicht zugeben wollte, daß eines
von den Geschwistern sich herausnähme, einen an sie gerichteten
Brief zu erbrechen.

Meine Schwester hatte indessen mit den Zähnen so lange
geklappert, daß ich hier eine neue Verspottung ahnen mußte.
Es erwies sich denn auch bald, daß alle diese Briefe von einer
und derselben Feder kamen und nicht ein einziger derselben
etwas Anderes enthielt, als leeres Papier. „Babette, so be=
ruhige Dich doch," suchte ich meine Schwester zu besänftigen.
Cecilie jammerte über die Verspottung, und die beiden an=
dern Geschwister mußten sich vor schadenfrohem Gelächter
die Seiten halten. Ach, dachte ich, das ist eine schöne
Wirthschaft! Ich wußte nicht, wo mir der Verstand blieb;
ich sah nur zu gut, daß sich meine Schwester und ihre Töchter
einen Ruf verschafft hatten, der alle Welt herausforderte, mit
ihnen Versteckens zu spielen. Meine Schwester zerknirrte die
Spitzen ihrer Haube und blieb dabei: „Das ist Herr von Peter=
mann, der nicht gewußt hat, wie er sich rächen soll, und uns
durch diese leeren Briefe an die Leerheit seines Kopfes erin=
nern will. Auf jeder Poststation von hier bis Köln hat er
in jedem Briefkasten eine inhaltslose Adresse an uns zurück=
gelassen, um sich den Spaß zu machen, daß er uns eine
Viertelstunde geärgert hat." Aber mein Gott, Babette,· fiel

ich ein, woher denn diese Animosität bei jungen Männern gegen Dich und Deine Familie? „Ach, Beſt," antwortete meine Schweſter, „das ſind die Folgen einer vornehmen Lebensweiſe, an die Du Dich hier hoffentlich gewöhnen wirſt."

Aber das Pasquill will ich Ihnen doch abſchreiben. Es lautet: „Nicht unmöglich, daß Frau von Windbeutel vielleicht auch eine Gattin nach dem neueſten Geſchmack geweſen iſt, allein ſie hat ſich der Geſchichte der faſhionablen Welt erſt in dem Augenblick eingereiht, als ſie Witwe wurde. Mit dem Tode ihres Gatten, des ſeligen Herrn von Windbeutel, fing ſie mit ihren drei Töchtern an, vom Wirbel des öffentlichen Lebens ergriffen zu werden. Seitdem iſt ſie in voller Bewegung. Die vier Windmüh= lenflügel der öffentlichen Meinung verarbeiten mehr guten Ruf in der Woche, als alle Damenclubs in unſerer großen Fried= richsſtraße des Jahres zu Grunde richten. Wenn es ihnen an fremdem Material fehlt, ſo ſchütten ſie ihre eigenen Tugen= den und Laſter zwiſchen die Mühlſteine ihrer Verleumdung. Frau von Windbeutel mit ihren Töchtern hat ſich in der großen Welt ſo bloß geſtellt, daß wenn man ſie in der Geſchichte der faſhionablen Welt unſerer Zeit übergehen wollte, da= durch eine empfindliche Lücke entſtehen würde. Wir ge= brauchen jedoch das Wort „Lücke" hier ganz ohne Anſpielung auf die Zähne der Mutter, welche theilweiſe beſſer erhalten ſind, als die ihrer Töchter. Die Dame, von welcher wir ſprechen, hat die Größe eines Rieſen, die ſie zu den Zeiten Friedrich Wilhelm's I., wo man noch nicht glaubte, daß kleine Menſchen mehr Werth und Ausdauer in ſich bergen, als die großen, unfehlbar in die Armee geführt haben würde. Nichts= deſtoweniger ſtellt ihre Figur eine gewiſſe Rundung vor und hat durchaus nicht das Eckige und Luftige, das großen Men= ſchen manchmal Aehnlichkeit mit Vogelſcheuchen oder mit Ge= treidetennen giebt, durch welche der Wind ſtreicht. Es ſcheint öfters, als hätte ſie die Hand eines Bildhauers an ſich her= angelaſſen, wenn anders die ſo fein angebrachten Erhöhungen und Verſenkungen, die Berge und Thäler auf dem Strich Landes, den Frau von Windbeutel vorſtellt, von der Hand des Künſtlers, eines zoologiſchen Thierausſtopfers, und nicht von dem friſchen, ſaftigen Organismus der Natur ſelbſt herrühren

sollten. Das Antlitz dieser Dame hat bis auf die bereits er=
wähnte Zahnlücke alle Reize eines zwischen Griechenland und
Rom die Mitte haltenden Profils. Ihre Nase wird von
Kennern geschätzt, wenn man auch bedauern muß, daß sie der
Schwungkraft der Flügel derselben seit einiger Zeit durch den
Gebrauch des Spaniols eine allzugroße Elasticität giebt. Frau
von Windbeutel hat das den langen und üppig gebauten
Figuren unerläßliche Benehmen. Personen dieser Art leiden
an einer Schwere der Glieder, die sich bei Frauen ohne Welt
und Geschmack nur in der Form des Phlegmas offenbart.
Gewandtere jedoch verstehen es, diese Schwerfälligkeit, dies
leichte Ermüden als Zaubermittel einer verstrickenden Koket=
terie zu benutzen. Ihr Wesen erhält durch eine weise Be=
mäntelung ihrer Faulheit das Gepräge der Ueppigkeit und eines
durch jedes der ermüdeten Glieder verrathenen Verlangens.
Die Art, wie sich Frau von Windbeutel mit künstlicher oder
natürlicher Erschöpfung an das Hintertheil einer Chaiselongue
wirft und dabei die Länge ihres Fußes in die Höhe hebt,
giebt dieser verwitweten Kokette einen Schmelz, welchem
kaum die spröbesten Herzen widerstreben würden. Unbezweifelt
ist es, daß die Mutter auf Geschmackskenner noch bei Weitem
mehr Eindruck macht, als die Töchter. Der gewöhnliche Weg,
daß man Müttern den Hof macht, um allmälig über sie hin=
weg das Palladium ihrer Töchter zu erobern, hat sich in dieser
Familie in das Gegentheil verwandelt. Man knüpft mit den
Töchtern an, um allmälig zur Mutter zu gelangen. Denn
man muß gestehen, daß diese letzte noch immer schwerer zu
erobern ist, als ihre Töchter. Diese drei jungen Frauenzimmer
scheinen schon von ihrer Kindheit damit vertraut gewesen zu
sein, daß die Bestimmung des Weibes der Mann sei. Alle
ihre Gefühle und angelernten Begriffe müssen bei ihnen, statt
daß die Bildung alles für generis neutrius hält, ein erkenn=
bares Geschlecht haben. Man kann ihnen zeigen, was
man will, man kann ihnen bei Tisch die Speisen demon=
striren oder beim Thee die verschiedenartigen Formen des
Backwerks anrühmen, sie werden immer, weil sie's so gewöhnt
sind, fragen: Sind die Dinge männlich oder weiblich? Ist
Zwieback männlich? Sind Erbsen weiblich? Zu welchem

Geschlechte rechnet man die Spargeln? Man kann sich den=
ken, wie sich die Familie Windbeutel darnach sehnt, Korn auf
ihre Mühle zu bekommen. Wenn sich das unruhige Treiben
des Staatslebens in einer Familie wiederholen könnte, so wäre
davon hier ein treues Abbild gegeben. Mutter und Töchter
sind ewig außer Athem. Bald verarbeiten sie Personen, bald
Gerüchte. Sie haben ebenso das Transito= und Commissions=
geschäft fremder Gerüchte wie eine Leumundsmanufactur auf
eigene Rechnung. Hier malen sie selbst Gerüchte aus, ver=
vollständigen diese und verkleinern nicht selten die Ehre Andrer,
wie man in den Papiermühlen in Zeit von einigen Stunden
Kleider in Papier verwandeln kann. Man kann gewiß sein,
in dieser Familie immer etwas Neues zu erfahren, denn was
sie nicht gehört hat, erfindet sie, ja sie pflanzt noch kaum etwas
fort, worauf sie nicht den Stempel ihrer Bosheit gedrückt hat.
Die Armee, die Gesetzgebung, die Verwaltung braucht nur
zu Frau von Windbeutel zu gehen und wird ihr Folio im
großen Buche der Verleumdung finden. — Man sagt, daß
Frau von Windbeutel gesonnen sei, da sie nur zu sehr das
dringende Bedürfniß einer Verbesserung ihrer Finanzen fühlt,
sich mit einem reichen Gerber zu verehelichen. Die älteste
Tochter wird einen der ersten Schuhmacher der vornehmen
Welt heirathen; die zweite den reichen Inhaber eines zwan=
zigjährigen Patents auf eine in der That empfehlenswerthe
Glanzwichse; die letzte endlich einen Speculanten, der mit
weichen Hölzern handelt, aus welchen man Pantoffeln schneidet.
So wird diese ausgezeichnete Damenclique auch noch jenseits
des Traualtars einen organischen Zusammenhang unter sich
festhalten; alle Hände werden sich hier ineinander arbeiten,
und es steht zu befürchten, wenn die Medisance der Weiber
die Oberhand behalten sollte, daß bei den künftigen nur auf
die Füße gerichteten Beschäftigungen ihrer Männer die ganze
gebildete Welt von unten auf unterwühlt und jeder ehrliche
Name, der noch fest zu stehen glaubte, zertreten wird.''

Ich war zu sehr ermüdet von der Reise, als daß ich nicht
nach Lectüre dieses schändlichen Pasquills auf meine unglück=
liche Schwester und ihre Töchter hätte einschlafen sollen.
Allein so unruhig war meine Ruhe, daß mir im Traume die

Bosheit immer wieder vor Augen kam. Meine Schwester tanzte im Traume in Gestalt eines Stiefels auf dem Balle, den ich nicht vergessen konnte; erst kurz gegen Morgen, als ich Mutter und Töchter zurückkommen hörte, schlief ich fester ein. Die Sonne stand bei meinem Erwachen schon hoch am Himmel, allein mein vielfaches Klingeln nach weiblicher Bedienung fruchtete nichts. Endlich trat Hilarius ein und war mir mit seinem maliciösen Lächeln nicht die beste Vorbedeutung für den übrigen Tag. Er erzählte mir, daß seine Herrschaft auf dem gestrigen Balle wieder mit mancherlei Widerwärtigkeiten zu kämpfen gehabt. Mir traten die Thränen in die Augen, weil ich mir kein größeres Unglück denken kann, als Unrecht gegen gute Menschen. Konnte denn meine Schwester den Pasquillanten widerlegen? Konnte sie die Lüge, daß sie ihre sanfte Hand der rauhen eines Gerbers geben würde, in den öffentlichen Blättern widerrufen? Konnte sie überhaupt mit Freundinnen über den ganzen Gegenstand ein Gespräch anknüpfen? Ich bedauerte nur, daß meine Schwester zu lange schlief, um sie recht schnell an mein theilnehmendes Herz zu drücken.

Ein Hausknecht begleitete mich in die Wohnung meines Bruders Johann. Ich glaubte nicht gegen die Berliner Sitte zu verstoßen, wenn ich fragte: „Ist er schon aufgestanden?" Sein einziger Bedienter, ein alter mürrischer Gesell, lachte etwas höhnisch und sagte: „Um zehn Uhr? Seit sechs ist er schon in der Spree." Wie, fragte ich, mein Bruder badet sich im Schlamme der Spree? Darauf entgegnete der Mensch etwas spitz: Bis jetzt hätte man noch keinen andern Fluß nach Berlin bringen können, auch wäre die Spree so viele Jahrhunderte gut genug gewesen. Inzwischen sagte ich, daß ich die Schwester seines Herrn wäre und auf ihn warten wolle. Ich setzte mich in einem kleinen Vorzimmer ohne Möbel nieder und empfand mit meinem Bruder Mitleiden, daß er seiner Reinlichkeit wegen genöthigt war, sich in einem so fürchterlichen Flusse, wie die Spree ist, zu baden. Denken Sie sich den Unrath von 350,000 Menschen*), den Unrath

---

*) Bezeichnende Angabe für 1837.

des Viehs', das in Berlin lebt, die Abgänge der Industrie,
die vielen Selbstmörder, die sich von den Brücken hinunter=
stürzen, und Sie werden eine Vorstellung von dem Eindruck
bekommen, wenn Sie einen Blick werfen in diesen schwarzen
Sumpf, den man die Spree nennt. Von dem Schlamm im
Bett dieses weltberühmten Flusses steigen fortwährend bunte
Blasen auf, die deutlich genug die Verwesungsprocesse am
Boden des Flusses verrathen, und in diese Lauge wirft sich
mein Bruder und wäscht seinen edlen Körper, nicht ohne Ge=
fahr, in eine schwimmende Insel von Torfabfällen gerissen zu
werden! Hier will er die Gesundheit holen, die er in hypo=
chondrischer Verblendung verloren zu haben glaubt und die
auch wirklich bei ihm untergraben sein muß, denn er keuchte
entsetzlich, als er endlich die Treppe heraufkam. Mein Erstes
war, ihm wegen der Spreebäder Vorwürfe zu machen; allein
wie ich das sagte, kratzte er sich hinter den Ohren und sagte:
„Schwester, wenn Du gekommen bist, um Deine alten Lita=
neien fortzusetzen, dann solltest Du bei Babette bleiben, denn
die bedarf mehr Strafpredigten als ich. Ich finde es für
meinen Körper zuträglich, ihn nicht von warmem Wasser, son=
dern von der frischen und klaren Quelle der Natur bespülen
zu lassen. Ich bin durch langes Erproben meines Körpers
endlich dahin gekommen, daß ich den Gebrauch des kalten
Wassers für die heilsamste Arznei halte, die man aus der Hand
der Natur, eines bessern Arztes, als die Medicin, erhalten kann.
Wie Du mich hier siehst, lebe ich nur vom Wasser. Des
Morgens, sowie ich aufstehe, nehme ich eine allgemeine
Waschung meines Körpers vor. Ich lasse mich von meinem
Bedienten mit einer eigenen Vorrichtung, die mir mein inge=
nieuser Verstand eingegeben hat, bespritzen. Ich habe eine
Gießkanne zu diesem Zweck so aufgehängt und mit Wasser
gefüllt, daß ich, in einem hölzernen Gefäße stehend, mich nur
zu drehen und zu wenden brauche, um beständig von einem
sanft kühlenden Sprudel erfrischt zu werden. Je mehr sich der
Mensch dem Pflanzenleben nähert und sich wie von Gärtners=
hand pflegen läßt, desto besser gedeiht er. Während dieser
Erquickung meines äußern Menschen trinke ich innerlich zwei
Quart gut filtrirten, aber von der Quelle kommenden Wassers.

Nach diesem Vorgeschmack und Morgenimbiß gehe ich hinaus in eine Badeanstalt der Spree. Es würde bei Weitem nicht der Zweck so gut erreicht werden, wenn ich mich sogleich mit dem nüchternen Körper in den Fluß würfe. Die mit der ersten Morgenbegießung geöffneten Poren sind dann weit bereitwilliger, die Heilkraft eines vollständigen Bades einzusaugen. Ich kann unter diesen Umständen mich lange im Wasser aufhalten und bedarf nur einer mäßigen Bewegung, um vor Erkältung sicher zu sein. Die Abtrocknung muß schnell erfolgen, auch der Körper schnell wieder bekleidet sein, weil die Berliner Luft für Hydropathie im Allgemeinen nicht günstig ist. Jetzt erst esse ich mit Vergnügen zwei Eier, welche man in der Schwimmanstalt zu billigem Preise haben kann. Wie Du mich jetzt siehst, bin ich im dritten Stadium meiner Kur; ich komme soeben aus dem Bade, habe meine Eier verzehrt und beschäftige mich jetzt mit methodischem innern Wassergenuß. In Zwischenräumen von Viertelstunde zu Viertelstunde trinke ich ein Viertelquart und stelle dabei eine mäßige Bewegung in meinen Zimmern an. Freilich wäre es besser, diese Bewegung in der freien Natur vorzunehmen; allein noch hat meine Kurmethode nicht die Anerkennung gefunden, daß man, wie die so verderblichen Bier- und Weinschenken, auch wenigstens von Viertelstunde zu Viertelstunde eine Wasserschenke in den Straßen von Berlin etablirt fände. Ich esse früh, weil ich nicht nur gründlich verdauen will, sondern auch nach vollendeter Verdauung wieder dem Wasser lebe." Folgte dann noch die Beschreibung eines Manövers, wie er sich von seinem Diener kneten und wie einen Teig hin- und herdrücken ließ. Von seiner Familie sprach er ohne alle Theilnahme. Schwester Babette und deren Töchter überließ er ihren Thorheiten, während er doch schon als Vormund die Verpflichtung hatte, für ihre moralische Ausbildung Sorge zu tragen. Bei alledem war der Egoismus meines Bruders rührend für mich, denn bei dem Vorhaben, nur seinem Körper leben zu wollen, gönnte er sich nicht die geringste Erholung. Sonst an nichts hatte er Lust und Freude. Von jedem Comfort war er entblößt; er saß auf harten Schemeln, schlief, trotz seines schwächlichen Körpers, nur auf Matratzen; er trank nie

Kaffee oder Wein; damit nannte er sich einen Mann des Jahrhunderts, einen indischen Gymnosophisten, einen Johannes in der Wüste.

Da ich nun wol sah, daß der unglückliche Glückliche zu Allem schwieg, was nicht seine Wasserkuren betraf, ging ich von ihm. Auch bei ihm kein Wort von Mecklenburg! Meine Schwester war in den unverantwortlichsten Leichtsinn versunken, mein Bruder in eine Thorheit, von welcher man zu meinen Zeiten nicht die Ahnung gehabt hätte. Babette traf ich mit ihren Töchtern endlich zugänglich. Sie hatten die Migräne, und nahmen, um die Folgen des gestrigen Balles zu überwinden, hintereinander Pillen ein. Meine Schwester war überdies noch moralisch sehr angegriffen, weil der häusliche Störenfried noch immer um sie herum sein boshaftes Wesen trieb. Als sie gestern Abend in den Wagen stieg, steckte der „Hanswurst" in allen Taschen desselben; als sie am Morgen sich in's Bett legen wollte, befand sich ein Exemplar unter dem Kopfkissen. Heute Morgen traf sie den Spuk an allen geheimen und offenen Orten, wo sie ihren Fuß hinsetzte. Sie konnte jenen Psalm David's singen: Und nähm' ich die Flügel der Morgenröthe oder versenkte mich in's tiefste Meer, überall bist du mir nah, schrecklicher.— Hanswurst! So sehr wir auf das Dienstpersonal Verdacht haben mußten und eine Säuberung desselben wünschten, so wurden diese Wünsche von dem, was eben erfolgen sollte, bei Weitem übertroffen; denn es öffnete sich plötzlich die Thür und die Reihenfolge des Gesindes zeigte sich im Vorzimmer, Koch, Köchin, Hausmädchen, im Ganzen sieben Personen, Hilarius ausgenommen. Der Portier erbat sich die Erlaubniß, ihnen allen die Thüre zu öffnen und hereintreten zu dürfen. Meine Schwester wollte es durchaus nicht gestatten, ich redete ihr zu, zu hören, was die Revolution sollte, und so ergab sich denn Folgendes, was in meiner Zeit unerhört war: Der Koch, der Portier und Hausknecht wollten nach Teras auswandern! Die vier Frauenzimmer, hatten wir sogleich angenommen, wollten sie begleiten, aber eine war überzählig. Nein, hieß es, wir sind gesonnen nach Sidney auszuwandern, wo die Frauen so rar sind, wie weiße Raben, und die Männer jedem ankommenden Schiffe

durch Sprachrohre schon vom Ufer aus Heirathsanträge zu=
rufen, ohne zu wissen, ob Frauen mitkommen, oder sie gar
gesehen zu haben. Diese köstliche Entdeckung, welche wir hier
machten, brachte meine Schwester um ihr ganzes Hausgesinde.
Sie tröstete sich, daß solche Unglücksfälle hier nichts Seltenes
seien; sie bestimmte einen Tag, wo die Sippschaft entlassen
wäre, und war gescheidt genug, es mir zu überlassen, ihr von
den jetzt zur Anerbietung kommenden Dienstboten die passen=
den auszuwählen. Der Auftrag war ehrenvoll, aber lästig
genug; doch nahm ich ihn an, weil ich zwischen uns keinen
Unfrieden stiften wollte.

So hatte mir meine verschlagene Schwester eine Beschäf=
tigung übergeben, die mich den Tag über in Anspruch nahm.
Denn meine Gewissenhaftigkeit erlaubte mir doch nicht, nach
dem ersten besten Individuum zuzugreifen, sondern ich mußte
meine Auswahl unter einem Zulauf von hundert Personen
treffen, bei welchem ich kennen lernte, wie weit sich die jetzige
Zeit von dem, was früher Anstand und Schuldigkeit mit sich
brachten, entfernt hat. Bekam meine Schwester Besuch, so
mußte ich, wenn dieser kaum eingetreten war, schon wieder
das Zimmer verlassen, weil sich eine neue Anwartschaft auf
die erledigten Stellen gemeldet hatte. Um mich nur ja recht
lange aus ihren Kreisen entfernt zu halten, verwarfen wol
gar meine leichtsinnigen Anverwandten wieder die Personen,
die ich aus einem großen Andrange gewählt hatte. Es war
fast, als hätten sie sich verabredet, um sich auf diese Weise
meiner lästigen Person und der noch lästigern Bemerkungen,
die ich nicht unterdrücken konnte, zu entledigen. Doch habe
ich nichtsdestoweniger mein Auge scharf gespitzt und bin be=
dacht darauf gewesen, daß mir nichts Wesentliches in der Ge=
schichte des Hauses entging. Meine Schwester hatte sich einem
verderblichen und ihr ansehnliches Vermögen den Schwan=
kungen der Tagesereignisse preisgebenden Handel mit Staats=
papieren ergeben. Sie wurde zu einer bestimmten Zeit des
Tages von Juden und Mäklern überlaufen, welche durch
hinterlistige Vorspiegelungen sie in eine Menge von gewagten
Unternehmungen verwickelten. Die Töchter lasen dabei die
Erzeugnisse einer Literatur, die allmälig alle Sitte zu

untergraben droht. Mit gierigen Blicken hafteten sie an den leidenschaftlichen Gemälden, welche in diesen sich jetzt täglich mehrenden staatswidrigen Schriften aufgestellt werden. Ich habe dann und wann einige Blicke in diese verbrecherischen Anregungen ihrer Phantasie geworfen und erschrak, wie in denselben die anstößigsten Verhältnisse sich nicht etwa erst im Verlauf der Entwickelung des Romans ergaben, sondern schon auf den ersten Seiten, ohne andern Zweck, als den, verführen zu wollen, bei den Haaren herbeigezogen waren. Meine Schwester, statt diese Schriften zu verbrennen, las sie selbst mit der größten Theilnahme und entgegnete mir, als ich ihr darüber Vorwürfe machte, daß es nur der Styl und die kunstvolle Behandlungsweise seien, die sie zur Theilnahme an diesen, wie sie sagte, interessanten und für die Bildung der jetzigen Jugend beinahe unerläßlichen Schriften bestimmte. Drei Hauptbeförderinnen dieser Literatur sollten drei Lands= männinnen von uns sein, drei Mecklenburgerinnen. Denken Sie sich, drei Mecklenburgerinnen! Die eine Jungdeutsche ist die sechszigjährige Fanny Tarnow, die alle neuen gefähr= lichen Romane der Franzosen übersetzt hat, aus unserm sitten= reinen waldumkränzten Warnow gebürtig! Die andere Jung= deutsche ist eine gewisse Luise Mühlbach, denken Sie eine Rostockerin! Aber die gefährlichste jungdeutsche Mecklenbur= gerin ist die Gräfin Hahn=Hahn, die in ihren Romanen lauter verbotene Liebesverhältnisse schildert! Konnte es unter solchen Umständen fehlen, daß diese dem Verderben entgegeneilende Familie sich auch Verhältnisse zu schaffen suchte, welche ganz nach der romanhaften jungmecklenburgischen Musterwirthschaft, die in ihrer Phantasie lebte, eingerichtet waren! Wie viel Verwicklungen ihrer leidenschaftlichen Herzen mögen sie mir verborgen gehalten haben; aber wie bedenklich sind schon die= jenigen, die ich selbst zu durchschauen Gelegenheit hatte! In einem Momente, wo meine Schwester sich gehen ließ und die Rücksicht auf mich ebenso vergessen hatte, wie fast immer die auf ihre Kinder, sagte sie: „Unsere jetzige Gesellschaft geht darauf aus, die Fesseln der überlieferten Gewohnheit zu sprengen. Ein junges Mädchen war früher nur dazu bestimmt, sich von den Männern aufsuchen zu lassen und sich so viel

als möglich das interessante Lüstre einer nonnenhaften Zu=
rückgezogenheit zu geben. Jetzt würde aber der, welcher sich
zu verbergen sucht, auch wirklich in die Gefahr kommen, ver=
borgen zu bleiben; Alles will jetzt heraus, Alles will sich jetzt
sehen lassen und an dem Wettkampf der öffentlichen Mei=
nung Theil nehmen; das Talent, das man gegenwärtig hat,
kann man nur in seiner öffentlichen Entfaltung bewähren,
man kann sich nicht mehr auf sein Wesen verlassen, sondern
muß suchen, es auch durch den Schein zu unterstützen. Mei=
nen Töchtern verdenke ich es nicht, wenn sie sich so viel als
möglich in den Vordergrund stellen, da es an ihrer Statt
tausend Andere geben würde, welche nicht faul sein werden,
die Stühle einzunehmen, welche ihnen die Bescheidenheit ge=
bietet, leer stehen zu lassen. Und nun fängt erst die wahre
Schwierigkeit an, die Männer zu fesseln. Eine so zurück=
gezogene Nonne nach der Art, wie wir erzogen sind, liebe
Schwester, hat wol das Gute an sich, daß der Mann Wun=
der denken kann, was hinter dem sittsamen und bescheidenen
Wesen alles für fesselnde und leidenschaftliche Fähigkeiten ver=
borgen liegen. Wer sich aber, wie wir jetzt, in der großen
Welt tummeln muß, wer auf Fragen mit mehr Witz ant=
worten soll, als nur mit dem Rothwerden der Verlegenheit, der
kann allerdings nur durch die größte Abschweifung vom Ge=
wöhnlichen im Stande sein, die Männer auf etwas Origi=
ginelles, das sie wünschen, aufmerksam zu machen. Dazu
kommt, daß sich seit allgemeiner Einimpfung der Kuhpocken
in der großen Welt nur noch selten Frauenzimmer zeigen, die
geradezu häßlich sind. Unter so bewandten Umständen bleibt
denen, welche sich auszeichnen wollen, nichts übrig, als so viel
als möglich die Andern durch irgendwas zu überbieten, und
ich habe mich immer bereitwillig gezeigt, meine Töchter in
diesen Bestrebungen zu unterstützen. So soll Cecilie jetzt
Reitstunde nehmen und eine von euch andern bei der ersten
Luftfahrt, die wieder angezeigt wird, mit in die Luft steigen."
Als Babette diesen Vortrag beendigt hatte, konnte ich nicht
umhin, die Hände über dem Kopf zusammenzuschlagen und
in die Worte auszubrechen: Kunstreiter und Komödianten
willst Du aus Deinen Kindern machen? Babette, unsere

Mutter muß sich im Grabe umbrehen! Leider wurde ich schon bei Beginn meiner Vorwürfe von der Anmeldung einer Lection unterbrochen, welche die jüngste Tochter jeden Tag um diese Stunde nahm. Ein Schauspieler gab Lätitien Unterricht in mimisch=plastischen Darstellungen und in Declamation. Ich habe einmal durch das Schlüsselloch den Hergang einer solchen Stunde mit angesehen. Der Schauspieler trug Lätitien einen vollständigen Cursus der Leidenschaften vor. Er zeigte ihr für jedes ihren Busen bewegende Gefühl eine entsprechende Haltung. Es war ein rein auf Verführung abgesehener Unterricht. Sie mußte dabei immer auf einer Erhöhung stehen, weil der Mensch sagte: Eine Frau darf sich an nichts anlehnen. Was, wollte ich durch's Schlüsselloch rufen, Sie Komödiant, nicht einmal an Anstand und Sitte, an ihre Eltern und Anverwandten? Nein, antwortete der Mensch, als hätte er meine Stimme oder vielleicht die seines Gewissens gehört, die Schönheit des Benehmens besteht in der Voraussetzung, zunächst nichts als Luft um sich zu haben, der menschliche Körper trägt sich selbst, und gerade in der Kunst, seinen Schwerpunkt da oder dorthin zu werfen, besteht das Charakteristische der Attitüden. Nun, denken Sie sich, fing er an, Lätitien zuerst zu zeigen, wie man mit Grazie stillsteht. Er schrieb ihr ein gewisses Wiegen des Oberkörpers vor, wobei jedoch der Unterkörper ruhen mußte. Nachdem sie dies begriffen hatte, sagte er: Das nächste Stadium sei nun, plötzlich aufgeschreckt zu werden, und wie er dies gesagt hatte, drückte er eine Knallerbse los, worüber ich selbst so erschrak, daß ich den Schreck meiner Nichte nicht sehen konnte. Der Gauner rief aber: Bravissima! Sie haben nicht so unausstehlich geschrieen, wie die meisten Damen thun, nicht die Gesichtszüge verzerrt, Sie sind schön geblieben wie immer, nur, corrigirte er, zur Natur müßte noch etwas Kunst kommen. Er sagte: Wenn auch nicht immer Knallerbsen oder Pistolenschüsse fallen, so kommen doch die Frauen in die Lage, erschrecken zu müssen. Kindisch ist es, wenn ein Löffel auf die Erde fällt, darüber so zusammenzuzucken, als wenn ein Haus eingefallen wäre; hier genügt die bloße Bewegung der Verwunderung, ein leises Zucken mit den Augenwimpern. Dann

zählte er ihr eine allmälige Steigerung von Schreckensvor=
fällen auf, zeigte ihr, wie sie sich bei einer Feuersbrunst, bei
einem Erdbeben zu benehmen hätte, wie sie sich dabei mit An=
stand ihrer Arme, falls diese noch ganz wären, bedienen könnte,
namentlich, daß es eine sinnige Vorstellung erwecke, wenn sie
bei einer unangenehmen Nachricht den Bewegungen der Hand
etwas Abwehrendes gäbe. Die vorletzte Manier zu erschrecken,
war bei ihm die Bedeckung der Augen mit der Hand, welches
seiner Meinung nach antik wäre.   Die letzte aber wäre der
höchste Triumph der Romantik, nämlich mit Beobachtung aller
Schönheitsgesetze in Ohnmacht zu fallen. Sie müßte mit Be=
wußtsein in Ohnmacht fallen, sagte der nichtswürdige Schuft,
der vielleicht nicht die Ahnung hat, wie einem gefühlvollen
Weibe zu Muthe ist, wenn ihr das Riechsalz und kalte Wasser
nichts hilft.   Lätitia, in einem leichten griechischen Gewande,
machte seine Demonstrationen nach und schien für des Men=
schen abgefeimte Verstellungskunst ein Talent zu besitzen. Dann
ging er mit ihr nach und nach die Reihe der menschlichen
Leidenschaften durch: Furcht, Reue, Verzweiflung; für alle
diese Affecte lernte sie die entsprechende Pantomimik. End=
lich kam er sogar auf ein Kapitel, wo ich mich der Sünden
schämte, noch ferner zuzuhorchen; er suchte ihr den Ausdruck
einer künstlichen Scham beizubringen, wobei ich in mir den
heimlichen Triumph hatte, daß man doch durch keinen so schimpf=
lichen Finessenmeister das Erröthen lernen konnte.   Dann
zeigte er ihr jene Bewegungen, die eine zärtliche Neigung aus=
drücken, und erhob sich allmälig zur Darstellung aller nur
möglichen Künste der Koketterie. Lätitia bekommt immer mehr
Aehnlichkeit mit einer Schauspielerin, und wenn unser aller=
gnädigster Großherzog an seinem Hoftheater — — Doch ich
muß diesen Brief des Postschlusses wegen vollenden.   Fünf von
den abgehenden Dienstboten sind ersetzt.   Sobald auch noch der
Hausknecht und ein passendes Bettmädchen gefunden sind,
werde ich den Augenblick segnen, wo ich aus diesem Gewühl
schlechter Sitten mich wieder unter den Schutz meiner länd=
lichen altmecklenburgischen Einfalt zurück ziehen kann.

— Da bin ich nun doch noch länger geblieben, als ich
wollte. Die Verwirrung im Hause meiner Schwester hat so
zugenommen, daß ich Babette in ihren Nöthen unmöglich allein
lassen konnte. An allen Orten fehlt Trost und Hülfe. Doch
will ich, ehrwürdiger Freund und Vetter, dem Zusammen=
hang meiner Erzählung nicht vorgreifen und Ihnen Alles in
demselben Verlauf mittheilen, wie es sich zugetragen hat.

Denken Sie sich, der häusliche Störenfried war Niemand
anders als die Canaille, der Hilarius. Von diesem ging die
Verbreitung der Spottschrift aus. Von ihm kam all' die
Angst und Besorgniß, daß man sich nirgends mehr hin=
getraute, ohne sich wieder eines neuen Fundes zu gewärtigen.
Ich hatte längst auf diesen Betrüger Verdacht und ihn für
den bösen Feind gehalten, der das Unkraut der Verleumdung
in den Weizen unseres häuslichen Friedens streute; allein ich
wollte Gewißheit haben und verschaffte sie mir durch eine
List. Neben der Schlafkammer des Bedienten befand sich eine
Geräthkammer, die inwendig durch eine Thür mit dem Zim=
mer des Bedienten verbunden ist. Nun gab ich vor, der
Schlüssel zu diesem Behälter sei verloren gegangen, und
scheute mich nicht, in seiner Abwesenheit seine Kammer durch
einen Schlosser öffnen zu lassen, um von hier aus durch Oeff=
nung einer zweiten Thür in die Geräthkammer zu gelangen.
Nachdem diese Hindernisse und die Gegenwart des Handwer=
kers beseitigt waren, fing ich an, in den Habseligkeiten des
elenden Menschen zu kramen, und entdeckte bald einen auf=
gestapelten Ballen bedruckten Papiers. Es waren die Ab=
drücke des Pasquills und betrugen der Zahl nach gewiß noch
hundert. Sogleich rief ich nach Unterstützung des Unerfahrensten
unter unserer Bedienung (denn was brauchten die Dienst=
boten die Keckheit eines ihrer Genossen zu sehen!) und ließ
das Document der strafbaren Umtriebe in das Wohnzimmer
meiner Schwester tragen. Leider war diese nicht bei der Hand
und marterte mich durch ihre Abwesenheit, die sich bis tief in
die Nacht verlor. Um zwölf Uhr kam sie endlich mit ihren
Töchtern angefahren, alle erhitzt und ermüdet, in der näm=
lichen abgespannten Stimmung, die immer die Folge ihrer

Ballvergnügungen ist. Ich eröffnete der Schwester die ge= machte Entdeckung und hoffte sie schon durch das bloße Fac= tum in Harnisch zu bringen. Allein das große Packet war für sie und die Mädchen weit eher ein Stein, der vom Her= zen, als auf's Herz fiel. Sie dankten Gott, daß Hilarius den schlechten Streich begangen und nicht etwa der Fürst Leib= küchler, die Gräfin Hitzenplitz, der General Klingenspringer und andere Personen aus der fashionablen Welt, auf deren satirische Umtriebe sie bei Erklärung des Spuks gerathen hatten. Worüber ich in Ohnmacht gesunken wäre, darüber hatten sie ihre helle Freude. Sie heiterten sich ordentlich auf und brachten mich mit ihren Glückwünschungen, die sie sich untereinander abstatteten, zur Verzweiflung. Kaum daß sie mir erlaubten, Hilarius am nächsten Morgen zur Rede zu stellen und nach dem Anstifter zu fragen, der ihn gedungen hätte. In der Hoffnung, daß ich mich überzeugen würde, Hilarius hätte nur auf Einflüsterung seiner eigenen Schlech= tigkeit gehandelt, wünschten mir Schwester und Nichten eine gute Nacht.

Am folgenden Morgen war ich eben im Begriff, nach Hi= larius zu klingeln und ihm sein Kapitel zu lesen, als dieser schon hereintrat, mit dem heitersten Antlitz von der Welt. Ich hielt ihm seine Unthat vor, doch er war frech genug, in ein lautes Gelächter auszubrechen und mich mit der Lüge zu bedienen, daß dies Packet von ihm gefunden worden wäre und wol noch zum weitern Ausstreuen hätte dienen sollen. Ich wurde im ganzen Hause scheel angesehen, daß ich die Treue eines so hingebenden und sich aufopfernden Bedienten hatte ver= kennen wollen, und mußte sowohl meine Anklage, wie auch den schon brennenden Scheiterhaufen von Verwünschungen, den ich dem überwiesenen Verräther zugedacht hatte, wieder aus= löschen. In dem fortan gänzlichen Unterbleiben des Spukes wurde mir die glänzendste Genugthuung; allein meine Ver= wandten waren zu verblendet, als daß sie mir diese hätten widerfahren lassen.

Ein eigenthümlicher Zug meiner Schwester und ihrer Töch= ter, den ich gebilligt hätte, wäre derselbe aus einem starken und schuldlosen Herzen gekommen, war ihre leichte Aussöhnung.

Ich hatte sie oft den einen Tag einen Herrn oder eine Dame aus der vornehmen Welt verwünschen hören, und erfuhr Tags darauf, daß sie dort einen Besuch gemacht oder von eben daher einen mit aller Freundlichkeit empfangen hätten. Ich war nach vielen Anzeichen sicher, daß sich der kurländische Baron von Messing nicht allein den unartigen Scherz mit den inhaltlosen Briefen erlaubt hatte, sondern daß auch wahrscheinlich das Pasquill von diesem ausgegangen war. Auf einem der bei Hilarius ertappten Exemplare fand ich die Zahl der zur Disposition des schlechten Menschen gestellten Nummern in Zahlen mit Bleistift bemerkt, wo die Handschrift ganz dieselbe mit der Adresse auf den erwähnten Briefen war. Und obschon ich nun meiner Schwester diese Vermuthung mittheilte und sie sich aus dem leichtsinnigen Charakter des Kurländers leicht solche Streiche hätte erklären können, so war sie doch im Stande, als der junge Mann die Keckheit hatte, wieder ihr Haus zu besuchen, ihn sozusagen mit Freundlichkeiten und Aufmerksamkeiten zu ersticken. Baron Messing war ein reicher Cavalier, der, wie es bei Leuten zu geschehen pflegt, welche eine üble Nachrede zu widerlegen suchen, in seinen Manieren übertrieb. Costümirt nach aller Geschmacklosigkeit der neuesten Mode, affectirte er Grundsätze, die schlechter waren, als vielleicht sein Herz. Ja, es lag sogar etwas in seinem Wesen, das mich für ihn hätte einnehmen können und mir wol erklärte, wie meine Schwester gegen diesen jungen Menschen eine Neigung hegte, die an's Horrible grenzte. Ich habe es in den Sitten der Hauptstadt öfters bemerkt, wie sehr sie denen zur Qual sind, die oft den meisten Enthusiasmus für sie zur Schau stellen. Ich habe edle und gesunde Naturen bemerkt, die sich von der Tyrannei der Albernheit und des modischen Wahnsinns knechten ließen und in dem Gewirr von krankhaften Meinungen und Manieren wie der frischeste und gesundeste Widerspruch drinsteckten. Ein wunderlicher Narr war der junge Mann freilich. Er war reich und — darbte aus Gourmandise. Er war blühend gesund und gab vor, an einem innern Fehler zu leiden. Er röchelte wie ein Sterbender, wobei man deutlich sah, wie viel Kunst es ihn kostete, eine solche Natur zu affectiren. Er gab vor, sich vor dem drei-

ßigsten Jahre nicht verheirathen zu wollen, weil er die
Krisis seiner wankenden Gesundheit abwarten wollte und sehen
müßte, ob der seinem Leben drohende Keim der Schwindsucht
die Oberhand gewinnen würde. Einen großen Theil dieser
Thorheiten benutzte Baron Messing nur, um von sich die
Bewerbungen meiner Schwester abzuhalten, die, ich gestehe es
mit Schamröthe, alle Vorstellung übertrafen. Ich konnte
Anfangs in dieser vielleicht schon Jahre lang währenden Ver=
wicklung nicht klar sehen —

Einen Tag später.

— — bis endlich die Katastrophe hereinbricht, die beweinens=
werth genug ist. Heute Morgen vermissen wir Felicia und
Lätitia. Auch ist Hilarius nirgends zu finden. Das Haus
ist in Alarm. Meine Schwester will sich in die Spree
stürzen. Ich will zu meinem Bruder und seine Hülfe an=
rufen —

Am Abend desselben Tages.

Mein Bruder ist ein Ungeheuer. Mit seinem Wassertrinken
hat er sich das Herz von allen Empfindungen rein gespült.
Er bat mich, ihn nicht in der Behaglichkeit seiner Verdauung
zu stören. Er gönnt seiner Schwester ein Bad in der Spree
und sagte: „Sie wird so klug sein und in Gegenwart von
Menschen hineinspringen, die sie um die Rettungsmedaille wie=
der herausziehen. Die kühle Fluth mildert ihr heißes Blut.
Mit diesen Menschen habe ich nichts zu schaffen." In Thrä=
nen gebadet verließ ich den hartherzigen Johann und kehrte
zu meiner Schwester zurück, die in Krämpfen lag und mit
dem Tode rang. Auch Cecilie, ihre einzige gerettete Tochter,
dauerte mich, wenn ich auch gestehen mußte, daß in der Art,
wie Beide ihren Schmerz äußerten, für mich etwas Anstößiges
lag. Ich merkte, daß ihr Unglück mehr aus dem Neide, als
dem Verlust zweier Töchter und Schwestern herrührte. Sie
sahen Messing's Hand, von welchem ich jetzt zum ersten Male
hörte, daß er zu Felicia eine längst ausgesprochene Neigung
hegte. Wie aber Lätitia? Sollte diese sich freiwillig dieser
Entführung angeschlossen haben? Ich befürchtete, daß beide

Mädchen durch ihre Neigung zu Abenteuerlichkeiten, die ihnen
die Mutter eingepflanzt hatte, eine Unbesonnenheit begangen
hatten. Auffallend war es, daß der Professor der Mimo=
plastik nicht kam, da heute doch der Tag war, wo die Lection
gehalten zu werden pflegte. Und Hilarius? — Einstweilen
suchten wir auf eine discrete Weise im Post=, Paß= und Po=
lizeiwesen Erkundigungen einzuziehen. An mehre Freunde
auf dem Lande ist geschrieben worden und um Gotteswillen
um Stillschweigen gebeten, wenn ihnen die Flüchtlinge begegnen
sollten. Was wissen Frauen von politischen Maßregeln? Mein
Bruder ist ein Unthier. Er könnte uns Alle retten. Allein
er muß seine richtige Portion Wasser trinken.

Einen Tag darauf.

Es sind Briefe angekommen von Lätitia und Felicia.
Beide sind in der Umgegend Berlins, aber untröstlich. Sie
sind entführt worden; von wem? verschweigen sie. Neues find'
ich keine in ihren Briefen; im Gegentheil jammern sie, daß
die Sache mißlungen ist. Sie flehen uns um Hülfe an und
nennen doch Niemand, gegen den wir einschreiten dürften.
Felicia klagt, daß sie den Brief heimlich schreiben müßte, und
fleht um Rettung. Was sollen wir thun? Dürfen wir die
Polizei um Hülfe angehen? Und nirgends ein Freund! Nir=
gends Beistand! Meine Schwester muthet mir eine Reise nach
dem Dorfe zu, von wo aus Felicia geschrieben hat. Ich will
diese Reise unternehmen.

Am Abend.

Mit einbrechendem Dunkel ward es endlich lichter für un=
sere Hoffnungen. Lätitia ist zurück und mit Niemand anders,
als mit Messing. Es klärt sich auf, daß bei dem tragischen
Vorfall komische Nebenumstände obwalteten. Lätitia gestand
mit Scham, daß sie von ihrem Lehrer in der Situations=
malerei überredet worden, sich entführen zu lassen. Messing
hatte Felicia entführen wollen. Meine Schwester und Cecilie
vernahmen diese Aufklärungen mit einem Gemisch von Freude,
Neid und Aerger. Der Zufall hatte gewollt, daß beide Ent=
führungen für einen und denselben Abend bestellt waren. Die

Schwestern schliefen jede für sich und konnten sich somit gegen=
einander unbemerkt leicht in der Nacht aus dem Hause ent=
fernen. Ein Wagen sollte die Flüchtigen aufnehmen. Der
Portier schlief und hatte sich nur darauf eingerichtet, das
Haus von außen zu schützen. Von innen war es leicht ent=
riegelt. Lätitia erschrak, als sie die Thür schon offen fand;
sie hatte keine Ahnung, daß eine Viertelstunde vor ihr Felicia
schon hinausgegangen war, und von dem Manne, für den sie
sich bestimmt, für die Richtige angesehen wurde. In der Dun=
kelheit umarmte sie Baron Messing und fuhr mit ihr davon.
Die Enttäuschung erfolgte erst nach längerer Frist, da Mes=
sing zartfühlend genug war, das Stillschweigen seiner ver=
meintlichen Felicia zu ehren und diese nicht eher anzureden,
bis er voraussetzen konnte, daß sie sich über den bedenklichen
Schritt, den sie thaten, würde beruhigt haben. Man kann
sich sein Erschrecken vorstellen, als er Lätitia, nicht Felicia im
Wagen bei sich entdeckte. Er hielt an und versprach ihr, sie
gegen Abend zu uns zurückzuführen. Lätitia mußte sich in=
zwischen der Sünden schämen, den Einflüsterungen eines
Menschen wie jenes Schauspielers gefolgt zu sein.

Ich hütete mich aber wol, meine Vorwürfe nur an die
Kinder zu richten, sondern gab es meiner Schwester anzu=
hören, die geglaubt hatte, durch eine Erziehung für das Aben=
teuerliche ihre Kinder reizender zu machen. Jetzt hatte sie die
Strafe, daß Felicia von einem Schauspieler wer weiß in
welchen Gegenden und Schlupfwinkeln des Königreichs herum=
geschleppt wird. Diesem Elenden scheint es gleichgültig ge=
wesen zu sein, ob er diese oder jene in seinen Netzen gefangen
hielt. Der Abend vergeht, Felicia kommt nicht zurück. Es
ist elf Uhr. Wir werden Alle mit Betrübniß zu Bette gehen.

Drei Tage darauf.

— Noch immer keine Spur von Felicia. Verzweifelte
Briefe von Messing. Er will den Schauspieler todtschießen.
Mutter und Schwester scheinen sich trösten zu wollen. Ich
aber glaube das jedenfalls mit Gewalt zurückgehaltene Mäd=
chen Tag und Nacht um Hülfe rufen zu hören.

Am Abend.

Messing schreibt, daß er die Spur des Räubers ge=
funden und für gewiß annehmen müßte, Felicia sei in's Bay=
rische hineingeschleppt worden. Wie kann ich die fernere Ent=
wicklung dieses Dramas abwarten! Ich kehre zu Ihnen zu=
rück, mein ehrwürdiger Freund und Vetter, ich fühle, daß ich
ein Hinderniß im Hause meiner Schwester bin. Meinen
Bruder werde ich nicht mehr zum Abschied besuchen, weil er
sich mehremal vor mir hat verleugnen lassen und sogar die
Lieblosigkeit besaß, mir zu schreiben: „Schwester, Dich anzu=
hören und dabei Wasser zu trinken, verträgt sich nicht. Zum
Wassertrinken gehört Gemüthsruhe. Jede Störung derselben
erzeugt Kolik." Was soll ich noch hier? Ich freue mich,
Mecklenburg, Sie und mein Vieh wieder zu sehen. Unter
meinen Hühnern und Enten, in meinem Gemüse= und Obst=
garten werde ich wieder zu neuem Leben kommen. Somit
Gott zum Gruß und bald hintennach Ihre ergebenste Freun=
din und Base:

Rebekka Tückemaus.

Zu allen Zeiten hat es solche Gegensätze der Bildung ge=
geben, wie die beiden Schwestern Rebekka und Babette
darstellen. Ja die Koketterie, die Lust nach Abenteuern,
die Modesucht, die Medisance in der Gesellschaft, die phan=
tastische Art der Erziehung ist so wenig etwas unserer Zeit
ausschließlich Eigenthümliches, daß vielmehr das vorige Jahr=
hundert, wenn auch in andern Formen und Gewändern, das
unsrige darin übertroffen hat. Rebekka's Epistel schildert den
Gegensatz der Sitten, die schon Goldsmith zeichnete. Nur
daß in unsern Tagen einige Thorheiten mit unterlaufen, die
gerade die heutige Gesellschaft und das Moralprincip, welches
dieser zum Grunde liegt, kennzeichnen. Felicia gewöhnte sich
an ihren Entführer und sank mit ihm in's Elend. Hilarius
war der Diener des Barons und diente im Hause der Frau
von Windbeutel als Spion.

Schon in dem Kapitel über das Moderne suchte der Autor nach jener allgemeinen Formel, wie sich vielleicht das Räthsel unserer heutigen Eigenthümlichkeiten lösen ließe. Aber man erinnere sich! Wurde er dabei nicht wie auf einem dunkeln, gefahrvollen Meere ohne Steuerruder und Segel hin= und hergeworfen? Mußte er sich nicht begnügen, aus dem, was das Moderne nicht ist, auf das, was es ist, zu schließen, aus den Verstößen gegen die Mode auf die Mode selbst? Der Autor gab die Möglichkeit preis, jene Mittelstraße zu entdecken, wo das Moderne lächerlich zu sein aufhört und bedeutend zu werden anfängt, und konnte damit schließen, daß vielleicht die Ungewißheit, über die Formen unseres gegen=wärtigen bürgerlichen und geselligen Lebens, über die Fragen der Kunst und Wissenschaft in's Reine zu kommen, gerade den eigenthümlichen Charakter des Modernen ausdrücken möchte.

Sitte und Sitten schließen sich einer ähnlichen Betrachtung an. Auch hier wird man an der Auffindung eines allgemei=nen Princips verzweifeln und sich nur über die vereinzelten Pulsschläge eines neuen Lebens aufklären können, welches sich scheint in den Zeitgenossen Durchbruch schaffen zu wollen. Wie viel Begriffe haben sich nicht seit den letzten fünfzig Jahren verändert und wie viel Gewohnheiten sind nicht darnach um=gemodelt worden! Die Gesetze des Anstandes, so wie sie früher gegeben wurden, werden jetzt als altfränkische Pedan=terie verachtet; die Bewegung ist in dem Maße freier ge=worden, wie es das Urtheil wurde. Der Kreis von Bezeich=nungen, welcher für diesen oder jenen Begriff in früheren Zeiten durch die Schranken des Zulässigen und Gebuldeten nur eng gezogen war, hat sich erweitert. So weit Jeder die Kraft hat seine Meinung durchzuführen, kann er diese frei in den Berührungen der Geselligkeit aussprechen. Sowie die Erziehung eine Ausdehnung gewonnen hat, deren Grenze bald nur noch das Unmögliche sein wird, so ist es sogar den Frauen gestattet, über Fragen, denen kein Ziel gesteckt ist, ihre Mei=nung abzugeben. Bedingungen sind dabei vorhanden, das versteht sich von selbst, sie kommen aber nur auf Beobachtung gewisser äußerer Formen zurück. So scheint es fast, als möchte

der feste Charakter unserer gegenwärtigen Sitten sein, daß
wir die Erlaubniß haben, Alles durch Rede und Schrift in
Erörterung zu ziehen, wenn wir uns dabei nur vorsehen, die
Ergebnisse unserer Grübeleien nicht sogleich auf die positiven
Zustände zu übertragen.

Um uns noch mit größerer Klarheit die Fernsicht unseres
Gegenstandes zu öffnen, wollen wir zunächst einige Gegen=
sätze aus alten und ältesten Zeiten gegen die unsrige hervor=
heben. Wir sind natürlich mit unseren Gewohnheiten so ver=
traut, daß wir uns die relativen Eigenheiten derselben gar
nicht mehr klar vorhalten können. Auch haben wir viel=
leicht im Grunde unseres Herzens weit weniger Sitte,
Verehrung der Gewohnheit, als das Alterthum; allein unser
ganzes Bemühen ist wenigstens auf den Schein derselben ein=
gerichtet, so daß wir all' unsere Sitten allmälig in's Graue
verflacht und sie in den Spülicht unserer oberflächlichen,
phrasenhaften Moralität verwaschen haben. Wir sind sogar
durch die Steigerung unseres künstlichen Wesens dahin gekom=
men, daß wir der Natur nicht selten wieder näher stehen, als viele
Völker, die in ihren Sitten ganz von der Natur beherrscht
werden. Die Sitte, worunter man hier nicht blos die Re=
gung des Herzens, sondern ebenso den klügelnden, mathema=
tisch nachrechnenden Verstand begreifen soll, hat bei uns all=
mälig die Sitten verdrängt.

Das Sittenprincip der Alten muß man mit dem Moral=
gesetz ihrer Philosophen nicht verwechseln. Die Alten fanden
nicht, wie wir, das Sittliche darin, daß man sich in seiner
Lebensweise von einzelnen, grell aufgetragenen Gewohnheiten
in eine allgemeine menschliche und vernünftige Form verflachte,
sondern das in ihnen noch wohnende, kräftige Sittenprincip
trieb sie an, nach auffallenden Symbolen jener moralischen
Ueberzeugungen zu trachten, die sich in ihnen bildeten. Da
nun die Religion der vorzüglichste Mittelpunkt des antiken
Nachdenkens war, so bildeten sich nach und nach bei den Alten
Gebräuche aus, die wir ihrer Uebertreibung wegen Aberglauben
nennen dürfen. Mögen hier, um uns den Abstand unserer Zeiten
von den Alten klar zu machen, einige merkwürdige Züge
aus den Sitten des Alterthums aufgenommen werden. Wir

20*

werden immer bei der Hand sein müssen, an jeder dieser Ge=
wohnheiten eine abergläubische Färbung zu entdecken.

Es gab nur ein Volk im Alterthum, das uns recht deut=
lich machen kann, wie die Sitten zugleich mit der Reflexion,
der Glaube mit dem Verstande verbunden sein kann. Dies
waren die Römer. Bei den Römern mußte die Braut Feuer
und Wasser berühren. Man hatte dabei gewiß keine Wirth=
schafts=, keine Küchenvorstellung, sondern die, daß durch die
Begattung die Menschen in eine elementarische Thätig=
keit versetzt werden, mithelfen am Ausbau der Natur. Man
brannte bei den Hochzeiten, wahrscheinlich aus einem ähn=
lichen Grunde, nur fünf Kerzen. Da dachte man vielleicht
daran, daß fünf eine Zahl ist, welche sich nicht in zwei gleiche
Theile zerlegen läßt, so daß auf diese Weise eine schon in
der Natur angedeutete ewige Botmäßigkeit des Weibes unter
dem Manne, der Zahl zwei unter der Zahl drei, sinnbildlich
ausgedrückt werden sollte. Eine Braut ging nicht mit freiem
Fuße über die Schwelle des Bräutigams, sondern sie wurde
hinübergehoben. Schon Plutarch macht dabei die Erinne=
rung an den Raub der Sabinerinnen. Aber viel wahrschein=
licher, daß die Geschichte vom Raub der Sabinerinnen aus
jenem Brauche entstanden ist. Ferner: Hieß es von jemand,
er sei in der Fremde gestorben, so durfte er nicht, wenn sich
das Gerücht als falsch erwiesen und er zurückkehrte, durch die
Thür das Haus seiner Familie betreten, sondern mußte vom
Dache hineinsteigen. Dies geschah wahrscheinlich, weil es für
unpassend gehalten wurde, durch dieselbe Thür, durch welche
schon das Todtenopfer für den Abwesenden getragen worden
war, ihn nach seiner Rückkehr nun selbst lebend hindurch=
schreiten zu lassen. Bekannt ist, daß die römischen Frauen
ihre nächsten Verwandten nicht nur küssen durften, sondern
sogar küssen mußten, weil sich die Männer und Gevatte=
rinnen nur auf diese Weise am Geruch überzeugen konnten,
ob sich die Frauen dem Weingenuß ergaben. So demüthigend
gerade diese Sitte für die Frauen war, so ehrenvoll war für
sie eine andere. Kein Gatte durfte, wenn er vom Land oder
von einer Reise zurückkehrte, ohne gegen den Anstand zu ver=
stoßen, seine Frau plötzlich überraschen, sondern er mußte zum

Beweise, daß er von der guten Aufführung derselben über=
zeugt war, sich erst vorher bei ihr anmelden laffen. Wenn
die Römer auf der Straße einem vornehmen Manne begeg=
neten, den sie grüßen wollten, und gerade ihr Antlitz im
Mantel verhüllt hatten, so mußten sie das Gesicht frei heraus=
wickeln; beteten sie aber zu den Göttern, so mußten sie ihr
Haupt verhüllen. Alles das sind Sitten, zu deren Aufklä=
rung mythologische Anspielungen nichts nützen, sondern die
ihren Grund allein in dem bei den Alten so fein ausgebil=
deten Sinn für das Schickliche haben. Nur dem Gotte der
Zeit, des Ruhms und der Ehre zeigten sie ihr Haupt unver=
hüllt. Auch über diese Ausnahmen nützen die Spitzfindig=
keiten der Erklärer nichts, sondern sie liegen in Gefühlen be=
gründet, die Jeder ehren muß. Die Römer hatten von
Numa eine Gesetzgebung erhalten, die nicht darauf abzu=
zwecken schien, sie zu Eroberern des Erdkreises zu machen.
Er gebot ihnen, allen Göttern zu opfern, nur dem Gott der
Grenzen nicht. Die Frage der Grenzen sollte nie mit Mord
oder Blut befleckt, nie Terminus angerufen werden, um die
Ländergier zu unterstützen. Bekannt ist, daß die Römer vielen
Tagen keinen Glauben schenkten und fortwährend von War=
nungen und Wahrzeichen geängstigt wurden. Trauerten sie,
so thaten sie es in weißer Farbe. Die Mauern einer Stadt
waren ihnen heilig, die Thore nicht. Gänzlich entgegengesetzt
unserer heutigen Sitte ist, daß die Römer in der ältern Zeit
nie außerhalb des Hauses ohne ihre Söhne speisten, so lange
diese in dem Alter der Kindheit standen. Wenn die Römer
etwas erbeuteten und es den Göttern weihten, hatten sie die
Sitte, es mit der Länge der Zeit immer wieder auszubessern
und nicht verderben zu lassen; nur die erbeuteten Waffen ließ
man verwittern. Ein schöner Brauch, weil in ihm die Ver=
söhnung lag. Bei uns würde gerade das Gegentheil geschehen;
die Flinten und Kanonen, die wir unsern Feinden abnahmen,
werden in den Zeughäusern immer wieder blank geputzt. Alle
Priester durften schwören, nur der Priester Jupiter's nicht;
denn ist nicht jeder Eid ein Fluch? Wird wenigstens Eines
nicht mit ihm verwünscht, der Meineid? Den Tempel der
Ermunterung ließen die Römer immer offen. Und um

noch einmal von dem Priester Jupiter's zu reden, wenn dieser Witwer geworden war, so mußte er sein Amt niederlegen, entgegengesetzt der katholischen Lehre, wo man sein Amt niederlegen muß, wenn man sich verheirathet. Daß man auch sonst die Frauen in Ehren hielt, ersieht man daraus, daß man unbestimmt ließ, ob der oberste Schutzgott Roms männlichen oder weiblichen Geschlechts war. Oder schämten sich die welterobernden Römer, daß man den obersten Gott der Römer mit der Erbe verwechseln und ihm den weiblichen Geschlecht zurechnen würde? Aus den Speisezimmern durfte bei den Römern kein Tisch leer weggetragen werden, sondern durchaus mußte noch etwas darauf liegen geblieben sein, weil es für ein Zeichen der Völlerei angesehen wurde, bei einer Mahlzeit reinen Tisch zu machen. Auch pflegten die Römer kein Licht auszulöschen, sondern solches von selbst ausgehen zu lassen, und hatten für diesen Gebrauch sinnige und zarte Erklärungen. Entweder glaubten sie, daß man nichts Lebendes, falls dasselbe nicht schädlich sei, vertilgen dürfte, oder sie dachten, man dürfte die Dinge, wovon uns die Natur im Ueberflusse gegeben, gerade am allerwenigsten verderben. Auffallend ist es, daß die Römer bei barbarischen Völkern Menschenopfer verboten und sich doch selbst nicht selten erlaubten, Fremdlinge lebendig zu begraben. Es mußte eine traditionelle Vorschrift vorhanden sein, die ihnen eine unbedingte Unterwerfung gegen die Götter zur Pflicht machte, selbst wenn sie mit schwerem Herzen etwas thun mußten, was sie für Unrecht hielten. Der früh geglaubte Raub der Sabinerinnen spricht sich noch in vielen Gewohnheiten der Römer aus. Die Frauen hatten in früheren Zeiten nicht nöthig, bei Küchenarbeiten Hand anzulegen; es war ein Recht, das ihnen ihre sabinischen Brüder und Väter erwirkt haben sollten. Auch wurde den Bräuten das Haar mit der Spitze eines Spießes auseinandergelegt. Wenn Priester eines Verbrechens überführt waren, so konnten sie abgesetzt werden; ein Augur hingegen, der den Flug der Vögel beobachtete, blieb in seinem Amte, selbst wenn er sich der ärgsten Verbrechen schuldig gemacht hatte. Es verband sich mit dem Augurium schon der Begriff von Zauberei. Die Römer litten nicht, daß an öffentlichen Festen Jungfrauen

Hochzeit machten, nur die Witwen durften es. Denn, sagten sie, an öffentlichen Tagen soll nur Freude herrschen; aber nur Witwen verheirathen sich mit Vergnügen, Jungfrauen meist mit Verdruß und Widerwillen.

Alle diese Gewohnheiten muß man sich organisch verbunden denken. Sie waren den Römern selbst keine Ausnahme, sondern sie begleiteten so gut, wie unsere Complimenten=, Anstands= und Toilettenvorschriften, ihr Stehen und Gehen, ihr tägliches Thun und Lassen. Wir haben keine antiken Genrebilder, etwa wie die Franzosen in ihrem Buch der Hundert und Eins jede Nüance ihres Pariser Lebens beschrieben haben. Die alten Beschreibungen von Gastmählern führen uns vielleicht das Bild eines organischen Zusammenlebens noch am ehesten vor, wie solches im Alterthum geherrscht hat. Lesen wir diese sogenannten Trinkgelage, diese Tischreden der Alten, sowohl in ihrer philosophischen Einfachheit, bei Plato und Xenophon, wie in der antiquarischen Gourmandise, bei Plutarch und Athenäus, oder in den ausschweifenden Schilderungen römischer vielfräßiger Gastmähler, der Schilderung des Gastmahls des Trimalchio, so werden wir uns bald überzeugen, wie nüchtern, ausgeglättet, farblos unsere Lebensweise gegen die der Alten absticht. Wir finden die Bildung jetzt nur noch in dem vollkommenen Nivellement alles Menschlichen, in der Beherrschung der Leidenschaft, in einem Benehmen, das nichts Auffallendes haben darf.

Folgen die Gesetze den Sitten? Ja.

Folgen die Sitten den Gesetzen? Nein.

Wenn ein Volk viel Sitten hat, so braucht es wenig Gesetze. Fast alle alten Gesetzgebungen, die man an die Namen Minos, Solon, Lykurg knüpft, drücken zunächst nichts Anderes aus, als das Festwerden der losen Gewohnheiten und die zum Gesetz erhobene Sitte. Lykurg wollte den Spartanern weder Gesetze noch Sitten geben. Er wollte aus ihnen nichts Neues schaffen, sondern den Stoff, der in ihnen lag, bewahren und ausbilden. Lykurg's Gesetze dienten zur Befestigung der Sitten und Gewohnheiten, sie erhoben die Gewohnheiten zum Gesetz. Alle Staaten, wo ein solches Verfahren möglich ist, werden eine kräftige Dauer verheißen und sich mit Energie in die Annalen der Geschichte schreiben. So gingen Gesetz und Sitte auch bei den Römern Hand in Hand, und erst in den Jahren des Verfalls, wo die Sitten erschlafft waren, die naturgemäße oder ererbte Gewohnheit ihre Heiligkeit verloren hatte, tauchten die Gesetzgebungen auf, die nur um ihrer selbst willen da zu sein schienen und mit der Geschichte des Volkes zunächst in keinem lebendigen und organischen Zusammenhang mehr standen. Die spätere römische Gesetzgebung, ein Muster abstracter Verstandestheorie, hat nie erreichen können, daß sie in thatsächliche Völkerzustände umgestaltend eingriff und auf die Dauer Wurzeln schlug. In China bedarf es wenig Gesetze, weil in diesem Lande Alles durch die Sitte geregelt ist. Die Menschen und die Dinge, die Personen und die Zeiten, Alles wandelt in China nur eine Straße. Bei uns ist an die Stelle der Sitten Moral getreten. Die Vorschriften des Christenthums haben zwar in ihrer dogmatischen Begründung den Glauben der Völker nicht ewig fesseln können, aber die christliche Moral ist die natürliche Mitgift jedes neugebornen Kindes geworden. Wir haben nur noch wenig Sitten, aber dafür ein kräftiges inneres Sittengesetz, und dies macht es, daß man in unsern Zeiten weniger nach öffentlichen Vorschriften, als nach einer dilettantischen Willkür der Bildung lebt, die sich ihre Schranken selbst gezogen hat. Die Gesetze haben jetzt in dem Sinne keine beherrschende Kraft mehr, daß sie unser Dasein zügeln und regeln sollten, sondern sie sind untergeordnet nicht etwa unsern Sitten, sondern unserm Moralprincip, dem durch Christenthum und Bildung allmälig in unser Inneres gesenkten, gemeinsamen kategorischen Imperativ. Daß man die Sitten durch Gesetze nicht ändern kann, ist eine geschichtliche Erfahrung. Despoten haben versucht, das Unmögliche möglich zu machen. Sie haben auf irgend eine Gewohnheit eine Strafe gelegt und doch damit nichts Anderes bewirken können, als daß sie die Strafen fortwährend in Anwendung bringen mußten und eben den despotischen Charakter ihrer Regierung zur Schau trugen. Nach dem Tode solcher Autokraten traten die alten Gewohnheiten, die sich nur versteckt hatten, wieder zu Tage. Die Sitten kann man nur durch Einführung anderer Sitten ausrotten. Den Motiven, die der Festhaltung irgend einer Gewohnheit zu Grunde liegen, muß man die innere Haltung nehmen oder sie am Ehrgeiz, Nachahmungstriebe, oder sonst einer Leidenschaft scheitern lassen. Peter der Große konnte die Sitten seines Volkes weit mehr dadurch ändern, daß er ihnen andere gegenüberstellte, als dadurch, daß er sie durch Gesetze verbot. Peter der Große konnte weder den Bart, noch den Kleiderschnitt der Russen abändern, denn beide haben sich trotz seiner Ukase noch bis auf den heutigen Tag erhalten. Aber das hat er doch vermocht, daß er die Frauen aus ihrem zurückgesetzten Zustande, in welchem sie sich in despotischen Staaten befinden, befreite. Wodurch? Er duldete die französischen und deutschen Moden, schickte den Frauen die Kleiderstoffe zu und ließ sie an seinem Hofe erscheinen. Peter der Große ist vielleicht der Befestiger der russischen Monarchie geworden; die Sittenrevolution aber, die er hervorrief, ist auch die Erweckung eines fortwährenden Widerspruchs gegen die despotische Regierungsform dieser Monarchie geworden, leider ein reactionärer, „altrussischer‟. Wie unnatürlich Rußlands gegenwärtige Verfassung schon ist, und wie unnatürlich es sein würde, wenn sie auf die Länge so bliebe, beweist der große Umschwung der Sitten, der seit hundert Jahren in diesem Lande geduldet worden ist. Montesquieu hat im „Geist der Gesetze‟ bewiesen, daß despotische Staaten keinen bessern Anlehnungspunkt haben können, als die unveränderte heilige alte Sitte. So wie in den Gewohnheiten eines despotischen Staates etwas geändert wird, so hat er sich um seine Fortdauer gebracht. Montesquieu fügt hinzu, daß die beste Garantie für die Erhaltung alter Sitten in der Abgeschlossenheit der Weiber läge. Werden diese emancipirt, dürfen diese ihren Harem verlassen, dürfen sie mit unverschleiertem Antlitz über die Straße gehen und die Gesellschaft anderer Männer als die ihrer eigenen und der Verschnittenen annehmen, so wird es nicht mehr lange währen, daß eine große umfassende Revolution in den Sitten ausbricht. Die Sitten ziehen die Gesetze nach sich. Wäre es dem Sultan ernst, die Türken zu civilisiren, so müßte er nicht mit den Steigbügeln seiner Cavalerie, den Kopfbedeckungen und Beinkleidern seiner Infanterie anfangen, sondern mit der Freilassung des Weibes aus seinem im Orient üblichen sklavischen Zustande. Die Frauen mildern die Gesellschaft und lösen ihre erstarrten Formen auf.

Daß die Gesetze den Sitten folgen, beweisen alle Beispiele der Geschichte. Ueberall, wo die Gesetzgebung aus dem Schooße des Volkes selbst hervorgeht, wird die Tradition das Uebliche und Gewöhnliche, die Richtschnur derselben sein. Wir haben an Roms Rechtsgeschichte ein Beispiel vor uns, wie sich juristische und politische Verhältnisse im Laufe der Zeiten gestalten und entwickeln können. Gesetze über die Ehe, über die Gewalt der Väter über die Kinder, über die Antretung von Erbschaften in ihrer allmäligen geschichtlichen Entwicklung, selten stehen sie bei ihnen im Gegensatz zur Gewohnheit, die sich schon gebildet hatte. Das Gesetz legte nie mehr auf, als die Schultern der Sitte tragen konnten. Montesquieu hat über diesen Gegenstand einige Beispiele gegeben und sie namentlich von den Vorschriften hergenommen, welche die in der ältern römischen Gesetzgebung noch häufig vorkommenden Prügelvorfälle zwischen Ehegatten betreffen. Spuren dieser Art verloren sich, wie aus den Sitten, so auch allmälig aus den Gesetzen.

Wir haben schon oben gesagt, daß in unserer Zeit das Gesetz durchaus keine allmächtige Superiorität mehr hat. Allen unsern Gesetzen mangelt das oberste Princip, mangelt die Einheit des Geistes, in welchem sie gegeben sein sollten. Wir haben uns von den alten Sitten befreit und haben uns nicht ganz von den alten Gesetzen befreien können, und wo dies möglich gewesen, wo eine Gesetzgebung wie aus einer neuen noch nicht abgenutzten Offenbarung geflossen ist, da hat sie sich des geistigen und sittlichen Lebens der Nation doch nicht bemächtigen, sondern nur jenem allgemeinen Sittengesetze unterordnen können, welches gewaltiger ist, als der Geist, der in irgend einer Gesetzgebung herrschen konnte. Wir fühlen es bei unserer Existenz, daß wir mit einem Wall von Gesetzen umgeben sind, die uns bei so vielen verbotenen Wegen sofort entgegentreten, und doch ist es so leicht, diese Gesetze zu vermeiden, sie stehen in zu großer Entfernung von unserer sittlichen Verhaltungs=Lebensweise, wie wir diese einmal verfolgen, sie sind für uns nur als Ausnahme von der Regel vorhanden. Dagegen lag in den alten Gesetzgebungen etwas Ermunterndes, sie waren positiv. Unsere neuen Gesetze sind ein Conglomerat von alter juristischer Dialektik und neuen Polizeivorschriften. Der kategorische Imperativ, der in ihnen herrscht, trägt einen langen gelben Säbel, einen Dreimaster und einen rothen Kragen am Rock und ist zu sehen, wenn ein Vagabund auf dem Schub transportirt wird oder wenn an Markttagen die Bauern in die Stadt kommen und sich über die Preise ihrer Hühner und Eier nicht vertragen können.

Ja, die Sitte, obschon so sehr abgeschwächt, ist noch jetzt immer mächtiger, als das Gesetz. Ein Cardinal im römischen Conclave trug darauf an, daß entschiedene Maßregeln ergriffen werden sollten, um den gemeinen Römern die eingerissene Gewohnheit abzugewöhnen, falsch zu schwören. Ein Beisitzer des Staatsraths erwiderte ihm: „Sie wollen dem Volke seine Sitten verbieten?" Wer weiß, ob ein Gesetz über den Meineid, und wenn es noch so streng gehandhabt worden wäre, die Lazzaroni Roms von ihrer schlechten Gewohnheit hätte abbringen können. Hier werden immer nur Bildung, Unterricht oder die von der Geistlichkeit gedrohten Höllenstrafen wirken können. Wie wenig Gesetze gegen Sitten wirken können, sieht man an einem deutschen Staate, wo der noch nicht lange verstorbene Souverain desselben nach dem wiedererwachten Studium der Antike, nach den Werken eines Mengs und Canova, nach dem großen Zeitalter der napoleonischen Revolution und der Völkerschlachten die Sitte des Zopfes wieder in seinem Lande einzuführen wagte. Das Militair mußte sich der Willkür der Despoten fügen, auch diejenigen Krämer und Beamten in der Residenz, die vom Hofe lebten. Allein bei seinem Ableben hatte das Gesetz die Sitte nicht überwunden, sondern alle Welt war froh, sein Haar wieder wachsen zu lassen, wie die Natur oder das Pariser Modejournal es wollte.

Die moralischen Schriftsteller des vergangenen Jahrhunderts haben eine große Wirksamkeit auf die Meinungen der Menschen ausgeübt. Durch die Schriften Ferguson's wurden die Sophismen untergraben, die bisher das Recht der

Tyrannen zur Sklaverei beschützt hatten. Die allgemein menschlichen Vorschriften waren in jener Zeit etwas so Neues, daß man über den Inhalt derselben ihre weitläufige Form und eine gewisse Trivialität, die sich in ihre Sätze mischte, übersah. Wer kann jetzt noch die Schriften Rutherfort's, Payley's, ja selbst die Schrift Smith's über die morali= schen Empfindungen ohne das Gefühl kolossaler Langweiligkeit lesen! Dennoch haben diese Schriften für jene und dadurch auch für unsere Zeit bewirkt, daß in allen Gemüthern das Bewußtsein des kategorischen Imperativs lebendig wurde. Jene Schriftsteller strebten nach Principien; sie mühten sich mit dem schon von Aristoteles angeregten höchsten Sittengesetze. Der eine sagte: „Halte immer die Mitte," der andere: „Thue, was Deiner Würde gemäß ist;" der dritte hielt das etwas egoistische christliche Sittengesetz: „Was Du nicht willst, das Dir die Leute thun sollen, das thue ihnen auch nicht!" (es klingt mehr nach einer Vorschrift der Klug= heit, als der Moral) für diejenige Maxime, nach welcher die menschlichen Schritte einzurichten wären. Auf unsern Univer= sitätskathedern streiten sich die Professoren noch jetzt über das höchste Sittengesetz. Allein nur diejenige Ansicht hat in der Masse Raum gewonnen, welche das Gute, Edle und Richtige für etwas dem natürlichen Gefühl Angebornes hält. Dieser kategorische Imperativ ist allmälig an die Stelle der Sitten und Gesetze getreten. Kein Mensch will noch etwas darum befolgen, weil er es als Brauch von seinen Eltern geerbt hat, sondern Jeder strebt darnach, sich seine eigenen Grundsätze zu bilden. Sogar die bunte Mannigfaltigkeit der Individuen und Charaktere, wie ohnehin schon längst die der Sitten, geht dabei verloren, weil nämlich Alles nach Normalität strebt und sich im Grunde Einer vor dem Andern nur durch Talent, nicht durch Charakter, am wenigsten durch Manieren auszeich= nen will. Die Sitte ist dadurch sehr versteckt und ein Kapitel über sie schwierig geworden.

Wer möchte leugnen, daß sich unser Jahrhundert in einer moralischen Krisis befindet? Die Gesetze gelten wenig, weil sie nur für die Verbrecher da sind; die Moral hält die äußere Ordnung unseres Zusammenlebens aufrecht, aber auch sie

wird bekämpft. Es ist auffallend, das Gefühl, daß an der
Moral gerüttelt werde, ist allgemein in unsern gegenwärtigen
Zuständen verbreitet; woher aber der Widerspruch gegen das
Hergebrachte eigentlich kommt, welches die Farbe und das Ziel
der am Bestehenden verzweifelnden Meinung ist, das weiß
man nicht, und wenn man es ahnt, so wagt man nicht, sich
darüber Geständnisse zu machen. Man stellt die überlieferte
Moral, die Umgangssitte, die Sitten der Liebe, der Ehe, der
Familie, man stellt sogar die Theorie der Verbrechen in Frage
und wagt doch nie eine rechte Schlußfolge zu ziehen. Wie
soll man sich diese Erscheinung erklären? Ist sie das Vor-
zeichen einer großen Katastrophe, deren Ende wir noch nicht
absehen können? Oder sollte sich nur die politische und materielle Unbehaglichkeit und die daraus entspringende Neuerungssucht nur so haben äußern können, daß zu gleicher Zeit
auch alle übrigen moralischen Lebensäußerungen in krankhafte
Reizbarkeit und beinahe organische Verstimmung gerathen
mußten?

Wenn ich mich zum größten Theile für die letztere Meinung erklären möchte, so will ich nicht verschweigen, daß hier
noch ein anderer Umstand obwalten dürfte. Nur die fried-
lichen Zeiten des vorigen Jahrhunderts waren im Stande,
den Menschen allmälig aus den Fugen der Geschichte loszu-
lösen und ihn in eine Humanitätssphäre einzuführen, welche,
keiner Zeit angehörend, vielmehr die Blüthe, das Ergebniß
aller Zeiten sein sollte. Gegen diese arkadienhafte Weltan-
schauung haben aber die gewaltigsten Ereignisse reagirt. All'
unser Thun und Lassen, Denken und Fühlen ist auf den Markt
des Lebens geschleudert; überall strebt man nach positiven
Verhältnissen, die Geschichte wird in ihre Rechte gesetzt, die
Verstandesabstractionen werden verdrängt und vor allen Dingen
sind durch die französische Revolution und die darauf folgenden Ereignisse die menschlichen Leidenschaften so entfesselt, daß
man sie nicht wieder durch Philosopheme hat beschwichtigen
können, sondern sogar zugeben mußte, daß sie im Gefühlsleben (Patriotismus) wie in vielen Zweigen höherer menschlicher Thätigkeit (Kunst und Literatur) als Hebel einer freien
und kräftigeren Genialität fortwirken. Kann man nicht auf

dem Theater finden, daß Edelmuth, eine Tugend der Beschränkung und Entsagung, das vorige Jahrhundert mehr
rühren konnte, als das unsrige? Das Schöne soll jetzt die
das Auge rollende und die Locken des Hauptes schüttelnde
Leidenschaft sein. Wo man hinblickt, arbeitet thatkräftiger
Enthusiasmus. Da können Sitte und Sitten nur in Schwankungen gerathen.

Beginnen wir doch beim Einfachsten, bei der Tracht. Hier
scheinen wir in Formeln festgebannt zu sein, die keine weitern
Beschränkungen zulassen. Alles Weite, Wallende haben wir
verbannt; die Civilisation der Völker wird damit eingeleitet,
daß sich die Frauen an die Schnürbrust und die Männer an
den Frack gewöhnen. Die Mode giebt dann und wann Veränderungen, allein in der Hauptsache bleibt jener enge Zuschnitt, von dem man fürchten muß, daß er bei den Männern
immer noch enger und kürzer wird. Nationaltrachten werden,
wenn nicht abgeschafft, doch an die pariser und englische Mode
angepaßt. Böte nicht in Schottland, Spanien, Ungarn die
Nationalbewaffnung, das soldatische Costüm, noch einen An-
knüpfungspunkt für die Volkstracht, so würden auch hier die
Plaids, die nackten Kniee, die braunen Mäntel, die Haarnetze,
die bunten Stiefel mit den schnurenreichen Dollmans bald
nur noch der Theatergarderobe angehören. Je mehr sich die
Bildung verbreitet, desto mehr suchen sich die Menschen in
die Allgemeinheit zu verlieren. Wo Armuth um sich greift,
kann die Volkstracht nicht gepflegt werden. Die Volkstracht
ist theuer, wenn man nicht gerade jenen großen Bettlermantel,
den die Lazzaroni um einen halb nackten Körper schlagen,
Volkstracht nennen will. Ueber alle Verhältnisse ist die Ueber-
schwemmung des Nivellements getreten. Das Charakteristische
und Auffallende, die grellen Farben und Töne verlieren sich
aus der Musik der Sitten, und der größte Theil jener Trachten,
die wir bei den Kunsthändlern ausgehängt finden und die wir
für national in Italien, Polen, der Schweiz und Deutschland
halten, gehören einer frühern Tradition oder kommen nur von
den Modellstehern der Maler.

Dieselbe Unbefangenheit, die in unserer Tracht herrscht,
herrscht in unserm Benehmen. Das vorige Jahrhundert war

im Styl des Umgangs bedächtiger und erfand, da die Sitten
abgeschafft waren, einen Ersatz dafür im Ceremoniell und in
der Etikette. Was damals freie Bewegung hieß, feiner Ton
und Unabhängigkeit von den Landessitten, das war gerade in
China die allgemeine Volkssitte. Aber jene steifen Formen
konnten nur gelten, als der dritte Stand noch nicht jene be=
rühmte Nacht im Ballhause von Versailles gefeiert hatte. Der
Unterschied der Stände liegt größtentheils jener Etikette zum
Grunde, die sich auf unsere Zeit noch unter dem Namen Höf=
lichkeit und feines Benehmen vererbt hat. Gestürzt wurde dieser
gesellschaftliche Pedantismus mit dem wiederbelebten Sinn
für die Natur, die Einfachheit ihrer Gesetze und eine veredelte
und geläuterte Kunsttheorie. Für unsere Zeit kann man
überzeugt sein, wenig Tanzmeister zu finden, die nicht all' die
Vorschriften, die sie über Gehen und Stehen, Rückgratsbie=
gungen und Schenkelhebungen geben, vom Gesetz der Grazie
herleiten, von Hogarth's Wellenlinie, die um ihrer selbst willen
da ist und sich nicht schlängelt aus Servilismus. Ob man den
Hut von der rechten oder linken Seite abnehmen soll, wie
viel Schritte vorher man zu grüßen hat, je nachdem uns eine
Excellenz oder nur ein einfacher Edelmann begegnet, diese
Rücksicht hat die heutige Höflichkeit mehr auf das Gefühl
ihrer Beflissenen zu gründen gesucht, weil sie davon über=
zeugt ist, daß nichts einen schöneren Eindruck macht, als sich
a u f m e r k s a m beweisen, trotz des muthig behaupteten Ge=
fühls seiner Unabhängigkeit. Für schönen Anstand hält man
jetzt eine vollkommene Verwischung alles steif Formellen und
die alleinige Beherrschung des Benehmens durch eine aus dem
innersten Born der Ueberzeugung und des Charakters quillende
Natürlichkeit.

Freilich ist dies nur ein Ideal. Allein es wird von je=
dermann anerkannt. Der eckigen, schlaffen, geckenhaften Aus=
nahmen giebt es genug. Der Eine springt, der Andere schlorrt.
Das Temperament wird in seine Rechte gesetzt, selbst wenn man
immerfort ruft: Natur und immer wieder Natur! Auch das
ist zu beherzigen, die Menge von Sorgen, die unser Zeitalter
drücken (man denke nur an's Börsenspiel und die Arbeiter=
frage), hat nicht minder die freie und harmlose Ausbildung

des Benehmens verhindert. Ach, Meyer Amschel, wenn ich an Deine Art in's Zimmer zu treten denke! Selbst wenn bei Deiner Gattin Gesellschaft ist! Cohn Jakob hat ein fort= währendes krampfhaftes Zucken, er handelt in Staatspapieren. Einem Andern, ob er gleich noch jung und kräftig ist, zittern wie gelähmt die Hände; er hat einmal falliren müssen. Ein Dritter ist stumm und verschlossen, er hat Schiffe auf der See, deren Assecuranzprämie weit geringer, als ihre Ladung ist. Auch die Politik treibt die Menschen auseinander und macht sie grob; sie sind nur höflich gegen Menschen ihrer Meinung; gefühlvolle Herzen werden unempfindlich, wenn sie von nachtheiligen Zufällen derjenigen Parthei hören, deren Ansichten sie nicht theilen; der sanftesten Gemüther bemächtigt sich ein unerbittlicher Rigorismus, ja, ich kannte eine gute brave Frau, die sich nicht scheute — im Interesse der Parthei — ihre Finger zum Meineide aufzuheben!

Doch gut — wir besuchen uns, wir treffen hier und da zusammen, wir essen und trinken miteinander, wir suchen uns sogar durch Spiele von unsern Geschäften zu erholen. Wir streben manchmal recht eifrig, es unsern behaglichen Eltern nachzuthun und Alles so zu treiben, wie sie es trieben. Junge Frauen und junge Männer halten sich nicht eher für voll= kommen, ehe sie sich nicht einen solchen Sessel angeschafft haben, wie ihn der Vater hatte, einen solchen Ton gegen Untergebene, wie die Mutter. Das kommt nicht selten vor. Allein eben so oft auch, daß die Kinder von den Eltern nichts entlehnen durften, daß sie eine Kluft überspringen mußten von Sitte, Meinung und Zeit, um aus anerzogenen Vorurtheilen in die Existenz einzutreten, die ihnen die wünschenswerthere ist. Doch systematisch verfährt man heutigen Tages in den gesellschaft= lichen Beziehungen nicht mehr; die Familie und das Haus haben lange nicht mehr die abgeschlossene und auf sich selbst beruhende Bedeutung wie in frühern Zeiten. Das plötzliche Streben unserer Zeit nach behaglicher Einrichtung, nach Com= fort, widerlegt diese Ansicht nicht. Denn der Comfort soll da gleichsam als ein Palliativ gegen die fortwährende Einwir= kung des unruhigen äußern Lebens dienen.

Die Menschen kommen zusammen und erheitern sich; junge
Leute lesen sich ein Schauspiel vor, wo jeder Einzelne eine
Rolle übernimmt und man Noth hat, alle nöthigen Exemplare
im Städtchen aufzutreiben. Frauen haben ihre eigenen Zu=
sammenkünfte, Männer die ihrigen, zuweilen vermischen sich
beide. Der Weltlauf begleitet sie in die Gesellschaft; wohl
dem, der ihn in heiterm Gespräch vergessen kann! Das Ge=
spräch ist vibrirend, nie gründlich erschöpfend; ein Redner,
der die Unterhaltung an sich reißen wollte, wird nur auf kurze
Zeit gern gehört; er löst Alle, die nur sprechen, um zu sprechen,
eine Weile von ihrer Mühsal ab. Bald aber wird der Kühne
zu kühn. Und im Princip des „Salons" liegt, daß Alles,
was verhandelt wird, von flüchtiger Dauer sei. Man hat den
Degen seiner Ansichten um die Lenden geschnallt, aber nicht
blank, sondern in der Scheide. Man plänkelt nur gegen ein=
ander. Es ist ein kurzer Waffenstillstand in dem großen
Kampfe, dem noch so viel Schlachten geliefert werden sollen.
Wo aber die Frauen das Uebergewicht haben oder die Harm=
losigkeit sich ein wenig fester eingebürgert hat, da sind es end=
lich drei Dinge, die das stockende Gespräch ersetzen müssen:
die Musik, das Spiel und der Tanz.

Die Musik ist beinahe keine bloße Kunstfertigkeit mehr,
sondern beinahe Wissen, conversationelle Tugend. Wer sie nicht
übt, muß Musik wenigstens zu schätzen, zu genießen bereit
sein. Wer nicht die zweite Stimme übernimmt oder sich an das
Pianoforte stellt und das Notenblatt umschlägt, muß wenigstens
in Ekstase gerathen können, wenn ein Notturno von Chopin
zu Ende gespielt ist. Die Musik hat es übernommen, eine
Lücke in unserer heutigen Bildung auszufüllen, ja leider die
Bildung ganz zu ersetzen. Wenigstens bewundert man im
„Salon" Personen, die nicht im Entferntesten eine Verwandt=
schaft mit dem Geiste haben, in welchem die Werke eines
Mozart und Beethoven empfangen und geschaffen sind. Was
vermißt man bei einem großen Theil unserer Frauen? Esprit.
Der Grund dieses Mangels liegt auf der Hand. Esprit ist
eine gefährliche Geistesgabe, Mitgift in einem Zeitalter,
wo man die Beschränktheit Gemüth, die Frivolität Geist nennt

und den „Esprit" in allen Literaturgeschichten verschrieen hat. Aber der Ersatz, den wir für die „Frauen von Geist" durch die Mendelssohn-Singerinnen bekommen haben ist kein Fortschritt.

Das Spiel ist das Grab der Sorgen und die Wiege derselben, je nachdem es getrieben wird. Der Eine erstickt im Whist seine Leiden oder tödtet wenigstens das unendliche Weh, das ihn peinigt, die Langeweile; der Andere verspielt nicht seine Unruhe, sondern seine Ruhe, oder wie Lord de Roos, der Prinz von Berghes und mehrere überführte Falschspieler der vornehmen Welt, seine Ehre. Das Glück soll erobert werden durch die Sturmleitern der Leidenschaft. Das Spiel ist bei den Meisten deshalb eine Erholung, weil es die Zeit ausfüllt und die kleinen Leidenschaften des Menschen nicht ermüden läßt. Klammert man sich aber an das Kleine an und setzt Großes daran, bedeutende Summen, so richtet es in Mienen und Farbe der Haare, im Blick der Augen und Haltung des Körpers eine frühe Verwüstung an. Das Hazardspiel ist auf dem Weg, ausgerottet zu werden. Auch die Lotterieen sind in Gefahr, nicht mehr gezogen zu werden. Die Humanität mancher Gesetzgeber stemmt sich gegen eine solche Ausbeutung des Publikums von Seiten des Staates. Aber ach! der Taumel, das Glück zu beschwören, das plötzliche, das unerwartete, scheint in die Gemüther der Zeitgenossen eingedrungen zu sein. Die Sucht nach Reichthümern verwüstet in solchem Grade die Moral, daß man wol dem gemeinen Mann die plötzlich lächelnde Gunst Fortunens nicht ganz zu entziehen brauchte. Die zahmsten unter den Spielern sind die Schachclubbisten, die Philosophen unter den Spielern. Berühmte Matadore dieser Kunst werden seltener. Man zieht es vor, in Masse zu spielen, wenigstens wurde bis 1840, trotz der Quadrupelallianz, ein fortwährender Krieg zwischen England und Frankreich, nur mit Schacharmeen, geführt. Das vorige Jahrhundert war tiefsinniger in der Metaphysik. Wir haben jetzt im Schachspiel nur Schach-Empiriker, keine Newton und Leibnitz mehr. Kein einziger neuer Zug soll entdeckt worden sein; dennoch ist ein guter Schachspieler noch immer davon überzeugt, daß in ihm ein Napoleon steckt, der Alles zur Raison bringen würde, wenn man ihm die Macht ließe, so zu handeln, wie er denkt, denkt im Schachspiel.

Den Tanz endlich hielten die Alten für eine Huldigung, den Göttern dargebracht, heutige Zeloten für eine Huldigung des Satans. Obschon die Alten vom Tanz eine so hohe Meinung hatten, so überließen sie es doch nur den Sklaven und Jahrmarktsgauklern, zu tanzen, wie jetzt die Türken ihren Sklavinnen, während ihre Herren dabei die Pfeife rauchen. Für den Tanz kann man nur noch junge Leute ermuntern. Die Aelteren ermuntern sie, weil sie annehmen, daß Ecossaisen, Anglaisen und Françaisen an die Stelle der gymnastischen Uebungen getreten sind, an welchen die jungen Leute in Griechenland ihren Körper stärkten. Auch in die Tänze ist ein neuer Geist gefahren und zwar von einer Seite her, von wo man es hätte am wenigsten erwarten sollen. Die Deutschen haben ihre Reformation nicht so schnell verbreiten können, als jene monotonen, wilden Kreise im Kreise, die man Walzer nennt. Oesterreich, sonst so wenig eingenommen für den Fortschritt, hat es vollends bis zu einer an Mänadismus grenzenden Leidenschaft im Walzen gebracht. Die Engländer halten es sonst doch auch mit Pferdezucht, aber beim menschlichen Tanze die pferdemäßige Gallopade einzuführen, das blieb den Böhmen überlassen, die den neuen Walzer im Zweitritt erfunden haben sollen. In England werden diese Tänze nie einheimisch werden, weil der Engländer zu schwerfällig ist und die Berauschung in Bier und Aquavit früher in die erste beste Ecke wirft, als zu bacchantischem Taumel beflügelt. Allein in Frankreich ist diese neue wilde Tanzlust an die Stelle der verschollenen „romantischen Schule" getreten, ja die letzten Reste derselben scheinen sich mit dem Tanz verbunden zu haben, wenn man den Wundern glauben darf, die früher von Musard's und Julien's Bällen erzählt werden. Im wilden Taumel schießen da die Paare dahin; die Musik unterstützt sich mit Kanonenschlägen, mit Schwärmern, mit Posaunen, Glocken, ja sogar mit Orgelklängen. Gewisse Scenen aus Robert dem Teufel liegen diesen Arrangements zu Grunde. Man verbindet mit Sinnlichkeit Spiritualismus, drückt im Rausche des Tanzes jene

21*

verworrene Philosophie aus, welche in Paris die Königsmörder
und die Kohlendampfs-Erstickungen erzeugt. Es ist fast wie=
der so weit gekommen, wie es bei den Alten war, daß der
Tanz ein Symptom der Religion wird. Wenn die Religion
den Schmerz tödtet, so macht ihn der Tanz, wie dieser in der
Pariser Chaumière getrieben wird, vergessen. Es harmonirt
auffallend mit Europas gegenwärtiger Lage, daß der Tanz
neben der allgemeinen Bedächtigkeit, versteckten Leidenschaftlich=
keit, dem Mißtrauen der Menschen diesen wilden Charakter
angenommen hat. Nach der höchsten Giftsamenblüthe im
Cancan kam die Polka, die dazu erfunden zu sein schien, den
Tanz überhaupt wieder etwas in gesellschaftlichen Credit
zu bringen.

Das Gefühlsleben des Jahrhunderts führt uns zunächst
auf die Liebe, auf die Bürgschaft für die Fortpflanzung des
Menschengeschlechts. Nichts scheint bestimmt, für alle Zeiten
denselben Gesetzen unterworfen zu sein, als der Verkehr der
Geschlechter, und doch zeigen sich auf diesem Gebiete die auf=
fallendsten Veränderungen. Die Sympathie der Liebe verstärkt
sich nicht mehr aus einer allgemeinen Sentimentalität
wie im vorigen Jahrhundert. Jetzt scheint es, als läge etwas
in der Luft wie eine Verhärtung der Herzen, ein Abstoßen
der sich einschmeichelnden Neigungen. Dem Leben, wie es sich
jetzt äußert, kommt die Erregung der bloßen Verstandes=
reflexion und des nüchternen Witzes auf halbem Wege ent=
gegen; denn wir sind weit entfernt, durch diese so vorherr=
schend gewordenen Springfedern unseres öffentlichen Lebens
für den Cultus angenehmer und den kleinen Roman des
Herzens zur Weltgeschichte ausdehnender Situationen empfäng=
lich zu werden. Die Liebe fehlt wol den Herzen nicht, allein
sie hat an Ausdauer und Kraft verloren; sie unterwirft sich
in unzählig öfteren Fällen den Rücksichten, als früher, sie
duldet vielleicht mehr, als ehemals, allein an Muth und Un=
ternehmungsgeist scheint sie, bis auf grelle Ausnahmen, ver=
loren zu haben. Diese Erscheinung war vorauszusehen. Seit=
dem das Familienleben nur in einen engen Winkel des Hauses
zurückgedrängt ist und die großen Fragen der Geschichte die
edelsten Stoffe in den Gemüthern der Männer verbrauchten,

verloren auch die Frauen das Vertrauen auf ihre Empfindungen und unterwarfen diese dem allgemeinen Geiste des Zweifels. Ein großer Theil unserer heutigen Ehen wird gedankenlos geschlossen. Der finanzielle Calcül zerstört die Voraussetzungen der Liebe. Kommt es aber dann doch noch einmal zur Tragödie, so entspricht es dem Charakter unserer Zeit, daß es dabei krampfhaft und verzerrt hergeht. Der Proceß des La Roncière konnte einen Einblick geben in die Leidenschaft unserer jungen Leute, wenn diese einmal anfangen, aus dem gewöhnlichen Geleise herauszutreten.

Natürlich mußte es zur Polemik gegen die Ehe kommen. Man würde heutiges Tages nicht so viel über die Ehe grübeln, die Dichter würden sich nicht darin gefallen, so zahlreiche Verletzungen derselben zu schildern, wenn nicht über dies ganze Institut eine unbehagliche Stimmung vorhanden wäre. Ich spreche nicht von den Angriffen auf die Ehe selbst. Was ist da zu ändern, seit die Frauen durch die Christuslehre emancipirt sind? In der That scheint mir das, was der Ehe so viel Feinde zuzieht, nur Symptom von Uebeln zu sein, die anderwärts liegen und die nur zufällig in der Ehe wahrgenommen werden. Wenn wir auf mangelhafte Eheverhältnisse stoßen, so sind diese nur die Folge eines Versehens, das schon im vorhergegangenen Stande der Liebe begangen wurde. Die Schriftsteller sollten weit mehr über d i e s e nachdenken und die begleitenden Umstände der Außenwelt erwägen, als daß sie sich in metaphysische Spitzfindigkeiten über die Ehe einlassen und wol auf Formen des Barbarismus hinauskommen. Es ist schwer, daß gegenwärtig noch Dichter über die Ehe nachdenken und nicht den A n o m a l i e e n derselben ihre Darstellung und Entschuldigung widmen sollten. Ich glaube nicht, daß dies Frivolität ist, sondern den Dichter trägt allerdings die Welle des Tages, der Geist der Zeit bläst in die Segel seines Fahrzeuges; der Dichter fühlt ein Uebel und sucht ihm abzuhelfen, indem er es schildert oder ihm einen Kontrast des Gegentheils als Spiegel gegenüberhält. Dennoch sollte sich mit der Phantasie nicht auch zugleich der besonnene Verstand fortreißen lassen. Der Dichter, als nüchterner Philosoph, sollte sich gestehen, daß wir durch diese krassen Gemälde häuslicher Zer-

rüttung, die in den meisten heutigen Romanen aufgestellt
werden, die Verwirrung nur noch vermehren und einer
Springfeder der Sittlichkeit durch unser Rütteln und Schüt=
teln ihre Elasticität nehmen. Die Ehe bleibt und ist ein Hebel
der Cultur und kann weder von dem freien Weibe St. Si=
mon's, noch von Lelia's spitzfindig sinnlichen Grübeleien
untergraben werden. Die Thatsache derselben ist so einfach,
ihr logischer Grund so natürlich, daß eine Erschütterung un=
möglich ist. Warum wendet man also die Spitze der Satyre
und Ironie statt einwärts, auf den kleinen aber ewigen
Grundsatz der Ehe, nicht auswärts hinaus auf die Umstände,
die das eheliche Leben erschlafft haben, auf diejenigen, welche
ihm eine künstliche, statt der natürlichen Nothwendigkeit gaben,
auf diejenigen, die der Liebe und der vorher zu knüpfenden
Freundschaft den Schmelz genommen haben, auf diejenigen end=
lich, die in das eheliche Leben mit zerstörender Hand ein=
greifen? Man sieht in einer Verbesserung der zwischen Mann
und Weib stattfindenden Verhältnisse beinahe nur immer
Fortschritte, die man von den Weibern erwartet; allein die
untergrabene, leichtsinnige und gedankenlose Ehe rührt weit
mehr von den Männern her, welche die Frauen nur als
Mittel ihrer physischen und ökonomischen Ordnung betrachten
und sich allen Dingen eher zuwenden, als dem heiligen Feuer,
das auf dem heimischen Heerde lodern soll. Die meiste
Schuld liegt auf jenem Felde, das unten an den Zinnen
Trojas liegt, wo die Griechen und Trojaner sich bekämpfen,
während sich oben die Frauen mit der Gesellschaft der Grau=
bärte und kleinen Kinder begnügen müssen.

Bereits oben ist bei Gelegenheit der Uebervölkerung die
Rede gewesen von Rechten und Pflichten, welche man dem
ehelosen Stande der Ehe gegenüber einräumen und auferlegen
sollte. Ich bringe auch hier darauf, die uneheliche Geburt
nicht übermäßig mit polizeilichen Schwierigkeiten zu belasten,
weil jeder Einsichtsvolle nur in dieser Schwierigkeit die Ge=
fahren der Uebervölkerung und der mit ihr verbundenen Nah=
rungslosigkeit sehen kann. Allein der Einsichtsvolle sollte
auch weit davon entfernt sein, diese Emancipation der Unehe
darin zu finden, daß man die Ehe selbst untergrabe. Das

Hagestolziat ist, wie wir an Baron Rottenhamm sahen, eine
natürliche Folge der auf der Existenz lastenden Hindernisse
und Schwierigkeiten; allein den Junggesellen sollte es ge=
lingen, uns den ehelichen Stand zu verleiden? Sie sollten
Macht gewinnen, einen Pantheismus der Geschlechtsneigung
zu predigen, der zur Auflösung aller Sitte und Ordnung
führen würde? Ich verdenke ihnen nicht, daß sie sich rächen,
daß sie darnach streben, ihre Kryptogamie in bessere Achtung
einzusetzen; allein daß sie deßhalb in der Ehe logische und
metaphysische Widersprüche zu entdecken glauben, das ist eine
Verblendung, von welcher es mir früher leid that, sie von einer
so geistvollen Schriftstellerin, wie die Verfasserin der Lelia ist,
getheilt zu sehen. Jetzt freilich ist Georges Sand zu andern
Ueberzeugungen gekommen und hat gesagt: „Ich griff nie die
Ehe an, sondern nur die verheiratheten Personen."

Alle Gebrechen, die man in der Ehe finden kann, liegen
theils in den Personen, die sie schlossen, theils in den äußern,
sie umgebenden Umständen. Es ist einseitig von der Ehe und
beweist für den Formalismus, der so oft ihrer Schließung zu
Grunde liegt, daß sie sich selbst den Verbesserungen des ehe=
losen Standes widersetzt, daß sie keine Findelhäuser dulden,
keine gefallenen Wesen mit Nachsicht aufrichten will. Die
Gesetzgeber sollten darauf bedacht sein, die Umstände zu er=
leichtern, unter welchen die Ehe stattfinden kann. So lange
aber diese Umstände mit noch so vielen Hülfsmitteln über=
haupt nicht erreichbar sind, so lange sie von einer Umgestal=
tung unserer gegenwärtigen Verhältnisse abhängen, sollte wirk=
lich die Orthodoxie unserer Ehe nicht so intolerant sein, daß
sie überall Ketzerei und Aergerniß sieht. So scheint es, als
wären weder die, welche die Ehe vertheidigen, noch die, welche
sie angreifen, auf dem rechten Wege.

Es giebt für den Schriftsteller Aufgaben, denen er
nur mit Widerwillen gehorcht. Der große Alexander
mußte Pythia, die Wahrsagerin von Delphi, mit Gewalt
ergreifen und sie auf den Dreifuß setzen, um sich die Herr=
schaft der Welt und einen frühen Tod prophezeihen zu lassen.
So kann ich das unbehagliche Gefühl jener Aerzte verstehen,
welche sich mit keuschem und reinem Bewußtsein entschließen

müssen, in dem Pfuhl, den die menschliche Sinnlichkeit zurück=
läßt, aufzuräumen und den Folgen der Prostitution zu
steuern.

Was verbirgt sich nicht alles hinter unsern Wänden? Was
geht in den Häusern vor, an welchen wir vorübergehen und
wo die Thüren und Fenster uns so leer und gleichgültig an=
starren? Wie wir uns grüßen und begegnen, wie wir Feinde
sind auf offener Arena oder Freunde in stiller Einsamkeit;
wie wir draußen auf der Rednerbühne sprechen oder daheim
im traulichen Umgange — wir haben alle noch ein Geheim=
niß, immer noch Etwas, das wir Niemanden sagen, immer
Etwas, worüber wir uns nur selbst Rechenschaft geben. Wie
es im Geistigen ist, so ist es auch in der Sitte. Es werden
am Gemälde unserer Zeit immer noch Pinselstriche fehlen;
denn wer kann sich in alle Nebengassen und Winkel unseres
gesellschaftlichen Daseins verlieren? Aber es ist gut, daß
jeder aus sich selbst im Stande ist, das Gemälde zu vervoll=
ständigen. Wären die Römer und Griechen über ihre Sitten
weniger aufrichtig gewesen, wie Vieles davon würden wir aus
den unsrigen ergänzen können! So soll auch hier bei einer
verfänglichen Frage nur das Allgemeinste angedeutet und das
Besondere jedem überlassen bleiben, der dann, wie bei den
päpstlichen Bullen, aus den Anfangsworten auf den Inhalt
des Ganzen schließen möge.

Man hat in Paris und London jene Geschöpfe, die aus
der Liebe ein Handwerk machen, in runden Zahlen angeben
wollen. Allein diejenigen, welche die Erniedrigung bis zu
einer officiellen Unterhandlung mit der Polizei treiben und
für ihr Gewerbe eine Steuer zahlen, sind weit geringer an
Zahl, als jene versteckte Preisgebung, die unter dem Schein
der weiblichen Handarbeit stattfindet. Wer will da die Tau=
sende zählen! Man pflegt für London 40,000 anzunehmen;
Manche, die von dem weiblichen Geschlecht keine gute Mei=
nung hegen, setzen sie auf das Doppelte an. Paris steht ver=
hältnißmäßig zurück. Es ist keine Hafenstadt.

Das Werk des Parent=Düchatelet über diesen Ge=
genstand hat ein ungewöhnliches Aufsehen erregt. Man las
diese auf amtliche Angaben begründete Schrift eines Pariser

Arztes um so lieber, als man auf jeder Seite einen für das
Wohl der Menschheit begeisterten Schriftsteller wahrnahm.
Die Lüsternheit hatte bei der Lektüre dieses Werkes einen
guten Vorwand. Der Verfasser verfolgt das Sittenverderb=
niß beider Geschlechter (warum die Männer ausnehmen!)
bis in die schmutzigsten Winkel, bis in die Kranken= und die
Zuchthäuser. Die Farben, welche auf diesem Gemälde grell
hervorstechen, sind schmutzig. Wo man in dem Buche hin=
blickt, gewahrt man das Laster, bald im Kampfe mit der Po=
lizei, bald im Kampfe mit der eigenen Natur, mitunter wol
auch mit einem besseren Gefühl, das bei Geschöpfen dieser
Art nicht ganz zu Grunde geht. Allein, enthält es wohl
mehr, als kaum die Hälfte des Lasters, trotz aller darin ge=
lieferten statistischen Notizen? Es zeigt uns weit mehr die
bloße Versumpfung der untersten Regionen dieser Sphäre,
das ausgesprochene und eingeschriebene Handwerk und läßt
noch ein großes Feld der Betrachtung zurück über den Dilet=
tantismus in der Prostitution, namentlich über die höhern
Regionen derselben, die der Verfasser schonen zu wollen
scheint. *)
　　Allein es ist in Wahrheit unmöglich, einen allgemeinen
Durchschnittscharakter zu zeichnen, da die besonderen hier vor=
kommenden Nüancen so zahlreich wie die Lebensschicksale
der Frauen sind. Diese Unglücklichen mögen von treulosen
Liebhabern betrogen gewesen sein, sie mögen nicht gewußt
haben, woher sie Nahrung finden sollen. Fürchterlicher sind jene
Fälle, wo schon das Laster durch die Erziehung eingeimpft ist und
die Kinder von den Eltern angelernt werden, Werkzeuge einer
überreizten Sinnlichkeit zu werden. Aber ach! bei den Meisten
ist die Schuld des Fehltritts nur die Sinnlichkeit selbst. Wenig=
stens ist sie die Begleiterin aller übrigen Ursachen. Mangel an
moralischer Elasticität in den untern und zuweilen noch mehr
in den mittlern Volksclassen erleichtert den gefährlichen Schritt;
oft ist es auch die bloße Gedankenlosigkeit und Verstandes=
schwäche, die vielleicht nicht gerade den ersten Schritt hervor=
ruft, aber den zweiten nicht zurückhält. Den Rest giebt die

---

*) Des späteren „Demi-Monde".

sich bis zur Ruchlosigkeit steigernde Keckheit, wenn erst mehre dieser Unglücklichen mit einander umgehen und eine gegen die andere mit ihren Fortschritten in der Reuelosigkeit trotzt.

Es ist viel über die Profanation des Geschlechtstriebes geschrieben worden, doch alle Welt kommt darin überein, daß man sie nicht unterdrücken kann. Der heilige Augustin klagt schon darüber, daß er sich diesem Resultate anzuschließen hätte. Die Geschlechtslust ist früher da, ehe man ein Weib nehmen kann. Oft giebt es auch unerträgliche, ja in sich unmögliche Ehen. Der unterdrückte Geschlechtstrieb kann sich zur wildesten Empörung gegen unsere hergebrachte Moral steigern, während sie sich nach einer flüchtigen Befriedigung wieder ruhig in alles von der Sitte Gegebene fügt. Es ist eine beklagenswerthe Verirrung frömmelnder Fürsten oder Regierungen, gegen die Isolirung und Kasernirung der Prostituirten zu eifern, ihnen lieber die Freiheit des Wohnens zu gestatten und dadurch den gesitteten Ständen die Lebensluft in den großen Städten zu verpesten. Die Unlauterkeit der Gelüste wirft sich da, wo keine Absperrung stattfindet, auf die Kreise der guten Sitten zurück und verschont Niemand mehr, sollte es auch nur mit der Begeiferung des bösen Gerüchtes sein. Denn die freigelassene Prostitution lächelt Allen und Jedem zu und sie rächt sich, wenn sie will, für ein Wegsetzen von einem Tisch in einem öffentlichen Lokal durch eine Lüge an den ersten besten Polizeidiener: Den kenne ich auch! Ein Fluch liegt über diesem Gewerbe, wenn man es nicht ohne Ausnahme in bestimmte Straßen und Häuser bannt.

Restif de la Bretonne hat in seiner colossalen, witzigen und nicht selten sentimentalen Unsittlichkeit den Vorschlag gemacht, Kasernen für die Preisgebung einzurichten, die sich in Tempel verwandelten, wie bei den Hierodulen in Korinth. Vorn sollte man sich abonniren und hinten war eine Veranstaltung angebracht, sich zu bekehren, ein Magdalenenhaus. Vorn der Tarif der Sünde, hinten lag eine Kirche, in die jeder, der Buße thun wollte, einkehren konnte. Das letzte Bild der Frivolität haben wir eingeführt. Ob hier aber die Moral bessern kann, die Religion? Ob Magdalenenstifte für Büßende ihren Zweck erreichen? Man muß tiefer wirken;

man muß auf die Unmöglichkeit hinsteuern, daß sich die materiellen Uebel der Gesellschaft in Unsittlichkeit verwandeln.

Wir sind in das Gebiet der gesellschaftlichen Abnormitäten gerathen. Wir haben die Sittenlosigkeit ohne Verbrechen geschildert. Sprechen wir jetzt von den Verbrechen, von Recht und Gerechtigkeit, Strafe und ihrem Maße.

Das Unrecht ist älter als das Recht; Gewalt ging noch selbst in den blühendsten Zeiten des Alterthums vor Recht; oder man wußte nicht, worein das Recht gesetzt werden sollte. Die antiken Civil= und Criminalgesetzgebungen ließen sich auf allgemeine humane Grundsätze und auf eine Gleichstellung Aller dem Gesetz gegenüber nicht ein. Ein Sklave wurde für dieselbe Freiheit, die er sich herausnahm, getödtet, für welche ein freier Mann straflos blieb oder höchstens verbannt wurde. Wenn Räuber und Mörder aus niederm Stande hingerichtet wurden, so war Mord, ging derselbe von einem freien und wol gar angesehenen Manne aus Privatgründen aus, nur ein Zeugniß gegen sein Herz, ein Beweis seiner Leidenschaft, eine Kränkung der öffentlichen Moral, ein Aergerniß für sie; allein an die absolute Entmenschung, wie jetzt, an die Schlechtigkeit der innern Grundverfassung eines solchen vorsätzlichen Mörders glaubte man nicht, am wenigsten daran, daß er für die Gesellschaft unschädlich gemacht werden müsse. Die Rache wurde den Verwandten, nicht dem Staate überlassen. Die Alten wußten, daß, selbst wenn Orest den Aegisth und seine Mutter für den an seinem Vater begangenen Mord wieder durch Mord strafte, die Furien nicht ausbleiben würden. In allen ihren Dichtungen von tieferer Bedeutung schildern sie die Verkettungen der Göttin Ate, wie eine Schuld die andere nach sich ziehe, und drückten wenigstens negativ jene Lehre aus, die das Christenthum predigte: Die Rache sei nicht der Menschen, sondern Gottes.

Das auf die alte Welt folgende germanische Leben brachte das Recht der Wiedervergeltung und gestehen müssen wir, dies Princip ist von unsern modernen Gesetzgebungen nur übertüncht worden und steht noch in vollem Ansehen. Aug' um Auge, Zahn um Zahn, wenigstens so viel Kühe, als ein Auge kostet, so viel Schafe, als man für den Verlust eines

Zahnes nehmen würde. Dies Vergeltungsrecht, das durch das Christenthum das Ansehen der vicarirenden göttlichen Gerechtigkeit gewann, ist die Grundlage aller unserer Criminalgesetzgebungen. Nur daß die Einen strafen, um abzuschrecken; die Andern, um auszugleichen.

Ueberhaupt hat das Mißtrauen in dem juridischen Verstand der Neuzeit das Extrem hervorgerufen, die Vergötterung der Vergangenheit. Man benutzte das Historische zunächst als Aushülfe. Man wollte der Tradition entnehmen, worauf die Gegenwart keine bestimmte Antwort zu geben wußte. Die Begriffe von Recht und Gerechtigkeit mußten darunter das Meiste leiden. Da, wo sie sich ganz in das Alte zurückwarfen, kann man über Barbarei klagen; da, wo sie zwischen dem Alten und Neuen, zwischen Himmel und Erde in der Mitte schwebten, ist es der Mangel an Consequenz, der die Achtung vor dem Gesetz und dem Leben im Staate noch mehr untergräbt, als jener nicht selten mystische Christianismus, über welchen die Einsichtsvollen lächeln müssen.

Das Princip der juristischen Neuerer in der Straftheorie ist die Sicherheit. Der Verbrecher soll nur unschädlich gemacht werden. Ich kann dies Princip nicht billigen. Es ist einmal voll innerer Widersprüche und zweitens inhuman. Soll ein Verbrecher unschädlich gemacht werden, so giebt es zwischen dem Todtschläger und dem Leichtsinnigen, der das Stehlen nicht lassen kann, in der That keinen Unterschied. Wollt ihr beide nur unschädlich machen, so müßtet ihr sie auf ewige Zeiten in's Gefängniß schließen. Wäre die Milde gegen den Todtschläger weise, so wäre sie gegen den unverbesserlichen Hühner- und Gänsedieb ungerecht. Was ist da das Unumgängliche? Ein Mehr oder Minder! Folglich der Begriff von Strafe. Es ist das Gefühl der Gesellschaft, das ganz dem moralischen Gefühl des Einzelnen entspricht und eine tiefe Geltung in der Menschenbrust zu haben scheint, daß Strafe sein müsse. Nur darin liegt die Controverse unserer Debatten über Strafe und Strafmaß, daß man das ursprüngliche Gefühl der Strafnothwendigkeit so viel als möglich von Barbarismus, von mechanischer Zweckbestimmung und ähnlichen Zuthaten lauter erhält und daß man den rein juri-

ſtiſchen Geſichtspunkt der Strafe vom moraliſchen überwinden
läßt. Der moraliſche Geſichtspunkt der Strafe iſt allerdings
die Beſſerung; und aus dieſem ergab ſich, daß man aufhörte, über das Maß der Strafe zu ſprechen, und ſich weit
mehr mit den ſie begleitenden Nebenumſtänden beſchäftigte,
namentlich mit den Gefängniſſen.

Die neuere Philoſophie hat den Grundſatz der Wiedervergeltung in einen ſanfteren und tiefer begründet ſcheinenden
ausgeglättet, in den der Ausgleichung. Ich weiß dieſe Lehre,
welche heutzutage für die geiſtreichere gilt, nicht anders zu bezeichnen, als durch Bilder. Man denke ſich die Fülle des
moraliſchen Lebens einer Nation im Bilde des Meeres. Jede
aufſchlagende Welle, die ein Verbrechen bedeutet, wird eben
ſo tief ſtürzen, als ſie ſich erhoben hat. Für jeden Wellen-
berg eines Verbrechens ſoll es ein Wellenthal der Strafe
geben. Oder wenn man ſich die Vorſtellung zurückruft, welche
die katholiſche Kirche von der Fülle der guten Werke hat, ſo
ſoll gleichſam auch in dem moraliſchen Volksleben ein gewiſ-
ſes Quantum Tugend producirt werden, wo jede Störung
dieſer Production, jedes Verbrechen, ſeine mathematiſche Straf-
beſtimmung ſchon in ſich ſelbſt trüge, wo jedes Verbrechen
mit der zu liefernden Tugendmaſſe in Abrechnung gebracht
werden müßte. Verſteht man das Rauſchen dieſes neuern
Erkenntnißbaumes nicht, ſo erkennt man ihn an ſeinen Früch-
ten. Dieſe ſind bitter, ſtreng, herbe. Sie beſtehen in außerordentlichen Strafen und beſonders in beibehaltenen Todes-
ſtrafen. Man will hier der Tugend einen um ſo größern Lohn
geben, je mehr man das Laſter beſtraft. Man fürchtet ſich, zu
den Sündern auf Liebe ertappt zu werden. Man will einen gewiſſen Heroismus des Herzens zeigen und die Naturnothwendigkeit, die allerdings herbe iſt, zumal wenn man ſeine moraliſche
Freiheit nicht zu benützen verſteht, durch Menſchenbefehl wiedergeben. Dieſe ſtrenge Philoſophie iſt von Geiſtesgaben
unterſtützt worden; allein Gemüth, Empfindung, Humanität
hat ſie nicht. Laßt Euch von ihrem Witze und Scharfſinn
nicht einſchüchtern, ſondern geſteht, daß ihr zittert, wenn
ihr wißt, daß um dieſe und dieſe Stunde ein Mörder hingerichtet wird; ſchämt euch der Sanftmuth eures Herzens nicht

und folgt selbst in dem Drange, eine Meinung fassen zu müssen, lieber der Eingebung eures Gemüths als der Vor- spiegelung einer philosophischen Theorie, in welcher auch die Caraiben nicht Menschenfresser schlechthin sind, sondern durch gewisse Hokus-Pokus der Rhetorik für die Wahl ihrer Speisen entschuldigt werden.

Weit klarer noch wird meinen Lesern diese neue, geist- reiche, aber gefühllose Dialektik, wenn wir hier einige Stellen aus einem Angriffe gegen die neuen Besserungsanstalten für Verbrecher, diese Blüthen der Philanthropie, hersetzen. Sie kommen von einem Franzosen, der noch dazu das Christen- thum beschwört, um seine Theorie als religiös hinzustellen. Wer sollte dies von einem Franzosen erwarten! Aber die Dinge und die Menschen haben seit dreißig Jahren in Europa einen gewaltigen Umschwung erhalten. Die frommen Deut- schen werden frivol und die frivolen Franzosen andächtig.

„Die Sträflinge,“ schreibt Granier von Cassagnac, ein französischer Autor von heute*), „welche im Allgemeinen ein Gegenstand der Furcht und des Schreckens für alle Völker waren, sehen sich auf einmal von Mitleiden und Großmuth umgeben. Statt der hergebrachten alten und allgemein ver- breiteten Ansicht, die sie als Verdammte behandelte und sie in Schande und Elend sterben ließ, hat sich eine andere neue, erbarmungsreiche, philanthropische gebildet, die sie bei- nahe wie Leute betrachtet, welche blos an Kopf und Herz lei- den, deren Krankheit aber nicht unheilbar sei und die sie ver- mittelst eines Systems moralischer Heilkunde wieder herzu- stellen gedenkt. Aus dieser Pathologie der Empfindungen und Ideen der Sträflinge bestehen die jetzigen Strafsysteme. Schon an sich selbst erscheint uns diese philanthropische Bewegung, dieser religiöse Glaube, die Strafbaren zu bessern, dieser Ge- danke, für die Gesellschaft auch diejenigen brauchbar zu ma- chen, welche sich durch ihre eigene Schuld ihr entfremdet haben, als ein reeller Fortschritt, ein Sieg der Ordnung über die Un- ordnung, ein Triumph der Bildung über das blinde Chaos

---

*) Die spätere Entwickelung desselben unter Louis Napoleon, die Brutalität seines Sohnes Paul von Cassagnac sind bekannt.

unb das brutale Durcheinander der Geschichte. Wer aber
wundert sich nicht, wenn er die Theologen, die Philanthropen
unb Philosophen sieht, welche die Urheber aller Versuche für
die Verbesserungen der Strafanstalten sind, wie sich diese in
ihren Vereinen unb Werken vorbereiten, die Principien des
Christenthums in Ausübung zu bringen, sie, die dem Christen=
thum schon so viel Fußtritte gegeben unb es in das abge=
schlossene Allerheiligste verwiesen, als eine für die Interessen
dieser Welt fremde Lehre, die eine spekulative Untersuchung
nicht aushalten unb der praktischen Vernunft nichts nützen
könne. So hat diese den Dingen dieser Welt fremde Doktrin,
das Christenthum, doch also die bürgerliche Gesetzgebung or=
ganisirt!"

„Wir wollen hiermit keineswegs den atheistischen Philan=
thropen unseres Jahrhunderts es zum Vorwurf machen, daß
sie die Institutionen des Christenthums copirten, worüber ihre
Vorgänger im vorigen Jahrhundert, ohne das erste Wort
ihrer Geschichte zu verstehen, so übel zu sprechen waren; wir
möchten vielmehr, wenn es logisch wäre, es ihnen zum Vor=
wurf machen, daß sie dieselben zu spät copirten; sondern wir
wollen nur auf zwei Umstände aufmerksam machen, welche
die Begründer der Moral nach dem Naturgesetze gern sich ver=
hehlen, sich zum Besten ihrer Systeme verhehlen möchten: der
erste ist, daß an allen den schönen philanthropischen Ent=
deckungen, welche unsere Akademieen mit einer großen Tugend=
prahlerei krönen, wenig Neues ist. Der selige Destütt de
Tracy hat sein ganzes Leben, ein langes unb vielfach be=
schäftigtes, als Ideolog unb Moralist zugebracht, um die Ab=
schaffung der Todesstrafe, als von der Natur gefordert, zu be=
weisen. O wenn doch dieser Herr, der mehr an Condillac,
als Jesus Christus geglaubt hat, sich die Mühe gegeben
hätte, das canonische Recht aufzuschlagen, so würde er den
alten Rechtsgrundsatz des christlichen Criminalverfahrens:
Ecclesia abhorret a sanguine, gefunden unb eingesehen haben,
daß die Kirche beständig die Entdeckung ausgeübt habe, der
er größtentheils seinen politischen Ruf zu verdanken hatte."

„Die zweite Bemerkung, welche man den Systemen unserer
Philanthropen, deren gute Absicht keineswegs in Zweifel ge=

zogen werden soll, machen kann, besteht darin, daß sie immer
die eine Hälfte der christlichen Institutionen zur Verbesserung
der Sträflinge copiren, während doch die andere, welche sie,
sicher ohne es zu wissen, vernachlässigen, bedeutend wichtiger
als jene ist. Es ist löblich, einem Manne die Ehre wiederzugeben, der sie verloren hat; aber es würde noch weit
schöner sein, wenn man ihn überhaupt verhinderte, sie zu verlieren. Die Gesundheit ist auch dem tüchtigsten Arzte von
der Welt vorzuziehen, und haben ist — wie das Sprichwort
sagt — besser als hoffen. Das Christenthum empfand Mitleiden und ganz besonders mit den Tugendhaften: es suchte
das Verbrechen zu heben und zu beseitigen, aber es gab sich
noch mehr Mühe, es abzuhalten."

Nun läßt der Gegner der Philanthropie allerdings einige
Bemerkungen fallen über die Arbeit, als Gegengift und Prä-
ventive der Verbrechen, die man billigen kann. Allein welche
Sophistik! Sind die Verbrechen nicht da? Sollten sie aufhören, unsere Theilnahme zu verdienen, weil wir früher ver-
säumt haben, ihnen durch Verhütung der Armuth und des
moralischen Elends zuvorzukommen? Die Apologie des
Christenthums ist schön; aber, was soll sie hier? Wenn die
Philanthropie nicht zunächst aus dem Christenthum hervorging, hat sie darum weniger lautere, gefühlvolle und edle
Quellen? Unser verkappter Jesuit behauptet dies. Er sagt:
„Es war eine große und göttliche Weise des Christenthums,
die Menschen gehen zu lehren und nach dem Fall wieder auf-
zurichten. Wie viele wären nicht gefallen, wenn man sie
aufrecht gehalten hätte! Wenigstens hatte das Christenthum,
wandte es sich an einen Schuldigen, die Fassung desjenigen,
der ein Recht hat, sich zu beklagen, und der um so großmü-
thiger ist, wenn er Verzeihung gewährt. Es gab dem Schuldigen, den Hunger des Leibes und der Seele zu stillen; es
nahm ihn in Schutz gegen seine Feinde; es sicherte ihn vor
Hitze und Kälte; es gab ihm Alles, was man in seiner Lage
bedarf, um zufrieden zu leben und beruhigt zu sterben, und
forderte als Ersatz für alle diese Sorgfalt nur Arbeit, die
Lebensbedingung aller Wesen, die Gott nicht nur den Menschen, sondern auch den Sachen auferlegt hat und die keine

Creatur mit Ausnahme des Menschen von der Ameise, die auf dem Rücken eines Halmes geht, bis zum Planeten, der seine Bahn durchwandelt, je Gott verweigert hat. Das Christenthum konnte so den Schuldigen offen in's Auge blicken und ihnen befehlen, sich auf die Brust zu schlagen. Was aber haben wir, die philosophische und philanthropische Societät, zur Verbesserung derjenigen gethan, die uns ihre Verbrechen zum Vorwurf machen?"

„Es giebt wenig Strafbare unter denen, welche wir verurtheilen, die uns nicht ihrerseits auch verurtheilen, ja nach unsern eigenen Grundsätzen verdammen könnten. Eure Gesellschaft ist, so könnten sie uns einwenden, ungerecht und barbarisch gegen uns. Sie beklagt sich über unsere bösen Vergnügungen, thut aber nichts, um uns bessere zu geben. Sie hat für uns weder Schulen, noch Bauplätze, weder Schulen zur Bereicherung unseres Herzens, noch Bauplätze zur Beschäftigung unserer Hände. Sie läßt uns wie Thiere zusammenjagen, wenn wir nicht arbeiten, und veranstaltet kein dauerndes Unternehmen, wo wir Arbeit fordern könnten. Sie schreibt uns unerreichbare Tugenden vor, während sie uns ohne die Mittel läßt, zu ihnen zu gelangen. Wenn zuweilen der Winter gar zu streng ist, wenn der Arme weder Brot noch Kleid hat, verschafft uns die Regierung Arbeit; aber die Arbeit hört mit dem Winter auf; der Hunger jedoch überbauert alle Jahreszeiten. Zuweilen erhalten wir auch Geschenke, aber alles das ist zufällig und nicht hinreichend. Unsere Bedürfnisse bleiben, unsere Hülfe ist vorübergehend; wir fallen größtentheils durch unsere Schuld; aber Ihr tragt einen Theil davon. Strafet uns, aber früher helft uns; je mehr Ihr uns beistehen werdet, um so weniger werdet Ihr uns strafen müssen. Die jetzige Gesellschaft hat auf diese Weise den Sträflingen gegenüber nicht die moralische Position des Christenthums. Sie thut weniger für sie und, sonderbar genug, mehr gegen sie; sie ist ihnen zu gleicher Zeit ein weit nachlässigerer Vater und weit strengerer Richter; sie erleichtert ihnen nicht ihre guten Handlungen und straft sie weit härter für ihre schlechten; sie legt ihnen mehr Pflichten auf und bewilligt ihnen weniger

Rechte. Demnach hätten die Philanthropen alle christlichen Institutionen, nicht nur einen Theil derselben, copiren sollen. Beide, das Christenthum und die Philanthropen wollten einen Fluß austrocknen; die Philanthropen versuchten es mit Eimern, das Christenthum aber suchte die Mündung zu verstopfen. Das Christenthum erfreute sich eines Erfolges; werden die Philanthropen dasselbe von sich sagen können?"

Ich weiß es nicht; aber sagen sollte ihnen auch der versteckte Jesuit, wo denn das Christenthum die schöne Arbeit, von der er immer spricht, hergenommen hat? Das Christenthum schuf doch die Bauplätze nicht, sondern ermunterte nur, hinzugehen und Hand anzulegen und sein Brot im Schweiß des Angesichtes zu essen. Bestärkt etwa die Philanthropie den Müßiggang? Sie wäre froh, wenn die Nationalökonomen ihr das Geschäft, Räuber und Mörder zu bessern, erleichterten und durch die Gelegenheit, gute Verdienste zu haben, Räuber und Mörder, wie unser Jesuit*) für möglich hält, nicht entstehen ließen. Wenn es nicht so viel hochweise Neuerungen gäbe, die da glauben, die Philanthropie und den Liberalismus lächerlich machen zu können, weil sie mehr Geist, als diese Tendenzen, die manchmal nur Gefühl haben, besitzen; so könnten die Entwicklungen des französischen Doctrinairs hier aufhören. Doch fahren wir fort. Man höre folgende Sophismen: „Sonderbar und auffallend an dieser Manie unserer Zeit bleibt es, daß ernste Männer, wie Elie de Beaumont und Herr von Tocqueville, welche sich zu diesem Behufe nach ren Vereinigten Staaten begaben und ein Buch darüber schrieben, denen es also nicht an Zeit fehlte, um nachzudenken, Euch, um Euer Mitleiden zu erwecken, mit einer rührenden Naivetät sagen können, daß man mit sehr geringen Kosten, mit fast gar keinen, mit 593 Franken eine Zelle zur Beherbergung und Verbesserung eines Diebes bauen könnte. Warum hat keiner diesen Herren geantwortet, daß man mit einem Capital von 593 Franken, wenn man's gut anwendet, leicht vier Menschen von der Nothwendigkeit, Diebe

*) Charakteristisch ist die schon 1837 hervortretende Koketterie mit dem Communismus.

zu werben, abhalten könnte; daß wenn man nur die halbe
Mühe und das halbe Geld, das man auf die Organisation
der Gefängnisse verwendet, auf die Beschäftigung ehrlicher
Handwerker verwenden würde, nur wenigstens fünfzehn Straf=
bare auf zwanzig fallen würden; daß sich, wenn man die Suppe
von fünfzehn Millionen armer Bauern, die aber keine haben,
untersuchen ließe, weit weniger Muthlosigkeit, weniger Elend,
weniger Candidaten des Assisenhofes vorfinden würden;
daß wenn man statt einer Gesellschaft, um den Gefangenen
Recht zu verschaffen, eine zur Unterstützung der Mütter er=
richten würde, die ihre Töchter verkaufen, zur Beihülfe der
Väter, welche zum ersten Diebstahl ihrer Söhne die Augen
zudrücken, die Hälfte der Gefängnisse und die Hälfte der
Freudenhäuser in zehn Jahren zu vermiethen sein würden;
daß wenn man, anstatt aus schönen Steinen Thürme zu
bauen, um Schuldige königlich zu behausen, anstatt über alle
Maßen dafür zu sorgen, daß sie im Winter nicht frieren, im
Sommer nicht schwitzen, daß sie sich immer behaglich fühlen;
daß wenn man anstatt des lächerlichen Luxus von Inspec=
toren, die doch nichts inspiciren, die ungeheuren Summen,
welche die jährlichen Ausgaben erfordern, zur unentgeltlichen
und regelmäßigen Erziehung der Kinder der ärmeren Classe
verbrauchte, um sie früh zur Arbeit anzuhalten, um die in=
dustriellen Beschäftigungen in Corporationen auf gemein=
schaftlichen Gewinn, mit gemeinschaftlicher Casse, Verfassung,
Polizei und Zukunft, auf diese Weise die Arbeit zu ordnen,
eine gute Verwaltung über die Löhnung zu begründen, um
Sparcassen mit mäßigen Beiträgen einzurichten, um jedem
Arbeiter eine verhältnißmäßige Ersparniß zu erhalten, die
Strafreform weit besser und weit nachhaltiger verhandelt wer=
den würde, und warum? Weil sie gar nicht vorkommen
würde."

„In der That, man muß sehr kurzsichtig sein, wenn man
nicht einsieht, daß die Verbesserung der Strafanstalten eine
beinahe unfruchtbare Arbeit ist, von welcher man sich keine
erfreulichen Resultate versprechen darf; denn wir werden keine
guten Strafsysteme erhalten, wenn man nur die bereits straf=
baren Individuen verbessern will. Die neuen Strafsysteme

22*

beschäftigen sich mit den Gefängnissen, wo die Verbrechen ge= büßt werden, anstatt mit der Gesellschaft, wo sie begangen werden; die neuen Strafsysteme wollen nur die Wirkungen des Verbrechens aufheben, statt ihre Ursachen zu vernichten."

„Ihr glaubt, der Gesellschaft, da ihr sie nicht von neuen Verbrechen, die tagtäglich wiederkommen, befreien könnt, we= nigstens dadurch einen großen Dienst zu erweisen, daß Ihr es verhindert, daß die alten Verbrecher mit ihren frühern Leidenschaften zu ihr zurückkehren. Das würde ohne allen Zweifel ein großes Verdienst sein, wenn auch nicht so groß, als Ihr es glaubt, wenn es nur in Eurer Macht stände, dieses Wunder zu erwirken. Werden Eure Verbrecher, nachdem sie, gereinigt vom Schmutz, voll abstracter Lehren in den vier Kerkerwänden, auch, wenn sie dieselben verlassen und wieder in die Gesellschaft eintreten, nicht wieder zurückfallen, werden sie sich nicht von den frühern Ursachen bestimmen lassen? Sie sind heute, wendet Ihr ein, besser als früher; ohne Zweifel; aber sie waren weit besser, bevor sie zu Verbrechern wurden, und Ihr glaubt, daß eine wiederhergestellte Tugend länger als eine angeborne vorhalten wird? Die Sträflinge, welche man in den Gefängnissen verbessert, sind wie Kranke, die Ihr aus einer ungesunden Stadt schafft, aber nach hergestell= ter Gesundheit wieder dahin zurückbringt. Hebet, wie gesagt, die Ursachen auf, welche die Verbrechen herbeiführen; so lange jene bestehen, werden neue Strafverbesserungen fruchtlos bleiben."

„Die Liebe, man kann sagen, die Leidenschaft für Kerker nimmt über alle Vorstellung zu. Und um die Sache nur von materiellem Gesichtspunkte aus zu betrachten, von wo aus der ungebildete Haufe sie ansieht, gewährt es in diesem Augen= blick unter gewissen Verhältnissen mehr Vortheile, ein Dieb, als ein ehrlicher Mann zu sein. Mehr als zehn Millionen Landleute und Kranke in Frankreich wünschten so logirt, so gekleidet, so gepflegt zu sein, wie Mörder und Falschmünzer. Schon sehen wir arme ehrliche Leute Verbrechen begehen, nur um in den Kerker gebracht zu werden. Das Verbrechen ent= ehrt allerdings, aber es ernährt sie. Unter der Restauration hatten wir schon eigene philosophische und philanthropische Ge=

sellschaften, welche von Kerker zu Kerker die Beschwerden sammelten; jetzt haben wir schon weit mehr, wir haben Inspectoren, die das Land bereisen, um die Suppen der Gefangenen zu kosten und zu sehen, ob ihre Kleider in gutem Stande, ihre Wohnung bequem sei."

"Wahrlich, unsere Philanthropen erfassen unsere gesellschaftlichen Fragen an der verkehrten Seite. Die Unordnung hat für sie mehr Interesse, als die Ordnung, und das Gefängniß steht ihnen höher, als die Werkstatt. Es sind Männer, die es mit philosophischer Miene mit ansehen, wenn Eure Glieder zerschmettert werden, um des Vergnügens willen, sie wieder in Ordnung zu bringen. Sie werden anstehen, wenn sie sechs Franken zu einem industriellen Unternehmen, das Euch beschäftigen und ernähren kann, beitragen soll, aber sich auf der Stelle bereit finden, 593 Franken für einen Bau zu bezahlen, worin ein Verbrecher gefüttert wird. Das sind die Philanthropen!"

"Bei alledem haben sie die öffentliche Meinung für sich, die Akademieen bekränzen sie. Thoren, die wir sind, die wir immer einen Zeitvertreib, ein Spiel haben müssen! Während der Restauration waren es die Griechen; die Subscription für dieselben würde mehr als tausend Dörfer Frankreichs, die vor Hunger schmachteten, beschäftigt haben. Seit der Revolution von 1830 waren es die Polen, wir nahmen den innigsten Antheil an Litthauen und kümmerten uns nicht um die Bretagne, die Auvergne, die Landes, die weit mehr zu beklagen sind und uns weit mehr angehen. Nach den Polen waren es die Sklaven; jetzt sind es die Diebe. Wann endlich kommen die Handwerker und Armen an die Reihe! Sicher, es ist an der Zeit."

Bis hierher der Sophist, der sich hier mit manchem treffenden Worte den Schein des Liberalismus giebt, aber bald vom französischen Ministerium auserkoren wurde, eine conservative Zeitung herauszugeben, den Globe. Kürzlich schoß er den Géranten der Presse wegen der bekannten Lola Montez im Duell todt. Mit solchen Trugschlüssen verschüttet man das Kind mit dem Bade. Die indifferente Menge lacht über die bialektischen Fußangeln, in welchen sich die Humanität

verfängt über den Witz und den Geist, welchen man dieser
Schule nicht absprechen kann, die sich um so mehr ausdehnt,
als wir die Philanthropie und den Liberalismus nicht immer
von den ausgezeichnetsten Geistesgaben unterstützt sehen. Die
Tugend steht ohne Schutz da und hat von je unter der Frivolität des lasterhaften Esprit leiden müssen. Diese Consequenzen und Winkelzüge, von denen wir hier eben ein Beispiel geliefert haben, sind die rechte Frivolität unseres Jahrhunderts, so verschieden von der des vergangenen. Jene altfränkische Frivolität riß ein und zerstörte nur durch ihren
Witz. Das moderne giebt sich den Schein, aufzubauen, den
Schein des Dogmas ohne den Glauben daran, den Schein
der historischen Begründung des Kampfes gegen die nüchterne
Aufklärung ohne Rath, Willen, Meinung, ohne eine den positiven Verhältnissen, in welchen wir leben, irgend wie zu-
gebrachte factische Hülfe. In der Doctrine liegt die Frivolität; frivol ist Alles, was zu nichtigen Zwecken und zu Täuschungen einen Aufwand geistiger Kräfte verbraucht; frivol ist
der Mysticismus, wenn er auf eine nur gemüthliche Behaglichkeit und eine halsstarrige Opposition gegen die Fortschritte
des Jahrhunderts begründet ist; frivol ist das Mittelalter,
das ohne Fug und Grund wieder eingesetzt werden soll;
frivol ist der politische Absolutismus, der sich auf die Theorie
der Legitimität und göttlichen Einsetzung beruft; frivol ist
jede Geistesentwickelung, wenn sie nicht durch die Gesinnung
unserer Zeit und durch das Streben nach wahrhafter Humanität gemildert und weise bestimmt wird.*)

Wer möchte in Abrede stellen, daß es besser wäre, die
Verbrecher entstünden nicht, als daß wir uns nachher die
Mühe geben, sie zu verbessern, zur Reue zu führen, ihre Lage
zu erleichtern und sie der Gesellschaft wiederzugeben? Wer
möchte nicht mit unserm Sophisten wünschen, daß sich das
Arbeitscapital vermehrte und bessere Zinsen trüge für die guten
Sitten? Allein wir werden den Trugschluß bald durch-
schauen, wenn wir uns die Lage der Menschheit vergegenwär-

---

*) Lange vor dem Auftreten Stahl's habe ich in obigen Worten
das Streben seiner Parthei charakterisirt.

tigen, wie diese einmal gegeben ist. Das Streben, die Ge=
sellschaft durch die Hebel der Sitte und Tugend, durch die
Hebel der Religion zu steigern, ist da. Die Schwierigkeit
liegt nur in der Methode, wie man dem Hebel die volle Kraft
und Wirkung, die in ihm liegt, geben soll. Wo soll man ihn
überhaupt ansetzen? Wir sehen ein wildes, wüstes Meer von
Leben und Geschichte vor uns auf= und abwogen; wir sehen
die Tugenden und die Laster, den Geschmack und die Mode,
die Kämpfe der Wahrheit und der Lüge; wir haben eine volle
und gesättigte Anschauung des Ganzen; allein rathen, helfen,
bessern, es ist schwer. Ihr doctrinairen Spötter (denn was
ist Eure Rede anders als Spott!), Ihr sagt: dem Christenthum
seine Geltung! Kommt den Verbrechen durch Belebung der
Nationalwohlfahrt zuvor; setzt die Ehrfurcht vor dem Alter
der Menschen und der Institutionen wieder ein! Diese Vor=
schriften sind leicht gegeben. Man führt auch das Christenthum
so ein, man belebt auch so die Nationalwohlfahrt, man giebt
so dem Alter die Ehrfurcht wieder! Dies Organisiren
der Gesellschaft, dies Beschwören der Natur und der sich
selbst entwickelnden Potenzen der Geschichte — da stelle
man Windfahnen hin; der Wind wird sich darnach richten
und so wehen, wie es die Fahne haben will! Wahrlich, es
ist nichts leichter, als der Spott auf vergebliches Mühen äußerer
und unorganischer Hülfsmittel, um auf diesen oder jenen mo=
ralischen Zustand einzuwirken; allein sofort das ganze Welt=
meer anbieten, wo nur ein Kanal nöthig ist, um verfaultem
Gewässer Luft zu machen; die Sterne und die Sonne vom
Firmament nehmen, um den von der gutmüthigen Philan=
thropie mit einer Laterne gemachten Versuch irgend einer Auf=
klärung lächerlich zu finden; das macht zwar im Munde guter
Stylisten Effect, hat aber keinen Werth und führt die Men=
schen nur dahin, daß sie nichts thun und Alles auf die breiten
Schultern der Zeit werfen. So ist auch leicht gesagt: Wollt
Ihr die Verbrecher bessern, so nehmt die Ursachen, die sie dazu
machten, hinweg! Die Hauptsache ist nur die: Wie kommen
wir dem ungeheuern gesellschaftlichen Körper bei? Dürfen
wir in die Masse hineingreifen und sagen: Hier wird etwas
umschlagen, da wird etwas zum Verbrechen werden?! Wie

follen wir die Reformation aus dem Ganzen und Großen beginnen und ganzen Richtungen des Zeitgeistes einen neuen Charakter geben? Letzteres ist unmöglich. Es bleibt eine Aufgabe, für welche Menschen keine Lösung haben. Was können wir thun? Wir können diejenigen Erscheinungen nur hervorgreifen, die ihre bestimmte fertige Physiognomie zeigen. Wir ahnen eine Verirrung der Begriffe und der Leidenschaften, die kein gutes Ende nehmen kann; allein helfen, rathen dürfen wir erst in dem Augenblick, wo der Bruch mit der moralischen Ordnung zu Tage liegt. Wir nehmen von der Gesellschaft, was sich absondern läßt und sich selbst absondert, und behandeln es nach Grundsätzen der Humanität. Die Jugend läßt sich trennen von der Gesellschaft, sie läßt sich für das Edle und Schöne bilden. Das Weib läßt sich trennen; seine Bildung wird die Sitten mildern und die Rechte des Gemüthes aufrecht erhalten. Das religiöse Bedürfniß läßt sich trennen; denn gerade dies strebt nach Isolirung; die Geistlichkeit möge nur versuchen, es besser zu befriedigen, als sie seit lange versteht. Die Kranken, die am Körper Leidenden können wir absondern, ihre Schmerzen lindern, die Gelegenheit wahrnehmend auch ihre Herzen mildern; endlich können wir nur noch den Bodensatz der Gesellschaft von ihren eigenen trüben Gährungen sondern, das offenbare, eingestandene, überführte und der Strafe überlieferte Verbrechen. Wir wissen, daß unsere philanthropischen Bemühungen zur Verbesserung der Gefängnisse und ihrer Bewohner, zur Rettung ihrer Angehörigen und wenigstens zum Schutze der Verbrecher vor gänzlicher Verwilderung, nur die Heilungsanwendung auf ein Symptom der Krankheiten des gesellschaftlichen Körpers ist; allein, sagt uns den Sitz des Uebels; nennt uns, wenn Ihr ihn zeigen könnt, die Mittel, ihm beizukommen; nennt uns die Mittel, um in mechanischen Zeiten organische Versuche mit den Menschen anzustellen! Utopien liegt bei denen, welche darüber lachen, daß wir kaum ein Viertel der Erfolge erringen, nach denen wir uns sehnen; lachen, daß wir einen Sumpf durch frisches Wasser, das wir hineintragen, wenigstens etwas zu reinigen vermögen wollen. Traurig genug, daß die Gesellschaft erst dann den Reformen zugänglich ist, wenn schon ihre Mitglieder den Gesetzen verfallen sind.

Man muß es England nachsagen, daß es unfähig ist, aus seinem Schooße Sophismen, wie die hier widerlegten, zu gebären. Nur Länder, die nie wahre Freiheit genossen haben, Frankreich und Deutschland, scheinen bestimmt zu sein, solche Grillen zu fangen, die nur aus stickiger Luft entstehen oder aus einem unverantwortlichen Hange zum Servilismus. In der Nacht den Mond zu haben und diesen anzubellen, daß es nicht die Sonne sei; sein Besitzthum gering zu schätzen gegen das, was man erwerben könnte; die Pforte der Wahrheit offen zu sehen, zuzuwerfen und über die Mauer zu steigen; dessen können nur Nationen fähig sein, die sich nicht im Vollgenuß ihrer Kraft befinden, die ihre Mittel nicht an die rechte Stelle zu legen wissen, sie aufsparen und dann leichtsinnig vergeuden; Nationen, die sich ihren Mangel an Muth und an Aufrichtigkeit als Tugend auslegen. Da wo die Freiheit der Discussion in unnatürliche Fesseln gelegt ist; überall, wo es keinen gesunden Abzug für den Dampf der Köpfe giebt, keine Ventile unbestrittener Institutionen möchte man fast sagen (wie in Deutschland), da werden sich die thatlosen Kräfte im Uebermaß sammeln, mit sich selbst in Widerspruch gerathen und einen Kampf beginnen, wo von den Begriffen Vater, Mutter und Söhne sich wechselseitig zerfleischen. Hat eine solche Nation noch Phantasie, wie in Deutschland, oder Esprit, wie in Frankreich, so wird man die Sophismen in den verlockendsten Gewändern auftreten sehen; sie werden sich den Schein eines Systems geben, während sie doch nur aus dem Chaos der Gesinnungslosigkeit geboren wurden. In England beschäftigt die Sorge für die Gefangenen zahllose Menschenfreunde. Howard's Geist vererbte sich. Neild wirkte durch die That, Burton durch Rede und Schrift für die Frage, ob Gefängnisse ein Ort der Verhärtung und der gänzlichen Verwilderung der Verbrecher oder einer möglichen Besserung werden sollten. Das Beispiel dieser Männer fand Nachahmung auf dem Continente, ob man sich gleich noch nicht für ein bestimmtes Bausystem der Gefängnißhäuser hat vereinigen können und noch immer zwischen den zwei nordamerikanischen Systemen, der Einigung und der Absonderung der Verbrecher, ungewiß geblieben ist. Die Aufhebung der Galeerenkette in Frankreich ist eine Wegnahme öffentlichen Aergernisses. Der Galeerensklave, der die Blicke der Welt aushalten will, muß frech bleiben. Setzt man ihn diesen Blicken der Welt nicht mehr aus, wird es ihm leichter werden, in sein Inneres einzukehren.

Das Gift, das Europa absetzte, hat man nach Australien verpflanzt. Es nach Amerika zu verpflanzen, in Gemeinwesen, wo sich selbst schon Wunden offenbarten, das mußte die Wunde gefährlicher und die Verbrecher unverbesserlich machen. Der gesunden Haut der Südseeinseln schadete die Ansteckung schon weniger. Das Bild an sich ist schreckhaft, wie in den Verbrechercolonieen der Wechselverfälscher dem Mörder, der Falschmünzer dem Diebe begegnet; wie Verbrechen das Band sind, das eine solche Gesellschaft umschließt. Einer sieht auf des Andern Stirn das Kainszeichen der Schande. Die Kinder kennen die Schuld ihrer Väter, die Mütter sind schuldig, wie die Gatten. Und doch — Rom soll auf diese Art entstanden sein, und in der sichtlichen Blüthe dieser Colonieen, in ihrem gewerblichen und sogar sittlichen Aufschwunge liegt ein Trost für die Menschheit. Die Narben der Brandmarkung bleichen aus; die blassen Wangen, die hohlen Augen fangen wieder ein edleres Feuer; die Gemüther erwärmen sich und rücken an einander, die Vergangenheit ist vergessen und vergeben. Das Gewissen ist durch den redlichen Willen, sich zu bessern und durch die harte Arbeit, die überstanden werden mußte, gesühnt. Könnte man alle moralische Verworfenheit Europas in einen neuen Erdtheil verbannen; wer weiß, ob er uns nicht bald überragen würde? Der Gedanke ist schauerlich; aber in seinem Hintergrunde liegt eine schöne Fernsicht in die menschliche Natur, eine Fernsicht in die Ewigkeit des ihr von Gott eingeprägten Adels. Die Sittlichkeit würde immer größer werden und mächtiger, als die Lust am Verbrechen. Wollte man zwölf Dieben, die auf eine entlegene Insel versetzt würden, die Freiheit überlassen, sich ein Gesetzbuch und einen Staat zu schaffen; würden sie zum Hauptprincip desselben den Diebstahl machen? Gewiß nicht. Diese

Thatsache sollte uns allein schon ermuntern, Sorgfalt auf jene Unglücklichen zu verwenden, welche sich durch Verbrechen um Ehre und Freiheit brachten.

Es giebt nun freilich eine andere Gedankenreihe, wo England wieder Ursache hat, in den Hintergrund zu treten. Dies ist theils die drakonische Strenge seiner Criminalgesetzgebung, theils der in ihr herrschende Buchstabengeist. In England hat man die Gesetze theils furchtbar machen wollen, theils sie durch den Buchstabengeist derselben von menschlichen Erklärungen und Ausbeutungen befreien. Sie sollten sich den individuellen Anschauungen der Richter nicht anschmiegen, sie sollten, frei von aller Elasticität, eine starre, unbeugsame Nothwendigkeit darstellen. Was hier auf der einen Seite gewonnen wurde, ging auf der andern verloren. Die englische Justizpflege, wenn diese vorgiebt, über manche Verbrechen kein Urtheil fällen zu können, weil kein Gesetz dafür vorhanden sei, artet in Unsinn und gefährliche Spielerei aus. Auf der einen Seite der fast barocke Buchstabengeist dieser Vorschriften und auf der andern ihre unerbittliche Strenge, ihr außerordentlich gesteigertes Strafmaß. — Wer möchte da noch glauben, daß die Ausgleichung der Strafe und der Verbrechen etwas Naturgemäßes ist, eine Nachbildung der göttlichen Gerechtigkeit, eine organische Nothwendigkeit? Wer möchte diese Gesetze nicht für eine eigensinnige Tyrannei halten, für die Laune eines Despoten, der statt die Menschen durch Humanität zu mildern, sie gerade durch seine strengen und grausamen Capricen, wenn nicht verwildern lassen, doch verwirren und den Sinn für ausgleichende Gerechtigkeit verlieren lassen wollte. Glücklicherweise sind hier die Geschwornen, so viel Mängel dies Institut hat, ein Ausgleichungsmittel der Natur mit der Unnatur, der Freiheit mit der Nothwendigkeit. Da dieselben aus dem freien, unbestochenen Volksgeiste hervorgehen, so stellen sie das Gleichgewicht zwischen dem schöpferischen Geist der Thatsachen und dem starren Buchstaben der Gesetze her. Sie müssen die Gegenwart schützen vor dem consequenten Anwenden einer Gesetzgebung, die ein Conglomerat der Ueberreste vergangener Jahrhunderte ist, die von keinem durchgreifenden einigen Principe belebt wird und eben darin die größte

Unerträglichkeit enthält, daß sie in ihren Launen nicht einmal consequent ist, z. B. grausam ganz durch Zufall, grausam ohne alles Princip.

Oft habe ich darüber nachgedacht, ob es nicht eine weise Einrichtung jenes Geistes ist, der in unsern Schicksalen waltet und Völkern und Ländern das Maß ihrer Besitzthümer und Entbehrungen zumißt, daß gerade England, das einzige Land, wo in Europa wahre politische Freiheit herrscht, im Besitz einer Gesetzgebung sein muß, die hinter den Fortschritten, die seit Jahrhunderten der menschliche Geist gemacht hat, weit zu= rück ist. Sollen Wohlthaten und Mängel sich die Wage halten? Soll England in dem Einen zeigen, was Europa zu erstreben, und in dem Andern, was es zu vermeiden hat? Indessen würde sich eine solche „göttliche" Veranstaltung auf histori= schem Wege bald erklären lassen. Dieselben Umstände, welche in England der Entwickelung der bürgerlichen Freiheit so günstig waren, hinderten die Ausbildung und die Einführung allgemein menschlicher Principien in Civil= und Criminal= gesetzgebung. Die Freiheit Englands ist eine factische, histo= rische. Volk, König, Parlament (sagt ein bekannter Ausspruch) haben ihre Rechte, Privilegien, Uebergewichte, ohne daß es da= für Grenzen gäbe. Die Freiheit Englands entwickelte sich aus den Widerwärtigkeiten und Schicksalsstürmen der engli= schen Geschichte. Sie war zum großen Theil Recht des Stär= kern, die schleunige Benutzung der günstigen Umstände, meist des Dynastieenwechsels, weit mehr die Folge des Handels und der Religionsverbesserung (Kirchenverbesserung kann man leider nicht sagen), als der Sieg allgemein rechtlicher Prin= cipien und humaner Uebereinkunft. Ja es ist fast, als wenn die Gewaltthätigkeit, die im englischen Charakter liegt, einen Abfluß finden mußte. Verlor sich diese aus den politischen Beziehungen, so mußte sie sich dort erhalten und sogar häufen, wo die Freiheit durch Verbrechen verscherzt war. Nicht, daß die Strenge der Criminalgesetze mit Absicht erhöht wurde, daß sich die Todtenrichter in weißen Mänteln hinsetzten und an jedes Verbrechen ein Blutzeichen malten, sondern die alte Barbarei erhielt sich nur auf diesem Gebiete. Wer sich um sein Recht als Bürger bringt, so dachten die Alten, was haben

wir bei dem noch nöthig, wenigstens das Menschliche zu be=
denken? Man verneinte diese Frage und so blieb mitten in
den Fortschritten unsers geistigen, gesellschaftlichen und poli=
tischen Lebens eine barbarische Gesetzgebung in England zu=
rück, die alle gewaltthätigen Spuren der früheren englischen
Geschichte trägt, die der treueste Ausdruck des dem englischen
Charakter eingepflanzten wilden Geistes ist und gleichsam eine
dauernde Rache zu sein scheint für die viele blutige Unbill,
welche die Edlen und Guten vom Uebermuth der Aristokratie
und der Grausamkeit der frühern erblichen Monarchie in Eng=
land zu dulden hatte.

Den englischen Rechtsgelehrten liegen die Mängel der
Proceßordnung, die Rechtlosigkeiten im Rechte, die Verstöße
gegen die Humanität in der Criminalgesetzgebung offen vor
Augen. Allein die Geneigtheit zu Verbesserungen wird ge=
lähmt, einmal durch den Umstand, daß in England das
Recht nicht als Wissenschaft, sondern als Handwerk erlernt
wird. Gäbe es in England nicht blos Advocatenschulen, son=
dern an den Universitäten auch Katheder, wo von der Praxis
unabhängig die wissenschaftlichen Folgerungen einer reinen
Rechtstheorie entwickelt würden, so würde der Corporations=
geist bald gesprengt sein und in den Köpfen der Rechtsgelehr=
ten eine größere Neigung zur Reform vorherrschen, als sie bis=
her anzutreffen war. Man hat in Englands juristischer Er=
ziehung keinen Mittelstand zwischen dem Naturrecht und der
Usance; für Rechtsgeschichte fehlt die Anleitung, für fremde
Rechtserkenntniß Selbstverleugnung und gelehrtes Vorstudium.
Das zweite Hinderniß ist der Egoismus, der pecuniäre Vor=
theil. Englands verworrene Gesetzgebung ist ewigen Pro=
cessen ungemein günstig. Der Scharfsinn eines Advocaten
kann die Entscheidung einer Eigenthumsfrage so lange auf=
halten, bis diese verjährt ist. Lord Brougham hat in seiner
berühmten Fünf=Stunden=Rede diesen Knäul rechtloser Ge=
rechtigkeitspflege in Civilsachen zu entwirren gesucht; er hat
dem Parlament eine Ansicht der verjährten Mißbräuche ge=
geben, so daß sich die Gesetzgeber entschlossen, ein Comité
(will freilich nicht viel sagen) zur Untersuchung derselben nie=
derzusetzen. Als Brougham später an die Spitze der Lord=

kanzlei kam, bewährte er seinen Eifer für die Gesetzreform durch großartige Entsagungen auf Kosten seines Beutels. Allein was kann gebessert werden? Hie und da eine Proce= dur, hie und da eine veraltete Verfügung. Es steht zu hoffen, daß England die Pause, wo es sich einmal vom Partheien= kampf erholt, wo es diejenigen Hindernisse, welche die freie Entwickelung seines Totallebens aufhalten, beseitigt haben wird, Ruhe und Besonnenheit genug erlangt, um sich einen Civil= und Criminalrechtszustand aus einem Stück zu schaffen. Alles, was Romilly, Macintosh, Peel, Brougham und neuerdings Lord John Russel geleistet haben, ist als dankenswerth anzuerkennen; doch sind es nur schwache Verstopfungen einer Sündfluth, für deren Ueberhand= nehmen bei Zeiten ein neues, geräumiges und vollkommenes Bett wird gegraben werden müssen.

Wären in England nicht gerade die Mißbräuche die begleitenden Nebenumstände glücklicher Verhält= nisse, wären nicht die Fesseln der Barbarei beinahe eine Schadloshaltung für die politische und natürliche Freiheit, deren die Engländer genießen, so möchte man das übrige Europa glücklich preisen seiner consequenten und größtentheils vernunftgemäßen Gesetzgebungen wegen. Es ist leicht sagen, daß der Code Napoleon eine moderne Erfindung ist und gegen die alten Coutümes absticht, wie der Frack gegen einen Ritterharnisch. Allein einestheils sind wir nicht mehr bestimmt, in Harnischen aufzutreten; anderntheils ist gerade die franzö= sische eine Nation, welche mit bewunderungswürdiger Leichtig= keit Abstractionen in ihr inneres organisches Leben aufzuneh= men versteht. So wie der Franzose eher von der Form der Gedanken geblendet wird, als von den Gedanken selbst, so wie er im Stande ist, um einer schönen Phrase willen in den Tod zu gehen, so lebt er sich auch mit Leichtigkeit in geschrie= bene Vorschriften ein und faßt im Neuesten, wenn der Zu= schnitt seiner Phantasie zusagt, bald organische Wurzeln. Wenn wir auch in Frankreich noch nicht alle juristischen Verhältnisse consolidirt sehen, so liegt dies größtentheils an den Ein= mischungen der Tagesdebatten in das Gerichtsverfahren, an dem Despotismus der am Ruder befindlichen Partheien und namentlich an der Furcht, die Gerechtigkeitspflege möchte dem Volk eine gesetzliche Auflehnung gegen die Interessen der Dynastieen möglich machen. Die Jury soll als Institution ihre Fehler haben. Rechtsgelehrte behaupten dies und ohne Gehässigkeit. Allein die Mehrzahl der in Betreff derselben gemachten Vorschläge kommt auf die Furcht vor dem in dieser Institution liegenden demokratischen Geiste zurück. Die doctrinäre Parthei wühlt nach allen Seiten hin Minen, um die juristische Freiheit des französischen Volks wenigstens theilweise in die Luft zu sprengen. Wir haben schon oft ihre Angriffe auf das Institut der Geschwornen verfolgen können. Dupin aber und die reine Advocatenparthei mit ihrer Erklärung: Alle Staaten eilten in dem Augenblick ihrem Sturze entgegen, wo sie am Justizwesen zu rücken und zu mäkeln anfingen, setzt die Gewalthaber in Schrecken und hält vielleicht die Angriffe auf das französische Recht für lange Zeiten auf.

Der größte Theil des übrigen Europa hat den Gewinn deutlicher, logischer, allgemein zugänglicher Gesetzbücher durch den Verlust der Jury erkaufen müssen. Das öffentliche Verfahren, die Seele aller juristischen Körper (corpora Juris), mußte zugleich mit dem Princip der ständischen Vertretung weichen. Die Völker, von denen wir freilich zugeben wollen, daß sie im siebzehnten und achtzehnten Jahrhundert hie und da kindisch geworden waren, mußten aufhören sich selbst zu regieren und wurden regiert. Die großen, durchgreifenden Wohlthaten der unbeschränkten Monarchie wird niemand aus dem Auge verlieren, der da weiß, daß sich in der Geschichte keine Erscheinung ohne Zweck und zurückgelassenen Gewinn dauernd befestigen kann. Beklagenswerth war nur der Anschein, als wenn sich die unbeschränkte Monarchie und in ihrem Gefolge die Cabinetsjustiz, der geschriebene Proceßgang und das Verfahren bei geschlossenen Thüren auf ewige Zeiten erhalten sollen. Die Völker können sich die Kraft zutrauen, sich selbst zu lenken und Recht zu sprechen. Sie wollen das Königthum in seinen Lasten erleichtern. Warum ihnen nicht die Oeffentlichkeit und die Geschwornen lassen, die doch mehr als fünfzig Millionen Menschen in Europa und Amerika schon als das Bollwerk ihrer Freiheit, als Unterpfand ihrer Fortschritte ansehen? Wohin die Uebung der Gerechtigkeit nur durch Juristen, wohin das Nivellement der Cabinetsregierungen führt, soll ein Beispiel erläutern.

Es war ein Vorrecht in der germanischen Feudalverfassung, daß der Gutsherr auf seinem Territorium für Recht und Gerechtigkeit sorgen durfte. Die sogenannte Patrimonial=gerichtsbarkeit, in ihrem Principe, hat nur Sinn, wenn sie mit dem Geschworneninstitute verbunden ist. Der Standes=herr ordne und schütze das gerichtliche Verfahren, er leite das=selbe ein, er berufe die Richter, er gebe den Partheien rechts=kundige Vertheidiger, er führe später den Spruch der Jury in Vollzug! Dies ist die Grundidee der Patrimonialgerichts=barkeit, einer Feudaleinrichtung. Mit der Ueberhandnahme des römischen Rechtes verlor sich jedoch im Volke alles Rechts=bewußtsein. Es konnte, da die Advocaten eine andere Bil=dung hatten, als eine der seinigen angemessene, nicht mehr zu Gericht sitzen; die Justiz wurde in allen Beziehungen Bildungs=, Standesvorrecht; die Beisitzer und Schöffen aus dem Volke blieben aus. So nur kann man die spätere Gestaltung der Patrimonialgerichtsbarkeit darstellen. Sie war ein feudaler Ueberrest mit moderner Färbung. Später jedoch, als Lud=wig XIV. gesagt hatte: der Staat bin ich! und ihm alle Souveraine im Echo nachriefen: der Staat sind wir! reagirte die Cabinetspolitik auch gegen das Vorrecht des Abels, auf seinem Grundgebiete Gerechtigkeit zu üben. Die Sou=verainetät stützte sich auf die Beamtenhierarchie. Die Admi=nistration sollte von einem einzigen Centrum ausgehen. Der Staat, dessen Princip früher nur die Ausgleichung der ver=schiedenen Eigenthumsinteressen war, sollte hinfort ein theo=retisches Princip in sich aufnehmen; der Staat sollte die Ge=rechtigkeit vorstellen und nebenbei die Macht des Abels brechen. So hob man die Patrimonialgerichtsbarkeit allmälig auf.

Es ist damit viel Gutes, doch auch Nachtheiliges bewirkt. Das Gute war die Aufhebung der Willkür, die größere Geltend=machung des abstracten Rechts. Der Proceßgang wurde weit=läufiger, aber die Richter wurden gerechter. Es trat eine Gewalt zwischen den Bauer und den Gutsherrn; letzterer hörte auf, in seiner eigenen Sache zu richten. Allein, was das Recht gewonnen hat, hat die Moral verloren. Die Patrimonialgerichtsbarkeit, wenn sie mit Milde und Weisheit ausgeübt wurde, war eine Vermittelung zwischen Leidenschaft und Bosheit der Menschen; sie hinderte, daß die Vergehen sofort als Verbrechen angesehen wurden und daß die meisten auf dem Lande üblichen Frevel nicht gleich mit dem Zucht=hause, das den fernern Sitten der Gefangenen so gefährlich ist, bestraft wurden. Forstfrevel ist kein absolutes Verbrechen; fremdes Wild zu schießen, verstößt zwar gegen die Gesetze, aber nicht gegen die Natur. Die Römer, die immer auf das Naturrecht zurückgekommen sind, gaben die Thiere des Waldes und der Luft Jedem frei, der sie erreichen konnte. So sollte auch der Wildbieb, weil keine absolute moralische Verworfen=heit zu seinem Verbrechen nöthig gewesen, nicht mit an die Gefangenenkette geschmiedet werden, die durch das Land in's Zuchthaus wandelt. Das Patrimonialgericht würde ihn em=pfindlich strafen, weil er den Vortheil des Gutsherrn beein=trächtigt, aber die sittliche Zukunft und Besserung des Mannes bliebe, wenn derselbe nur im herrschaftlichen Gefängnisse seine Strafzeit überstehen müßte und nicht sogleich in die criminal=statistischen Tabellen des ganzen Staates hineingezogen würde, gesicherter.

Es ist die Barbarei der englischen Gesetzgebung, daß sie das geringste Verbrechen mit dem größten beinahe auf gleiche Stufe stellt. Ein Sacktuch stehlen und eine Uhr stehlen, einen Truthahn und ein Pferd oder eine Summe Geldes, das ist, wenn man in der rohen, ungebildeten menschlichen Natur, die das Verbrechen beging, nachforscht, ein Unterschied. Der Gesellschaft freilich, so ist der Schluß der englischen Ge=setzgeber, kann das gleichgültig sein; sie sieht nur, was sie empfindet; sie straft Alles, was ihr gefährlich und nachtheilig ist. Allein dieser Terrorismus der bloßen politischen und Municipalexistenz der Menschheit ist das Widerspiel der Hu=manität und wird von ihren hochherzigen Bestrebungen be=stritten. Die Strafe soll die Heilung nicht ausschließen, der Büttel nicht den Arzt verdrängen. Es soll untersucht wer=den, aus welchen intellectuellen und moralischen Störungen

das Verbrechen hervorging. Es soll bedacht werden: Haft
du, Unglücklicher, den man auf der That ertappte, wie ich eben
im Plato gelesen? Haft du dich in den Grenzen des Guten
und Schlechten mit klarem Bewußtsein zurechtfinden können?
Wußtest du, wo das Eine aufhört und das Andere anfängt?
Und wie bald wird man sich überzeugen können, daß die
Mehrzahl der Verbrechen nicht aus positivem Laster, sondern
nur aus negativer Tugend, nicht aus einem Ueberfluß an
Bosheit, sondern nur aus einem Mangel an moralischer Kraft
entstand! Was stählt allein die moralische Kraft? Was
hindert uns, die wir im Magistrate sitzen, die wir reden und
schreiben, was hindert uns, daß wir stehlen und morden?
Die Intelligenz in allen Fällen und die moralische Kraft?
Vielleicht auch diese; aber wer vermag sie in sich, wenn er
sich Geständnisse machen sollte, zu trennen von seiner Bil=
dung, seinen Kenntnissen, seiner Lektüre? Und diese Gegen=
mittel fehlen den Verbrechern, fehlen ihnen meist durch unsere
Schuld. Sie dämmern zwischen dem Guten und Bösen ohne
Bewußtsein und schwanken zu ihrem Verderben von Einem
auf's Andere. Ihre Existenz ist physisch, thierisch, roh; sie
sind nur deshalb schlecht, weil sie nicht gut sein lernten.
Soll bei diesen Umständen immer nur administrirt, registrirt
und incarcerirt werden, so schützt man vielleicht die Gesell=
schaft, verdirbt aber die Keime der Menschheit. Das Edle,
das selbst in leidenschaftlichen und von moralischen Bollwerken
nicht vor dem Verbrechen gesicherten Menschen verborgen liegt,
geht im Strudel der Criminalrichtung, die man einem solchen
Menschen giebt, mit dem polizeilichen Mühlsteine, den man
ihm an den Hals hängt, mit in den Abgrund. Der Ver=
brecher ist auf immer für die Gesellschaft verloren. Eine
Strafe, die seinem Fehltritt folgte, kann er nicht anders er=
tragen, als wenn er seine verbrecherische Handlung mit der
Strafe nivellirt und jetzt erst das wird, wofür er gehalten
wurde. Man sollte ein Verbrechen bestrafen können, ohne
den, der es beging, sogleich zum stationären Verbrecher zu
machen. Das hört sich wie ein Widerspruch an; allein die
Humanität sinnt darüber nach, wie derselbe auszugleichen wäre.
Patrimonialgerichte und Jury wären ein Hülfsmittel.

Ich möchte hier eine Frage einschalten: Was haben eigent=
lich unsere Geistliche zu thun? Sie bedenken am Samstag,
was sie am Sonntag predigen wollen. Am Montag und am
Donnerstag unterrichten sie eine Stunde lang die Knaben,
am Dienstag und Freitag die Mädchen ihres Sprengels. Sie
haben eine Taufe, eine Trauung zu verrichten, sie beten zu=
weilen am Grabe eines Verstorbenen. Für etwa acht Stunden
geistlicher Verrichtungen in einer Woche dienen acht Tage Vor=
bereitung. Einem Laien könnte das gestattet sein, einem Quä=
ker, der über die Reden, die er halten will, sein Handwerk
vernachlässigt; allein dem Geistlichen sollte sein Amt ständig
gegenwärtig, sein Gedächtniß immer vorbereitet sein. Die
Geistlichen könnten ihre Muße anwenden, die Gefängnisse zu
besuchen, die Segnungen des Christenthums gerade da anzu=
bieten, wo sie bisher verachtet wurden. Der Zudrang zum
geistlichen Stande würde freilich bei so ernsten Beschäftigungen
noch mehr aufhören, als schon der Fall ist, aber es bleiben
darum doch ernstere, heiligere, der Menschheit nützlichere Ge=
schäfte, als bei schönen Seelen geistliche Theevisiten zu machen
und in den Freimaurerclubs Schach oder Whist zu spielen.
Die Advocaten des Rades, des Schwertes, des Beiles, der
Schlinge und der Guillotine sind theils aufrichtige Freunde
der Henker, theils verborgene. Jene sind ungefähr das,
was man Menschenfreunde nennen könnte, diese treiben ein
Spiel mit doctrinairen Illusionen. Jene haben juristische und
polizeiliche Gründe für ihre Strenge und leiden selbst em=
pfindlich unter dem, was ihnen nothwendig scheint; diese
köpfen und hängen mit kaltem Blute und sehen auf dem
Rabenstein die poetische Gerechtigkeit thronen. Diese Letzteren,
die Doctrinaire unserer Zeit, die Geistreichen, die Philosophen,
sind dieselben, welche wir oben die Verbesserung der Gefäng=
nisse haben so sophistisch bestreiten sehen; es sind die, welche
das achtzehnte Jahrhundert in den Sack gesteckt haben und
die Philanthropie für eine Frauenzimmerkrankheit ausgeben.
Sie wollen Alles entweder auf die Natur oder auf's Mittel=
alter zurückführen. Sie begründen ihre Ansichten entweder
auf die Geschichte oder auf Christus. Sie lehren, daß Letz=
terer zur Beschönigung ihrer harten Herzen gesagt hätte,

„er brächte das Schwert". Der Geist der Liebe zog nicht in ihre Herzen ein. Sie kämpfen nur für den Schimmer der Ideen, nicht für deren Inhalt. Sie lassen die Gedanken nicht die Nagelprobe des Herzens, sondern die des Originellerscheinens bestehen; sie kämpfen unter Anderm auch deshalb für die Todesstrafe, weil diese immer bestanden hat. O ihr armen Ravaillac, rufen sie, ihr armen Schächer, die ihr neben Christo hinget, warum habt ihr nicht mit euren großen Handlungen gewartet, bis euch die Humanität des neunzehnten Jahrhunderts, statt auf das Schaffot, lebenslänglich auf die Galeere geschickt hätte! Und du Heiland selbst, warum unterließest du dein Evangelium zu predigen nicht bis dahin, wo es ohnehin sogleich von der Aufklärung verbessert werden konnte, und zogst dein Lebenlang Schiffe am todten Meere, statt am Kreuze zu sterben? Nachdem sich die Spötter dann in ihrem Witz erschöpft haben, kommen sie auf ihre Ausgleichungstheorie zurück, verurtheilen den weichlichen Sinn der Zeitgenossen und leiten das Uebrige, was ihnen noch fehlt, um im Terrorismus vollständig zu sein, aus ihren Ansichten vom Staate her. Diese Fraction besteht aus Dilettanten, Pseudo-Originalen und Aesthetikern, die mit der Abschaffung der Todesstrafen auch den Untergang der Tragödie auf der Bühne befürchten.

Besonnene Rechtslehrer haben die Frage über die Todesstrafe in die Nothwendigkeit und die Zulässigkeit derselben eingetheilt. Die Nothwendigkeit lag ihnen in der abschreckenden Kraft dieser Strafe, die, wenn man sie mildern würde, ihnen die Neigung zu jenen Verbrechen, auf welchen sonst der Tod stand, erleichtern zu müssen schien. Man fürchtet, daß Umwandlung der Todesstrafe in lebenslängliches Gefängniß, in Ketten-, Karren- und Galeerenarbeit eine Ueberhandnahme der todeswürdigen Verbrechen erzeugen würde. Allein die geringe Erfahrung, welche man allerdings von der Abschaffung der Todesstrafe erst hat, beweist, daß diese Besorgniß ungegründet ist. Die wenigen italienischen Staaten, wo früher einige philanthropische Fürsten die Todesstrafe aus den Gesetzbüchern verbannt hatten, verwilderten nicht mehr, als die andern, und auch in Belgien, wo der Henker um sein Privilegium gebracht wurde, konnte man nicht sagen, daß die Abschaffung der Todesstrafe (sie ist wieder hergestellt worden) die der äußersten Strafe würdigen Verbrechen vermehrt hätte. Wenn wir namentlich von dem Grundsatz ausgehen, daß kein anderes Verbrechen, als der vorbedachte, geplante Mord, mit dem Tode bestraft werden dürfe, so sind Menschen, die Mord vorsätzlich begehen, auch immer weit entfernt, sich nicht die Mittel zuzutrauen, die Entdeckung ihrer That unmöglich zu machen. Ist einmal das menschliche Gemüth so untergraben, daß in ihm nur Bosheit und Gewaltthätigkeit handeln, so wird die Todesstrafe wie die Galeere, eines so gut wie das andere, gesucht vermieden zu werden.

Was die Zulässigkeit der Todesstrafe betrifft, so wird sie aus dem allgemeinen Strafrechte der gebildeten Gesellschaft hergeleitet. Philosophen, welche die Todesstrafe vertheidigen, leiten diese nicht, wie die Rechtslehrer, blos aus den Staats- principien her, sondern behaupten nicht ohne Grund, daß dem Menschen die Wiedervergeltung für seine Handlungen von Natur eingepflanzt sei; sie sagen, daß der Mensch alles dessen sich selbst für würdig halte, was er Andern anthut, und daß durch Nichtschonung eines fremden Lebens nichts Anderes verwirkt sein könne, als das eigene. Niemand, auch wenn er die Abschaffung der Todesstrafe wünscht, wird diese Meinung in Abrede stellen. Aber darum, daß sogar jeder Mörder meistentheils eingesteht, daß man mit Recht sein eigenes Leben von ihm fordere, und daß noch Niemand, der einen Andern tödtete, erklärte, seine eigene Hinrichtung sei eine Ungerechtigkeit; daraus ist unmöglich zu folgern, daß nun auch die Gesellschaft das Recht hätte, dem Menschen das zu nehmen, was länger zu besitzen er sich selbst für unwürdig erklärt. Alle Zeiten, alle Völker haben geschwankt, ob dem Rich- ter ein solches Recht gestattet sei. Wenn sie einen Mörder am Leben straften, so mußte er alle Anzeichen tragen, daß der von ihm begangene Mord, ließe man ihn frei, nicht der Schlußstein seiner Verbrechen sein würde; man mußte wissen, daß jener Räuber, der die Landenge von Korinth unsicher machte, daß diese Sklaven, die in Italien raubten und mor- deten, schlechthin gefährlich waren und durch Milde in ihrem Lebenswandel nicht würden aufgehalten worden sein. Man strafte sie am Leben, weil man kein anderes Mittel hatte, sich zu helfen. Das Zeitalter der Burgverließe, Einmauerungen und eisernen Masken hätte dann am ersten bereit sein sollen, beim Morde zu unterscheiden zwischen einem Morde, einem einfachen Factum, das vielleicht ohne ähnlichen Vorgang war und ohne Nachfolge geblieben wäre im Leben eines Verbrechers, und einer durch und durch schlechten und gewaltthätigen Gesinnung. Nur diese letzte hat das Alterthum immer mit dem Tode bestraft, weil Räuber und Mörder ein Ungeziefer sind, von welchem man sich auf die leichteste und schnellste Weise befreien muß. Allein bei jenen aus Leidenschaft, aus Verkettung der Umstände und persönlichen Motiven entstandenen Morden kam der alte Glaube in Verlegenheit und überließ die Rache am liebsten Jenem, der sie verlangte und selbst ausüben wollte. Ja, wenn einmal gesagt werden soll, ein Mord verlange als Strafe gleichfalls einen Schlußact und Blut könne nur durch Blut gesühnt werden, warum ergreift man nicht jenes Mittel, das noch in China üblich ist, der überwiesene Mörder muß sich selbst umbringen? Man pflegt zu sagen, daß mancher Verbrecher, der zwischen dem Tod und ewiger Karrenstrafe zu wählen hätte, lieber den erstern wählen würde. Könnte man in diesem Falle die Entscheidung seiner eigenen Freiheit ihm nicht selbst überlassen, ihn drei Tage und Nächte mit Mitteln, seine Wahl schnell und sicher auszuführen, verschließen und nach Ablauf der drei Tage, wo ihm Speise und Trank nicht fehlen dürften, nachsehen, ob man ihn zu begraben oder auf die Galeere zu führen habe? So pflegt noch heute der Sultan den Staatsverbrechern nur die seidene Schnur zu schicken, und Nero sogar mußte bei seiner Grausamkeit, wo es ihm an Henkern doch nicht fehlte, doch noch die persönliche Freiheit so zu schätzen, daß er den vermeintlichen Staatsverbrechern andeutete, in so und so viel Tagen müßten sie vom Erdboden verschwunden sein. Seneka öffnete sich selbst die Adern, und auch in Athen trank Sokrates, ein vermeintlicher Hochverräther an der Religion und am Staate, im Genuß seiner persönlichen Freiheit und nur bestimmt, nicht mehr zu sein, den Schierlingsbecher.

Zu allen Zeiten und bei allen Völkern war man über die Henkerspersonen in Verlegenheit. Man mußte Sklaven dazu zwingen, und selbst in den christlichen Zeiten konnte man sich die Henker nur wie künstlich aufziehen oder gewann nur Verbrecher, die sich loszukaufen suchten, für das schreckliche Amt, ließ auch wol gar Mordlustige in einer Maske auf dem Schaffot erscheinen. Wir sprechen da über die Nothwendigkeit und Zulässigkeit der Todesstrafe und vergessen ganz, daß wir im Grunde kein natürliches Instrument haben, um sie anzuwenden. Griechenland z. B. weiß noch gegenwärtig nicht, wo es für seine neue Civilisation die Henker herbekommen soll und mußte dazu die bairischen Soldaten oder wol gar Verbrecher oder Neger wählen. Warum spricht man bei der Todesstrafe nur immer vom Zweck und nicht vom Mittel, wobei sich doch, wie wir sehen, der Gesichtspunkt der Frage sehr verändert?

Ein Philosoph hat, um die Schicklichkeit der Todesstrafe zu beweisen, die Ehre in die Frage gezogen. Er hat gefragt: Man stelle doch einem Hochverräther einmal die Wahl zwischen dem Tod und der Karre frei! Hat der Verbrecher Ehre, was wird er vorziehen? Einem Hochverräther! Sagen wir doch lieber, daß selbst bei gemeinen Mördern und Räubern manchmal das Ehrgefühl so wenig erstickt ist, daß sie — und nicht aus Arbeitsscheu, sondern wirklich aus einer Art Heroismus vorziehen würden, hingerichtet, als an die Kette geschmiedet zu werden. Allein so richtig es ist, so ist Das, was man daraus folgern will, am allerwenigsten darin enthalten; nicht die Schicklichkeit der Todesstrafe folgt daraus, sondern noch weit mehr der verfängliche Satz, daß Selbstmord, wenn er einen guten Grund hat, keine Schande ist. Die Gesellschaft sollte gerade in die Grundsätze dieses Philosophen eingehen und es dem Delinquenten überlassen, ob er sterben, d. h. durch sich selbst sterben wolle oder, mit ewiger Schande bedeckt, ein mühevolles Leben dahinschleppen.

Denn gestehen wir es uns nur, daß die Gesellschaft kein anderes Recht auf den Verbrecher hat, als ihn von sich auszustoßen und ihn, je nach der Größe seines Vergehens, mit mehr oder weniger Schmach zu bedecken. Selbst aufgeklärte

Rechtslehrer rufen dringend: „Nur keine entehrenden Strafen!"
Diese Hochachtung vor Menschenwürde bei Individuen, die sie
verwirkt haben, gestehe ich allerdings, nicht recht begreifen
zu können. Bei Verbrechen, wo die Moral verletzt ist, was
soll da die Strafe sagen? Die Strafe kann immer nur in
einem Quantum von Schande liegen, wie ja der nächste An=
trieb zu aller öffentlichen Sitte und zu unseren Privathand=
lungen der Ruf ist, den wir uns dadurch zuziehen. Dies
Verhältniß klärt uns über die Strafbefugniß des Staates im
Allgemeinen auf und beweist uns, daß das größte Quantum
von Strafe, das der Staat verhängen kann, nur in dem
größten Maße von Schande und Infamie liegen darf, mit
welchem man einen Capitalverbrecher bedeckt. Wenn nun
auch der Tod durch Henkershand das Aeußerste einer solchen
Infamie ist, so erträgt und trägt sie doch der Schuldige nicht
dauernd, im Gegentheil er stirbt noch dazu wie ein Held und
imponirt der Menge, die in dem Augenblicke, wo der Delin=
quent stirbt, nur die Schwierigkeit seiner Lage sieht! Das
Alles sind so natürliche und einfache Sätze, daß man nicht be=
greift, wie die Wissenschaft noch eine Strafe vertheidigen kann,
über welche das Gefühl den Stab gebrochen hat.

Wenn man das Strafrecht aus dem Contrat social her=
leitet, so kann der Verbrecher von der Allgemeinheit doch
immer nur unter dem Gesichtspunkte des Bürgers und nicht
des Menschen betrachtet werden. Die Alten, welche wahrlich
das Staatsleben in ihre innersten Nerven aufgenommen hat=
ten, stellten die Verbannung so hoch, wie den Tod, und sag=
ten, jene wäre so gut wie dieser capitis diminutio. Da wir
nun eine allgemeine Völkermoral haben und das sittliche
Leben anderer Nationen durch unsere eigenen Krankheiten an=
zustecken für schlecht halten, so haben wir, statt der Verban=
nung, Gefängnisse. Allein will man einmal die Strafe aus
einem vorhergegangenen Uebereinkommen herleiten und sie als
Maßregel der Politik hinstellen, so reichen die Hände des
Staates doch nicht weiter, als bis zur Entziehung der politi=
schen Freiheit, nicht über diese hinaus bis zur Entziehung des
menschlichen Daseins. Wir können immer nur sagen: Wer
das höchste Verbrechen begeht, den Mord, der ist keiner der

Unsrigen mehr; wir würden ihn also verbannen müssen, wenn wir statt der [Verbannung nicht die Gefängnisse eingeführt hätten. Und dann — was soll hier der „Staat"? Daß der Verbrecher durch seine That die Ordnung des Staates verletzte, das ist etwas, was ihm gar nicht einfällt. Erkennt er seine That, so sieht er sich weit mehr der göttlichen als der menschlichen Gerechtigkeit gegenübergestellt. Er denkt nicht daran, das Gleichgewicht des Staates zu stören, sondern sein Verbrechen steht isolirt. Gute und fromme Seelen haben gesagt, daß die Todesstrafe Delinquenten die Gelegenheit nimmt, sich zu bessern, und das hat seinen guten Grund.

Wichtiger sind die beiden anderen Beweggründe gegen die Todesstrafe, die, daß sie nicht nur nichts Gutes bewirkt, sondern im Gegentheil Böses. Die zahllosen Abschreckungen und Armensünderspectakel haben noch immer nicht das Schwert des Nachrichters verrosten lassen, und wenn man sagt, daß ein vollkommenes Aufhören der Capitalverbrechen nicht erreicht werden könne, sondern daß wir es gerade der Todesstrafe zu danken hätten, nur wenige ihr Verfallene zu sehen, so möchte gerade dieser Meinung wieder jener Irrthum zum Grunde liegen, als wenn unsere Gesellschaft einzig und allein durch die Furcht vor dem Gesetz gegen den in ihr schlummernden Cannibalismus bewahrt wäre. Nimmermehr! Was uns zusammenhält, ist die Bildung, die eingepflanzte Moral, die christliche Tradition, vor allen Dingen das Interesse. Die Furcht vor Strafe bewirkt nichts, sondern nur die Furcht vor Schande; aber in der Schande giebt es keine Stufenleiter. Ist sie größer oder geringer, sie hinterläßt denselben Makel, so daß also Der, der diesen ungeheuren Schritt, ich will nicht sagen von der Tugend, sondern vom Indifferentismus bis zum Verbrechen so weit gethan hat, daß er stiehlt, auch nun nicht mehr blos durch das Schaffot von einer Laufbahn abgehalten wird, in die er einmal verfallen ist. Wobei ich freilich nicht leugnen will, daß es allerdings Räuber gegeben hat, (z. B. den berüchtigten Schinderhannes) die sich aus Furcht vor dem Schaffot hüteten, einen Mord zu begehen.

Der andere Punkt ist: das Nachtheilige der Todesstrafe, insofern sie der Moralität und den Sitten ein Aergerniß

giebt. Das blutige Schauspiel beleidigt das Gefühl. Die ungeheure Zumuthung, die hier dem Auge und den Nerven gemacht wird, setzt einen Grad von Selbstüberwindung und
gewaltsamer Beherrschung seiner eigenen Gefühle voraus, der
das Herz verhärten muß. Der Staat ordnet die Ceremonie
mit Feierlichkeit an; Niemand, selbst die Richter nicht, können
einen so großen Fanatismus für die Strafwürdigkeit des
Verbrechens besitzen, daß Zuschauer und die Schauspieler des
Stücks mit kaltem Blute ihre Aufgabe lösen sollten, sondern
Jeder hat in sich etwas zu überwinden, Jeder fühlt, daß er
sich am Andern halten müsse, wenn der tödtliche Streich durch
die Luft fährt. Da sich alle Stimmen so heftig dagegen aussprechen, die Todesstrafe im Geheimen zu vollziehen (ein
Verfahren, das allerdings mißbraucht werden könnte, aber
vielleicht, des Geheimnißvollen wegen, mehr Wirkung haben
dürfte, als das öffentliche Schauspiel); so wird der Zudrang
der Menge zu den Executionen sich nicht verlieren, sondern
Weiber und Kinder werden sich dabei noch zahlreicher einfinden,
als die Männer. So groß das Mitleiden, eine gewiß un-
schädliche Tugend, für den Delinquenten sein mag, so ist die
Neugier, welche die Menschen zusammentrieb, noch weit größer.
Der Verbrecher ist todt und die Leidenschaften der Masse
sind befriedigt. Mit einer trostlosen Gefühlsleere kehrt sie
an ihr Gewerbe zurück und hat eine Historie mit angesehen, keine Lehre empfangen. Man sagt, daß in dem
Augenblick, wo der Verbrecher seine Strafe empfange, die
Menge zu jubeln und zu klatschen pflege. Ich habe noch
keiner Hinrichtung beigewohnt und kann nur glauben, daß
dieser Beifallsruf dem Henker gilt, wenn er seine Sache gut
gemacht hat, wie auf der andern Seite ihn wol Verwünschungen bedrohen, wenn er in seiner Kunst irgend etwas
verfehlte. Wenn also diese thätige Theilnahme des Publikums
an den Executionen auch nur dem Verfahren selbst und der
dabei entwickelten größern Kunstfertigkeit gewidmet ist, so ist
doch selbst diese Theilnahme etwas unsern humanen Empfindungen Widersprechendes und liegt so weit außerhalb des Be-
reiches, wo das menschliche Gemüth beruhigt ist und sich in
seinem Elemente weiß, daß die Möglichkeit, für solche Scenen

noch Zuschauer zu finden, gerade ein betrübender Beweis für die in den Massen herrschenden gewaltsamen Empfindungen ist, ein Beweis für den Trotz der rohen Natürlichkeit im Menschen, die hier sogar von der Civilisation und Gerechtigkeit mit einem traurigen Anhaltspunkte beschenkt wird.

Die Unzulässigkeit der Todesstrafe ebenso wie ihre Nothwendigkeit aus der Theorie des Staates herzuleiten, Beides ist gleich bedenklich. Einer der edelsten Geister, der sich im Kampfe gegen die Barbarei der alten Strafgesetzgebung so verdient gemacht hat, Beccaria, hat die Ungerechtigkeit der Todesstrafe sozusagen mathematisch zu beweisen gesucht. Wir haben selbst in Obigem Einiges, was in dieser Rücksicht Recht und Gerechtigkeit betrifft, angegeben; allein Beccaria ist in seiner theoretischen Beweisführung zu weit gegangen. Er sagt, indem er dabei von Rousseau'schen Principien ausgeht, daß bei Abschluß des ersten Staatsvertrags die Strafbefugniß der Allgemeinheit schwerlich jemals vom Einzelnen dahin ausgedehnt worden sei, daß er sein eigenes Dasein für den Fall irgend eines Verbrechens dem Ganzen überlassen hätte. Beccaria begeht hier keinen andern Irrthum, als den, daß er einen fingirten Vertrag zu einem historischen macht; denn historisch möchte es allerdings in den Zeiten roher Cultur möglich gewesen sein, daß sich die Contrahenten über Recht und Strafe vereinigten und dabei ihr eigenes Leben für den Fall von Gewaltthätigkeiten vielleicht gegen einander nicht ausgetauscht haben würden. Genug, diese höchst schwache, auf Fiction begründete Beweisführung hat der Sache, der sie dienen sollte, sehr geschadet. Denn nun haben die Rechts- und Polizeilehrer freies Spiel gehabt, Beccaria's Vorschläge, die sogar unser alter Kant als „eine schwache Empfindsamkeit affectirter Humanität" hinstellt, zurückzuweisen. Es giebt nur einen siegreichen Widerspruch gegen die Todesstrafe, und dieser liegt im Geiste des Jahrhunderts, in der einmal angeregten Protestation der Gefühle gegen dieselbe, in der unwiderstehlichen Kraft jener Fragen, die sich mit der Hauptsache, um welche sich unsere Zeit bewegt, verbunden haben und das Gemüth anregende Fürsprache finden. In dieser Rücksicht ist die Todesstrafe schon zur Hälfte abgeschafft, indem ihr die barbarische Erhöhung der beim Tode auszustehenden Qualen genommen wurde: das Rad, das Schwert. Was Victor Hugo über die letzten Tage eines Verurtheilten und über die Grausamkeit der Todesstrafe ge=sprochen, ist aus keinem feigen und in ernsten Dingen matten Herzen entstanden, sondern der Fieberfrost des moralischen Entsetzens schüttelte ihn, als er seinen Aufruf an die Gesetz=geber schrieb. Es ist die haarsträubende Wirkung einer Strafe, deren gräßliche Nebenumstände die Phantasie des Dichters nicht erfand, sondern vielleicht allein vollkommen zu begreifen fähig war. Wenn uns der im Excentrischen so heimische Poet das Beispiel jenes Verstümmelten anführt, bei welchem zweimal selbst die Guillotine fehlte, der mit halb abgehacktem Kopfe aufsprang und vor dem versammelten Publikum, über und über von Blut triefend, Gnade flehend die Hände aus=streckte — was sind dagegen alle spitzfindigen Deductionen und Abschreckungstheorieen? Der Henker mußte sich auf den Unglücklichen werfen und ihm mit einem Messer den Kopf herunterschneiden. Ihr aber, die Ihr dergleichen angeordnet habt, Richter und Polizeidiener, steht blaß und zitternd um=her und fühlt, daß vor Gott, dem allein die Rache gebührt, Ihr im Augenblick größere Verbrecher seid, als der, den Ihr dem Phantom der Gerechtigkeit opfert.*)

In Spanien wurden im Jahre 1826 zwölfhundert drei=

---

*) Spätere Anmerkung. — Daß die Todesstrafe in ihrer Form und in der Häufigkeit ihrer Anwendung den Gesetzen der Humanität unserer Zeit entsprechen soll, wird jedes empfindende Herz unterschreiben. Von den Vorschlägen für ihre gänzliche Abschaffung jedoch bin ich zurückgekommen. Wo man sie aufgehoben hat, haben sich die prämeditirten Morde vermehrt. Das „ewige Zuchthaus“ schreckt nicht ab. Es läßt immer die Hoffnung auf Entweichung oder Begnadigung zu. Die Bilder einer lebens=länglichen Zuchthausstrafe leben gar nicht klar im Volke. Körperliche Mißhandlung, die sonst am meisten schreckte, existirt nicht mehr. Im Gegentheil wird so viel für die Verbesserung des Gefängnißlebens ge=than, daß manche verlorne Existenzen stehlen, um nur wieder in die geregelte Ordnung von Obdach, Kleidung, Ernährung zurückzukehren! Man muß die Feigheit im Strafen beklagen, die jetzt bis an die Throne gedrungen ist! Strauß hatte Recht, als er die unaufhörlichen Begnadigungen ruch=loser Mörder eine Verletzung des gesellschaftlichen Vertrags nannte.

unddreißig Ermordungen angezeigt, siebenhundert dreiund=
siebenzig versucht, diejenigen ungerechnet, welche gar nicht zur
Kenntniß der Justiz kamen! Auf jeden dieser Morde sich
eine wiedervergeltende Hinrichtung denken, ist schrecklich und
muß bestimmen, zu überlegen, ob keine andere Hülfe möglich
ist. Es wäre wol interessant, über andere Verbrechen und
in Rücksicht auf alle Länder Angaben dieser Art zu besitzen,
denn nichts arbeitet den Bestrebungen um Sittenverbesserung
unserer Zeit mehr in die Hand, als die Statistik der Ver=
brechen. Man müßte aber dabei, um auch den richtigen Durch=
schnittswerth ganzer Völker und Perioden anzugeben, alles
dasjenige abziehen, was nicht gerade Verbrechen gegen die
absoluten Gesetze der Moral, sondern nur Verbrechen gegen
den bequemen Staat ist, gegen polizeiliche Ordnung; alle die
Verbrechen, wo es sich nicht um sittliche Verworfenheit handelt:
Uebertretungen von Forst= und Zollgesetzen, alle die Verbrechen,
die im Rausche begangen werden. Es giebt ja Länder, die
durch übermäßige Consumtion der gebrannten Wasser aus den
Fugen einer besonnenen sittlichen Haltung gekommen sind,
z. B. Schweden, wo ein Zehntheil aller Verbrechen in der
Trunkenheit begangen wird. Im Allgemeinen muß man ein=
gestehen, daß in den Vereinigten Staaten die wenigsten Ver=
brechen begangen werden, eine Thatsache, die für die dortige
Regierungsverfassung ein gutes Zeugniß ablegt, allein auch zum
Theil dadurch erklärt wird, daß sich einmal die Sklaven, die
einen großen Theil der Bevölkerung ausmachen, unter einer
fortwährenden Obhut befinden*) und sodann die Menschen in
dem großen Lande zu weit auseinander wohnen, um in ge=
waltthätige Collisionen zu gerathen. Auch die Durchschnitts=
rechnung Frankreichs ist günstiger als Englands; ja in
einzelnen Departements übertrifft noch Frankreich die Ver=
einigten Staaten. Nur daß der Unterschied in Frankreich selbst
sehr groß ist. In Corsica kommt auf 1000 Menschen immer
1 Verbrecher (gegen Personen); im Departement Creuse in
Frankreich 1 nur auf 30,000. In Neu=Südwales, den Ver=
brechercolonieen, rechnet man von neubegangenen Vergehen 1

*) Vor der Emancipation.

auf 22; demnächst in Irland 1 auf beinahe 500; in England 1 auf 740; in Schottland auf 1130; in Wales auf 2320. Im Durchschnitt werden jährlich in Englandüber 20,000 Personen in's Gefängniß geführt und zwar als überwiesene Verbrecher.

Um das Beispiel eines Volkes zu wählen, wo man die Natur noch in voller Kraft ihres Waltens glauben möchte, wollen wir Schweden nehmen, über dessen Gerichtsgang von den Jahren 1830 und 31 Berichte bekannt geworden sind. Von Civilprocessen kamen in diesem Lande von 4 Millionen Menschen durchschnittlich ungefähr 170 Concursprocesse vor; darunter, was für die Volkswohlfahrt kein gutes Omen ist, die meisten aus dem Bauernstande. Schuldensachen fallen ungefähr 50,000 vor. Sie betreffen wieder größtentheils den Bauernstand. Einigemal über 100 wurden auch Prediger wegen Schulden verklagt; 1000 Mal Militairpersonen. Die Zahl anderer bürgerlicher Zwistigkeiten erstreckte sich auf mehr als 87,000. Man sieht daraus, welch' eine Haderlust unter den Menschen waltet und wie gerade mit steigender Cultur die Berührungen der Menschen leidenschaftlicher und eigennütziger werden. Von Criminalverbrechen trafen die meisten Strafen Verbrechen gegen öffentliches Eigenthum, bei dessen Verletzung nicht gerade der Verbrecher sittlich verdorben zu sein braucht, Forst- und Holzbeschädigungen; oder sie halten wenigstens den Diebstählen das Gleichgewicht; etwa 3000 Diebstähle rechnet man im Jahre, welches mit andern Ländern verglichen nicht viel sind und im Ganzen noch ein Naturvolk erkennen lassen. Auf 4 Millionen Menschen kommen 4 „Gotteslästerer", 9 Mordbrenner, 56 Mörder, 21 Straßenräuber, 31 Kindesmörderinnen, 14 Giftmischerinnen, 11 Sodomiter, 38 Hochverräther und mehr als 100 Wechsel- und Geldverfälscher. Alle diese Verbrechen wurden größtentheils in einem Alter zwischen 25 und 35 Jahren begangen; 44 Verbrechen jedoch sogar von Kindern, die noch nicht einmal das 15. Jahr erreicht hatten. Es ist schwer, solche Angaben entweder beruhigend oder beängstigend zu nennen. Für den Frieden und die Glückseligkeit der Menschen sind es immer zu viel, und doch sind es noch immer weniger als es sein müßten, um über die Welt den Fluch der Pessimisten auszusprechen und in die Wüste zu ziehen.

Die Nothwendigkeit der Anlage neuer Gefängnisse hat Gefängnißsysteme veranlaßt, die eine eigenthümliche Literatur hervorgerufen haben. Man streitet sich, ob man die Gefangenen absondern, mit einsamer Haft, oder ob man sie beisammenlassen und dann mit dem Zwang des Stillschweigens bestrafen solle. Darüber ist alle Welt einverstanden, daß Beisammensein mit voller Freiheit der Unterhaltung und Mittheilung die Abstrafung in Amusement verwandeln würde. Eugène Sue hat in seinen Pariser Mysterien unwiderleglich bewiesen, wie diese heitere Form der Gefängnißeinrichtung die Quelle einer immer mehr gesteigerten Verderbniß ist; in der freien Unterhaltung werden Pläne geschmiedet, die nach überstandener Strafzeit zum Ausbruch kommen. Freilich sind die beiden andern Systeme, wenn sie auf die Spitze getrieben, werden, ihrerseits wieder eine Caricatur, an die unser Gefühl sich nicht gewöhnen kann. Abschließung, dermaßen consequent durchgeführt, daß selbst in der Gefängnißkirche zwar Allen gepredigt wird, aber kein Gefangener den andern sieht, scheint mir Uebertreibung. Ebenso wie das Beisammensein mit dem consequenten Zwang des Stummbleibens nur Trotz, Heuchelei, Verstocktheit und Betrug jeder Art erzeugen muß. Der Gefangene soll büßen, aber in Formen, die nicht raffinirt sind. Man ist deshalb auch darin übereingekommen, daß sich eine zweckmäßige Mischung beider Systeme empfiehlt.

Die Verbrechen unserer Zeit — selbst wenn sie mit zunehmender (künstlicher) äußerer, oberflächlicher Bildung steigen sollten — sind nicht so bedenklich, als ein gefährlicheres Uebel: die Sittenlosigkeit ohne Verbrechen. Was wird nicht gestohlen, ohne daß der Dieb gehängt werden kann! Was nicht betrogen, ohne daß man den Betrüger so nennen darf! Es wird sogar gemordet, ohne daß es Mörder und (wenigstens augenblicklich) Leichen gäbe. Die Weltbildung unserer Zeit ist deshalb die, sich bei Niemand etwas Guten zu versehen, sondern in den unschuldigst scheinenden Berührungen immer die Schlange zu wittern und sich auf ihren Sprung zu rüsten. Vertheidigung muß jetzt sogleich wieder

Angriff sein. Man steht immer auf den Hinterfüßen und traut dem Frieden nicht. Ein Satyriker würde ein weites Feld haben, wenn er allen Annäherungen zwischen Ge= und Verbrechen nachspüren wollte und jene ehrlosen Handlungen aufdeckte, die jetzt vor der Welt mit Ehren überhäuft werden. Er würde in seinem Eifer Manchem Unrecht thun und Vieles zu lebhaft hinstellen; allein für halbe Zustände giebt es keine andere Behandlung, als sie ganz hervorzuziehen, mit Wurzeln und noch mit der Erde daran. Wie Vieles, was jetzt, zumal in der Welt des Handels und Wandels, äußerlich schön und lustig blüht, würden wir schon vom Wurm der Unehrlichkeit benagt finden! Das halbe Verbrechen, die Unsittlichkeit ohne Anklagepunkt — der Dichter kann hier zuweilen den dunkeln Schleier lüften — im Zusammenhange und mit dem Streben, vollständig zu sein, möchte des Ver= suchs einer Darstellung würdig erscheinen, aber wir würden dabei, immer tiefer in Anklagen verstrickt, vom Strome des Lebens fortgerissen werden. Das Böse ist hienieden mit dem Gu= ten einmal verbunden, wie die edlen Metalle mit den Schlacken.

X.
Religion und Christenthum.

Wenn man über die Religion sprechen will, kann man vor dem Thema der Priester nicht dazu kommen. Schwer wird es, das Ewige und Unsterbliche jenen Geistlichen aus dem Auge zu lesen, welchen die Religion nur in ihrem Rock, ihrer Pfründe, ihrer angelernten Universitätsweisheit sitzt. Lange Schaaren von Pfarrern und Jesuiten wallen an meiner Erinnerung vorüber. Viele erkenne ich, Schleicher und Spieler, Komö= dianten und Verzückte, Geldmacher, einige brave Seelenhirten. Die Confession macht keinen Unterschied. Unter den Prote= stanten wird Ablaß ertheilt und unter den Katholiken werden die meisten Ungläubigen angetroffen. Kleine Stadtgeistliche

sind Päpste, und der Papst ist heutiges Tages, ohne die Je=
suiten, selbst nur ein schwacher alter Mann, der sich weniger
um den Staat der Kirche, als um den Kirchenstaat bekümmert.
Daß es hier nur gleich zugestanden werde: der Geistlichen
allein wegen glaubt man nicht mehr an das Christenthum;
sondern wer dasselbe in Ehren hält, dem fließt sein Glaube
aus Ueberzeugung, aus einem bringenden Bedürfniß.

Das Oberhaus in England zählt sechs Erzbischöfe: des=
halb werde ich mich wol, um keinen allzugrellen Fingerzeig
zu geben, auf die Bischöfe beschränken müssen, um zu zeigen,
was man z. B. in England einen geistlichen Würdenträger
nennt. Keinen Katholiken, gerade einen Protestanten wähle
ich. Dr. Knor war ein Seitenverwandter Lord Eldon's,
dieses ewigen Kanzlers, der, so unwürdig er dessen war, an
der Spitze des englischen Gerichtsareopags länger als drei=
undzwanzig Jahre saß. Man will sogar sagen, Dr. Knor
wäre sein natürlicher Sohn, und man wird mich blind nennen,
wenn ich die Aehnlichkeit nicht erkennen wollte. Genug, Dr.
Knor war Bischof, noch ehe er Doctor war. Er studirte
weniger Theologie als Jagd. Indessen hielt er eine salbungs=
volle Predigt, wozu Lord Eldon das Oberhaus eingeladen
hatte. Diese Predigt machte ihm ein Jugendfreund Master Job
und paukte sie ihm sogar ein. Er sagte ihm, wo der Stümper
nach den Vorschriften der Pastoraltheologie sanft weinen und
wo er blitzen und donnern müßte. Knor, der ein schlechtes
Gedächtniß hatte, wie wir gleich sehen werden, mußte die Pre=
digt ablesen. Allein so gut Job's Herz war, so schlecht war
seine Handschrift und Knor blieb seiner undeutlichen Schrift=
züge wegen mehrmals stecken. Er war so rauhen Herzens,
daß er Job darüber noch Vorwürfe machte. Dieser ertrug
Alles mit Sanftmuth. Er hatte sich verliebt und wünschte
sich eine Pfarre. Knor machte seine Carrière schneller, als
er gepredigt hatte. Er wurde geistlicher Präbendar in Irland,
stieg von Jahr zu Jahr, erhielt die Bischofsmütze, den Doc=
torhut und Sitz und Stimme im Parlament. Hier spielt er
eine unzurechnungsfähige, träge Drohne. England erlaubt
das Alles. Er hat seinen Bischofssitz in Irland, zieht 20,000
Pfund jährlich aus diesem armseligen Lande, 20,000 Pfund,

wo nicht 1000 Pfund von Protestanten und 9,000 Pfund von
Katholiken kommen müssen, das Uebrige von Legaten, und den=
noch, wenn Freunde der Aufklärung und des Vaterlandes vor die
Schranken des Hauses treten und eine Bill zur Besserung der iri=
schen Mißverhältnisse einbringen, so nimmt Dr. Knor eine
gelehrte Miene an, räuspert sich, blättert gleichsam in seinen
Orforder Collegienheften und erklärt: Quod non! gleichsam
als wenn ihn theoretische und nicht praktische Gründe be=
stimmten, für sein leibliches Interesse zu stimmen. Dr. Knor
hält jährlich einmal eine Rede in seiner Pfarrkirche. Er liest
sie aus dem Concept eines jüngern Theologen ab. Er beweist
den Mitgliedern seines Bisthums, daß er jährlich 20,000
Pfund dafür verdiene, daß er lesen gelernt hat. Sonst küm=
mert ihn die Religion weniger als der innere Ausschuß des
Crockfordclubs. Eine Parthie Whist oder wie eine berühmte
Schachparthie enden wird, das ist ihm werthvoller, als die
Entscheidung eines theologischen Streites. In Frankreich würde
ein solcher geistlicher Schattenkönig in der Gesellschaft oft mit=
genommen werden; man würde ihn fragen: Sir, Ihr seid so
nachdenklich, müßt Ihr Messe lesen? Oder Sir, ich habe
dieser Tage von meiner Stute Semiramis ein Füllen zu er=
warten, wollt Ihr es nicht taufen? Allein in England wird
diese Sinecure in der Gesellschaft stillschweigend hingenommen.
Sie gilt nur als Titel und Geldtruhe. Anstellungen nach
dem Verdienste sind in England etwas so Unerhörtes, daß
sich die vornehme Gesellschaft schon von vornherein stillschwei=
gend darüber verständigt hat, unter sich einig zu sein und
Alles, was draußen ist, zu brüskiren. Dr. Knor kommt nie
in eine Verlegenheit, über sich selbst erröthen zu müssen; denn
was an ihm unveränderlich ist, ist seine Peerie. Wäre er
nicht Bischof, so würde er vielleicht als Lord Knor im Ober=
hause sitzen.

Wir sagten schon, daß dieser Ehrenmann ein mangelhaftes
Gedächtniß besitzt. Sonst würde er seinen guten und gelehrten
Freund Master Job nicht so bald vergessen haben. Seinem
Namen entsprechend, ist Master Job bis jetzt nur in die
Schule der Leiden gegangen. Seine Eltern trieben in Lon=
don einen kleinen Kram und gehörten zur Gattung jener so=

genannten respectablen Leute, die, wenn sie so genannt wer=
den, es wenigstens in den untern Ständen mehr verdienen,
als in den obern. Sie hatten ihren Sohn ihrer Meinung
nach zu nichts Besserem bestimmen können, als wozu ihn
Gott berufen zu haben schien. Vielleicht erregte es ihren
Stolz, ihn einst auf der Kanzel zu sehen, denn daß die sonn=
tägliche Lectüre einer alten Predigtsammlung nach der Kirche
reine Frömmigkeit gewesen, ist man bei den Christen, welche
nicht Dissenters sind, nicht sogleich geneigt, anzunehmen. Ge=
nug, Toby hielt als Kind schon jeden Sonntag Nachmittag
eine Predigt, die er aus jenem Buch ablas und wobei er die
Manieren des Pfarrers, den er Vormittags selbst gehört, so
nachzuahmen mußte, daß die Eltern ihn für einen Heiligen
hielten. Mit dem Oel der Stipendien wurde dies allmälig
anglimmende Kirchenlicht sparsam erhalten. Toby war fleißig,
gefügig, sanft gegen Lehrer und Kameraden; ja die Verbin=
dung mit dem hochfahrenden Knor beruhte bei ihm auf Her=
zensgüte. Auch bestärkten ihn die Eltern, diese Freundschaft
warm zu halten. Job trug Knoren wie sein Kreuz auf die
Schädelstätte der jährlichen Prüfungen. Er war der Lootse,
der ihn mit eigener Lebensgefahr aus allen Stürmen der Un=
wissenheit in den Hafen eines guten Zeugnisses geleitete. Job,
der ein so gefühlvolles Herz hatte, daß er sich sogar lange
vor dem richtigen Zeitpunkt verliebte, sehnte sich nach keinen
höhern Ehren, als denen einer bequemen Landpfarre. So
ringt nun Job in einem versteckten Winkel Englands mit
den Widerwärtigkeiten des Lebens, hat für einen reichen Nach=
wuchs an Kindern zu sorgen und ist oft Wochen lang von den
nothwendigsten Bedürfnissen entblößt. Wäre die Landnatur
weniger schön, so würde man glauben müssen, daß ein solcher
Mann auch nicht eine einzige Freude im Leben genösse.

Ich gehe auf den Continent über. Wenn sich die geist=
lichen Charactere hauptsächlich nur durch innere Herzens= und
Verstandesrichtungen unterscheiden, so ist es der geistliche
Stand überhaupt, welcher die Entfaltung eigener Manieren
hintertreibt. Dennoch haben sie in ihrem Bereich noch viel
Abschattirungen. Der Eine neigt zum Zweifel hin und zeigt
dies, wenn auch nicht auf der Kanzel, doch im Schachclub;

ber Anbere ist so religiös, baß seine Reben auch im gewöhn=
lichen Leben Predigten sinb. Jene Schach=Clubbisten pflegen
bas Christenthum an ben Meistbietenben, ben Witzigsten los=
zuschlagen. Manchmal sinb sie es selbst; sie legen bie Speisen
vor unb geben ben Ton an; ihre Ruhe, ihr Stanb muß ihnen
als Relief ihrer Einfälle bienen; inbem sie sicher sinb, nicht
bas Gleichgewicht zu verlieren, setzen sie alle Anbern auf bie
Erbe ab. Man trägt sich in ber Gesellschaft mit ihren
Bonmots unb erkennt biese sogleich baran, baß man von
ihnen immer glauben möchte, sie kämen am wenigsten von
einem Pfarrer. Ihr Witz waltet überall, nur auf ber Kanzel
nicht. Dort predigen sie „gebiegen", aber ohne Originalität.
Sie lesen ihre Predigt ab unb sagen, wenn man ihnen über
bie Frömmigkeit berselben sein Erstaunen ausbrückt: „Lieber
Freunb, ich predige nicht, was ich lehre, sonbern was bie
Schrift lehrt!" Solche Heuchler können niemals in Conflict
mit jenen Regierungssystemen kommen, bie sich's im neunzehnten
Jahrhunbert zur Aufgabe gemacht haben, bie Bekenntnißschrif=
ten von 1530 zur Conditio sine qua non bes Christenthums
zu machen unb bamit enben werben, bas Christenthum mehr
zu untergraben, als jene Inbifferentisten.

Ich rebe noch immer von ben Geistlichen. Anbere giebt
es, welche in ber Mitte zwischen Welt unb Kirche zweifelhaft
sinb, wo sie hingehören. Zu fürstlichen Beichtvätern würben
sie sich besonbers eignen, weil bie geistliche Würbe bei ihnen
mit ben feinsten Manieren verschmolzen ist. Dies sinb bie
berühmten sonntäglichen Hauptprebiger, bie einen so schönen
Styl in ihren Predigten haben unb besonbers von ben Frauen
angebetet werben. Ihr Auge strahlt eine gebrochene Verklä=
rung aus; ihre Rebe besteht theils aus Prosa, theils aus
Versen; jene ist mit Blumen bebeckt, mit Frühlingssäuseln
unb jenen transparenten Glorien, wo im Brillantfeuer bie
Worte strahlen: Glaube, Liebe, Hoffnung. Diese Verse treten
immer ba ein, wo bas Gefühl bes Rebners überströmt, bei
Uebergängen unb Schlußabsätzen. Die Frauen lassen sich von
solchen Geistlichen wie von Magnetiseuren behanbeln.

Anbere wieber sinb mürrisch, finster, schwarzgallig. Ihr
Temperament ist es, bas zu Verketzerungen, geistlichem Terroris=

mus, affectirter Orthodorie fortreißt. Diese Tyrannen sprechen immer im Tone der Bibel. Christus fährt nieder zur Hölle und zertritt die Schlange. Diese Geistlichen glauben, vielleicht in guter Meinung, daß man unsrer eigenwilligen Zeit, gegenüber der Würde des Christenthums, nichts zugeben müsse; sie wollen ihre Festung vertheidigen, sie haben vielleicht nicht einmal die Absicht, uns in sie aufzunehmen, sondern sie wollen sie uns blos nicht freiwillig übergeben. Die Idee, die sie von Christus, vom Glauben und der Kirche haben, ist starr, ihre Worte sind schroff, Ueberzeugenwollen ist ihre Absicht nicht, sondern man müßte schon ganz vollkommen mit sich im Reinen sein und keine Zweifel mehr haben, wenn man ganz mit ihnen übereinstimmend denken und fühlen wollte. Sollte man glauben, daß diese symbolgläubige Orthodorie noch im neunzehnten Jahrhundert Gegenstand der innern Staatenpolitik werden konnte?

Man verwechsle diese Orthodorie nicht mit dem Pietismus. So orthodor der letztere ist, so hat er doch ein gewisses Leben, einen feuchten Blick in seinem Auge. Er will nicht blos strafen, sondern auch gewinnen, locken, überzeugen. Um über einen einzigen Sünder den Sieg zu gewinnen, wird der pietistische Geistliche jahrelang nicht müde, sondern umstrickt ihn so lange mit seinen oft spitzfindigen Erörterungen, bis jener matt wird und sich ergiebt. Diese Geistlichen, die unter den Dissenters in England, den Herrenhutern und Mährischen Brüdern in Deutschland so häufig sind, wenden sich im Leben und in der Kirche gern an den Einzelnen, wenn sie bekehren, und an die Masse, wenn sie strafen wollen. Die Masse verwerfen sie, aber sie suchen Einen nach dem Andern von ihr abzusondern. Sie besuchen seine Wohnung und helfen, wenn er darbt; sie geben ihm die Bücher, die ihm zu seiner Erweckung und Erbauung fehlen. Diese Geistlichen bahnen wunderliche Lebensauffassungen an. Sie würden hochbefriedigt sein, wüßten sie Mittel, alle Künste, Gewerbe und Handelszweige in Berührung mit der Kirche zu bringen. Wüßten sie doch eine neue Hierarchie herzustellen, bei der sie weit entfernt sind, das Papstthum nachzuahmen, sondern nur die „erste christliche Gesellschaftsverfassung"!

Gehen wir von den Geistlichen auf die Pflanzschulen ihrer Bildung, auf die Universitäten. Da ist eine deutsche Universität! Wie sieht ihre theologische Facultät aus? Zehn theologische Richtungen und jede hat einen eignen Professor. Der eine basirt den Glauben auf die Vernunft, der andere die Vernunft auf den Glauben. Da ist Einer, der sich so lange mit philosophischen Vorstudien, wie Magneten, bestrichen hatte, daß er nachher durch's Christenthum wandeln konnte, wo ihm alle Dogmen anschossen und es aussieht, als müßten seine philosophischen Meinungen auch eine christliche Geltung haben. Er behauptet, daß das Christenthum eine Wahrheit des Gemüthes sei.*) Ein anderer Theolog, der die innere Regsamkeit des Gedankens, nicht die Wärme des Gefühls hat, macht das Christenthum zum Schlußstein seiner philosophischen Speculation. Er beweist, daß die Grundwahrheiten des Christenthums einen metaphysisch vollkommenen Sinn hätten, und besitzt, trotz dieser firen Idee, eine gewisse trockene Ironie, die ihn besonders zur Polemik gegen seine Gegner geschickt macht, worüber dann die Studenten in Jubel ausbrechen.**) Ein dritter ist Pietist, und trotz eines jugendlich hübschen Aussehens in dem Grade, daß er während der Vorlesungen nie die Augen aufschlägt, sondern sich in das Holz des Kathe=bers mit seinen Blicken einsaugt, wahrscheinlich um nicht zu erschrecken, wenn ihn, seinen orthodoxen Behauptungen gegen=über, die Wände kahl und zweifelnd anblicken sollten.***) Da ist ein Andrer, — als ich ihn zum ersten Mal sah, er=schrak ich vor seinem überunweltlichen Aussehen. Eine hei=lige Sabbathruhe lag auf ihm, ein so beglückter Gottesfriede, daß ich mich zweifelnd fragen mußte: „Ist er wirklich ein ge=taufter Jude?" Er war es, er war vom Idealismus der christlichen Religion überwältigt, schmiegte sich an die Er=scheinung Christi mit der Innigkeit eines Johannes an. †) Er vernachlässigte dabei sich selbst und den Umgang mit der Welt,

---

*) Schleiermacher.
**) Marheinecke.
***) Hengstenberg.
†) Neander.

aus Liebe zu dem großen Religionsstifter, den er nicht anders,
als: „der Herr, der Heiland, der Meister," ganz im orien=
talischen Dufte dieser Wörter nannte. Man konnte nicht
sagen, daß er combinatorisches Talent für die Bereicherung
der theologischen Wissenschaft besaß; was ihn den Studenten
lieb machte, war der Parallelismus des Wissens und Glau=
bens, die Ineinanderwirkung der christlichen Gesinnung mit
christlicher Erkenntniß und die praktische Abgrenzung, die er
den Wissenschaften gerade für den nöthigen Bedarf zu geben
wußte. Während es bei gelehrten Theologen so schwierig war,
ihre, fast einen weltlichen Charakter tragende theologische
Wissenschaft sogleich mit dem spätern geistlichen Berufe aus=
zugleichen, fand man bei ihm Alles zusammen, den Text und
die Melodie.

Welchen von diesen Lehrern will man sich zum Dolmet=
scher des Christenthums wählen? Bei Jedem war Jesus der=
selbe und bei Jedem ein Anderer. Die Wahl ist schwer. Ge=
müth, Erziehung der Einzelnen, Bildungsgang werden ent=
scheiden. Leider aber entscheidet meist die Augenbienerei, die
Hoffnung auf Beförderung, die Unterwürfigkeit unter die An=
sicht, welche die Stellen vergiebt, Liebebienerei gegen die un=
glückseligen Regierungsmaximen, die eine Parthei gegen die
andere bevorzugen. Daher die Heuchelei, der falsche, erkünstelte
Fanatismus, das theologische Partheigezänk und die vielen ab=
normen Erscheinungen, die besonders in Preußen gegenwärtig
mehr auf einen Staat der geistigen Ohnmacht als der In=
telligenz schließen lassen.

Gehen wir jetzt zur Sache selbst über und fragen zuvör=
derst: Welches Christenthum ließ uns das achtzehnte Jahr=
hundert als Erbschaft zurück? Mitleidig zuckten die Philoso=
phen des achtzehnten Jahrhunderts zu der in Märchen ver=
wandelten evangelischen Geschichte die Achsel. Die riesengro=
ßen Strahlen, welche sonst die Sonne der Mythen vom
Gottessohn geworfen hatte, wurden immer matter und zurück=
gedrängt in einen Anfangspunkt, der nicht einmal mehr (denn
die Zeit war geschmacklos) als Poesie, sondern nur als
kindische Fabel angesehen wurde. Konnten ·in der Philoso=
phie nicht mehr feste und ausgearbeitete Systeme bestehen, wie

Cartesius, Spinoza und Leibniz die letzten dogmatischen Ver=
suche gemacht hatten, mußte selbst in der Philosophie sich das
metaphysische Dogma vom ätzenden Verstande der Empirie
verzehren lassen; um wie viel mehr schwanden bei den Den=
kern in Nichts die Ansprüche, welche bisher das Christenthum
gemacht hatte! Da, wo noch das Dogma vertheidigt wurde,
mangelte es größtentheils an Wärme des Gemüths, der
Skepticismus hatte der knöchernen Orthodorie gegenüber
leichtes Spiel; er hatte den Witz, die Phantasie, die zur
Hülfe gerufene empirische Wissenschaft für sich und war durch
das allgemeine Zugeständniß gesichert, daß seine künstlerische
Aeußerung in den verschiedenen Literaturen, die damals Gel=
tung hatten, namentlich in der englischen und französischen,
auch zugleich Epoche im Schriftenthum überhaupt machten.
Die Sarkasmen Bayle's hatte Shaftesbury nach England
übertragen, und wie in Frankreich bald Alles, was schrieb und
dachte, in jener Denkungsart lebte, deren Koryphäen sogar in
Deutschland an den Hof eines Königs als Paradestück des
Geschmacks und der Philosophie gerufen wurden, so schossen
auch in England, Frankreich und selbst Deutschland rede=
gewandte Spötter nacheinander auf, welche, schon die Grund=
lagen der Religion überhaupt verwirrend, dem Christenthum
am wenigsten eine philosophische Geltung zugestanden. Die
innern Widersprüche der Bibel wurden aufgedeckt; zum ersten
Mal fing man an, die volksthümlichen Elemente, die Natio=
nalvorurtheile und Traditionen aus vergangenen Zeiten in
den Berichten des Neuen Testamentes zu unterscheiden; das
phantastische Gewand, die jüdisch=orientalische Schlacke, in
welche sich die Erzählung vom Ursprung des Christenthums
hüllte, wurde von ihr abgesondert und der übrig gebliebene
Rest, mit dem man nichts anstellen kann, weil das innere
Wesen des Christenthums mit seiner äußern Erscheinung zu
sehr verbunden ist, schrumpfte in eine Begebenheit zusammen,
deren tausendjährige großartige Nachwirkung die Neuerungs=
sucht nicht vermochte, sie für größer zu halten, als sie ihr
erschien. Ja, ist nicht sogar das Factum eines gekreuzigten
Christus geleugnet worden? Und hat man ihn nicht zu einer
dichterischen Personifikation der Sonne in demselben Sinne

machen wollen, wie schon im Herkulesmythus nichts als eine
Verherrlichung der wunderthätigen Wirkungen jenes Gestirns
enthalten sein sollte? Das, was uns das achtzehnte Jahr=
hundert vom Christenthum hinterließ, war eine wüste, frivole
Zerstörung, über deren Trümmern man der natürlichen Reli=
gion Tempel baute.

Das religiöse Leben im Gegensatz zur Wissenschaft, um
die es so bedenklich stand, konnte eben so wenig gedeihen, da
es nichts mehr zur Anknüpfung vorfand. An Verketzerung
und Verdammung des Skepticismus von Seiten der Ortho=
doxie fehlte es nicht, allein die Orthodoxie, die sich selbst über=
lebt hatte, enthielt in sich keine Befruchtungskeime mehr; sie
konnte durch praktische Wirksamkeit in den meist leer stehen=
den Kirchen kaum Weiteres mehr bewirken, als daß sich die
dogmatischen Sätze und die biblischen Ausdrücke dafür im
Gedächtniß des Volkes nicht ganz verloren. Pietisten gab es
zwar hier und dort. Wie aber das Streben derselben immer
nur auf Absonderung geht, so konnten sie die trockene Geistes=
richtung, die sie umgab, selbst wenn ihnen Macht der Rede
und irdisches Gut zu Gebote stand, wie beim Grafen Zin=
zendorf der Fall war, doch nicht in neue Gluth versetzen.
Scheint es aber bei Alledem erwiesen, daß sich das religiöse
Bewußtsein allmälig wieder durch die Zerstreuung der Men=
schen und die Nüchternheit ihres Verstandes durchgearbeitet
hat und unsere Zeit gegen die vergangene wenigstens eine all=
gemeine Durchschnittsreligion wieder anerkennt, so ging dies
nicht von den Pietisten aus, sondern es trafen andere Um=
stände zusammen, welche den erwähnten Unterschied hervor=
riefen.

Indessen ist gerade durch die Geschichte des religiösen
Geistes, wie dieser in unserer Zeit gegen die vergangene ab=
sticht, ein wichtigeres Ergebniß für das Christenthum ent=
halten, als wenn Concilien, Universitäten oder Männer von
Kant's Scharfsinn über das, was am Christenthum zulässig
oder verwerflich ist, entschieden hätten. Ich meine nämlich
dies: In dem Maße, als wir das Christenthum gegenwärtig
gegen die philosophische Erbschaft des vorigen Jahrhunderts
wieder agiren sehen, in dem Maße, als sich der christliche

Glaube wieder sichere Ruhepunkte und positive Anknüpfungen hat erobern können, ist auch die Fähigkeit und Kraft ausgesprochen, die wir hinfort der Tradition dieses Glaubens für zukünftige Zeiten zuschreiben dürfen. Mehr aber auch nicht. Denn wenn wir im Allgemeinen nicht leugnen können, daß unsere Zeit es doch zu keinem glänzenden Siege des Christenthums, keiner aus ihm selbst hervorstrahlenden Entfaltung seiner göttlichen Glorie hat bringen können, möchte man da nicht annehmen, daß das Ziel, welches vom Christenthum ferner erreicht werden kann, nun wol deutlich und klar genug vor Augen liegt? Jetzt, wo Niemand mehr für die Frivolität eines Voltaire einstehen will, wo Jedermann den Atheismus für Renommisterei hält und die biblische Geschichte sicher ist, gegen jede frivole Zerlegung ihres naiven Inhaltes Schutz zu finden; jetzt ist es auffallend genug und mit einer außerordentlichen Belehrung für uns und alle Zeiten verbunden, daß wir in der Stufenleiter von Entzückung und Gottandächtigkeit, die das Christenthum erlebt hat, nur eine der mittelsten Sprossen wieder einnehmen und beim besten Willen, die Göttlichkeit der Offenbarung anzuerkennen, nicht höher gekommen sind, als das Niveau unseres gegenwärtigen lichtfreundlichen religiösen Bewußtseins ist. Jedermann, selbst der vernunftgläubigste Rationalist, verwirft die Behandlung, welche das achtzehnte Jahrhundert dem Christenthum widerfahren ließ, und dennoch hat sich dasselbe nicht wieder von seiner Erniedrigung bis zu dem alten dogmatisch-orthodoxen Glanze erheben können. Das Christenthum bedarf einer Menge zusammentreffender geschichtlicher Umstände, bedarf eines großen Apparats von origineller Speculation auf der einen und überschwenglichen Gefühls auf der andern Seite, um sich ungefähr in der Stellung zu erhalten, in der es sich gegenwärtig befindet. Die organische, Leben und Geschichte schaffende Kraft hat das Christenthum verlassen; der Keim von Civilisation und Völkerbeglückung, der in ihm lag, sein Historie schaffendes Moment ist abgestorben, hat sich überlebt. Wer wagt dies zu leugnen? Wer bildet sich ein, noch ein einseitig christliches Bewußtsein zur Richtschnur des öffentlichen Lebens und der Politik machen zu können? Die

Reformation mit ihren Folgen war die letzte Verklärung der dem Christenthum mitgegebenen historischen Schöpferkraft. Allein wie entschieden gerade diese Schöpfung war, sieht man daraus, daß doch gewiß in der gegenwärtigen Erscheinung des Christenthums das Moment liegt, auch der Katholicismus müsse noch einmal einer organischen Wiedergeburt theilhaft werden. Aber der Katholicismus wird innere Reformen mit sich vornehmen, wird es sogar bis zur Aufhebung des Cölibats bringen, das Meer der Dinge und Begebenheiten, das Meer der Geschichte wird er in keine große Wallungen mehr versetzen.

Das große Gesetz für die Zukunft wird sich geltend machen, daß es keine Kirche mehr, sondern nur noch religiöse Wahlverwandtschaften giebt und daß die Gemeinde nicht mehr aus solchen besteht, die zusammen gerufen werden, sondern aus solchen, die sich selbst zusammen finden. Es giebt keine Religion und kein Christenthum mehr ohne Ueberzeugung, und deshalb ist der Glaube die Sache des Einzelnen geworden.

Wenn man nun aber doch bei dem in Religionssachen herrschenden Freimuth anerkennen muß, daß in unserer Zeit selbst der Indifferentismus die gute Seite hat, daß er wenigstens eine Verspottung des Heiligen nicht zu äußern wagt, und wenn sich sogar eine weit größere Innigkeit aus den Gemüthern der Menschen hervorarbeitete und religiöse Empfindungen hie und da zu wunderlich überreiztem Ausbruch kommen ließ, so mußten mancherlei Ursachen dazu beitragen, einen solchen Umschwung in der Stimmung und Gesinnung der Zeitgenossen hervorzubringen. Zunächst klang, verborgen zwar und still, aber doch rein und lauter, aus dem vorigen Jahrhundert selbst ein frommer Ton herüber oder wenigstens ein solcher, der zunehmend und sich verstärkend wol dem Läuten der Kirchenglocke ähnlich kam. Der Esprit und die Frivolität jener Zeit konnten das muthlose Herz nicht befriedigen. Es rückten Gleichgesinnte näher zusammen und schufen sich sozusagen einen Cultus, der zwar nur der Liebe und Freundschaft gewidmet war, aber doch mit der Zeit an die tieferen Geheimnisse der Welt und des Lebens anpochte.

An einzelnen Charakteren, die sich sogar in die Annalen der Geschichte geschrieben haben, kann man allmäligen Uebergang aus dem Ueberdruß an einer grassirenden Verstandesrichtung bis zu einem mit Zerknirschung ausgesprochenen Bedürfniß religiöser Ueberzeugung verfolgen. Wenn auch dabei das Christenthum immer noch in ziemlicher Entfernung blieb und sich fast eine wunderliche Furcht, sein höheres Bedürfniß mit dem Bedürfniß nach Christenthum identificiren zu wollen, an dem damaligen Menschen unterscheiden ließ, so lag es doch in der Natur der Sache, daß das blinde Umhertappen in einem Reiche von Gefühlen, welche durch die entdeckten Wirkungen des Magnetismus noch geheimer und unklarer wurden, sich weder selbst beruhigen noch mit Andern verständigen konnte. Der schwankende Kahn suchte ein Ufer, um anzulanden, und lief, um sich mit dem ewigen Lebenswasser zu versehen, bald wieder in die Häfen der heiligen Küste ein.

Bei den politischen Stürmen, welche durch das Grenzgebirge der beiden Jahrhunderte sausten, hätte das Christenthum, wäre es noch ein hoher, die ganze Welt überragender Stamm gewesen, unfehlbar den aufgeregten Elementen nicht widerstanden. Napoleon schonte den Papst, weil dieser ohnehin schwach genug und in der hartnäckigen Benutzung seiner damals kleinen Macht dem gewaltigen Andrange seines tyrannischen Willens nirgends zugänglich war. Die Blüthen des Christenthums wuchsen längst auf niedrigen Gesträuchen und konnten deshalb leichter verschont werden, indem die Wetter der Geschichte über ihnen wegrollten. So kam es, daß diese gewaltigen Geburtswehen einer neuen Zeit, deren in Heiterkeit erzeugte und in Schmerz geborne Söhne wir sind, das Eigenthum der Kirche — ich meine die in den Gemüthern gelegenen geistigen Besitzthümer derselben — wenig verletzten; ja im Gegentheil schossen die dreigespaltenen Kleeblätter der christlichen Liebe aus der Wiese des Lebens frischer und grüner auf als je, da sich die Wolken oft genug entladen und Berg und Thal erquickt hatten. Unglück hebt, ein Ungewitter befruchtet. Die Empfindungen der Menschen, ihre Bestrebungen in allen Gebieten wurden nach endlicher, 1815 erfolgter Beilegung des langen Völkerkampfes muthiger und kräftiger;

was in Frage stand, wurde mit ernstem Sinne angesprochen, der Anspruch wurde bringlicher wiederholt und wol gar in Drohung verwandelt. So traten auch Kirche und Religion mit festen Schritten auf, entwickelten durch innern Partheikampf einen Rest bisher unbekannter Lebenskraft; es war, als hätte die Zeit so Wunderbares und Außerordentliches selbst erlebt, als hätten die Menschen in dem Grade ihre Maßstäbe vergrößert, daß nun wol auch im Gebäude des Christenthums der großartige Grundriß wieder behauptet werden konnte. Der Himmel schien der Erde näher gebracht und das Wunder weniger unmöglich zu sein. Das war der Fehler, man restaurirte nicht blos Jesus, sondern auch die Jesuiten. Man hat zu weit reagirt und zu viel künstlich musivisch zusammengesetzte Trümmer der Vergangenheit als dauerhafte und unumgängliche Organe unseres Lebens darstellen wollen.

Außer diesem großen Zuge der Begebenheiten gab es manche andere Einwirkungen, welche Religion und Kirche wieder in einen Theil des alten Ansehens setzten. Philosophie und Kunst hatten sich aus der verworrenen Gegenwart in die alten Zeiten geflüchtet. Die kräftigsten Gedanken und verklärtesten Phantasieen geriethen in die immergrünen Epheugewinde der Vergangenheit. Das Studium zog eine so süße Gewöhnung an seinen Gegenstand nach sich, daß sie sich auch auf die neuen Verhältnisse übertrug. Die Denker wurden auf den Zusammenhang der bisherigen Menschenschicksale aufmerksam und erkannten den Unterschied der Zeiten und Epochen und verliebten sich wol in die Merkmale derselben selbst. Die Künstler überzeugten sich, daß allerdings die wahre Meisterschaft in der Kraft, im Talente liegt, aber sie erkannten auch, daß selbst den Gemälden eines Titian und Raphael kein so großer Zauber innewohnen würde, wenn sich nicht die Phantasie dieser Künstler an den Hintergrund ihrer Zeit und des damaligen Lebens hätte lehnen können. Wie viel Aufforderung, die kalten, zweifelnden Stimmungen zu bekämpfen und Ernst und Thatkraft wieder herzustellen, herzustellen durch eine Religiosität, die bald ihre Berechtigung überschritt!

Allerdings selbst die ausschließlich politischen und socialen Tendenzen der Zeit konnten der sich einmischenden Religion nicht entrathen. Was die Humanität erstrebte, konnte nur durch fromme und edle Motive gerechtfertigt werden. Wodurch ließ sich die Abschaffung der Sklaverei empfehlen, als durch die Lehre von der durch das Christenthum veredelten Menschenwürde! Selbst wenn man streitet, ob die Juden ein Recht haben sollen, an unsern gemeinsamen öffentlichen Angelegenheiten Theil zu nehmen, so hat sich mancher Freund der Emancipation dabei auf den Geist des Christenthums berufen. So sind bei all' den großen Fragen, mit deren Lösung unsere Zeit sich beschäftigt, sogar in neuester Zeit beim Communismus, die Wahrheiten der Religion und Moral, tröstend oder anfeuernd, in der Nähe des Schlachtfeldes geblieben. Auf sie beruft sich der Irrthum, die Wahrheit, die Lüge, die Ueberzeugung. Die Religion kann entstellt, aber nicht ganz so leicht mit Füßen getreten werden, wie im vorigen Jahrhundert.

Gehen wir auf das religiöse Leben der Gegenwart näher ein, so wollen wir für diese Gedankenreihe drei Zielpunkte feststellen: die Religion im Gebiete der Kirche und als Wissenschaft; die Religion im Gebiete des Staats; die Religion in Beziehung auf die Gesellschaft und als Gesinnung.

Es war dem kritischen Sinne unserer Zeit angemessen, daß man in der Theologie hauptsächlich über Ursprung und Zusammensetzung der Bibel Rechenschaft zu geben versuchte. Das „Buch der Bücher" wurde von unserer philologischen Richtung wie jedes andere vom Alterthum überlieferte Buch betrachtet und um so lieber in ihrer Geschichte verfolgt, als es der Theologen genug giebt, welche den Dogmen nicht gern in's Antlitz sehen und ihre Gelehrsamkeit lieber in einem Gebiete walten lassen, wo sich allerdings aus den wissenschaftlichen Resultaten Schlußfolgerungen der wichtigsten Art für das Christenthum ergaben, aber keine Nöthigung eintrat, diese selbst zu ziehen, indem man die Theologie hier für einen bloßen Zweig der Philologie ansah. Die gegen die Schriftsteller des Alterthums nicht selten mit glänzendem Erfolg aufgetretene Zweifelsucht theilte sich auch der

Bibelforschung mit. Die ersten Bücher des Alten Testaments verloren den Nimbus von Uralterthum, in welchen sie sich bisher durch den Glauben, daß sie von Moses wären, gehüllt hatten. In eine viel spätere Zeit wurden diese angeblich ältesten Urkunden des Menschengeschlechts hinaufgerückt und aus Gründen der Sprachbildung wurde das Buch Hiob als viel älter erkannt, als die Bücher Moses. Zur kritisch-linguistischen Erklärung gesellte sich beim alten Testament eine ästhetische, die, von allgemein literarischen Gesichtspunkten ausgehend, sich nicht scheute, alles bisher natürlich Erklärte bildlich zu nehmen und in der heiligen Poesie der Hebräer weit weniger der Heiligkeit, als der Poesie ihre Aufmerksamkeit zu schenken. Durch dies Interesse, das zunächst nur allgemein literarisch war, wurde die Bibel (Altes und Neues Testament) bald vom Duft der orientalischen Dichtkunst und Mythe umwoben, so daß das ursprünglich noch im Christenthum befindliche Hebräisch in Sitten, Glauben und Sprache bald als Absenker jenes phantastischen Riesenbaumes erkannt wurde, welcher über den ganzen Orient von seinen Zweigen die Märchen abschütteln ließ. Wenn nun auch der anatomische Verstand gegen die Schriften des Neuen Testaments mit schonungsloser Prüfung ihrer Echtheit verfahren war, so hatte man doch durch die Kritik zu keinem festen Ziele kommen können. Ueberall schwankte man auf unsicherm Boden, innere und äußere Widersprüche lagen offen zu Tage; allein dies blos formelle Verfahren bedurfte gerade jener Ergänzung, die von dem Zusammenhange mit dem Oriente hergeleitet wurde. Das historisch Unglaubwürdige, kritisch Ermittelte war schwer von den übrigbleibenden Schlacken abzusondern und auf einen sichern Platz zu bringen. Selbst Christus und sein Leben boten Schwierigkeiten. Es ist aber leicht zu zeigen, was im Leben Jesu richtig und einzig und allein möglich war, denn gerade die mythische Verklärung ist schon so mit Urstoff der Begebenheit, die eine neue Welt schuf, verflossen und vermischt, daß man sich ohne dieselbe in der Beurtheilung der Bibel gar nicht mehr auf religiösem Gebiete befinden würde. So hat auch der Nachweis, daß das Meiste in der Bibel mythisch zu verstehen sei, der Nachweis des Zusammenhanges der verschie-

benen jüdischen und gnostischen Elemente, die das Christen=
thum bildeten, mit dem Oriente seine Untersuchungen doch
damit geendet, daß sie am wenigsten zur Benachtheiligung des
Christenthums dienen sollen.*)

Freilich kann man, wenn es sich nur darum handelt, be=
stimmte Dogmen festzustellen, welche, erhoben zur Glaubens=
norm, ferner noch das Symbol der Kirche bilden sollen, nicht
in Abrede stellen, daß diese angedeutete Richtung auch zu weit
gehen kann. Der Rationalismus behauptet dies geradezu. Er
hat Recht darin, daß er eine Religion verlangt, die nur des=
halb die Offenbarung verwirft, weil die Religion mit der un=
mittelbaren Fähigkeit des Menschen, Religion zu fassen, zu
begreifen, in sein Inneres einzuführen, zusammenhängen muß.
Der Streit, in welchen die Dogmatiker zu allen Zeiten ge=
rathen sind und in welchem sie noch liegen, dreht sich um die
Quelle der Religion, ob diese eine natürliche oder geoffenbarte
sei. Die Einen trauen sich Alles zu, so gut wie Gott die
Geschichte zu schaffen, die Andern trauen sich Nichts zu. Die
Letzten sind jedenfalls, da sie in der Offenbarung etwas Me=
chanisches sehen, Buchstabenmenschen. Sie sehen in der Reli=
gion eine Veranstaltung, die von Gott herrühren soll. Die
Andern freilich, in dem Glauben, daß jeder Einzelne aus sich
eine Theodicee schaffen könne, nahmen Wissen für Religion.
Dieser Zwiespalt zwischen Vernunft= und Offenbarungsglauben
schuf eine dritte Parthei, welche die Tradition der religiösen
Begriffe als eine Offenbarung, wenn nicht Gottes, doch der
Geschlechter an die Geschlechter nimmt, das Christenthum als
eine der lautersten und tiefsinnigsten menschlichen Offenba=
rungen dieser Art anerkennt und gerade in die Befolgung der
Vorschrift desselben, daß man Alles prüfen und das Beste
behalten solle, das eigentliche Wesen der christlichen Religion
setzt. Die Stoffe sind gegeben, wir sollen darnach trachten,
sie uns anzueignen. Wir sollen unser Leben zu einer Ueber=
zeugung suchenden Arrondirung im Christenthum machen und

*) Spätere Anmerkung. Weshalb sich auch in Strauß die
Richtung ausbildete, von dem falschen Wege seiner Kritik ganz abzu=
brechen und weit über den Wolfenbüttler Fragmentisten hinauszugeben.

mit redlichem Ernste streben, davon so viel, als unsere Kräfte vermögen, zu bewältigen.

Die streitenden Partheien innerhalb der christlichen Kirche entfernen sich zu sehr vom Wesen der Religion über= haupt. In dem Ausdruck: „Vernunftreligion" liegt ohne Zweifel ein Widerspruch oder wenigstens eine Zusammen= stellung zweier Worte, die nicht zusammen gehören. Wenn Vernunftreligion das Erzeugniß und zugleich das Gesetz der Vernunft sein soll, dann begreift man nicht, warum die Ver= nunft überhaupt noch der Religion bedarf und weshalb sie sich herablasse, noch eine Erregung ihres innersten Wesens zuzugestehen, die nicht schon in ihr selbst läge. Weit richtiger wäre der Ausdruck, wenn unter ihm blos die Nagelprobe ver= standen sein sollte, welche die Religion vor der Ver= nunft zu bestehen habe, so daß die Vernunftreligion des= halb vernünftige Religion genannt wird, weil sie nicht wider die Vernunft sei. Denn man muß darauf zurückkommen, daß die Religion zunächst nichts ist, was mit der Vernunft aus einem andern Grunde in Berührung kommen dürfe, als darum, daß Vernunft ja so gut der Prüfstein der Religion ist, wie z. B. der Kunst. Die Phantasie hat noch niemand für das Product der Vernunft ausgegeben, wie auch noch niemand sagte: Vernunftphantasie. Darum hört aber die Phantasie noch nicht auf, der Vernunft als der Richtschnur ihrer Aeußerungen unterthan zu sein, wie frei sie sich auch sonst bewegen kann und wie verschieden sie auch sonst in ihrem Wesen von der Vernunft ist. Hätte das Gefühl eben solche Umrisse, wie diese die Anschauung haben muß, so würde die Vergleichung der Religion mit Phantasie und Kunst noch schlagender sein. Daß Phantasie und Vernunft etwas Ver= schiedenes und doch Dasselbe sind, sehen wir ohne Weiteres ein; allein wir würden es auch von der Religion und Ver= nunft einsehen, wenn nicht das Wesen der erstern im Ge= fühl läge und das Gefühl sich begrenzen ließe, wie sich im Interesse der Kunst phantastische Visionen begrenzen lassen und begrenzen lassen müssen. So sollte denn auch der Aus= druck: Vernunftreligion nie etwas Anderes bedeuten, als daß man sich zu einer Religion bekennt, die der Vernunft nicht widerspricht. Dagegen kann die Vernunft nicht Quelle der Religion sein, eine unverständige Zusammenstellung, als wenn man von einem Gemälde, einem Gedicht, einem Gesang, einem Tempel Wunder etwas zu sagen glaubte, wenn man sagte, diese Schöpfungen seien von der Vernunft eingegeben.

Die Vernunft, im thätigen Zustande gedacht, ist der Verstand. Der Verstand reißt aber nur nieder, prüft, sichtet. Fortwährend die positiven Momente in dem schöpferischen Drange des Künstlers aufhebend, würde er auch fortwährend die Religion beschränken. Wie oft ist Rührung, die doch eine Aeußerung der Religion ist, in Gefahr, von unserm Verstande belächelt zu werden, so daß man sozusagen weint mit dem Ausruf: Was bist Du für ein Narr, daß Du weinst! Darum hatte aber doch dies Weinen seine gemüthliche Berechtigung. Die Religion liegt nicht unter der Vernunft, und auch nicht in ihr. Sie liegt neben ihr. Es liegen die verschiedenen Gebiete der Unmittelbarkeit und der Reflexion nahe bei einander, sind aber nicht dasselbe; sie berühren sich, ohne jedoch einen gemeinschaftlichen Mittelpunkt zu haben.

Und auch dies, daß die Vernunft ein Prüfstein der Religion sei, ist nur so zu verstehen, daß die Religion darnach strebt, ihre Momente zu fesseln, Worte, Ausdrücke, Formen für diese Momente zu suchen, wie die Kunst nach Firirung ihrer Phantasie strebt und sich erst in fertigen und abgeschlossenen Bildern vollkommen genügt. Laokoon, ein Gemälde Raphael's, ist dem Sinne nichts so Reelles, wie der Verstand nach Realitäten strebt, es ist nichts, was aus sich selbst einen Werth ansprechen könnte, es läßt sich nicht zerlegen, nicht umschmelzen, nicht in eine andere Form gießen, sondern es ist das, was es ist, eine factisch gewordene Grille, die ihre Wahrheit in der Wahrheit jenes Momentes hat, der sie schuf, und wenn ein solches Gemälde auch noch so viel Entzücken verbreitet, so ist dazu unerläßlich gläubige Annäherung, eine die Anschauung des Dichters selbst wieder reproducirende Anschauung, Respect. So in der Religion. Die Dogmen sind ihre verkörperten Momente, sind die Kunstwerke

des Glaubens, sind künstlerische Versuche, religiöse Momente
zu firiren. Die Dogmen sollen der Vernunft nicht wider=
sprechen; immerhin; aber nehmt ein Gemälde von Tizian,
es giebt eine Thatsache, die abgeschlossen in sich selbst in dem
Anfang, aus dem dieselbe hervorschoß, auch ihr Ende hat;
vielleicht würden wir die Aufgabe anders lösen. Vernunft=
und Verstandesreflexionen kann das Bild erzeugen, aber diese
erschöpfen seinen Werth nicht, von Tizian zu sein. In diesem
Sinne hat sich denn auch der religiöse Glaube, seitdem die
Geschichte im Gang ist, eine Galerie von Dogmen geschaffen,
die man nur als die Verkörperung flüchtiger religiöser Mo=
mente betrachten darf, wobei auf beiden Seiten thöricht ver=
fahren wird, sowohl, wenn man diese Dogmen mit juristischen
Vorschriften verwechselt, die ihren Werth in praktischer Anwen=
dung haben, wie die Orthodorie es thut, als auch, wenn das
Messer der Kritik etwas zerfleischen will, was kaum mehr als
Duft und Nebel ist. Die Dogmen sollte man als die Blüthen
betrachten, welche die religiöse Kraft der vergangenen Zeiten
rieb. Wer verlangt von ihnen mehr, als daß sie duften?
Welken sie? Ade! Wer will ein Verbrechen daraus machen,
wenn wir verzweifeln an der Fähigkeit, aus dem mannigfach
umgeackerten Boden unseres Gefühls dieselben Pflanzen auf=
schießen zu lassen? Wirken läßt sich nur darauf, daß auch
wir aus der Kraft, die in uns wohnt, etwas unser Gefühl
Zufriedenstellendes erzeugen. Wer nichts aus sich selbst zu
treiben vermag, der lasse den Samen der überlieferten
Dogmen auf sich fallen. Geht er auf, nun, da soll kein
Spott stattfinden, wenn hie und da die Gegenwart noch so
glaubt, wie die Vergangenheit geglaubt hat, aber auch keine
Verketzerung, wenn sich das religiöse Gefühl in neuen Gebil=
den ausspricht, neuen Blüthen, neuen Gestaltungen; nur
gegen die soll man kämpfen, die ganz brach liegen und die
Religion blos zu einer Berechnung des Staates und der Ord=
nung machen wollen oder die wol gar keine andere Inner=
lichkeit haben, als einen kalten, gleichgültigen, verneinenden
Verstand.

Die Verdienste, welche sich zuvörderst England um die
Ausbildung der Theologie erworben hat, mögen in seinen

25*

eigenen Augen sehr hoch stehen, desto niedriger aber in denen
des Philosophen. Wenn man Bücher lesen will, welche das
Christenthum mit Sätzen vertheidigten, die sämmtlich soge=
nannte petitiones principii sind, d. h. Voraussetzungen, die selbst
unbewiesen sind, so greife man nach den Schriften der englischen
Theologie. Die christliche Polemik und Apologetik ist nirgends
so ausgebildet, wie in ihnen; allein die Beweise der Engländer
gehen immer im Cirkel. Naturalisten, Freidenker, Nachkommen
des Celsus, sind von den englischen Origenes massen=
weise bestritten worden, und der Ernst, womit dies geschah,
die beispiellose Dreistigkeit, wie man an Sätzen hielt, wo es
kaum etwas Menschenmögliches zu sein scheint, daran zu
glauben, diese Orthodorie, die auch nebenbei die Blasen des
biblischen Styles trieb, hat den Engländern so vielen Schreck
eingejagt, daß sie in religiösen Dingen wie die Schulknaben
sitzen und entweder Nichts oder Alles glauben. Die Mög=
lichkeit, wie das Unterhaus über die Motive, mit welchen Sir
N. Agnew in den dreißiger Jahren seine Sonntagsbill zu
vertheidigen pflegte, nicht laut auflachte oder die Achseln zuckte,
rührt von dieser recken Theologie her, die sich in England
trotz des fortschreitenden Zeitgeistes erhalten hat. Auch das,
was die Dissenters für Theologie leisten, ist gering. Wen
sein Glaube glückselig macht, der fühlt kein Bedürfniß einer
wissenschaftlichen Prüfung desselben. Die Literatur der Dis=
senters besteht aus religiösen Romanen und Erweckungs=
schriften, auf welchem Gebiet die Dobbridge und Barter
viel evangelisches Wasser ausgesintert haben.

Trotz des Bannfluches, den der Engländer Dr. Rose
auf die deutsche Theologie geschleudert, werden unpartheiische
Forscher anerkennen, daß in der Schweiz, in Deutschland und
Holland das Meiste für protestantische Theologie geschehen ist.
Hier war das Christenthum nicht blos, wie in England, die
hochfahrende Grille der Geistlichkeit; sondern es wurde, gleich=
viel ob aus zweideutiger Stimmung gegen dasselbe, oder aus
innigster Ueberzeugung und Hingebung sein Kern mannig=
fach geprüft, es wurden die biblischen Urkunden erläutert und
zu Grundlagen von Religionssystemen gemacht, die zwar
nicht immer zunächst vom Christenthum ausgingen, aber doch

auf daſſelbe zurückkamen. Sachſen iſt das Land, von welchem die Reformation aufleuchtete. Noch bis zu dieſer Stunde zeichnen ſich die Deutſchen durch die nimmerſatte Unruhe aus, ſich über die Religion aufzuklären und das Geglaubte auch überzeugt zu begreifen.

Was von dem Streit über Rationalismus und Supra‑ naturalismus zu halten ſei, deuten ſchon oben unſere Bemer‑ kungen an. Keine dieſer Richtungen hat einen ausſchließlichen Werth. Sie drücken eine Methode, ein kritiſches Verfahren aus; ſie können auflöſend und bekämpfend das Beſte wirken, aber nur Halbes und Irrthümliches, wenn ſie eine Religion ſ ch a f f e n oder auch nur die Auffaſſung irgend eines Dogma bemeiſtern wollen. Im Grunde ſind dieſe beiden Tendenzen von den meiſten Theologen ſchon wieder umgangen worden, denn weder die wundergläubige Theologie möchte, daß ihr die Schärfe des Gedankens abgeſprochen werde, noch die bloße Verſtandesrichtung, daß ſie die Religion vom Zauber des Ge‑ heimnißvollen entkleidet ſehe. So ſuchten ſich über dieſen im Geiſte des achtzehnten Jahrhunderts wurzelnden Partheien neue zu begründen, die zwar die Trümmer und Reſultate der alten in ſich ſammelten, aber nur, um dieſe in einem Gebäude unterzubringen, das in größeren Umriſſen als bisher angelegt war, und ſo glauben wir, daß, ſo weit jetzt wenig‑ ſtens unſer Jahrhundert überſehen werden kann, auf dem theologiſchen Gebiete Folgendes die Krone der heiligen Wiſſen‑ ſchaft ſein und bleiben müßte:

Nichts wird mehr in Abrede geſtellt, weder die üble Zu‑ ſammenſtellung der Bibel, ihre untergeſchobenen Stellen, noch die Abſichtlichkeit, welche ſich im Hervorheben mancher Eigen‑ ſchaften des Meſſias, mancher Begegniſſe deſſelben in Gemäß‑ heit der prophetiſchen Stellen des Alten Teſtamentes findet. Die evangeliſche Geſchichte kann von einem Augenzeugen, wie Johannes, in dem Geiſt, wie auch die übrigen ſie auffaſſen, beſtätigt ſein, auch der Verſuch, für ſein Evangelium den bekannten Jünger nicht verantwortlich zu machen, kann geſchei‑ tert ſein; darum werden folgende Sätze noch nicht umgeſtoßen: 1) Die evangeliſche Geſchichte iſt nicht als rein‑hiſtoriſche Urkunde geſchrieben worden, als die Chronik eines den wun‑

berbaren Ereigniſſen parallel lebenden Autors, ſondern 2) ſie
wurde geſchrieben aus der Erinnerung einer ſchon ziemlich
entlegenen Zeit; 3) ſie wurde nicht als eine Lebensgeſchichte
des Heilandes verfaßt, ſondern als die hiſtoriſche Entwicklung
eines Glaubens, der in dem Momente, als der Schriftſteller
ſchrieb, ſchon geprebigt wurde, hie und da Fuß gefaßt hatte
und ſich in ſeinem Kreiſe behaglich zu runden anfing.
4) Die evangeliſche Geſchichte verbindet mit dem Hiſtoriſchen
ſchon einen aſcetiſchen und einen apologetiſchen Zweck. Sie
will den Gläubigen und Ungläubigen Rechenſchaft ablegen
über ein Ereigniß, das bei dem Anſpruche, überall geprebigt
zu werden, nicht wunderbar genug bargeſtellt ſein konnte.
5) Es hatte ſich bereits über das Leben Jeſu eine Reflexion
verbreitet; denn Chriſtus ſelbſt hatte nicht ſo gelebt, daß er
ſich in die jübiſchen Meſſiasbegriffe und die Citate aus dem
Alten Teſtamente in ſolchem Grade vertieft hätte, wie die
Evangeliſten dieſe typiſchen Beziehungen nicht blos als den
in ihrer Bildung liegenden Pragmatismus ihres Gegenſtandes
benutzten, ſondern ſogar Erlebniſſe ihres Meiſters baran accom=
mobirten, um namentlich die Juden zu überzeugen, daß
Chriſtus der wahre Sohn Gottes geweſen. Dieſes prophe=
tiſche Zutreffen der Merkmale des verheißenen Meſſias auf
Chriſtus war ſpätere Dialektik. 6) In einer Zeit, wo die
Bildung noch nicht durch jene zahlloſe Maſſe von Büchern,
in die ſie jetzt verſchloſſen iſt, in ihren einzelnen Momenten
auseinander gehalten wurde, floſſen auch gewöhnlich alle
Begriffe, die wir jetzt zu ſondern und in beſtimmte Fächer
zu ſtellen wiſſen, ineinander. Dasjenige, was der Einzelne
wußte, konnte noch ſo gering ſein, er bilbete ſich ein Ganzes
baraus; ebenſo in der evangeliſchen Geſchichte, wie ſie von
den Geſchichtſchreibern aufgefaßt wurde. Sie waren nicht
im Stande, ſo wie wir, an der Hand der Chronologie in der
Geſchichte vorzuſchreiten, ſondern ſie wirkten einen Stoff,
der ohnehin ihr Herz brängte, in den andern und verfielen
auch in den Fehler Ungebildeter, das eine Mal, wo man Gele=
genheit hat, etwas zu ſagen, Alles ſagen zu wollen, wie
in dieſer Hinſicht Johannes ſchon am Beginn ſeines Evange=
liums durch ſeine Lehre vom Logos der ſpätern Kritik eine

Blöße gegeben hat, die allem wohlbegründeten Zweifel am Wunderbaren in der evangelischen Geschichte Berechtigung giebt. 7) Durch diesen Johanneischen offenbaren Beweis mit dem Logos, daß sich die evangelische Geschichte vom Orientalismus, nicht blos der Form, sondern auch dem In= halte nach, nicht frei erhalten konnte, durch diese Berechtigung, die um so schlagender ist, da sie ja von einem Augenzeugen herrühren soll, hat der Forscher auch freies Feld, die evange= lische Geschichte und die Dogmen des christlichen Lehrbegriffes nur im Zusammenhang mit den übrigen mystisch=religiösen Traditionen des Orients zu betrachten.

Es wird keine Verklärung und Wiedergeburt des Chri= stenthums in unserm Jahrhundert möglich sein, wenn wir uns nicht zur Ehre seines ewigen Inhalts, ganz und gar von seiner zeitlichen Form, vom Buchstaben befreien. Wenn das Christenthum nur noch auf die Bibel begründet werden soll, wenn diese durchaus mangelhaften Urkunden allein die Göttlichkeit Christi beweisen sollen, dann würde das Christen= thum in eine bedrängte Lage kommen. Man würde es bald fragen, ob es kein anderes Recht auf die Geschichte und Jahr= hunderte hätte, als jenes geschriebene. Und darin sind wir fortgeschritten, daß wir an einen mechanischen Zusammenhang in historischen Dingen und an eine Religion, die sich zwei= tausend Jahre erhalten hat, nicht mehr glauben würden, wenn sie sich nur einzig und allein auf ein Buch wie die Bibel berufen würde. Wir werden uns immer mehr daran ge= wöhnen, das Christenthum als eine Blüthe der allgemeinen Religionsgeschichte zu betrachten und sein inneres Samenkorn zu schätzen, mögen auch die äußern Blätter, auf welchen die Märchen von Wundern, von Auferstehung, von Himmelfahrt geschrieben sind, längst verwelkt sein.

Ein tiefer Denker hat gesagt, daß Jeder sein eigener Mes= sias und die Erlösung eine ewige, das heißt eine immer neue sei; und wenn wir nun sehen, daß in der alten Erlösung, an der, welcher die Zeitgenossen Christi theilhaftig waren, die evangelische Geschichte in der Gestalt, wie sie uns überliefert ist, die Geschichte gerade der damaligen ersten, durch Zeit und Ort, Denk= und Gefühlsweise bedingten Erlö=

sung war, so hat heute noch Jeder, der sich in die Tiefe des Christenthums taucht (und er braucht dazu nichts, als sich in den Jordan seines eigenen innern Menschen zu tauchen), seine evangelische Geschichte. Jene Hülfsmittel, welche die Zeit= genossen Christi bedurften, um an ihn zu glauben, und die da zeigten, daß Er der Verheißene war — diese Bedingung brauchen wir nicht mehr. Ob Christus schon im Alten Testament geahnt war, ob David von ihm redet, das kann für uns nur insofern Werth haben, als wir das Bedürfniß einer bessern Zukunft bei den Alten erblicken und um so mehr Achtung vor einem Ereignisse empfingen, das ihnen diese Zu= kunft, wenn auch in ganz anderer Gestalt, gebracht hat. Sonst wäre es traurig, wenn jene Wunder des Neuen Testaments, die geheilten Blinden und Lahmen und die Schlußtransfigu= ration des ganzen Gemäldes für uns keinen höhern Werth haben sollten, als den, daran zu erkennen, wie schon damals an die heilende Kraft der neuen Lehre geglaubt wurde und wie man das Größte, was man damals hatte, das Geheim= niß und das Wunder, zum Preis seiner Lehre, die weder Geheimniß noch Wunder war, darbrachte. Jetzt schafft man sich selbst sein Evangelium, und wenn Jeder, der vor der Ewigkeit des Christenthums Achtung empfindet, der selbst in seinen Dogmen um so weniger die Tiefe verkennt, als sie mit der Religionsweisheit des Alterthums und dem Drange aller Zeiten nach Erkenntniß zusammenhängt, seine eigene evange= lische Geschichte niederschreiben wollte, so würde sie vielleicht nicht weniger fabelhaft, nicht weniger wunderbar ausfallen, als die alte, und würde der Einflüsse unserer gegenwärtigen Zeit wegen von einer zukünftigen vielleicht ebenso nicht ver= standen werden.

Die katholische Theologie leistet nichts für die Aufklärung der Köpfe. In Irland, Spanien, Italien die tiefste Nacht. Die Artikel des Papstes Pius IV. werden nach wie vor von den Geistlichen beschworen. Nirgends, außer Frankreich und Deutschland, ein Schimmer freisinniger Opposition oder wissenschaftlicher Forschung. Deutschland besonders ist seinem alten Rufe, in Ueberzeugungen nach Freiheit zu streben, doch auch in Betreff des Katholizismus treu geblieben. Denn obgleich der römische Stuhl sehr träge geworden ist und sich nur romanischen Völkern vorzugsweise zuneigt, um deren geistiges Leben zu beobachten, so hat ihn doch in jüngsten Zeiten außer den Ketzereien Lamennais' Nichts mehr beschäftigt, als Deutschland. Aber wie plump und schwerfällig ist auch hier sein Verfahren, wie kraß die Ignoranz, die sich trotz der von Dresden, Köln, München zahlreich genug in Rom einlaufenden Denunciationen in den Verdammungsurtheilen zu erkennen giebt! Wird doch selbst Schelling, der gewiß viel für die Hingebung an einen verklärten, filtrirten, abgezogenen Katholizismus gethan hat, verketzert! Diese Italiener wollen deutsches Leben verstehen; die Violettstrümpfe, die kaum lesbares Latein schreiben, wollen über die Forschungen der Philosophie und der kritischen Wissenschaft absprechen! Wäre der Katholizismus nicht unglücklicherweise an die Idee eines Papstes und an die einer allgemeinen Kirche gebunden, längst müßte die Emser Punktation eine Wahrheit geworden, müßten die in einem Augenblicke des aus Dank gegen die Gottheit wiedererwachten religiösen Enthusiasmus abgeschlossenen Concordate aufgekündigt sein, müßte sich wenigstens eine so tief- und freisinnige Nation, wie die deutsche, aus der entehrenden Botmäßigkeit unter jenen Italienern befreit haben.

Und es ist seither geschehen. Ein Theil der deutschen katholischen Kirche hat sich von Rom losgesagt. Die Veranlassung konnte nicht historisch nothwendiger sein. Der Bischof von Trier wollte der Aufklärung des neunzehnten Jahrhunderts einen Beweis geben, wie mächtig noch der alte Götzendienst der Hierarchie in den Gemüthern verborgen läge, und stellte ein Kleidungsstück unter dem Namen des heiligen Rockes als Lockmittel für die wallfahrende katholische Welt aus. Diese Anomalie unserer Zeit war zu gewagt. Ein Sturz von dieser Höhe des Unsinns mußte nothwendig sein. Ein unscheinbarer, unbekannter Priester richtete an den verblendeten Bischof, dessen Namen auf ewige Zeiten unter den Dunkelmännern genannt wird, ein Rundschreiben von einer so bezaubernden Macht der heiligsten Entrüstung, von einer das deutsche freie Geistesleben so allumfassenden Bildung und

freien Ueberzeugung, daß ein größeres Wunder geschah, als
durch den heiligen Rock. Der welthistorische „Zufall" wollte,
daß in Schneidemühl, einem kleinen Flecken auf der polnisch-
deutschen Grenze, schon eine Gährung zwischen altem und
neuem Geist in kirchlichen Dingen ausgebrochen war. Czerski
und Sänger sind bedeutungsvolle Namen in der Entwicklung
dieser angehenden, wunderbaren Erscheinung, der Lossagung
von Rom. Ronge's Brief traf mit dem kleinen Lichtlein in
Schneidemühl zusammen und entzündete es zu einer Fackel,
die plötzlich ganz Deutschland erhellte und schon weit über
50,000 Bekenner des katholischen Glaubens nicht nur von
der Verbindung mit Rom und seinen Satzungen ausscheiden
ließ, sondern sogar eine neue und die freieste Form des christlichen Glaubensbekenntnisses gestaltet hat, eine Form, die zu-
sammentreffend mit der im Schooße des Protestantismus
ausgebrochenen lichtfreundlichen Bewegung, in ihrer
jetzigen äußern, mehr bedrohten, als gefürchteten Erscheinung
noch gar nicht ahnen läßt, was sich möglicherweise aus ihrem
Schooße gestalten kann.

Der Widerspruch, der sich gegen diese denkwürdigen Bewegungen erhob, führt uns auf die Religion in ihrem Verhältniß zum Staat. Die Erscheinung der Religion als Kirche
und das Verhältniß derselben zum Staat betreffend, so begegnet uns hier ein neues, unwiderrufliches Thema der zeit-
genössischen Kämpfe, eine Frage, die das Jahrhundert nicht
umgehen kann, sondern die es lösen muß. Trennung der
Kirche vom Staat — dies ist zwar ein Schiboleth, an
dessen historischen Beruf wir um so eher glauben dürfen, als
die verschiedensten Partheien es auf ihren Schild geschrieben
haben — (Mystiker, Rationalisten, Welt- und Staatsmänner
vereinigen sich in dem Streben, die Kirche vom Staate, den
Staat von der Kirche zu befreien. Die Einen wollen den
Staat, die Andern die Kirche sicher stellen; dort soll die
Freiheit, hier die Religion gewinnen); kurz, die Parole ist
bei alledem bedenklich.

Der Unterschied der Frage, wie sie in England und
Deutschland steht, liegt darin, daß ihr Resultat dort politischer, hier kirchlicher Natur ist. Die englische Kirche ist nicht mit

der englischen Administration verschmolzen, sie ist ein Schlupf=
winkel des politischen Partheigeistes. Die englische Kirche leitet
und verwaltet sich selbst, aber sie ist eine Macht im Staate, die
eben solche Ansprüche macht, wie der Staat selbst. Der Staat
erhebt Steuern, s i e erhebt Zehnten, der Staat hat Domänen,
s i e hat ihre Kirchengüter, ihren Grund und Boden, auf wel=
chem ihr selbst die Katholiken verpflichtet sind, die darauf
wohnen. Die Kirche in England hat sogar die Freiheit einer
Opposition gegen den Staat; sie nimmt eine Reihe von Sitzen
in der letzten legislativen Instanz des Reiches ein und kann
durch geschickt unterhaltene Bundesgenossenschaft, durch das
Versprechen einer Erkenntlichkeit, wenn es sich um die Ab=
stimmung politischer Fragen handelt, sich den Erfolg in
kirchlichen sichern. In England ist demnach die Kirchen= und
Staatstrennung nur in dem Sinne zu verstehen, daß der
Kirche ihr politisches Fundament, ihre politische Rückwand
weggezogen werden muß.
 Weit vorsichtiger muß man sein, wenn Kirchen, die keine
Autorität haben, sich nur deshalb vom Staat trennen wollen,
um herrschen zu können und nicht unterthan zu sein. Ich
gebe zu, der weltliche Despotismus in religiösen Dingen,
Cabinetsdecrete, die eine eigene Auffassung der Lehre vor=
schreiben, Amtsentsetzungen, die dem Weigerungsfalle folgen,
sind ein großes Uebel. Aber es handelt sich, wenn man die
laute Stimme des Zeitgeistes hören will, nicht um E r s t a r =
k u n g der Kirche, dem Staate gegenüber, sondern nur um
B e f r e i u n g. Die Theologen denken zuweilen bei dem Letz=
teren auch an das Erste. Sie wollen eine Kirche aufstellen
mit Concilienlärm, mit geistlichen Ständekammern. Sie wollen
vom Staate nichts, als die bewaffnete Macht, um ihre De=
crete in Vollzug zu bringen. Ein bis zu einem gewissen
Grade achtungswerthes Streben kann leicht in ein Extrem
ausarten, das wenigstens für die Religionsbekenner, für
die Laien, drückender wäre, als bisher die Cabinetsverwaltung
der Kirche war. Kurz, man hüte sich wohl und traue dem
Priester nicht, wenn er sagt: „Freiheit der Kirche!" Selbst
wenn er die salbungsvollsten Declamationen gegen den poli=
tischen Despotismus einfließen läßt, wenn er noch so viel

gegen Cabinetspolitik spricht und sich beliebter und auf der
Tagesordnung stehender Redensarten bedient, er will nichts
Anderes sagen, als „Herrschaft der Kirche!" Was er Würde
der Religion nennt, ist nicht selten Entwürdigung des freien
Gewissens. Was ihm der Triumph des Christenthums dünkt,
kann uns nur als eine Schmach der Vernunft erscheinen. Man
lese diese Anempfehlungen kleiner Duodez=Concilien und stän=
discher Religionsausschüsse, die Vertheidigungen des sogenann=
ten Synodal= und Presbyterialwesens, ob nicht immer der
Refrain derselben d e r ist: Hierdurch allein könnte dem Indif=
ferentismus gesteuert werden! Was Ihr Indifferentismus
nennt, Ihr Herren, das ist unser Stolz, unsere Religiosität,
unsere größere Ehrfurcht vor dem Christenthum, als die wir
zeigen würden, wenn Ihr uns zwänget, Eure Kirchen zu be=
suchen! Mit andern Worten und aus der Priester= in die
Weltsprache übersetzt, heißen Eure Klagen: So kann allein
wieder ein Kirchenbann, wenn auch ein noch so feiner und den
Zeitumständen angemessener, möglich, so kann Hildebrand
nachgeahmt und jedes Dorf ein Canossa werden! Man weiß,
wie wenig der Abendmahltisch besucht ist. Würden die Geist=
lichen nicht geneigt sein, wenn sie nur könnten, bei Vermäh=
lungen, Kindtaufen, bei Vorfällen, wo sie die Menschen als
Bürger in der Gewalt haben, von den Brautleuten oder
Eltern S c h e i n e über die besuchte Abendmahlsfeier zu ver=
langen? An manchen Orten erhalten wenigstens schon Stu=
denten keine Stipendien, wenn sie sich nicht über einen regel=
mäßigen Genuß des Abendmahls ausweisen. Mit einem
Worte, so lange noch vom Cultus eingestanden ist, daß dieser zum
Ressort der Polizei gehört, so lange wird auch kein Zwang
in geistlichen Dingen stattfinden; denn wir sind doch wenig=
stens s o w e i t gekommen, daß jeder Staat, mag er auch un=
frei verwaltet werden, Scheu hat, seine geistliche Gewalt, die
er nur weltlich ausüben kann, zu mißbrauchen.

Es schwebt den Freunden eines „christlich=religiösen Lebens"
als Schreckbild Nordamerika vor, wo die Religion eine Privat=
sache ist, wo die religiösen Gesellschaften wie Eisenbahnunter=
nehmungen vom Staate concessionirt werden. Der Verglei=
chungspunkt im Bilde stört uns; sonst will das Princip nichts

Anderes heißen, als daß jede religiöse Gesellschaft, die ihren
Cultus üben will, sich der Theilnahme des Staates so zu er=
freuen hat, daß er das Vorhaben beschützt. Daß in Europa
ein Versuch, die Kirche als ein Ganzes aufzuheben und nur
noch Religionsgesellschaften mit mehr oder weniger apostolischer
Färbung je nach dem Bedürfniß der Gemeinde zu dulden,
daß ein solcher Versuch nicht sogleich jene Willkür zur Folge
haben werde, die uns an Nordamerika widerstrebend ist, da=
für bürgen die unauslöschlichen Voraussetzungen und Bedin=
gungen unseres europäischen Lebens, die Sitten, die Meinungen,
die Verhältnisse, welche Alles umfassen. Um aber beide so
wünschenswerthe Resultate zu erreichen, sowohl die Unabhän=
gigkeit der Kirche vom Staat, wie die Unmöglichkeit, die
Kirche mit einer gefährlichen Gewalt zu bekleiden, giebt es
keinen andern Ausweg, als den, die religiöse Ueberzeugung
frei zu geben und von jenen Gesellschaften, die sich bald als
Gemeinde bilden würden, ungefähr nichts weiter zu verlangen,
als daß ihre Geistlichen auf den Namen Christi taufen. Denn
man fürchte sich doch nicht vor dem, was von Menschenhand
ausgeht; man glaube doch nicht, daß im Neuen keine Kraft,
im Gegenwärtigen keine Zukunft liegen könne. So gut in
alten Zeiten die Formen für göttliche Ueberzeugungen mensch=
lich, für heilige Gedanken weltlich waren, so würde sich auch
noch heute die bildende, organisirende, künstlerische Kraft der
Menschen in trefflichen Gebilden offenbaren können, wenn ihr
nur Raum gestattet würde sich zu bewähren.

Der katholischen Kirche ist es bisher besser gelungen, als
der protestantischen, sich als ein selbstständiges Ganzes zu er=
halten. Sie hat noch nicht aufgehört, Hierarchie zu sein.
Sie befiehlt noch von Oben herab bis in die verzweigtesten
Abstufungen einer geistlichen Bureaucratie. Wäre sie auch
wol zu schwach, einen drohenden Widerstand gegen die Ein=
mischung weltlicher Zumuthungen zu unterhalten, so ist doch
selbst der leidende Widerstand eine Waffe, gegen welche Für=
sten und Regierungen den Fanatismus der Massen, den Par=
theigeist der Priester und die scheinbare Nothwendigkeit eines
in sich geschlossenen Kirchenzwecks bedenkend, nichts vermögen.
Wie viel Unlust und Qual mußte Herr von Quelen einst

Louis Philippe zu machen! Was hat der Erzbischof von
Köln nicht schon den preußischen Staat in Unruhe versetzt!
Die weltliche Macht wirft sich noch einmal in die Brust und
weist den Inhalt eines Hirtenbriefs zurück, eilt aber, sogleich
eine zerstörte Kirche aufbauen zu lassen und den heiligen
Vater von allen vorgekommenen Mißverständnissen zu infor-
miren.*) Das macht, die Regierungen geben ungern Beispiele eines Verfahrens, das sie, angewandt gegen sie selbst,
für nicht minder unpassend halten würden. Sie schützen die
geistliche Macht, um sich mit ihrem Segen selbst heilig zu
sprechen, wie auch Napoleon nicht den Muth hatte, den
Papst, der in seiner Gewalt war, zu erdrücken, sondern ihn
aufsparte, um sich von ihm salben zu lassen.

Die in neuerer Zeit abgeschlossenen Concordate weltlicher
und geistlicher Interessen sind fast alle von jenem Geiste dictirt, der den Wiener Congreß beseelte. Man wollte Freiheit
vom apostolischen Stuhle, ohne diesem zu mißfallen oder sich
wol gar dem Vorwurfe der Irreligiosität auszusetzen. Con-
salvi protestirte zwar gegen den ganzen Verlauf des Wiener
Congresses; allein der retardirende Geist, der die Fürsten beherrschte, kam zuletzt den Separatverständnissen mit dem Papste
zu Hülfe. Pius VII., ein starrer Priester, der die Jesuiten
wieder aus einem Grabe, in welches sie früher nur eine
wächserne Todtenmaske gelegt hatten, erweckte, um eine ge-
rüstete Schaar von Kämpfern zu haben, eine Miliz der kirchlichen Interessen, hatte die Genugthuung, daß die Nieder-
lande, Preußen, Deutschland, die Schweiz sich durch Verträge
zu einem Einflusse verstanden, der dem Papste gestattet wurde,
weit über die Fortschritte des Jahrhunderts hinaus. Die
Fürsten behielten keine andern Rechte, als diejenigen Stellen
zu vergeben, über welche sie selbst durch längern Besitz oder spätern Erwerb Patronatsrechte besaßen. Was zweifelhaft in den
Bestimmungen war, wurde vom Papste zu seinen Gunsten erklärt. Die Allocutionen dienten als Erweiterungen der Concordate, und die protestantischen Fürsten namentlich, um nicht
ihre katholischen Unterthanen, die gewöhnlich auch in neu er-

---

*) Geschrieben vor der Absetzung Droste-Vischering's.

worbenen bestanden, aufzureizen, zogen in diesen Fällen nicht
selten vor, zu schweigen. Im Deutschkatholizismus hat
Deutschland ein Mittel, mit dem Papste energisch zu unter=
handeln. Werden es seine Fürsten benutzen?

Das religiöse Leben der Gegenwart ist blühender
und ernster, als das des vorigen Jahrhunderts. Dennoch ist
dies zum Theil nur die Folge des materiellen Zeitgeistes, der
die Religion auf sich beruhen läßt und sie achtet, ohne sie
auszuüben. In dieser Rücksicht ist der Zeitgeist sogar ein
Hinderniß der Religion. Er spannt andere Netze aus, als
die Fischernetze des Christenthums, um die Gemüther der
Zeitgenossen zu gewinnen. Er ist nicht nur allein auf das
Weltliche, sondern auch fast nur auf das Momentane bedacht.
Eine Gesinnung, wie die des sechszehnten Jahrhunderts, wo
das religiöse Interesse alle andern Fragen absorbirte, die Po=
litik lähmte, ja den eigenen Vortheil nicht selten vergessen
ließ zu Gunsten seiner Ueberzeugung, läßt sich kaum noch vom
heutigen Gesichtspunkt aus begreifen. Sie könnte nur spo=
radisch vorkommen und höchstens in Deutschland eine Episode
des öffentlichen Lebens bilden. Die Redensart, daß man Gott
in allen Lagen und Gestalten anbeten könne, hat unsere Mit=
welt längst für die einzelnen Confessionen in der Religion
stumpf gemacht. Es ist auch dies, daß die Idee Gottes mit
der Zeit so vergeistigt wurde, der Grund, warum man alles
Aeußere in der Religion, Bekenntniß, Ceremonie, Gottesdienst
für unwesentlich hielt und sich auf Lauterkeit der Gedanken
und Hingebung der Gefühle beschränkte.

Die Mängel der Kirche und die Form des Gottesdienstes
tragen ohnedies viel dazu bei, daß sich das religiöse Bedürf=
niß nicht in zusammenhängender Einigung und einer das
Wesen der Gemeinde wieder herstellenden elektrischen Kraft
ausspricht. Seitdem in der Lehre so viel in Frage gestellt
ist, kann auch das Leben in der Religion sich nur noch nach
eigenem Gefallen äußern; ist doch bei Manchem die Religion
jetzt nur noch darin gelegen, daß man über sie zuweilen
feierlich nachdenkt, wie in der That Andacht, das Denken
an Gott, hinlänglich und vollauf Religion ist.

Darum soll jedoch nicht gesagt sein, daß unsere Zeit nicht hie und da Symptome eines starken Dranges nach religiösem Leben aufweist. Nach dem Geist des vorigen Jahrhunderts brachen so gewaltthätige Ereignisse über Europa herein, daß sich die Menschheit von einem nicht selten mürrischen Ernst ergriffen fühlte. Unsere Gesinnungen sind strenger und rauher geworden, unsere Berührungen schroff und abstoßend. Das Gewirr der ideellen Interessen, die sich wechselseitig befehden, um Träumen über Staatsverfassung den Sieg zu verschaffen, die Noth der materiellen Existenz, die oft sogar da die bangsten Stunden macht, wo das großartige Geschäft mit den Conjuncturen zu kämpfen hat oder der Reichthum einen Lebens= fuß erzeugte, auf welchem immer und ohne Beschränkung zu leben dem Vermögenden ein nicht selten schwieriges Bedürfniß geworden ist; dies alles macht, daß wir die obere und untere Kinnlade scharf zusammendrücken, die Stirne runzeln und die Augen tief in ihre Höhlen zurückziehen. Die spätere Wendung, welche die Ereignisse nahmen, die den Anfang unseres Jahrhunderts bezeichnen, ging hie und da wirklich von religiösen Impulsen aus, man konnte es sogar möglich machen, die Politik und die Diplomatie einen kurzen Augen= blick mit der Religion zu verbinden. Die religiösen Verir= rungen überdies, deren unsere Epoche zahlreiche aufzuweisen hat, bestätigen ein immer noch, wenn auch nicht verbreitetes, doch vorhandenes Bedürfniß, das befriedigt sein will; die Fortschritte des Pietismus konnten nur in einem Zeitalter möglich sein, wo es leicht war, an religiöse Empfindungen anzuknüpfen, ja, selbst solche Secten welche aus rein politischen Interessen, ja sogar aus industriellen hervorgingen, wie der Saint=Simonismus, zogen das Christenthum in den Kreis ihrer systematisirenden Bestrebungen als eine Culturblüthe, für welche die Utopisten früherer Jahrhunderte in den Treib= häusern ihrer eingebildeten Staaten und Erziehungsmethoden keine Stelle hatten.

Der Pietismus ist nicht das Medium, welches diesen Pro= ceß erklären und läutern wird, oder es müßte denn sein, wei neue Gebäude am ersten dem Mauerschwamm ausgesetzt sind. Seine große Verbreitung beweist noch nicht, daß er allgemein werden wird. Wäre sein Princip nur das Gefühl, so ließe sich nicht an der Alles bewältigenden Kraft desselben zweifeln, allein sein Wesen ist weit mehr die Autorität, als das Gefühl; es herrscht in dieser Auffassung der Religion nicht einmal das Streben nach einem Siege über die Masse, man sondert sich ab, man entsagt dem Allgemeinen; der Pietismus hat zu allen Zeiten den Verlauf der Cultur und Geschichte nur begleitet, er lief als Basrelief oft mit wunderlichen Arabesken und Verschlingungen den großen Marmorgebilden, die auf dem Postamente der Zeit standen, parallel. Dieselbe Stellung hat er noch gegenwärtig, wobei derselbe noch nicht einmal den Vorzug früherer Zeiten hat, den, in seiner Art einzig und originell zu sein.

Daß der Pietismus nicht bestimmt ist, noch eine bedeutende Entwicklungsstufe im Christenthum selbst zu werden (er wird immer das Christenthum nur erhalten, nicht weiterführen wollen) sieht man auch daraus, daß er gern als eine Ketzerei betrachtet zu werden wünscht, sich von der Gemeinschaft mit einer Kirche, die ihm nicht unsichtbar genug sein kann, ausschließt. Der Pietismus muß immer im Widerspruch sein. Die Reibungen erwärmen ihn. So sucht er auch nicht die Kirchen, sondern übt seinen Gottesdienst in Conventikeln, wo ein bestallter oder vom Geist getriebener Redner das Wort führt. Männer und Frauen haben hier ihre eigenen Zusammenkünfte, sie vermischen sich selten untereinander. Feierlicher Gesang mit Begleitung einer Violine, oder auch ganz frei getragen, beginnt die Erbauungsstunde. Dann tritt der Redner auf und hält ein Gebet, worin die größte Kraft dieser Secten liegt. Der Maßstab, den sie an Geistliche legen, ist der, ob sie gut beten können.

Obschon der Pietismus sonst nicht das Streben hat, seine Spur mit dauernden und festen Werken zu bezeichnen, so hat sich doch derselbe besonders zwei Aufgaben angelegen sein lassen, nämlich die Bibel überall und das Christenthum unter den Heiden zu verbreiten. Das Missionswesen wurde bekanntlich vom Papstthum eifrig gepflegt. Einem Glauben, der schon der Berührung mit dem Kleidessaum eines Geistlichen wunderbare Kräfte zuschrieb, mußte es leicht werden, die Heiden in Masse für das Christenthum zu gewinnen oder als Gewonnene wenigstens auszugeben. Katholische Propaganbisten tauften in Amerika und Asien an einem Tage Tausende, indem sie nur mit dem geweihten Wasser benetzten und über den Unterricht sich weiter keine Sorge machten. Ja, wenn man über die Frömmigkeit einer buddhistischen Dame erstaunen soll, welche den Tag hindurch nichts Anderes that, als den Namen Maria aussprechen, so war diese Bekehrung daburch leicht erklärt, daß sie schon als gläubige Buddhistin sich früher damit beschäftigt hatte, nur den Namen einer heidnischen Gottheit auszusprechen, wofür sie in Kürze den der Maria unterschob. Wenn die katholischen Missionarien der Länder- und Sprachkunde genützt haben, so nützten die evangelischen Heidenbekehrer mehr ihrem religiösen Zwecke; sie gewannen Sklaven für das Christenthum und auf der Küste des Caps besonders die Hottentotten. Allein im Allgemeinen ist Dasjenige, was durch das Missionswesen für Ausbreitung des Christenthums geschehen ist, nur ein Sandkorn an dem Weltmeere des Heidenthums. Die Fortschritte des Missionswesens sind, wenn sie nicht gerade an Orten gemacht werden, wo eine politische Verfassung und eine bereits blühende Civilisation, wie in Ostindien und China, dieselben erleichtert, so gering, daß man weit eher fragen möchte: was wirken die Missionen auf Die, welche sie absenden? als: was wirken sie auf Die, zu welchen sie gesandt werden? Im Grunde ist es unmöglich, wahres Christenthum dort zu lehren, wo alle Voraussetzungen einer früheren Bildung fehlen, und wenn diese Duodez-Ausbreitung des Christenthums nur dazu dienen soll, Gesittung zu erreichen, dann möchte wieder der Erfolg mit dem Aufwand von Kräften, der dazu nöthig ist, in keinem Verhältniß stehen und das Bedenken nicht unerlaubt sein, ob es nicht andere und kürzere Mittel gäbe, Naturvölker zu bändigen. Das Christenthum kann seine Kraft nur dann üben, wenn es innerlichst aufgenommen und verstanden ist. Ist das Christenthum Zweck, so wird er hier verfehlt; ist es Mittel, so ist es theils zu schwach, theils zu theuer. Das Missionswesen, wie es jetzt ist, sticht gegen die Erweiterung, die man ihm als einer Gesellschaft für die Civilisation der Heidenwelt geben könnte, winzig ab; es ist ein kleines, zerbrechliches Kanot, das sich ohne Assecuranzprämie, ohne Wasser und Lebensmittel, ohne Compaß und Steuerruder auf die See hinaustragen läßt, wo es seine Wirkung auf zwei, drei Menschen beschränkt, die es sozusagen auf irgend einer kleinen Insel, an welche sie der Sturm wirft, antrifft. Es ist nichts gegen Das, was es sein will.

Auch kann ich nicht die Verwunderung unterbrücken, warum sich das Missionswesen nur mit dem blinden Heidenthum beschäftigt und nicht mit dem sehenden, d. h. mit dem Heidenthum, das sich nicht für blind hält. Man hört immer von Missionen in die Südsee, auf die Freundschaftsinseln; warum nicht auch von Missionen unter die Türken? Freilich besitzen diese eine weltliche Herrschaft, die für den armen Missionair unüberwindlich ist. Allein könnte man nicht an den Grenzen werben und sich nach und nach durch ein methodisches Verfahren in das Innere der Länder hineinbekehren? Es giebt auch christliche Theologen, welche das Missionswesen in seiner jetzigen Gestalt ganz verwerfen und es für kleinlich und eines die gebildete Welt beherrschenden Glaubens für unwürdig halten, sich bei fremden Völkerzuständen einzuschleichen, Theologen, die ihrerseits überzeugt sind, das Christenthum solle nur die Folge jener Ausbreitung sein, nach welcher die Menschen ohnedies hinstreben, die Ausbreitung politischer Herrschaft, wie auch im Alterthum Bonifacius und Jrnerius und die übrigen Heidenbekehrer bei Weitem nicht so viel gewirkt haben, als wenn Karl der Große die Sachsen aus dem Lande schleppte oder die Völker selbst nach Italien kamen, wo diese ohnedies Neues suchten und nebenbei das Christenthum mitnahmen. Welch' ein zweifelhaftes, ja ohnmächtiges Geschenk ist das Christenthum, wenn ihm nicht die Civilisation zu Hülfe kommt! Was ist es, daß ein Wilder am Meeresstrand die Bibel küßt und, ohne sie lesen zu können, zur Noth ihren Inhalt erfahren hat; was ist es, wenn Zehn, Zwanzig mit ihm auf gleiche Weise bearbeitet sind und sich doch nirgends die Möglichkeit zeigt, hier auch jenen großen, welthistorischen Segnungen des Christenthums Raum zu

schaffen und namentlich in denen, die getauft sind, den Trieb
der Weiterfortpflanzung ihrer Erkenntniß und das Märtyrer=
thum zu erwecken! Diese Familie küßt ihre Bibel, erzählt
sich von Christus, stirbt allmälig aus, die Tradition stirbt
mit aus und die Bibel vermodert auf den Gräbern der kleinen
Gemeinde, die nie gewußt hat, was sie mit ihrer Besserung
und ihrer Tradition hat machen sollen. Gerade weil es dem
Missionswesen nicht gelungen ist, das Christenthum als Fun=
ken in Gemüther zu legen, die sich dann weiter entzündeten
und der Mission selbst das Geschäft aus der Hand nahmen,
gerade weil die wenigen Gewonnenen nur arme, hülflose Schafe
waren, die ewig des Hirten bedurften, um nicht in der Irre
zu gehen, gerade darum war das Missionswesen nicht werth,
daß man es beim Erwachen unserer religiösen Empfindungen
wieder neu zu beleben suchte. Man kann sagen, daß durch
das Missionswesen weit mehr die Bekehrung unter u n s, als
die unter der Heidenwelt dargethan ist.

Segensreicher wirkten jedenfalls die Bemühungen der
B i b e l g e s e l l s c h a f t e n; denn selbst wenn sie mit dem
Missionswesen Hand in Hand gingen und ihre Aufgabe mit
einer Uebersetzung derselben in Heidensprachen lösten, so
haben sie, wenn nicht dem Christenthum, doch der Philologie
genützt, wie Dr. C a r e y, der früher Schuhmacher war, ge=
wiß nicht so viel wahre Christen als wahre Sanskritaner ge=
zogen hat.

Auch für die B e k e h r u n g d e r J u d e n schießt der Pie=
tismus Geld zusammen. Es wird Samstags z. B. in Berlin
in einer eigens dazu bestimmten Kirche gepredigt, um die
Juden anzulocken; allein wenn ihnen nicht, wie einst den
Sachsen, das Henkerschwert droht, wer kann ihnen verargen,
daß sie die christlichen Kirchen nicht besuchen und noch weniger
Christen werden! Diese Gesellschaften zur Bekehrung der
Juden haben wenig Erfolg, und wo sie ihn hatten, kamen
die Strahlen der Erleuchtung nicht von der Sonne der
Wahrheit, sondern von den blanken Ducaten, mit welchen
die Gesellschaft bereit ist, einen abtrünnigen Juden zu unter=
stützen.

Es ist hier der Ort, von den J u d e n zu sprechen. Wenn

nicht das Christenthum allmälig eine so ausschließliche Richtung angenommen hätte, so würde es weniger auffallend sein, ein Volk und eine Religion unter uns zerstreut zu sehen, die ursprünglich zwar der Stamm des christlichen Glaubens war, sonst aber in den Folgen, die sie für die Gesellschaft hatte, eine der eigenthümlichsten Stellungen gewonnen hat. Mitten durch unsere Gesellschaft zieht sich ein eigener Völkerbund, der überall seine Heimath hat, wo nur seine Glieder weilen, der in Gesichtsbildung, Charakter und Religion einen entschiedenen Gegensatz gegen das germanische und romanische Leben bildet. Es ist ein Volk, das ohne Verabredung sich doch erkennt, das kein eigenes Ziel hat und sich doch nicht dem des übrigen Europa anschließt; ein Volk, das den Augenblick benutzt, um durch seine Lage gezwungen nur das Individuum, und was es an Freundschaft und Verwandtschaft besitzt, zu heben. Hie und da erinnert der Zustand desselben noch an die Zeiten der finstersten Barbarei; denn nicht nur, daß die Unterdrückung die Menschen dieses Glaubens vom reinigenden und erfrischenden Zugwind der Fortschritte im öffentlichen Leben entfernt gehalten hat, sondern sie selbst machen zuweilen kaum größere Ansprüche, als nur sicher in ihrem Hause zu sein, kleinen Geschäften ohne Zwang vorzustehen und an einer religiösen Ueberzeugung haften zu dürfen, die ihre Grundlage in der Verehrung des Alten hat und eine messianische Hoffnung predigt, von welcher der Jude nur zu gut weiß, daß sie weit über den Horizont des Möglichen und Glaublichen hinausliegt. Hie und da trieben die Bedürfnisse des Geistes oder die Ansprüche des Reichthums das zerstreute Volk aus jenen Gassen, in welche sie das Mittelalter verschloß, heraus; sie ließen den Unterschied der Religion daheim zurück als ein mit den Fortschritten der Aufklärung allmälig schwächer gewordenes Abzeichen, schlossen sich an die übrige christliche Gesellschaft an und wußten durch Scharfsinn, Reichthum und nicht selten zugestandene Autorität (die Rothschilds) die Trennung immer mehr in Vergessenheit zu bringen. Jüdische Zumuthungen an die christliche Gesellschaft, welche man in den Zeiten des Mittelalters für Hochverrath genommen hätte, erhielten jetzt einen kräftigen Nachhalt. Der

Jude will keinem einzelnen, wie Goldadern unser Europa durchziehenden Volk mehr angehören, sondern behauptet, durch Sprache, Sitte und Geburt Europa als seine Heimath errungen zu haben; er will nach dem Maße von Lasten, die ihn drücken, auch an den Vortheilen des öffentlichen Lebens Theil nehmen und verlangt das vollkommene Bürgerrecht um so bringender, als die erwachte Humanität in diesem Bürgerrecht auch das allgemeine Menschenrecht anerkennt. Wir erleben das in alten Zeiten unerhörte Beispiel, daß die Juden ihre Nationalität, ihre Absonderung, ihren Stolz, ja den größten Theil ihrer Religion preisgeben, um sich den öffentlichen Thatsachen des Christenthums ohne Unterschied als Gleichberechtigte anzuschließen. Hätte man im fünfzehnten Jahrhundert die Juden emancipiren wollen, sie würden die Freiheit nicht angenommen haben; die Unterdrückung war alltägliche Gewöhnung, sie würzte den Glauben, der seine größte Stärke in unwahrscheinlichen, aber schmeichelhaften Hoffnungen fand. Die Juden würden um den Preis ihrer Religion und Nationalität die Erlösung aus ihrem Joche nicht angenommen haben. Jetzt aber, wo an die Stelle der Aristokratie der Geburt die Aristokratie des Geldes getreten ist, wo Industrie und Handel die Gegenstände der politischen Sorgfalt sind, wo die dogmatischen Traditionen des Glaubens gelüftet wurden, hat sich auch bei den Juden längst der Ehrgeiz und der Abscheu verloren, mit dem Christen eine und dieselbe geistige und leibliche Speise zu essen. Seit dem Ende des vorigen Jahrhunderts ringen die Juden nach Emancipation und werden darin von aufgeklärten Christen unterstützt. Sie wollen nicht mehr auf Pfänder leihen, mit alten Büchern handeln, mit dem Quersack durch die Straßen ziehen und für alte Kleider neues Geld geben; sie sind des Wuchers müde, um so mehr, als sie nicht mehr das alleinige Privilegium dazu haben, sondern schon längst von den Christen darin übertroffen werden. Den Vorwurf, daß sie zur Emancipation noch nicht reif seien, können sie insofern zurückweisen, als die an ihnen vermißte Bildung nicht die Ursache, sondern die Folge der Emancipation sein kann; denn giebt es Bildung, wo keine Freiheit ist?

Die Emancipation der Juden ist eine so lebhafte Tages=
frage, daß man sie kaum erwähnen kann, ohne zugleich mitten
in Polemik versetzt zu sein. In Frankreich ist sie entschieden;
dort werden die Juden zu Deputirten gewählt und können
Theil nehmen an der Gesetzgebung und Administration des
Staates; jedes Gewerbe ist ihnen gestattet, ja sie haben sogar
die Freiheit, Soldat zu werden und sich für ihr neues Vater=
land todtschießen zu lassen. In Belgien giebt es jüdische
Maires genug, ja trotz der katholischen Staatskirche wohnen
Juden den königlichen Kindtaufen als Zeugen bei. Ueber=
haupt verschmilzt der Jude in romanischen Staaten leichter
mit der Masse, als in germanischen, obgleich sie auch in den
Niederlanden gleichberechtigt sind und der vollkommensten
Freiheit genießen. In England und Deutschland steht der
Vermischung der Juden mit den Christen der hier auffallende
Unterschied der Race entgegen, denn mancher Franzose sieht
ohnehin wie ein Jude aus, während englische und deutsche
Juden gegen eine blonde oder doch größtentheils blauäugige
Nation mit ihren scharfen südlichen Physiognomieen auffallend
abstechen. Dennoch hat auch schon in England die Bemühung
des Herrn Grant ansehnlichen Fortschritt gehabt, und in
Deutschland ist sogar ein Staat, wenn auch freilich durch die
unmittelbare Einwirkung Rothschild's, zu einer völligen Eman=
cipation der Juden gediehen, Hessenkassel. Adressen werden
an die gesetzgebenden Körper eingereicht, sie werden theils
von Leidenschaften, theils von Gehässigkeiten, nicht selten auch
von wirklichen, zuweilen verblendeten Ueberzeugungen bestritten.
Die Juden führen mit großer Gewandtheit die Feder und
wissen ihren Forderungen in der Literatur einen Nachdruck
zu geben, der um so kräftiger ist, als der Ruf nach Freiheit
in einer bessern stylistischen Lage ist, als das kalte Wort der
Unterdrückung.

Es ist billig, bei der Betrachtung dieser Frage zuerst die
Hindernisse zu erwähnen, die ihrer schnelleren Lösung noch
entgegenstehen. Judenhasser sagen: „Es giebt treffliche Juden;
aber der Durchschnittscharakter des Volkes ist herzlos. Die
jüdische Jugend ist vorschnell, zudringlich. Die bei uns übli=
chen bescheidenen und zarten Rücksichten nimmt sie nicht. Man

gehe nur mit Juden von feinerer Bildung und tieferem Gemüth
um, bald wird man von ihm bestätigt hören, daß für seine
eigene Bildung und Humanität das gewöhnliche jüdische
Treiben unerträglich ist. Man ist ewig der Medisance aus=
gesetzt, man wird nach Maßstäben geschätzt, die kleinlich sind,
die Kunst und Wissenschaft wird nach dem Gelde angeschlagen
und das Wucherwesen quillt noch aus den Poren des elegan=
testen Benehmens hervor. Wie oft erschrickt nicht der tieffüh=
lende Jude über eine Rohheit der Seinigen, wie ängstlich
wacht er, daß irgend ein lächerlicher oder auffallender Zug
derselben verrathen werde, und wie schmerzlich muß er oft
zugestehen, daß es unter der christlichen Jugend nicht immer
jene Gewohnheiten gebe, die unter der jüdischen herrschen!
Der Jude wird stark auftragen, wenn er sich über das
Gewöhnliche hinausschwingen will; hat er Kenntnisse, so wird
er sie mit Arroganz verbinden; ist er Künstler, so wird er
eine unausstehliche Genialität affectiren; hat er Witz, so wird
er schonungslos verwunden; wird einem etwas zugemuthet,
so wird man uns durch dreistere Zumuthungen zu überbieten
suchen. Das ist einmal hergebrachter Ton unter ihnen und
jeder Jude, der Einsicht und Stolz besitzt, ihn zu verachten,
gesteht doch mit Scham, daß die jüdische Art und Weise ein
solches Benehmen verlangt und daß eine Nation, die so lange
im Zustand der Erniedrigung gelebt hat, nicht anders in ihrer
schlaffen, verstandesnüchternen und feindseligen Art, sich zu
benehmen, überwältigt werden könne, als durch Unterdrückung."
    Man höre ferner, was in verschiedenen deutschen Stände=
kammern, selbst von liberalen Deputirten gegen die Juden
vorgebracht ist: „Der größte Theil der Juden ist auf einen
schnellen und wucherhaften Erwerb gerichtet, die Christen sind
mitunter schlecht genug, es ihnen gleich zu thun, aber es zieht
sich durch ihre Handlungsweise nicht eine so methodische Ver=
abredung über den Gewinn. Die Juden verschmähen kein
Mittel, um zu einem reichlichen Ertrag ihrer Geschäfte zu
kommen. Ganze Landstrecken sind ihnen verpfändet, fast alle
unsere Bauern ihnen verschuldet. Es kommt hinzu, daß im
Hintergrunde selbst ihrer überfirnißten Cultur das speciell
Nationale von den Juden gar nicht aufgegeben wird und daß

ihre Religion eine gesellschaftliche Absonderung verlangt, die
für unser Gefühl im höchsten Grad abstoßend ist. Wir können
abweichende Lehrmeinungen ertragen, können Anabaptisten,
Quäker, Griechen und Katholiken, wenn wir Protestanten
sind, um uns sehen; allein daß die Juden immer noch fort=
fahren wollen, eine eigene Gesellschaft zu bilden, darin liegen
so viel Erschwerungsgründe der Emancipation, daß es von
den jüdischen Advocaten derselben kurzsichtig ist, darüber mit
einem Sprunge hinweg sein zu wollen.“
   Bei den Hemmnissen der Emancipation leisten also Be=
sorgnisse, die mehr oder weniger Grund haben, Vorschub.
Man fürchtet eine Ueberhandnahme des jüdischen Geistes, ja
man glaubt sogar, daß, wenn am Arme der Autorität erst
der Jude ein Finger sein kann, er sich auch bald in die ganze
Hand verwandeln werde. Man fürchtet den verschlagenen
und gewandten Geist der Juden, ihre Geldmittel und theil=
weise auch ihren Indifferentismus, ihre Gleichgültigkeit gegen
diese oder jene Form der Oeffentlichkeit, wenn man auch ge=
stehen muß, daß diese doch nur die Folge des bisher man=
gelnden, mit besonderer Herzlichkeit umfaßten Vaterlandes ge=
wesen ist. Man wendet sogar ein, daß uns die Juden,
wenn die Christen ihre Parias wären, nie emancipiren wür=
den, weil ihr Charakter und ihre Religion mit sich brächten,
sich allein für das auserwählte Volk Gottes zu halten. An
all diesen Einwürfen ist einiges Wahre, nur ist es auf die
Spitze gestellt und namentlich insofern irrthümlich, als sich
bei einer erklärten Emancipation der Juden ihr gesellschaft=
licher Körper nicht en choc in den christlichen hineinstürzen
wird. Die Juden stehen nicht bettelnd und pochend an der
Thür oder lärmen aus Uebermuth und Ungeduld. Da sie
die Emancipation einmal nicht haben und nicht Lust spüren,
zu verhungern, so haben sie sich Lebenswege genug zu bahnen
gesucht, arbeiten in ihrem Kreise fort und bedürfen zur Pros=
perität vorläufig nicht der Emancipation. Da man gegen=
wärtig den größten Theil der Juden handeln sieht, so wird
es lange dauern, bis sie ihre Emancipation auch zu andern
Erwerbszweigen benutzen. Die Gleichstellung würde keinen
plötzlichen Andrang, den Ihr so sehr fürchtet, erzeugen. Man

würde in der That erstaunen, wie lange die Juden, wenn ihnen erst die volle Freiheit gestattet ist, zögern, sie zu benutzen.

Man denkt sich immer unter der Emancipation den Moment einer großen tumultuarischen Aufregung. Die Befreiung der Juden wird aber kein Zeichen der Revolution tragen. Wer wird denn kommen und sogleich die Freiheit benutzen? Fürchtet Ihr, der Schachergeist würde sich auf die Richterstühle setzen? Der Tröbelgeist hinter die Polizeischranken? Nein, Die, welche zuerst die Freiheit benutzen, würden Gelehrte sein. Nun ist es doch die geringste Gefahr, die uns von der Emancipation treffen könnte, daß Männer von Bildung und Geschmack und nicht selten von Geisteskraft an unsern gemeinsamen Angelegenheiten Theil nehmen, mit uns auf gleichem Fuße stehen und sich wohl gar um die Staatsämter bewerben. Diese erste gelehrte Vorpostenlinie werden wir schon aushalten, wir werden den Unterschied von Sonst und Jetzt nicht merken, da wir längst gewohnt sind, jüdische Aerzte und Advocaten, Dichter und Gelehrte als die Unsern zu betrachten und längst mit ihnen in ebenbürtigem Verkehr stehen. Das zweite Treffen, das in's Feld rücken würde, könnte dann jene kleine Schaar sein, die den Handel verließe und sich zur Industrie wendete; jüdische Gesellen würden zu christlichen Meistern kommen, ja vielleicht selbst Meister werden und ein schönes Geld von den Ihrigen mitbringen, um ihr Geschäft sogleich im Großen zu betreiben. Wer erschrickt hierüber? Der Zunftgeist, die Schuster= und Bäckergilde, die sich mit so vieler Mühe von der Concurrenz befreit hat, sie, die die Jahrmärkte längst verwünscht, weil man auf ihnen billiger kauft, als in ihren Läden; kurz, jener Zunftgeist, der sich noch hie und da vor den Principien der Gewerbefreiheit zu verpallisadiren mußte, den Ihr aber doch überall früher oder später einer Zeit zum Opfer gebracht habt, welche die Rennbahn der Concurrenz jedem Talente, jedem Interesse freigegeben hat. Endlich bestünde das dritte Treffen aus den jüdischen Lazzaroni, welche bekanntlich durch ihren Schachergeist den Christen eine so große Plage sind, daß man froh sein sollte, wenn dem Staate Zwangsmittel zuständig wären, diese aus ihrem Dolce far-

niente herauszutreiben und sie zu andern Arbeiten anzuhalten als
zum Lotterhandel auf dem platten Lande und in den Winkeln
der Städte. Es ist wahr, die gemeinen Juden sind träge,
sie spielen die großen Herren und scheuen die Arbeit. Aber
gerade der Druck, in welchem der Staat sie erhält, bestärkt
sie darin. Emancipirt diese Juden! Die Emancipation würde
dem Staat das Recht geben und die Pflicht auferlegen, diese
schachernde Lungerei zu hintertreiben und die Juden zur Arbeit anzuhalten.

Gewöhnlich will man die Emancipation von der Bildung,
die sich die Juden erst verschaffen sollen, abhängig machen;
man sagt ihnen wohl: „emancipirt Euch selbst, dann soll Euch
die politische Freiheit nicht fehlen!" Allein hier übersieht
man denn doch, daß gerade jene Bildung, die wir an den
Juden vermissen, jene, die sie mit uns gleich machen und den
scharfen Accent des Unterschieds aufheben soll, nicht Ursache,
sondern nur die Wirkung der Emancipation sein kann. Wir
finden im Allgemeinen auch Bildung genug unter den Juden,
nur hat sie zuweilen ein Gepräge, das uns befremdet; sie ist
selbst da, wo sie ausgezeichnet ist, manchmal ein wenig wunderlich und der Jude Heinrich Heine würde sagen lächerlich.
Dies Alles kann aber nur die Folge der Isolirung sein. Die
Ueberreizung sowol, wie das Deficit, kommt von dem Druck;
ja man geht von der Bildung im Allgemeinen auch auf die
Religion über und verlangt von dieser eine Accomodation,
die nicht viel mehr sagen will, als daß die Juden Christen
werden! Man sollte sich doch da um so weniger plump und
zudringlich einmischen, als im Judenthum selbst eine Gährung
ausgebrochen ist, deren Resultat jedenfalls der höheren, geistigen Emancipation derselben den Weg ebnet.

Mit der Art, wie die Juden ihre Emancipation in Anspruch nehmen, kann man sich nicht immer einverstanden erklären. Es ist Unrecht, in uns Christen nur Tyrannen zu
sehen. Auch wir sind Sklaven, Sklaven unserer Vorurtheile.
Die jüdischen Anwälte der Emancipation wollen das politische
Recht und gestehen uns nicht zu, daß die Frage bei uns mehr
moralischer, als politischer Natur ist. Sie pochen entweder
auf die Menschenrechte oder die Paragraphen einer Verfassung,

wo den Juden ein geregelter Zustand versprochen worden,
ohne daß die Fürsten daran gedacht, ihr Versprechen zu halten.
Gegen diese Behandlungsweise der Judenemancipation darf sich
sogar der Liberalismus erklären. Dieser ist der Frage nicht
feindlich, er will, die Juden sollen uns Parlamentaire schicken,
die denken und fühlen, Parlamentaire, die auch ein wenig auf
die Stimmungen des ungebildeten christlichen, leider zum
Judenhaß erzogenen und selbst von der Religion dazu getrie-
benen Volkes achten, keine Rabulisten, sondern Weise. Man
soll die Frage verhandeln mit Gesichtspunkten auf die Zeit
im Ganzen und Großen, mit Gesichtspunkten der Moral und
des höheren Völkerlebens. Daß uns das Judenthum wie ein
geschlossener Phalanx mit all' seinem barocken Gesetzeswust in
unsre Reihen hereinbreche, das verhüte doch Gott! Das Thor
soll offen stehen, ja nicht einmal sollen die Wächter, welche die
Durchgehenden prüfen, Christen sein, sondern Ihr Juden sollt
selbst an das Zollhaus Eure weisesten und gerechtesten Männer
stellen, welche den Ehrgeiz in sich fühlen, die Emancipation
als ein schönes und reines Resultat der Humanität zu
erhalten und ihr am allerwenigsten den Stempel eines er-
rungenen Sieges für Krethi und Plethi aufzudrücken. Ihr
verlangt von uns, daß wir Euch in unsere Mitte nehmen,
als Brüder behandeln und sogar mit Staatsämtern bekleiden, und Ihr wollt nicht einmal das Geringe für Eure
Aufklärung vermögen, daß Ihr z. B. den Sabbath auf den
Sonntag verlegt? Ihr verlangt, daß wir unsere Leidenschaft
besiegen, und Ihr besiegt nicht Euern Aberglauben? Wir
sollen Euch in unsere Dörfer als Amtleute setzen über Bauern,
welche die Juden nicht nur als Reichere hassen, sondern sogar noch als Nachkommen jener Verdammten, die Christus
gekreuzigt haben; und Ihr wollt nicht einmal eine Anordnung
treffen, die jeder Einsichtsvolle für die auch in's Volk lebendig übergehende Emancipation für unerläßlich hält?

XI.
Kunst und Literatur.

———

Sanft und organisch ist der Uebergang aus der Religion
in die Kunst. Der Glaube an die Götter ging zu allen
Zeiten mit den verschiedenen Kunstepochen Hand in Hand;
erst in unserer Zeit ist die Kunst so Eigenzweck geworden,
daß man den ursprünglichen Zusammenhang kaum noch ahnt.
Jetzt schließt sie sich eher dem Luxus, als dem Cultus, eher
unserm Bedürfniß des Essens und Trinkens, als der heiligen
Spende und Opferung an. Wir bewundern die Kunst in unsern
Kaffeetassen, in unsern Treppengeländern und Gasarmleuch-
tern. Auch haben die Dichter sogar größern Erfolg zu erwarten, wenn sie sich g e g e n den Himmel auflehnen, als
wenn sie ihn auf die Erde herabziehen wollen. Höchstens,
daß die Parallele der jetzigen Kunst mit der Religion darin
besteht, daß jene eine eigene neben dieser zu stiften suchte
und daß es immer noch Menschen giebt, welche, indem sie
den Geist des Schönen anbeten, auch den Geist des Guten
damit zu erfassen glauben. Man kann nichts dagegen einwenden; denn es ist noch immer e t w a s, wenn man nur
wenigstens das Unsichtbare anbetet, mag es nun die Schönheit einer natürlichen oder einer gemalten Landschaft, die
Schönheit der untergehenden Sonne oder die eines dichterischen Schwanengesanges sein.

Kunst und Religion — es ist dieselbe Bestrebung nur in
verschiedener Aeußerung. Diese betet die Schöpfung an, jene
sucht dieselbe zu ergänzen und nachzubilden. In der Kunst
verschmelzen die Gefühle der Andacht mit ihrem Gegenstande.
Der Cultus nähert sich nicht mehr in bescheidener Entfernung
dem Allerheiligsten, er hat sich mitten in das Allerheiligste
selbst versetzt und bildet sich aus ihm wieder heraus zu schöpferischen Gestaltungen. So versenkte sich die Antike mit ihrer
großen Virtuosität im Wollen und Vollbringen in die Vor-

stellung des göttlichen Lebens und schuf jene Götterstatuen, über welche hinaus den Gläubigen keine Religion mehr lag. Ist die Religion selbst erst bis zur Virtuosität gekommen, daß sie sich schon im Cultus der unmittelbarsten Nähe des göttlichen Gegenstandes bewußt ist, so tritt die größte Gefahr für die Religion ein, ihren geistigen Gehalt zu verlieren. Die Kunst kann dann freilich einigen Ersatz geben, oft großartigen für den Kenner.

Von der Philosophie unterscheidet sich die Kunst dadurch, daß in ihr der Gedanke auch sogleich die Form und die Form der Gedanke sein muß. In der Kunst ist gerade dies das organische Leben, daß sie nichts denkt, als das Schöne, und daß das, was an ihr Wahrheit ist, auch immer sogleich die Schönheit an sich hat. Wie ein so geheimnißvoller Proceß möglich ist, darüber können selbst die, welche den Genius dafür haben, schwerlich Auskunft geben. Auch erreicht hierin kein Künstler den Dichter. Denn dieser allein hat den leichtesten Apparat für seine Thätigkeit. Jeder Moment der Begeisterung ist sogleich gestaltend. Noch glühend kann man den Gedanken zur Schau stellen. Der Dichter beweist uns vollkommen, worin der S e l b s t z w e c k der Kunst liegt. Der B e g r i f f der Schönheit muß auch sogleich die F o r m der Schönheit sein. In der tiefsten künstlerischen Durchdringung beider Momente halten sich Form und Begriff das Gleichgewicht und arten weder in allzugroße Förmlichkeit und Kunsteinseitigkeit, wie bei G o e t h e, noch in zu tiefe und bodenlose Speculation, wie bei S h e l l e y, aus. Der echte Künstler weiß das Ebenmaß von Form und Begriff mit Taktgefühl abzumessen. Er findet für jeden Gedanken die Form, die seinem Wesen entspricht; jeder Gedanke bringt im künstlerischen Genius sogleich die Form, welche für ihn paßt, zur Welt. Begeht ein Künstler Irrthümer vor dem speculativen Forum, so werden es doch eben so viel poetische Wahrheiten sein, wenn ihnen nur die subjective Rechtfertigung, das Gemüth, nicht fehlt. Die objective Rechtfertigung wäre die Schönheit; aber die Schönheit allein kann den irrthümlichen Inhalt nicht entschuldigen, ob sie ihn auch mildert. Wie viel muß also nicht zusammenkommen, um jene Harmonieen zu schaffen, welche in den Werken eines **Phidias**, **Sophokles**, **Dante** und **Goethe** walten!

Doch verlassen wir das Gebiet der Theorie und treten in jene Kunstverhältnisse ein, wie sie uns die Wirklichkeit darbietet. Wie entwickelt sich bei uns der künstlerische Genius, was bieten ihm die Umstände dar; wo fördern, wo verhindern sie ihn?

Es giebt Kinder reicher Juden, die man ganz ausdrücklich zu künftigen Dichtern oder Componisten erzogen hat. Aber in der Regel entwickelt sich der Künstler unter den ungünstigsten Verhältnissen. Sein Talent muß sich erst durch seine Erziehung hindurch Bahn brechen, denn diese kommt wol den Gelehrten, aber nicht den Künstlern entgegen. In alten Zeiten war, wenn nicht die Kunst, doch Manches, was mit ihr eng verschwistert ist, der erste Eindruck, welchen der sich Bildende mit größerer Lebhaftigkeit empfing. Die Religion war die Pforte, durch welche im Alterthum der Bildner und Dichter, im Mittelalter der Maler und Architekt in die Hallen der Kunst eintreten konnten. Jetzt aber läuft die Vorbereitung zur Kunst höchstens der übrigen Bildung, welche man genießt, parallel, bis man dahinter kommt, daß man schon im achten Jahre kleine Kinder ihre Finger auf dem Klavier auszuspannen zwingt, daß sie die Akademie besuchen müssen, um zeichnen zu lernen. Im Alterthum und Mittelalter stand die Kunst dem Gewerbe näher als jetzt.

Da weder in der Erziehung, noch in den Sitten bei uns eine unmittelbare Aufforderung zur Uebung und Ausbildung der künstlerischen Talente liegt, so wäre es wünschenswerth, daß wenigstens die Offenbarung der Natur zum erwachenden Künstlersinn anregend und erweckend spräche. Allein dasjenige, was uns gerade am entferntesten gerückt wurde, ist die Natur. Sie kann in ihrer grünen Frische, in ihrer, vom Gesang der Vögel belebten Herrlichkeit, in ihrer Sprache von Alpen und Thälern zu einem Tyroler sprechen, der so hübsch aus Holz schnitzelt, daß man ihn von seiner Heerde weg in die Akademie rufen sollte, sie kann Dichter entzünden, Maler wecken, allein ist es hier nicht meistentheils der Zufall, der ihr so viel Gewalt leiht, ist sie sich wol überall gleich und

wirkt sie überall die gleichen Wunder? Wo findet man Na=
tur in einer Zeit, wo auch sie unter der Herrschaft der Ma=
schine seufzt, eingefangen wird, um Hebel der Industrie zu
werden? Wo ist Natur in Eurer Umgebung, in Euren
Sitten, ja in Euren Gärten und Promenaden? Die Natur,
welche uns umgiebt, wenigstens die, welche wir sehen, ohne
Reisen zu machen, spricht uns so oft nur matt und verwelkt
an; ihre Frische ist unter dem warmen Wasser, das aus den
Fabriken fließt, verblüht; der Bach muß seine Taglöhner=
dienste thun, der Berg trägt ungeheure Wunden von Spren=
gungen, und wo die Kunst gerufen wurde, um dem Reichthum
eine Erholung zu schaffen, da hinterläßt sie noch überall die
Spuren früherer Geschmacklosigkeit; es ist nicht die reine
göttliche Kunst, die zu uns spricht, sondern die Kunst des
Luxus. Wie können diese Gemälde bezaubern, da sie nicht
vor allem Volk in einer Kirche hängen, sondern über dem
Ruhesopha im Cabinet eines Millionärs! Da ist ein Meister=
stück Canova's. Es steht in keinem Tempel, keiner Galerie,
sondern in einer Nische, auf dem Ofen, auf dem Kamin.
Allerdings, Kunst, als Sklavin des Luxus, giebt es genug
um uns her; wir gleichen darin umgekehrt jenem Egyptier,
der aus goldenen Nachttöpfen Götterstatuen bilden ließ; wir
schmelzen die Götterstatuen in Nachttöpfe um. Kann aber
dieser Eklektizismus, diese frivole Vergeudung der schönen
Kunstform irgend für den künstlerischen Genius, der nach der
reinen Schönheit trachtet und sie wie Phidias, Dante,
Raphael und Erwin von Steinbach in großen
Schöpfungen verkörpern möchte, eine Befruchtung sein?

Zu diesen Hindernissen in den Sachen kommen die Hinder=
nisse in den Personen. Die Gemüther der Masse sind nicht
dem Schönen zugewandt. Die Verbindungsfäden, welche die
Kunst mit den Ideen, die auf die Masse wirken, zusammen=
halten, sind zerschnitten oder völlig unanwendbar. Die Reli=
gion hat sich von sinnlichen Einflüssen zu befreien gesucht,
die Gemälde wurden vom theologischen Purismus aus den
Kirchen verbannt, die Kunst wurde als eine Feindin der Wahr=
heit dargestellt; der Sinn für Poesie erstreckt sich bei der
Masse auf das Gesangbuch und einige Gassenhauer: der

Dichter kann nur auf die Theilnahme der Gebildeten rechnen, für Manches sogar nur auf die der Ueberbildeten, die aber oft wieder nur dem Manierirten huldigen. Die Begeisterung für die Kunst soll jetzt motivirt sein; sie ist die Begleiterin des Studiums, und die, welche sie nicht studirt haben, scheuen sich, ein natürliches Urtheil über sie zu fällen. Wo aber kein Muth zum Urtheil ist, da wird das Schönste nicht verstanden und nicht selten jenen arroganten Advokaten der Kunstkritik überlassen, die in ihrem Geschmack so viel Nüancen haben, daß sie das Häßliche für pikanter als das Schöne halten. Und in der That, haben wir nicht gerade die Caricatur mit in die Kunst eingeführt, die Satyre und den Witz in die Dichtkunst, die Malerei und die Frivolität in die Musik, den Kupferstich und die Lithographie mit ihrem Gefolge der Jllustration in die zeichnenden Künste? Ist nicht das kritische Urtheil unserer Zeitgenossen in sich gebrochen und oft geneigt, die Wirkungen zum Lachen denen zu Thränen bei Weitem vorzuziehen? Dieser Mangel an Geschmack bestimmt jene Reichen, in deren Hände das Gedeihen der Kunst zu allen Zeiten gelegt war, die künstlerische Verschönerung ihres Daseins weit mehr in den goldenen Rahmen der Gemälde zu sehen, als in diesen selbst. Wenn ein Rothschild sich eine Villa anlegt, so wird er auf die Vergoldung der Thüren und Wandleisten so viel verwenden, als er brauchte, um einige Säle der Villa mit Freskobildern zu schmücken. Und nun vollends die Dichtkunst! Diese fiel so sehr im Preise, daß sich alle Welt mit ihr versucht und Jeder ein Echo seiner Zufriedenheit mit sich selbst findet. Die Dichtkunst, gerade die schwerste von Allen, wurde als die leichteste verstanden; die ganze Technik, meinte man, bestünde in nichts, als im Führen des Federkiels und im Silbenabzählen an den Fingern! Die Dichtkunst, statt gesucht zu sein, wird nebenbei sogar gefürchtet. Wenn irgend eine menschliche höhere Thätigkeit aus ihren Fugen gedrängt ist, so ist sie es, seitdem die politischen Fragen alle übrigen überragten und die Gemüther nur von Haß und Partheiwesen beherrscht werden.

Aus Alledem ergiebt sich, daß die Kunst in unserer Zeit

nichts Unmittelbares, sondern nur noch ein Vermitteltes ist.
Nichts kommt ihr entgegen; was sie braucht, muß sie suchen;
Luft und Leben, so wie es der Tag ihr bietet, muß sie erst
von der Ansteckung des Momentes reinigen. Wer ein echter
Kunstjünger in unserer Zeit sein will, muß aus dem Geräusch
der Welt entfliehen, die Einsamkeit suchen und sich lieber mit
den Thieren des Waldes befreunden, als mit den Menschen.
So wie uns der Tag die Situationen der Menschen bietet,
kann sie nur der Caricaturist brauchen. Wer den Wald,
die Nacht nicht kennt, wird nie ein Dichter werden; wer sich
in den Geist des mediceischen Zeitalters nicht vertiefte und
sich mit den Blüthen der ehemaligen Malerclassicität einschloß,
wer nicht einen alten, aus der Erde gegrabenen Rumpf studirte und sich einen Unteroffizier kommen läßt, um nicht
seine Uniform, seine Exercitien, sondern seinen kräftigen
Muskelbau zu studiren, der wird kein Maler und Bildner
werden. Und selbst jene ganze mittelpunktlos gewordene
Kunst, die Architektur, längst bestimmt, nur noch Schornsteine
und möglichst rauchlose Kamine zu bauen, wie seufzt sie, daß
sie griechische und gothische Tempel baut, bei welchen die Phantasie gezwungen ist, zunächst nur an das richtige Anbringen
der Kamine, der Küche und der Retirade zu denken!
Daß die Kunst etwas Vermitteltes ist, ergiebt sich
namentlich aus ihrem Verhältniß zu Irrthum und Wahrheit;
man kann wohl sagen, daß in unserer Zeit die besten Künstler durch Irrthümer erzogen sind. Das Genie, will es sich
bewähren, so muß es sich von der Welt lossagen; es steht
im Widerspruch mit der herrschenden Ordnung. Es verweigert
den herrschenden Thatsachen, den allgemein gültigen Ueberzeugungen den Gehorsam und stellt Allem, was da ist, aus eigener Schöpferkraft ein Gegenbild gegenüber. So verloren sich
die Künstler in entfernte Zeiten, in entfernte Gedankenreihen.
Das Wunderbare und das Wunderliche reizen sie mehr als
das Natürliche und das Naturgemäße. Wir haben, da
ohne Zweifel seit fünfzig Jahren die bildende und die Rede-
kunst einen großartigen Aufschwung genommen, die sonderbar-
sten Theorieen den herrlichsten Bestrebungen beigemischt gefunden. Damit der Zuckerstoff der Phantasie sich läuterte,

mußte Ochsenblut und Potasche von hie und da aufgerafften Irrthümern hinzugethan werden. Die schönsten religiösen Gemälde ließen z. B. eine vertrocknete Blüthenkapsel von Pietismus zurück. Die Dichtungen eines Byron waren der bunte Schaum über Gährungen, auf deren Boden wilde und rohe Leidenschaften lagen. Seitdem man an das Ideal nicht mehr unmittelbar sich hingeben kann, wie es alte Zeiten konnten, wurde das Schöne durch das Häßliche, die Wahrheit durch die Lüge vermittelt. Daher kommt es, daß all' unsere moderne Kunst einen **speciellen Accent** hat und daß Bildung dazu gehört, um in ihrer Isolirung ihre Tiefe und ihr Wesen zu erkennen.

Es ist zunächst das Studium, welches durch die Schöpfungen der neuen Kunst lebhafter hindurchblickt, als bei den Alten. Der Geist der Verneinung begleitet die phantastischen Eingebungen der Künstler, der kritische Verstand steht hinter der Leinwand und horcht oder drückt sich bei einem Gedichte wenigstens in der Titelüberschrift schon aus. Die lange Geschichte der Kunst mit ihren außerordentlichen Denkmälern tritt der Bescheidenheit des modernen Künstlers mit majestätischem Uebergewicht gegenüber. Man kennt die Tempel Griechenlands und ihre Götterbilder, die Gemälde Raphael's und jene lange Reihe von dichterischen Erzeugnissen, die im Ruf der Classicität stehen. Hier nun etwas Neues zu schaffen, das Alte zu übertreffen oder wenigstens zu erreichen, dem Marmor ein neues Lächeln, dem Tone Thränen und dem Worte die Mischung beider abzugewinnen, das ist ein hochgespanntes Seil, welches die in der Rennbahn Kämpfenden gleich beim ersten Anlauf überspringen müssen. Sie müssen, um Vertrauen zu sich selbst zu fassen, sich klar werden, zunächst über die Erleichterungen, welche den alten Künstlern von der Sitte der Zeit geboten wurden, über die Rückwände von Ideen und Anschauungen, an welche sie sich lehnen durften, über den Geist der Zeiten, der in ihnen oft überwiegend der geheimnißvolle Werkmeister war. Ja, um die Größe der Alten zu fassen, müssen die Neuern noch weiter gehen. Sie müssen die alten Kunstwerke mit Linien und Zirkeln bemalen. Sie müssen an ihnen Längen und Kürzen messen. Sie müssen

sich zu ihrer Beruhigung eingestehen, daß hie und da etwas
verfehlt ist, daß wir in diesem oder jenem, was die Anato=
mie oder die Technik anlangt, Fortschritte gemacht haben.
So hört die große Vergangenheit auf, nur noch ein Gegen=
stand der Bewunderung zu sein; sie wird ein breites, über=
sichtliches Feld, das wir in die Länge und Breite, Höhe und
Tiefe ausmessen und wo wir von den einzelnen Beeten und
Pflanzen Samen erzielen, zu unserer eigenen Befruchtung.
Diese Stellung des heutigen Künstlers muß natürlich eine
weit größere Reflexion voraussetzen, als sie vielleicht die Alten
hatten. Dem unmittelbaren Momente werden die Neuern
noch immer mißtrauen müssen, sie werden, noch ehe das Kunst=
werk geschaffen, schon seine Wirkung prüfen, sie werden den
Thon, aus welchem sie bilden wollen, mit zahllosen Rücksichten
befeuchten und somit eben nur Vermitteltes schaffen. Diese
kritische Richtung ergreift die Kunst zu Zeiten mehr oder we=
niger, auch ergreift sie die verschiedenen Künste nicht zu glei=
cher Zeit, sondern sie wechselt mit einer und der andern ab.
Im vorigen Jahrhundert war es besonders die Musik, der
man ansah, daß in ihr die Theorie eine Menge Bedenklich=
keiten darüber schuf, wie die Regel, selbst bei genialen Meistern,
die anfluthenden Tonmassen bewältigen sollte. Dann verloren
sich die bildenden Künste in die Unnatur der Zopfperiode
und scheiterten an einer sprichwörtlich gewordenen Geschmacklo=
sigkeit des damaligen gesellschaftlichen Lebens, an dem Pedan=
tismus formeller Theorieen. Mit dem Ende des vorigen
Jahrhunderts feierten die schönen Künste eine Auferstehung.
Es war das Studium der Antike, welches zunächst wieder
den Sinn für die Natur erweckte. Von den wenigen Mustern
wurden die Regeln abgezogen, die überlieferten Handgriffe
der zunächst entschlafenen Periode wurden als unbrauchbar
verworfen. Eine neue Welt ging den Malern, Bildhauern
und Architekten auf. Seither haben sich nun in diesem Ge=
biete die Manieren überjagt, je nachdem verschiedene Stufen
der alten Kunstgeschichte wieder erklommen wurden. Jetzt
scheint sich der Geschmack allgemach nach bestimmten Re=
geln festgesetzt zu haben, aber wir werden ohne Studium,
ohne kritische Prüfung eben so wenig heute noch etwas Tüch=

tiges entstehen sehen, als es gewissen neuen heiligen Malern nicht gelingen wollte, durch Gebet jene Madonnen zu zaubern, welche Raphael mit dem Pinsel malte. Die Dichtkunst endlich ist so verschwistert mit dem uns wohlbekannten zerrissenen Charakter des Zeitgeistes, mußte so mittelpunktlos sein, wie dieser, mußte so träumen, daß man von fast allen neuern Literaturen einzugestehen hat, daß sie aus der Verneinung entsprangen und ihre Befriedigung gerade in der unbefriedigten Sehnsucht suchten.

Vielleicht ist es möglich, jetzt einige Charaktere aus der heutigen Kunstwelt aufzustellen. Da sehe ich einen jungen Mann in einem schwarzen Sammtrock und weißem Kragen darüber mit langen Haaren und altdeutschem Barett. Es ist der Maler Lauterbrunner. Lieber Gott, hör' ich ringsherum flüstern, will der junge Mann Hungers sterben? Was kann aus einem so kindischen Kopf geboren werden, was auf unsere Theilnahme Anspruch machen? Welche Kunstoffenbarungen können im Hirn eines jungen Mannes aufgehen, der das Idealische zunächst in einem schwarzen Sammtrock sieht! Allein, was wollen wir thun? Wir werden bei allen Malern, wenigstens in ihrer ersten Jugend, eine solche Mischung von Abschließung und Selbstauszeichnung finden. Sie bilden untereinander ein Volk für sich, eine Zigeunerbande, die ihren eigenen Jargon hat; sie haben ihre eigenen Zusammenkünfte, sie versammeln sich um Meister, die ihre eigenen Schulen stiften, sie leben mehr in Italien, als in Deutschland, mehr im Mittelalter, als in der Gegenwart.

Lauterbrunner hat eine hübsche Stimme. Ach, wie singt er so bewegt die Lieder seiner Collegen. Denn es giebt Maler, die mehr dichten, als zeichnen. Und andere giebt's, die mehr zechen, als dichten und zeichnen. Lauterbrunner will nach Paris reisen; wie wird er die Augen aufreißen, wenn er in einen jener modernen Kunsttempel tritt, wo im untersten Geschoß ein Kunsthändler wohnt, der im übrigen Hause seine Maler, Kupferstecher, Lithographen, seine Caricaturen- und Chargenzeichner vertheilt hat. Das Leben aller dieser Leute hat poetischen Reiz. Vielleicht modernisirt sich Lauterbrunner und kehrt als Schüler Delaroche's mit der Cigarre im Munde über den Rhein zurück.

Musiker werden geboren und erzogen. Jene begleiten ihren Vater, der ein guter Dorffiedler ist, in die Schenke und machen so große Fortschritte, daß man ihnen den Weg zur höchsten Ausbildung frei geben muß; diese zeigen früh ein hübsches Talent zum Fingersetzen beim Klavier und steigen von den Instrumenten allmälig zum Contrapunkt. Musik ist vielleicht diejenige Kunst, welche der wenigsten Vorarbeiten bedarf. Trifft man hier nicht die höchste Fertigkeit bei bedenklich Ungebildeten an? Selbst Componisten giebt es, welche die schönsten Notensätze, aber keinen richtigen Satz in einem Briefe schreiben. Keine Kunst isolirt sich so sehr, wie die Musik. Die Musiker haben die Wirkung ihres Talentes immer sogleich in der Nähe und sind an unbedingten Tadel deshalb nicht gewöhnt, weil ein Theil von Beifall immer gespendet wird, wenn auch nur dem Instrument, das so schön klingt, und den Noten, die einen harmonischen Zusammenhang hervorbringen müssen, was bei allen Hülfsmitteln der andern Künste immer fraglich bleibt. Unter den Frauen sind vielleicht die Sängerinnen theilweise die ungeschlachtesten. Sie reiten und fahren, trinken Bier und reißen Zoten. Ihre Stimme ist zuweilen himmlisch, ihre Bildung irdisch. Jedenfalls liegt diese zuweilen vorkommende Rohheit der Musiker in der außerordentlichen Anstrengung, welche heute zu tüchtigen musikalischen Leistungen erfordert wird. Keine Kunst nimmt die unermüdliche Hingebung ihres Schülers so sehr in Anspruch. Man muß von Kindheit an für sein Instrument erzogen sein; da bleibt keine andere Erholung übrig, als die einer allgemeinen Abspannung der geistigen Kräfte. Wer an der einseitigen Ausbildung für ein Instrument verzweifelt, flüchtet sich zuletzt zur Composition. Die Componisten bewegen sich entweder im reinen Gebiete des Tons, indem sie Quartette und Concerte schreiben, oder sie müssen sich an die Dichtung anlehnen, wo ihre Sorge nur darin besteht, gute Texte zu haben. Gut nennen sie keineswegs das, was classisch ist, sondern jene vaguen und flachen Worte, die gewöhnlich genug sind, um die Notensäcke auf ihren Taglöhnerschultern zu tragen. Ich würde ein großer Componist sein, pflegt Alfred Schallmeyer zu sagen, hätt' ich nur einen guten Operntert! Wollte Shakespeare oder Goethe ihm einen schreiben, es würde seinen Wunsch kaum befriedigen. Die Dichtung muß gerade so lose und halb sein, daß ihr Schall= meyer die Einheit und Abrundung geben kann. Die Sucht nach dramatisch=wirksamen Stoffen greift so um sich, daß man angefangen hat, möglichst jeden von der Dichtkunst schon be= nutzten Stoff in die Oper zu bringen. Aus dem heisern Othello des Shakespeare ist ein zärtlich=milder Tenorist bei Rossini geworden. Wilhelm Tell, von Schiller, singt keine Alpenjodler mehr, sondern Cavatinen und Recitative. Alle Revolutionen der Geschichte werden in der Oper abgesungen. Julius Cäsar, Catilina, Masaniello, Kosciusko wiegeln die Völker mit Trillern und Cadenzen auf. Schallmeyer hat sich Iwan den Schrecklichen von Rußland gewählt und verspricht sich viel von einem Notturno, dem entfernten Heulen sibiri= scher Wölfe.

Kommen wir jetzt auf die Dichter, so möge hier der Grundriß einer episch=dramatischen Dichtung stehen, wie ich mir den individuellen Gang der modernen Poesie entwickeln zu können vorstelle. Es ist nicht nöthig, daß man zuerst Naturdichter sei, um später so zerrissen zu dichten, wie Byron; nur möcht' ich, um in fünf verschiedenen Acten fünf verschie= bene Stufen der neuern Poesie zu bezeichnen, mir allerdings den Widerspruch erlauben, als wenn ein Mann, der wie Byron endete, wie Hans Sachs hätte anfangen können. Ge= nug, suchen wir den Helden dieses didaktischen Stücks zuerst auf dem Dreibein einer Schusterwerkstatt. Die großen, mit Wasser gefüllten Glaskugeln müssen von einem einzigen Lichte für den Meister, drei Gesellen und den Lehrburschen den Schimmer auffangen; Martin Pollazke, der Lehrbursche, sei unser junger grübelnder Held, dessen Verherrlichung ich im Kopf schon manchen Vers gewidmet habe. Der arme Junge, Martin Pollazke, der künftige Weltpoet, muß von Meister Knieriem theils ohne, theils mit Grund mißhandelt werden; denn wie sollte ich den Gegensatz seines poetischen Gemüths gegen die Prosa, die ihn noch umgiebt, zu Worte kommen

laſſen? Mit dem Knieriem oder was ſonſt dem Meiſter nah
liegt, und von den Geſellen mißhandelt, läuft er in ſeine
Dachkammer und ſchüttet ſeinen Schmerz in Thränen aus.
Martin öffnet das Fenſter. Es iſt heller Mondſchein. Er
ſieht nichts als Häuſer, Dächer, Kirchthürme, Katzen und
Marder, die auf ihnen ſpazieren gehen. Um es recht natür=
lich zu machen, muß auch ein großer Topf Hauslauf dicht an
ſeinem Fenſter wachſen. Jetzt entdecken wir, daß Pollazke in
einem Winkel eine Guitarre verſteckt hat. Er muß uns
einige ſeiner Lieder vortragen, Gottvertrauen, Hingebung und
die großen Tugenden der Freundſchaft und Liebe werden darin
ganz mit jenen erhabenen Worten gefeiert, wie wir dieſe vom
vorigen Jahrhundert überkommen haben. Der Schwung muß
obenartig, die Begeiſterung dithyrambiſch ſein. Sanfter Friede
liegt auf dieſen Eingebungen, Gott und die Sterne bilden
den Border= und den Hintergrund derſelben. Da klopft es
an Martin's Thür und Gretchen tritt herein, die Meiſters=
tochter, zwar noch Drohungen vom Vater bringend, dieſe aber
durch Troſt und liebevollen Zuſpruch mildernd. Martin, von
Scham über ſeine Lage ergriffen, den Unterſchied zwiſchen der
Guitarre und einem Paar zugeſchnittenen Stiefeln bedenkend,
hingeriſſen von dem Gott, der in ihm wohnt, ruft aus: „Auch
ich bin ein Maler!“ und rüſtet ſich zur heimlichen Flucht.
Gretchen widerſpricht ihm nicht, nimmt aber das Gelübbe
ewiger Liebe von ihm, hilft ihm weinend und verzweifelnd
ſeine ſieben Sachen packen, und zur Stunde, wo Alles ſchläft,
ſchleicht er mit einem Bündel, ſeiner Guitarre und einigen
Büchern aus dem Haus und der Stadt davon. Vorhang fällt.
Im zweiten Gemälde erblicken wir den jungen Flüchtling auf
freiem Felde. Lerchen durchwirbeln den ſchönſten Sonntag=
morgen. Alles eilt aus benachbarten Dörfern und Höfen in
die kleine Kirche dort im Thale, nur der Jäger geht ſeinen
eigenen Weg zum Wald hinüber. Pollazke muß uns das in
abgerundeten Naturbildern wiederſagen. Seine Dichtkunſt hat
jetzt das allgemeine Gebiet frommer und dämmernder Träume
verlaſſen. Er ſingt ſich am unmittelbaren Leben der Natur
in einen neuen Ton hinein. Doch fehlt ihm bei aller Poeſie
— Geld, wie ſoll er's verdienen? Er entſchließt ſich, als

Declamator aufzutreten, wo es nur sei, im Wirthshause, überall,
wo nur ein paar müßige Spieler oder Trinker anzutreffen
sind. Da begegnet ihm eines Tages rund um einen Tisch
herum die leibhaftige Prosa: Verwalter und Oekonomen
spielen Schafskopf. Martin wäre schon froh, dürfte er
nur einmal aus ihren gefüllten Gläsern mittrinken. Zitternd
legt er sein Bündel in einen Winkel, nimmt die Guitarre
und schleicht sich leise näher zum Tisch der Gäste. Er schlägt
einige leise Accorde an und trägt dann in singender Mono=
tonie das Beste vor, was er kann: „Freude war in Trojas
Hallen", oder „Festgemauert in der Erde". Aber man läßt
ihn nicht zu Ende; eine solche Störung bringt die Spieler
aus dem Zusammenhang, man weist ihn zur Ruhe. Thränen
im Auge muß er in irgend einem Winkel sein sorgenschweres
Haupt auf die Hand stützen. Seine Meisterschaft auf der
Guitarre war noch nicht auf ihre Höhe gelangt. Er wußte
nicht, woher Nahrung nehmen. Dies ist der Punkt, bis zu
welchem man gekommen sein muß, wenn man eine neue
Lebensrichtung einschlagen will. Für einen Zwiespalt mit
sich und der Welt sind alle Voraussetzungen gegeben, und
deßhalb sehen wir denn auch, daß jener grüne Jägersmann,
der lieber in den Wäld als in die Kirche ging, zu unserm
Dichter herantritt und den Höllenbrand der Zwietracht in ihn
wirft. Doch legt er nur ruhig das Pulver auf die Pfanne.
Das Auflodern überläßt er späterer Zeit. Der Jägersmann
ist Satan oder ein Stück von ihm. Wer Martin Pollazle
war und was ihm fehlte, das hatte der wilde Jäger, der zu
ihm herantrat, bald erkundschaftet; er gab ihm einen guten
Rath. Er sollte sich einem reichen Kaufmann anschließen,
dessen Familie soeben im Wirthshause abgestiegen war und
von der Stadt in eine Sommerwohnung auf dem Lande zog.
Der arme Troubadour mußte mehr vorstellen, als er war,
einen Candidaten, der eine Pfarre sucht und einstweilen auch
mit einer Hauslehrerstelle fürlieb nähme. Die erste Lüge war
da, ein Riß von oben bis unten; Martin stieg in die Bresche
seines Gewissens ein, er gefällt der Dame, die ihn sogleich en=
gagirt. Wohl schaudert er auf, wie sich der Jäger im Davonfahren
eines satanischen Blickes nicht enthalten kann, ja sich fast in

ein Dunstgebild auflöst. Etwas Donner, etwas Blitz. Vor=
hang fällt wieder. Im dritten Act zeigt sich uns ein kauf=
männisches Belriguardo, mit Liebesintriguen, junger und alter
Buhlerei und einer diesen Motiven entsprechenden dritten
Stufe der Poesie. Noch wird die Natur gefeiert, aber weniger
ihr Friede, als ihre gährenden Elemente. Von Rosen und
Nelken wird mehr als von Veilchen und Kornblumen ge=
sprochen. Alles Brennende und Ueppige in der Natur wird
dem Einfachen und Bescheidenen vorgezogen. Auch die Em=
pfindungen sind nicht mehr mit dem fächelnden West zu ver=
gleichen, sondern sie werden, wenn auch noch nicht der giftige
Hauch des Sirocco in ihnen weht, doch von einem starken,
glühenden Athem geschwellt. Die Langeweile des Sommer=
aufenthalts schafft Handlungen, die nur der Unterhaltung
wegen eingefädelt werden; die Dichtungen unseres Martin
werden zwecklos, sie rollen sich, wie das Spiel Joujou, an
sich selbst auf. Die Dichterkraft geht aus dem Herzen in den
Kopf und in die Schreibfinger. Sie legt sich, wenn nicht
mit massiven Midashänden, doch wie Goldschaum an
Alles, was sie berührt. Jede Situation kann in Verse ge=
bracht, jeder Scherz und Schmerz besungen werden. Martin
lebt sich hier in diesen gefährlichen Uebermuth hinein, der uns
ergreift, wenn man Muße hat, Muße, viel Studien in sich
aufzunehmen, seinem Genius zu leben und von materiellen
Sorgen verschont bleibt. Besuche geben Feste, die Feste dich=
terische Ausschmückungen, der Vers wird der Decorateur und
Costümier der Gelegenheit; ja die Gelegenheit wird zuletzt so
günstig, daß sie der junge Dichter wahrnimmt und mit El=
viren, seiner jüngsten Schülerin, der Tochter seiner mäcena=
tischen Beschützerin, auf und davon geht. Nun, Martin
Pollazke, Dein vierter Act beginnt; jetzt bist Du im Zuge
jener excentrischen Staffagen, welche die modernen Dichter
brauchen, um den Charakter der Zerrissenheit wenigstens mit
einigem Schein der Wahrheit durchzuführen! Das Gewühl
einer Hauptstadt sichert Dich vor Verfolgung; Du bist zwar
bekannt, gedruckt sogar und von kritischen Blättern als eine
interessante Erscheinung des Tages begrüßt; allein es gelingt
Dir, Dich und Elviren unverfolgt zu machen. Leben mußt

Du zunächst, Du mußt von Deinem Talente Vortheil ziehen; Du suchst Verbindung in der literarischen Welt, findest sie und treibst bald mit dem Sturm, bald mit dem Sonnenschein auf dem Meere der Oeffentlichkeit. Welch' eine Dichtung kommt nun zur Reife! Das Zarteste verschwistert sich mit dem Wildesten; die Lilie, die so lange die Unschuld bedeutete, erkennt die üppige Sinnlichkeit der Symbole, welche in ihrem Kelche schlummern; die Gedanken fliegen beschwingt, aber auch spitz und widerhakig, wie Pfeile. Die Prosa wird als satyrischer Contrast der Poesie gegenüber gestellt und die Poesie ist Dir schon längst ein Surrogat geworden; Gedichte sind Epigramme; spitze Pointen werden die Zielpunkte, für welche der Dichter mit Leichtigkeit Mondschein, Sternennächte, Feengrüße, Waldeinsamkeiten coulissenartig zusammenstellen kann. Jetzt haben wir die Poesie auf dem Höhepunkt der Zerrissenheit. Die Sonne, die sonst f ü r Gott zeugte, zeugt jetzt g e g e n ihn. Liebe und Freundschaft, die sonst auf den Himmel wiesen, geben jetzt der Erde Trotz gegen den Himmel. Die Titanen empören sich auf's Neue, nur daß es — Schulden sind und Mißgunst und Verfolgung und der leberfressende Prometheuszweifel, der die Empörung schürt. Pollazke leidet entsetzlich; Elvire hat ihn verlassen; sie hing sich an Andere, die sie weniger vernachlässigten, als ihr Geliebter. Der Verlassene zersplittert sich an Journalistik, wird ein Opfer der literarischen Industrie, gute Erfolge machen ihn übermüthig, schlechte trotzig; seine Werke verwandeln sich in Pasquille. In den Mauern eines Gefängnisses wird er zur Besinnung kommen. Der fünfte Act zeigt ihn auf dem Krankenbette, Eisenstäbe vergittern die Fenster seiner Zelle, Schlösser rasseln an den Thüren, ehe man sie durchschreitet. Da liegt der hohe und kühne Geist, matt und elend ausgestreckt; alle zarten Blumen seiner Empfindungen sind geknickt; in die Ceder seines Stolzes fuhr der Blitz, den die Welt mit Gewalt in sie schleuderte. Es lastet wie ein Alp die Erinnerung einer reichen Lebenserfahrung auf ihm. Wie viel Schönes wurde nicht erschaffen und wie viel Häßliches verdrängte es! Da sind Rosen und stinkende Todtenblumen ineinander gewunden oder festgehalten von ausgebleichten und leeren Gedanken,

gleich Strohhalmen; da hat die Leidenschaft mit dem Genie
gerungen und zwar den Totaleffect eines reichen und inner=
lichst poetischen Lebens geschaffen, aber mit wie vielen Flecken
für die Sonne des Dichterruhms, mit wie vielem Schmerz für
den Leidenden selbst, der mit seiner Schwäche, mit dem Tode
ringt! Jetzt nahen sich allerdings wieder die guten Boten
seines erzürnten Genius; sie trösten ihn, sprechen ihm Muth
zu und sagen die Rückkehr ihres Meisters an. Und der Ge=
nius kommt, eingehüllt in Gedanken, die sich vor dem Auge
des Sterbenden zu beruhigenden Gedichten verklären; eine
wiedergeborne neue Poesie zittert auf seiner Zunge; er ahnt,
daß eine Zeit des Glaubens und der heiligen Gefühle, eine
Zeit der beruhigten classischen Schönheit anbrechen müsse.
Elvire, der Materialismus, die Ironie, der Zweifel des
Zeitalters, sind vergessen und der Genius einer verklärten
Dichtung drückt, in Gestalt Gretchen's, der an das Lager ge=
flohenen ersten und vergessenen Jugendliebe, dem Entschlum=
mernden die Augen zu. Nehmt dies als eine Phantasie, die
mir erspart, den Charakter der neuen Dichtung nach ihren
einzelnen Merkmalen und vielen in der französischen, eng=
lischen und deutschen Literatur wie kurze blendende Meteore
aufgetauchten Charakteren genauer zu zergliedern.

Der moderne Baugeschmack ist eklektisch. Nach Außen
sehen wir die korinthische Säulenreihe, aber nach Innen sind un=
sere Prachtgebäude holländisch eingerichtet, mit Luftheizung und
rauchlosen Schornsteinen. Großartige Gebäude wurden in
neuerer Zeit errichtet, Invalidenhäuser, Lazarethe, Deputirten=
kammern. Erhabenheit und Pracht wurden vermieden. Nur
die gefällige Schönheit wird erzielt und in möglichster Nach=
ahmung des griechischen Baustyls gefunden. Keine Kunst ist
jedoch weiter von der Aesthetik abgerückt, als die Architektur.
Denn da der Paläste und Kirchen nicht viel gebaut werden,
so mußten sich die Baukünstler schon des gewöhnlichen Häuser=
baus bemächtigen. Wir künsteln die Renaissance in Front=
Prospecten wie Decorationen nach und bald wird man eine
Agitation für die Schönheit des Rococo erleben.

Obgleich an die Stelle der alten Götter im Katholicis=
mus die Heiligen traten, so gewann dabei doch die Bild=

hauerkunst nichts, sondern nur die Malerei. Sie hat sich jedoch mehr in Ehren gehalten, als die Architektur, und blieb trotz ihres Zurückkommens doch immer noch im Zusammenhange mit den wandelbaren Kunsttheorieen, wie diese in verschiedenen Epochen aufgestellt wurden. Im Anfang des achtzehnten Jahrhunderts litt die Bildhauerkunst an ihrer Zeit. Noch begegnen wir den damals gemeißelten Bildsäulen auf den Treppen vieler Paläste, in vielen Grotten fürstlicher Parks, in Windsor, Potsdam, Versailles. Die Schenkel sind zu schmächtig, der Hals und die Arme zu dünn; man glaubt die Menschen der damaligen Zeit zu sehen, die nur zufällig ihre Kleider abgeworfen haben und die sich, um sich zu baden, nackt ausgezogen. Diese zerbrechliche Götter= und Heroenwelt blieb ein volles Jahrhundert hindurch Typus der plastischen Schönheit, bis das Studium der Antike den Sinn für natürliche und markige Schönheit wieder auferweckte und mit Canova eine neue Blüthe anbrach. Wunderlich ist, daß man damals allgemein zu der Ueberzeugung kam, wie in der Bildhauerkunst und in der Malerei auch der vollständige Charakter der Antike und der Romantik ausgedrückt läge, und wie man die damals von den Aesthetikern gezeichneten Linien übersprang und sogar die Plastik zu romantisiren anfing. Denn heilige Apostel oder wol gar Christus in Marmor wiederzugeben, scheint doch wol allen Principien über das Christliche in der Kunst und die Kunst im Christenthum zu widersprechen. Wenigstens ist ein Christus aus Marmor dem Bereiche des Menschlichen näher gerückt, als einer auf Leinwand.

Höher als die beiden früheren Künste hat sich die Malerei geschwungen. Ihr Gedeihen war so üppig, daß eine Menge von Wucherzweigen aus ihrem Stamm hervorschoß: Kupferstecherkunst, Lithographie, Lithochromie, Xylographie, Lichtbildnerei, Photographie u. s. w. Die Malerei mit den ihr verwandten Zeichnungskünsten wetteifert fast mit der Presse. Auf den Theatern ist es üblich geworden, die großen Maler und Dichter zusammen zu stellen und Correggio und Tasso in gleicher Manier zu feiern. Die Malerei hat mit der Musik den Vorsprung voraus, daß ein großer Theil

ihres Reizes schon im Stoffe, in der Farbe liegt, so daß man
in Perioden des Verfalls immer noch keinen Ueberdruß an
dieser Kunst empfand, sondern sie ruhig gewähren ließ und
bevorzugte. Inzwischen haben auch hier die Künstler eine
Wiedergeburt erfahren müssen. Die französisch-steife Manier
überlebte sich und wurde durch die italienischen Studien der
Künstler vernichtet. Man faßte den Begriff der Malerei
höher und würdiger und fiel auch wol in das Extrem, ihn
so spiritualistisch zu fassen, daß Fleisch und Knochen darüber
verschwanden. Die Leichtigkeit, im Kupferstich und jetzt gar
in der Litho- und Xylographie jeder schnell erfaßten Composition ein künstlerisches Anrecht zu geben, spornte die Malerei
selbst an, sich aus den gewöhnlichen Traditionen ihrer Gegenstände zu erheben und Alles mit Farbe zu bekleiden, dem
sich nur eine Gruppe abgewinnen ließ.

Die Musik ist so allgemein verbreitet, daß man gar
nicht mehr unterscheiden kann, wo sie aufhört, Bildungsmittel
und anfängt, Kunst zu sein. Ihre Fähigkeit wird in den
Schulen gelehrt, selbst die Composition wird von Vielen wie
eine Spielerei getrieben. Wahrscheinlich wird die Kunst in
der Musik da anfangen sollen, wo sie sich öffentlich giebt,
und in diesem Sinne kann man wol sagen, daß das vorige
Jahrhundert für die Musik mehr Genialität besaß und das
unserige mehr Virtuosität. Man ist darüber einverstanden,
daß selbst mitten in dem geschmacklosen Einflusse des französischen vorrevolutionären Lebens, wo weder Malerei, noch
Poesie zur wahren Kunst anregen konnten, doch in den Schöpfungen Gluck's echte Classicität lag, wie auch mitten in dem
Flor des über England gekommenen Reifrocklebens Händel
eine von aller Manier freie, urkräftige Genialität in seinen
Oratorien offenbarte. In Haydn und Mozart gipfelte
die Musik des vorigen Jahrhunderts. Wir unterhalten uns
vielleicht gut bei neuer französischer Musik; allein wir müssen
doch immer darauf zurückkommen, daß sich die würdige Schönheit der musikalischen Gedanken und die einschmeichelndste
Grazie der Melodie nur bei den großen Vorgängern findet.
Die neuere Musik ist beständig zum Ausdruck von Vorstellungen und Worten gebraucht worden, so daß das melodische

Element in ihr durch Declamation und mufikalifche Rhetorik
verdrängt wurde. Der Einfachheit der alten mythologifchen
und theilweife romantifchen Oper war die melodiöfe Unbe=
ftimmtheit der fie begleitenden Mufik vollkommen angemeffen;
doch jetzt treten die Süjets der Oper fo fcharf hervor, ihre
Charaktere müffen fo prägnant fein, daß hiedurch die Mufik
auch den Charakter einer überreizten mufikalifchen
Sprache angenommen hat.*) Je gefteigerter der poetifche
Zweck ift, defto kunftvoller die Ausführung. Allein in der Mufik
kann die Leidenfchaft keine Erfinderin neuer Schönheitswen=
dungen fein. Wir finden bei franzöfifchen Componiften, daß
fie es allerdings verftehen, der Mufik einen dramatifchen Effect
zu geben, der innere Werth der Mufik aber ift dadurch nicht
gefteigert; im Gegentheil werden die zarten Verfchlingungen
der Melobieen bei diefen Componiften gewöhnlich nur noch
Rhapfobieen einiger fcharf ausgeftoßenen Naturlaute. Luft
und Schmerz, wilde Begierde und jede Leidenfchaft kommen
fo zum Ausbruch, daß der Componift, auch der neuitaliänifche,
durch einige den Charakter diefer Leidenfchaft tragende Noten
allein fchon ihren Effect ausdrückt. So mußte die Oper frei=
lich populär werden, mußte faft alle mufikalifche Bildung in
ihre Strömung ziehen; allein der Werth der Mufik verlor
darunter. Es ift wahr, die wilden, bei bewundernswürdiger
Einfachheit doch fo viel wirkenden Naturlaute in den neuern
Opern machen einen beftrickenden Eindruck; aber nicht felten
ift der Geift diefer Töne ein gemeiner und von mancher be=
rühmten Melodie Auber's, Herold's, Donizetti's liegt in der
That der Gaffenhauer nicht weit entfernt. Man muß unter
diefen Umftänden befonders an Italiens Mufik doch noch an=
erkennen, daß fie uns das mufikalifche Element in der Oper,
als die Declamation überwiegend, mehr erhält, wenn auch
einer ihrer nicht geringften Fehler der ift, daß fie das Text=
buch zu fehr als Nebenfache betrachtet, ja nicht felten Sterbe=
fcenen mit Walzern begleitet. Roffini's geiftreiche Compofi=

---

*) Spätere Anmerkung. Gefchrieben, ehe an Richard Wag=
ner gedacht wurde. Ich laffe die nachfolgenden Bemerkungen fo wieder
abdrucken, wie fie 1837 erfchienen find.

tionen werden wir erst jetzt vermissen, wo die jüngern Italiener in die Opernmusik eine klägliche Cantilene eingeführt haben. Bellini und Donizetti schwelgen in Tonmodulationen, wo nicht nur die Handlung, sondern selbst das musikalische Motiv verschwimmt und man sich nur auf den Tönen hin und her schaukelt. Bellini hat zarte Melodieen geschrieben, aber eine ähnelt der andern. Von neuern deutschen Componisten ist es nur Weber und Meyerbeer gelungen, eine europäische Berühmtheit zu erlangen. Beide sind gewiß tiefere Musiker, als mancher Franzose; allein sie können nicht aus einem Gusse schaffen. Weber macht alle Augenblicke Absätze, Meyerbeer alle Augenblicke Ansätze. Weber's Opern haben ein zaghaftes Ansehen, Meyerbeer's ein musivisch zusammengesetztes; Weber's Opern wirken kalt, weil gerade in diesem Abbrechen seiner einzelnen Musikstücke und einer nur innerlichen Abrundung derselben etwas Aphoristisches liegt. Diese Lückenhaftigkeit der Weber'schen Composition veranlaßt Meyerbeer zum entgegengesetzten Fehler der Ueberladenheit. Jedes Ritzchen im Gebäude seiner Opern wird von ihm mit Noten verstopft; das sorgsamste Studium hat in seinen Opern Act auf Act, Scene auf Scene, Nummer auf Nummer nach den Regeln der bürgerlichen Baukunst gethürmt. Im Allgemeinen ist die Oper jetzt im Verfall. Die Virtuosität besonders der Klavierspieler hat eine solche Höhe erreicht, daß man bald nur noch von einigen wenigen Meistern reden und jene Fluth von Dilettanten und Wunderkindern, die auf den Beutel des Publikums speculiren, vergessen wird. Das Leichtfaßliche, Angenehme und vorzugsweise Erheiternde in der Musik wird der Gesellschaft als Surrogat für die Erziehung zurückbleiben. Im eigentlichen Bereiche der Kunst aber dürfte viel Aussterbens eintreten, und es dem wahrhaften Genius jetzt mehr als je leicht werden, die vacante Theilnahme des Publikums an sich zu reißen; wenn sich nur einer fände.

Die neuere Dichtkunst hat in ihrem Schooße fast eben so viel Umwälzungen erlebt, als die neuere Geschichte. Das poetische Vermächtniß des vorigen Jahrhunderts an das unserige war reich und herrlich in dem, was von einzelnen Geistern ausging, und in den Saatkeimen einer bessern Theorie,

die in ihren Werken lagen. Allein wir übernahmen zu glei=
cher Zeit damit ein solches Chaos von Regeln und Anforde=
rungen an die Dichtkunst, so viel Schulweisheit, so viel kri=
tische Anmaßung, daß es zu verwundern ist, wie neuere Dich=
ter nach den gefährlichsten Kämpfen mit einer auf Leben und
Tod erkennenden Kritik sich doch trotz derselben haben erhalten
und mit ihren Tugenden und Fehlern in die Annalen der
Geschichte einschreiben können. Einen allgemeinen Durch=
schnittscharakter der neuesten Poesie zu zeichnen, ist schwer,
wenn man die Stellung derselben bei den einzelnen Nationen
bedenkt. Deutschland leistet wenig Weltbedeutendes, oder doch
nur so Specielles, daß davon über die heimischen Grenzen
nichts hinauskommen kann, wie doch Schiller und Goethe kamen.
Die deutsche Lyrik ist größtentheils eine eitle, sich selbst be=
spiegelnde Subjectivität langweiliger und oft unbedeutender
Geister. Einige wenige Ausnahmen sind mehr gefeiert, als
sie verdienen. Das Beste davon ist oft so krankhaft, daß sich
der gesunde Sinn des Lesers nicht damit befreunden kann.
Den Roman haben die Frauen an sich gerissen, die über das
ewige Thema der Liebe nicht hinauskommen. Das Drama
leidet an sklavischen Censurverhältnissen und an der Concur=
renz mit den französischen Erzeugnissen. Frankreich hat jeden=
falls einen dichterischen Aufschwung erlebt, der, wenn man
die innere Kraft, die Neuheit der Bewegung und das Colorit
der französischen Sprache bedenkt, Alles hinter sich läßt, was
frühere Epochen geleistet haben. England erlebte einige schöne
poetische Beispiele; doch haben sich seine Talente auf eine fast
holländische Breite verlegt. Flammengeister lodern in Eng=
land wenig auf. Es ist fast unmöglich, daß in England die
Genialität sich anders als gegen die Majorität aus=
sprechen kann. Allein die jetzt in England herrschende whi=
gistische Majorität entspricht so sehr den einfachen, gesunden
und bürgerlichen Begriffen, die Majorität ist selbst in solchem
Grade in polemischen Zustand versetzt, daß sich ein Geist, in
welchem das Feuer die Vernunft nicht versengt hat, nicht ent=
schließen kann, gegen diese Majorität aufzutreten. Einige
spanische, italienische, schwedische, polnische und sogar russische

Dichter, welche der neuern Zeit angehören, können es bestä=
tigen, wenn wir als die allgemeinen Charakterzüge der neuern
europäischen Dichtkunst bezeichnen: Die Dichtkunst ist Oppo=
sition geworden, bei sanften Naturen gegen gewisse hergebrachte
poetische Theorieen, bei stärkern gegen die Verfassung der Ge=
sellschaft. Dann vereinigen sich alle Dichtertalente der neuern
Zeit, daß sie sich an die Geschmacksregeln des vorigen Jahr=
hunderts nicht mehr binden wollen und in der Frage nach
der Schönheit versuchen, diese aus dem Individuum selbst
herauszubilden und in den Leidenschaften da die Begrenzung
zu finden, wo es noch möglich ist, sich an ihrem Farbenspiel
ästhetisch zu ergötzen. Die neuere Poesie ist rasch, ungestüm,
mißtrauisch um wo nicht mit sich selbst, doch gewiß mit der
Welt unzufrieden. Schon im vorigen Jahrhundert stiegen
die Poeten gern in entfernte Zeiten und Völkerzustände zu=
rück, es war nur Neugier und falscher Begriff vom Erhabenen,
der sie dorthin trieb. Jetzt will der Dichter sich in die Ver=
gangenheit versenken, um etwas zu suchen, was ihm die Gegen=
wart nicht bieten kann. Höher gestellte Dichter, wie Uhland,
fanden im Mittelalter einen Sonnenschein, den der bewölkte
Horizont der Gegenwart nicht mehr zeigen wollte. Ihr Be=
dürfniß nach Ruhe und Stillleben ist so vorherrschend, daß
sie ihre Dichtungen lieber in die eingefriedigten Schranken
der Vergangenheit zurückführen, die einmal abgeschlossen
und keiner plötzlichen Störung des poetischen Genusses aus=
gesetzt ist. Diesem lyrischen Interesse am Vergangenen schließt
sich ein episches an. Für die Ballade und Romanze bietet
die Gegenwart wenig Stoff. Es sind nicht die Könige, die
Meerfrauen, es ist nicht einmal die verhaßte Feudalität, welche
jetzt sogar freigesinnte Dichter antreiben kann, sich für epische
Stoffe in's Mittelalter zu versenken, sondern das Schauer=
liche und Erhabene, das Schicksalsmäßige will sich aus dem
Neuen nicht so poetisch abstrahiren lassen, wie aus einer Zeit,
wo die romantischen Maschinengötter, die Niren und Elfen
noch eine organische Geltung hatten. Endlich beutet die dra=
matische Poesie (man denke nur an Victor Hugo) auch in
ihrem Interesse die Vergangenheit aus. Bei Victor Hugo
sind die Stoffe, die er wählt, als solche ihm unwesentlich.

Das Interesse und Zeichen der neuern Poesie liegt bei ihm gerade in dem, was er aus den alten Stoffen ausbeutet oder in sie hineinträgt, in den gewaltigen Leidenschaften, in deren wechselseitiger Vernichtung er das Wesen der Tragödie sieht. So ist denn mit einem Worte die neuere Poesie trotz ihrer Anknüpfungen an frühere Zustände immer in unmittelbarer Nähe des Momentes; sie bekämpft denselben, sie unterwühlt ihn, oder sie verachtet ihn, indem sie ihn ignorirt. Es liegt in all' den beliebigen Richtungen, welche neuere Dichter genommen haben, doch immer wieder eine Straße, wo sie auf die Gegenwart zurückkommen und, durch die großen historischen Ereignisse verführt, die wir erlebt haben, suchen, gerade dem Augenblick Seiten abzugewinnen, die halb poetisch, halb doctrinär sind.

Von je hat die Poesie eines Volkes auch die Höhe der geistigen Cultur bezeichnet, auf der es sich befand. Sie schloß sich den Interessen des Publikums an und gab die Eindrücke der Oeffentlichkeit wieder. Die Poesie mußte diese Einwirkung in neuerer Zeit noch um so mehr erfahren, als sie mit dem Aufschwung der Wissenschaften eng verschwistert war, eine Erzieherin der Menschen werden wollte. Darüber verlor die Poesie ihre alte Stellung. Im Kampf der ihr fremden Interessen konnte sie nicht immer ihre Stellung behaupten, und darüber kam ein unruhiges und gährendes Element in sie, das nach Beifall strebend nie recht wußte, womit es diesen erobern sollte. Die Einzelheiten wurden übertrieben, die Poesie selbst grübelte, statt daß sie sich frei und harmlos erging. Diese Neigung zum Tiefsinn und Widerspruch hat der Stellung der Poesie und Kunst überhaupt in unserer Zeit geschadet, hat die Fürsten ihr abwendig gemacht und im Bereiche der ästhetischen Gesetze selbst eine noch nicht gelöste Principienverwirrung hervorgerufen.

Zu allen Zeiten hat es für eine Gattung der Poesie mehr Gunst der Umstände gegeben, als für die andere. Das Epos, das Drama, jedes wechselt in der Literaturgeschichte so ab, daß bald das eine, bald das andere mehr im Vordergrunde stand. Jetzt bestätigt sich diese Erfahrung wieder so lebhaft, daß es einige Gattungen der Poesie giebt, die durch die Verwickelung der Umstände völlig brach liegen und erst durch

28*

Ereigniſſe und Umwälzungen der gegenwärtigen Bildungs=
und Gefühlsſtufe wieder neu belebt werden können. Vom
Drama möchte man kaum einräumen, daß es ſich vergebens
nach einer rechten Anknüpfung umſieht, aber vom Epos iſt es
entſchieden, daß ſeine Anbauung unter dem Himmelsſtrich un=
ſerer gegenwärtigen Epoche nicht mehr gedeihen will. So viel
durch dieſe Abneigung der Umſtände und der Gemüthsſtim=
mungen der Dichter an Terrain verliert, ſo liegt doch auch
in dieſem negativen Verhältniſſe die Anerkennung, daß die
Poeſie nicht mehr die Frucht der Schule und der Uebercultur
iſt, ſondern daß ſie einen warmen Fleck in der Nähe unſerer
Herzen einnimmt, etwas aus unſern Zuſtänden Gebornes, weil
von ihnen Bedingtes iſt. Würde ein Epos, das den dreißig=
jährigen Krieg beſänge oder ein noch kunſtvolleres, deſſen
Stoff der alten Mythologie entnommen ſein mag, bei uns be=
reitwilligen Anklang finden? Nein, ein kleines Gedicht, mo=
derne Gemüthszuſtände anklingend, iſt uns werther geworden,
als die größte „Epopee“.

Im Vordergrunde der neuen Literaturgeſchichte ſteht der
Roman. Dieſer mußte Epos, Drama und Lyrik in ſich ver=
einigen; etwas wirklich oder doch wahrſcheinlich Geſchehenes
mußte ihm zu Grunde liegen; nicht ſo viel, daß man das
täglich uns Umgebende wieder zu ſehen glaubte, wol aber,
daß man daran erinnert wird und Aehnliches mit Aehnlichem
vergleichen kann. Im Roman hauptſächlich ſprechen ſich alle
Anforderungen aus, welche die Menſchen heut’ an die Poeſie
machen. Es muß ſich zunächſt um ein Reelles handeln, das
keine bloße Luftſpiegelung iſt oder doch keine ſogleich zu ſein
ſcheint. Die Liebe muß das lyriſche Element bilden, Ehrgeiz,
Schickſal oder ſonſt eine gewaltige Leidenſchaft das drama=
tiſche. Um das Ganze her ſieht man gern die Arabesken
eines zeitgemäßen Welttons. Wie in alten Zeiten das Drama
alle Gattungen der Poeſie in ſich vereinigte, ſo ſoll jetzt der
Roman vom Weſen aller derſelben einen Anklang geben, ſo
daß die Poeſie des Reimes jetzt weit weniger gepflegt und
beliebt iſt, als die in proſaiſcher Form auftretende, wo das
ſchöne Ineinanderſpiel von Kunſt und Leben anſchaulicher
wiedergegeben werden kann. Die meiſten poetiſchen Talente

absorbirt der Roman, und die allgemein zugestandene Erfah=
rung, daß zu einem guten Gedichte weit weniger Talent ge=
hört, als zu einem g u t e n Roman, hat auch gemacht, daß
man den Letztern mehr als das Erstere für den Prüfstein des
Genies hält. Daß ein Romandichter kein gutes lyrisches Ge=
dicht machen kann, wird ihm weit weniger nachgetragen, als
wenn ein Lyriker gestände, daß er es nicht verstehe, einen
wohlgefugten Roman zu schreiben. Leider ist nur der Roman
zu sehr der Verfälschung ausgesetzt! Wie oft ist seine
Erfindung spannend und hält doch nicht die poetische Nagel=
probe aus? Wie mancher durch und durch poetische Roman
versehlt es in der Fabel und in der Spannung der Situa=
tionen!

Aus dem skeptischen Geiste des vorigen Jahrhunderts ent=
sprang jene eigenthümliche J r o n i e, welche wir auf Kunst=
werken der vergangenen Epoche oft mit reizender Zartheit
hingehaucht gesehen haben. Diese Jronie milderte den Ernst
und ließ auch dem Scherz eine Hinterthür zum Ernste wieder
offen. Sie war in Gestalt des H u m o r s eine köstliche Neue=
rung, die dem modernen Zeitalter angehörte. Später, als
demselben nicht mehr das menschliche Gemüth allein, überhaupt
die psychologische Erfahrung zum Grunde lag und sich der
Geschmack befestigte, bekam die Jronie einen antiken Charakter
und wurde nicht blos in den Reden des Sokrates, sondern
auch auf den antiken Bildwerken wiedergefunden. Letztere
mochte wol die behagliche Folge einer zu üppig genießenden
Kunstanschauung gewesen sein. Die moderne Jronie wirkte
bei Goethe großartig: sie konnte aber auch bei kleineren Gei=
stern die größte Feindin des Schönen werden, sie konnte der
Mittelmäßigkeit einen Anstrich von Talent geben. Sie ent=
wöhnte das Publikum vom Ernste. Sie machte die wichtigsten
Fragen zum Spielzeug eines Witzes, der zuletzt die grünen
Gewölbe, wo die Schätze älterer Poesie aufgespeichert liegen,
Volkslieder, Sagen, plünderte und diese bald spottend, bald mit
sentimentalem Ernst neu in Cours setzte.

Wenn aber diese Form der Jronie die Jronie selbst ver=
dächtig machen und der Ernst wieder mit strenger und uner=
bittlicher Miene im Reiche des Dichters walten sollte, so kann

es allerdings nicht fehlen, daß die Wirkung dieses Fortschrittes zunächst bedenklicher erschien, als die frühere Frivolität. Allein, wie wir schon oft die Hoffnung aussprachen, zuverlässig wird auch im Bereich der Poesie eine Beruhigung des Gemüthes, die nicht aus Indifferentismus, sondern aus Ueberzeugung geboren ist, eintreten. Die Leidenschaften werden aus dem Dienste der Wahrheit nur noch in die der Lüge treten können, so daß sich jene in mildes, sanftes Licht verklärt, diese als dunkel glühende Schlacke zurückfällt und in sich verkohlt. Eine solche feindliche Wendung der Stimmungen wird den Glauben über den Zweifel setzen und die Menschen überzeugen, daß wenigstens in der Kunst jener eblere und vollendetere Gestalten zaubern kann, als dieser. Alle Künste müßten von diesem Geist der Versöhnung ergriffen werden; sie würden wieder in eine innige Vertrautheit mit den Gemüthern treten; sie würden, wie jetzt, nicht blos dazu da sein, zu erschrecken oder zu zerstreuen, sondern sie würden wieder die starken Säulen werden, die den Tempel eines neuen Lebens tragen. Es ist ein Traum, von welchem ich rede; alle Thatsachen des hellen lichten Tages widersprechen ihm, und bennoch wird ihn Niemand aufgeben, der Augen scharf genug hat, um auch durch den dunkelsten Wald die Sonne noch im Hintergrunde scheinen zu sehen.

XII.
Die Wissenschaft.

Das muß man sagen, die Wissenschaften haben sich mit dem neunzehnten Jahrhundert zu stellen gewußt. Mit ihnen versöhnte sich der Zeitgeist, weil er ihrer bedurfte. Die Wissenschaften werden sogar des Sonntags gefeiert, weil sie an den Wochentagen im Dienst der Menschheit graben und arbeiten müssen. Der Ungebildetste räumt jetzt ein, von ihnen falle doch etwas ab, durch sie bekomme man aus Kartoffeln

Mehl, aus Wasserdämpfen Pferde, aus Runkelrüben Zucker.
Die Wissenschaften haben einen Ehrenplatz an der Tafel der
Großen, und selbst ohne habit habillé dürfen sie bei Hofe
erscheinen in bestäubter alter Perrücke, in Holzschuhen, in dem
abgeschabten Frack eines alten pedantischen Geizhalses oder im
modernsten Costüme mit gescheiteltem Haar und wohlgepfleg=
tem Barte. Kein Dichter, kein Künstler, aber ein großer
Arzt, ein großer Naturforscher darf sich bei Hofe über alle
Etikette hinwegsetzen. Der Arzt muß ja unser Leben erhalten,
der Jurist unser Eigenthum, unsere Ehre, der Theolog hält
uns den Himmel offen, und nun gar erst Technologie, ratio=
nelle Landwirthschaft und überhaupt Physik und Natur=
geschichte! Das ist Tempelweisheit, vor welcher jetzt die Laien
anbetend in den Staub sinken.

Wer müßte es nicht anerkennen, daß die Zustände, in
welchen wir leben, ein Werk der Wissenschaften sind? Diese
haben durch die tiefsinnigsten Erfindungen die Schwierigkeit
der Existenz, welche auf der Menschheit lastet, erleichtert. Sie
gaben mit einigen mathematischen Linien auf dem Papier
Ideen an, deren Verwirklichung Tausenden von Arbeitern
Verdienst schaffte. Sie haben dem Handel kürzere Wege des
Verkehrs bezeichnet; sie haben das Verfahren der Technologie
vereinfacht und die Kraft der Menschenhand verdoppelt; sie
zauberten aus öden Landstrichen blühende Gärten und wußten
mit dem Schöpfer zu wetteifern, indem sie das Fruchterträgniß
der Gewächse steigerten. Aber nicht blos in Dem, was unseres
Leibes Nahrung und Nothdurft betrifft, bewährten sich die
Wissenschaften, sondern auch unsere moralische Existenz wurde
durch ihre rastlose Strebsamkeit gehoben. Sie trugen die
Fackel der Aufklärung in die dumpffeuchten Höhlen der Vor=
urtheile. Sie nahmen von dem, was noch an der Tradition
brauchbar war, die Spinngewebe hinweg und dem Falschen
entzogen sie den Untergrund, worauf es ruht. Sie sprangen
dem Menschen gegen den Bürger, dem Bürger gegen den
Staat bei. Sie widerlegten die Märchen von Königen, die
mit Scepter und Kronen essen und trinken und damit zu
Bett gehen. Sie ließen die milde Sonnenwärme der Huma=
nität auf die zu kaltem Eis gefrornen Traditionen der Ge=

ſetzgebungen ſcheinen. Sie ſicherten dem Individuum ſein po=
ſitives und ſein menſchliches Recht und ſelbſt noch, wenn dieſes
verſcherzt war, ſicherte die Wiſſenſchaft dem Verbrecher ein ge=
rechtes Urtheil und die Möglichkeit einer reuigen Bekehrung.
Auch den höchſten Wahrheiten entzog ſich ihr Beiſtand nicht.
Die Wiſſenſchaften ſchützten uns, daß wir aus der Andacht
keine todte Tugend machen und daß wir nicht etwa, in dem
Drange, an das Unvernünftige uns hinzugeben, an das Gegen=
vernünftige uns überantworteten. Die Wiſſenſchaften haben
ſchönere Früchte gezeitigt, als die Künſte. Ja, in manchen
Richtungen der Naturwiſſenſchaft lag mehr Poeſie, als in
den Hervorbringungen der gleichzeitigen Kunſt.

Freilich haben die Wiſſenſchaften ſich aber auch in neuer
Zeit faſt immer der günſtigſten Umſtände zu erfreuen gehabt.
Da man wohl fühlte, daß nicht nur das moraliſche und ge=
ſittete, ſondern auch das geſellſchaftliche Wohl der Menſchen
in ihre Hände gegeben war, ſo beeiferte man ſich, ihnen ent=
gegen zu kommen. Die neue Zeit hat ſich vom Mittelalter
nur durch die Wiſſenſchaft befreit. Die Wiſſenſchaft ſchlug
nochmals die 95 Theſen an die Schloßkirche von Wittenberg.
Die Wiſſenſchaft hielt die Elemente, die durch und mit der
Reformation in Gährung kamen, im beſtändigen Zufluß der
ſtreitenden Stoffe. Ohne ſie konnte kein Vorrecht mehr be=
hauptet, ohne ſie keines beſtritten werden. Und wenn ſie das
Pulver erfand, wenn ſie Amerika entdeckte, ſo wußte ſie doch
noch etwas Gewaltigeres darauf zu ſetzen, die Preſſe, die
mächtiger war, als das Pulver und überredender, als das
Gold Amerikas. Gewalt ging nicht mehr vor Recht, Leiden=
ſchaft nicht mehr vor Vernunft. Was man durch irrthümliche
Beweisführung antaſtete, konnte wol durch Waffengewalt
geſichert werden, aber vor der Welt nicht anders gerechtfertigt,
als durch die ſiegreiche Widerlegung, durch Gegengründe.
Selbſt der ſchlechte Zweck heiligte zwar nicht das Mittel,
ſprach aber oft ein gutes Mittel um Hülfe an oder machte,
daß ſelbſt das in der Moral ſchlechte wiſſenſchaftliche Mittel
doch für die Wiſſenſchaft manchmal gut zu nennen war. Die
ſcharfſinnigſten Wahrheiten wurden an einander gereiht, um
leider eine Lüge zu beweiſen; der Zweck diente einer augen=

blicklichen Bestechung, einer despotischen Laune, die nächste
Folge kam dieser zu Gute; aber die entferntere floß wieder
in die Wissenschaft zurück und mehrte deren Reichthum. Die
Leiden der Gesellschaft strengten das wissenschaftliche Nach=
denken an. Ja, was sind nicht für außerordentliche wissen=
schaftliche Resultate aus der Auflösung politischer Verhältnisse
hervorgegangen, gerade wie die Medicin sich nicht auf die
Gesundheit, sondern auf die Krankheit der Menschen stützt.
Als die Feudalität und der Localgeist besiegt wurden, von der
Centralisation des souverainen Monarchismus, als die Aufrecht=
haltung einer unmittelbar aus Gott fließenden königlichen
Würde von den Trabanten des Ehrgeizes, der Sinnlichkeit,
der durch beide hervorgerufenen Habsucht umgeben war, da
wurden die Fabriken in eine krampfhafte Thätigkeit versetzt,
die zum Entdecken zwang. Der Leichtsinn der Finanzver=
waltung schuf die wunderbar complicirte Mathematik des noch
jetzt geltenden Bankwesens. Mitten im Gedränge der immer
höher steigenden materiellen Schwierigkeiten für Handel und
Gewerbe stellte Adam Smith seine, wenn auch jetzt bestrittenen,
dennoch unsterblichen Nationalreichthumsmaximen auf, welche
die Grundlagen einer neuen Wissenschaft, weil einer neuen
Methode, geworden sind. So kam Gutes und Böses zu=
sammen, um die Wissenschaften zu heben und sie zu den
eigentlichen Herrscherinnen der Zeit und Welt zu machen.

Die Form der Wissenschaft ist die der allgemeinen Lite=
ratur, die Presse. Seitdem die Politik öffentlich und täglich
besprochen zu werden anfing, wurde die Presse so ausgedehnt,
daß es fast scheint, als liefe sie schon jedem Moment und
Zustand unseres Daseins parallel. Man hat von Seite der
Regierenden immer die Presse scheel angesehen, aber die Be=
griffe S c h r i f t e i g e n t h u m und Verlagsrecht sind gesichert,
wenn auch noch nicht überall und völkerrechtlich nirgends.*)
Nicht nur, daß die Amerikaner die englische Literatur, die
Belgier die französische nachdrucken, sondern in einem Lande,
wo die Wissenschaft so große Triumphe gefeiert hat und, man
möchte fast sagen, ein literarisches Bewußtsein das politische

---

*) Seitdem sind auch hierin Fortschritte gemacht.

erſetzt, in Deutſchland druckte noch vor einigen Jahren eine
Provinz der andern, der Süden dem Norden nach. Ein
Hauptgrund dieſes mangelhaften Zuſtandes liegt in dem an=
maßlichen Vorgeben der Jurisprudenz, daß ſich juridiſch der
Nachdruck entſchuldigen laſſe. Rom und Griechenland,
die nicht die Preſſe gekannt haben, ſollen eine Verletzung der
Rechte, die man durch ſie erwirbt, geſtatten! Man überträgt
vom Abſchreiben die Analogie auf das Abdrucken und ſagt:
So wenig unangenehm es dem Horaz war, von ſeinen Ge=
dichten möglichſt viel Abſchriften verbreitet zu ſehen und ſo
gern er den Soſiern zu Haus und über's Meer den Abſatz
derſelben geſtattete, ebenſo ſollen auch Schiller und Goethe
zufrieden ſein, wenn ſie nur recht verbreitet werden. Ich
habe das Recht, ruft man aus, mit meinem Eigenthum zu
machen, was ich will, d. h., ein gekauftes Bucheremplar tau=
ſendfach zu vervielfältigen und wieder zu verkaufen! Wie?
könnte man füglich fragen, kann man mit einem gekauften
Stock thun, was man will und ſchlagen, wen man will?
Andere behaupten, daß man jedes Gewerbe treiben, jeden Ge=
winn machen könne und wenn man dadurch auch die Eriſtenz
des Andern untergräbt, daß man ſich einen Brunnen in ſeinem
Garten graben könne, wenn man dadurch auch dem Nachbar
das Waſſer abſchneidet. Glücklicherweiſe hat die Zeit eine
Berechtigung, ſich ihre eigenen Geſetze zu geben und der
Nachdruck iſt in Deutſchland verboten worden. Ein ſoge=
nanntes internationales Verlagsrecht gehört der Zukunft an.

Und doch noch ein Wort mit den Juriſten. Es iſt nicht
anders möglich, in dieſer Frage zu einer klaren Theorie zu
kommen, als durch die Beſtimmung des Begriffes der Preſſe.
In alten Zeiten, wo die Hülfsmittel des Schriftweſens ſo be=
ſchränkt waren, konnte der Autor allerdings nur wünſchen,
daß man ſich ſeiner Gedanken bemächtigte und ſeine Schriften
ſo oft copirte, als Intereſſe für ſie vorhanden war. Jetzt
aber liegt in der Auflage, die der Verfaſſer von ſeiner Schrift
veranſtaltet, der beſtimmt ausgeſprochene Wille, daß die
Schrift nur ſo weit ihre Bahn mache, als dieſe Eremplare
reichen; denn kann ihm nicht daran gelegen ſein, daß z. B.
von einer theologiſchen Schrift, die für die Maſſe nicht taugt

nur fünfzig oder hundert Exemplare zu erhalten sind? Wird eine Vermehrung dieser Auflage ihn nicht zum Verbrecher machen, während er mit den hundert Exemplaren beweist, daß er nur der Wissenschaft gegenüber ein Mann der freien Forschung sein wollte? Ich sage nicht, daß solch' eine Unterscheidung von Laien= und Tempelweisheit zu billigen sei; allein tritt uns hier nicht ein Wille entgegen, der ein individuelles Recht hat? Wer hat die Presse so emancipirt, daß sie größere Gewalt haben soll, als der, der ihr den Inhalt seiner Gedanken giebt? Welch ein Recht hat die Buchdruckerei außer dem, das sie vom Autor empfing? Die Presse ist eine beauftragte, vom Autor beauftragte, sie besorgt eine Commission, die in dem Augenblicke, wo der Autor befriedigt ist, zu Ende geht und von einer dritten, vierten Presse, der ich keinen Auftrag gegeben habe, nicht kann ausgeführt werden. Und wenn man sagt, daß in diesem Falle nur Eines nicht geschehen müßte, daß die Bücher für Geld verkauft würden, so liegt doch bei Kauf und Verkauf gerade der stillschweigende Vertrag zum Grunde, daß man das Buch nur in Betreff der Ausgabe, die davon veranstaltet worden, sich aneignen wollte, in Betreff des Preises, den die Ausgabe gestattete (daher auch der sogenannte „feste Ladenpreis"), in Betreff der einen Presse, die nur durch und mit dem Willen des Autors ein Recht zum Drucke hat.

Wenn man das Preßrecht auf das Gedankeneigenthum gründen will, so ist dieser Ausdruck allerdings unbestimmt und sich selbst widersprechend. Man wendet gegen ihn mit Recht ein, daß man über seine Gedanken kein Eigenthum hätte (höchstens über seine dummen Gedanken), und daß wenigstens nie eine Reformation zu Stande gekommen wäre, wenn Luther für seine Gedanken ein Recht des Besitzes in dem Sinn ausgesprochen hätte, daß Andere sie nicht hätten fortpflanzen sollen. Mit einem Worte, fortgepflanzt kann Alles werden, was man spricht, was man auf dem Katheder dem Inhalte nach vorträgt, was auf der Kanzel gesprochen wird. Allein ein Buch ist mehr, als ein Gedanke, ein Buch ist vor allen Dingen die Form des Gedankens und diese Form ist mein Eigenthum. Es ist meine Individualität, die ich in dem Buche offenbare; kein Gedanke tritt auf ohne die Bürgschaft meines Ich, die Klarheit und Dunkelheit der Ideen, alles kommt auf meine Rechnung. Dies ist das unveräußerliche Eigenthum, welches der Schriftsteller an seinem Buche hat und das durch die Auflage Eigenthum eines Verlegers wird. In der Auflage spreche ich meinen Wunsch, so und so weit verbreitet zu werden, aus und keine civilisirte Gesetzgebung wird dem Individuum das Recht schmälern, sich so zu geben, wie es will, und z. B. beim Schriftsteller durch den Umfang einer Auflage das Recht und die Hinterthür offen zu lassen, seine etwaigen Irrthümer möglichst schnell berichtigen zu können oder auch den Inhalt eines Werkes wieder in sich zurückzunehmen dadurch, daß das Werk nicht wieder auf's Neue aufgelegt wird.

Die Anarchie der Literatur ist leider selbst schuld daran, daß es so gänzlich an klaren Begriffen über das Preßwesen fehlt. Blicken wir auf den Umfang, den die Presse gewonnen hat, auf ihren innigen Zusammenhang mit der Existenz so vieler Tausende, blicken wir andererseits auf den Staat, der unter den Einflüssen dieser Anarchie leiden muß, sollte man sich da nicht überzeugen, daß endlich die Zeit gekommen sei, die Presse in ihrem Wesen und ihrer Bestimmung fest in's Auge zu fassen und ihr eine eben so organische Freiheit, wie das Zugeständniß organischer Nothwendigkeit zu geben? Daß z. B. die Presse vom Völkerrecht ausgeschlossen wird, ist eine Inconsequenz unseres so eifrig nach Recht und Ordnung strebenden Zeitalters. Warum sollte es nicht möglich sein, die Presse ihrem Inhalte nach an den Staat, der Form nach an die Sprache zu binden? Amerika druckt in einer einzigen Zeitung einen kaum in London erschienenen Roman ab; belgische Nachdrücke werden durch Diebstahl in den Pariser Officinen oft früher zur Erscheinung reif, als das Original in Paris. Ist eine solche Verletzung des Völkerrechts und der Völkermoral in einem Jahrhundert möglich, wo nicht nur die Philosophen, sondern auch die Fürsten angefangen haben über die Möglichkeit eines ewigen Friedens zu träumen? So lange sich das Gewissen der Gesetzgebungen nicht gegen diese und ähnliche Gewaltthätigkeiten empört, wollen wir nicht glauben, daß unser Zeitalter schon reif genug ist, um als emancipirt aus den Zeiten des Faustrechts angesehen zu werden.

In England ist die Presse vollkommen frei. Ehre und Ruf, nichts schont sie; das leichte Gerücht stempelt sie zur gewissesten Wahrheit. Sie hält die Lüge für die geschickteste Waffe, um den Gegner zu vernichten. Die englische Presse ist so zügellos, wie die englische Armee, wenn diese nicht mehr unter der Peitsche steht. Ich spreche es Engländern nach, daß es nun einmal im Charakter dieses Volkes liege, einer unausrottbaren Zügellosigkeit nicht anders Herr werden zu können. Auch in der englischen Presse herrscht nicht der Gentleman. Da ist der Firniß der gesellschaftlichen Bildung abgewischt, die gewaltthätigste Derbheit die willkommenste Sprache. Besonnene Gesetzgeber haben über die Abschaffung dieses Uebels nachgedacht. Allein die Collision mit dem politischen und partheiischen Theil der Presse hinderte sie immer, der Presse einige vernünftige Schranken zu ziehen. Durch das Zeitungswesen und die Begriffe, die a priori der politischen Opposition zum Grunde liegen, hat der Widerspruch so sehr die Physiognomie eines natürlichen und menschlichen Rechtes bekommen, daß es unmöglich ist, da den Staat und die durch gewisse Gesetze zu bildende bürgerliche Gemeinschaft zu substituiren, wo gerade im Bewußtsein des natürlichen Menschenrechtes der Bewegungsgrund zur Opposition liegen soll. Die Presse ist somit, wie das Lallen des Kindes, der unarticulirte Ausdruck unseres modernen Menschen im Naturzustand, sie gilt als eine ursprüngliche Begleiterin und Amme, ja als das mit Wasser gefüllte Ei, aus welchem der Embryo der Geschichte hervorbricht. Die Presse ist hier schon ganz aus dem politischen Gesichtspunkt herausgerückt und giebt unter dem Schutz des Libellgesetzes auch dann erst zur Klage Veranlassung, wenn die Jurisprudenz aus ihr injuriöse Thatbestände entnehmen kann. Es ist eigen mit der Preßfreiheit; sie ist für jeden Einzelnen zuweilen ein großes Unglück und doch für die Gesammtheit ein großes Glück.

Es muß eine Censur im höhern Sinne des Wortes geben, eine Superiorität des Staates über die Presse; denn woher will man anders das Strafrecht des Staates leiten, wenn es sich um Preßvergehen handelt? Die Censur soll eben darin bestehen, daß sich der Staat seines innigen Zusammenhanges mit der Wissenschaft und Ideenwelt bewußt wird, daß er nicht nur bereit ist, jede Eroberung im Reiche der Gedanken, jede gereifte Frucht auf dem Felde selbst der vom Wind bewegten Debatte anzuerkennen und sich zu eigen zu machen, sondern auch Eroberungen dieser Art zu unterstützen und die Reife in der Saat wenigstens durch Milde und Sonnenschein zu befördern. Wenn mit dieser höhern Censur die Preßfreiheit als Modalität für die unmittelbare Production verbunden ist, dann wird der Staat noch Mittel genug haben, ordnend, leitend und selbst beschränkend auf die Presse einzuwirken, ohne gewaltsam in die Productionen einzugreifen. Mit einem Worte, die Censur sei das Mittelbare, die Preßfreiheit das Unmittelbare! Die Censur sei das Gesetz, die Preßfreiheit die Form der Ausführung dieses Gesetzes! Dies ist kein Widerspruch, sondern die einzige Methode, die dem Wohl und der Würde des Staates entspricht. Eine vague Preßfreiheit zu geben mit drakonischen Ausnahmegesetzen wäre dieser Methode keineswegs entsprechend. Endlich ist, besonders in Deutschland, immer darauf zu sehen, daß die Preßfreiheit, käme sie uns, auch verbunden sein müßte mit größerer Freiheit aller übrigen Institutionen. Ich denke mir die Literatur gefährlich und unglücklich, welche Preßfreiheit erhält ohne zu gleicher Zeit Freiheit der Beurtheilung und Auffassung aller übrigen Staatsverhältnisse. Sie würde einer Maschine gleichen, die aus Mangel an Stoff sich selbst zerstört.

Kehren wir nun zu den Wissenschaften zurück, so sehen wir auf ihrem Gebiete zwei Gegner mit einander im Kampfe liegen, die Empirie und die Speculation.

Jene ist bald Sammlerfleiß auf der untersten Stufe, bald auf höherer scharfsinnige Combination einzelner, zerstreuter Thatsachen. Diese kommt aus einem ganzen Stück und wird den Strom der Thatsachen hinauf oft nur von der Phantasie als Ruder weiter geführt.

Die Erfahrung verknüpft einzelne Wahrnehmungen zu Resultaten, denen sie den Stempel des Gesetzes aufdrückt. Die Speculation trachtet nach derselben Nothwendigkeit ihrer

Behauptungen und nimmt dafür zunächst die Anerkennung
ihrer Principien in Anspruch.

Die Erfahrung und Speculation bezeichnen beide eine verschiedene Weise, den Stoff der Wissenschaften zu bewältigen.
Sie drücken sogar eine Partheiung aus, wie sie fast im Gebiete jeder Wissenschaft sich gegenübersteht, wo die Einen nur
glauben, was sie sehen, und die Andern sagen, selig seien
die, welche, noch ohne zu sehen, doch glauben. So gingen
auch beide Methoden in der Entwicklung der Wissenschaften
parallel und nicht immer Hand in Hand. Die eine Methode
verwarf die andere. Wenn auch der Inhalt der Forschungen
derselbe war, so entfremdete ihn die entgegengesetzte Form.
Der Eine vermißt sich, die Welt schaffen zu wollen nur durch
seinen Willen und durch philosophische Formeln; der Andere
verlangt zu demselben Zweck als Baumaterial einige Billionen
Sonnenstäubchen. Sie glauben dasselbe leisten zu können,
nur auf verschiedene Art und verfolgen sich nicht selten, wie
zwei Handwerker, die nach Kundschaft streben.

Die Empirie ist jünger als die Speculation; denn die
Phantasie hat früher die Materie zu erklären gesucht, als das
physikalische Experiment. Der einfachsten empirischen Methode
des Unterrichts ging die Dichtung voran. Die ersten Spuren
von Philosophie sind speculativer, nicht empirischer Art. Man
muß im Gebiet der Empirie noch unterscheiden, erstens das
historische Wissen, das Kritik bedingt, und zweitens die spe-
culative Empirie, welche den Uebergang zu einer Versöhnung
beider Methoden bildet und ihr bezeichnendes Merkmal darin
hat, daß sie vor dem Denkproceß erst die Fähigkeit zum
Denken, vor der Beute erst die Fangarme untersucht. Das
historische Wissen ist die erste Form, in welcher das specielle
Wesen der Gelehrsamkeit auftrat. Ein Gelehrter ist zunächst
nur der, der in irgend einer Wissenschaft den Vorrath von
Fragen, auf die es darin ankommt, und sodann die vollständige
Kenntniß aller darauf gegebenen Antworten besitzt. Diese
Art von Gelehrsamkeit konnte erst in einer Zeit möglich
werden, wo sich eine Vollständigkeit in dem literarischen
Apparat der Wissenschaften erreichen ließ. Vor der Erfindung
der Buchdruckerkunst war diese unmöglich und es galt damals

überhaupt für die Aufgabe eines Gelehrten nur, daß er durch Speculation sein kleines Feld Empirie zu ergänzen und zu erweitern suchte. So verbanden die Scholastiker mit ihrer Anhänglichkeit an die Ueberlieferung doch eine unruhig schwärmende Grübelei, für welche die spätere Zeit die B ü c h e r substituirte. Denn nach dem Buchdruck ward es mit der Zeit möglich, die Gelehrsamkeit in die Vollständigkeit zu setzen und den für weise zu halten, der Alles wußte. Die Gelehrsamkeit des sechzehnten und siebzehnten Jahrhunderts bestand in einer oft Staunen erregenden Stoffanhäufung, die bei dem Einen eine rohe und ungeordnete Masse blieb, bei dem Andern durch die Eleganz der damaligen Bildung, den lateinischen Styl und eine passende Art zu citiren gelichtet und zum Genuß geläutert wurde. Diese roheste Art der Empirie, die sich in dem historischen, theologischen, naturwissenschaftlichen Gebiete ausbreitete, steht auf der untersten Stufe. Eine zweite war schon die Schematisirung des weitläufigen Stoffes. Ein Verfahren, das leicht in Speculation übergehen konnte, indem der Erfahrungsstoff als etwas sich von selbst Verstehendes und als Erfahrung längst Bewiesenes, in einige logische Klammern gezwängt wurde, die bald anfingen (man denke nur an die Philosophie von Wolf) für sich betrachtet und von der Speculation belebt zu werden. Seither trennte sich die gelehrte Thätigkeit in die beiden Arme der Empirie und Speculation. Bloßes Wissen der Ueberlieferung hörte bald auf, für Gelehrsamkeit zu gelten, z. B. in der classischen Alterthumskunde mußten solche Gelehrte, wie Fabricius, deren ganzes Wissen Gedächtnißsache und Sammlerfleiß war, dem Scharfsinn eines Bentley weichen.

Der Flor der Empirie begann mit den N a t u r w i s s e n s c h a f t e n zunächst wol am eifrigsten im Interesse der Heilkunde. Die Holländer, deren philologische Bildung noch die Schulen beherrschte, fingen zugleich an durch ihre Entdeckungen, besonders in der Physiologie, die Universitäten zu beherrschen. Das Vergrößerungsglas zeigte die noch bisher verborgen gewesene Seite der stetigen Naturbildung; das anatomische Skalpet zerlegte den Menschen in seine feinsten Theile. Die Lehre von den Nerven bekam eine neue Gestalt. Noch war der Zwiespalt der Speculation und Empirie nicht so weit ausgedehnt, wie späterhin. Die Werke des Cartesius z. B. beginnen mit seinem Satze: ich denke — folglich bin ich, und den tiefen, mathematisch-stricten Folgerungen, die sich aus demselben für die Metaphysik ergeben, und hören — mit sehr fleißigen Untersuchungen über Statik und Meteorik auf. Die eigentliche Empirie, die hauptsächlich durch Newton begründet ist, gab diese Verbindung der Physik mit der Metaphysik gänzlich Preis und trachtete nach eignen aus der Natur entlehnten, aber auch nur auf diese anwendbaren Erfahrungssätzen über den Fall, den Stoß, den Ton, die Brechung und Schnelligkeit des Lichtes. Von jetzt an bekam die Physik eine andere Gestalt, als sie noch in den scholastischen Encyklopädieen der Schule hatte. Was hier noch immer behauptet wurde, war dort längst widerlegt. Eine Menge sinniger Erfindungen kamen dem Entdeckungsgeiste der Empirie zu Hülfe, berechnete und zufällige Experimente ergaben neue Gesetze und diese wieder neue Folgerungen für das Allgemeine. Auf diesem Wege ist die Empirie bis auf die neueste Zeit fortgeschritten und hat den Naturwissenschaften die imposante Geltung verschafft, die sie sich noch um so mehr zu erhalten wußten, als sie für die praktischen Bedürfnisse unserer Existenz eine Menge der sinnreichsten Erleichterungen und Beförderungen abwarfen. Gelehrte, wie Oersted, Berzelius, Liebig u. A., vereinigen allen Glanz in sich, den eine europäische Berühmtheit wiederstrahlen kann. Sie stehen in unserm Zeitalter so groß da, wie die Abälard, die Erasmus und die Melanchthon in dem ihrigen.

Neben diesen Fortschritten der Erfahrung und einer Systematik, die sich auf bewiesene Wahrnehmungen in den einzelnen Wissenschaften selbst zu begründen versuchte, lief die Speculation mit ungleicher Bewegung einher. Bald war sie der Empirie voraus, bald blieb sie hinter ihr zurück. Bald errieth sie etwas durch seine geistreiche Ahnung, bald mußte sie von der andern Methode Belehrung und Berichtigung annehmen. Sie schuf die Systeme im Grundriß, sie baute das Gerüst auf und überließ es dann der Erfahrung, die Fächer auszufüllen. Sie versuchte mit logischen und mathematischen Formeln ebenso die Bildung des Embryo im Ei zu beschreiben, wie die Empirie, die, um ihren Augen zu trauen, die schwierigsten Versuche nicht scheut. Welche Philosophie sich in dieser Rücksicht keine Wunder zutraute, die verließ den Raum und die Zeit und hielt sich mehr an die moralische Weltordnung. Jene Männer sind groß, wenn es etwas durch die Lupe zu betrachten giebt, eine Blüthenkapsel in ihre linneischen oder jüssieu'schen Merkmale zu zerlegen, wenn es sich um die Bestandtheile eines auf dem Felde gefundenen Steines handelt. Diese sind es, wenn man über die Möglichkeit fragt, wie etwas aus nichts geschaffen werden konnte, wenn man über die Weltseele und die Offenbarung spricht. Jene verstehen es, in dunkeln Perioden Namen und Jahreszahlen anzugeben, die Reihenfolge türkischer Herrscher nebst den Jahren ihrer Regierung; diese wissen ihren Charakter zu schildern und die Sitten der Zeit, in der sie lebten, wissen die Epochen mit einander zu vergleichen und die Fingerzeige einer göttlichen Weltordnung in dieser oder jener Erscheinung nachzuweisen. Jene nennen uns, wenn wir des Nachts mit ihnen wandeln, jeden Stern am Himmel, wissen uns seine Bahn zu beschreiben, seine Größe und seine Entfernung von uns und der Sonne anzugeben; diese werden erst beredt, handelt es sich um die Geheimnisse des menschlichen Gemüthes oder wenn man nach der besten Methode der Erziehung fragt oder über die Neigungen der Altersstufen und der Stände belehrt sein will. So lassen sich vom selbstdenkenden und selbstforschenden Gelehrten an, der die Wissenschaften bereichert, bis zum Laien, der nur mit dem Hausbedarf einer flüchtigen Bildung ausgestattet, die Unterschiede von Empirie und Speculation im Großen und Kleinen verfolgen.

Beide theilen Vorzüge und Fehler; durch vieles äußerliches Tasten und Fühlen verlernt die Empirie das innere Begreifen; vor den Massen von Lichtmaterie, die in das Auge der Speculation stürzen, wird diese nicht selten blind. Die Empirie zögert, Schlüsse zu machen, wo doch Ober- und Untersatz gegeben sind. Die Speculation macht auch da welche, wo der zweite Satz nur das Echo des ersten ist. Die Em-

pirie macht Alles zur Sache einer Untersuchung, selbst das=
jenige, was unmittelbar gegeben und an und für sich gewiß
sein sollte. Die Speculation will selbst den Zufall in die
Form der Nothwendigkeit zwingen und, ohne Gott zu sein,
aus Begriffen Wesen schaffen. Empirie und Speculation,
beide sind trotzig, beide glauben keiner Ergänzung bedürftig
zu sein. Jene verliert sich oft in die Irrgänge des Skepti=
cismus, diese in die Irrgänge des Aberglaubens. Gleich an
Tugenden und Fehlern, würden sie immer das Beste thun,
wenn sie sich unterstützten und von einander Belehrung an=
nähmen.

Ein Versuch der Annäherung war die englische Philoso=
phie des vorigen Jahrhunderts und die sogenannte kritische
in Deutschland. Um den Inhalt der Empirie in die Philo=
sophie einzuführen, entlehnte man der ersten zuvörderst die
Form. Ehe man dachte, untersuchte man die Werkzeuge des
Denkens, man polirte den Rost vom Vermögen, Begriffe zu
bilden, und suchte eine Theorie des Erkennens aufzustellen,
welche allerdings darauf hinauskam, daß wir nur mangelhaft
und in der Bedingung von Zeit und Raum erkennen. Diese
Philosophie bewegte sich auf die Länge in einem und dem=
selben Cirkel, in dem Erkennen des Erkennens; sie machte
die Einleitung zur Philosophie, zur Wissenschaft selbst, sie
blieb in ihrer Einseitigkeit wie ein unvollendeter Bau, den die
Arbeiter und die Mittel verlassen haben. Kant ist eine
solche Ruine; großartig, wie im Dom von Cöln, sieht man
in seinen innern Räumen, die nicht geschlossen sind, das
Tageslicht durch das Dach fallen. Was Kant zur Begrün=
dung einer bessern Religions=, Rechts= und Naturlehre ge=
than hat, folgerte aus praktisch=moralischen Bedürfnissen seine
Unbefangenheit; aber die Philosophie selbst, der reine Gedanke
blieb bei ihm in der Einleitung stecken; der Anlauf ist da,
aber das Ziel so unermeßlich weit entlegen, daß er es aufgeben
mußte, es auf die Art, wie die Kritik der reinen Vernunft
zu wollen schien, zu erreichen. So war denn auch die Folge,
daß die Philosophie nach ihm wieder zwei verschiedene Wege
einschlug, einen logisch=empirischen und einen logisch=specula=
tiven, die wir unten näher bezeichnen wollen.

In den Naturwissenschaften überwog die Empirie und wurde namentlich erst dann von der Speculation bestritten, wenn sie sich dem Menschen näherte in der Arzneikunde. Die großartigsten Entdeckungen haben im Gebiete der Physik und Chemie den Fleiß und Scharfsinn der Forscher gekrönt; neue Gesetze sind aufgefunden, ja sogar neue Urstoffe, die sich nicht mehr theilen ließen. Die alte Lehre von den vier Elementen ist eine Fabel geworden. Element nennt der Naturkundige nur noch das, was im Schmelztiegel der Chemie den äußersten Potenzen der Hitze und Neutralisation widersteht und als untheilbar zurückbleibt. In der Physik und Chemie hat man den Weg der Wahrnehmung jeder andern Methode vorziehen müssen, da der Ausbau eines Systems bei einer sich täglich mehrenden Masse neuer Entdeckungen unmöglich wurde. Das theoretische Bedürfniß mußte sich begnügen, daß ihr die Praxis zugestand, die gefundenen Wahrheiten in mathematischen Formeln auszudrücken und festzustellen. Die Mathematik ist das theoretische Regulativ der Empirie. Eine andere Ordnung gestatten die Naturforscher nicht, am wenigsten eine metaphysische, wo die Formeln früher da sein sollen, als ihre factischen Beweise im Experiment. Es läuft dabei freilich manchmal auf Stoffanbeterei, Hylozoismus, allzumassive Empirie hinaus.

Der Dampf ist die Seele der Mechanik geworden, etwas unendlich Geheimnißvolleres ist der Elektromagnetismus, die Seele der Physik. Sollte eine Speculation erforderlich sein, um die zerstreuten Erfahrungen der Physik zu einem höhern Ziele zu führen, dann müßte sie an die Elektricität anknüpfen, in welcher es deutlich ausgesprochen liegt, daß schon die Beziehungen der Dinge untereinander Leben wirken und daß das Geheimniß, aus der Materie die eingeschlossenen Funken der Schöpferkraft zu schlagen, nur in der Auffindung entsprechender Stoffe liegt, die eine Friction zulassen. Die meisten der großen Resultate, welche der neuern Physik geglückt sind, machten sich durch die Vermittlung des elektromagnetischen Processes. Noch sind alle Werkstätten der Naturforschung in voller Thätigkeit, um die höchsten Grade dieser Kraft auszumessen, und wir bemerkten schon früher, daß es vielleicht noch gelingt, die Wirkungen des Dampfes durch die der Polarität zu überflügeln.

Wenn die neuere Chemie und Physik mehr ein Sonder=gut der Wissenschaft ist, so ließen einige andere Naturwissen=schaften zu, daß das größere Publikum an ihnen Antheil nahm und sie dadurch fast in die Mode gebracht sind. Welch eine Anregung ist nicht allen Gebildeten durch die Verdienste Cuvier's gegeben worden! Mit wie vielem Eifer verfolgte man nicht die interessanten Untersuchungen über die Schöpfung, welche die Geologie auch in einer den Laien verständlichen Sprache führte! Die Betrachtungen über die Urwelt kamen dem geschichtlich interessirten Sinne unserer Zeit auf halbem Wege entgegen. Die Geschichte der Erde wurde die Einlei=tung zur Geschichte des Menschen. Cuvier hat nicht nur den Wissenstrieb, sondern auch die Phantasie seiner Zeitgenossen zu beschäftigen gewußt. Er fügte ihnen die ungestalten Ueber=reste einer vergangenen Thierwelt zu consequenten Gebilden zusammen und schuf eine Welt, die, wenn sie auch fabelhaft ist, vielleicht gerade darum unserer Einbildungskraft Nahrung gab. Wer bürgt uns freilich, daß die Thiere, welche Cuvier zusam=mensetzte, richtig sind, daß dieser Kopf auch wirklich dem Ma=stodon angehört, jene Rippe dem zwischen Fisch und Vierfuß die Mitte haltenden Urweltsamphibium! Doch haben wir diese problematische Mosaik gläubig hingenommen, weil sie so — gräulich interessant ist. Ich sage hier nur, daß dieser Theil der Zoologie eine Modesache geworden ist, ohne daß ich die großen wissenschaftlichen Resultate in Zweifel ziehen will, welche sich aus den Urweltsknochen für den Verlauf der zoologischen Naturbildung ergeben. Auch die Erdbildung beschäftigt die allgemeine Theilnahme; es wundert mich, daß noch kein Ro=mantiker darauf gekommen ist, Ansichten der Urwelt zur Unterhaltung zu schreiben, etwa die Liebesgeschichte zweier Geister auf dem ersten Erdniederschlage oder philosophische Betrachtungen eines jener gewaltigen Quadrupeden, die sich durch die ungeheuern Schilfwälder der Urwelt schlichen und die, da die Menschen noch nicht lebten, nach Cuvier weit klüger und verständiger gewesen sein sollen, als jetzt noch der kluge und philosophische Elephant ist. Und der Elephant war nur ein Kolibri der Urwelt.

Eine hier einschlagende Wissenschaft, welche den ganzen Verlauf des Ganges zwischen Empirie und Speculation durchgemacht hat, ist die Medicin. Man braucht nur auf den Zustand zu sehen, in welchem sich diese Wissenschaft befindet, so wird man sich bald von den feindseligen Principien überzeugt haben, die sich auf diesem Gebiete bestreiten. Jedes neue philosophische System hat auf die Medicin zurückgewirkt. Galt es eine Heilung der kranken Geister, so konnte man gewiß sein, daß auch eine Methode zur Heilung der kranken Leiber folgen würde. Was ist Krankheit? Sie muß ihre Ursachen haben, muß etwas Anomales sein, da der Tod in seiner Normalgestalt nur Entkräftung ist. Ist die Verdauung gehindert, sind die Nerven gelähmt, ist das Blut entzündet? Da hat man die Hauptfragen, welche die verschiedenen Systeme der Medicin an den leidenden Körper richten. Der Eine wählt Mittel zum Deprimiren, der Andere zum Steigern. Der Eine sagt: Krankheit ist ein Ueberfluß und entzieht; der Andere: Krankheit ist ein Mangel auf dieser Seite und steigert und potenzirt auf der andern. Ja es giebt sogar Aerzte, welche die physischen Krankheiten moralisch heilen wollen und Gebete und Bußübungen vorschreiben. Die philosophischen Systeme, die Stimmungen des Zeitgeistes, der Aberglaube, die Mystik, alles, alles hat auf die Lehre vom kranken und zu heilenden Menschen Einfluß gehabt.

Wer ist dabei mehr zu bedauern, als der Patient? Dieser stöhnt und ächzt, der Arzt wird an sein Lager gerufen, er freut sich der Gelegenheit, von einem Vorschlage, den er soeben in einem Buche gelesen, die Anwendung zu machen; das Leiden wird die Gelegenheit zu einem Experimente. Ein Anderer hat gute anatomische Studien gemacht, er würde die Todten, wenn sie krank würden, heilen können; wie aber die Lebenden? So ist die Medicin eine Kunst, die wir am meisten verwünschen und die wir doch am meisten bedürfen. Ohnehin sind die Aerzte diejenige gelehrte Kaste, welche vielleicht am eifersüchtigsten über ihre so zweifelhaften Kenntnisse wacht. In keinem Fach vermessen sich die Schüler mit so gewagten

Schwüren auf die Lehren ihrer Meister, als in der Medicin. Was sie in den Schulen gelernt haben, scheint ihnen unwiderleglich: eine Ueberzeugung, die sie einmal gewannen, können sie, selbst wenn hundert Fälle dagegen zeugen, nicht wieder aufgeben. Allerdings fühlen die Aerzte, daß sie eine traurige Figur spielen, wenn sie an ihrem Erlernten selbst zu zweifeln anfangen. Darum halten sie zähe an Dem, wofür sie einmal auf der Schule das Lehrgeld bezahlt haben. Doch — ich gerathe in die Sphäre Molière's und will doch nur vom Stand der Wissenschaft sprechen. Da sei wenigstens noch die Bemerkung gewagt, daß es mir kein geringer Fehler der medicinischen Systematik scheint, wenn diese für die Krankheiten aller Länderstriche eine und dieselbe Behandlung vorschreibt. Das Klima und die Lebensart sind meist immer der Sitz der Krankheiten und ihre Behandlung sollte sich darnach richten. Beim Italiener ist Krankheit fast immer Ueberreizung und seine Natur und Gewohnheit nicht von der Art, daß blos die Entziehung und Depression ihn wieder in's Gleichgewicht bringt, sondern der Ueberreiz auf der einen Seite erfordert bei ihm fast einen eben so großen auf der andern, eine Heilungsmethode, die für Deutschland und England, die Länder der nüchternen Reflexion, nicht paßt. Ja selbst die Blutreinigungsmethode der Franzosen scheint mir vollkommen für diese Nation angemessen; die Ueberreizung, die Entzündung entsteht bei den Franzosen aus einem Temperament, das mehr nach Außen als nach Innen lebt und jede innerliche Regung sogleich äußerlich zu bethätigen sucht. Der Italiener will mit dem Zügel durchgehen; da nützt es nur, wenn man den Zügel scharf anzieht und den Kranken gleichsam zwingt, seinen harten Mund auf dem Gebiß zu brechen. Der Franzose aber ist ein Luftball, den, wenn er stark angefüllt ist, unsere Seile nicht zurückhalten, sondern bei dem man nur nöthig hat, mit der Nadel in den Ball zu stechen, wo dann das ausströmende Gas ihn schon an die Erde fesseln und auf den Normalstand beschränken wird.

Hahnemann, der Homöopath, hatte seine Lehren schon in seinem Vaterlande zu befestigen gewußt; er rechnete aber durch seine Ansiedelung in Paris darauf, auch die übrige ge-

bildete Welt für sein System zu gewinnen. Es besteht das=
selbe in der consequenten Durchführung des Satzes, daß Ver=
wandtes durch Verwandtes geheilt wird, das heißt: daß Frost
durch Schnee, daß das Fieber, das wir durch China erzeugen
können, auch durch China wieder geheilt werde. Der Natur=
philosophie widerspricht ein solcher Satz keineswegs, denn
die organische Entwicklung macht sich selten durch Chemie,
durch Vermischung heterogener Bestandtheile, sondern immer
nur durch die Wirkung des Gleichartigen auf das Gleichartige,
durch Assimilation. Zeigt das Quecksilber nicht deutlich, daß
es ebenfalls dieselben Schäden verursacht, für deren Heilung
es mit so vielem Glück angewendet wird? Können die Aerzte
bei einem durch Quecksilber Geheilten bestimmen, ob secundäre
Zufälle oder Nachwehen die Folge des Heilmittels oder die
Folge der noch nicht getilgten Krankheit sind? Gewiß würde
man sich diesem Satze, daß nur das Gleiche auf Gleiches
wirkt und namentlich auf eine dem Organismus zuträgliche
Art wirkt, so daß die hier erzeugte Heilung keine anderswo
erzeugte Krankheit zur Folge hat, leichter bequemen, wenn
die Homöopathie nicht auch zugleich den Grundsatz hätte, ihre
Mittel im Zustande der Verdünnung zu geben. Das na=
türliche Gefühl widerstrebt dieser Maxime, wenn sie auch aller=
dings darauf gebaut ist, daß eine zu starke Portion gerade
die Krankheit befördern müßte, welche durch die kleine nur
in ihrem Laufe berührt, gestört, auf den naturgemäßen Orga=
nismus wieder zurückgeführt werden soll. Die Heilkraft des
menschlichen Körpers ist im Grunde das einzige Mittel,
welches kräftig wirkt, und es kommt nur darauf an, diese
Heilkraft in Thätigkeit zu setzen, ihr die Anregung zu geben,
sie da zu wecken, wo sie schlummert oder übertäubt ist. So
sollen denn auch jedenfalls die kleinen Portionen der Ho=
möopathie nur dazu dienen, den Krankheiten in ihrem Laufe
zu begegnen, sie zwar nicht mit mächtiger Gewalt zurückzu=
schleudern, wol aber so lange zu hemmen, zu bestimmen, zu
modificiren, bis die schlummernde Heilkraft die Krankheit
eingeholt und überflügelt hat. Ist es im Moralischen nicht
dieselbe Erscheinung, die man in der Erziehung anwenden
könnte, wenn nicht die Handlungen der Menschen auf Ueber=

zeugung, Lehre und Urtheil gegründet sein sollten? Mag es einen unverwüstlichen Trieb zum Bösen geben, es giebt aber auch, wenigstens in der gesitteten Welt, einen unverwüstlichen Trieb zum Guten. Braucht man in der Erziehung mehr, als dem Laster das Bild seiner selbst vorzuhalten, um es zur Tugend zurückzuführen? Ist das böse Beispiel nicht oft vom Bösen abschreckender, als das gute? Und bedarf es bei na= türlich unverdorbenen Menschen wol oft mehr, um sie zum Guten zurückzuführen, als ihnen die Consequenzen des Bösen zu zeigen?

Nach diesen fragmentarischen und von einem Laien kom= menden Bemerkungen über den gegenwärtigen Zustand der Naturwissenschaft gehen wir zum historischen Gebiet über, historisch im weitesten Sinne. Historie ist uns hier der Inbegriff aller positiven, die moralischen Interessen des Menschen betreffenden Wissenschaften. Die Rechts= und Staatslehre mit ihren vielverzweigten Nebenfächern gehört ebenso hieher, wie die Geschichte selbst, und was die Ge= schichte betrifft auch Alles, was in den höhern speculativen Wissenschaften, z. B. in der Theologie, historisch=philologisches Material ist.

Auch auf diesem Gebiete haben sich Empirie und Specu= lation nicht weniger bestritten, wie auf dem vorigen. Dem positiven Rechte stellte sich ein Naturrecht gegenüber; an die Stelle einer kritischen Behandlung der Geschichte trat beim Einen eine politisch=pragmatische, beim Andern eine philoso= phisch=constructive. Ja der ungeheure Stoff, den Jahrhunderte aufgestapelt haben und den jeder Tag mit seinen regellosen Erfahrungen auf's Neue vermehrt, erheischte eine Verein= fachung, eine Trennung der Haupt= von den Nebensachen, er= heischte Licht und Ordnung. War das Experiment und die mathematische Formel der Regulator ihrer wüsten und un= absehbaren Mannigfaltigkeit in den Naturwissenschaften, so ist es im historischen Gebiete die Kritik. Diese trennte die Spreu vom Weizen, vertheilte Licht und Schatten in den Massen, ja sie sollte es wenigstens thun, sie sollte nicht am Einzelnen haften und die Historie aus dem Zustand einer chronikartigen Anhäufung auf guten Glauben überlieferter Thatsachen in den andern einer unabsehbaren blos kritischen Umackerung werfen. War in den alten Geschichtswerken, in den Compendien der Jurisprudenz, in den Handbüchern der classischen Alterthumskunde sonst alles Material, eine rohe und ungeordnete Masse, wo Wahres und Falsches untereinander vermischt lagen; so gewann es bald das Ansehen, als hätten sich diese Fächer nur in Kritik verwandelt, in eine unendliche Reihe von Fragezeichen, einen Kirchhof kleiner aufgeworfener Untersuchungshügel, wo man wieder das Alte hatte, nur das Innere nach Außen, das Vordere nach Hinten gekehrt. Die Zweifelsucht hat auf diese Art das Material der Geschichte durchwühlt. Kein Name wurde mehr in seiner überlieferten Geltung angenommen, die Mythologie wurde bis auf jenes Gebiet, das man früher für Geschichte gehalten hatte, ausgedehnt; ehemalige historische Facta mußte man gegen Sagen austauschen.

Und wenn auch von jenen Männern, an welche ein Jeder durch diese Beispiele erinnert wird, Wolf, Niebuhr und Andere, Ausgezeichnetes und wahrhaft Nützliches geleistet worden ist, so zeigt sich doch z. B. auf dem Gebiet der Jurisprudenz offenbar die schädliche Wirkung einer nur kritischen Zersetzung der Stoffe. Das römische Recht hörte bei vielen Juristen auf, vom blos logischen Gesichtspunkt betrachtet und als Aushülfe für positive Gesetzgebungen benutzt zu werden; das Corpus Juris fiel in seinen Elementen auseinander und schuf jene für Juristen wenigstens so unzweckmäßige römische Rechtsgeschichte, die man billig den Philologen hätte überlassen sollen. Es giebt Rechtslehrer, welche nur noch historischkritische Notizenjäger sind, die den zusammenhängenden Bau des römischen Rechts getrost auseinander fallen ließen und sich Tag für Tag nur mit dem Einzelnen beschäftigen. Die Institutionen sind allerdings praktisch lehrreicher geworden, als die Pandekten. Die letztern sind ein Tummelfeld für ein meist scharfsinniges, aber zweckloses Speculiren. Die Folge dieses Verfahrens, das man als normal in die Wissenschaft einführen wollte, waren verderblich genug; denn dieser Zersplitterung verdankt man es, daß man am „Berufe unserer Zeit für die Gesetzgebung" zu zweifeln anfing und statt eine

frische, aus dem Geist der Zeitgenossen emporblühende Gesetzgebung zu befördern, sich wie in den politischen Fragen sklavisch an die Vergangenheit und das Gegebene lehnte.

Wenn die Speculation diese planlose Zerfahrenheit beschränkte, wenn sie dem behaglichen Kriticismus Schranken
setzte und ihn zwang, was man zu sagen pflegt, in ernsten
Dingen bei der Stange zu bleiben, dann hat sie für die historischen Wissenschaften viel geleistet. Hätte sie nur nicht öfters
die Einheit, die sie dem Stoffe derselben geben wollte, von
fremden Gebieten her entlehnt, hätte sie sich nur mehr aus
dem Material selbst emporheben können und das factische
Schiboleth dem philosophischen vorgezogen. Ich sage nicht,
daß die Spitzen, welche die Speculation der Historie gegeben
hat, die factischen Zielpunkte verfehlt hätten, allein das Streben
der Speculation würde umfassender, wirksamer gewesen sein,
wenn sie sich von Formeln befreit und einzig und allein
an die Sprache der Thatsachen gehalten hätte. Die philosophische Begründung eines Gegenstandes muß durch und durch
die ursprüngliche Farbe desselben beibehalten. Wenn der
trockene Begriff der Blume, ihr Zweck und Ziel im Sinne
der Philosophie auch nur das Samenkorn ist, so wird man
doch die Menschen schwer überzeugen, daß nicht die eigentliche
Bestimmung der Blume darin lag, dies Samenkorn gerade
in der bunten Gestalt der Blätter und Blüthen und gerade
in dem süßen Dufte der Pflanze zu offenbaren. Was hier ge-
rügt wird, trifft nicht blos die Philosophie der Geschichte,
sondern eben so sehr auch die philosophischen Begründungen
anderer der Geschichte zugetheilter positiver Fächer.

Es scheinen außerordentliche Kenntnisse und dabei die
reichsten Erfahrungen innerhalb des höheren Staatslebens
dazu zu gehören, daß Jemand jetzt den Stoff, den er sich zuvor als Gelehrter zuzurichten wußte, auch als Historiker auf
ansprechende Weise überwindet. Ob sich unter diesen Umständen auch nicht für die Geschichte die nachtheiligen Folgen
äußern werden, welche die nur blos geistreiche Virtuosität zu
begleiten pflegen, das muß die Zukunft entscheiden. Bei
Thiers hat man diese Besorgniß bestätigt finden wollen. Inzwischen haben sich in den Hülfs- und Nebenwissenschaften der

Historie die kritischen Intentionen zwar erhalten, aber ge=
mäßigt, ja auch eine Einheit für die Behandlung im Ganzen
und Großen hat sich ergeben, wenn auch nur eine praktische
und provisorische. Dies insofern, als einerseits gewisse un=
umstößliche moralische Wahrheiten und andererseits manche
dem Herzen wohlthuende Gefühlsthatsachen gleichsam jene
Fähnchen in der Geschichte bedeuten, nach welchen der Feld=
messer das Terrain absticht und sein Augenmerk nimmt.

Warum macht die Philosophie all' diesen unbestimm=
ten Lagen und Methoden der Wissenschaft kein Ende? Warum
benutzt sie nicht den großen Vorsprung, den sie in ihrem ein=
mal gegebenen unveränderten Gegenstand besitzt, um in die
streitenden Elemente der empirischen Wissenschaften Friede und
eine ihrem Stoff fortdauernd angemessene Methode zu bringen?
Das kommt daher, weil die Philosophie wol selbst die beweg=
teste aller Wissenschaften ist. Die Feststeckung ihres Gebietes
nützt ihr nichts, ihr Gebiet ist eine unsichtbare Region. Wie
oft bestreitet sie nicht selbst jenen Inhalt, den Jahrhunderte
ihr zugestanden haben! Unter diesen Verhältnissen ergab sich
das auffallende Resultat, daß die Philosophie in unserer Zeit
weniger Achtung genießt, als im Alterthum. Sie, die da
hätte vor allen leuchten und die Fackel tragen sollen, wurde
von den historischen und Naturwissenschaften überflügelt, und
was man auch an Einrichtungen und Gesetzen in unserer Zeit
getroffen hat, die Philosophie wurde dabei selten um Rath
gefragt oder ihr Rath beachtet, wenn sie denselben aus freien
Stücken gab.

In England hat sich schon überhaupt bei dem Worte
Philosophie der metaphysische Nebenbegriff ganz verloren. Wenn
man dort von einer „philosophischen" Maschinenlehre, von
einem „philosophischen" Recept für Stiefelwichse spricht, so ist
damit eine Methode bezeichnet, die sich vielleicht der Paragra=
phirung bedient. In England werden die Fragen der Ge=
setzgebung, die mit der Philosophie so in genauer Berührung
stehen, nie durch die letztere erläutert. Die empirischen Wissen=
schaften haben die Oberhand und die Philosophie ist weniger
dazu bestimmt, Gedachtes zu überliefern, als denken zu lehren;

sie soll keine Begriffe einpflanzen, sondern die, welche man schon hat, regeln und ordnen.

Und doch hatten die Engländer so vielen Beruf, die erste Rolle in der Philosophie zu spielen. Sie hatten Phantasie und nüchternen Verstand genug, um keiner von beiden Geistes= thätigkeiten ausschließlich anheimzufallen. Die vorzüglichsten Bewegungen innerhalb der Philosophie verdankt man den Engländern. Baco von Verulam wirkte zwar großartiger auf die Naturwissenschaften, als auf die Philosophie, allein seine Theorie der Phänomene war es schon, auf welche Locke und Hume weiter fortbauten. Welchen Einfluß hatten nicht diese beiden Heroen der englischen Literatur auf die allgemeine europäische Bildung des vorigen Jahrhunderts! Wenn auch Europa mehr seine philosophische Richtung durch Frankreichs skeptische Maximen erhielt, so war es doch hauptsächlich Locke, der ihren Ton angegeben hatte, der nicht blos in der Philo= sophie ein neues Verfahren schuf, sondern auch, unterstützt von den umfassendsten Kenntnissen, auf Politik und Gesetz= gebung einzuwirken mußte. Montesquieu und Voltaire sind die Schüler seines Geistes. In der damaligen Richtung der Philosophie, in ihrer Einwirkung auf die geoffenbarte Theo= logie wagte Hume noch mehr als Locke. Dieser hatte nur die Elemente eines Skepticismus, Jener bildete ihn vollständig aus. Der große Einfluß, den Locke auf Frankreich gehabt hatte, fiel Hume in Deutschland zu. Kant entnahm ihm die Principien seiner berühmten kritischen Methode, denen er mit der Zeit freilich eine andere Richtung gab als Hume, der sich nur in den Propyläen des Kriticismus erhielt und das Aller= heiligste der Ontologie nicht nur für verschlossen, sondern ganz ohne allen Zugang, für eine hohe Mauer ohne Thür erklärte. Der Erfolg der Hume'schen Philosophie war ein endloser Skepticismus. Die Fähigkeiten des menschlichen Verstandes waren einmal dargelegt, die höhern Untersuchungen über die Wesenheit der Dinge für Täuschungen erklärt, und so hätte denn in dieser negativen Art die Philosophie aufhören müssen, ferner eine Wissenschaft zu sein. Da war es das Streben der von Reid gestifteten und von Stewart weitergeführten schottischen Schule der Philosophie, ihr die Wissenschaftlichkeit

zu erhalten. Obgleich die schottische Schule zu denselben Re=
sultaten kommt, wie Hume, so trachtete sie doch darnach, einiges
Positive und die ganze Philosophie Aussprechende im Gewande
des Systems festzuhalten. Man findet es sonderbar, wenn
man der schottischen Philosophie das Verdienst einräumt, sie
hätte die Philosophie auf's Neue firirt. Und doch war dies
der Hume'schen Philosophie gegenüber, die nur den Verstand
untersuchte und das Uebrige auf sich beruhen ließ, ihr Ver=
dienst. Schon die Polemik gegen Dogmatismus und Phan=
tasterei erforderte, daß die Gegner Ordnung in ihre Reihe
brachten, und diese begann Reid damit, daß er wieder an die
Consequenz einer Wissenschaft dachte.

Die schottische Philosophie geht von dem unmittelbaren
Dualismus unserer Erfahrungen aus, der uns überall ent=
weder auf etwas Geistiges oder etwas Körperliches stoßen
läßt. Wenn wir in der Kenntniß der Materie größere Fort=
schritte gemacht hätten, als in der des Geistes, so liegt dies
dieser Philosophie zufolge theils in der falschen Methode, theils
in der mangelhaften Abgrenzung der Philosophie und endlich
in ihrer Verwechslung des Wesens mit der Erscheinung, der
Ursache mit der Wirkung. Die Methode, welche sie dann be=
folgte, geht vollkommen wieder von Hume aus; ihr Weg ist
die empirische Erfahrung, die Erkenntniß des Zunächstliegen=
den, die Schlußfolgerung von diesem auf das Entferntere.
So dichtgedrängt die Erfahrungen im Anfange der Wissen=
schaft gesäet sind, so spärlich werden sie auf dem höhern Ge=
biet in der Metaphysik. Hier werden ganze Gebiete, die
früher die Philosophie behauptete, preisgegeben, die Philoso=
phen zucken die Achseln, beklagen, daß man nichts wisse, finden
aber gerade die Wissenschaft darin, es zu beweisen, daß man
nichts wissen könne. Die schottische Philosophie ist im
Wesentlichen Psychologie. Sie beschäftigt sich mit den Ur=
sachen und Bedingungen unserer Erkenntniß, sie baut ein
System von sinnlichen, auch mehr oder weniger geistigen
Wahrnehmungen auf, läßt hie und da etwas ahnen, dort
etwas vermuthen, kehrt aber immer wieder auf den Menschen,
als das Maß der gegebenen Dinge, zurück. Diese Philosophie,
so unvollständig ihr äußeres Aussehen ist, hat unstreitig viel

wohlthätige Resultate für manche praktische Fragen abgeworfen. Sie hat nicht nur der Theologie nützen können, sondern auch den Naturwissenschaften und besonders jenem Theile der Arzneikunde, der den Krankheiten der menschlichen Seele gewidmet ist. Diese Philosophie ist überhaupt eine geistige Physiologie, die gerade ebenso, wie die körperliche, durch Erfahrungen geleitet wird, das Verwandte mit einander vergleicht, das Aehnliche vom Täuschenden sondert und sich etwa ergebende Widersprüche auf billige und zurückhaltende Weise zu schlichten sucht.

Die vorzüglichsten Erscheinungen der französischen neuern Philosophie sind Uebertragungen und Modificationen dieses schottischen Empirismus. Aber die Franzosen, ich erinnere nur an Royer Collard, Jouffroy, Cousin und Andere, konnten sich nicht überwinden, ihrem für das Abstracte geneigten Geiste das Opfer zu bringen, daß sie nicht die enge Beschränkung, welche die Schotten der Philosophie gegeben hatten, weiter auszudehnen suchten. Sie lüfteten, wenn auch mit behutsamer Hand, den Schleier der Metaphysik. Sie versuchten zu beweisen, daß eine nähere Beschäftigung mit ihr, und hie und da ein gefundenes Resultat die Voraussetzungen der schottischen Philosophie durchaus nicht verletze und recht wohl mit ihnen übereinstimme. So fügte man sich in Frankreich nicht der strengen Abscheidung zwischen Geist und Körper, sondern gestattet Uebergänge ineinander, indem man nur zwischen physischen und intellectuellen Erscheinungen sondert. Von deutscher Philosophie entlehnten die Franzosen den Satz, daß es in unserm Geiste unmittelbare Ueberzeugungen gäbe, die nicht von einer äußern Erfahrung abhingen. Dies sind die Kantischen Kategorieen, welche die Franzosen aus der Philosophie nicht in die Hypothesensucht der Scholastik verbannt wissen wollen. Einige mystische Tendenzen gehen in Frankreich dieser überwiegenden Richtung seiner vorzüglichsten Geister parallel. Die Doctrinairs in Frankreich, Guizot an der Spitze, haben sich alle in der Hauptsache als Anhänger der schottischen Philosophie bekannt.

Weit reicher, glänzender, aber zugleich verworrener ist der Zustand der Philosophie in Deutschland. Diese tiefsinnige

Nation hat sich gerade in Zeiten ihrer politischen Erniedri=
gung durch die Ausbildung seiner geistigen Schätze zu trösten
und zu stärken gesucht. ·Der französischen Revolution folgte
hier eine Revolution der Geister, die in der That alle Phasen
ihres Vorbilds durchmachte, die Ideen in Anklagestand ver=
setzte, sie zur Guillotine schleppte und, nachdem die durch
Kant hervorgerufene kritische Gährung vorüber war, den
Despotismus Napoleon's in Gestalt Fichte'scher und Schelling'=
scher Machtsprüche wiedergab. Sucht man in der neuern Ge=
schichte nach einem Punkte, wo sich die höchste Geisteskraft
der Generation sammelte und wo die zeitbewegenden Ideen
mit einer gewissen nothwendigen Entwicklung sich unter=
einander gruppirten, so muß man die Geschichte der deutschen
Philosophie von Kant bis Hegel als eine solche anerkennen.
Es war dies eine Epoche, welche den widerwärtigsten Welt=
ereignissen zum Trotz in unserer Zeit wie eine Oase in der
Wüste lag. Unterirdische Canäle verbanden sie mit den Ge=
heimnissen des Orients, den schönsten Blüthenmonden des
dichterischen Geistes der Griechen, mit den Weihestunden des
Mittelalters; Cartesius, Spinoza, Leibnitz, das Christenthum
sogar wurde im Schooße dieser so organischen und metho=
dischen Gährung neugeboren. Alle Strahlenbrechungen der
Zeit scheinen vom Licht dieser Oase ausgegangen zu sein,
während die Zeit nichts mit ihr unmittelbar gemein hatte
und sich hier das merkwürdige Schauspiel wiederholte, daß
mitten im Gewühl des Krieges eine Reihe ernster und weiser
Philosophen schweigsam ihre Zirkel zeichneten.

Es herrscht in der deutschen Philosophie ein überschwäng=
licher Idealismus. In die subtilsten Nadellöcher mußte sie
den bis zur Unsichtbarkeit gespitzten Faden ihrer Dialektik
einzufädeln, in der Luft fand sie Bahnen, vom Unsichtbaren
mußte sie die Schatten zu zeichnen. Diese Philosophie ist
ein außerordentlicher Beleg für den Scharfsinn und die Ein=
bildungskraft der deutschen Nation. Es wird eine Zeit kom=
men, wo man, wie zum Theil schon jetzt, vom philosophischen
Werthe der meisten Leistungen des deutschen Idealismus ab=
strahiren, aber ihn in seiner systematischen Abrundung als eine
der erhabensten — Dichtungen bewundern wird. Und wer

vermag zu sagen, wo die Grenze liegt, welche in dieser Philosophie in der That das Mögliche vom Unwahrscheinlichen trennt! Wo ist in dieser deutschen Speculation noch Gewißheit und heller Sonnenschein, wo schießen schon die Nebel auf und tanzen wie Irrlichter der Dämmerung? Die deutschen Philosophen gehen nicht von unserer unmittelbaren Erfahrung aus, weil diese niemals zu einem System führen kann, und ihr Vorsprung ist es, daß wir allerdings das Gefühl einer harmonischen Weltordnung als unmittelbar gegebene Thatsache in uns tragen. Darauf fußend beginnt die deutsche Philosophie mit den Begriffen des Seins, des Daseins, der Schöpfung und ist, ihrer eigenen Versicherung nach, so weit entfernt, dabei nur mathematische Formeln geben zu wollen, daß sie vielmehr die Logik zur Metaphysik gemacht hat und in der höchsten Potenz ihres Idealismus damit endigte, daß, wie in Gott, Denken und Gedachtes Eines sei, so auch die ganze Weltordnung, die Ontologie eine Logik im erhabensten Style sein müßte. Vom Stoffleben stört nichts diese kühnen Träume. Ob da ein Baum rauscht, sich ein Fluß schäumend von einem Berge stürzt, ob da im Menschen selbst durch Schmerz und Krankheit sich das Gefühl von Seele und Leib, von Leben und Tod, wie eine unwiderrufliche Wahrheit ausspricht, die deutsche Philosophie sagt: Ich bin gleich Ich, ich bin gleich Nichtich; ich, mein Gedanke beherrscht die Welt!

Wenn man innerhalb der schottischen und französischen Philosophie und z. B. in den Schematismen, wie sie der Saint Simonismus aufgestellt hat, mit Recht erstaunt über die Weitläufigkeit und Schwierigkeit, welche diesen Methoden die Materie darbietet, so hat die deutsche Philosophie sich vom Fetischdienst der Materie, vom Aberglauben der bloßen Erscheinung getrennt. Und mit Recht. Denn mögen wir auch das unmittelbare Gefühl des Dualismus haben und im nächsten Bewußtsein Geist und Materie wol unterscheiden können, so lebt in uns doch nicht weniger die thatsächliche Ueberzeugung, daß die Materie in den Fesseln des Geistes liegt, daß sie Staub ist, war und sein wird, daß sie ihre Bestimmung darin finden wird, einst im leeren Nichts zu verwehen. Die deutſche Philoſophie hat die Speculation eben ſo ſehr von einer kindiſchen Furcht vor der Materie, wie von der Geheim= nißkrämerei mit dem, was man das eigentliche Weſen der Dinge nennt, befreit. Kant, der eine aus Skepticismus und Dogmatismus gemiſchte Philoſophie aufſtellte, hatte ſo= zuſagen ein verſiegeltes Vermächtniß hinterlaſſen, das ſeine Erben öffneten, ohne ihre Erwartungen befriedigt zu finden. Denn ſein Satz war, daß man die an ſich ſeiende Natur der Dinge nicht erkennen könne. Kant hatte geſagt, von einem Apfel weiß ich, daß er herbe ſchmeckt, daß er hinlänglich rund iſt, daß er ein Herz mit Samenkörnern hat, ich kenne alle ſeine Eigenſchaften und weiß doch nicht, was er eigentlich iſt. Kant meint damit, man wiſſe nicht, was dieſer Apfel im Bewußt= ſein Gottes ſei, wie er ſich in jener unbegreiflichen Macht, welche die Welt erſchaffen hat, offenbare, und gegen dieſes Bedenken waren die Syſteme ſeiner kühnen Nachfolger gerichtet. Ungleich der ſchottiſchen Philoſophie und der Kant'ſchen, die nur die Erkenntniß der Erſcheinungen und Eigenſchaften für möglich hielten, behaupteten dieſe Nachfolger, gerade in den Erſcheinungen läge die eigentliche Weſenheit der Dinge und es wäre einerſeits die Hohlheit der Materie, daß ſie nur ihr Aeußeres ſei, und andererſeits ihre von Gott ſo einmal ge= gebene Beſtimmung. Freilich, wenn Alles, was wir ſehen, keine andere Innerlichkeit hat, als ſeine Aeußerlichkeit, wenn die Schale der Kern iſt oder der Kern nicht in der Erſchei= nung, ſondern im Geſetz der Erſcheinung liegt, dann bricht die Materie bald in ihrem Innerſten zuſammen, ſie iſt hohl und hindert uns nicht, in ihre äußerſten Anfänge, in die meta= phyſiſchen Ideen zurückzukehren. Und darin liegt gewiſſer= maßen eine Ausſöhnung mit der Empirie, daß die neueſte Geſtaltung der deutſchen Philoſophie ſich wol hütet, die Er= ſcheinung ſo obenhin zu behandeln, wie ſie die Philoſophie des Ich gleich Ich behandelt hatte. Es iſt das Bild des Baumes, der uns die Methode und das Weſen der jetzigen Culmination der deutſchen Philoſophie verſinnlichen kann. So wie der Baum aus einem Saatkorn entſpringt, Wurzeln faßt, zum Lichte aufſchießt, Aeſte treibt, Blätter, Blüthen, Früchte und zuletzt wieder daſſelbe Samenkorn abwirft, von welchem es

ausgegangen ist, so hat diese Philosophie im höchsten Idealis=
mus darin auch den Realismus anerkannt, daß sie diese fort=
während Erscheinung des Wesens für etwas Wesentliches
hält, daß sie nachweisen konnte, wie in dem ersten Keime des
Samens schon Blatt, Blüthe, Frucht concret enthalten sei,
ja daß durch die Production des Samens aus dem, was
auch nur vom Samen gekommen ist, durch die Selbsterzeugung
und Einheit des Anfangs und Endes auch der ewige Cirkel
der Göttlichkeit und die auf jeder Stufe der Erscheinung, auf
dem Blatt und der Blüthe immer unmittelbare Nähe der
Wesenheit bewiesen ist. Und wenn man dieser Philosophie
zugleich den Vorwurf des Pantheismus machen will, so nimmt
sie diesen einmal an in dem edleren Sinne, nach welchem
Alles, was da ist, Gottes ist, und weist ihn zurück in dem ge=
meinern, nach welchem Alles, was da ist, auch göttliche Ver=
ehrung genießen soll. Wenn es unleugbar ist, daß die Schö=
pfung so gut wie unser Geist eine Offenbarung Gottes ist,
so werden wir einsehen, daß am Baume der Stamm nicht
so verehrungswürdig ist, wie die Blüthe, und werden zweitens
auch nicht die Blüthe zum ausschließlichen Zielpunkte unserer
Andacht machen, sondern uns nur jener Totalität der Gottes=
kraft, die im Ganzen und Großen wirkt, hingeben. Der echte
Pantheismus, den kein Philosoph von sich weisen sollte, ist
der, daß wir sagen, Alles ist zwar Gott, aber nicht Jedes
und Jedes ist nicht Gott, aber Gottes.

Mag der Kampf einzelner Tonangeber in der Philosophie
gegen ihre Rivale auf Tod und Leben gerichtet sein, die erste
Generation ihrer Schüler wird den Fanatismus theilen, die
zweite schon nach einer Versöhnung trachten. Der Hauptgrund
des Zwiespaltes ist fast immer die Methode. Und auch diese
nicht einmal in dem Grade, daß man nicht behaupten dürfte,
der nüchterne, verstandesmäßige Skepticismus z. B. sei überall
abgeschärft, bei den Schotten, weil diese ja gegen Hume auf=
traten, bei den Franzosen, weil diese gegen die Schotten die
Metaphysik geltend machen wollten, und nun erst gar bei
den Deutschen, einer Nation, die sich für das Auge Gottes
hält. Einer der mächtigsten Gründe schon, welcher die zeit=
genössische Philosophie zur Eintracht führen muß, liegt in der

offenen gelichteten Fernſicht, welche unſere Zeit in der Geſchichte der Philoſophie gewonnen hat. Welches neue philoſophiſche Syſtem würde ſich noch ſo plump ankündigen, daß
es die philoſophiſche Vergangenheit mit dem Fuße von ſich
ſtieße und nicht vielmehr, wie in ihrem eigenen Arſenale, mit
ſtummem Ernſt wandelte und jeder Säule, jedem Bildniß
eine ſinnige Betrachtung zuwendete! Faßten dieſe hohen
Denker nicht meiſt alle Alles zuſammen, was zu ihrer Zeit
zu denken würdig und zu wiſſen möglich war? Stehen an
der Spitze der Zeitperioden in der Hiſtorie ſchon Ideen,
die in das verworrene Gewühl von Namen und Jahreszahlen
erhellende Schlaglichter warfen, ſollten da nicht die Philo-
ſophen ſo viel Blitzesſtrahlen in ihre Hand gefaßt haben, als
ſie bewältigen konnten, um in die ſchwüle Zeit ihre elektriſchen
Luftreinigungen zu werfen?

Wenn die Geſchichte der Menſchheit ein ſinniger Bau iſt,
dann iſt es auch die Geſchichte der Philoſophie, das ſehen wir
mit klaren Augen, das entnehmen wir aus der Achtung, die
wir dem Scharfſinn aller dahingegangenen Denker zollen
müſſen, das entnehmen wir aus den Grundlagen, die befeſtigt,
aus den Irrthümern, die begangen ſein mußten, bis wir ſelbſt
einen Bau aufführten und die Wahrheit, unſere Wahrheit,
unſere Ueberzeugung als Kuppel darauf ſetzten. Wenn die
jetzt herrſchenden Philoſophieen durch die Gegenwart nicht gebunden werden, ſo verpflichtet ſie die Vergangenheit.

Das zweite Reſultat der modernen Philoſophie, unabhängig von der Wiſſenſchaft, möge ihrer poſitiven und hiſtoriſchen Stellung gelten. Die Geſchichte beweiſt, daß die
Philoſophie nicht immer in die Fugen der Zeit, die ſie gebar,
paſſen wollte. Sokrates galt für den Weiſeſten, nicht für
den Beſten der Griechen, er mußte den Giftbecher trinken.
Die Philoſophie Jeſu wurde an das Kreuz geſchlagen, die
Philoſopheme ſpäterer Jahrhunderte beſtiegen den Scheiterhaufen. Waren es bis dahin nur einzelne originelle Perſön-
lichkeiten, welche den beſtehenden Verhältniſſen als Opfer
fielen, ſo hat die Philoſophie, ſeit Baco in ihre großartige Bewegung kam und ſie mehr auf die Maſſen, als auf die Schulen,
mehr auf die Erde als den Himmel gerichtet war, vollends

mit dem Bestehenden im offenbaren Widerspruch gestanden.
Dieser Bruch der Philosophie, theils mit der allerdings immer
mehr abgelebten Geschichte, theils mit dem versteinerten Glau=
ben, brachte sie in eine schwierige Stellung, zog ihr die Feind=
schaft der Gewalt zu und bewahrte sie bei allem Guten, das
die Geschichte, die Sitten und der Glauben ihr verdanken,
nicht vor Uebertreibungen, die Niemanden schädlicher waren,
als ihren eigenen, inneren, wissenschaftlichen Zwecken. Von
der heutigen Philosophie aber hat man keinen Grund mehr,
gleiche Besorgnisse zu hegen. Dadurch, daß sie zuerst zu
einer rationellen Wissenschaft der Geschichte gekommen ist,
hat sich aus dem Schooße der Philosophie Achtung vor histo=
rischen, durch die Umstände gegebenen Entwicklungen erzeugt.
Die Philosophie schulmeistert die Geschichte nicht mehr, sie ist
überhaupt weit mehr auf ihr inneres, speculatives Wesen be=
dacht, als auf eine Anwendung für die Praxis; eine Philo=
sophie, wie die Locke'sche, die nur zu politischen Zwecken er=
sonnen wurde, ist unserer Zeit nicht mehr analog; denn für
die Politik haben wir im gesunden Menschenverstande, in
den positiven Interessen und leider auch in den Leidenschaften
Factoren genug. Es ist dies ein denkwürdiges Resultat der
neuern Philosophie, daß sie mit den öffentlichen Verhältnissen
keine directe Verbindung mehr unterhält und sich lediglich auf
ihre wissenschaftlichen Grenzen beschränkt.

Die Reaction der Philosophie gegen die gesellschaftliche
Sitte hat überhaupt selten stattgefunden. Man kann Rous=
seau's Maximen, die aus dem Zorn und dem Mißtrauen eines
heftigen Gemüths hervorgingen, nicht eigentlich Philosophie
nennen. Eine solche Umwandlung des Lebens in der Familie
und der Schule, wie die Richtung dieses Sonderlings hervor=
gerufen hat, hat wenigstens die Philosophie nie wieder er=
reichen können. Da in neuerer Zeit das Institut der Ehe
angetastet worden ist und sogar unsere Gewerbe in ein neues
System gebracht werden sollen, so ist wieder der Saint Si=
monismus als Philosophie von so untergeordneter Bedeutung,
daß man ihn weit eher für ein System der Nationalökonomie
als der Metaphysik halten möchte. Die ausschließlich wissen=
schaftliche Philosophie unserer Tage kommt demnach in den

Sitten beinahe auf das Gegebene zurück. Die Familie wird als eine der ersten Offenbarungen des gesitteten Lebens aner= kannt und das Meiste, was aus ihrem Schooße kam, von der Philosophie heilig gesprochen. Die Philosophie kann für Schule und Haus einzelne Grundsätze aufstellen, die entweder den herrschenden widersprechen, oder für eine in der Minorität be= findliche Ansicht Parthei nehmen; dies ist aber nur eine zu= fällige Consequenz derselben. Die Sittenreformation ist keine Haupttendenz der Philosophie mehr. Von dieser Seite ist sie selbst im Guten, das sie leisten könnte, allzu lässig geworden. Denn wenn die Möglichkeit, Vieles in unserm nächsten un= mittelbaren Leben besser zu bestimmen, vorhanden ist, so würde die Philosophie hier eine glücklichere Lehrmeisterin sein, als jene populäre Literatur, deren Motiv mehr das Gefühl als der Gedanke ist. Ja, vielleicht hält sich die Philosophie nur zu weit entfernt von unsern Umgangssitten; sie, der man zu einer hier und da wol möglichen Reform mehr Beruf all= gemein zugestehen würde, als jenen einzelnen sogenannten „Weltverbesserern", deren mitunter redliche Absichten ihre un= begründete wissenschaftliche Stellung und ihren Mangel an doctrinairem Nimbus meist immer entgelten müssen.

Selbst in der Religion erhob sich die Philosophie des Tages wenig über das Gegebene. Ja, wir fanden, daß die Philosophie weit eher geneigt war, sich für den Inhalt jener Dogmen zu erklären, die von den freisinnigen Richtungen innerhalb der Theologie selbst bestritten werden. Die neuere Philosophie, selbst in England und Frankreich, war weit ge= neigter, sich gegen, als für den Deismus zu erklären. Die Theologie, überrascht von einer Freundschaft, die sie nach vorangegangenen Beispielen sich nicht hätte träumen lassen, ist meist kälter gegen die Philosophie, als diese nach ihrem modernen religiösen Inhalte verdient; sie will die Form nicht zugeben, in welcher die letztere das Wesen des Christenthums ausspricht, und wenn es philosophische Systeme giebt, die sich für die Dreieinigkeit, für die Gottheit Christi, für den ganzen Inhalt des apostolischen Glaubensbekenntnisses aussprechen, so verdächtigt sie wol gar die Motive dieser Hingebung, be= streitet die Aufrichtigkeit derselben und wird durch die Ver=

sicherung beängstigt, daß man den dogmatischen Inhalt des
Christenthums auch noch anders, als durch den bloßen Glauben begreifen könne. Wahrlich, dieser Streit ist zuletzt unwesentlich und hindert nicht, über die merkwürdige Richtung
zu erstaunen, welche die Philosophie unserer Tage genommen
hat. Keine Gegnerin des Lebens, widerspricht sie auch dem
Christenthum nicht, und giebt es zu dieser Höhe auch verschiedene Stufen, so steht doch auf der untersten keineswegs
die Frivolität des achtzehnten Jahrhunderts, sondern mit
Ernst und Emsigkeit wird das Wesen der Religion geprüft
und selbst da, wo jeder extreme Mysticismus undenkbar ist.
Die Stellung der Philosophie zur Theologie ist dadurch von
der Philosophie des vorigen Jahrhunderts unterschieden, daß
früher nicht blos die Theologie angegriffen wurde, sondern
auch ihr Gegenstand, während, wenn sich jetzt noch eine polemische Richtung findet, diese nicht mehr dem Inhalt, sondern der Methode der Theologie gilt, indem diese beschuldigt
wird, für jenen mangelhaft zu sorgen. Daß aus diesem
Streite vielleicht eine vernünftigere Auffassung der historischen
Begründung des Christenthums hervorgehen dürfte, haben wir
schon oben bemerkt. Hier genüge die Angabe dieses Factums,
daß die Philosophie auch in der Religion über das Gegebene sich
nicht erheben wollte, sondern daß das Gepräge einer Neuerung
nur in einer modificirten Auffassung desselben lag.

Freilich konnte diese unnatürliche Verfassung der Philosophie nicht lange Bestand haben. Eine Philosophie, die so
auf das Positive zurückkam, wie die Hegel'sche, hörte rein auf,
Wissenschaftslehre zu sein. Aus ihrem eigenen Schooße
gestaltete sich eine Reaction, die anknüpfend an die Thatsachen
der Erfahrung, anknüpfend an das unmittelbare Bewußtsein
der Vernunft, der überschwänglichen und fast brahminisch gewordenen Selbstgenügsamkeit den Krieg erklärte. Von der
Theologie, wo zuerst der fromm und dogmengläubig gewor-
bene Idealismus zusammenfiel, ging diese gesunde und nothwendige Reaction auf die Politik über. Denn in Betreff des
Staates schien die neuere Philosophie noch partheiisch bis zum
Servilismus zu sein. Wenn man sie früher in den Reihen
der Opposition erblickte, so fand man sie gerade jetzt bei Denen,

welche das Bestehende vertheidigen. Ein sprechendes Beispiel
dieser Erscheinung hatten wir in Frankreich. Die Doctrinairs
sind ursprünglich Anhänger der schottischen Philosophie, welche
hauptsächlich von Royer Collard auf französischen Boden ver=
pflanzt wurde. Dem Jesuitismus gegenüber war die Doc=
trine ein heftiger Widerspruch; in jener Kammer, die Manuel
von ihren Sitzungen ausschloß, konnte man die Doctrine leicht
für jakobinisch erklären und der ihr zu Grunde liegenden Phi=
losophie dieselbe Richtung zuschreiben, welche die politische
Philosophie des vorigen Jahrhunderts hatte. Allein bald
hatte sich dies Verhältniß umgekehrt. Die Doctrinairs sind
in die Fußstapfen der Labourdonnayes getreten, sie sind kö=
niglicher gesinnt als die Könige, sie vertheidigen, der Revolu=
tion, ja einer gesetzmäßigen Opposition gegenüber, mehr als
den status quo, mehr als die Ordnung, sie vertheidigen eine
Staatstheorie, die in philosophischen Lehren wurzele und ihnen
eher durch das Gegebene, als durch das neu zu Begründende
realisirt scheint.

Noch entscheidender, als in der Theologie, war die Reac=
tion gegen diese Philosophie auf dem politischen Gebiet. Sie
war in Deutschland so durchgreifend, daß sie sich zuletzt in
landesübliche Politik verwandelte und wie z. B. bei Arnold
Ruge nach langer theoretischer Formeln= und Principien=
polemik als reine Publicistik auf Grund gegebener poli=
tischer Thatsachen herauskam. Die Philosophie als solche
kann da nicht folgen, und so, wie wir sie nun jetzt in Lehr=
büchern und auf Kathedern erblicken, scheint sie in der Irre
zu gehen, rathlos, herrenlos, ohne bedeutsame Anknüpfungen.
Die Philosophie spielt in diesem Augenblick keine großartige
Rolle. Sie gleicht einem Fürsten, der sich im Incog=
nito eines gewöhnlichen Ueberrockes ohne Stern unter das
Volk mischt. All' ihre Kraft ist entweder in ihren eigenen
Schooß zurückgedrängt, oder sie benutzt sie nur zum Kampf
gegen die Facultäts=Katheder, die sich in diesem oder jenem
wissenschaftlichen Bereiche bis zur Thierarzneikunde und der
Landwirthschaftslehre einem allzukrassen Empirismus ergeben.
Da ist allerdings die heutige Philosophie in voller Wind=
mühlenthätigkeit und schrotet mit den Mühlsteinen ihrer Prin=

cipien manches grobe Korn zu feinerem Mehl. Sie giebt sich
mit der Ausbesserung alter abgerissener Methoden ab. Sie
vervorschuht abgelaufene Stiefel, flicht die Löcher in Körben
und Stühlen zu, wendet Kleider, überzieht abgenutzte Cra=
vatten wieder frisch, setzt in mangelhafte Regenschirme neues
Fischbein, bügelt die Beulen in alten Hüten aus, kurz sie hat
jetzt mehr ein Tröbelgeschäft, als einen Weltberuf; sie sitzt
in einer kleinen Schuhflickerbube, nicht auf dem höchsten Berge,
von dem man die Welt übersehen kann.*)

Was die nächste Zukunft zu lösen hat, und wie sie es
zu lösen hat, können wir vielleicht noch durch eine intelligente
und vorurtheilsfreie Philosophie erfahren; aber sie selbst wird
sich nicht an die Spitze der Bewegung stellen. Unsere Zeit
ist nur ein Mittelglied in einer Kette von Gewesenem und
Kommendem, wir bilden den Uebergang aus Feindlichem in
Feindliches, wir können überall die Punkte bestimmen, wo die
Interessen in Conflict gerathen müssen, wo es zur Zündung
der sich begegnenden Brennstoffe kommen muß, nicht aber
einen Punkt, wo sich eine friedliche Beilegung denken ließe.
Ja, wo sie sich denken ließe, das wüßten wir schon; allein,
daß sie wirklich eintreten wird, liegt nicht in unserer Hand.
Alle Tendenzen, die sich durchkreuzen, haben einmal ihren ur=
sprünglichen Stoß erhalten und müssen die nachhaltige Kraft
desselben in sich ablaufen; griffen wir hinein, um einer der
Kugeln eine willkürliche Richtung zu geben, wer weiß, ob wir
die Verwirrung nicht vergrößerten? Es wäre trostlos, wenn
wir hie und da nicht einen Frieden oder einen Waffenstillstand
ahnten, wenn wir nicht Grenzen sähen, an welchen dieser oder
jener Irrthum vor unsern sichtlichen Augen scheitern muß;
allein daß die Philosophie den Streit versöhne, davon sind
wir so weit entfernt, daß vielmehr Weisheit nur da hinder=
lich sein würde, wo der Friede die Folge eines gestillten eigen=
nützigen Bedürfnisses sein wird. Wir haben Meinungen und

---

*) Spätere Anmerkung. Zur Zeit, als Professor Stahl in
Berlin dominirte, sah man wol die letzte Herrschaft der Philosophie über
den Staat. Seitdem ist zwar Schopenhauer und eine neue philosophische
Bewegung aufgetaucht, aber mehr mit Ergebnissen für die Privatbildung,
als für öffentliche Thatsachen.

Ansichten, die sich bekämpfen, diese kann die Philosophie berichtigen, aber nie wird das Andere, woraus unsere Zeit zusammengesetzt ist, Vernunft annehmen, die Leidenschaft und
das Interesse. Nicht die Vernunft ist im Gedränge, sondern
das Privilegium; und man blicke nur nach Ländern, wie
Spanien, ob wol eine Aussicht vorhanden ist, daß da die gewaltigen Leidenschaften der Rachsucht und des Hasses je anders, als durch Befriedigung derselben könnten ausgesöhnt
werden! Wollen wir auf die nächste Zukunft unseres Welt-
theiles schließen, so werden wir die traulichen Schatten der
Wissenschaft verlassen und wieder mitten in das wirre Durcheinander der Ereignisse treten müssen, von welchem wir beim
Beginne dieses Werkes ausgegangen sind.

Wenn wir nun am Schlusse Einiges vom Zukünftigen zu
errathen suchen wollen, so können wir nicht vom Ewigen sprechen, das der Prophezeiung auf der Kanzel angehört. Was
die große Zukunft Großes in ihrem Schooße birgt, das errathen wir nicht; denn selten, daß sich ein gleichartiger Zug
von Interesse und Bestrebungen in der Geschichte lange aus
sich selbst ohne anderweitige Zuthat fortspinnt. Meist durch-
schneidet die gebahnte Straße der Thatsachen etwas ganz spe-
cifisch Neues, wie die Griechen zur Zeit des Perikles sich denken
konnten, daß vielleicht einst die Macht der Perser der steigenden Uneinigkeit und Verrätherei in Hellas sich bemächtigen
würde, Niemand aber an den macedonischen Staat dachte und
zur Zeit des Demosthenes wiederum Niemand, daß wenig über
hundert Jahre vergehen würde, wo ein ganz neues Volk an
die Stelle der Macedonier treten würde, die Römer, die kein
Mensch kannte. Und was konnten Cato und Cicero über
ihre Zeit philosophiren? Mit welcher Wahrscheinlichkeit
konnten sie der sinkenden Größe und Freiheit des römischen
Reiches nachdenken, der Alleinherrschaft, der Tyrannei und
der endlichen Auflösung? Wer von ihnen dachte an das spe-
cifisch Neue, das sich mit dem Christenthum in den Verlauf
der römischen Geschichte mischte? Und so baute sich eine
Epoche über die andere, immer bedingt und belebt durch etwas,
was selbst der nächsten Vergangenheit noch ein Geheimniß
gewesen. Möglich, daß für Europas Zukunft geographische

unb ethnologiſche Umwälzungen weniger zu erwarten ſtehen,
als vielleicht Erfindungen, die wir noch nicht ahnen, wie Napoleon, als Fulton ihm die Kraft des Dampfes als Mittel
die Welt zu erobern anempfahl, nicht glauben wollte unb
nicht wiſſen konnte, wie Zeit unb Raum durch Dampfſchiffe
unb Eiſenbahnen würden abgekürzt werden. Möglich aber
auch, daß wir das Höchſte in dieſer Hinſicht erreicht haben
unb daß das Neue von einer andern ungeahnten Seite aus
losbricht. Es iſt charakteriſtiſch in der Geſchichte, daß von
daher, wo man das Neue zu erwarten pflegt unb ihm mit
Kopf unb Hand entgegenarbeitet, es niemals kommt. Man
kann Theorieen verfolgen, wie z. B. in der Wiſſenſchaft; man
kann ſein Leben der Aufgabe widmen, irgenb ein vorhandenes
Material zu einem Syſtem zuſammenzuſetzen, unb plötzlich wird
eine neue Schrift entdeckt, plötzlich bringt der Zufall von
einer ganz andern Seite her eine neue naturwiſſenſchaftliche
Erfahrung, unb die Wiſſenſchaft nimmt eine Richtung, die ſie
nicht geahnt. So wollen wir uns auch nicht barauf einlaſſen,
ben Grillen nachzuhängen unb etwa uns fragen: Welches iſt
die Beſtimmung unſeres Welttheils, werden die andern eine
Gewalt über ihn gewinnen, wird Amerika von Eroberungsluſt
ergriffen, wird Aſien durch ben Hunger unb die Menſchen=
überzahl getrieben werden, ſich auf Europa zu werfen; wird
das Chriſtenthum ewig ſein — wird unſer Erbball dieſe oder
jene Beſtimmung haben; werden die Menſchen ausſterben unb
einer neuen Schöpfung unb höheren Weſen Platz machen?
Das Alles iſt in andere Hand gegeben.

Leichter iſt es, die kleinen Verwickelungen des Mo=
mentes im Voraus zu löſen. Wer bivinatoriſches Talent
beſitzt, die Geſchichte ſtudirt hat unb in dieſer ſelbſt einen
Platz, wenn der Ruf an ihn käme, auszufüllen vermöchte, der
ſagt uns wol, wie ſich aus ben im Januar gegebenen Factoren im December des Jahres ein Erfolg zuſammenziehen
muß. Zeigt uns Europa nicht ein kleines, ſtilles, detaillirtes
Treiben mit Nachklängen aus der Vergangenheit, mit Drohungen, die von ihrem Beiſpiel unterſtützt werden, mit kleinen
Eiferungen für die ſogenannte geſetzmäßige Freiheit? Wie-
leicht iſt es hier, ben nächſten Moment zu beſtimmen! Wie

hat selbst Rußland sich so schnell wieder in die Karten blicken lassen und verräth uns eine Erschöpfung, die das westliche Europa wieder von der Angst vor den Kosacken befreit hat! Hier ist nichts, das sich nicht auf einfache Weise lösen würde.

Der Inhalt unseres ganzen Werkes kam darauf hinaus, daß sich unsere Zeit die Resultate der Revolution auf gesetz= mäßige Weise sichern will. Friedlich wird der Charakter un= seres Jahrhunderts bleiben.*) Es hat am Kriege erlebt, wie wenig er die Freiheit sichert, wie sehr er das allgemeine Wohl der einzelnen Willkür preisgiebt, selbst wenn diese das schöne Schauspiel darbietet, mit Genie verbunden zu sein. Was zur Befestigung des Nationalwohles gehört, hat sich schon über die Untersuchung erhoben. Man rechnet dazu die rechtlich gesicherten Verfassungen der Staaten, die Erleichte= rung der Existenz, die Abschaffung der Geburtsprivilegien, die Abschaffung der Priestervorrechte und des Symbolzwanges. Wer wird leugnen, daß dies die Resultate der Revolution sind? Allein verschieden vom vorigen Jahrhundert wird sich das unsrige dadurch auszeichnen, daß es den Geist der Liebe und Versöhnung walten läßt, daß es die Befreiung der Einen nicht ohne Entschädigung der Andern lassen will, daß es einen Abscheu empfindet, die Saatfelder der Humanität mit Blut zu düngen. Weil sich das, was unser Jahrhundert er= strebt, nur im Staate bilden kann, so umgeht es den ge= gebenen Staat nicht, zieht ihn einem erst zu schaffenden vor und sucht aus ihm das Beste zu entnehmen, was er vor der Hand enthält. Die Abneigung gegen die Fürsten mildert sich, wenn sie irgend einen Enthusiasmus für die ernste Auf= gabe der Zeit verrathen. Aufrichtige Anerkennung bei den Fürsten, daß sie nur der Zufall auf eine Stelle erhob, wo sie zwar Menschen sein dürfen mit den unvermeidlichen Schwächen und Irrthümern, aber eigentlich doch nur die Bevollmächtigten einer höheren Idee sind, gewinnt wieder die Zuneigung der Gehorchenden. Wo Unruhe und Unbehaglichkeit zum Vorschein kommen, da entstehen diese wahrscheinlich nur aus Ueberdruß,

---

*) Spätere Anmerkung. Trotz der später erfolgten Kriege ist die Neigung zum Frieden gewiß vorherrschend.

daß die Regierungen das Falsche wählen, wo ihnen das Richtige so leicht an die Hand gegeben wäre, und daß sie Parthei nehmen, wo sie neutralisiren sollten.

Es kommt nicht allein auf die Form an, sondern mehr auf den Geist, der unsere Verfassungen belebt. Sonst würden, wie dies wohl geschieht, alle feudalen Ueberlieferungen eilen, sich hinter verfassungsmäßige Schanzen zu werfen. Die Constitution sichert nicht Jedem das, was er hat, sondern nur das, was ihm gebührt. Unser Jahrhundert ist darin so rücksichtsvoll, daß es die hier nothwendig in's Gedränge kommende Eigenthumsfrage durch billige Abfindung zu lösen sucht. Wenn wir uns auszudrücken pflegen, daß der Bürgergeist in unserer Zeit alle übrigen Interessen überwiegt, so ist dies allerdings nur eine einseitige Bezeichnung. Das Richtige ist: Jahrhunderte hat der dritte Stand gebraucht, um sich eine Geltung zu geben. Er ist ein glücklicherer Vermittler der Staatsinteressen geworden, als der Adel. Wenn er den letztern an Macht überragt, ihn an Reichthum weit hinter sich läßt und selbst an Bildung übertrifft, so muß er auch gegen jenen einen Vorsprung gewonnen haben, in welchem ihn der Adel nicht wieder einholen kann. Ueberdies ist dieser dem dritten Stand gewordene Vorrang keine Usurpation, sondern die natürliche Folge einer Menge von Umständen, die zusammenkommen mußten, um den Adel in seiner früheren Geltung zu untergraben. Deshalb sollen auch die Verfassungen nicht dazu dienen, feudalistische Ansprüche für die Gegenwart noch zu befestigen und etwa ein Gleichgewicht in den modernen Staaten zwischen Adel und Bürger herzustellen; sondern es soll im Staat der Ueberhang mit einer entschieden abschüssigen Tendenz dem dritten Stande gebühren und die übrige Standschaft nur dazu dienen, den Staat in seiner Neigung vom völligen Sturz zur Demokratie zurückzuhalten und auch der bürgerlichen Tendenz einigermaßen einen Zügel anzulegen.

Möge man einst von unseren Zeitgenossen sagen: Ihr Leben war mühselig, aber ihr Tod nicht ohne Hoffnung. Sie hatten eine verworrene Erbschaft zu theilen, mehr Schulden als Gewinn; aber sie betrachteten sich wie Brüder

und gaben Jedem so viel, als seine Schultern zu tragen ver=
mochten. Sie hinterließen mehr, als sie empfangen hatten.
Die Schulden wurden getilgt und neue Capitale angelegt.
Sie arbeiteten auf dem Felde im Schweiße ihres Angesichts,
horchten aber mit Freuden auf, wenn die Lerche sang. Sie
waren zu geplagt und zu eng gedrängt, als daß sie selbst vor
Gott oft niedergesunken und diesem eine langwierige Andacht
gewidmet hätten, aber in das Lob der Natur, in den Preis
und Ruhm Gottes, den alle Welt singt, stimmten sie mit
ein und dankten, wenn ein Anderer statt ihrer und für sie
betete. Im öffentlichen Leben waren sie mißtrauisch, nicht
feindselig. Abgewandt dem Staate, der sie nicht alle mit
gleicher Liebe zu umfassen schien, wühlten sie doch nicht gegen
seinen Bestand. Sie dienten ihm als Freigelassene, die sich
gern aus langer Gewöhnung noch Knechte nennen, und
brauchten ihr Recht nur, wenn es in Gefahr war, ihnen ge=
nommen zu werden. Das Vaterland war ihnen ein ver=
worrener und dennoch heiliger Begriff. Sie hatten Sehnsucht
zur Aussöhnung zwischen den Nationen und waren leicht=
gläubig genug, Andere nur nach sich selbst zu beurtheilen,
vom Nachbar nur Gutes so zu erwarten, wie sie selbst es
ihm wünschten. Lieber als das Vaterland wurde ihnen die
Muttersprache. Dieser hingen sie mit jener innigen, unzer=
störbaren Liebe an, welche sie für das Vaterland nur in
sich hegten, wenn es bedroht wurde, nie aber, wenn die Liebe
zu den Seinen die zu den Andern verletzt hätte. Ja, dem
Entfernten waren sie meist geneigter, als dem Nahen. Wenn
sie in Leidenschaft kamen, so mußte sie oft der Nächste ent=
gelten. Haftig in dem, was sie für Rechtens hielten, rech=
teten sie gegen einander. Oft vom Nächsten getäuscht, riefen
sie den Richter auch wol dann an, wenn ihnen Niemand zu
nahe getreten war. Im Handel und Gewerbe kannten sie
allerdings nur ihr eigenes Interesse. Sie durften auch nicht
anders, da sie in der Lage waren, erst erwerben zu müssen.
Gegen Weib und Kind zärtlich, wählten sie öfter nach Nei=
gung als Interesse und erzogen die Ihrigen nicht für e i n e n
Stand, sondern für alle. Die Jugend kam reifer auf die
Welt, als sonst. War es angeboren oder die größere Sorg=

falt der Eltern, sie machten schnelle Fortschritte und über=
flügelten die Alten, ohne so voreilig zu sein, als diese es in
der Jugend gewesen. Die Frauen liebten das Haus mehr,
als die Welt.*) In der Sitte waren sie züchtiger als die
Großmütter, wenn sie auch den Geist und die Schönheit der=
selben nicht immer erreichten. Der Vornehme wurde durch
das Dasein der Armuth weniger gehoben, als in Verlegen=
heit gesetzt. Wenn er dem Einzelnen nicht half, glaubte er
der Masse helfen zu müssen. Die Wohlthätigkeit war schon
keine persönliche Tugend mehr, sondern Bürgerpflicht. Im
Umgang thauten die Herzen auf, wenn auch nur langsam. Jeder
freute sich, wenn es ihm gelang, durch die Verhältnisse bis
zur Natur hindurch zu brechen. Sie starben ungerne, was
viel sagen will für den Werth des Lebens, das sie verließen,
wenig für den Glauben an ein Jenseits. Die Mühen und
Schmerzen des Daseins hatten sie sich gewöhnt als die eigent=
liche Form des Lebens zu betrachten. Da sie nicht mehr er=
warteten, vermißten sie selbst das Wenige, was ihnen geboten
wurde, ungern; doch starben sie nicht ohne Hoffnung.

Ich habe meinen Zweck erreicht, wenn dies Buch in dem
Gewirre von Schriften, die unsere Zeit oft ohne Fug und
Grund in die Zukunft vererbt, von irgend einem Weisen, der
das neunzehnte Jahrhundert so schildern will, wie wir wol
das achtzehnte schildern, einst als eine bestäubte und in irgend
einem Winkel mit Schutt bedeckte Quelle benutzt wird. Schildert
es das Säkulum nicht immer so, wie es sich im letzten Drittel
anließ, so genügt es schon, dereinst zu wissen, wofür sich unsere
Zeitgenossen einst gehalten haben. Und wenn sich in diesen an=
spruchslosen Skizzen und Erörterungen Irrthümer finden, so
werden sie auch als solche nicht ohne Gewinn für die Zu=
kunft bleiben. Sie werden unsere Zeit vielleicht dadurch am
meisten charakterisiren, daß wir sie für Wahrheiten gehalten
haben.

*) Diese beiden Sätze beanstandet leider die spätere Erfahrung.

Druck von G. Pätz in Naumburg a/S.